V&R Academic

Studium Systematische Theologie

Band 10

Vandenhoeck & Ruprecht

Gunther Wenz

Vollendung

Eschatologische Perspektiven

Vandenhoeck & Ruprecht

Bibliografische Information der Deutschen Nationalbibliothek
Die Deutsche Nationalbibliothek verzeichnet diese Publikation in der Deutschen Nationalbibliografie; detaillierte bibliografische Daten sind im Internet über http://dnb.d-nb.de abrufbar.

ISBN 978-3-525-56714-2

Weitere Ausgaben und Online-Angebote sind erhältlich unter: www.v-r.de

Printed in Germany.

Satz: textformart, Göttingen | www.text-form-art.de
Druck und Bindung: ⊕ Hubert & Co GmbH & Co. KG, Robert-Bosch-Breite 6, 37079 Göttingen

Gedruckt auf alterungsbeständigem Papier.

Inhalt

Einleitung

Lit.: U. Asendorf, Eschatologie bei Luther, Göttingen 1967. – A. Beutel (Hg.), Luther Handbuch, Tübingen 2005. – M. Brecht, Martin Luther. 1. Bd.: Sein Weg zur Reformation 1483–1521, Stuttgart ³1990. – H.-U. Delius (Hg.), Martin Luther Studienausgabe. Bd. 1, Berlin 1979. – F. Gerke, Anfechtung und Sakrament in Luthers Sermon vom Sterben, in: ThBl 13 (1934), 193–204. – H. Junghans, Art. Spalatin, Georg (1484–1545), in: TRE 31, 605–607. – T. Kläden (Hg.), Worauf es letztlich ankommt. Interdisziplinäre Zugänge zur Eschatologie, Freiburg/Basel/Wien 2014. – J. Köstlin, Martin Luther. Sein Leben und seine Schriften. 1. Bd., Berlin ⁵1903. – M. Luther, Werke. Kritische Gesamtausgabe. 2. Bd., Weimar 1884; 23. Bd., Weimar 1901. – Ders., Ausgewählte Schriften. Hg. v. K. Bornkamm/G. Ebeling. 2. Bd.: Erneuerung von Frömmigkeit und Theologie, Frankfurt a. M. ²1983. – O.Meuffels, Ein eschatologisches Triptychon. Das Leben angesichts des Todes in christlicher Hoffnung, Tübingen 2012. – R. Mohr, Art. Ars moriendi II. 16.–18. Jahrhundert, in: TRE 4, 149–154. – H. Obendiek, Der Teufel bei Martin Luther. Eine theologische Untersuchung, Berlin 1931. – A. Reinis, Reforming the Art of Dying. The ars moriendi *in the German Reformation (1519–1528), Hampshire/Burlington 2007. – C. Resch, Trost im Angesicht des Todes. Frühe reformatorische Anleitungen zur Seelsorge an Kranken und Sterbenden, Tübingen/Basel 2006. – L. Schottroff, Die Bereitung zum Sterben. Studien zu den frühen reformatorischen Sterbebüchern (1960), Göttingen 2012. – R. Schwarz, Luther, Göttingen ²1998.*

Anfang Mai 1519 erreichte Martin Luther durch Vermittlung des aus dem fränkischen Spalt stammenden kursächsischen Kanzleisekretärs Georg Spalatin (vgl. Junghans) die Bitte eines Rates am Hofe Friedrichs des Weisen namens Marx (Markus) Schart um eine Schrift zur christlichen Vorbereitung auf den Tod (vgl. im Einzelnen Delius [Hg.], 230 f.). Luther, noch keine vierzig Jahre alt und im Begriff, zum Reformator der Kirche zu werden (vgl. Schwarz, 76 ff.), hatte damals viel zu tun und entsprechend wenig Zeit. So musste sich Schart gedulden; er erhielt eine Absage bzw. wurde auf später vertröstet. Erst als sich im Frühherbst des Jahres bei ihm wieder etwas Muße einstellte, entwarf Luther nach eigenem Zeugnis sehr eilig einen „Sermon von der Bereitung zum Sterben" (WA 2, 680–697), „sandte ihn handschriftlich dem Spalatin zur Durchsicht und gab ihn alsdann in die Presse. Am 1. November konnte er die ersten gedruckten Exemplare verschicken: eins derselben versah er mit eigenhändiger Widmung an Schart." (WA 2,680) Die Schrift fand reißenden Absatz und wurde schon im nächsten Jahr ins Lateinische, zudem ins Dänische und Niederländische übersetzt. In modernes Deutsch übertragen findet sich der Text u. a. in: M. Luther, Ausgewählte Schriften. Hg. v. K. Bornkamm / G. Ebeling. 2. Bd.: Erneuerung von Frömmigkeit und Theologie, Frankfurt a. Main ²1983, 15–34; danach wird im Folgenden zitiert.

Der „ganz für Laien“ (Köstlin, 281) bestimmte Sermon gehört in die Reihe behutsamer „Vorschläge zur Neugestaltung der Frömmigkeit“ (Brecht, 335). Er „steht in der Tradition der *ars moriendi*, die Anleitungen zu einem seligen Sterben und Sterbenstrostbücher bereitstellt, die als reine Textbücher oder auch als Bilderfolgen mit einem weitgehend normierten Programm im späteren Mittelalter sehr beliebt waren“ (Beutel [Hg.], 300). Zahllose Exemplare dieser Literaturgattung sind aus der Zeit überliefert. Ihr Ziel ist es, mahnend und erbauend auf die letzte Stunde vorzubereiten und in die Sterbekunst einzuüben, damit der Tod den Menschen nicht unvorbereitet ereile. Auch zu seelsorgerlicher Sterbehilfe und Beistand durch Priester und Nahestehende rufen sie auf. Neben Unterweisungen für den Kranken enthalten sie Mahnungen und Ratschläge, wie ihm in der Zeit des Todeskampfes beizustehen und zu helfen sei. Nicht selten waren die Anleitungen zur Kunst des seligen Sterbens mit Holzschnitten versehen, die anschaulich machten, was im Buch zu lesen stand.

ars moriendi

Auch Luthers Sermon, der auf seine Weise die mittelalterliche ars moriendi-Tradition fortführt (vgl. Resch, 53 ff.), ist trotz des Fehlens visueller Illustrationen sehr bildnah gestaltet. Doch statt äußeres Anschauungsmaterial zu bieten, richten seine Sprachbilder den Blick auf eine innere Schau aus, weil dasjenige, was im Sterben geschieht, das Innere des Menschen noch weitaus mehr angeht als sein Äußeres, so heftig auch dieses betroffen ist (vgl. Meuffels). Als ein hermeneutischer Schlüssel zum Verständnis des Sermons mag der Hinweis dienen, dass Luther „die Sterbestunde als exemplarisch für die Existenz des Menschen vor Gott“ (Mohr, 149) betrachtet hat. Zwar ist das Lebensende beispiellos, sofern es mit nichts zu vergleichen ist, was ihm vorherging; doch tritt gerade darin die einzigartige Stellung des Menschen vor Gott in seiner unteilbaren Individualität und Einmaligkeit beispielhaft zutage (vgl. Asendorf).

Der Ausgang des Lebens ist einer engen Pforte und einem schmalen Steig zu vergleichen. Enge erzeugt Angst; Abgründe tun sich auf, die Schwindel erregen. Umkehr und Rückkehr sind unmöglich. Alles droht ins Bodenlose zu versinken. Die Lage erscheint als aussichtslos. Auf Empfindungen dieser Art muss sich Luther zufolge jeder gefasst machen, dem der Tod bevorsteht. Sterben ist kein Leichtes, sondern kommt den Menschen hart und bitter an. Der nahende Tod bereitet ein Schwitzbad und frostiges Erschauern; der Teufel macht dem Sterbenden die Hölle heiß und lässt zugleich sein Herz erkalten. Es ist schlimm! Die Bibel leugnet die Schrecklichkeit des Todes mit keinem Wort, und die Psalmisten wissen, was es heißt, von Todesbanden umfangen und von höllischen Stricken gebunden zu sein (vgl. Ps 18,5 f.). Das gilt auch für Luther, den frommen Leser und kundigen Übersetzer der Hl. Schrift: „Da mir Angst war, rief ich den Herrn an und schrie zu meinem Gott.“ (Ps 18,7) „Mein Gott, mein Gott, warum hast du mich verlassen? Ich heule; aber meine Hilfe ist ferne.“ (Ps 22,2)

Der Ausstieg aus dem irdischen Leben ist schmal und die Pforte des Todes eng, „fast enge“ (WA 2,685,23), sehr eng. Aber der Todesgang ist „nit langk“ (WA 2,685,24):

„Und es geht hier zu, wie wenn ein Kind aus der kleinen Wohnung in seiner Mutter Leib mit Gefahr und Ängsten geboren wird in diesen weiten Himmel und Erde, das ist unsere Welt: ebenso geht der Mensch durch die enge Pforte des Todes aus diesem Leben. Und obwohl der Himmel und die Welt, darin wir jetzt leben, als groß und weit angesehen werden, so ist es doch alles gegen den zukünftigen Himmel so viel enger und kleiner, wie es der Mutter Leib gegen diesen Himmel ist. Darum heißt der lieben Heiligen Sterben eine neue Geburt, und ihre Feste nennt man lateinisch Natale, Tag ihrer Geburt. Aber der enge Gang des Todes macht, daß uns dies Leben weit und jenes eng dünkt. Darum muß man das glauben und an der leiblichen Geburt eines Kindes lernen, wie Christus sagt: ‚Ein Weib, wenn es gebiert, so leidet es Angst. Wenn sie aber genesen ist, so gedenkt sie der Angst nimmer, dieweil ein Mensch geboren ist von ihr in die Welt.' (Joh.16,21) So muß man sich auch im Sterben auf die Angst gefaßt machen und wissen, daß danach ein großer Raum und Freude sein wird." (16 f.)

Sermon von der Bereitung zum Sterben

Luthers Sermon von der Bereitung zum Sterben, der zum Gattungsvorbild reformatorischer Sterbeliteratur wurde (vgl. Schottroff), ist nicht nach Maßgabe einer strengen Gedankenordnung in der Form eines dogmatischen Traktats, sondern in zwanzig Gesichtspunkte gegliedert, die nacheinander spezielle Themenaspekte ins Auge fassen. Ihre lose Abfolge erweckt zunächst den Anschein des Assoziativen, lässt aber bei genauerem Zusehen durchaus eine präzise Struktur und Zielrichtung erkennen (vgl. Reinis, 49 f.). Luther setzt ein, indem er eine leibliche und äußerliche von einer inneren, seelischen, geistlichen Dimension menschlichen Sterbens unterscheidet. Der Tod ist ein Abschied von der Welt und allem ihrem Treiben. Wer die Welt verlässt, muss alles, was weltlich ist, hinter sich lassen, Geld und Gut selbstverständlich eingeschlossen. Dabei soll, rät Luther, auf möglichst geordnete und umsichtige Weise verfahren werden, damit nach dem Tod, wie es heißt, nicht Ursache für Zank, Hader und Zwistigkeiten unter den Hinterbliebenen gegeben sei.

Wer der Welt Lebewohl zu sagen sich anschickt, soll das Wohl der Überlebenden im Auge behalten. Um das Zeitliche auf rechte Weise segnen zu können, bedarf es daher zunächst einmal äußerer Rücksichten, z. B. letztwilliger Verfügungen in Form eines Testaments. Noch wichtiger als solche Vorsichtsmaßnahmen ist die Klärung von Belangen, die das innere Verhältnis der beteiligten Menschen zueinander betreffen. „Zum zweiten, daß man auch geistlich Abschied nehme. Das ist, man vergebe freundlich, rein um Gottes willen allen Menschen, die uns beleidigt haben, begehre umgekehrt auch allein um Gottes willen Vergebung von allen Menschen, deren wir viele ohne Zweifel beleidigt haben, zumindest mit bösem Exempel oder zu wenig Wohltaten, wie wir schuldig gewesen wären nach dem Gebot brüderlicher christlicher Liebe, damit die Seele nicht bleibe behaftet mit irgendeiner Angelegenheit auf Erden." (16)

Nachdem dieses in aller Kürze gesagt ist, wendet Luther die Aufmerksamkeit ganz dem Sterbenden und seiner Vorbereitung auf den Tod zu. Zur Zurüstung auf die letzte Fahrt empfiehlt er die Beichte (17: „besonders der größten Brocken, und die zur Zeit im Gedächtnis mit größtmöglichem Fleiß gefunden werden"), die Feier des Hl. Abendmahls sowie die extrema unctio, d. h. die Krankensalbung bzw. Letzte Ölung, die er 1519 noch zu den Sakramenten zählt (vgl. im Einzelnen Gerke). Sei der Empfang der Sakramente aus irgendeinem Grund nicht möglich, so solle man darüber „nicht zu sehr erschrecken" (ebd.), weil schon „das Verlangen und Begehren derselben tröstlich sein" (ebd.) könne. Sind doch die Sakramente „nichts anderes als Zeichen, die zum Glauben dienen und Anreiz geben" (ebd.). Auf den Glauben, der sich auf die in den sakramentalen Zeichen beschlossenen Verheißungen und Zusagen verlässt, kommt alles an. Ohne ihn hingegen ist alles „nichts nütze" (ebd.).

An dieser Stelle ist einem naheliegenden Missverständnis zu wehren. Der Glaube ist, was er ist, nicht aus und durch sich selbst. Er bedarf der media salutis, der Mittel des Heils, als welche das Wort der Evangeliumsverkündigung und die verba visibilia, die sichtbaren Wörter der sog. Sakramente traditionell bezeichnet werden. Denn in, mit und unter ihnen begegnen dem Menschen Jesus Christus und der in ihm in der Kraft seines Hl. Geistes offenbare Gott. Mit Spiritualisten, die das verbum externum, das äußere Wort und den Buchstaben der Schrift verachten oder gering schätzen, hat Luther nichts gemein. Ausdrücklich sagt er, dass Wort und Sakrament ihre Gültigkeit und Wirklichkeit durchaus in sich und in ihrem rechten Vollzug haben und zwar ganz unabhängig von unserem Zutun. Aber zu heilsamer Geltung und Wirkung in uns kommen sie nicht ohne Glauben, der ihrem Gehalt vertraut und sich – im wahrsten Sinne des Wortes – auf Jesus Christus verlässt, der sich in den Heilsmitteln kraft des Geistes Gottes als Heiland vergegenwärtigt. Der Grundsatz, der als Leitmaxime des ganzen Sermons zu verstehen ist, lautet entsprechend: „(S)uche dich nur in Christus und nicht in dir, so wirst du dich auf ewig in ihm finden." (23) Das solus Christus ist die Basis des sola fide. Allein weil er sich auf Christus und auf ihn allein und nicht auf sich selbst oder sonst etwas verlässt, ist der Glaube und er allein und ohne weiteres heilsam.

Tod und Teufel

Glaube tut not, und er ist am nötigsten in der Not des Sterbens. Drei Destruktionskräfte sind am Werke, um dem Sterbenden Not zu bereiten, ihn anzufechten und äußerlich und innerlich fertig zu machen. Sie drängen sich dem Notleidenden auf, um sich ihm einzubilden und all seine Vorstellungen zu beherrschen. Genannt werden „das erschreckende Bild des Todes" (18), „das grauenhafte, mannigfaltige Bild der Sünde" (ebd.) und „das unerträgliche und unausweichliche Bild der Hölle und ewiger Verdammnis" (ebd.). Diese Bilder sind in widriger Weise darauf angelegt, in der Vorstellung des Sterbenden ineinander zu fließen und sich wechselseitig zu überlagern, um immer widerlichere Gestalt anzunehmen. Mag der Tod als ein natürliches Übel noch als halbwegs erträglich erscheinen, sofern er für sich genommen den Sinn eines gelebten Menschenlebens nicht zwangsläufig zerstört, so nimmt er schlechterdings unerträgliche Gestalt an, sobald der Teufel ihn in seinen Bann zieht und ihn zu seinem Verbündeten macht, worauf nach Luther seine ganze satanische Bosheit ausgerichtet ist.

„Verzweiflung an Gott ist mehr als Krankheit oder Unglück." (Obendiek, 60) Im Bunde mit dem Teufel ist der Tod darauf aus, dem Sterbenden „den Glauben und die Hoffnung zu rauben" (Obendiek, 61) und ihm die Hölle zu bereiten. So gesehen erscheint er nicht nur als todbringend, sondern als verdammnisbereitend; sein Bild entartet zur furchtbaren Fratze. Mit Luther zu reden: „Der Tod wird groß und erschreckend dadurch, daß die schwache, verzagte Natur dies Bild zu tief in sich hineinbildet, es zu sehr vor Augen hat. Dazu steuert nun der Teufel bei, daß der Mensch das gräßliche Gebaren und Bild des Todes tief betrachte, dadurch bekümmert, weich und zaghaft werde. Denn da wird er ihm gewiß all die schrecklichen, jähen, bösen Tode vorhalten, die ein Mensch je gesehen, gehört oder gelesen hat, daneben mit einwickeln den Zorn Gottes, wie er vorzeiten hier und da die Sünder geplagt und verderbt hat, damit er die schwache Natur zur Furcht vor dem Tode und zur Liebe zum Leben und zur Sorge um es treibe, wodurch der Mensch, zu sehr beladen mit solchen Gedanken, Gott vergesse, den Tod fliehe und hasse und so schließlich Gott ungehorsam erfunden werde und bleibe. Denn je tiefer der Tod betrachtet, angesehen und erkannt wird, desto schwerer und gefährlicher das Sterben ist." (18)

Es ist nach Luther die Unperson des Teufels als des Inbegriffs von allem Bösen, der den Sterbenden dazu verleitet, nichts mehr vor sich zu sehen und nichts mehr vor sich sehen zu können, ja zu wollen als den Todesabgrund und jene bodenlose Finsternis, in die ihn seine Verzweiflung stürzt. In dieser Situation scheint jede Hilfe zu spät zu sein und jeder Rat vergebens. Luther widerspricht und ruft mit aller Autorität und Vollmacht, die ihm als Diener des Wortes zu Gebote stehen, dazu auf, im Namen Gottes gegen Tod und Teufel zu revoltieren. Aus zwei Momenten besteht der revolutionäre Vollzug, der darauf angelegt ist, die Lage des Sterbenden von Grund auf umzuwälzen. Die Revolution erfolgt durch Abkehr vom höllischen Schreckensbild des Todes, das der Teufel an die Wand malt, und durch Hinkehr zum Bild des gekreuzigten Heilands, der durch seine österliche Erscheinung in der Kraft des göttlichen Geistes die Kehre ermöglicht und ihren Richtungssinn bestimmt.

Im Leben, mahnt Luther, soll man des Todes gedenken und sich im memento mori üben. Denn zu Lebzeiten ist ein gepflegtes Bewusstsein eigener Sterblichkeit durchaus lebensdienlich und zwar sowohl in individueller und sozialer als auch in religiöser Hinsicht. Wenn es aber ans Sterben geht, sind Todesgedanken nach Urteil des Reformators nicht nur nichts nütze, sondern gefährlich und daher zu meiden. Was gut und richtig ist, wenn der Tod „noch fern ist und einen nicht in die Enge treibt" (ebd.), wird schädlich, sobald er sich nähert und distanzlos bedrängt. Dann soll man sich abwenden von seinem Bild und möglichst keinen Gedanken mehr an ihn verschwenden. Das Gedächtnis von Tod und Sterblichkeit hat seine Zeit. Zeit seines Lebens muss der Mensch es pflegen. Im Sterben hingegen sollte der Mensch den Tod möglichst vergessen. Denn dieser gewinnt einen Großteil seiner Stärke und schwächt über Gebühr, wenn „man ihn zur Unzeit zuviel ansieht und betrachtet" (19). Nachdrücklich rät Luther dem Sterbenden, dem Tod nicht sein

Gesicht, sondern seinen Rücken, besser noch: sein Hinterteil zuzuwenden. Den Rest kann man unausgesprochen lassen, obwohl deftige Sprache in diesem Falle durchaus geboten, man darf ruhig sagen: gottgeboten ist.

Luthers Rat

Energischer noch als mit dem Tod hat der Sterbende Luthers Rat zufolge mit Sünde, Teufel und Hölle zu verfahren. In ihrer unheiligen Trias und umgeben vom widerlichen Schein eines zwieträchtigen Gegensatzes zur göttlichen Trinität werden sie im Inneren des Sterbenden vorstellig, um ihm seine Verfehlungen vorzuhalten, Schuldvorwürfe zu machen, sein gesamtes Dasein für sinnlos, ja sinnwidrig und grundverkehrt zu erklären, damit er an seiner Erwählung durch Gott zweifle und einer ausweglosen Verzweiflung verfalle, die in die Verdammnis führt. Luther wusste aus eigener – sterbensnah zu nennender – Erfahrung, wovon er sprach, wie etwa folgende Liedstrophen belegen, die er wenige Jahre nach seinem Sermon gedichtet hat: „Dem Teufel ich gefangen lag, / im Tod war ich verloren, / mein Sünd mich quälte Nacht und Tag, / darin ich war geboren. / Ich fiel auch immer tiefer drein, / es war kein Guts am Leben mein, / die Sünd hatt' mich besessen. – Mein guten Werk, die galten nicht, / es war mit ihn' verdorben; / der frei Will haßte Gotts Gericht, / er war zum Gutn erstorben; / die Angst mich zu verzweifeln trieb, / daß nichts denn Sterben bei mir blieb, / zur Höllen mußt ich sinken." (EG 341,2 f.) Man kann die hier beschriebene Situation durchaus mit derjenigen vergleichen, in der Luthers Sermon den Sterbenden vorfindet. Welchen solidarischen Rat gibt er ihm? Just den, seine Augen nicht nur vom Tod, sondern auch von Sünde, Teufel und Hölle rücksichtslos abzuwenden und demjenigen zuzuwenden, der ihm mit offenen und ausgestreckten Armen entgegenkommt: Jesus Christus und Gott, dem himmlischen Vater, in ihm.

Zu Lebzeiten sollen wir der Sünde gedenken und dürfen ihr Bewusstsein nicht schuldig bleiben. Im Sterben hingegen besteht zu Sündenbetrachtungen „weder Recht noch Zeit" (19). Entsprechendes gilt in Bezug auf Teufel und Hölle: Zeit des Lebens sind sie sorgsam im Blick zu halten, damit man auf der Hut sei vor ihrer List und ihren Nachstellungen entgehe. Denn der Widersacher geht nicht nur umher wie ein brüllender Löwe, der lautstark sucht, welchen er verschlinge (1. Petr 5,8); er schleicht sich auch verstohlen an, um schlangengleich zu vergiften und klammheimlich die Hölle zu bereiten. Auf Trugbilder des Bösen muss mithin lebenslang Acht gegeben werden. Im Sterben hingegen gilt eine andere Regel: Kein Gedanke soll mehr auf Sünde, Teufel und Hölle verschwendet werden. Was gehen sie mich an?! Sind sie doch durch meinen Herrn und Heiland allesamt überwunden: Hebe dich hinweg, Satan, und mit dir Sünde und Hölle dazu. Nur keine Auseinandersetzung mit Sünde, Teufel und Hölle im Angesicht des Todes: „Wer nun gut mit ihnen fechten will und sie austreiben, dem wird es nicht genügen, daß er sich mit ihnen zerrt und schlägt oder ringt. Denn sie werden ihm zu stark sein, und es wird ärger und ärger. Die Kunst ist's ganz und gar, sie fallenzulassen und nichts mit ihnen zu schaffen zu haben. Wie geht das aber zu? Es geht so zu: Du mußt den Tod in dem Leben, die Sünde in der Gnade, die Hölle im Himmel ansehen und dich von dem

Ansehen oder Blick nicht lassen wegtreiben, wenn dir's gleich alle Engel, alle Kreatur, ja, wenn dir's auch scheint, Gott selbst anders vor Augen halten, was sie doch nicht tun, aber der böse Geist macht einen solchen Schein." (20 f.)

Anschauung Christi

Abkehr von den Schreckensbildern des Todes, der Sünde und der Hölle sowie Hinkehr zum Bild Jesu Christi, der Ikone Gottes, so lautet die Grunddevise in Luthers Sermon. In Jesus Christus wird nicht nur das vollkommene Urbild menschlicher Gottebenbildlichkeit und die Inkarnationsgestalt des göttlichen Logos, sondern in einem damit und zugleich derjenige vorstellig, der am Kreuz gottmenschliche Versöhnung bereitet und mit dem Tod auch Sünde und Hölle samt dem Satan und allen Teufel überwunden hat, wie dies in seiner österlichen Erscheinung offenbar und durch den Pfingstgeist bezeugt worden ist. Im auferstandenen Gekreuzigten tritt zutage, woran der Christenmensch im Leben und nachgerade im Sterben Halt und Trost finden kann, ja der Crucifixus selbst ist in Person des Glaubenden Halt und Trost, der ihm statt dem Tod das Leben, statt der Sünde die Gnade und statt der Hölle den Himmel vor Augen stellt und so eine Aussicht eröffnet, wie sie herrlicher nicht sein könnte: „Kein Aug hat je gespürt, / kein Ohr hat mehr gehört / solche Freude." (EG 147,3; vgl. 1. Kor 2,9; Jes 64,3)

Wenn Hören und Sehen vergehen, dann wird in der Kraft des göttlichen Geistes der auferstandene Gekreuzigte vorstellig, um eine Aussicht zu eröffnen, die unerhörte Freude mit sich bringt. Verlass dich darauf, mahnt Luther, dass der Heiland dich im Tode nicht verlassen, sondern dir die Tür zum ewigen Leben aufschließen wird. Dann vergeht die Nacht und das Licht eines unvergänglichen Tages bricht an. Sieh diesem Licht entgegen, welches in der Gestalt Jesu Christi auf dich zukommt, dann wird dein Sterben in aller Not und Kümmernis nicht trostlos, sondern selig sein. – Ist all dies, so höre ich nicht nur von außen, sondern in mir selbst fragen, nicht zu schön, um wahr zu sein? Entspricht es der Realität tatsächlichen Sterbens, die doch aller Erfahrung nach nicht selten höchst grausam ist? Beruht die Aussicht, die Luther dem Sterbenden eröffnen möchte, nicht auf einer Einbildung, die zwar als zutiefst menschlich, aber nichtsdestoweniger als fiktiv erscheinen muss, als ein frommes Trugbild? Zweifel melden sich und mit ihnen die alte Verzweiflung, die auch dann Verzweiflung bleibt, wenn sie sich ein hochmütiges Ansehen gibt. Muss nicht am Ende, wenn die alltägliche Gewohnheit weicht, alles als unheimlich, sinnlos, ja sinnwidrig erscheinen? Indem er Fragen dieser Art nicht ausweicht, sondern sich ihnen beherzt stellt, erreicht Luthers Sermon seine eindringlichste Tiefe.

Abkehr von den Horrorszenarien von Tod, Sünde und Hölle sowie Hinkehr zum Bild des Lebens, der Gnade und des Himmels, das uns in der Person Jesu Christi vor Augen gestellt ist, so lautete die bisherige Devise. Aber was sehen wir eigentlich, wenn wir, wie Luther empfiehlt, Jesus Christus anschauen? Einen strahlenden Helden, umgeben vom ewigen Licht einer anderen Welt? So mag es unserer Einbildung erscheinen. Wenn er es aber ist, der sich uns einbildet, dann ergibt sich nicht nur auf den ersten Blick ein anderes Bild – ein Bild, das durch die österliche Erscheinung nicht etwa zum Verschwinden gebracht, sondern ewig unvergessen bleibt.

Ecce homo! Seht welch ein Mensch! „Und um die neunte Stunde rief Jesus laut und sprach: *Eli, Eli, lama asabthani?* Das ist verdolmetscht: Mein Gott, mein Gott, warum hast Du mich verlassen?“ (Mk 15,34) Als er dies gesagt hatte, so lesen wir im ältesten Evangelium nach Markus weiter, starb Jesus mit einem Schrei. „Der Hauptmann aber, der dabeistand ihm gegenüber und sah, dass er mit solchem Geschrei verschied, sprach: Wahrlich dieser Mensch ist Gottes Sohn gewesen.“ (Mk 15,39)

Das Sterbensbild des Gekreuzigten hat den Zenturio zu einer Glaubenseinsicht gebracht, die durch Ostern nicht falsifiziert, sondern von Gott selbst verifiziert wurde dergestalt, dass sich der allmächtige Gott mit dem ohnmächtigen Jesus identifiziert hat, um ihn zu seiner Rechten zu erheben, damit er dort unser Anwalt und Fürsprecher sei von Ewigkeit zu Ewigkeit. Im Zeichen des Kreuzes fasst sich das ganze Christentum zusammen, und das Heil im Leben und im Sterben ist im Bild des Crucifixus inbegriffen, den nicht wir uns einbilden, sondern der sich uns einbildet und uns eine Wirklichkeit erahnen lässt, über die hinaus eine wirklichere nicht geschaut werden kann. Im Kreuz Jesu Christi ist uns Gott näher gekommen als wir uns selbst je nahe kommen können. Am Kreuz, sagt Luther, hängt unser ureigenes Heil. Denn dort hat sich Jesus Christus, dessen Person Gottheit und Menschheit vereint, „uns sich selbst bereitet als ein dreifältiges Bild, unserm Glauben vor Augen zu halten wider die drei Bilder, mit denen der böse Geist und unsere Natur uns anfechten, um uns aus dem Glauben zu reißen. Er ist das lebendige und unsterbliche Bild wider den Tod, den er erlitten und doch mit seiner Auferstehung von den Toten überwunden hat in seinem Leben. Er ist das Bild der Gnade Gottes wider die Sünde, die er auf sich genommen und durch seinen unüberwindlichen Gehorsam überwunden hat. Er ist das himmlische Bild: Er, der verlassen ist von Gott als ein Verdammter und durch seine allermächtigste Liebe die Hölle überwunden hat, bezeugt, daß er der liebste Sohn sei und daß uns allen dies zu eigen gegeben, wenn wir es glauben.“ (24 f.)

Der auferstandene Gekreuzigte

Der Gekreuzigte ist unser Heil im Sterben, weil Gott in ihm, wie an Ostern offenbar und vom Pfingstgeist bezeugt, in Tod, Grab und Hölle uns vorangegangen ist, um in tiefster Finsternis bei uns zu sein und sein ewiges Licht leuchten zu lassen. Du bist angefochten vom Todesleid: auch Gott hat es in Jesus Christus erlitten! Du erschauderst vor dem Grab: auch Gott war in Jesus Christus in ihm gelegen! Du wirst vom Teufel ob deiner Sünde angefochten: auch Gott selbst weiß durch denjenigen um Anfechtung, der an unserer statt den Sündertod starb, um in das Reich des Todes und der Hölle hinabzusteigen. Nichts Menschliches bis hin zur resignatio ad infernum ist Gott fremd. Warum also kann das Bild Jesu Christi und dieses allein im Sterben trösten? Weil Jesus Christus nach Luther selbst das Bild des Todes, der Sünde und der Hölle vor Augen hatte, was er nicht vergisst, sondern woran er denkt, wenn er uns ein ewiges Gedächtnis stiftet bei Gott.

Von uns aus könnten wir unseren Blick gar nicht von den Schreckensbildern, die uns in ihren Bann ziehen, ab- und Jesus Christus zuwenden, würde er uns nicht selbst mit jenem Blick ansehen, der um Tod, Sünde und Hölle weiß, aber sie in der Gewissheit Gottes überwunden hat. Die Gottesgewissheit des christlichen Glaubens, deren Grund und Urbild Jesus Christus ist, ist nicht allwissend, sondern mit Unwissen mannigfacher und durchaus prinzipieller Art verbunden. Wir haben – Nahtoderfahrungen hin oder her – keinerlei Erfahrungswissen von einem postmortalen Leben, und wir werden zu unseren irdischen Lebzeiten auch grundsätzlich kein solches Erfahrungswissen gewinnen. Wir dürfen aber um Christi willen gewiss sein, dass der allwissende Gott nicht nur weiß, was es heißt, nicht allwissend zu sein, sondern auch mit seiner ganzen Allwissenheit und Allmacht nur ein Ziel verfolgt: in väterlicher Weise zu wirken, was für seine Menschenkinder, für mich und für dich und für uns alle vernünftig und gut ist. Darauf können wir uns verlassen im Leben und Sterben dank unseres gekreuzigten und auferstandenen Herrn.

Gegen Schluss seines Sermons, ab dem fünfzehnten Abschnitt, wo er noch einmal auf die Sakramente, ihre Kraft und ihren rechten Gebrauch zu sprechen kommt, unterstreicht Luther mit großem Nachdruck den, wenn man so will, exzentrischen Charakter des Glaubens. Der Glaubende ist, was er ist, nicht aus und durch sich selbst, sondern indem er außer sich gerät und mittels der Medien des Heils in der Kraft des Hl. Geistes dazu bewegt wird, sich auf Gott in Christus zu verlassen. Glauben heißt Sein in Christus. Durch Christus, wie er in Wort und Sakrament vorstellig wird und sich uns zueignet, kommt der Glaubende zu sich selbst und zur Gewissheit, die seinen Glauben ausmacht. Glaubensgewissheit hat nicht den Charakter vermittlungsloser Unmittelbarkeit, sondern ist, weil sie auf Christusgemeinschaft basiert, medial vermittelt und auf kommunial-kommunikative Vermittlung angelegt, so dass individuelles Sein in Christus und soziale Christengemeinschaft einen Zusammenhang bilden.

Communio Sanctorum

Wer mit dem solus Christus und dem sola fide ernst macht, befindet sich immer schon in der Gemeinschaft der Gläubigen, welche die Kirche ist. Dies gilt auch und gerade für den sterbenden Menschen, der sich, wie ihm die kirchlichen Sakramente wirkmächtig bezeugen, im Verein mit Christus zugleich mit den Christen aller Räume und Zeiten verbunden wissen darf, die sein Sterben begleiten. Luther scheut sich nicht zu sagen, dass alle Glieder der die Schranken des Todes transzendierenden communio sanctorum „mit dir in Christus sterben, Sünde tragen, Hölle überwinden" (27). Man hat in solchen Aussagen und in der Annahme einer Fürbitte der Heiligen Restbestände mittelalterlicher Theologie und Frömmigkeit vermutet, die der Reformator später abgestreift habe. Aber diese These ist unzutreffend. Zeitlebens war Luther der festen Überzeugung, dass die Solidargemeinschaft der Glaubenden durch den Tod zu keinem Ende kommt.

Zwar ist durch den Tod eine Grenze gesetzt, die strikt zu achten ist. Versuche direkter Kontaktaufnahme zu Verstorbenen hält Luther für gänzlich abwegig und ausgeschlossen. Mit Spiritismus hat das Christentum schlechterdings nichts gemein, und vor okkultistischen Praktiken schlägt es das Kreuz. Damit die Verwesung nicht in der Erfahrungswelt Platz greife, ist zwischen Leben und Tod sorgsam zu unterscheiden und jeder Kontamination zu wehren, welche die Seele des Menschen verunreinigt und seinen Geist durch abseitige Wahngebilde zersetzt. Damit ist freilich nicht gesagt, dass durch die unter allen Umständen zu respektierende Grenze, die durch den Tod gesetzt ist, die Gemeinschaft der Glaubenden aufgehoben und die Bindung der Glaubenden aneinander unterbunden würde.

In der Gemeinschaft mit Christus, wie Wort und Sakrament sie kraft des durch sie in uns wirkenden Geistes Gottes vermitteln, kann jeder Christ der Gemeinschaft aller Christen im Leben und im Sterben und über den Tod hinaus gewiss sein. Weder Tod noch Teufel noch die „Pforten der Hölle“ (Mt 16,18) werden die Gemeinschaft derjenigen zerstören, die in Christus sind. Ein Christ ist niemals allein. Denn die Bindung an Christus verbindet ihn zugleich mit allen anderen Christenmenschen, die ihm ihrerseits verbunden sind. Nicht zuletzt diese Gewissheit kann ein Trost im Sterben sein und das umso mehr, wenn in rechter christlicher Weise die humane Bedeutung gemeinsamer Sterblichkeit aller Menschen, ja aller kreatürlichen Lebewesen bedacht wird.

Indem sie mit Christus vereinen, vereinen die Sakramente und namentlich das sacramentum unitatis des Herrenmahls die Christen untereinander. Wie der Apostel sagt. „Der gesegnete Kelch, welchen wir segnen, ist der nicht die Gemeinschaft des Blutes Christi? Das Brot, das wir brechen, ist das nicht die Gemeinschaft des Leibes Christi? Denn ein Brot ist's, so sind wir viele ein Leib, dieweil wir alle eines Brotes teilhaftig sind.“ (1. Kor 10,16f.) Damit er der Gemeinschaft mit Christus gewiss sei und sich der Gemeinschaft der Christen vergewissere, empfiehlt Luther dem Sterbenden dringend den Empfang des Abendmahls, ohne deshalb zu behaupten, die Hinderung, das gesegnete Brot zu essen und den gesegneten Wein zu trinken, würde notwendig zum Schaden gereichen. Welche Hinderungsgründe es im Einzelnen auch geben mag: einer soll und darf nicht infrage kommen, nämlich das Empfinden eigener Unwürdigkeit. Jeder, der die Gemeinschaft Christi begehrt, ist würdig, sie zu empfangen, ja er ist umso würdiger, als je unwürdiger er sich selbst und der Welt erscheint.

Die Gabe, die Gott in Christus gibt und unter der Gestalt von Brot und Wein austeilen lässt, wird unbedingt, bedingungslos und ohne jeden Vorbehalt gegeben. Denn in ihr gibt sich Gott selbst uns ganz und gar zu eigen, um durch nichts als reines Empfangen, mere passive, wie Luther sagt, geehrt zu werden. Was sollen wir also tun im Leben und insonderheit im Sterben, wenn es mit uns und unseren Kräften zu Ende geht, wenn alle Eigenmöglichkeiten vergehen und Selbst und Welt dahinschwinden? Antwort: Nichts, gar nichts als uns die Zuwendung der Liebe Gottes gefallen und uns in seine Hände fallen zu lassen, die er in Christus entgegenstreckt, damit wir von ihnen im göttlichen Geist ergriffen werden, der uns aufs beste mit unaussprechlichen Seufzern vertritt und unserer Schwachheit aufhilft (vgl. Röm 8,26). Von solchem Ergriffensein rührt der Begriff her, den Luther vom Glauben hat.

Sola fide

Glaube ist kindliches Vertrauen zu Gott, der sich in Jesus Christus durch den Hl. Geist als Vater seiner verlorenen Menschensöhne und -töchter erwiesen hat. Solcher Glaube hat Bestand, weil er in Gott selbst gründet, wie uns in Wort und Sakrament zugesagt und versprochen ist. Auf dieses Versprechen vertrauen und sich angesichts drohenden Nichts von Selbst und Welt demjenigen anzuvertrauen, der ex nihilo zu schaffen und Tod, Teufel und Hölle zunichte zu machen vermag, heißt Glauben. Glaube nur, zweifle nicht! „Glaube macht würdig, Zweifel macht unwürdig.“ (28) Mag alle Welt, mag ich mir selbst zweifelhaft werden: dies tut letztlich nichts zur Sache, wenn nur geglaubt und nicht bezweifelt wird, dass Gott für uns, dass Gott für mich ist. „Was hülfe es, daß du dir vorbildetest und glaubtest, der Tod, die Sünde, die Hölle der andern seien in Christus überwunden, wenn du nicht auch glaubtest, daß dein Tod, deine Sünde, deine Hölle dir da überwunden und vertilgt seien und du ebenso erlöst seiest.“ (Ebd.) Bitte Gott, dass er mit der in Jesus Christus gegebenen Gnade durch seinen Geist auch ihr gläubiges Empfangen und mit dem Empfangen den entsprechenden Dank schenke, der in einer Liebe tätig ist, die den Tod zwar nicht sucht, ihn aber um Gottes und des Nächsten willen auch nicht scheut. Man lese hierzu, was Luther Breslauer Pfarrern angesichts einer Pestepidemie auf die Frage geantwortet hat, „ob ein Christen menschen gezyme zu fliehen ynn sterbens leufften“ (WA 23,338,6; vgl. WA 23,321–386).

Luthers „Sermon von der Bereitung zum Sterben“ markiert den Ansatz einer reformatorischen Eschatologie, die Anspruch auf ökumenische Geltung in der ganzen Christenheit erheben darf. Integriert der Sermon selbst beispielsweise in sakramentstheologischer Hinsicht Elemente, die später aus Theorie und Praxis der Reformationskirchen faktisch ausgeschieden wurden, aber doch nicht notwendigerweise ausgeschieden werden müssen, so lassen sich unter Voraussetzung seines eschatologischen Ansatzes auch solche Traditionsbestände reformulieren, die man üblicherweise nicht im Kontext einer reformatorischen Lehre von den Letzten Dingen vermuten würde; am Fall der Purgatoriumsdoktrin soll dies exemplarisch erwiesen werden. Weitere Fallstudien zu traditionellen Beständen christlicher Eschatologie verfolgen ein ähnliches Ziel und den Zweck, die Integrationspotentiale des reformatorischen Ansatzes in Kritik und Konstruktion möglichst flächendeckend unter Beweis zu stellen. Zur Beförderung dieses Anliegens seien formale Gestalt und materialer Gehalt einer Eschatologie in reformatorischer Tradition eingangs in Grundzügen skizziert; Skizzen zu den Rahmenbedingungen aktueller eschatologischer Theoriebildung werden anschließend entworfen, damit sich mehr und mehr zu erkennen gebe, „(w)orauf es letztlich ankommt“ (vgl. Kläden [Hg.]).

1. Rechtfertigung im Endgericht. Eschatologie in reformatorischer Tradition

Lit.: P. Althaus, Die letzten Dinge, Gütersloh [4]1933. – G. Brüntrup, Das Leib-Seele-Problem. Eine Einführung, Stuttgart [3]2008. – Ders.,/M. Rugel/M. Schwarz (Hg.), Auferstehung des Leibes – Unsterblichkeit der Seele, Stuttgart 2010. – R. Dellsperger, Art. Biedermann, Alois Emanuel (1819–1885), in: TRE 6, 484–488. – G. Gasser, Hylemorphistische Theorien der Auferstehung. Eine kritische Bestandsaufnahme, in: ThPh 88 (2013), 536–559. – A. Lindemann, Eschatologie III. Neues Testament, in: RGG[4] 2, 1153–1560. – M. Luther, Sermon von der Bereitung zum Sterben, in: ders., Ausgewählte Schriften. Hg. v. K. Bornkamm/G. Ebeling. 2. Bd.: Erneuerung von Frömmigkeit und Theologie, Frankfurt a. Main [2]1983, 15–34. – T. Müller, Philosophische Überlegungen zu einer christlichen Eschatologie im Zeitalter der Naturwissenschaften. Wissenschaftsphilosophische Grundlagen und Impulse aus der Prozessphilosophie Whiteheads, in: T. Kläden, Worauf es letztlich ankommt. Interdisziplinäre Zugänge zur Eschatologie, Freiburg i. Br. 2014, 95–124. – M. Ortner, Apokastasis panton *und Fegfeuer. Ost-westliche Kontroversen im Lichte von Dogmen- und Lehrentwicklung, Diss. München 2014. – G. Wenz, Theologie der Bekenntnisschriften der evangelisch-lutherischen Kirche. Eine historische und systematische Einführung in das Konkordienbuch, 2 Bde., Berlin/New York 1996/1998. – Ders., Religion. Aspekte ihres Begriffs und ihrer Theorie in der Neuzeit, Göttingen 2005 (Studium Systematische Theologie Bd. 1). – Ders., Offenbarung. Problemhorizonte moderner evangelischer Theologie, Göttingen 2005 (Studium Systematische Theologie Bd. 2). – Ders., Kirche. Perspektiven reformatorischer Ekklesiologie in ökumenischer Absicht, Göttingen 2005 (Studium Systematische Theologie Bd. 3). – Ders., Gott. Implizite Voraussetzungen christlicher Theologie, Göttingen 2007 (Studium Systematische Theologie Bd. 4). – Ders., Christus. Jesus und die Anfänge der Christologie, Göttingen 2011 (Studium Systematische Theologie Bd. 5). – Ders., Geist. Zum pneumatologischen Prozess altkirchlicher Lehrentwicklung, Göttingen 2011 (Studium Systematische Theologie Bd. 6). – Ders., Schöpfung. Protologische Fallstudien, Göttingen 2013 (Studium Systematische Theologie Bd. 7). – Ders., Sünde. Hamartiologische Fallstudien, Göttingen 2013 (Studium Systematische Theologie Bd. 8). – Ders., Versöhnung. Soteriologische Fallstudien, Göttingen 2015 (Studium Systematische Theologie Bd. 9).*

Biedermanns Weisung

Vom Schweizer Reformtheologen Alois Emanuel Biedermann soll die hermeneutische Weisung stammen, jede Dogmatik sei rückwärts und von hinten herein, nämlich von der Eschatologie her zu lesen. Dieser Grundsatz entspricht reformatorischer Theologie und namentlich derjenigen Luthers, die in allen ihren Aspekten eschatologisch bestimmt ist. Luthers Gedanken zu den Letzten Dingen stellen nicht nur den Schlusstopos seiner Lehre dar, sondern fungieren auch als Integral, durch welches ihre einzelnen Teile zu einem Ganzen zusammengeschlossen werden. Ihre integrative Funktion für die Gesamtlehre erfüllt Luthers Eschatologie indes nicht in Form futurologischer Endzeitspekulationen, sondern durch strikte Konzentration auf die in der Kraft des Hl. Geistes erschlossene Gottesoffenbarung in Jesus Christus. Zu erwarten steht die Zukunft des Gekommenen. Durch sein österliches Perfekt wird nach Luthers Urteil künftig alles vollendet werden. Der liberale Züricher Biedermann bestätigt dies insofern, als auch für ihn der Zusammenhang von Christusglaube und christlicher Endzeithoffnung unaufhebbar ist (vgl. Dellsperger, 485 f.).

„(S)uche dich nur in Christus und nicht in dir, so wirst du dich ewig in ihm finden." (Luther, 23) Das Motto von Luthers „Sermon von der Bereitung zum Sterben" aus dem Jahr 1519 kann als programmatischer Grundsatz reformatorischer Eschatologie gelten und zwar sowohl in individueller als auch in universaler Hinsicht. Das ewige Heil von Selbst und Welt gründet in Jesus Christus, von dessen Entgegenkommen der Glaube seine Zukunft erwartet. Was kommt auf uns zu? Die Antwort des Glaubens lautet: Jesus Christus, seine Parusie und im Verein mit ihr das Reich Gottes und der Geist, der ewiges Leben schafft und die Schöpfung vollendet. Christliche Eschatologie ist christologisch-trinitätstheologisch fundiert und ohne diese Fundierung grundlos. Die christologisch-trinitätstheologische Fundierung christlicher Eschatologie hinwiederum ist festgefügt nur, wenn sie der auferstandene Gekreuzigte konstituiert, in dem sich der allmächtige und gerechte Gott in der Kraft seines Geistes als der Retter erschlossen hat, der um des Leidens und Sterbens seines österlich verherrlichten Sohnes willen aus Gnade durch Glauben aus dem eschatologischen Gericht befreit. In der Person des für Menschheit und Welt gerichteten Richters Jesus Christus wird diese eschatologische Rettung zum Heil des Glaubens vorstellig werden und in Erscheinung treten. Daran orientiert sich die christliche Hoffnung in ihrer individuellen und universalen Gestalt.

Religion, so wurde wiederholt gesagt, ist die Beziehung von Subjekten zu einem fundierenden Grund von Selbst und Welt (vgl. Wenz, Religion), Offenbarung die Selbsterschließung dieses Grundes und damit die Begründung des religiösen Verhältnisses selbst (vgl. Wenz, Offenbarung). Nach dem gemeinkirchlichen Bekenntnis des christlichen Glaubens (vgl. Wenz, Kirche) hat sich der fundierende Sinngrund von Selbst und Welt in Jesus Christus, näherhin im auferstandenen Gekreuzigten offenbart. Ostern ist das Urdatum, in dem sich der Grund erschlossen hat, in dem der christliche Glaube gründet und auf den er sein Vertrauen setzt: der dreieinige Gott, als Ursprung, Mitte und Ziel von Selbst und Welt (vgl. Wenz, Gott; Christus; Geist). Das innertrinitarische Mysterium des dreieinigen Gottes wird durch die Offenbarung in Jesus Christus, dem auferstandenen Gekreuzigten, nicht etwa aufgehoben, sondern im Gegenteil als das unvordenkliche Geheimnis erschlossen, in dem Gerechtigkeit und Liebe des allmächtigen Gottes auf differenzierte Weise vereint sind. Die trinitätstheologische Lehre von der göttlichen Ökonomie hat dies in christologischer Konzentration unter schöpfungstheologischen (vgl. Wenz, Schöpfung), hamartiologischen (vgl. Wenz, Sünde), soteriologischen (vgl. Wenz, Versöhnung) und eschatologischen Aspekten zu bedenken.

Österliche Anamnese von Schöpfung und Sündenfall

An Ostern erscheint Jesus Christus als der inkarnierte Logos, in welchem der allmächtige Schöpfer des Himmels und der Erden, der eine Gott universaler Gerechtigkeit als Vater von Menschheit und Welt offenbar wird, der in der Kraft seines schöpferischen Geistes ein Kindschaftsverhältnis seiner Kreaturen und namentlich seines Menschengeschöpfs zu ihm selbst ermöglicht und erschließt. Die manifeste Gestalt kreatürlicher Gotteskindschaft ist der logospersonierte, ganz vom göttlichen Schöpfergeist durchdrungene Mensch Jesus, der wahre Adam und das vollkommene Geschöpf. Als solcher bringt er sich im Geiste Osterns für diejenigen in Erinnerung, die seines irdischen Lebens gedenken und dadurch zu einer Schöpfungsanamnese bewegt werden, die protologische Einsichten in Bezug auf Selbst und Welt erschließt.

Protologische, die Ursprungsbestimmung von Selbst und Welt bestimmende Einsichten sind auch prächristologisch zu erlangen, aber nur auf unbestimmte und uneindeutige Weise, die eine Zweideutigkeit mit sich führt, wenn sie in ihrer Unbestimmtheit und Uneindeutigkeit nicht eindeutig identifiziert wird, wie dies durch die Christologie geschieht. In der österlich-pfingstlich offenbaren gottmenschlichen Person des inkarnierten Logos ist das Ursprungsverhältnis von Gott und Mensch als ein Verhältnis von Vater und Sohn, als ein Vaterschafts- und Kindschaftsverhältnis offenbar, das den Glauben beten lässt: „Vater unser im Himmel". Im Vollzug des Herrengebets wird das erste Gebot erfüllt (BSLK 507,43 f.: „Wir sollen Gott über alle Dinge fürchten, lieben und vertrauen."), wobei der väterliche Schöpfergott selbst es ist, der Wollen und Vollbringen wirkt, indem er uns damit lockt, „daß wir gläuben sollen, er sei unser rechter Vater und wir seine rechte Kinder, auf daß wir getrost und mit aller Zuversicht ihn bitten sollen, wie die lieben Kinder ihren lieben Vater" (BSLK 512, 20–24; vgl. Wenz, Theologie I, 263–347).

Das Bekenntnis des ersten Glaubensartikels, wonach „mich Gott geschaffen hat sampt allen Kreaturn" (BSLK 510,33 f.), weist voraus auf die Vaterunserbitten des Herrengebets und zurück auf das erste Gebot und alle Folgegebote, deren Erfüllung der Schöpfungsglaube ist, welcher in allen Dingen der väterlichen Allmacht und Gerechtigkeit Gottes vertraut und sich auf den Schöpfer verlässt, in dessen Güte Selbst und Welt gründen, bestehen und ihre Vollendung finden. Was es mit dem Grund dieses Schöpfungsglaubens auf sich hat, ist an der irdischen Erscheinungsgestalt des göttlichen Menschensohnes und menschlichen Gottessohnes offenbar und zur Gewissheit geworden. Offenbar und gewiss geworden ist durch den irdischen Lebensweg Jesu Christi und sein Ende aber zugleich, dass Menschheit und Welt den Glauben an Gott den Schöpfer schuldig geblieben sind, sich gegen seine Gebote verfehlt und das Gotteskindschaftsverhältnis verkehrt haben. Der Glaubende hat dies in Anbetracht des Kreuzes Jesu Christi allem zuvor für sich selbst zu bekennen: „Nun, was du, Herr, erduldet, / ist alles meine Last; / ich hab es selbst verschuldet, / was du getragen hast." (EG 85,4)

Das Kreuz Jesu Christi ist der Erkenntnisgrund dessen, was im theologischen Sinne Sünde heißt, nämlich Unglaube, fehlendes und schuldig gebliebenes Gottvertrauen, Selbst- und Weltvergottung, gottwidriges Verhalten etc., zuletzt Gotteshass. Was es mit dem abgründigen Fall der Sünde und dem Unwesen auf sich hat, das sie treibt, wird im Leiden des Gekreuzigten ersichtlich. Zwar ist mit einem Bewusstsein von Schuld und menschlicher Verfehlung auch jenseits christlicher theologia crucis zu rechnen. Aber die Radikalität des peccatum originale kann unter Absehung vom Gekreuzigten nicht ermessen werden. In Christi Tod wirkt sich die Verkehrtheit aus, aus der alle peccata actualia samt den mit ihnen verbundenen Übeln der Welt abgründig hervorgehen, um gemäß dem göttlichen Gesetz gerichtet zu werden. Wird dies wahrgenommen, dann sind die Folge davon Reue und Schrecken über die Sünde, „contritio seu terrores incussi conscientiae agnito peccato" (CA XII,4).

Augenblick der Gnade

Aus der Heillosigkeit der Gewissenspein, die den Sünder in Anbetracht des Kreuzes überfällt, das ihm seine sündige Verkehrtheit vorstellig macht und vorhält, kann nur der Blick Jesu Christi selbst erretten, der, wie das Beispiel des Petrus zeigt, heillose in heilsame Reue umzuwandeln vermag, weil er anzeigt, dass der Gang ans Kreuz für uns und um unser Rechtfertigung willen geschehen ist. Die Bitte unter dem Kreuz kann daher nur lauten: „Schau her, hier steh ich Armer, der Zorn verdienet hat. / Gib mir, o mein Erbarmer, / den Anblick deiner Gnad." (EG 85,4) In den österlichen Erscheinungen ist der Blick des leidenden Jesus Christus als visio Dei erkennbar, in der sich der allmächtige und barmherzige Gott als reine Gnadenliebe zur Anschauung bringt, um in der Kraft seines Geistes durch Wort und Sakrament den Rechtfertigungsglauben zu erschließen, welcher bekennt: „Ich gläube, daß Jesus Christus, wahrhaftiger Gott vom Vater in Ewigkeit geborn und auch wahrhaftiger Mensch von der Jungfrauen Maria geborn, sei mein HERR, der mich verlornen und verdammpten Menschen erlöset hat, erworben, gewonnen von allen Sunden, vom Tode und von der Gewalt des Teufels nicht mit Gold oder Silber, sondern mit seinem heiligen, teuren Blut und mit seinem unschüldigen Leiden und Sterben, auf daß ich sein eigen sei und in seinem Reich unter ihme lebe und ihme diene in ewiger Gerechtigkeit, Unschuld und Seligkeit, gleichwie er ist auferstanden vom Tode, lebet und regieret in Ewigkeit; das ist gewißlich wahr." (BSLK 511,23–28)

Der zweite Artikel markiert die innere Mitte der drei lutherischen Katechismushauptstücke von Dekalog, Credo und Vaterunser und bestimmt, wenn man so will, das geistesgegenwärtige Präsens des Glaubens und die Gewissheit, die sein aktuelles Bewusstsein und Selbstbewusstsein ausmacht. Ohne Glaubensgewissheit, die im Vertrauen auf den auferstandenen Gekreuzigten, dem Rechtfertigungsevangelium in Person, gründet, kann es weder eine christlich zu nennende Schöpfungsanamnese und eine ihr entsprechende hamartiologische Erkenntnis noch jene eschatologische Erwartung geben, die gewisse Hoffnung erschließt. Nicht minder gilt freilich das Umgekehrte, nämlich dass ein Glaube ohne protologische Erinnerung und hoffnungsvolle Aussicht auf die endzeitliche Parusie Jesu Christi, auf das Kommen des Reiches Gottes und auf die Vollendung der Schöpfung im Geist keinen Bestand haben kann.

Ein Glaube, der keine Hoffnung hegt, schwindet ebenso dahin, wie eine Hoffnung, der die Gewissheit des Glaubens fehlt, dass auf Gott und seinen Christus bis ans Ende und darüber hinaus Verlass ist. Weil dem so ist, sind Reflexionen über das Verhältnis von Glaube und Hoffnung für die Grundlegung christlicher Eschatologie unentbehrlich. Sie müssen sich zugleich auf die Beziehung richten, die zwischen dem österlichen Perfekt der dem Glauben gewärtigen Geistpräsenz Jesu Christi in Wort und Sakrament einerseits und dem eschatologischen Futur andererseits herrscht, welches durch die Parusie Jesu Christi bezeichnet ist. Man wird vorweg vermuten dürfen, dass der künftige Advent nicht ohne das Perfekt Osterns und den Glauben an die aktuelle Präsenz des auferstandenen Gekreuzigten in Wort und Sakrament hoffnungsvoll erwartet werden kann – wie denn auch umgekehrt der Glaube der Hoffnung auf Erfüllung der Verheißungen nicht zu entbehren vermag, die mit der Zukunft des Gekommenen verbunden sind.

Glaube kann nicht ohne Hoffnung sein; Hoffnung hinwiederum bedarf des Glaubens, um Bestand zu haben. Das Bleiben im Glauben ist die Voraussetzung dafür, die Hoffnung nicht zu verlieren, wie umgekehrt die Hoffnung auf kommende Erfüllung als Bedingung für die Bewahrung der Glaubensgewissheit fungiert. In der Geschichte des christlichen Denkens hat man das Verhältnis von Glauben und Hoffen zwar verschieden bestimmt, nie aber ihre unveräußerliche Zusammengehörigkeit infrage gestellt. Es wird Aufgabe von Folgestudien sein, genauer zu ergründen, „warum die Heilsgewissheit nicht anders als in der Doppelgestalt von Glauben und Hoffen, die Eschatologie nicht anders als in der Doppel-Rede vom Bleibenden und vom Kommenden auftreten kann und inwiefern diese beiden Gestalten unlöslich zusammengehören“ (Althaus, 56). Vom Neuen Testament her jedenfalls ist diese „Doppel-Rede“ nahegelegt, sofern für alle seine eschatologischen Entwürfe „das Ineinander von bereits erfüllter eschatologischer Hoffnung und noch ausstehender, Heil oder Gericht bringender Zukunft (bestimmend ist). Christus ist bereits jetzt der Herr; aber seine bzw. Gottes Herrschaft wird sich in vollem Umfang erst bei der Parusie offenbaren, wobei die Frage nach dem ‚Wann‘ unterschiedlich beantwortet wird, ohne daß es darüber jedoch zu einer ‚Krise‘ gekommen wäre.“ (Lindemann, 1560)

Glaube und Hoffnung

Der Glaube, der sich auf den in Jesus Christus in der Kraft des Geistes offenbaren Gott verlässt, ist seines künftigen Heiles gewiss. Er weiß aber mit ebensolcher Gewissheit, dass sein eschatologisches Heil allein durch denjenigen gewährleistet werden kann, auf den er vertraut. Gerade in eschatologischer Hinsicht und in Anbetracht des eigenen Todes und eines Endes von Menschheit und Welt ist alle soteriologische Aufmerksamkeit ganz auf Jesus Christus und auf den in ihm offenbaren Gott auszurichten, der allein, wenngleich keineswegs ohne uns, sondern im Gegenteil ganz und gar für uns endzeitliches Heil zu schaffen bereit und in der Lage ist. Hoffnungsvoller Glaube wird, gerade wenn es um die Letzten Dinge geht, im striktesten Sinne Rechtfertigungsglaube sein, der die Erfüllung des eschatologisch verheißenen Heils gratis und nicht unter Voraussetzung von Eigenverdienst und heilsbegründender Mitwirkung erwartet. Dieser evangelische Grundsatz gilt sowohl für das besondere Gericht als Thema individueller, als auch für das allgemeine Gericht als Thema universaler Eschatologie; er stellt das Vorzeichen für alles dar, was über die Letzten Dinge in reformatorischer Tradition zu lehren ist.

Der materiale Gehalt und das innere Zentrum des Lehrstücks „De novissimis" ist nach Maßgabe reformatorischer Theologie durch die Gegensatzeinheit von Gesetz und Evangelium, von gerechtem Gericht und Rechtfertigung des Sünders bestimmt, die nur im Geiste Jesu Christi und vom Evangelium her auf heilsame Weise verbunden werden können (vgl. Wenz, Theologie II, 59–236; 542–644). Evangelischer Glaube erwartet Jesus Christus als gerechten Richter, aber zugleich und darüber hinaus als denjenigen, welcher aus dem Gericht mittels seiner Gerechtigkeit rettet, die sola gratia das Rechtfertigungsurteil über den Sünder spricht, der glaubt und sich den Zuspruch der göttlichen Gnadenliebe gefallen lässt. Darauf vertrauen zu können, ist Grund eschatologischer Hoffnungsgewissheit christlichen Glaubens, wie denn auch die Zukunft dessen, der gekommen ist, zu suchen und selig zu machen, was verloren ist (vgl. Mt 18,11; Lk 19,10), den Skopus aller Endzeitaussagen christlicher Theologie darstellt, die geistvoll und pneumatologisch angemessen zu nennen sind. Wo dieser Skopus verfehlt wird, laufen endzeitliche Überlegungen nach Maßgabe des dritten Glaubensartikels, in dessen Zusammenhang die Eschatologie gehört, Gefahr, in geistlosen, ja geistwidrigen Spekulationen zu enden.

Materialer Gehalt und innerer Sinn eschatologischer Aussagen evangelischen Glaubens sind durch die Erwartung der Parusie Jesu Christi als des den Sünder aus Gnade durch Glauben rechtfertigenden Richters bestimmt. Schon im Frühjudentum stand im Fokus eschatologischer Aufmerksamkeit der Gerichtsgedanke, welchem alle anderen apokalyptischen Vorstellungen einschließlich derjenigen einer allgemeinen Auferstehung der Toten dienend zugeordnet wurden. Warum werden die Toten endzeitlich auferweckt? Antwort: Um vor dem Gericht des einen und universalen Gottes der Gerechtigkeit zu erscheinen, der dem Tod die Macht genommen hat, die Differenz von gerecht und ungerecht auf gleichsam naturhafte Weise zu egalisieren. Solchem Vergleichgültigungsbestreben bereitet Gott durch sein eschatologisches Urteil, welches Gut und Böse scheidet, ein definitives Ende. Christliche Eschatologie schließt an die apokalyptische Fortentwicklung des jüdischen Thoramonotheismus an und übernimmt dessen Gedanken eines eschatologischen Endgerichts, konfrontiert ihn aber zugleich mit dem gläubigen Vertrauen auf eine von Gott gewährte endzeitliche Rechtfertigung derjenigen Sünder, die sich auf Jesus Christus verlassen und seinem Evangelium vertrauen. Nicht durch den Gerichts-, sondern durch den Rechtfertigungsgedanken unterscheidet sich das Christentum von seiner apokalyptischen Herkunft. Der Apostel Paulus ist dafür der wichtigste, wenngleich keineswegs einzige Zeuge.

Totenauferstehung und Seelenunsterblichkeit

Im Vergleich zur Differenz zwischen dem eschatologischen Gedanken eines gerechten Gerichts, das urteilend scheidet, und demjenigen der Rechtfertigung des Sünders durch Glauben an Christus ist der Unterschied zwischen der Vorstellung einer endzeitlichen Auferstehung der Toten und derjenigen einer Unsterblichkeit der Seele eher gering, so charakteristisch und voraussetzungshaltig die anthropologischen und sonstigen Implikationen zweifellos sind, die den beiden Vorstellungen eignen. Beide sind unbeschadet ihrer separaten Genese nicht erst im Christentum, sondern schon im hellenistischen Judentum vielfach miteinander kombiniert worden, um so die Form und den äußeren Rahmen der Eschatologie zu bilden. Ihre Kombination konnte sich dabei vor allem der Verbindung eines individuellen und eines universalen Aspekts der Eschatologie als dienlich erweisen, die beide zu unterscheiden, nicht aber zu trennen sind analog zum Verhältnis, das zwischen Selbst und Welt waltet.

Um der zwar differenzierungsbedürftigen, aber untrennbaren Selbst-Welt-Beziehung bzw. dem Verhältnis eschatologisch Rechnung zu tragen, das zwischen Selbst- und Weltbezug waltet, konnte der Tod des Einzelnen als Trennung von Seele und Leib interpretiert und die Seelenunsterblichkeit individualeschatologisch, die Sterblichkeit des Leibes hingegen universaleschatologisch geltend gemacht werden dergestalt, dass sich das eschatologische Geschick der Einzelseele im Augenblick des Todes zwar grundsätzlich entscheidet, der Leib als Medium menschlichen Weltbezugs dagegen bis ans Ende der Tage im Tod verbleiben muss, um erst im Zuge allgemeiner Totenauferstehung mit seiner Seele wiedervereinigt zu werden. Umgekehrt hat man die Vorstellung endzeitlicher Totenauferstehung im Interesse der Identitätswahrung des erweckten Einzelnen nicht in der Sphäre universaler Allgemeinheit belassen, sondern rückbezogen auf den je besonderen Fall der individuellen Menschenseele, wie immer es um deren Unsterblichkeit bestellt sein mag. Näheres hierzu, aber auch zu den diversen Zwischenannahmen und Interimslösungen, die sich mit der Unterscheidung von individueller und universaler Eschatologie im Interesse ihrer Vermittlung verbanden, werden Einzelstudien beizubringen haben. Sie werden, wie gehabt, historisch angelegt, aber zugleich bestrebt sein, eschatologische Perspektiven von systematischer Bedeutung zu eröffnen.

Identitätskriterien für Personen

Was die Thematik von Leibesauferstehung und Seelenunsterblichkeit anbelangt, so sei vorerst nur auf einige interessante Versuche verwiesen, im besagten Zusammenhang „eine längst überfällige Brücke zwischen der angelsächsischen und der kontinentalen“ (Brüntrup u. a. [Hg.], 7; vgl. auch Brüntrup) Diskussionslage zu schlagen und „die schon länger andauernde Ganztoddebatte in Deutschland mit der neueren analytischen Debatte um Identitätskriterien für Personen zusammenzubringen“ (ebd.). Einschlägig hierfür ist beispielsweise der von Godehard Brüntrup, Matthias Rugel und Maria Schwarz herausgegebene, 2010 erschienene Sammelband „Auferstehung des Leibes – Unsterblichkeit der Seele“, wobei die Überlegungen zur Verbindung von christlicher Eschatologie mit dem aristotelischen Hylemorphismus bei Thomas von Aquin besondere Beachtung verdienen (vgl. Brüntrup u. a. [Hg.], 81 ff.). Zu vergleichen ist hierzu Georg Gassers kritische Bestandsaufnahme hylemorphistischer Theorien der Auferstehung, dessen ebenfalls von der analytischen Philosophie inspirierte Untersuchung ihrerseits auf die zentrale „Frage nach der Wahrung persönlicher Identität zwischen irdischer und eschatologischer Existenz" (Gasser, 538) konzentriert ist.

Gilt das Irreversibilitätsprinzip, wonach jede Entität, die zu existieren aufgehört hat, zu keinem späteren Zeitpunkt wieder zu existieren beginnen kann (vgl. Gasser, 539), uneingeschränkt oder nur in eingeschränkter Weise, kann bzw. muss, wenn letzteres zutreffen sollte, „ein Lebewesen einen kausalen Eigenbeitrag zu seiner Fortexistenz leisten" (Gasser, 555), kann eine anima separata diese Funktion erfüllen und personale Identität über den Tod hinaus gewährleisten, oder vermag sie weder die Garantie todübergreifender Personidentität noch auch nur numerischer Selbigkeit zu geben? Auf diese Fragen, aber auch auf die Frage, ob bzw. inwieweit sie eschatologisch angemessen sind, wird zurückzukommen sein. Anerkennung verdient in jedem Fall der Versuch, „die christliche Hoffnung von der Auferstehung wenigstens insoweit als rational verstehbare Möglichkeit zu explizieren, dass sie der Vernunft nicht widerspricht" (Brüntrup u. a. [Hg.], 7; vgl. ferner Müller).

Besondere und allgemeine Eschatologie

Unter den verschiedenen Gliederungsschemata der Themenbestände „De novissimis" ist von vielen dogmatischen Lehrbüchern die Unterscheidung einer besonderen und einer allgemeinen Eschatologie bevorzugt worden. Es versteht sich von selbst, dass diese Unterscheidung nicht als Trennung missverstanden werden darf; die besondere Eschatologie verweist auf die allgemeine, und die allgemeine hat ohne die besondere keinen Bestand. Beide stehen in einem differenzierten Zusammenhang, der im dreieinigen Gott sein gemeinsames Sinnziel findet, wie denn alle Eschata, welche das Eschaton mit sich bringt, hingeordnet sind auf den Eschatos, in dessen Trinität sie ihre eschatologische Erfüllung finden. Theologisches Thema der Eschatologie ist Gott und Gott allein, dessen Alleinigkeit indes im Geiste Jesu Christi als für Selbst und Welt aufgeschlossen und offen zu denken ist. Gott kommt seinen Geschöpfen entgegen, um sie aus Sünde und Übel zurückzuführen zu sich; in solch göttlichem Entgegenkommen, wie es im auferstandenen Gekreuzigten in der Kraft des Hl. Geistes offenbar geworden ist, gründet die Zukunft von Selbst und Welt.

In der Regel hat man die Unterscheidung von besonderer und allgemeiner derjenigen von individueller und universaler Eschatologie gleichgesetzt. Besondere Gestalt nehmen die „Letzten Dinge", von denen die Eschatologie handelt, in individueller Hinsicht, also dann an, wenn es um das Einzelgeschöpf, näherhin um den einzelnen Menschen, um sein Selbst, um ihn selbst, kurzum: um das Ich zu tun ist, welches ich selbst bin. Tua res agitur: es geht in der Lehre „De novissimis" um dich und um mich persönlich; ohne diese Einsicht lassen sich die „Letzten Dinge" nicht angemessen erörtern, jedenfalls nicht im Sinne reformatorischer Theologie. In Bezug auf das einzelne Selbst und seinen individuellen Selbstbezug gewinnt die Eschatologie jene Konkretheit, von der zu abstrahieren sie einer Äußerlichkeit preisgeben würde, die letztlich niemanden mehr beträfe. Die Wahrnehmung ihres besonderen, individuellen und konkreten Bezugs gehört sonach unveräußerlich zur Eschatologie und zwar nachgerade dann, wenn sie ihrem Allgemeinheitsanspruch gerecht zu werden sucht. Die universale ist in Absehung von der individuellen Eschatologie nicht zustande zu bringen, jedenfalls nicht unter christlichen Bedingungen und unter der Voraussetzung, dass die Zukunft von Selbst und Welt in der Person Jesu Christi beschlossen ist, zu deren Allgemeinbedeutung individuelle Bezüge konstitutiv hinzugehören.

Individualität und Universalität

Die allgemeine Eschatologie bedarf individueller Konkretion und einer besonderen Ausrichtung auf den Einzelnen. Doch ist das einzelne Ich in seinem individuellen Selbstbezug auch in eschatologischer Hinsicht konkret nicht zu denken ohne Beziehung zu demjenigen, was es nicht unmittelbar selbst ist, zum Mitmenschen, zur Menschheitsgeschichte und zur ganzen kreatürlichen Welt. Die individuelle Eschatologie kann mithin universaler Bezüge nicht entbehren, so wie ein Ich ohne Nichtich, ein Selbst ohne Kosmos samt allem, was ihm zugehört, nicht denkbar ist. Auch das Universum muss daher in gebührender Weise Thema der Eschatologie sein, in Form der Frage nach dem Ende und der Vollendung der Welt, nach dem eschatologischen Geschick der extrahumanen Kreatur und insbesondere nach dem Sinn und Ziel der gesamten Menschheitsgeschichte, die den umfassenden Kontext der Lebensgeschichte jedes Einzelnen bildet.

Jeder Mensch ist Mensch unter Menschen und als Mitmensch anderen in unterschiedlicher Weise geschichtlich verbunden; er kann daher auch in eschatologischer Hinsicht nur als einer unter anderen, im Kreis seiner Nächsten samt all den Umkreisen konkret in den Blick kommen, die ihn umgeben; ja, er ist, was er ist, nicht ohne die ihn umgebende Wirklichkeit, deren Inbegriff die Welt ist. Zwar ist jeder einzelne Mensch eine transmundane Größe zu nennen, insofern er seinem Wesen nach nicht nur auf Selbsttranszendenz, sondern auch auf Welttranszendenz hin angelegt ist; aber das ändert nichts an der Tatsache, dass er selbst Teil der Welt ist und an ihr dergestalt partizipiert, dass er ohne Wahrnehmung dieser Partizipation konkret nicht zu fassen ist. Der Zusammenhang von Selbst und Welt ist zwar differenziert; aber er erlaubt keine Trennungen. Wo vom Ende und von der Vollendung meiner selbst die Rede ist, kann von Ende und Vollendung der Welt nicht geschwiegen werden und umgekehrt. Individuelle und universale Eschatologie bilden einen differenzierten Zusammenhang.

Kombination eschatologischer Vorstellungen

Förmlich verknüpft werden individuelle und universale Eschatologie in der christlichen Lehrüberlieferung seit altkirchlichen Zeiten durch Kombination zweier traditioneller Vorstellungskomplexe, die zwar, wie erwähnt, zunächst unabhängig voneinander entstanden, aber schon im vorchristlichen Hellenismus auf vielfältige Weise miteinander verbunden worden waren: gemeint ist einerseits die aus der frühjüdischen Apokalyptik stammende Vorstellung einer allgemeinen Totenauferstehung am Ende der Tage, will heißen: am Ende des alten Äons und der durch ihn charakterisierten Menschheitsgeschichte und Welt, andererseits die Vorstellung einer den leiblichen Tod überdauernden Unsterblichkeit der Menschenseele. Beide Annahmen sind je auf ihre Weise anthropologisch ausgerichtet und setzen den Tod des Menschen als verallgemeinerbare Gegebenheit voraus. Ausnahmen bestätigen in jedem Fall die Richtigkeit dieser Regel; denn auch wo mit Entrückungen, Himmelfahrten vor Eintritt des Todes oder mit ähnlichen Ereignissen gerechnet wird, geschieht dies doch stets unter der Voraussetzung eines vollzogenen Abschlusses des irdischen Lebens.

Für die aus der frühjüdischen Apokalyptik stammende Vorstellung einer allgemeinen Totenauferstehung ist kennzeichnend, dass sie den Tod oder ein ihm analoges Ende des irdischen Lebens generalisierend in Anschlag bringt und folgerichtig mit dem Ende der Menschheitsgeschichte, ja dem Weltende überhaupt assoziiert. Sie ist, wenn man so will, ganzheitlich angelegt, insofern sie mit dem alten Äon alles mehr oder minder in einem enden lässt, so dass, zumindest was das Enden anbelangt, zwischen Selbst und Welt momentan kein eschatologischer Unterschied besteht. Zwischen beiden unterschieden wird dann aber insofern doch, als im Rahmen des apokalyptischen Weltendes dem Ende der Menschheitsgeschichte bzw. der Auferweckung aller Menschen besondere Aufmerksamkeit zugewendet wird, wenngleich unter dem Vorzeichen der Allgemeinheit und der ihr entsprechenden Ganzheit. Ausnahmslos alle Menschen werden erweckt, nachdem sie zuvor ganz tot bzw. gänzlich an das Ende ihres Weltlebens gelangt waren. Eine prinzipielle Differenzierung zwischen Seele und Leib findet sich in der Überlieferung der frühjüdischen Apokalyptik nach Maßgabe des Menschenbildes der hebräischen Bibel zunächst ebensowenig wie eine grundsätzliche Unterscheidung zwischen individueller und universaler Eschatologie.

Das eschatologische Geschick des Einzelnen entscheidet sich zusammen mit der Menschheits- und Weltgeschichte und zwar in psychosomatischer Einheit und Gänze. Bestätigt wird die generalisierend-ganzheitliche Perspektive apokalyptischer Eschatologie durch den Hauptzweck, um dessentwillen die allgemeine Auferweckung aller Toten am Äonenende von Menschheitsgeschichte und Welt eschatologisch statthat, nämlich um der göttlichen Gerechtigkeit universale Geltung zu verschaffen. Die Toten erstehen, um vor Gottes Gericht zu erscheinen, welches nach dem Gesetz urteilt, das für alle gültig ist. Verallgemeinerung ist auch und gerade in dieser Hinsicht die Grundlage eschatologischer Betrachtung. Gleichwohl erfolgt das universale und öffentliche Gericht göttlicher Gerechtigkeit – und zwar wegen dieser Gerechtigkeit – nicht unter Abstraktion vom besonderen Fall, sondern unter Wahrnehmung seiner individuellen Besonderheit; für die Vorstellung der allgemeinen Auferstehung am Ende der Zeit ist dies insofern von elementarer Relevanz, als die endzeitliche Auferstehung gerade in ihrer Allgemeinheit nicht ohne Berücksichtigung der Individualität des Einzelnen und damit nicht ohne Rückbezug auf seine spezifische Lebensgeschichte an einem bestimmten Ort und zu einer bestimmten Zeit denkbar ist. Jener Rückbezug hinwiederum setzt als Bedingung seiner Möglichkeit die Wahrung bzw. Wiederherstellung der Selbigkeit und Identität des Einzelmenschen im Zuge allgemeiner Totenauferstehung voraus. Hier ist der Ort, an dem die Vorstellung einer unsterblichen Seele sich mit der Annahme einer allgemeinen Totenauferstehung am Ende der Tage verbinden konnte, wobei der Sinn der Rede von einer menschlichen Seelenunsterblichkeit keineswegs grundsätzlich klar war, sondern durchweg höchst klärungsbedürftig blieb. Offenkundig war zunächst nur, dass das Problem auch unter apokalyptischen Bedingungen einer Klärung bedurfte, wie die Selbigkeit des Menschen über seinen Tod hinaus eschatologisch zu denken sei.

Unterscheidung von untrennbar Zusammengehörigem

Die allgemeine und universale Eschatologie bleibt rückgebunden an die besondere-individuelle, die ihrerseits angelegt ist auf menschheitsgeschichtlich-kosmologische Bezüge. Erkennbar wird dies u.a. am eschatologischen Umgang mit der anthropologischen Leib-Seele-Unterscheidung. Als Trennung wurde sie in jüdisch-christlicher Tradition niemals und zwar auch dann nicht verstanden, wenn man den Tod als Separation von Leib und Seele deutete. Doch kommt man trotz der psychosomatischen Einheit und Ganzheit des Menschen, welche die Anthropologie von Judentum und Christentum stets nachdrücklich betonte, nicht umhin, Differenzierungen etwa zwischen dem leibvermittelten Bezug des Menschen zur Außenwelt und der inneren Selbstbeziehung vorzunehmen, für die traditionell die menschliche Seele steht. Wie immer man über ihren Status näherhin urteilen mag, unleugbar dürfte sein, dass sich der Mensch zur Welt anders verhält als zu sich selbst, ohne deshalb in beiden Hinsichten ein jeweils anderer zu sein. Mit dem Selbst-Welt-Verhältnis verdient daher auch das menschliche Leib-Seele-Verhältnis eschatologisch berücksichtig zu werden.

Die im Laufe der Christentumsgeschichte standardisierte und zur Regel gewordene Eschatologie hat der menschlichen Seele ihr eschatologisches Geschick im Augenblick des Todes zuteil werden lassen. Dem entseelten Körper hingegen wurde eine Ruhepause bis zum Ende der Welt verordnet; erst dann sollte er im Zuge seiner Wiedervereinigung mit der Seele, als welche die Auferweckung von den Toten am Jüngsten Tage gedeutet wurde, selbst am seelischen Los partizipieren. Im Einzelnen variierten die Vorstellungen, die sich mit dem Standardmodell verbanden, wobei es vor allem die eschatologischen Zeitbezüge waren, welche die Variationsformen veranlassten. Doch blieb in jedem Fall und unter allen Umständen der differenzierte Zusammenhang von individueller und universaler Eschatologie erhalten. Wird die abgeschiedene Seele des Menschen im Augenblick seines Todes bis ans Ende von Menschheit und Welt in einen bewusstlosen Schlaf versenkt, dann vergeht für sie die Zeit bis dahin nicht nur im Nu, sondern gewinnt recht eigentlich überhaupt keinen Verlaufcharakter, obwohl dieser für die Schlafmetapher eigentlich vorausgesetzt wird. Denkt man hingegen die von ihrem Leib getrennte Menschenseele als mit Bewusstsein und Selbstbewusstsein ausgestattet, dann stellt sich die eschatologische Frage zwar komplexer, im Sinne der Tradition aber nicht grundsätzlich anders dar, weil auch dann alles auf eine Wiederherstellung der psychosomatischen Einheit hinauslaufen soll. Das postmortale Seelenleben bleibt in jedem Fall hingeordnet auf den Leib und mittels dessen auf die leibhafte Welt, so dass der universale Bezug individueller Eschatologie auch unter diesem Gesichtspunkt stets im Blick bleibt.

Was für die universale das Ende von Menschheits- und Weltgeschichte, das ist für die individuelle Eschatologie der Tod des Einzelmenschen. Wem der Tod bevorsteht, dem droht das Nichts und zwar in einer gleichsam in sich gedoppelten Form, einer äußeren und einer inneren, die doch beide in ihrer Abgründigkeit eins sind. Die eine Form des Grauens vor drohendem Nichts betrifft die äußere Gestalt des Daseins: Der Tod macht die leiblich Weltpräsenz des Menschen zunichte. Zwar ist der Körper des Toten noch eine Weile da, doch nicht mehr für sich und nicht mehr so, dass er zur Selbstrepräsentation in der Lage wäre. Der Leichnam wird bestattet, verbrannt oder auf andere Weise beseitigt und dem Gewesensein überantwortet. Zwar bleibt der verstorbene Mensch bei denen, welche ihn kannten, in Erinnerung; aber mit der Zeit schwindet auch diese dahin, so dass es scheint, als sei überhaupt nichts gewesen. Das ehemalige Dasein des Menschen gerät in Vergessenheit, und niemand weiß mehr, dass er jemals auf der Welt war. Gilt dies, dann kommt dem Tode offenbar nicht nur die Macht zu, menschliches oder sonstiges Leben zu beenden, sondern es retroaktiv dem völligen Nichts preiszugeben, dem nihil pure negativum.

Der Tod als drohendes Nichts

Der Tod nihiliert und droht einen Nihilismus herbeizubeschwören, der nicht nur Leben beendet, sondern auch vergangenes Dasein rückgängig, ja alles Sein zum bloßen Schein herabzusetzen vermag. Der Tod lässt mit dem Leben das Sein des Seienden überhaupt fraglich werden. Das entscheidende Problem ist dann nicht länger, warum, sondern ob in Wahrheit überhaupt etwas ist und nicht vielmehr nichts. Indem der Tod solchermaßen den Schöpfungsglauben bedroht, lässt er zugleich ahnen, was es mit diesem und dem Vertrauen auf die schöpferische Allmacht Gottes auf sich hat, ex nihilo pure negativo ins Sein zu rufen und darin zu erhalten. Spuren dieses Schöpfungsglaubens finden sich überall, wo dem Sein eine Prävalenz dem Nichts gegenüber zuerkannt wird; im Umkreis des Todes begegnet ein unbestimmter Schöpfungsglaube beispielsweise dort, wo mit einer Schattenexistenz Verstorbener gerechnet und geleugnet wird, dass mit dem Tod alles aus sei, weil dieser über die Möglichkeit hinaus, Leben zu beenden, angeblich die Macht habe, auch das Gewesensein gelebten Lebens zu nihilieren. Durch die Scheolvorstellung oder vergleichbare Annahmen wird die absolute Nihilierungsmacht des Todes im Sinne einer schöpfungstheologisch orientierten Eschatologie verneint, wenngleich auf eine uneindeutige Weise, da die menschliche Existenz in der Unterwelt weder eindeutig Sein, noch eindeutig Nichts, sondern irgendwie irgendetwas von beiden zu sein scheint. Immerhin reflektiert sich in Schattenbildern unterweltlicher Art ein unbestimmtes Realitätsempfinden, welches sich gegen die Annahme sträubt, der Tod könne, indem er es vernichtet, Leben gänzlich ungeschehen machen. Zwar vergeht das Leben im Sterben, und der Tod setzt ihm ein Ende; doch definitiv ausgelöscht ist es damit nicht: ist es auch nicht mehr, so war es doch immerhin und wird entsprechend niemals aufhören, gewesen zu sein.

Gewesenes war, ist aber nicht mehr: Die Bedeutung dieses Satzes ist uneindeutig und muss in ihrer Uneindeutigkeit eindeutig identifiziert werden, um nicht zweideutig und dergestalt ambivalent zu werden, dass sie Grauen erregt. Dies gilt umso mehr in Bezug auf Aussagen, welche die innere Form des Nichts betreffen, durch welche der bevorstehende Tod bedroht. Die äußerliche Bedrohung des Todes ist gegen das Weltverhältnis des Menschen und gegen sein leibliches Dasein in der Welt gerichtet; leibliches Dasein des Menschen in der Welt ist endlich und endet mit dem Tode, ohne dass über seinen Verbleib unter den Bedingungen der Welterfahrung Bestimmteres ausgesagt werden könnte als dies, dass es war, aber nun nicht mehr ist. Die Ambivalenz dieser Aussage nimmt über ihre äußere Zweideutigkeit hinaus den Charakter einer inneren – das Selbstverhältnis erschütternden und zerrüttenden – Bedeutung an, wenn sich die Vorstellung vom Gewesensein mit dem Bewusstsein nicht nur des Vergangenen, sondern des Versäumten, ja Verfehlten verbindet. Dann nimmt das Todesgrauen höllische Ausmaße an, und dem Tod tritt in zwieträchtiger Weise der Teufel zur Seite. Die innere Form der Nichtigkeitsdrohung, welche vom Tode ausgeht, betrifft nicht nur mein äußeres Dasein, sondern das Bewusstsein, dass ich innerlich von mir und meinem Leben habe. Entsprach es seiner Bestimmung, oder war es nicht am Ende von Grund auf verfehlt?

In der theologischen Tradition wurde, wie gesagt, der Tod zumeist als förmliche Trennung von Leib und Seele interpretiert. Damit war niemals gemeint, dass der Tod nur den Leib betreffe, wohingegen die Seele von ihm unberührt bliebe. Eine psychosomatische Separation dieser Art wurde in der Regel nicht einmal in der Philosophie der griechischen Antike gelehrt, geschweige denn in der jüdisch-christlichen Überlieferung, welche unter Voraussetzung leibseelischer Einheit des Menschen die abgeschiedene Seele stets innigen Anteil nehmen ließ am Sterbensgeschick ihres Leibes. Auch bei Annahme ihrer Unsterblichkeit, die im Wesentlichen nichts anderes indizieren sollte als die eschatologische Notwendigkeit einer wie auch immer zu denkenden Selbigkeitswahrung über den Tod hinaus, blieb der Tod der Menschenseele nicht äußerlich. Zumeist wurde der durch ihn bereitete Verlust seelischer Wesensbestimmung konstatiert, weil es zur Seelennatur gehöre, mit einem Leib vereinigt zu sein. Die Entseelung des Leibes sollte mithin auch für die anima separata nicht folgenlos bleiben, sondern sie unmittelbar und auf durchaus direkte Weise betreffen. Das seelische Betroffensein durch den Tod gilt umso mehr, als die Rede von der Trennung von Leib und Seele ihren eschatologischen Skopus nicht in der Separation von Zusammengehörigem, sondern darin hat, zwei Aspekte des Todes und der Todesdrohung namhaft zu machen, einen äußerlich-leibhaften und einen innerlich-seelischen. Unter dem ersten Gesichtspunkt erscheint der Tod als Übel, unter dem zweiten als Folge der Sünde in Gestalt drohender Höllenpein.

Natur- und Gerichtstod

Gelegentlich wurde in der Theologiegeschichte zwischen Naturtod und Gerichtstod unterschieden. Als Naturereignis, welches alles leibliche Leben betreffe, sei der Tod zwar ein Übel, aber nicht in der Lage, den Sinn eines gelebten Lebens per se zu destruieren. Dies vermöge er nur unter der Voraussetzung der Sünde, die ursächlich dafür und schuld daran sei, dass der natürliche Tod zum Gerichtstod verkomme, der seelische Höllenpein bewirke. An die Unterscheidung von Natur- und Gerichtstod lassen sich eine Reihe von Anfragen stellen, welche u.a. das Problem betreffen, ob das Todesübel konstitutiv zur guten Schöpfung gehört oder nicht und ob sich der Todesbegriff tatsächlich gleichermaßen auf beide „Todesarten" anwenden lässt: Ist nicht die Differenz zwischen natürlichem Ende und einem Zugrundegehen, wie der Fall der Sünde es bewirkt, so abgrundtief, dass eine univoke Rede vom Tod schon terminologisch als Unmöglichkeit erscheinen muss? Wie immer man hier urteilen mag, Faktum ist, dass der Tod Leib und Seele in einem betrifft, aber auf unterschiedliche Weise und in differenten, ja tendenziell divergierenden und zwieträchtigen Formen der Bedrohung. Kann das dem Leib drohende Nichts gegebenenfalls seelisch bewältigt werden, obzwar es als schlimmes Übel schmerzlich empfunden wird, so hört der Tod unter den Bedingungen sündiger Verkehrtheit, die das Verhältnis von Leib und Seele durcheinanderbringt, zwangsläufig auf, bloßes Übel zu sein, um eine Macht über den Menschen zu gewinnen, die ihn in einen seelischen Abgrund zu reißen vermag, der schrecklicher ist als das Grab, weil er in die Bodenlosigkeit der Höllenverdammnis hinabreicht.

Gibt es Rettung aus der drohenden Höllenverdammnis göttlicher Verwerfung? Im articulus stantis et cadentis evangelischer Kirche wird gelehrt, „quod homines non possint iustificari coram Deo propriis viribus, meritis aut operibus" (CA IV,1). Dieser Satz gilt auch und gerade in eschatologischer Hinsicht. Gerechtigkeit vor Gott und Heil sub specie aeternitatis zu erlangen, vermag der Mensch nicht durch sich selbst, aus eigenen Kräften, Verdiensten und Werken. Es ist im Gegenteil so, dass er das rechte Verhältnis zu Gott verkehrt und sich vor ihm ins Unrecht setzt, wenn er sein ewiges Heil selbsttätig besorgen zu können meint. Eben dadurch richtet sich der Mensch eschatologisch zugrunde und verfällt dem Todesgericht, welches nicht nur zeigt, dass es nichts mit ihm ist, sondern das seine Verkehrtheit auf eine Weise offenbart, die ihn in die Hölle sinken lässt. Wie Luther sagt: „Mein guten Werk, die galten nicht, / es war mit ihn' verdorben; / der frei Will haßte Gotts Gericht, / er war zum Gutn erstorben; / die Angst mich zu verzweifeln trieb, / daß nichts dem Sterben bei mir blieb, / zur Höllen mußt ich sinken." (EG 341, 3)

Eschatologische Befreiung aus den Fängen von Tod und Teufel kann es nur „gratis" (CA IV,1) geben. In dem Wörtchen „gratis" ist die gesamte reformatorische Rechtfertigungslehre und mit ihr die ganze evangelische Theologie inbegriffen samt allem, was ihr zugehört, einschließlich der Lehre von den Letzten Dingen. Nachgerade für sie gilt der Grundsatz, „daß wir Vergebung der Sunde bekommen und vor Gott gerecht werden aus Gnaden umb Christus willen durch den Glauben, so wir glauben, daß Christus fur uns gelitten habe und daß uns umb seinen willen die Sunde vergeben, Gerechtigkeit und ewiges Leben geschenkt wird" (BSLK 56,5–12). Rechtfertigung im eschatologischen Gericht wird den Menschen erteilt „gratis … propter Christum per fidem, cum credunt se in gratiam recipi et peccata remitti propter Christum, qui sua morte pro nostris peccatis satisfecit" (CA IV,2). Solchen Glauben rechnet Gott als Gerechtigkeit zu coram ipso.

Rechtfertigung und Gericht

Was es mit dieser Imputation genauer und nicht zuletzt in eschatologischer Hinsicht auf sich hat, wurde von Melanchthon in seiner Apologie des IV. Artikels der Confessio Augustana in epischer Breite dargelegt und in der Formula Concordiae in Anbetracht binnenlutherischer Streitigkeiten präzisiert. Rechtfertigung vor Gott erlangt der Mensch durch Gnade und durch Gnade allein, nicht hingegen durch Werke und zwar weder durch solche, die dem Rechtfertigungsglauben vorangehen, noch auch durch solche, die ihm folgen. Um nicht missverstanden zu werden: Glaube und Werke der barmherzigen Liebe gehören untrennbar zusammen; der Glaube hat keinen Bestand, sondern ist im Schwinden begriffen, wenn er die Werke der Liebe schuldig bleibt. Werden Werke in der dem Glauben entsprechenden Form der Dankbarkeit erbracht, dann kann der Mensch nach dem Urteil reformatorischer Theologie sogar als Kooperator Gottes bezeichnet werden. Der Gedanke vom Zusammenwirken Gottes und des Menschen hat in ihr einen festen Platz, obwohl er von jeder Form eines synergistischen Bestrebens, sich das ewige Heil direkt oder indirekt selbst zu besorgen, kategorial zu unterscheiden ist.

Auch die unter reformatorischen Bedingungen nie ausgeschlossene Rede von einer Verdienstlichkeit guter Werke gilt nur unter dieser Voraussetzung und nur dann, wenn der durchaus berechtigte Verweis auf ihren Lohn die Aufmerksamkeit des Glaubens nicht von Christus ablenkt, in welchem das ewige Heil allein und ganz begründet liegt. Dies hat nicht zuletzt in ethischer Hinsicht seine Richtigkeit: Können wir doch Werke der Fürsorge überhaupt nur erbringen, wenn wir im Vertrauen auf Christus der Sorge um das eschatologische Heil unserer Seele gründlich entledigt sind. Nach Maßgabe der Formula Concordiae dürfen daher nicht nur die dem Rechtfertigungsglauben vorangehenden, sondern auch die ihm folgenden Werke nicht in den Artikel von der iustificatio impii gezogen werden, da ansonsten der Glaube seine eschatologische Hoffnungsgewissheit verlieren und der Trostlosigkeit anheimfallen müsste. In der Konsequenz dieser Einsicht wird gelehrt, dass die Werke unbeschadet ihrer Verbindlichkeit nicht konstitutiv für das ewige Seelenheil seien. Verworfen hingegen werden Sätze wie etwa derjenige, wonach niemand jemals ohne gute Werke selig geworden sei (vgl. etwa BSLK 789,15 ff.). Solche Verwerfungen nicht auszusprechen, hieße nach Urteil Wittenberger Bekenntnistheologie, den angefochtenen Gewissen den Trost des Evangeliums im Leben und im Sterben wegzunehmen, um entweder Skrupulanz und Verzweiflung oder vermessenes Vertrauen auf eigene Gerechtigkeit zu erzeugen, was gleichermaßen abwegig und ins Verderben führend sei.

Gilt die angeführte reformatorische Lehre, dann wird man die Aufmerksamkeit gerade in eschatologischer Hinsicht ganz und allein auf Jesus Christus, ganz und allein auf die in ihm erschienene Gnade Gottes sowie ganz und allein auf den Glauben auszurichten haben, der sich vorbehaltlos und ohne auf sich selbst zu schauen auf das gnädige Entgegenkommen des auferstandenen Gekreuzigten verlässt. Steht dies in Geltung, dann wird die Reihenfolge von Gesetz und Evangelium, so sehr sie in Bezug auf das irdische Leben des Menschen ihre Richtigkeit hat, in eschatologischer Hinsicht notwendigerweise umzukehren sein dergestalt, dass die Lehre von der rechtfertigenden Gerechtigkeit derjenigen von der richtenden vorherzugehen hat. Der christliche Glaube erwartet Jesus Christus zuerst als eschatologischen Retter und erst dann und infolgedessen als Richter, wobei der göttliche Geist selbst ihm seine Heilshoffnung beglaubigt.

Der Richter als Retter aus dem Gericht

Die eschatologische Erwartung des christlichen Glaubens ist nach Maßgabe reformatorischer Tradition durch drei Konstitutionsmomente bestimmt, welche ihr den Charakter unverbrüchlicher Hoffnung geben: Das erste Bestimmungsmoment besteht im Vertrauen auf das Evangelium von der Rechtfertigung des Sünders aus Gnade und Gnade allein. Grund und personaler Inbegriff des Rechtfertigungsevangeliums ist der auferstandene Gekreuzigte Jesus Christus, dessen Parusie der Glaube als Zukunft von Selbst und Welt ersehnt. Im Vertrauen auf Christus wird die christliche Hoffnung von der geistvermittelten Grundgewissheit getragen, über den eigenen Tod und über das Ende der Menschheits- und Weltgeschichte hinaus bei Gott gut aufgehoben, ja in Gottes vollkommener Güte vollendet zu sein. Präsent ist dem Glauben seine Vollendungsgewissheit in Augenblicken, die ganz und auf transreflexive Weise erfüllt sind von der Geistesgegenwart des dreieinigen Gottes, in dem als in ihrem gemeinsamen Grund Selbst und Welt eins sind. In solchen Augenblicken bringt sich, mit Schleiermacher zu reden, das Universum zur Anschauung, und das fromme Gemüt wird fühlend des ganzen, ungeteilten Daseins inne. Von diesem Grundgefühl und der Erwartung seiner vollkommenen Erfüllung ist die christliche Hoffnung unmittelbar bestimmt und getragen, wenn sie sich über Tod und Weltende hinaus auf das eschatologische Entgegenkommen Jesu Christi ausrichtet, um in ihm, in Gottes Reich und im ewigen Leben des Geistes ihr Jenseits zu suchen und zu finden.

Das eschatologische Grundempfinden des christlichen Glaubens ist von der unmittelbaren Gewissheit bestimmt, bei Gott gut aufgehoben zu sein, weil er um Christi willen in der Kraft seines Geistes den Sünder rechtfertigt und ihm ein unveräußerliches Bleiberecht bei ihm selbst zuerkennt. Diese glaubensunmittelbare Gewissheit ist nicht vermittlungslos gegeben, sondern durch das Wirken des Geistes in Wort und Sakrament vermittelt, wodurch zugleich die Aussicht eröffnet wird, dass ewig sein und bleiben wird, was unter irdischen Bedingungen oft nur einen Augenblick lang währt, um sogleich wieder von Sünde und Übel angefochten zu werden: die ungeteilte Gewissheit, ganz mit Christus eins und durch die Einheit mit ihm ganz mit sich selbst und der Welt einig zu sein. Was den Glauben unter den Bedingungen der Zeit momentan beseligt, wird in Ewigkeit währen: ungeteilte Einheit mit Christus und durch ihn mit Selbst und Welt. Darauf richtet sich die christliche Hoffnung, wenn sie die ewige Seligkeit erwartet. Entsprechend ist das erste Bestimmungsmoment eschatologischer Glaubenserwartung durch die beseligende Vereinigung mit Christus bestimmt, welche dessen Parusie im Verein mit dem Kommen des Reiches Gottes und der Geistvollendung mit sich bringen wird.

Die Hoffnung, in einer die Differenz von Selbst und Welt umgreifenden Weise mit Christus vereint und eins zu werden, der als mein alter Ego in der Kraft des göttlichen Geistes mich samt aller Welt aus der Verkehrtheit des Bösen erretten und von allen Übeln erlösen wird, ist das grundlegendste Bestimmungsmoment eschatologischer Erwartung christlichen Glaubens. Von ihm ist alles getragen, was die individuelle und universale Eschatologie zu sagen hat, und zwar auf glaubensunmittelbare Weise. Doch bleibt das eschatologische Grundgefühl, welches die Hoffnung des christlichen Glaubens unmittelbar bestimmt, abstrakt, wenn es nicht reflexiv differenziert und konkret bezogen wird auf dasjenige, was das Eigene im Unterschied zu allem anderen war, ist und sein wird. Dem Elementarempfinden beseligender Christusgemeinschaft, welche der Glaube erhofft, ist zwar alles eins, aber doch nicht in Form einer indifferenten Einheit, die alle Unterschiede einzieht und nivelliert, sondern in einer differenzbewahrenden Weise.

Mit Seele und Leib

Wie unter den Bedingungen der Christusgemeinschaft der Grundunterschied von Glaubensich und Christus zu wahren ist, so gilt dies auch vom Folgeunterschied von Selbst und Welt, der sich am Ort meiner selbst im Unterschied von Leib und Seele widerspiegelt. Denkt man das erste und grundlegende Bestimmungsmoment eschatologischer Glaubenserwartung der Seele zu, dann besteht deren ursprüngliche Beseligung darin, ihrer Einheit mit Christus in einer Weise inne zu werden, die momentan sowohl der Differenz von Selbst und Welt als auch derjenigen von Leib und Seele jenseitig ist. Doch lassen sich das jenseitige Seelenleben und seine Beseligung ohne Weltbezug und damit ohne Bezug auf ein leibhaft gelebtes Leben konkret nicht erfassen. Der Rückbezug der unmittelbaren Seelenseligkeit auf ein leibhaft gelebtes Leben in der Welt macht daher das zweite Bestimmungsmoment eschatologischer Erwartung des christlichen Glaubens aus, welches verantwortlich zeichnet für die Vielfalt eschatologischer Vorstellungsformen, als deren Differenzierungsprinzip es fungiert.

Die unmittelbar in Anschlag gebrachte Seelenseligkeit wird reflexiv, was zu einer der Selbst-Welt-Differenzierung entsprechenden Unterscheidung einer besonderen von einer allgemeinen Eschatologie und innerhalb der ersteren zur Unterscheidung von ewigem Seelenheil und eschatologischem Leibeslos führt, die nun sowohl für das Verständnis des Todes des Einzelnen als auch für das Verständnis der allgemeinen Totenauferstehung bestimmend werden soll. Dies hinwiederum hat Rückwirkungen sowohl für den unmittelbar eingeführten Seelenbegriff als auch für den Begriff unmittelbarer Seelenseligkeit. Beide Begriffe werden nun erst ihrer Bestimmung zugeführt und auf eine Weise gebraucht, die der Besonderheit des Individuellen Rechnung trägt. In diesem Sinne wird der Tod des einzelnen Menschen als Trennung seiner Seele von seinem Leib, die allgemeine Totenauferstehung als die Wiedervereinigung der Einzelseele mit ihrem ihr individuell verbundenen Leib am Ende der Menschheits- und Weltgeschichte vorstellig gemacht. Weitere eschatologische Vorstellungen lassen sich unter diesen Rahmenbedingungen zu Bewusstsein bringen. Sie versuchen je auf ihre Weise das Differente zu vermitteln, welches sie voraussetzen, und sind entsprechend im Zwischenbereich von Selbst und Welt, Seele und Leib angesiedelt sowie mit der Aufgabe betraut, Interimslösungen zum Zwecke reflexiver Vermittlung zu leisten. Die Vorstellung eines postmortalen Purgatoriums etwa gehört in diesen Zusammenhang und ist für ihn insofern beispielhaft, als sie die Annahme einer Beseligung der vom Leib abgeschiedenen Seele im Augenblick des Todes mit der Vorstellung einer erst am Ende der Welt statthabenden allgemeinen Totenauferstehung in Verbindung bringt, durch welche die anima separata nach einem Prozess der Reinigung wieder mit ihrem Leib verbunden wird.

Seiner Form nach ist der Fegfeuergedanke durch das Schema von zeitlicher Einheit von Leib und Seele, Aufhebung dieser Einheit im Tod und unbefristet-dauerhafter Wiederherstellung am Ende der Tage strukturiert. Er markiert das postmortale Interim zwischen aufgelöster und wiederhergestellter psychosomatischer Einheit des Menschen, wobei die Seelenseligkeit grundsätzlich vorausgesetzt wird, zugleich aber die Notwendigkeit eines purgatorischen Prozesses behauptet wird, der hingeordnet ist auf die für das Ende von Menschheitsgeschichte und Welt in Anschlag gebrachte Wiedervereinigung der Seele mit ihrem Leib. Formal begegnet dieses Schema auch im Rahmen reformatorischer Eschatologie, aber mit abweichender inhaltlicher Bestimmung und im Sinne eines Gerichts nach den Werken, welches der eschatologischen Rechtfertigung aus Glauben folgt, ohne sie in welch vorläufiger Weise auch immer zu bedingen. Die von Seiten der Ostkirche gegenüber der Fegfeuerlehre geltend gemachten Reserven, die u. a. auf dem Unionskonzil von Florenz (1439) von erheblicher Relevanz waren, werden vergleichbar begründet, wie etwa das Beispiel des Markos Eugenikos zeigt (vgl. Ortner, 241 ff.). Die Purgatoriumstheorie ist sonach ein „ausschließlich römisch-katholisches postmortales Denkmodell“ (Ortner, 358), „welches vom orthodoxen Osten abgelehnt wurde und bis zur Gegenwart wird“ (ebd.). Nicht abgelehnt, sondern explizit gelehrt wird in der Orthodoxie hingegen ein eschatologisches Gericht nach den Werken, aus der eine Graduierung der himmlischen Gottesschau folgt, die aber, wie man annehmen darf, trotz gegebener Abstufungen in jedem Fall voll und ganz beseligt, zumal da postmortale Verbesserungsmöglichkeiten des eschatologischen Status vorgesehen sind. Selbst die Lehre von einer letztendlich zu erreichenden *apokatastasis panton* soll, glaubt man Kennern, ein „legitimes Theologumenon“ (Ortner, 354) der Orthodoxie sein. Wie von der Fegfeuerlehre wird auch davon noch genauer zu reden sein.

> Glaubensgerechtigkeit und Gericht nach den Werken

Was die reformatorische Lehre betrifft, so ist alles auf den Grundsatz abgestellt, dass die eschatologische Rechtfertigung bedingungslos und gratis erfolgt. Sie wird jeder Menschenseele zuteil, die sich auf die in der Person Jesu Christi gegebene Zusage des Evangeliums verlässt. Weder vorhergehende noch nachfolgende Werke bedingen das Gnadenurteil im Jüngsten Gericht. Doch wird dadurch nicht in Abrede gestellt, dass den menschlichen Werken auch in eschatologischer Hinsicht ein bleibender Wert beigemessen wird. Dies kommt in der Vorstellung eines dem eschatologischen Rechtfertigungsurteil nachfolgenden Gerichts nach den Werken zum Ausdruck, welches nach Verdienst Lohn zuteilt und Schuld und Verfehlung schmerzlich zu Bewusstsein bringt. Wem Jesus Christus eschatologisch mit vorbehaltlosem Entgegenkommen begegnet, dem gehen die Augen auf nicht nur in Bezug auf alles Gute, das ihm zu seinen irdischen Lebzeiten geschenkt wurde und an dem er mitwirken durfte, sondern dem wird auch schmerzlich bewusst, wie oft er gefehlt hat und die nötigen Werke der Liebe schuldig geblieben ist. Man kann diesen Bewusstwerdungsprozess als Vorgang einer Reinigung denken und ihn vorstellungsmäßig mit dem Verlauf in Verbindung bringen, der zwischen dem Augenblick des Todes sowie dem Entscheid des Seelengeschicks einerseits und dem Moment der Wiedervereinigung von Seele und Leib am Ende der Tage andererseits statthat. Auf sinnvolle Weise lässt sich diese Verbindung allerdings nur dadurch herstellen, dass das durch den Unterschied von Seele und Leib, Selbst und Welt bestimmte Interim nicht nur mit der vergehenden Weltzeit, sondern auch und vor allem mit der Lebenszeit assoziiert wird, welche die einzelne Menschenseele in der Welt zugebracht hat und welche nun sub specie aeternitatis in Erinnerung gerufen wird.

Durch das abschließende Bestimmungsmoment der eschatologischen Erwartung des christlichen Glaubens werden die beiden vorhergehenden aufgehoben im Sinne bestimmter Negation, Bewahrung und Vollendung, wodurch der Begriff ewiger Seligkeit realisiert ist. Denn in der ewigen Seligkeit hat nicht nur Seelenseligkeit, sondern Beseligung in der Einheit von Leib und Seele statt und das beseligte Selbst ist nicht mehr auf unmittelbare, sondern auf vermittelte Weise eins mit aller Welt. Im Himmel wird Gott alles in allem sein, jedoch auf trinitarische Weise und damit so, dass dem Anderssein des Anderen ein Recht zuerkannt wird, welches alles Begreifen übersteigt. Jeder und jedes wird sein, was er, sie, es der eigenen Bestimmung nach ist, und gerade so wird Gott allem immanent sein, ohne seine Jenseitigkeit zu verlieren. Was aber die Hölle betrifft, so dürfte sich unter Seligkeitsbedingungen über sie nicht mehr ausmachen lassen als dies, dass sie eine Grenze nicht der Liebe Gottes, sondern des Bösen markiert, das einen ewigen Gegensatz zu Gott zu bedingen nicht in der Lage ist.

2. Interimslösungen und Zwischenzustände. Drei konfessionsspezifische Paradigmen

Lit.: A. Ahlbrecht, Tod und Unsterblichkeit in der evangelischen Theologie der Gegenwart, Paderborn 1964. – P. Althaus, Art. Eschatologie. IV. Christliche, dogmengeschichtlich, in: RGG² II (1928), Sp. 345–353. – Ders., Unsterblichkeit und ewiges Sterben bei Luther. Zur Auseinandersetzung mit Carl Stange, Gütersloh 1930. – Ders., Die letzten Dinge, Gütersloh ⁴1933. – Ders., Retraktationen zur Eschatologie, in: ThLZ 1950, Sp. 253–260. – W. Bousset, Die Religion des Judentums im neutestamentlichen Zeitalter, Berlin ²1906. – F. Beißer, Hoffnung und Vollendung, Gütersloh 1993. – G. Jasper, Paul Althaus (1888–1966). Professor, Prediger und Patriot in seiner Zeit, Göttingen 2013. – E. Lessing, Geschichte der deutschsprachigen evangelischen Theologie von Albrecht Ritschl bis zur Gegenwart. Bd. 2: 1918 bis 1945, Göttingen 2004. – M. Meiser, Paul Althaus als Neutestamentler. Eine Untersuchung der Werke, Briefe, unveröffentlichten Manuskripte und Randbemerkungen, Stuttgart 1993. – J. Ratzinger, Gesammelte Schriften. Hg. v. G. L. Müller, Bd. 10: Auferstehung und ewiges Leben. Beiträge zur Eschatologie und zur Theologie der Hoffnung, Freiburg/Basel/Wien 2012. – D. Staniloae, Orthodoxe Dogmatik. Mit einem Geleitwort von J. Moltmann. Aus dem Rumänischen übers. v. H. Pitters. 3 Bde., Gütersloh 1985 (= I), 1990 (= II), 1995 (= III). – C. Stange, Die Unsterblichkeit der Seele, Gütersloh 1925. – G. Vlantis, In Erwartung des künftigen Äons. Aspekte orthodoxer Eschatologie, in: ÖR 56 (2007), 170–182. – G. Wenz, Ewige Gottesgemeinschaft. Evangelische Notizen zu Dumitru Staniloaes individueller Eschatologie in ihrem Verhältnis zur universalen, in: A. Marinescu (Hg.), Receptarea gândirii Păr. Dumitru Stăniloae în teologia contemporană (Die Rezeption des Denkens von Vater Dumitru Staniloae in der zeitgenössischen Theologie), vol. II (Studii Teologice III/9 [2013] 2), Bukarest, 2013, 69–98. – W. Wimmer, Eschatologie der Rechtfertigung. Paul Althaus' Vermittlungsversuch zwischen uneschatologischer und nur eschatologischer Theologie, München 1979. – J. Wohlmuth, Mysterium der Verwandlung. Eine Eschatologie aus katholischer Perspektive im Gespräch mit jüdischem Denken der Gegenwart, Paderborn/München/Wien/Zürich 2005.

Es gehört zur kontroverstheologischen Tradition, Grundsatzdifferenzen und Prinzipiengegensätze zwischen den christlichen Konfessionen zu konstatieren. Sie werden nicht selten auch in eschatologischen Kontexten geltend gemacht. Um ein Beispiel zu geben: Nach Urteil des von 1912 bis 1935 in Göttingen lehrenden Lutherforschers Carl Stange ergeben sich die „entscheidenden Begriffe des katholischen Systems … unmittelbar aus der dualistischen Anthropologie der katholischen Kirche" (Stange, 136) und ihrer Lehre von der Unsterblichkeit der Seele. Eben hierin habe „Luther von vornherein den entscheidenden Grundfehler des katholischen Systems gesehen" (ebd.). Zugleich lasse sich „zeigen, daß die Kritik, die er am Unsterblichkeitsglauben übt, in den eigentlichen Grundgedanken seiner

Theologie begründet ist" (Stange, 134 f.): „das ewige Leben ist nicht eine notwendige Folge unsrer natürlichen Beschaffenheit, sondern ein beständiges Geschenk aus Gottes Hand." (Stange, 140) Als psychosomatische Einheit sei der Mensch als ganzer sterblich und dem Tode verfallen. Ein Leben über den Tod hinaus könne allein Gott durch die Tat der Auferweckung gewähren. Luther habe diese urchristliche Einsicht neu zur Geltung gebracht. „Im Christentum findet der Glaube an die Unsterblichkeit der Seele keinen Platz, sondern an seine Stelle tritt der Glaube an die Auferstehung von den Toten." (Ebd.)

Leibhafte Totenauferstehung und Seelenunsterblichkeit bei Luther

Gegen Stanges Mitte der 20er Jahre des vergangenen Jahrhunderts entwickelte These eines unvermittelten Gegensatzes von Seelenunsterblichkeitsglauben und Glauben an die leibhafte Auferweckung der Toten, wie sie das Christentum im Allgemeinen und das lutherische im Besonderen bestimme, wandte sich sein Schüler (vgl. Jasper, 57; 141 ff.) Paul Althaus mit einer Schrift „Unsterblichkeit und ewiges Sterben bei Luther"; sie ist 1930 als 30. Heft der von Stange herausgegebenen Reihe von Studien des apologetischen Seminars erschienen, in der fünf Jahre zuvor dessen Vorlesungen über „Die Unsterblichkeit der Seele" publiziert worden waren. Von Stange wurden zum Beleg für seine These insbesondere kritische Äußerungen Luthers gegen den Entscheid des von 1512 bis 1517 tagenden V. Laterankonzils angeführt, wonach es auch philosophisch gesehen unwahr sei zu behaupten, die vernunftbegabte Seele sei sterblich bzw. eine einzige in allen Menschen (vgl. DH 1440 f.). Im Gegensatz zum Konzil, welches die Unsterblichkeit der den menschlichen Leib wahrhaft durch sich und wesenhaft formierenden Seele zum Dogma erhoben habe, vertrete Luther diese These nicht nur nicht, sondern lehne sie dezidiert und explizit ab. Demgegenüber sucht Althaus zu beweisen, „daß Luther die ‚Unsterblichkeit' der Seele nicht ablehnt, obgleich sie bei ihm ganz anders begründet und gewertet wird als in der philosophisch-scholastischen Seelenlehre" (Althaus, Unsterblichkeit, 27): nicht substanzhaft, sondern relational, nämlich aus der „Unzerstörbarkeit des durch Gottes Anrede begründeten Gottesverhältnisses" (ebd.) heraus; aus der Gottesbeziehung des Menschen folge für Luther „die Gewißheit nicht nur des ewigen Lebens, sondern auch des ewigen Todes" (ebd.).

Trotz verbleibender Klärungsbedürftigkeiten bezüglich der Kontrastierung eines substanzontologischen und eines relationalen Denkens darf der Althaus'sche Aufweis einer Affirmation der Idee der Seelenunsterblichkeit bei Luther als gelungen gelten (vgl. Ahlbrecht, bes. 64 ff.). Dieser hat tatsächlich am postmortalen Fortleben der Seele festgehalten und zwar primär aus theologischem Interesse. Nach Althaus hat dieses Interesse am neutestamentlichen Zeugnis einen festen Anhalt. Zwar sei dieses wesentlich von der Vorstellung einer ganzheitlichen Auferstehung aller Menschen am Ende der Zeit bestimmt; aber es „bekämpft nirgends den Gedanken eines Fortlebens der Person und nimmt nirgends in dieser Sache gegen das griechische Denken Stellung: wie schon das Spätjudentum unter hellenistischem Einfluß, setzt es die Fortdauer der Person über den Tod hinaus selbstverständlich voraus" (Althaus, Retraktationen, 253). Als exemplarische Belege werden Mt 10,28 sowie 2. Kor 5,11 ff. und Phil 1,21 ff. angeführt. Zwar dominiere im Neuen Testament die Erwartung einer der „Ganzheit des Todes" (ebd.) korrespondierenden Auferweckung des Menschen in der „Einheit (seines) geistleiblichen Seins" (ebd.), die als universal und am Weltende statthabend zu denken sei – „die Hoffnung des Christen geht auch für sein persönliches Schicksal auf den Tag Jesu. Er darf nicht durch den überlieferten Gedanken einer Seligkeit der Seele bei Christus gleich nach dem Tode entleert und vergleichgültigt werden." (Ebd.) Das heiße aber nicht, dass im Neuen Testament der Gedanke der Seelenunsterblichkeit im Sinne einer postmortalen Fortdauer der Person in ihrer Ichselbigkeit nicht gelehrt oder gar abgewiesen werde. Das Gegenteil sei der Fall. Ähnlich verhält es sich nach Urteil von Althaus bei Luther.

Auch Luthers Eschatologie ist Althaus zufolge entscheidend auf die endzeitliche Auferstehung aller Menschen in ihrer psychosomatischen Ganzheit ausgerichtet. Aber der gleiche Luther, welcher die allgemeine Auferstehung der Toten am Ende der Tage lehre, könne auch „davon reden, daß der in Christo Gestorbene schon jetzt bei Christus im Himmel ist, Leben und ewige Seligkeit in der Gemeinschaft mit ihm und der himmlischen Kirche hat" (Althaus, Retraktationen, 255 unter Verweis auf WA 53, 400). Ein Ausgleich beider Gedanken finde bei Luther ebenso wenig statt wie bei Paulus und im übrigen Neuen Testament. Eschatologie des Himmels und Eschatologie des Jüngsten Tages werden als zwei Ausblicksweisen unausgeglichen nebeneinander gestellt – widerspruchsfrei, aber ohne in einem Vorstellungsbild synthetisiert zu werden. Nach Althaus unterbleibt diese Synthesis nicht aus Nachlässigkeit, sondern aus guten systematischen Gründen: „Wir müssen das Geheimnis dadurch ehren, daß wir auf ein eindeutiges eschatologisches Gesamtbild, auf jede Aussage über ein Nacheinander oder Nicht-Nacheinander der Ereignisse verzichten." (Althaus, Retraktationen, 258)

Doppelter Ausblick

Eschatologisch muss es nach Althaus beim doppelten Ausblick und einer irreduziblen Zweiheit der Perspektiven bleiben; ihre gegenständliche Zusammenschau oder ihre Vereinheitlichung durch Zwischenzustands- bzw. vergleichbare Interimslösungen müssten hingegen unterbleiben. „Die Eschatologie wird in dieser Frage nichts anderes tun können, als die *Motive* des Glaubens, die in den beiden Ausblicken wirksam sind, erklingen zu lassen. *Zuerst*: zwischen Christus und dem Glaubenden stehen keine heillosen Zwischenzustände mehr; keine Todeswelt, die uns von Christus fernhielte, keine leeren oder erfüllten Zeiten – er selber ist das unmittelbare Jenseits, ja die andere Seite dessen, was wir von hier aus als Sterben erfahren und bejahen. Dieses Motiv führt zu der ‚Himmels-Eschatologie' der Überlieferung. Das *andere*: meine, des Einzelnen, Vollendung in Christus gehört in eins mit der der Gemeinde, ja der ganzen Welt – das führt zu dem Gedanken der Auferweckung am jüngsten Tage, der Gesamtvollendung." (Althaus, Retraktionen, 257 f.)

Eine Schlüsselstellung in der Althaus'schen Interpretation der Eschatologie Luthers kommt dem Satz des Reformators zu, wonach gewiss als unsterblich zu gelten habe, mit welchem Gott sei es im Zorn oder in der Gnade rede (vgl. WA 43,481). Nach Althaus ist wie der eschatologische Vorstellungsrahmen Luthers überhaupt so auch seine Vorstellung einer förmlichen Seelenunsterblichkeit durch die Kontrasteinheit von Gericht und Gnade, von Gesetz und Evangelium bestimmt. Auch hier handelt es sich um einen Zusammenhang nicht synthetisierbarer Differenz und zwar dergestalt, dass durch ihn der vorher entwickelte formale Bezugsrahmen seiner materialen Bestimmtheit zugeführt wird. Sind doch, mit Althaus zu reden, die Vorstellungen einer Himmelseschatologie und einer Eschatologie des Jüngsten Tages gleichermaßen hingeordnet auf den Gedanken der Gerechtigkeit vor Gott, wie sie als zugrunderichtendes Gesetz und als Rechtfertigungsevangelium begegnet.

Luthers Eschatologie ist ganz und gar aus seiner Rechtfertigungstheologie heraus entwickelt. In diesem hermeneutischen Grundsatz stimmt Althaus mit Carl Stange vorbehaltlos überein. Ihre Kontroverse betrifft insofern und zwar nach Urteil beider nicht den Kern reformatorischer Lehre bzw. diesen nur insofern, als er mit der Ablehnung der Apokatastasislehre und dem Festhalten an der überkommenen Lehre vom doppelten Ausgang verbunden ist. Nach Stange haben die Glaubenden aus ihrer Gottesbeziehung und ihrem Sein bei Christus heraus an Unsterblichkeit, Rechtfertigung und ewiger Seligkeit teil, wohingegen die Ungläubigen ganz und gar im Tode vergehen werden. Althaus wertet diese Annahme als eine Verharmlosung des Gerichtsgedankens. Hauptsächlich um sie zu vermeiden und an der Universalität der Gerechtigkeitsforderungen des göttlichen Gesetzes festhalten zu können, habe Luther den Gedanken der Seelenunsterblichkeit affirmiert und zwar in seiner förmlichen, den Gegensatz von Glaube und Unglaube umgreifenden Allgemeinheit. Eine Vergleichbarkeit von Unglaube und Glaube sei dadurch indes nicht bzw. nur zu dem Zwecke intendiert, die Unvergleichlichkeit und den unvergleichlichen Gegensatz von Himmel und Hölle wirklich und in seinem vollen Realitätsgehalt ernst zu nehmen.

Während Stange Luther die Lehre abspricht, dass der ewige Tod und mit ihm die höllische Verdammnis kein Aufhören kenne, ist sie nach Althaus für den Reformator unaufgebbar, um den Ernst der eschatologischen Gerichtsvorstellung konsequent zum Ausdruck zu bringen, ohne dessen Geltung der Trost der Rechtfertigungsbotschaft nicht in seiner Tiefe erfasst werden könne (vgl. Althaus, Unsterblichkeit, 55). Luthers Affirmation des Gedankens der Seelenunsterblichkeit gehört nach Althaus in diesen Zusammenhang. Er sei bei ihm eine Funktion der Gesetz- und Evangeliumsthematik, deren Realistik er zu gewährleisten habe. Ohne diesen Bezug sei er wertlos, ja kontraproduktiv, unter Voraussetzung dieser Beziehung nötig und unverzichtbar. Althaus beschließt seine Auseinandersetzung mit Carl Stange mit dem Hinweis, dass dessen in Luther hineingelesener, aber von diesem nicht geteilter „Gedanke, daß die Gottlosen im leiblichen Tode dem Nichts anheimfallen und darin ihre Strafe haben“ (Althaus, Unsterblichkeit, 67), mit dem problematischen Begriff zusammenhänge, den er, Stange, von Gottlosigkeit habe. Sei diese doch dem Reformator zufolge keineswegs nur Gottvergessenheit oder theoretische Gottesleugnung, sondern praktischer Atheismus im Sinne einer zum

Gotteshass verkehrten religiösen Beziehung, die mit einer zwangsläufig zu Hybris oder Verzweiflung führenden Selbst- und Weltvergottung einhergehe. Eine infolge der Pervertierung der Beziehung zu Gott pervertierte Selbst- und Weltbeziehung aber sei ein Zustand von durch Denken und Handeln nicht ermessbarer Dimension: die Hölle, die mit dem Himmel in nichts zu vergleichen ist und zwar auch nicht dadurch, dass man sie im Vergleich zu ihm mit dem Tod gleichsetzt und so für nichtig erklärt.

Eschatologielehrbuch von Paul Althaus

Die eschatologischen Grundsätze, die er in seiner Auseinandersetzung mit Carl Stange geltend machte, hat Paul Althaus in seiner „wichtigste(n) dogmatische(n) Einzelarbeit" (Lessing, 84), dem Werk über „Die letzten Dinge", breit entfaltet (vgl. Beißer, 175 ff.) – seit der vierten Auflage von 1933 in der systematischen Form eines thematisch streng organisierten Lehrbuchs. Die Monographie gehört zu den bedeutendsten Themenbeiträgen lutherisch-reformatorischer Provenienz und soll als eines von drei Beispielen konfessionsspezifischer Eschatologieprogramme vorgestellt werden. Besonders ins Auge gefasst werden dabei die Aspekte von individuellem Tod und Seelenunsterblichkeit einerseits, von allgemeiner Totenauferstehung und dem Problem ihrer Leibhaftigkeit andererseits sowie das Verhältnis, in dem beide Aspekte in der Sicht von Althaus zueinander stehen. Wie seine gesamte Eschatologie ist auch Althausens Deutung des Todes des einzelnen Menschen durch die Perspektive von Gesetz und Evangelium bestimmt. Der Tod ist einerseits Sold der Sünde, deren Schuld durch den theologischen Gebrauch des Gesetzes in einer den Menschen nicht nur vernichtenden, sondern zugrunderichtenden, in die Höllenverdammnis führenden Weise offenbar werden lässt. Der Tod ist aber durch das Evangelium andererseits auch und zugleich heilsam zum „Opfer der Gottesliebe" (Althaus, Die letzten Dinge, 85) gewandelt, zu welchem der Mensch in Christus berufen ist. „Der Tod ist nie *nur* Strafe, aber er ist es immer *auch*. Der Tod ist niemals *nur* Gnade, aber für den Glaubenden ist er es immer *auch*." (Ebd.)

Was die traditionelle Deutung des Todes als Trennung von Leib und Seele anbelangt, so lässt sie Althaus als formale Rahmenvorgabe für die Thematisierung der Inhalte individueller und universaler Eschatologie unter der Voraussetzung gelten, dass unter Trennung keine definitive Sonderung im dualistischen Sinne verstanden wird: „Wahres, volles Leben ist nicht in der Leiblosigkeit, sondern nur in der Leiblichkeit möglich." (Althaus, Die letzten Dinge, 88) Leiblichkeit hinwiederum impliziert einen konstitutiven Weltbezug, ohne welchen menschliches Seelenleben nicht denkbar ist. Zwar könne man „nicht leugnen, daß der Seelenglaube der Religionen sich auch in der Bibel findet und eine Reihe an Bibelworten gestaltet hat – die Lehr-Autorität der Bibel zwingt also eindeutig zu dem Gedanken des Fortlebens der Seele nach dem Tode" (Althaus, Die letzten Dinge, 91); aber nichtsdestoweniger sei die Erwartung einer allgemeinen und leibhaften Auferstehung am Ende der Zeit nach biblischem Zeugnis unaufgebbar und zwar dergestalt, dass ohne diese Erwartung der Gedanke einer unsterblichen Seele keinen Bestand habe.

Trotz der konsequenten Hinordnung auf die Auferstehungserwartung hält Althaus, wie seine Auseinandersetzung mit Stange exemplarisch belegt, am Gedanke der Unsterblichkeit der Menschenseele fest und begründet ihn mit demjenigen, was er Uroffenbarung nennt. Der Unsterblichkeitsgedanke stamme „aus dem schöpfungsmäßigen Wesen des Menschen“ (Althaus, Die letzten Dinge, 103) und bringe „das jedem Menschen in seinem Menschsein mitgegebene Wissen um eine Bestimmung über die Wirklichkeit seines jetzigen Daseins hinaus“ (ebd.) zum Ausdruck. Dieses Bewusstsein menschlicher Selbst- und Welttranszendenz deutet Althaus als virtuelle Gottesbeziehung des Menschen. Das menschliche Gottesverhältnis sei recht eigentlich unsterblich zu nennen. Konkrete Gestalt nehme es in der Erfahrung göttlichen Gerichts und göttlicher Gnade an, welche die eschatologische Erwartung des christlichen Glaubens materialiter bestimme und zwar sowohl in individueller als auch in universaler Hinsicht. Um beide Perspektiven aufrechtzuerhalten und nicht in unstatthaft individualistischer Weise zu verengen, müsse neben dem Gedanken der Seelenunsterblichkeit auch derjenige einer leibhaften Auferstehung aller am Ende der Zeit aufrechterhalten werden, der den Skopus der Eschatologie bilde.

Die Eschatologie betrifft Selbst und Welt und damit das Ich in der Ganzheit von Leib und Seele und zwar so, dass das verherrlichte Ich nicht nur seelisch, sondern psychosomatisch eins und mit sich selbst einig sein wird. „(D)er neue Leib wird *mein* Leib sein, wie der alte Leib *mein* Leib war, Gestalt meines individuellen Seins.“ (Althaus, Die letzten Dinge, 127) Seine materiale Bestimmung gewinnt auch der Gedanke allgemeiner Totenauferstehung ganz von der Alternative von Gericht und Gnade her. Althaus spricht sogar ausdrücklich von „zwei verschiedene(n) Auferstehungs-Gedanken“ (Althaus, Die letzten Dinge, 111) bzw. „zwei Arten von Auferstehung“ (Althaus, Die letzten Dinge, 112), wobei er hinzufügt, dass man sie „nicht auf zwei Gruppen der Menschheit verteilen kann, sondern daß der Glaubende von *beiden* im Blicke *auf sich selber* reden muß“ (ebd.). Bleibt somit der Auferstehungsgedanke für sich genommen nicht nur uneindeutig, sondern ambivalent und zwiespältig, so wird er zum Heilsgedanken nur im Blick auf Christus. Für den Christusglauben und nur für ihn sind der Auferstehungsgedanke und mit ihm der Gedanke unsterblicher Menschenseele heilsam. Ansonsten bleiben beide Gedanken zweideutig, was eindeutig zu erkennen ebenfalls nur der Glaube in der Lage sei.

Zwischenzustandsproblem

Die Vollendung des individuellen Menschen geschieht nur im Zusammenhang mit der Vollendung der Welt und umgekehrt. Assoziiert man die universale Vollendung mit der allgemeinen Auferstehung am Jüngsten Tage, dann rücken „für unser irdisches Vorstellen der Zeitpunkt des Sterbens der Einzelnen und das Ende, das Christi Erscheinung und die Auferweckung bringt, auseinander. Zwischen beiden Punkten liegt eine Zwischenzeit, und es erhebt sich die Frage nach dem *Zwischenzustande*.“ (Althaus, Die letzten Dinge, 135) Religionsgeschichtlich wird diese Frage in dem Augenblick virulent, „da die beiden Grundlinien der Eschatologie, die Reichs-Erwartung und die Erwartung für den Einzelnen, der Ausblick auf das Ende der Tage und der Ausblick über den Tod des Einzelnen hinaus, zusammentreffen" (Althaus, Die letzten Dinge, 136). Dies geschieht, wie Paul Althaus unter Bezug auf Wilhelm Boussets Werk über die Religion des Judentums im neutestamentlichen Zeitalter (vgl. Bousset, 336 ff.) ausführt, in der spätjüdischen, heute würde man sagen: frühjüdischen Eschatologie apokalyptischer Provenienz (vgl. Althaus, Die letzten Dinge, 136), wobei zwei Auffassungen des Zwischenzustands nebeneinander hergehen, nämlich diejenige, die den Zustand als mehr oder minder vorläufig fasst, und diejenige, die ihn unter die Voraussetzung der im Wesentlichen bereits getroffenen Endentscheidung stellt. Auf der ersten Linie liegen Vorstellungen von einem bis zum Jüngsten Tag währenden Schlaf der Verstorbenen, aber auch Vorstellungen einer vorübergehenden Schattenexistenz in der Scheol oder wo auch immer. Die zweite Linie wird im jüdischen Schrifttum mit hellenistischer Prägung führend dergestalt, dass der vom Leib geschiedenen Seele ihr eschatologisches Los unmittelbar zuteil wird, wohingegen der Jüngste Tag, der die Wiedervereinigung von Leib und Seele und die Vollendung der Welt mit sich bringt, das bereits getroffene Urteil lediglich ratifiziert.

Im Neuen Testament finden sich nach Urteil von Althaus (vgl. Meiser, bes. 56 ff.) beide Linien, „einerseits die Auferstehung, das allgemeine Gericht und die Vergeltung am Ende der Tage; andrerseits Vergeltung unmittelbar nach dem Tode und demgemäß Besonderung des Zustandes der Toten je nach ihrer Haltung" (Althaus, Die letzten Dinge, 137). Nur in 2. Kor 5 werden sie nach Althaus zueinander geführt, wohingegen sie ansonsten nebeneinander her laufen wie im hellenistischen Frühjudentum, in dessen Bahnen sich auch die altkirchliche Eschatologie unbeschadet ihrer christologischen Prägung bewegt. Lag der eschatologische Akzent in der Alten Kirche noch eindeutig auf dem endzeitlichen Universalgericht, im Vergleich zu dem sich das postmortale Los des Einzelnen als vorläufig darstellte, tritt in der Kirche des abendländischen Mittelalters die Vorläufigkeit des Zustands der abgeschiedenen Menschenseele immer mehr zurück: „Soweit die Frommen nicht noch des Fegefeuers bedürfen und sobald sie es hinter sich haben, sind sie bei Christo im Himmel, selig im Schauen und Genießen Gottes, ewiger Lebendigkeit teilhaftig; ebenso kommen die Gottlosen nicht an einen vorläufigen Ort, sondern sogleich nach dem Tode in die Hölle." (Althaus, Die letzten Dinge, 138) Die individuelle Himmel- oder Höllenfahrt bestimmt die eschatologische Vorstellungswelt und ersetzt weithin das endzeitliche Drama, das alle und die ganze Welt betrifft. Die mittelalterliche Eschatologie ist „fast nur an dem Schicksal der Einzelnen interessiert" (Althaus, Eschatologie, 348).

Wie sich die reformatorische Eschatologie zur mittelalterlichen verhält, lässt sich nach Althaus nicht eindeutig beantworten, weil die Befunde differenziert ausfallen. Was Luther betreffe, so teile er zwar die überlieferte Deutung des Todes als Trennung der Seele von ihrem Leib, wende sich aber dennoch entschlossen zum jüdisch-urchristlichen Erbe zurück, um die eschatologische Erwartung ganz auf das endzeitliche Kommen Jesu Christi auszurichten. Die Vorstellung eines Zwischenzustandes zwischen individuellem Tod und universaler Vollendung am Jüngsten

Tag hebe er durch die Annahme eines traumlosen Seelenschlafes auf: „wenn die Toten am jüngsten Tage erweckt werden, wissen sie – wie ein Erwachender am Morgen – weder wo sie waren noch wie lange sie geruht haben." (Althaus, Die letzten Dinge, 140)

Nicht nur von Calvin und der Dogmatik der altreformierten Orthodoxie, auch von der orthodoxen Dogmatik des Luthertums wurde Luthers Vorstellung eines Seelenschlafes abgelehnt. Bekannte man anfangs noch mit Nachdruck den Wartestand der abgeschiedenen Einzelseele, so wich später der Status der Erwartung demjenigen einer prinzipiell bereits vollendeten Erfüllung des eschatologischen Seelenloses mit der Folge, dass die endzeitliche Wiedervereinigung von Leib und Seele im Grunde nur die Bestätigung des im Augenblick des Todes getroffen Entscheids erbringen konnte. Ein gespanntes „Warten der Seelen auf die Auferstehung fehlt" (Althaus, Die letzten Dinge, 145) von nun an: „Daß Seligkeit des Einzelnen ohne den Sieg des Reiches Gottes und vor ihm nicht zu denken ist, kommt nicht zur Geltung." (Althaus, Eschatologie, 349) Zwar wird die endgeschichtliche Eschatologie theoretisch weiter behauptet. Sie gibt aber nicht mehr den Ton an, der ganz auf der Individualeschatologie liegt. „Das Denken ist ganz auf das Anliegen der persönlichen Heilsgewissheit gesammelt." (Ebd.) Ob diese Analyse zutrifft, wird an späterer Stelle anhand eines Beispiels aus der Dogmatik altprotestantischer Orthodoxie zu überprüfen sein.

Irreduzible Perspektivenzweiheit

Paul Althaus lehnt die Lehre von einem eschatologischen Zwischenzustand dezidiert ab und zwar allein schon deswegen, „weil sie das selbständige Fortleben einer leiblosen Seele voraussetzt" (Althaus, Die letzten Dinge, 148). Durch diese Voraussetzung werde das Seelenleben des Einzelnen von Menschheits- und Weltbezügen prinzipiell abstrahiert mit „durch und durch individualistisch(en)" (Althaus, Die letzten Dinge, 149) Konsequenzen. Doch räumt Althaus ein, dass das Problem, welches die Zwischenzustandsvorstellung zu lösen suche, auch bei Ablehnung ihres Lösungsversuches erhalten bleibe. „Es bleibt auch für uns bei dem Doppelten: daß wir jenseits des Todes bei Christus zu sein hoffen dürfen – und daß wir zugleich ausschauen auf das Ende der Geschichte, den jüngsten Tag, der das Reich bringt, die Gemeinde vollendet, die Schöpfung und alle Leiblichkeit erlöst. Ohne Zweifel, das Problem des Ausgleichs besteht auch für uns." (Althaus, Die letzten Dinge, 150 f.) Doch könne es durch keine Zwischenzustandslehre gelöst werden. „Denn diese Lehre setzt das Kommen zu Christus durch den Tod und das Kommen Christi am jüngsten Tage in Konkurrenz: was von dem einen erwartet wird, wird dem anderen an Bedeutung genommen. Je erfüllter der Zustand des Einzelnen nach dem Tode gedacht wird, desto mehr wird die Spannung auf den jüngsten Tag gelöst; je mehr man dem jüngsten Tage aufbehalten will, desto mehr muß die Lebendigkeit und Seligkeit vorher beschränkt werden. Das ist das unheilvolle Entweder-Oder, in das die Lehre vom Zwischenzustande führt. Man hat ein doppeltes Gericht, das besondere unmittelbar nach dem Tode und das allgemein am jüngsten Tage; eine doppelte Lebendigkeit, eine doppelte Vollendung. Es wird auseinandergerissen, was zusammengehört: Seele und Leib, der Einzelne und die Gemeinde, Seligkeit und Herrlichkeit, das Schicksal der Personen und das Schicksal der Welt. Lauter Verletzungen des biblischen Denkens. Wir können dem nur entgehen, wenn wir darauf verzichten, die beiden Momente der Hoffnung, das Jenseits des Todes und den jüngsten Tag, in ein gegenständliches Nacheinander zu ordnen. Die beiden Ausblicke müssen aus dem Verhältnis der Konkurrenz in das wesentlicher Koincidenz gesetzt werden." (Althaus, Die letzten Dinge, 151)

Der Althaus'sche Grundsatz, dass die beiden Aspekte christlicher Eschatologie, der individuelle und der universale, zum Ausgleich gebracht und „aus dem Verhältnis der Konkurrenz in das wesentlicher Koincidenz gesetzt werden" (ebd.) müssten, hat sich vor allem dort zu bewähren, wo es um das eschatologisch Entscheidende geht, im Zusammenhang des göttlichen Gerichts. Auch der Gedanke eschatologischen Gerichts ist nach Althaus von einer Doppelheit bestimmt, die ihren Grund darin hat, dass wir als Handelnde „mit unserem Tun einerseits unmittelbar vor Gott gestellt, andrerseits in den Zusammenhang des geschichtlichen Werdens verflochten" (Althaus, Die letzten Dinge, 166) sind. „Dieser zwiefachen Beziehung entspricht die Doppelheit von Gottes Richten. Unserer Entscheidung antwortet *Gottes Entscheidung* in seinem Verhältnis zu uns, über Feindschaft und Gemeinschaft, Tod und Leben. Aber Gott vergilt unser Tun und Lassen zugleich durch den Zusammenhang der Geschichte, in den unsere Akte eingehen, eben dadurch, *daß* sie Geschichte wirken. Die *Wirkung* ist Gericht Gottes." (Ebd.) Gemäß der benannten Doppelheit unterscheidet Althaus zwischen dem Gericht als Entscheidung und demjenigen der Wirkung, um seine Lehre vom eschatologischen Gericht entsprechend zu gliedern.

Entscheidungs- und Wirkungsgericht

Im eschatologischen Entscheidungsgericht wird das göttliche Endurteil über den Menschen gefällt und zwar dergestalt, dass das Gesetz ihn seiner Sündenverfallenheit überführt, aus dessen höllischem Abgrund nur der Glaube zu erretten vermag, der sich auf das Evangelium Jesu Christi von der Rechtfertigung des Sünders aus Gnade verlässt. Für den Glauben wandelt sich um Christi willen das richtende Verwerfungsgericht in das rechtfertigende Gericht göttlicher Gnadenliebe. Doch geht nach Althaus auch für den Glauben Gottes Gericht nicht in der Rechtfertigung auf, sofern der Reihung Gesetz und Evangelium, wie sie das eschatologische Entscheidungsgericht bestimmt, die gegenläufige in Bezug auf das Gericht als Wirkung entspricht. Das Wirkungsgericht nach den Werken folgt der Reihung von Evangelium und Gesetz nach Maßgabe der Wandlung, die sich im Entscheidungsgericht vom Gericht der Verwerfung zum Rechtfertigungsgericht vollzogen hat. Das Gericht nach den Werken ist auf die Heiligung ausgerichtet, die ohne den Aspekt prozessualen Werdens nicht zu denken ist. Doch will Althaus den Prozess fortschreitender Heiligung eschatologisch keineswegs im Sinne einer purgatorischen Zwischenzustandslösung verstanden wissen.

Althausens genereller Ablehnung der Zwischenzustandsvorstellung korrespondiert diejenige der Fegefeuerlehre im Besonderen. „Wider den Gedanken des Fegefeuers", so Althaus, „steht entschlossen die an dem reformatorischen Bekenntnis orientierte kirchliche Lehre. Die Bekenntnisse wissen ernstlich zu reden von dem Werke der Heiligung, das Gott vor allem durch Trübsal und Leiden an den Seinen wirke, und kennen auch ein Fortschreiten der Heiligung. Aber das Werk der Heiligung schreitet nicht über den Tod hinaus fort, sondern kommt in ihm und in der Auferstehung mit einem Male zu Vollendung." (Althaus, Die letzten Dinge, 204) Entscheidend ist, wie sich die Wendung „mit einem Male" so verstehen lässt, dass dadurch die erwünschte Koinzidenz individueller und universaler Eschatologie und in Verbindung damit diejenige von Entscheidungs- und Wirkungsgericht, Rechtfertigungsgericht für den Glauben und Gericht nach den Werken des Glaubens gewährleistet ist.

Was Althaus nicht will, ist verhältnismäßig klar und leicht zu sagen: Er will keine Zwischenzustandsvorstellungen und Interimslösungen, weil diese die Eschatologie dem formalen Gesetz einer chronologischen Sukzession der Zeit und – weit schlimmer noch – dem Gesetz eines mehr oder minder selbsttätig zu erbringenden Heilserwerbes unterstellen. Beides wird in reformatorischer Perspektive zu Recht kritisiert. Zu fragen ist indes, ob der Kritik eine eschatologische Konstruktion korrespondiert, die das Kritisierte nicht abstrakt negiert, sondern aufzuheben vermag dergestalt, dass eine wirkliche Koinzidenz von individueller und universaler Eschatologie, von rechtfertigendem Glaubensgericht und Gericht nach den Werken des Glaubens erreicht wird. Althaus sieht selbst, dass an dieser Stelle in seinem Konzept Probleme verbleiben. Um sie anhand einiger Anfragen zu identifizieren: Wahrt die Lehre von einer unmittelbar, augenblicklich und auf einmal statthabenden Vollendung der Heiligung deren wesenhaft prozessualen Charakter? Muss nicht ein Prozessmoment notwendigerweise mit dem Eschaton verbunden werden, um dessen Dynamik zu erhalten? Und hat nicht dem Gedanken unbedingter und bedingungsloser Gnadenrechtfertigung im Gericht ein Gericht nach den Werken zu korrespondieren, das die aus Glauben Gerechtfertigten als selbsttätige Subjekte von Werken ins Auge fasst und entsprechend richtet dergestalt, dass sich das totus mit einem partim verbindet und das eschatologische Ganze sich als aufgeschlossen erweist für seine Teile?

Lässt sich vollkommene Teilhabe am Ganzen des Eschaton nachgerade im Falle von Subjekten unter Absehung von ihrer Selbsttätigkeit überhaupt denken und bleibt, falls diese Frage zu verneinen ist, mit der zu denkenden Selbsttätigkeit der Gerechtfertigten nicht notwendigerweise ein relatives Moment erhalten, ohne welches die Absolutheit des Eschaton abstrakt bliebe? Althaus löst das Problem wie Alexander der Große den Gordischen Knoten: Wer die eschatologische Vorstellung einer „mit einem Schlage und ohne unsere ‚freie Selbsttätigkeit'" (Althaus, Die letzten Dinge, 217) erfolgenden Vollendung als gewaltsam ermöglicht erachtet und sich an ihr stößt, der möge sich dessen erinnern, „daß unser sittliches Sosein selbst sittlich unableitbar ist – eben schicksal-unentrinnbare ‚Erbsünde'! –, ebenso nach moralistischen Maßstäben ‚ungerecht' und ‚unwürdig' wie die Befreiung" (ebd.). Der Manichäismusverdacht liegt nahe. Nicht nur katholische Althauskritiker haben ihn offen ausgesprochen – nicht selten freilich mit pelagianisierenden Folgen.

Komplexes Verhältnis von Verhältnissen

Bedeutung und Problematik der Althaus'schen Lehre von den Letzten Dingen liegen in der Art und Weise begründet, wie in ihr der Zusammenhang von individueller und universaler Eschatologie mit demjenigen von Gesetz und Evangelium ins Verhältnis gesetzt wird. Es ergibt sich ein komplexes Verhältnis von Verhältnissen, deren abschließende theoretische Synthese problematisch bleibt. Die materialen Probleme der Althaus'schen Eschatologie betreffen allesamt die Gesetz-Evangeliums-Problematik und ihren formalen Rahmen nur insofern, als dieser mit ihr verbunden ist. Fest steht, dass der Zusammenhang von Individual- und Universaleschatologie zwar zu Unterscheidungen nötigt, aber keine Trennungen erlaubt. Denn die Hoffnung für den Einzelnen ist untrennbar mit der Erwartung einer Vollendung von Menschheit und Welt verbunden. Sachlich „sind die Vollendung der Einzelnen und die Vollendung der Welt eins. Es gibt nicht zwei Vorstellungen, sondern nur die eine." (Althaus, Die letzten Dinge, 223) Universale ist nicht ohne individuelle Vollendung, ewiges Leben des Einzelnen nicht „außer und vor dem Kommen des Reiches" (ebd.) möglich. Das Kommen des Reiches Gottes geschieht nach Althaus nicht durch Evolution der Natur (vgl. Althaus, Die letzten Dinge, 223.ff), recht eigentlich aber auch nicht auf geschichtlich vermittelte Weise, wenngleich die Kritik endgeschichtlicher Eschatologie seit der dritten Auflage des Werkes über „Die letzten Dinge" zunehmend entschärft und modifiziert wird (vgl. Althaus, Die letzten Dinge, 267 f.). Der Grundtenor bleibt trotz der erfolgten Modifikationen erhalten. Eschatologische Sätze, die zu einem Bild der Abfolge endzeitlicher Ereignisse vergegenständlicht werden, sind kontraproduktiv, da sie die Enderwartung entaktualisieren.

Das Kommen Gottes vermittelt sich Althaus zufolge weder durch Naturevolution noch durch geschichtlichen Fortschritt auf eine futurische Endzeit hin, sondern wird unmittelbar durch Gott bewirkt, freilich nicht in der Weise vermittlungsloser Unmittelbarkeit, sondern so, dass sich Gottes Herrschaft als aufgeschlossen erweist für Menschheit und Welt. Die Gottheit des trinitarischen Gottes ist nicht verschlossen in sich, sondern offen für Schöpfung und Geschöpf, deren Vollendung der Vater durch den Sohn in der Kraft des Heiligen Geistes bewirkt. In erster Linie ist das eschatologische Wirken des dreieinigen Gottes auf das Menschengeschöpf in der Gemeinschaft seiner Mitmenschen ausgerichtet. Als es selbst soll das menschliche Ich der Vollendung zugeführt werden. „Die *Erkenntnis Gottes in seiner Trinität* macht allen Gedanken an ein Aufgehen der Personen in Gott ein Ende." (Althaus, Die letzten Dinge, 311). Ein Ende wird durch die trinitarische Gotteserkenntnis, welche die Eschatologie erfüllt, auch dem Antagonismus von Individualität und Sozialität bereitet. Beide sind paritätische Größen, die in einem wechselseitigen Konstitutionsverhältnis stehen: „Die Liebe überwindet die Distanz des Ich und Du, ohne dadurch das Fürsichsein des Ich wie des Du aufzuheben." (Althaus, Die letzten Dinge, 310) Überwunden wird schließlich auch die Distanz von Selbst und Welt, ohne die Differenziertheit ihres sowie desjenigen Verhältnisses zu beseitigen, in denen die Kreaturen im Weltzusammenhang zu sich selbst und untereinander stehen. „Die Seligkeit ist nicht welt-los, sondern schließt die Freude an Gottes Welt ein." (Althaus, Die letzten Dinge, 343)

Ratzingers Althausrezeption

Die Eschatologie von Paul Althaus hat Wirkungen weit über den Bereich des Luthertums hinaus entfaltet und auch innerhalb anderer konfessioneller Traditionen Eindruck gemacht (vgl. Wimmer). Um ein prominentes Beispiel zu nennen: In einer ursprünglich vor der katholischen Ärzteschaft St. Lukas in München vorgetragenen Meditation „Zur Theologie des Todes" hat Josef Ratzinger eigenem Bekunden zufolge versucht, die von Althaus in dem eschatologischen Lehrbuch über „Die letzten Dinge" entfalteten Gedanken „vom Gesichtspunkt der katholischen Theologie her weiterzuführen" (Ratzinger, 296 Anm. 1). Den hermeneutischen Schlüssel zum christlichen Todesverständnis im Unterschied zu idealistischen und materialistischen Todesdeutungen bietet für ihn die Althaus'sche Parallelisierung des Todes- und des Taufgeschehens nach Maßgabe der Gegensatzeinheit von mortificatio und vivificatio: Wer mit Christus stirbt, der wird in seiner Gemeinschaft leben in Ewigkeit (vgl. Ratzinger, 305 ff.).

Der Tod ist Gesetzesgericht über die Sünde und ein Geschehen, dessen Passionscharakter Ratzinger ungleich stärker betont als etwa Karl Rahner in seiner „Theologie des Todes" (vgl. Ratzinger, 292–295); es ist aber auch evangelisches „Begnadigungsgeschehen, sofern eben im Todesgericht Gott uns dem natürlichen, eigenwilligen, empörerischen Leben entreißt, um uns zum Leben der Heiligkeit und Liebe umzuschaffen. Alles ist im Grunde gesagt mit der Feststellung, dass der Tod (und zwar je als Ganzes genommen) die Realisierung unserer Taufe ist." (Ratzinger, 308) In der Realisierung der Taufe, wie sie im Tod statthat, stirbt der alte Adam sich selbst und seiner Eigensucht ab, um in Christus aufzuerstehen und seiner Bestimmung im Verein aller Geschöpfe zugeführt zu werden. „Die Bewegung des Todes ist mit der Hineinbewegung in die radikale Liebe identisch. So wird deutlich, dass ich ebenso gut sagen kann: Im Christentum geht es nur um Tod und Auferstehung, wie: Im Christentum geht es nur um die Liebe, wie: Im Christentum geht es nur um die Demut des Glaubens. Das Christentum ist von innen her ganz einfach, seine inhaltliche Fülle erhält es von der äußeren Vielfalt menschlicher Wirklichkeiten her, in denen sich je neu dies Eine kundgibt." (Ebd.)

In einer Anmerkung zu seiner an Althaus orientierten Meditation „Zur Theologie des Todes" hat Ratzinger die Hoffnung geäußert, „das Ganze demnächst im Rahmen der von Johann Auer und mir herausgegebenen Kleinen katholischen Dogmatik im Abschnitt über Eschatologie unter Berücksichtigung der neueren Literatur weiter präzisieren zu können" (Ratzinger, 296 Anm. 1). Dies ist geschehen, worauf an späterer Stelle einzugehen sein wird. Vorerst sei lediglich anhand einiger seiner Kurzbeiträge zum Thema der Eschatologie skizziert, wie Ratzinger den Althaus'schen Ansatz fortführt und mit seinem, wie er es nennt, dialogischen

Verständnis der Unsterblichkeit verbindet (vgl. Ratzinger, 322 Anm. 19). Der Ausgang bei dem der Gesetz-Evangelium-Thematik analogen Gedanken des Sich-Absterbens und Lebens in Christus bleibt durchweg erhalten. Seine biblischen Wurzeln findet Ratzinger „in der paulinischen Tauftheologie (Röm 6,1–11)" (Ratzinger, 353), „im johanneischen Verständnis der in Christi Tod sich eröffnenden eschatologischen Existenz" (ebd.) und „in dem mit Joh 12,24 verwandten synoptischen Jesuswort, das als Bedingung der Jesusnachfolge die Übernahme des Kreuzes verlangt und nur im Sich-Verlieren das Sich-Finden verheißt (Mk 8,34f. par.)" (ebd.).

Wie bei Althaus fungiert auch bei Ratzinger das Motiv von mortificatio und vivificatio als innerer Beweggrund christlicher Jenseitserwartung und als regulative Idee aller damit verbundenen Vorstellungen, deren Rahmen einerseits durch die Aussicht auf eine allgemeine Totenauferstehung am Ende der Zeiten, andererseits durch die Annahme einer Unsterblichkeit der Seele abgesteckt ist. Ursprünglich handle es sich dabei „nicht um zwei komplementäre Vorstellungen, sondern je um eine Totalantwort auf das Problem der menschlichen Zukunft" (Ratzinger, 355); aber schon im hellenistischen Judentum und dann auch im frühen Christentum, soweit es unter griechischem Einfluss stand, seien die beiden Paradigmen vielfach verbunden und zu Synthesen verschmolzen worden. Vom biblischen Zeugnis her geurteilt verdient nach Ratzinger die Annahme einer endzeitlichen Auferstehung der Toten und zwar aller – Gerechter und Ungerechter – den eindeutigen Vorzug. Ihren den ganzen Menschen einschließlich seiner Leiblichkeit umfassenden Charakter und die „numerische Identität des Auferstehungsleibes mit dem Erdenleib" (Ratzinger, 286) habe die christliche Theologie stets betont: sie standen ihr „im Anschluss an die Auferstehung Jesu und an die Ausführungen von 1 Kor 15 von Anfang an fest" (ebd.).

Synthese von Jerusalem und Athen

Trotz der Vorzugsstellung, die er der Erwartung einer leiblichen Auferstehung am Ende der Welt einräumt, will Ratzinger sie in keinen prinzipiellen Gegensatz zur Idee der Seelenunsterblichkeit stellen (vgl. Wohlmuth, 164ff.). Er möchte vielmehr die häufig behauptete alternative Positionierung beider Vorstellungen auflösen bzw. gar nicht erst aufkommen lassen. Zu diesem Zweck sei zunächst der Beweis zu erbringen „dass die beiden großen Themen, der Tod und das Ende der Zeiten, enger zusammengehören, als es für den ersten Blick scheinen möchte" (Ratzinger, 336); sodann sei zu zeigen, dass die Behauptung einer prinzipiellen „Unvereinbarkeit des biblischen Auferstehungsglaubens mit der griechischen Unsterblichkeitslehre" (Ratzinger, 374) unhaltbar und Folge einer hermeneutischen Fehlentscheidung sei, die auf dem Vorurteil beruhe, Jerusalem und Athen, jüdisch-christliche Überlieferungen und die Traditionen der griechischen Antike stünden im Verhältnis eines kontradiktorischen Gegensatzes zueinander.

Ratzinger leugnet keineswegs gefährliche Potentiale der griechischen Geisteshaltung, die er mit den Stichwörtern „Individualismus und Spiritualismus" (Ratzinger, 311) umschreibt. Am Geist der griechischen Antike orientierte Individualisierungs-

und Spiritualisierungstendenzen hätten „von Anfang an die Aufmerksamkeit vom Allgemeinen und Ganzen abgelenkt und auf das unmittelbar aufgegebene Heil der einzelnen Seele konzentriert. Die Auferstehung des Fleisches, d. h. der Menschheit als Ganzer in ihrer wiederhergestellten Leibhaftigkeit konnte demgegenüber nur noch als ein Annex erscheinen, dessen Bedeutung angesichts der aszetischen Abwertung des Leibes noch weiter fragwürdig werden musste." (Ratzinger, 311 f.) Diese fortschreitende Entwicklung ist nach Ratzingers Urteil mehr als bedenklich, erlaube aber dennoch keine pauschale Entgegensetzung von Auferstehung und Unsterblichkeit der Seele, wie sie protestantischerseits häufig und in jüngeren Zeiten nicht selten auch von katholischen Theologen behauptet werde (vgl. etwa Ratzinger, 373 f.). Eine konträre Positionierung beider Vorstellungen verbiete sich spätestens dann, wenn man die Modifikationen in Rechnung stelle, die in der christlichen Tradition an der herkömmlichen Leib-Seele-Anthropologie und der Seelenunsterblichkeitsidee im Besonderen vorgenommen worden seien (vgl. Ratzinger, 381 ff.).

Auch wenn man im Anschluss an die antiken Überlieferungen anthropologisch zwischen einem leiblichen Weltbezug und einem seelischen Selbstbezug unterschieden habe, sei diese Unterscheidung doch im Christentum niemals als dualistische Trennung verstanden worden, zumal da man den leibseelischen Doppelaspekt stets vom Gottesbezug habe umgriffen sein lassen, in welchem seine Einheit gründe. Durch die vom Konzil von Vienne affirmierte These, dass die Seele die Form des Leibes sei (vgl. DH 902), werde im Anschluss an Aristoteles die Einheit des Menschen herausgestellt und nicht etwa seine Zerlegung in zwei Teile vorgenommen, was das V. Laterankonzil durch Zurückweisung der namentlich durch Averroes alias Ibn Roschd bestimmten Lehre des sog. arabischen Aristotelismus, wonach seelische Unsterblichkeit nur im Allgemeinen und nicht individuell zu erwarten sei, zusätzlich unterstrichen habe. Jede seelische forma corporis ist individuiert und unwiederholbar einmalig; jeder darf in seiner unteilbaren Einheit Unsterblichkeit erwarten. Die Definition der Bulle „Benedictus Deus" (vgl. Ratzinger, 290 f.), derzufolge das eschatologische Geschick der Einzelseele noch vor der allgemeinen Totenauferstehung und dem universalen Endgericht entschieden werde, muss dem nach Ratzingers Urteil nicht widersprechen, wenngleich zuzugeben sei, „dass das (in sich notwendige) Dogma Benedikts XII. die endgültige Bestätigung einer Wandlung in der Gesamtentwicklung des eschatologischen Denkens bedeutete, die sich im 12. und 13. Jahrhundert abgespielt hatte: Die Väter waren in dem angegebenen Punkt (ebenso wie die Schrift selbst) unklar geblieben, weil ihre Aufmerksamkeit dem Heil der gesamten erlösten Menschheit galt und weil sie das Heil des Einzelnen nicht unter Absehung von diesem Ganzen sehen mochten. Tatsächlich wird man darin nicht *nur* eine überwundene Stufe theologischer Reflexion sehen dürfen, sondern es bleibt bestehen, dass das Heil des Menschen erst dann vollständig ist, wenn die zweifache Trennung überwunden ist, der die anima separata unterliegt: die Trennung vom eigenen Leib und die Trennung von der vollen Gemeinschaft des Leibes Christi." (Ratzinger, 281)

Die Lehre von der Unsterblichkeit der Einzelseele wird nach Ratzinger recht verstanden nur in Hinordnung auf die leibhafte Totenauferstehung aller, deren Allgemeinheit hinwiederum aufgeschlossen sein muss für die Individualität des Einzelnen, welche nicht auf bloß körperliche Weise, sondern nur in Gestalt beseelter Leiblichkeit zu gewährleisten sei: Um der individuellen Identität des Auferstehungsleibes willen bedarf es eines Rückbezugs auf das Seelenleben des Einzelnen, welches vom Tod zwar nicht weniger, aber anders betroffen wird als der Leib, dessen äußere Hülle in der Gestalt eines entseelten Leichnams postmortal auf Erden zurückbleibt, bis das körperliche Relikt zu Staub und Asche zerfällt. Man vergleiche hierzu Ratzingers Artikel „Leichnam", wo ausgeführt wird, dass der tote Menschenkörper als die zurückgelassene „Hülle" des Verstorbenen für die Hinterbliebenen zwar noch geraume Zeit als „symbolische Vertretung der Person" (Ratzinger, 351) erscheinen könne; nichtsdestoweniger sei zwischen dem personalen Ich, welches der Mensch war, und seinem Leichnam sorgsam zu unterscheiden, was u. a. Aufgabe des Seelengedankens sei.

Psychosomatische Differenzeinheit

Der Mensch ist eine psychosomatische Differenzeinheit. Dies ist eschatologisch ebenso in Betracht zu ziehen, wie die differenzierte Einheit von Selbst und Welt, der gemäß zwischen individueller und universaler Eschatologie zwar zu unterscheiden, nicht aber zu trennen ist. Um beides zu gewährleisten, bedarf es nach Ratzinger in Sonderheit eschatologischer Reflexionen zum Zeit-Ewigkeits-Problem. Zwar sei eschatologisch mit keiner bloßen Prolongation physikalischer Zeit als eines „messbaren Ablauf(s) von Körperbewegung" (Ratzinger, 378) zu rechnen, weil im Todesvorgang sich die spezifisch menschliche Zeit „von ihrem physikalisch-chronologischen Kontext löst und dadurch den Charakter des Endgültigen erhält" (Ratzinger, 380). Dennoch bleibe unter individuellen Endgültigkeitsbedingungen sowohl ein Bezug zur im Tode endenden irdischen Lebenszeit des Einzelnen als auch ein Weltzeitbezug erhalten, weil Ewigkeit nicht „rein negativ als pure Nicht-Zeit" (ebd.), sondern auch als „positive Herrschaftsmacht über die Zeit" (Ratzinger, 324) zu fassen sei. Dies bedeutet nach Ratzinger u. a., „dass die beiden Gezeiten des Menschen und der Geschichte zwar nicht in einem einfachen Verhältnis des Nacheinander stehen, aber doch auch nicht schlechthin inkommensurabel zueinander sind" (Ratzinger, 380).

Alles, was Ratzinger zur Frage des „Zwischenzustands" und zu Interimslösungen ausführt, die zwischen individuellem Tod und allgemeiner Auferstehung vermitteln (vgl. Ratzinger, 258 ff.), steht unter den skizzierten Rahmenbedingungen. Ausdrücklich wird vermerkt, die Zwischenzustandsvorstellung wolle theologisch verstanden „nichts festhalten als die notwendige Differenz der beiden Aussagen, die nur zusammen das Wesen des Menschen und dessen Vollendung wirklich treffen" (Ratzinger, 359), dass nämlich der Mensch seelisch nicht ohne den Leib und leiblich nur auf seelische Weise zur Vollendung gelangen könne. Näheres hierzu wird an späterer Stelle ausgeführt werden und zwar unter besonderer Berücksichtigung u. a. der sog. Ganztodtheorie, der Theorie einer Auferstehung im Tode, der eschatologischen Diskussionen um das Dogma von der leiblichen Aufnahme Mariens in den Himmel, wonach die Gottesmutter in der Nachfolge ihres Sohnes anders als andere Menschen im Augenblick ihrer Entschlafung und damit schon vor Ende der Weltzeit mit Seele und Leib ins endgültige Dasein der Unverweslichkeit eingegangen sei, sowie unter Konzentration auf das eschatologische Zentralthema traditioneller Kontroverstheologie, nämlich auf die Frage, wie sich der jeden betreffende Endgültigkeitscharakter dessen, wovon die Eschatologie handelt, zu ihren relativen Komponenten, man kann auch sagen: wie sich das über den Grund der Person urteilende, nach Glaube und Unglaube scheidende Endgericht zu dem Gericht nach den „Werken" verhält, mittels derer das personale Ich seinem Seelenleben Ausdruck verleiht und in einen leiblichen Weltbezug tritt.

Mit der Frage, wie Unbedingtes und Bedingtes eschatologisch ins Verhältnis zu setzen sind, ist nicht nur das entscheidende kontroverstheologische Problem der Lehre von den Letzten Dingen, sondern auch das zentrale Konstitutions- und Organisationsproblem der Eschatologie überhaupt angesprochen, was sich im Blick auf die ostkirchliche Tradition bestätigt. Einen exemplarischen Eindruck von ihr kann man sich anhand der Orthodoxen Dogmatik des rumänischen Theologen Dumitru Staniloae verschaffen, der hier neben Althaus und Ratzinger als Dritter im Bunde in Betracht kommen soll und zwar so, dass die Stellung der Lehre vom zukünftigen Leben im Gesamtkontext seiner Dogmatik erkennbar wird, die exemplarisch für die ostkirchliche Tradition stehen soll (vgl. Vlantis, 170 f. Anm. 3); es ist also weiter auszuholen als etwa im Fall Ratzingers. Als ausgewiesener Kenner der altkirchlichen Überlieferung und Übersetzer der „Philokalia" und anderer Kirchenvätertexte kommentierte Staniloae Werke u. a. von Gregor von Nyssa, Maximus Confessor und Athanasius von Alexandrien. Seine in den siebziger Jahren des vergangenen Jahrhunderts erschienene, von seinem Hermannstädter (Sibiu) Kollegen, dem lutherischen Theologen Hermann Pitters ins Deutsche übersetzte Dogmatik machte ihn weit über die Grenzen Rumäniens hinaus bekannt und zu einem der prominentesten Repräsentanten orthodoxer Theologie der Gegenwart.

Die Eschatologie als die Lehre vom künftigen Leben bildet den sechsten und letzten Teil des opus magnum von Staniloae (vgl. Staniloae III, 179 ff.). Die vorangehenden Teile handeln von der orthodoxen Lehre von Gott (vgl. Staniloae I, 107 ff.), der Welt als dem zur Vergöttlichung, wie es heißt, bestimmten Werk der Liebe Gottes (vgl. Staniloae I, 290 ff.), von Jesus Christus als Person und dem von ihm vollbrachten Heilswerk (Staniloae II, 10 ff.), vom Erlösungswerk Jesu Christi im Vollzug, nämlich von der Kirche als dem verborgen-sakramentalen Leib Christi im Heiligen Geist und von der persönlichen Aneignung des Heils in der Kirche, wie sie durch das Wirken des Hl. Geistes und durch das Mitwirken des Menschen geschieht (vgl. Staniloae II, 151 ff.), schließlich von den Hl. Sakramenten, mittels derer der dreieinige Gott Anteil gibt am Geheimnis seines ewigen Lebens, wie es sich auf der Grundlage seiner Schöpfung in Jesus Christus und in seiner Kirche auf Vollendung von Menschheit und Welt hin erschließt (vgl. Staniloae III, 11 ff.).

Staniloaes Orthodoxe Dogmatik

Ursprung und Quelle des christlichen Glaubens ist nach Staniloae die Offenbarung in ihrer natürlichen und übernatürlichen Form, zwischen welchen Formen es, wie unter Bezug auf Maximus Confessor gesagt wird, „keinen wesentlichen Unterschied" (Staniloae I, 19) gibt. Letztere sei „nichts anderes als die Verleiblichung der ersten in geschichtlichen Personen oder Abläufen" (ebd.). Die übernatürliche Offenbarung offenbart recht eigentlich nichts Neues, sondern bringt „nur die natürliche ans hellere Licht" (ebd.). Sie bestätigt den schöpfungstheologischen Ursprungsglauben und erhellt ihn erneut, nachdem er durch den Fall der Sünde getrübt, verdunkelt, ja verfinstert worden war. Insofern kann gesagt werden, dass die natürliche Offenbarung unter postlapsarischen Bedingungen ohne die übernatürliche nicht recht zu erfassen ist, jedenfalls nicht „zur Gänze" (Staniloae I, 33). Gleichwohl bildet sie die materiale Basis für die übernatürliche, und dabei bleibt es auch unter hamartiologischen Bedingungen, weil die Sünde zwar eine Minderung und Beschränkung des status integritatis des Menschengeschöpfs mit sich bringt, nicht aber in den Abgrund völliger Verkehrung stürzen lässt. Es ist Sinn und Zweck der übernatürlichen Offenbarung, die menschliche Wesensnatur und den ursprünglichen, gottgewollten Sinn der Welt wiederherzustellen: „Die Evidenz des natürlichen Glaubens in bezug auf das Ziel des Menschen und der Welt, die dem gefallenen Menschen unsicher wurde und für die er sich nur schwer entscheiden konnte, wird durch sie wieder gefestigt." (Ebd.)

Was es mit der ursprünglich offenbaren Schöpfungsbestimmung auf sich hat, die von der Sünde zwar vielfach verkannt und verfehlt, aber dennoch nicht um ihren bleibenden Bestand in Sein und Bewusstsein gebracht wurde, ist vollendet in Jesus Christus manifest, mit dem die übernatürliche Offenbarung ihren Abschluss erreichte. „Denn in ihm als dem Erstling kam der Heils- und Vergöttlichungsplan in Bezug auf die Schöpfung zur Erfüllung. Höher konnte dieser Plan nicht führen. Gott kommt dem Menschen nicht näher, als er es in Christus tat. Die Vereinigung zwischen Gott und Mensch kann nicht inniger werden." (Staniloae I, 54) Die Kirche, welche die Wirklichkeit der Offenbarung Gottes in Jesus Christus kraft des Hl. Geistes durch ihr in Schrift und Tradition beurkundetes Zeugnis wirksam erhält und fruchtbar werden lässt, bekennt dies in ihren grundlegenden Dogmen, die zu bedenken der Theologie vorzugsweise aufgetragen sind: dem Dogma der Hl. Trinität als der „Gemeinschaft vollkommener Liebe" (Staniloae I,80) und dem „andere(n) Dogma der Liebe" (Staniloae I,82), nämlich demjenigen von der Einheit der beiden Naturen Jesu Christi, das mit dem ersten untrennbar verbunden ist.

Sollte man Staniloaes Gesamtentwurf systematisch analysieren und kritisch begutachten, müsste ausführlich von seiner Theorie der Gotteserkenntnis und ihrer Arten (vgl. Staniloae I,109 ff.) und insbesondere davon gehandelt werden, wie sich rationale und apophatische Erkenntnis Gottes zueinander verhalten und in welcher Beziehung ihr Verhältnis zu demjenigen von natürlicher und übernatürlicher Offenbarungserkenntnis steht. Dies kann im gegebenen Zusammenhang ebensowenig geleistet werden wie eine differenzierte Darstellung der Lehre von Wesen und Attributen Gottes (vgl. Saniloae I,137 ff.). Verwiesen sei lediglich auf die für Staniloas Eschatologie grundlegenden Begriffe der göttlichen Ewigkeit, die er nicht als Zeitlosigkeit, sondern als Grund der Ermöglichung von Zeit und als „Aufhebung" ihrer Tatsächlichkeit versteht (im Sinne bestimmter Negation ihrer Vergänglichkeit, der dauerhaften Bewahrung ihrer Aktualität und Präsenz sowie einer ihr zukommenden Erfüllung und Fülle [vgl. Staniloae I,159 ff.]), sowie der göttlichen Überräumlichkeit, die alle örtlichen Grenzen transzendiert und zugleich alle denkbaren Lokalitäten unter Überschreitung ihrer Schranken in sich befasst (vgl. Staniloae I,182 ff.). Gottes Ewigkeit und seine Überräumlichkeit verhalten sich zu den kreatürlichen Räumen und Zeiten immanent und transzendent zugleich, was als ein Hinweis auf das Geheimnis der vollkommenen Einheit differenter Hypostasen in der göttlichen Trinität gewertet werden darf, deren Abglanz in der Schöpfung zu ersehen ist, sofern die kreatürliche Einsicht nicht durch das Unwesen der Sünde verstellt wird.

Grund und Sinnziel von Menschheit und Welt

Die Hl. Dreieinigkeit ist im Geheimnis ihrer trinitarischen Liebe, in welcher Einheit und Andersheit keine Gegensätze bedingen, sondern sich wechselseitig selbst auslegen und durchdringen, in sich vollkommen und zugleich der erschließende Grund und das Sinnziel alles dessen, was Gott nicht unmittelbar selbst ist, nämlich Grund und Sinnziel der Welt, die als Werk der Liebe des dreieinigen Gottes dazu bestimmt ist, als externes Anderes Gottes vergöttlicht zu werden in ihm. Diese ursprünglich gegebene und protologisch zu erfassende Bestimmung der Welt und der Menschheit in ihr ist in Jesus Christus, dem inkarnierten Logos erfüllt und entgegen den Verstellungen, die Sünde und Übel bereiten, zu vollkommener Geltung gebracht. Jesus Christus ist der offenbare Schöpfungsmittler und zugleich in der leibseelischen Einheit seines logospersonierten Menschseins das wahre Geschöpf, in dem das Streben des Menschen als des Ebenbildes Gottes nach Ähnlichwerden mit ihm und nach Vergöttlichung zur vollkommenen Erfüllung gelangt (vgl. Staniloae I,352). Zugleich wird manifest, dass die Sünde gegen dieses Streben, das ihr und dem sie widerstrebt, zuletzt nichts auszurichten vermag.

Was den Anfang des Bösen in der Schöpfung anbelangt, so führt ihn Staniloae nur mittelbar auf das menschliche Urelternpaar Adam und Eva, unmittelbar auf den Fall von Engeln zurück, die sich in sich selbst verkehrt und von Gott abgewandt haben. Die Sünde kam nicht durch leibhafte Sinnenwesen, sondern durch Kreaturen von leibloser Geistigkeit in die Welt, welche die Bosheit des Bösen ursprünglich bedingen und den Menschen dazu verführen, es ihnen gleich zu tun. Stets, sagt Staniloae, wird die Sünde nicht gezwungenermaßen, sondern freiwillig getan, im Sündenfall der Engel direkt, im menschlichen Fall indirekt. Für den Menschen wird also vorausgesetzt, dass seine sündige Untat nicht nur seiner selbstbestimmten Freiheit, sondern zugleich einer Fremdbestimmung entspringt, von der er sich bestimmen lässt. Die Rede von der menschlichen Freiheit zum Bösen bleibt entsprechend ambivalent. Der Mensch sündigt wohl selbsttätig, und doch ist die Sünde nicht nur und nicht unmittelbar die Tat seiner Freiheit, sondern ein Akt, der einer teuflischen

Verführung durch gefallene Engel folgt. Eine Diskussion über das Verhältnis dieser Aussage zu demjenigen, was die Lateiner peccatum originale bzw. peccata actualia nennen, wäre anzuschließen. Sie hätte u. a. zu erörtern, ob Staniloae den Abgrund menschlicher Sünde ermisst, wenn er dem postlapsarischen Menschen trotz der Herrschaft des Bösen über ihn ein verbleibendes Eigenvermögen zudenkt, sich selbst zum Guten zu wenden und nach Kräften gegen das Böse anzukämpfen. „Wir Christen glauben", heißt es lapidar, „daß nur die Dämonen keinen Rest des Guten mehr in sich tragen." (Staniloae I,406)

Jesus Christus ist der Gottmensch, in dem Gottheit und Menschheit eins sind, ungetrennt, aber unvermischt, nicht additiv, sondern in Person, wobei die Personierung des Personseins Jesu Christi der göttlichen Logoshypostase zukommt. Die Inkarnation hat statt „als Vereinigung der göttlichen und menschlichen Natur in der Hypostase des göttlichen Logos als in der einen Person Jesu Christi" (Staniloae II,31; bei St. kursiv). Die Kompliziertheit der zitierten Wendung verweist auf das zentrale Problem chalcedonischer Christologie, die Enhypostasie der menschlichen Natur in der präexistenten Logoshypostase so zu denken, dass die Integrität sowohl des einheitlichen Personseins des Gottmenschen als auch seiner menschlichen Natur entsprechend zur Geltung kommt. Die diesbezüglichen Ausführungen Staniloaes gehören zu den interessantesten Kapiteln seiner Dogmatik. Gemäß seiner Grundthese verwirklicht sich das Subjektsein der menschlichen Natur „bei Jesus Christus nicht in eigenständiger Weise als autonome Subsistenz, sondern gelangt zum Dasein im hypostatischen gott-menschlichen Ganzen, an dem es teilhat. Die Eigenschaften der Spontaneität und der Bewußtheit in bezug auf die Aufnahme äußerer Akte, Eigenschaften also, die virtuell zur menschlichen Natur gehören, werden von ihr nicht mehr isoliert aktiviert, sondern in das gottmenschliche Ganze eingeschlossen. Das göttliche Subjekt wird Subjekt der menschlichen Natur." (Staniloae II,35)

Es bleibe dahingestellt, ob letzterer Satz glücklich formuliert ist und ob nicht besser zu sagen wäre, dass Jesu Christi Menschsein durch Logospersonierung zu vollkommener Realisierung menschlicher Subjektivität und alles dessen, was zu ihr gehört, dergestalt bestimmt ist, dass sein menschlicher Wille wahrhaft frei gerade deshalb genannt zu werden verdient, weil er nicht durch unmittelbare Selbstbestimmung und auch nicht durch arbiträres Belieben reinen Wählens bestimmt ist. Was Freiheit des Menschen heißt, könnte von hieraus christologisch erschlossen werden gemäß der Devise: „In seiner (sc. Jesu Christi) Person kommt das menschliche Wesen überhaupt zu seiner eigentlichen Bestimmung in dem, was die göttliche Natur in ihm bewirkte" (Staniloae II,49) und zwar mittels Logosenhypostasie und der durch unitio gewirkten unio personalis.

Die Implikationen der hypostatischen Union und die Folgen der Logosinkarnation werden von Staniloae zunächst in Bezug auf die angenommene menschliche Natur Jesu Christi entfaltet, beispielsweise unter dem Aspekt der Idiomenkommunikation, der Erniedrigung des Gottessohnes und der Erhöhung des Menschensohnes, unter dem Gesichtspunkt jungfräulicher Empfängnis und Geburt sowie der Sündlosigkeit des Erlösers und seiner Anbetungswürdigkeit. Sodann werden die impliziten Voraussetzungen und Konsequenzen der Inkarnationschristologie in Bezug auf die Erlösung von Menschheit und Welt expliziert und die Verbindungen erörtert, die zwischen Christologie und Soteriologie statthaben. Person und Heilswerk Jesu Christi lassen sich unterscheiden, nicht aber trennen, wobei das Werk der Erlösung in dreifacher Hinsicht in Betracht kommt, nämlich als Werk des Lehrers und Propheten (Staniloae II,92 ff.), des Hohenpriesters und höchsten Opfers (Staniloae II, 102 ff.) sowie des Königs (Staniloae II,120 ff.). Das Perfekt des vollbrachten Erlösungswerkes tritt in der Wirklichkeit der Auferstehung des Gekreuzigten (vgl. Staniloae II,123 ff.) innerhalb der Geschichte zutage, um sich in der Himmelfahrt und in dem Sitzen Christi zur Rechten des Vaters abschließend zu manifestieren und zugleich hinauszuweisen über die Sphäre von Menschheitsgeschichte und Welt.

Durch den Hl. Geist geht das Ergebnis des geschichtlichen Wirkens Jesu Christi in die Kirche ein, die von Staniloae als verborgen-sakramentaler Leib Jesu Christi bestimmt wird und in deren Vollzügen die Person des Erlösers auf zeichenhaft wirksame Weise präsent ist, um sein Heilswerk fortdauernd zu wirken. Statt seine Ekklesiologie und seine Theorie des ordinationsgebundenen, dreigegliederten Amtes der Kirche im Detail zu entfalten, seien noch einige Bemerkungen zu Staniloaes Verständnis von Tod und Auferstehung Jesu Christi nachgetragen. Beide sind, wenn man so will, bereits im Inkarnationsgeschehen angelegt und vorgesehen und zwar in ihrem differenzierten Zusammenhang. Der Gottmensch stirbt den Tod am Kreuz nicht, um Genugtuung für die Sünde zu leisten oder gar die Sündenstrafe zu erleiden, sondern um ein vollkommenes Beispiel opferwilliger Hingabe an Gott und die Menschen zu geben. Der Erlöser überwindet den Tod dadurch, dass er ihn aufgehoben sein lässt im ewigen Leben Gottes. Was aber Jesu Christi Auferstehung betrifft, so ergibt sie sich ebenfalls direkt aus der gottmenschlichen Verfassung seiner Person, der Unverweslichkeit eignet, so dass dem Tode per se nicht die Macht zukommt, Jesus Christus in den Status bloßen Gewesenseins zu versetzen. Ostern ist mithin nicht nur Krafterweis Gottes des Vaters, sondern auch des Sohnes, der simultan sowohl auferweckt wird als auch aufersteht, wie der Geist dies bezeugt.

Lehre vom künftigen Leben

Die Lehre von der göttlichen Ökonomie, in deren Vollzug sich der dreieinige Gott als Schöpfer, Versöhner und Vollender erweist, schließt mit dem Lehrstück vom künftigen Leben als dem sechsten Teil der Orthodoxen Dogmatik. Staniloaes Eschatologie ist konventionell in eine besondere und in eine allgemeine unterschieden. Die besondere Eschatologie thematisiert den Tod als Übergang vom Zeitlichen zum ewigen Leben, die Unsterblichkeit der Seele und das besondere Gericht samt seinen Folgen für den Zustand der Seelen zwischen dem partikularen und dem universalen Gericht. Letzterer Abschnitt (vgl. Staniloae III, 250 ff.) ist von speziellem Interesse, weil er zwischen partikularer und universaler Eschatologie zu vermitteln sucht. Den Ausgangspunkt der Erörterungen bildet die Feststellung, dass Schriftzeugnis und Vätertradition Kunde geben „ebenso von einem seligen Leben oder einem Leben in Qual aufgrund eines Gerichtes unmittelbar nach dem Tod, wie auch von der Seligkeit bzw. von der Verdammnis, die erst dem Jüngsten Gericht folgen" (Staniloae III, 250). Des Öfteren, so wird vermerkt, würden die beiden Vorstellungskreise ineinander verschwimmen, und es bleibe unklar, welcher eschatologische Zustand jeweils gemeint sei.

Angesichts dieser Situation stellt Staniloae zunächst fest, dass der Zustand der Seelen „gleich nach dem besonderen Gericht noch nicht ihrem Endzustand gleichgestellt werden kann" (Staniloae III, 251). Dies wird zunächst für die zur Seligkeit bestimmten Seelen geltend gemacht. Die Seligkeit nach dem besonderen Gericht müsse von derjenigen nach dem allgemeinen dem Grade nach unterschieden werden, weil die Seligen nach dem besonderen Gericht noch nicht mit allen zur Seligkeit Bestimmten Gemeinschaft haben, was erst nach dem allgemeinen der Fall sein werde. Eine graduelle Steigerung erfahre der Seligkeitszustand der seligen Seelen ferner durch die Wiederherstellung der Verbindung mit ihren Leibern, die am Jüngsten Tage von den Toten erweckt werden und auferstehen. Dass die Seligkeit nach der allgemeinen Totenauferstehung von den Seligen nicht mehr nur seelisch, sondern auch leiblich erfahren werde, bedeute im Vergleich zur vormaligen eine höherstufige Seligkeit.

Im Modus der Verkehrung soll „Entsprechendes" auch von den im besonderen Gericht verdammten Seelen gelten. Ihr Zustand werde nach dem Vollzug erneuter Verbindung mit numerisch identischen Leibern in der allgemeinen Totenauferstehung und nach definitiver Verurteilung im universalen Endgericht schlimmer als er zuvor war, ja zu einem Allerschlimmsten, welches nicht auszudenken ist. Daran ist nicht zuletzt der exaltierte Egozentrismus der Verdammten schuld, der unter der Bedingung allgemeinen Offenbarwerdens der Bestimmung des Menschengeschlechts in seiner ganzen Selbstverkehrtheit zutage trete mit entsprechend peinlich-destruktiven Konsequenzen für das Ureigene. Die Qualen der Verdammten werden daher nach dem allgemeinen Endgericht noch viel größer sein als sie nach dem postmortalen Einzelgericht waren.

Die Zustände sowohl der seligen als auch der unseligen Seelen nach dem postmortalen Gericht können mit denjenigen nach der allgemeinen Totenauferstehung nicht gleichgestellt werden, in denen die Menschen in ihrer psychosomatischen Einheit in gewandelter Form wiederhergestellt sind, um dem universalen Endgericht zugeführt zu werden. Dies ist Staniloae zufolge auch deshalb der Fall, weil nach erfolgtem Jüngstem Gericht die Kluft zwischen Himmel und Hölle, zwischen dem Zustand ewiger Seligkeit und demjenigen ewiger Verdammnis in keiner Weise mehr zu überbrücken ist, wohingegen vorher die Möglichkeit von Übergängen von einem Status in den anderen nicht auszuschließen sei. Die postmortale, aber vor dem Ende der Menschheits- und Weltgeschichte anzusetzende Interimslage der abgeschiedenen Seelen ist eine vorläufige Situation insbesondere deshalb, weil ein endgültiger Entscheid über Heil und Unheil noch nicht, jedenfalls nicht mit letzter Definitivität gefallen ist.

Für die, wie man annehmen darf, nicht ganz Schlechten ist auch nach ihrem Tod noch nicht aller Tage Abend, und es gibt noch etwas zu hoffen. Umgekehrt verbleiben auch die Guten, jedenfalls sofern sie nicht die Güte selbst sind, in einer Art von Warteschleife, welche der endgültigen Himmelfahrt vorhergeht und womöglich auch Anlass bietet zu der Befürchtung, die Aufnahme in himmlische Gefilde könne sich weiter verzögern oder am Ende vielleicht gar nicht eintreten. Keine abgeschiedene Seele kann, so will es scheinen, vor dem allgemeinen Endgericht ihres ewigen Geschicks ganz gewiss sein. Ausdrücklich vermerkt Staniloae, dass der Zustand der Abgeschiedenen nach dem Partikulargericht „eben nicht als völlig fixiert" (Staniloae III, 256) aufzufassen ist „– sei das nun in endgültiger Seligkeit oder in gänzlicher Verdammnis" (ebd.). Dass die orthodoxe Lehre vom Zwischenzustand „durch eine gewisse Flexibilität" (Staniloae III, 255) charakterisiert sei, wird als ausgezeichneter Vorzug gewertet.

Als charakteristische Kennzeichen ostkirchlicher Lehre vom künftigen Leben nennt Staniloae Gemeinschaftsorientierung, Konkretheit sowie Wahrung des Endzeitgeheimnisses, wohingegen er in der westlichen Eschatologie einen zum Solipsismus tendierenden „Individualismus" (Staniloae III, 254), juridische Abstraktheit und einen das endzeitliche Mysterium verkennenden Rationalismus am Werke sieht. Alle drei Aberrationen beurteilt er als „Folgeerscheinung der lehrmäßigen Nichtunterscheidung des Seelenzustandes vor und nach der leiblichen Auferstehung" (ebd.), verbunden mit einer bedenklichen Lehre von der seligen Wesensschau Gottes. Implikat der fehlenden Unterscheidung der Zustände nach dem besonderen und nach dem allgemeinen Gericht sei eine übereilte eschatologische Festlegung bezüglich des postmortalen Seelengeschicks, welche die Vorläufigkeit aller menschlichen Lagen einschließlich der Situation von Verstorbenen notorisch verkenne: „Alle Seelen befinden sich … in einem juristisch fixierten, unveränderbaren Zustand, entweder in der Hölle oder im Fegefeuer, wo sie einer juristisch-objektiven, automatisch ablaufenden Läuterung unterzogen werden, oder im Paradies, wo sie sich in einer philosophisch-unpersönlichen Schau des göttlichen Wesens verlieren." (Staniloae III, 255)

Ob die skizzierte Position im Westen in der gekennzeichneten Form jemals vertreten wurde, mag zweifelhaft sein. Unzweifelhaft ist, dass sich Staniloaes Auffassung durch Abgrenzung von ihr inhaltlich zu profilieren sucht. Zwar sei nicht zu leugnen, sondern zu behaupten, dass zwischen Himmel und Hölle, Seligkeit und Verdammnis bereits im besonderen Gericht geschieden werde; doch sei diese Scheidung zugleich zu relativieren gemäß der, wie es heißt, im Bewusstsein der Kirche angezeigten Ansicht, „daß es eine kontinuierliche Folge von der höchsten bis zur niedrigsten Stufe der Gerechten gibt und von da eine weiter nach unten gehende Stufenfolge zu den Sündern, so daß einige, die im Partikulargericht gerade noch als zu den Gerechten gehörig befunden wurden und ins Paradies gelangten, sich nicht radikal von denen unterscheiden, die kleinere Sündenflecken an sich tragen und daher in die Hölle kamen. … Daher ist es möglich, daß die, die sich zwar in der Hölle befinden, aber von jenen nicht radikal unterschieden sind, die sich auf der untersten Paradiesesstufe befinden, vor dem Endgericht aufgrund der Gebete der Heiligen doch noch ins Paradies hinüberwechseln." (Staniloae III, 266)

Durchlässige Grenze und definitiver Entscheid

Vor dem universalen Endgericht ist die Grenze, die Himmel und Hölle scheidet, noch durchlässig, jedenfalls nicht gänzlich undurchlässig und zwar auch für Verstorbene nicht. Auch ihre eschatologische Lage kann sich trotz des eingetretenen Todes noch ändern: ob nur vom Schlechteren zum Besseren oder auch vom Besseren zum Schlechteren hin, wäre im Einzelnen zu prüfen. Sollte nur ersteres zutreffen, würde ein Vergleich der orthodoxen Zwischenzustandslehre mit der römisch-katholischen Lehre vom Purgatorium naheliegen, wüsste man nicht, dass diese vonseiten der Orthodoxie und auch von Staniloae ausdrücklich abgelehnt wird. Unbetroffen von ihrer Ablehnung der Fegefeuerlehre bleibt die Tatsache, dass die orthodoxe Lehre in Bezug auf den Interimszustand zwischen besonderem und allgemeinem Gericht mit Entwicklungsmöglichkeiten wenn nicht vom Schlechten als solchem zum Guten selbst, so doch vom Unvollkommenen zum Vollkommeneren rechnet und Verhältnisse vorsieht, die noch nicht absolut, sondern im Vergleich mit den Endzuständen als relativ und als vorläufig einzuschätzen sind. Erst mit dem allgemeinen Endgericht hat alle Vorläufigkeit ein Ende und der Gegensatz von Himmel und Hölle wird endgültig und in einer Weise definitiv, die keine Übergänge oder wie auch immer geartete Relativierungen mehr zulässt. Eine gewisse Relativität wirkt nur noch insofern nach, als sowohl im Himmel als auch in der Hölle mit Abstufungen von Beseligung und Verdammnis zu rechnen ist, was dann allerdings die Frage nach sich zieht, ob die im Universalgericht Verdammten am Ende doch nicht ganz, sondern nur mehr oder weniger verdammt und die Beseligten nicht völlig, sondern lediglich annähernd bzw. nach einer bleibenden Stufenordnung beseligt sind.

Ist mit einer eschatologischen Seligkeit zu rechnen, über die hinaus eine seligere nicht gedacht werden kann? Staniloae bejaht diese Frage. Die höchste Seligkeit, über die hinaus eine höhere nicht gedacht werden kann, eignet der himmlisch-verherrlichten Menschheit Jesu Christi, und sie wird durch den Hl. Geist für diejenigen erschlossen, welche im Glauben an dem erhöhten Herrn hängen und die folgsamen Werke der Liebe nicht schuldig bleiben. Als dergestalt böse, dass Böseres nicht zu denken ist, hat dementgegen der teuflische Antichrist mitsamt seinen Jüngern zu gelten, von denen unter den Adamssöhnen Judas der schlimmste ist, ohne dass er deshalb Satan selbst oder einer seiner Dämonen genannt werden könnte. Wie immer es um sein höllisches Geschick im Einzelnen bestellt sein mag, zur Annahme einer Wiederbringung aller bietet der Verräter Jesu Christi am allerwenigsten Anlass. Staniloae lehnt die Lehre von der *apokatastasis panton* dezidiert ab. Das ewige Leben nach dem endzeitlichen Universalgericht vollziehe sich entweder in himmlischer Seligkeit oder in höllischer Verdammnis – unbeschadet dessen, dass zustandsinterne Differenzierungen und Abstufungen zu veranschlagen seien. Der Gegensatz von Himmel und Hölle werde durch sie nicht relativiert; er gelte ab dem Jüngsten Tag als eschatologisch definitiv und absolut.

Endszenarien

Als Teilgebiete der allgemeinen Eschatologie benennt Staniloae Weltende bzw. -vollendung, Parusie Jesu Christi, allgemeine Totenauferstehung bzw.

die Verwandlung der Leiber der Menschen, die beim Anbruch des Jüngsten Tags noch auf Erden lebten, schließlich das allgemeine Endgericht mit auf ewige Seligkeit bzw. ewige Verdammnis lautendem Urteil. Grund und Ursache aller Endereignisse sei der zweite Advent, die Wiederkehr Jesu Christi, der die Lehre von der „Vollendung der vergehenden Welt durch das Ende ihrer gegenwärtigen Gestalt" (Staniloae III, 291) nur deshalb voranzustellen sei, weil das Weltende „sichtbar" (ebd.) das erste Endgeschehen sei. Die gesamte Schöpfung und alle Kreatur strebten einem Ende zu, durch das sie vollendet würden. Dies gelte nachgerade von der menschlichen Geschichte, deren Abschluss einerseits einen Bezug zu ihrem Verlauf aufweise und insofern selbst geschichtlich zu nennen sei, obwohl er andererseits jedes zeitlich identifizierbare Ende transzendiere.

Auch wenn sichtbare Zeichen dem Ende von Menschheits- und Weltgeschichte vorangehen, so bleibt nach Staniloae der verursachende Grund für seinen Eintritt verborgen und muss dem Ratschluss Gottes überlassen bleiben, wie er in Jesus Christus und in ihm allein manifest sei, um durch den Geist für den Glauben erschlossen zu werden. Mit unbedingter Gewissheit und einer alles bestimmenden Bestimmtheit könne der Glaube von dem die Schöpfung vollendenden Weltende sowie dem simultan stattfindenden Ende der Menschheitsgeschichte und der leibhaften Auferstehung der Toten nur sagen, dass sie ineins mit der Wiederkunft Jesu Christi stattfänden, durch ihn und um seinetwillen. Die eschatologische Zukunft des Gekommenen entscheide über das Geschick der Welt, die gemäß biblischer Verheißung zu einem Transparent Jesu Christi und einer Wohnstatt des Hl. Geistes gewandelt werde. Zugleich mit der Welt befinde Christi Ankunft über das eschatologische Geschick der leibhaft Erstandenen und aller Menschen, die ausnahmslos vom Wiederkommenden gerichtet würden und zwar nach Maß seiner vom Logos personierten Menschheit, welche das Urteilskriterium bilde.

Vom getroffenen Gerichtsentscheid sind alle Menschen betroffen und zwar in ihrer psychosomatischen Einheit. Ist die Seelenseligkeit im dreieinigen Gott mit leibhaftem Weltgenuss elementar verbunden, so die Unseligkeit der verdammten Seelen mit einer, wie Staniloae sagt, „halluzinatorische(n) Weltentstellung" (Staniloae III, 344), die durch eine gottentfremdete Sinnlichkeit des Leibes in den bösen Seelen hervorgerufen wird. Bei den Verdammten handelt es sich um Gestalten, die ihrer eigenen Peinlichkeit sträflich verfallen sind und in jener formwidrigen Welt ihr Dasein fristen, welche ihrer Verkehrtheit entspricht. Ist das ewige Leben der Seligen in sich bewegt und durch beständig fortschreitende Verherrlichung bestimmt und zwar aus einer Ruhe heraus, die niemals aufhört, so herrschen in der höllischen Verdammnis Unruhe und Hektik, die einhergehen mit Leere und Erstarrung. Ausschlaggebend für diese Alternative ist das gegensätzliche Verhältnis zu Jesus Christus, an dem sich Himmel und Hölle scheiden, weil er die Inkarnationsgestalt des der Gottheit Gottes als zweite Hypostase wesenseinig zugehörigen Logos ist. Davon handelt Staniloae im Schlussteil seiner Orthodoxen Dogmatik unter der Überschrift „Verdammnis und Seligkeit" (Staniloae III, 367 ff.; vgl. im Einzelnen Wenz).

3. Kraft der Einbildung.
Eschatologie unter neuzeitlichen Bedingungen

Lit.: P. Althaus, Die letzten Dinge, Gütersloh [4]1933. – P. Cornehl, Die Zukunft der Versöhnung. Eschatologie und Emanzipation in der Aufklärung, bei Hegel und in der Hegelschule, Göttingen 1971. – G. Dürbeck, Einbildungskraft und Aufklärung. Perspektiven der Philosophie, Anthropologie und Ästhetik um 1750, Tübingen 1998. – R. Eisler, Wörterbuch der philosophischen Begriffe. Zweiter Band, Berlin [2]1929, 424–433: Art. Phantasie. – J. Frohschammer, Die Phantasie als Grundprincip des Weltprocesses, München 1877. – Ders., Über die Bedeutung der Einbildungskraft in der Philosophie Kants und Spinozas, München 1879. – S. L. Gibbons, Kant's Theory of Imagination. Bridging Gaps in Judgement and Experience, Oxford 1994. – G. W. Goethe. Sämtliche Werke. Bd. 2: Sämtliche Gedichte. Zweiter Teil: Gedichte aus dem Nachlass, Zürich 1979. – G. W. F. Hegel, Enzyklopädie der philosophischen Wissenschaften im Grundrisse (1817, [2]1827), [3]1830, in: ders., Gesammelte Werke. In Verbindung mit der Deutschen Forschungsgemeinschaft hg. v. der Rheinisch-Westfälischen Akademie der Wissenschaften. Bd. 20, Hamburg 1992. – M. Heidegger, Phänomenologische Interpretation von Kants Kritik der reinen Vernunft. Hg. v. I. Görland, Frankfurt a. M. 1977 (= GA 25). – E. Herms, Schleiermachers Eschatologie nach der zweiten Auflage der „Glaubenslehre", in: ThZ 46 (1990), 97–123. – K. Homann, Der Begriff der Einbildungskraft nach Kant, in: Archiv für Begriffsgeschichte 14 (1970), 266–302. – Jean Paul, Sämtliche Werke. 1. Abteilung. 6 Bde. (München 1960ff.), Darmstadt 2000 (= Jean Paul I/1ff.). 2. Abteilung 4 Bde. (München 1974), Darmstadt 2000 (= Jean Paul II, 1ff.) – I. Kant, Träume eines Geistersehers, erläutert durch Träume der Metaphysik (1766), in: ders., Gesammelte Schriften. Hg. v. d. Königl. Preuß. Akad. d. Wissenschaften. Erste Abtheilung: Werke. Zweiter Band: Vorkritische Schriften II. 1754–1777, Berlin 1912, 315–373. – Ders., Kritik der reinen Vernunft. Zweite Auflage 1787, in: a. a. O., Erste Abtheilung: Werke. Dritter Band, Berlin 1911 (= B) – Ders., Kritik der reinen Vernunft. Erste Auflage 1781, in: a. a. O., Erste Abtheilung: Werke. Vierter Band, Berlin 1911, 1–252 (= A). – Ders., Das Ende aller Dinge (1794), in: a. a. O., Erste Abtheilung: Werke. Achter Band: Abhandlungen nach 1781, Berlin 1912, 325–339. – R. Malter, Art. Kant, Immanuel, in: TRE 17, 570–581. – H. Mörchen, Die Einbildungskraft bei Kant (1930), Tübingen [2]1970. – G. Müller, Jean Pauls „Rede des todten Christus vom Weltgebäude herab, dass kein Gott sei", in: W. Jaeschke (Hg.), Der Streit um die Göttlichen Dinge (1799–1812), Hamburg 1999, 35–55. – W. Pannenberg, Das Irreale des Glaubens, in: D. Henrich / W. Iser (Hg.), Funktionen der Fiktion, München 1983, 17–34. – H. Pfotenhauer, Jean Paul. Das Leben als Schreiben. Biographie, München 2013. – F. D. E. Schleiermacher, Der christliche Glaube nach den Grundsätzen der evangelischen Kirche im Zusammenhange dargestellt (1821/22). Hg. v. H. Peiter, Berlin / New York 1984 (KGA I/7,1 u. 2 = GL[1]). – Ders., Der christliche Glaube nach den Grundsätzen der evangelischen Kirche im Zusammenhange dargestellt (1830/31). Hg. v. R. Schäfer, Berlin / New York 2003 (KGA I/13,1 u. 2 = GL[2]). – R. Spaemann, Das unsterbliche Gerücht. Die Frage nach Gott und die Täuschung der Moderne, Stuttgart 2007. – E. Swedenborg, Himmel und Hölle nach Gehörtem und Gesehenem. Aus dem Lateinischen von F. Horn, Zürich

1977. – G. Wenz, Der Glaubensphilosoph. Eine Erinnerung an Friedrich Heinrich Jacobi und seinen Streit mit Schelling 1811/12, in: KuD 57 (2011), 112–139. – M. Wunsch, Einbildungskraft und Erfahrung bei Kant, Berlin/New York 2007. – H. Zirker, Das Fiktionale der Religion in interreligiöser Sicht, in: StdZ 139 (2014), 14–24.

Wohl nie, meint Immanuel Kant, habe „eine rechtschaffene Seele gelebt, welche den Gedanken hätte ertragen können, daß mit dem Tode alles zu Ende sei, und deren edle Gesinnung sich nicht zur Hoffnung der Zukunft erhoben hätte" (Kant, Träume, 373). Zu solch eschatologischer Zukunftshoffnung bestehe nicht nur ein sittliches Recht, sondern eine sittliche Pflicht. Aber diese Hoffnung sei auf moralische Weise und nach Art praktischer Vernunft und nicht durch metaphysische Träume oder vergleichbare Phantastereien zu hegen. Theoretische Endzeitkenntnisse und ein spekulatives Wissen jenseitiger Welten stünden der menschlichen Vernunft prinzipiell nicht zur Verfügung. Indes sei dies kein Schaden. Denn menschliche Hoffnung bedürfe keiner transzendenten Theorieeinsichten, wenn sie sich an den moralischen Glauben halte, dessen einfältige Gewissheit spitzfindigen Vernünfteleien in jeder Hinsicht überlegen und enthoben sei. Einzig und allein der Glaube der Moral sei „dem Menschen in jeglichem Zustande angemessen ..., indem er ihn ohne Umschweif zu seinen wahren Zwecken führt" (ebd.).

Religiöse Zukunftshoffnung und die Gewissheit transzendenter Vollendung gehen nach Kant aus der Evidenz des Sittlichen hervor, welche sie zur Voraussetzung haben, wenn es mit rechten Dingen und nach dem Gesetz der Rechtschaffenheit zugehen soll, demzufolge es allemal gemäßer ist, „die Erwartung der künftigen Welt auf die Empfindungen einer wohlgearteten Seele, als umgekehrt ihr Wohlverhalten auf die Hoffnung der andern Welt zu gründen" (ebd.). Die redliche Seele sei der Erfüllung ihrer Bestimmung in nicht falsifizierbarer Weise gewiss und daher in Bezug auf Jenseitiges unbesorgt und hoffnungsfroh. Transzendenzspekulationen und Eschatontheorien könne sie daher getrost den müßigen Köpfen metaphysischer Träumer oder Geisterseher vom Schlage Emanuel Swedenborgs und der Swedenborgianer überlassen.

Swedenborgs Geisterwelt

Mit dem Hinweis auf Swedenborg und seine Gemeinde ist die Ursache benannt, die Kant 1765 zur Abfassung der im Jahr darauf erschienenen Schrift „Träume eines Geistersehers, erläutert durch Träume der Metaphysik" veranlasste, aus deren Schlusspassage zitiert wurde. Schwedenberg (1688–1772), wie Kant ihn nennt, Sohn eines lutherischen Bischofs im schwedischen Skara und einer der begabtesten Naturforscher der Zeit, fühlte sich seit 1744/45 zu visionärer Jenseitsschau berufen, der er sich bis zu seinem Lebensende verschrieb. Seine seit 1749 auf Lateinisch verfassten Kommentare über die ihm erschlossenen Mysterien haben lange Zeit ganz Europa begeistert bzw. entgeistert und sind in zahlreiche Sprachen übersetzt worden. Die deutsche Standardübersetzung stammt von J. F. Tafel und ist unter dem Titel „Himmlische Geheimnisse" im zweiten Drittel des 19. Jahrhunderts in insgesamt sechzehn Bänden erschienen. Einen ersten Eindruck von Swedenborgs Geisterwelt kann man sich am besten anhand des 1758 in London erschienenen Traktats „Himmel und Hölle" verschaffen, der „wahrscheinlich das populärste Werk des schwedischen Sehers" (Swedenborg, 7) darstellt.

Als Schlüssel zum Verständnis der Swedenborgischen Welt der Geister kann der Grundsatz gelten, dass jeder Mensch seinem Inneren nach ein Geist ist und darum auch weiß oder doch zumindest zu wissen vermag. „Wer gründlich darüber nachdenkt, kann wissen, daß nicht der Körper denkt, sondern die Seele, da sie geistig ist." (Swedenborg, 303) Daraus folgert Swedenborg, dass die Seele jedes Menschen sein Geist sei: Es gibt mithin so viele Geister wie Menschenseelen, und die Geisterwelt steht in direkter Entsprechung zur Welt der Menschen, deren spirituelles Urbild sie ist. Zwischen Immanenz und Transzendenz herrscht ein im göttlichen Geistwesen selbst begründetes Analogieverhältnis und zwar so, dass in den jenseitigen Verhältnissen die Wahrheit der diesseitigen zutagetritt, was von der Masse der Menschen erst postmortal recht wahrgenommen werden wird, von auserwählten Einzelnen wie Swedenborg aber schon zu irdischen Lebzeiten visionär erschaut werden kann. Aus der Voraussetzung jenes nach Weise einer Relationsanalogie verfassten Entsprechungsverhältnisses, dessen Erkenntnis durch seelische Selbstwahrnehmung ermöglicht sein soll, ergibt sich im Grunde alles, was Swedenborg in Bezug auf die jenseitige Geisterwelt, ihren göttlichen Transzendenzgrund und den Gegensatz von Himmel und Hölle ausführt, in den sie eingespannt ist. „Die Geisterwelt ist weder der Himmel noch die Hölle, vielmehr ein Mittelort oder besser: Zwischenzustand zwischen beiden. Dahin gelangt der Mensch nach dem Tode zuerst, um dann nach vollbrachter Zeit, je nach seinem Leben in der Welt, entweder in den Himmel erhoben oder in die Hölle geworfen zu werden." (Swedenborg, 297)

Folgt man Kant, dann beruht Swedenborgs visionäre Geisterschau auf demselben Schein, von dem sich auch die traditionelle Metaphysik blenden lasse, nämlich theoretische Ideen, von denen vernünftigerweise nur ein regulativer Gebrauch gemacht werden kann, auf objektive Weise zu vergegenständlichen. Um es am Seelenbeispiel zu verdeutlichen: Was Seele heißt, macht nach Kant lediglich die Einheit des sich wissenden Bewusstseins namhaft, ohne im Sinne einer Objektanschauung Gegenstand der Vorstellung sein zu können, wie das von Swedenborg und in der traditionellen Metaphysik unterstellt werde. Beide sitzen nach Kant'schem Urteil ein und demselben paralogistischen Trug auf, um ihn je auf ihre Weise unters Volk zu bringen. Warum, so musste sich der Königsberger Aufklärer fragen lassen und selbst fragen, beschäftigt gerade er sich mit dem „Erzgeisterseher unter allen Geistersehern" (Kant, Träume, 354), mit dem „Erzphantast(en) unter allen Phantasten" (ebd.), dessen Werk „Quartbände voll Unsinn" (Kant, Träume, 360) enthalte? Kants Antwort: Weil Swedenborgs Geisterwelt im Grunde nichts anderes sei als eine Grobausfertigung traditioneller Metaphysik und ihrer Transzendenzannahmen. Die Träume des Geistersehers und die Träume einer Metaphysik, die es versäume, die erkenntnistheoretischen Bedingungen ihrer Möglichkeit zu prüfen, ergäben sich beide aus einem unbewussten und unaufgeklärten Paralogismus. Es sei daher nicht unschicklich, sondern angemessen, sie „in Verbindung auftreten zu lassen; und warum sollte es auch eben rühmlicher sein, sich durch das blinde Vertrauen in die Scheingründe der Vernunft, als durch unbehutsamen Glauben an betrügliche Erzählungen hintergehen zu lassen?“ (Kant, Träume, 356)

Man hat gesagt, Kants Auseinandersetzung mit Swedenborg in seiner letzten größeren Schrift der 60er Jahre des 18. Jahrhunderts lasse „(e)rste Ansätze zu einer Totalrevision der Metaphysik“ (Malter, 571) erkennen. Tatsache ist, dass die Durchführung dieser Revision in den sog. kritischen Schriften ganz auf der Linie dessen liegt, was in dem Swedenborgtraktat ausgeführt ist, etwa wenn es heißt: „die Vorstellung, die die Seele des Menschen von sich selbst als einem Geiste durch ein immaterielles Anschauen hat, indem sie sich in Verhältniß gegen Wesen von ähnlicher Natur betrachtet, ist von derjenigen ganz verschieden, da ihr Bewußtsein sich selbst als einen *Menschen* vorstellt durch ein Bild, das seinen Ursprung aus dem Eindrucke körperlicher Organen hat, und welches in Verhältniß gegen keine andere als materielle Dinge vorgestellt wird. Es ist demnach zwar einerlei Subject, was der sichtbaren und unsichtbaren Welt zugleich als ein Glied angehört, aber nicht eben dieselbe Person, weil die Vorstellungen der einen ihrer verschiedenen Beschaffenheit wegen keine begleitende Ideen von denen der andern Welt sind, und daher, was ich als Geist denke, von mir als Mensch nicht erinnert wird, und umgekehrt mein Zustand als eines Menschen in die Vorstellung meiner selbst als eines Geistes gar nicht hinein kommt. Übrigens mögen die Vorstellungen von der Geisterwelt so klar und anschauend sein, wie man will, so ist dieses doch nicht hinlänglich, um mich deren als Mensch bewußt zu werden; wie denn sogar die Vorstellung seiner selbst (d. i. der Seele) als eines Geistes wohl durch Schlüsse erworben wird, bei keinem Menschen aber ein anschauender und Erfahrungsbegriff ist.“ (Kant, Träume, 337 f.)

Kants Eschatologiekritik

Kants Metaphysikkritik, für die seine Kritik an Swedenborg'schen Geisterseherträumen nur ein Beispiel gibt, hat neben psychologischen auch kosmologische und theologische Konsequenzen und bleibt selbstverständlich für das, was die Theologie traditionell über „Das Ende aller Dinge“ lehrt, nicht folgenlos. In einer gleichnamigen Schrift von 1794 hat der Königsberger Philosoph, der die Aufklärung über sich selbst aufzuklären beanspruchte, in eschatologiekritischer Absicht im Einzelnen dargelegt, warum das so ist. Letzte Dinge seien keine Gegenstände möglicher Erfahrung, und einen theoretisch erschwinglichen Begriff von ihnen könne es nicht geben. In Erfahrung unserer Erkenntnis zu bringen sei weder ein ewiges Seelenleben nach dem Tod, noch ein wie auch immer geartetes Enden der Welt. Auch der Verweis auf Gottes Gottheit helfe eschatologisch nicht weiter; denn wie von den Ideen der Seele und der Welt als des Inbegriffs des Erfahrungsmöglichen sei auch von der Gottesidee nur ein regulativer und kein objektiver Gebrauch zu machen.

Eine objektiv begründete Theorie „De novissimis“ kann es nach Kant nicht geben. Eschatologische Hoffnung vermag seinem Urteil zufolge nur die praktische Vernunft zu erschließen, und sie tue es postulatorisch, indem sie aus moralischen Gründen eine letztendliche Übereinstimmung von Sittlichkeit und Sinnlichkeit verlange und diesem Verlangen in Vorstellungen einer praktisch ausgerichteten Einbildungskraft fordernden Ausdruck verleihe. Die „Liebenswürdigkeit" (Kant, Ende, 337) aber, welche gemäß dem vielzitierten Schluss der Kantschrift über „Das Ende aller Dinge" das Christentum mit sich führe, sei von moralischer Art und auch in eschatologischer Hinsicht allein darin begründet, unaufhörliche und universale Liebe zu den Geschäften der Pflichtbeobachtung zu befördern (vgl. Kant, Ende, 338).

Das Beispiel Schleiermachers

Ob sich der Sinn christlicher Religion und ihrer Eschatologie in der von Kant vorgesehenen praktischen Vehikelfunktion erschöpft, darf bezweifelt werden. Außer Zweifel aber steht, dass christliche Eschatologie unter neuzeitlichen Bedingungen Kants Kritik traditioneller Metaphysik nicht ignorieren kann und daher selbstkritisch nach ihrem Theoriestatus fragen muss. Friedrich Daniel Ernst Schleiermacher hat ein klassisches Beispiel für konstruktive Selbstkritik dieser Art gegeben, ohne deshalb die Religion und die eschatologische Hoffnung des christlichen Glaubens zu einer bloßen Funktion der Moral zu erklären. Religion ist weder Metaphysik noch Moral; ihr kommt vielmehr eine eigene Provinz im Gemüt zu, die zwar auf Denken und Handeln bezogen ist, ohne in sie aufgelöst werden zu können. Dies gilt auch in eschatologischer Hinsicht. Schleiermacher war kein Geisterseher vom Schlage Swedenborgs; doch sah er in der Glaubenshoffnung eine Geisteskraft produktiver Einbildung am Werke, von der sich Kant so nichts hatte träumen lassen. Eschatologie beruht nicht auf Fiktionen; mit Phantasie hat sie gleichwohl einiges gemein.

Nicht wenigen galt und gilt Schleiermachers Eschatologie als häretisch. Man kann sie allerdings auch als Fortschreibung der traditionellen reformatorischen Lehre „De novissimis" unter neuzeitlichen Bedingungen lesen. Schleiermacher hat „weder die Eschatologie aus der Dogmatik entfernt noch die eschatologischen Aussagen für irreal erklärt. Vielmehr hat er ihren Status als Glaubensaussagen erklärt. Er hat sie als Glaubensaussagen durchschaut, die einerseits denselben Gegenstand haben wie alle anderen Glaubensaussagen auch: nämlich die – *nota bene* von Gott durch Jesus Christus und das in ihm begründete neue Gesamtleben der Gnade – bewirkte Bestimmtheit der menschlichen Existenz (des unmittelbaren Selbstbewusstseins) durch die Erlösung; die aber andererseits im Unterschied zu allen anderen Glaubensaussagen einen Inhalt haben, der sich aller ‚dermaligen' (also nicht aller möglichen!) Erfahrung entzieht." (Herms, 118)

Prophetische Lehrstücke

In den beiden Auflagen seiner Glaubenslehre von 1821/22 und 1830/31 hat Schleiermacher die Eschatologie in Form sog. prophetischer Lehrstücke abgehandelt. Er hat das mit der Begründung getan, dass alles, „was unserem dermaligen Erfahrungskreise fremd als Gegenstand eines möglichen künftigen aufgestellt wird" (GL^2 § 159,2), der „christlich gestalteten Fantasie" (GL^1 § 175,2) angehöre. Diese habe zwar am frommen Selbstbewusstsein des Christen und an den kanonischen Urkunden seines Glaubens einen festen Anhalt; aber die Formgestalt ihrer Sätze sei von derjenigen, welche Aussagen der Selbst- und Welterfahrung des Glaubens eigne, sorgsam zu unterscheiden: Eschatologische Sätze seien ahnungsweise formuliert und deshalb in Form prophetischer Lehrstücke zu erörtern. Nicht dass nicht auch eschatologische Aussagen wie alle anderen Aussagen der christlichen Glaubenslehre irgendwie auf das fromme Selbstbewusstsein des Christen und seinen in Jesus Christus gelegten Grund bezogen wären! Doch sind sie ihrer Form nach von allen sonstigen charakteristisch unterschieden.

Nach Schleiermacher kennzeichnet es alle eschatologischen Lehrstücke und die in ihnen erörterten Vorstellungen, dass sie an sich selbst und in ihrem Verhältnis zueinander „zu keiner vollständigen Bestimmtheit" (GL^1 § 177,3; GL^2 § 161,3) zu erheben sind. Ihnen kann daher, wie es heißt, nicht „derselbe Werth wie den übrigen Glaubenslehren" (GL^1 § 175; vgl. GL^2 § 159) zuerkannt werden. D. h. nicht, dass sie wertlos wären; aber ihr Wert (vgl. Herms, 109 Anm. 5) ist von anderer Art als derjenige, der den Lehrstücken eignet, deren Gehalt sich mehr oder minder umstandslos aus dem christlichen Selbstbewusstsein explizieren lässt. Aussagen über endzeitliche Zustände können aus ihm auf direkte Weise nicht gefolgert werden. Ja, Schleiermacher meint, unser christliches Selbstbewusstsein könne „gradezu nichts" (GL^2 § 157,2) über Eschatologisches aussagen. Gleichwohl ist der Frömmigkeit auch nach seinem Urteil der Bezug auf die sog. Letzten Dinge nicht äußerlich; aber dieser Bezug lässt sich nur ahnungsweise und in Form christlicher Phantasie wahrnehmen (vgl. GL^2 § 159,2).

Obwohl Aufstellungen der Phantasie, sind die eschatologischen Annahmen des christlichen Glaubens von Fiktionen und beliebigen Produkten willkürlicher Einbildung klar zu unterscheiden. Dass diese Unterscheidungsleistung erbracht wird, dafür hat nicht zuletzt die kirchliche Dogmatik mittels der Lehrstücke zu sorgen, die Schleiermacher die prophetischen nennt. Ihre charakteristische Bezeichnung verweist auf ein Doppeltes, nämlich dass sie zum einen keineswegs völliger Unbestimmtheit zu überlassen sind, dass sie aber ebensowenig einer vollständigen Bestimmtheit zugeführt werden können. Beides gilt zugleich und in einem und ist kennzeichnend für die eschatologischen Lehrstücke und ihre Vorstellungsgehalte, deren Sinn und Bedeutungsgrenze aufzuweisen Schleiermacher sich zum Ziel setzt. „Die Eschatologie hat Bilder, aber sie gibt kein Bild des Kommenden." (Althaus, 79)

Der dogmatische Status, der den eschatologischen Lehrstücken eigentümlich ist, gibt sich in allen ihren Einzelelementen zu erkennen, für deren Zusammenhang der Bezug von individueller und universaler Eschatologie grundlegend ist. Überall nämlich wollen, wie Schleiermacher sagt, „jene beiden Punkte, persönliche Fortdauer und Vollendung der Kirche" (GL^2 § 159,3), also besondere und allgemeine Eschatologie, „auf einander bezogen in einem sinnlich aufzufassenden Bilde dargestellt werden" (ebd.). Dieser Wunsch wird freilich stets unerfüllt bleiben. Denn der Wille, der die Ausbildung der eschatologischen Gehalte christlicher Phantasie motiviert und prägt, führt niemals zu einer Vorstellung, die das Ganze in einem stimmigen Bild zu erfassen vermag. Vielmehr zerlegt sich der das eine Ganze ins Auge fassende Bildentwurf bei fixem Zusehen stets wieder in seine Einzelteile, um einen erneuten Versuch der Zusammenschau zu provozieren, da es mit der Isolierung von Partikularaspekten nach klarer Einsicht des Glaubens nicht sein Bewenden haben kann. So entsteht der Eindruck eines stetigen Schwankens, das allerdings nicht notwendigerweise als ein Trunkenheitsphänomen, sondern möglicherweise auch als Indiz einer Begeisterung gedeutet werden kann, die alles Vorstellen und Begreifen transzendiert und gerade so endgültigen Sinn generiert.

Interimslösungen und Zwischenzustände

Am deutlichsten tritt das von Schleiermacher namhaft gemachte eschatologische Schwanken dort zutage, wo die Vermittlung individueller und universaler Eschatologie selbst zum Gegenstand eschatologischen Vorstellens und Begreifens wird, wie dies in der Annahme sog. Zwischenzustände der Fall ist, die, wenn man so sagen darf, Interimslösungen aufbieten, um besondere und allgemeine Eschatologie zusammenzuhalten und miteinander so in Beziehung zu setzen, dass der individuelle Aspekt am allgemeinen und der allgemeine am individuellen ersichtlich wird und umgekehrt. Was die individuelle Eschatologie betrifft, so ermöglicht es namentlich die Unterscheidung von Leib und Seele des Menschen (unbeschadet seiner in Anschlag zu bringenden psychosomatischen Einheit), eine förmliche Beziehung herzustellen zur allgemeinen, die zugleich bestehende Unterschiede wahrt. Die allgemeine Eschatologie hinwiederum schließt in einer für sie konstitutiven Weise an die individuelle an, weil sie ohne eine definitive Vorstellung vom eschatologischen Geschick des Einzelnen gerade in ihrer Universalität nicht bestehen kann. Abschließend synthetisieren und vorstellungshaft in ein Bild fassen lassen sich besondere und allgemeine Eschatologie indes nach Schleiermacher nicht. Dafür biete die Zwischenzustandsvorstellung selbst einen Beleg und mehr noch die diversen Interimslösungen, die sich mit ihr verbinden.

Auf dreierlei Weise lässt sich nach Schleiermacher der Zwischenzustand denken und die Hoffnung auf Fortdauer des Einzelnen mit der auf universale Vollendung in Verbindung bringen: erstens „auf rein negative Weise als ein Aufgehörthaben der alten und Nochnichtangefangenhaben der neuen Lebensthätigkeiten, welches die Vorstellung vom Seelenschlaf ist" (GL^2 § 161,2); zweitens nach Weise eines bewussten Zustands, jedoch ohne realisierte Gemeinschaft mit Christus; drittens als einen solchen unter Einschluss verwirklichter Christusgemeinschaft. Letztere Weise scheint unter den Gesichtspunkten individueller Eschatologie die überzeugendste zu sein. Sie ist aber offenbar zugleich jene, die sich vom Anliegen der allgemeinen Eschatologie am weitesten entfernt. Denn wird dem einzelnen Gläubigen zwischen seinem Tod und dem Ende der Welt- und Menschheitsgeschichte bereits volle Christusgemeinschaft zuerkannt, dann wird es schwer, „die allgemeine Auferstehung der Todten nicht für etwas überflüssiges, und die Wiedervereinigung mit dem Leibe nicht für einen Rükkschritt zu halten" (GL^2 § 161,2). Wird dem verstorbenen Christenmenschen hingegen unter Voraussetzung postmortalen Bewusstseins die Christusgemeinschaft entzogen, dann stellen sich zwangsläufig Vorstellungen eines „Herausfallen(s) aus der Gnade" (ebd.) ein, die mit evangelischer Glaubensgewissheit inkompatibel sind. Was aber die Vorstellung vom Seelenschlaf angeht, so ist gegen sie zwar kein prinzipieller Einwand geltend zu machen; sie löst aber, indem sie das der Bewusstlosigkeit anheimgestellte Interim auf Null stellt, genau jene Vorstellung auf, welche ihre eigene Basis darstellt und zwecks Vermittlung individueller und universaler Eschatologie ausgebildet wurde.

Nach Schleiermacher kann es nur bedingt gelingen, den Zusammenhang von individueller und universaler Eschatologie vonseiten der individuellen her stimmig zu vermitteln und das eschatologische Geschick des Einzelnen mit demjenigen von Menschheit und Welt zusammenzudenken bzw. zu einem Vorstellungsbild zu synthetisieren. Dieses Gelingen bleibt auch denjenigen Versuchen versagt, die das Los der Verstorbenen im Zwischenzustand dergestalt in der Schwebe halten, dass ihnen die Gewissheit über ihren Status trotz gegebener Fähigkeit zur Selbstwahrnehmung fehlt, oder die das postmortale Geschick der Menschen zwar grundsätzlich entschieden sein lassen, ohne diese bereits gänzlich entweder dem Himmel oder der Hölle zu übergeben. Die Fegefeuervorstellung ist eine solche Zwischenzustandsvariante, die einerseits vom Grundsatzentscheid eschatologischen Heils für die Purgatoriumsbewohner ausgeht, ihnen aber vollen Anteil an ihm erst nach Ablauf des purgatorischen Prozesses gewährt, wie das spätestens am Jüngsten Tage der Fall sein wird. Was mit den grundsätzlich zur Verdammnis Bestimmten interimistisch geschieht, kann dahingestellt bleiben, weil die Vorstellungslogik dieselbe ist, wenngleich im Modus der Verkehrung.

Die Probleme, den Zusammenhang von individueller und universaler Eschatologie von individueller Seite her zu vermitteln, reproduzieren sich, wenn der gegenläufige Weg eingeschlagen wird, was hier nicht mehr demonstriert werden muss (vgl. GL[1] § 177,2; GL[2] § 161,2). Es bleibt nach Schleiermacher bei dem Schwanken zwischen der Vorstellung einer am Ende der Tage statthabenden allgemeinen Totenauferstehung und eines nachfolgenden öffentlichen Endgerichts, zu welchem Jesus Christus in einer universal ersichtlichen Weise wiederkommen wird, und der Annahme einer Fortdauer des individuellen Menschen über den Tod hinaus, wie auch immer die postmortale Daseinsidentität des Einzelnen bestimmt werden mag. Schleiermacher hebt hervor, dass der erste Vorstellungskreis vom biblischen Zeugnis her nahegelegt wird. Ihm steht aber auch die Unverzichtbarkeit des zweiten Vorstellungskomplexes für den christlichen Glauben fest. Die individuelle Eschatologie ganz auf die universale zurückzunehmen, wäre nach seinem Urteil ebenso unstatthaft wie die Auflösung der allgemeinen in die besondere. Das Hin- und Herpendeln zwischen beiden ist also in bestimmter Weise nötig und unvermeidbar. Extreme Ausschläge sind nach Schleiermacher nur durch strikte Konzentration auf Jesus Christus zu vermeiden, wodurch individuelle und universale Eschatologie in die rechte Balance gelangen.

Christologische Konzentration

Der Glaube an Jesus Christus schließt Schleiermacher zufolge „den Glauben an die persönliche Fortdauer aller einzelnen menschlichen Seelen in sich" (GL[1] § 174,2) sowie die Gewissheit der Vollendung der Gemeinschaft der Gläubigen, welche die Kirche als Wirkzeichen des Menschheitsheils ist. Für nicht schlüssig hält der Glaubenslehrer alle angeblichen Vernunftbeweise für die Unsterblichkeit der Einzelseele. Wir können, sagt er, über die Fortdauer der Seele nach dem Tod keine größere Gewissheit haben „als über ihr Vorhergewesensein vor dem Anfang des Lebens“ (GL[1] § 174,1). Auch sei es „auf jede Weise zuviel behauptet“ (ebd.), den Glauben an die Seelenunsterblichkeit ein notwendiges Implikat des Gottesglaubens zu nennen. Mit einer „Entsagung auf die Fortdauer der Persönlichkeit kann sich eben sowol die Herrschaft des Gottesbewußtseins im allgemeinen vertragen, wie sich die reinste Sittlichkeit und die höchste Geistigkeit des Lebens damit verträgt“ (ebd.). Nicht jeder Unsterblichkeitsglaube sei fromm, nicht jede gegenteilige Behauptung notwendigerweise unfromm. Fromm und christlich begründet sei der Glaube an die Unsterblichkeit des Einzelnen nur als ein im Glauben an Jesus Christus mitgesetzter. Weil nach dem Bekenntnis des Glaubens in der Person Jesu Christi das göttliche Wesen mit der menschlichen Natur unveränderlich vereint ist, darf die persönliche Unsterblichkeitshoffnung der Christen und mit ihnen diejenige aller Menschen als fundiert gelten. Vermittels des Glaubens an Christus gewinnt unerschütterliche Gewissheit, was außerhalb seiner unbestimmtes Ahnen bleiben muss. Ein bestimmtes Wissen über seinen Zustand nach dem Tod sowie über die Vollendung von Menschheit und Welt hat zwar auch der Christenmensch nicht, der sich im Glauben auf Jesus Christus verlässt und sich in ihm gründet; aber er kann gewiss sein, dass seine Verbindung mit dem Erlöser stetig fortdauern wird.

Aus der Gewissheit stetiger „Fortdauer der Verbindung der Gläubigen mit dem Erlöser“ (GL[1] § 174,3), den der Glaube „als immer gegenwärtig und lebendig“ (GL[1] § 174,2), nie „nur als einen dagewesenen und nicht noch daseienden“ (ebd.) glaubt, ergibt sich alles, was in eschatologischer Hinsicht zu hoffen und zu sagen ist. Dass die Hoffnungsaussagen des Glaubens Sätze von besonderer Art darstellen, hat Schleiermacher immer wieder betont: ein entwickeltes Bewusstsein und ein kohärentes Wissen von dem, was eschatologisch auf uns zukommt, ist in dem unmittelbaren christlichen Selbstbewusstsein nicht enthalten. Auch durch die jesuanische Lehre und durch diejenige der Hl. Schrift werde diese „Wissenslücke“ nicht geschlossen. „Daher ist hier eine eigentliche Kirchenlehre kaum aufzustellen, und wir müssen uns begnügen, die Vorstellungen, welche sich am meisten geltend gemacht haben, mit den Gründen dafür und den Bedenklichkeiten dagegen aufzuführen und der weiteren Bearbeitung der Auslegungskunst auf der einen Seite und der christlich gestalteten Fantasie auf der andern anheimzugeben; denn dieser gehört“, um es zu wiederholen, „doch alles an, was der wirklichen und bisherigen Erfahrung fremd, doch als Gegenstand einer künftigen und möglichen aufgestellt wird.“ (GL[1] § 175,2)

Auszurichten ist alle christliche Glaubensphantasie auf Jesus Christus. Entsprechend hat die Christologie nach Schleiermacher in Kritik und Konstruktion als kanonisches Richtmaß der Eschatologie zu gelten. Der Geist, der die eschatologische Einbildungskraft des christlichen Glaubens produktiv werden lässt, wirkt in, mit und durch Jesus Christus, in dessen Person Individualität und Allgemeinheit in zwar unvergleichlich singulärer, aber doch für alle aufgeschlossener Weise zu integrer Einheit gelangt sind. Individuelle und universale Eschatologie sind in Jesus Christus gut aufgehoben, weil er als vollendetes Individuum zugleich Repräsentant der Vollendung der Menschheits- und Weltgeschichte, ja des Alls überhaupt ist, was freilich weder durch theoretische noch durch praktische Vernunft, sondern allein auf religiöse Weise erfasst werden kann. Seiner Forderung nach christologischer Konzentration der Eschatologie entspricht Schleiermacher selbst dadurch, dass er das erste prophetische Lehrstück der Wiederkunft Jesu Christi widmet, in der er die einzelnen Endzeitvorstellungen der christlichen Tradition nun doch zu „Einem sinnlichen Ganzen" (GL^2 § 159,3) zusammengefügt sieht. Durch die Wiederkunft Jesu Christi sei „die neue Form des Daseins" (GL^1 § 175, Zusaz; GL^2 § 159,3) bedingt und zwar sowohl in individueller als auch in universaler Hinsicht.

Es ist das Christusgeschehen, welches für den einzelnen Gläubigen die Gewissheit ewigen Lebens bei Gott begründet, ohne sie seiner Individualität vorzubehalten, und es ist das Christusgeschehen, welches die Gemeinschaft der Glaubenden die kirchliche Vollendung erhoffen lässt, ohne diese Hoffnung für die übrige Menschheit und die ganze Welt aufzugeben. In beiderlei Hinsicht ist der Christusbezug für die Eschatologie konstitutiv. Weil sowohl für das Gnadenbewusstsein, das der einzelne Christ hat, als auch für das Gesamtleben der Gnade die Beziehung zu Person und Werk Jesu Christi grundlegend ist, ist diese Beziehung für den christlichen Glauben nicht zuletzt unter eschatologischen Gesichtspunkten bestimmend. Was er erhofft, ist die Parusie Jesu Christi als Zukunft von Selbst und Welt. Inspiriert ist diese Hoffnung vom göttlichen Geist, der von der Christusoffenbarung ausgeht. Der Geist erhebt über die Schranken irdischer Selbst- und Welterfahrung und ist im Glauben als jene Phantasie wirksam, durch deren Einbildungskraft die christliche Hoffnung konkrete Gestalt annimmt.

Christliche Eschatologie hat Schleiermacher zufolge die Produkte begeisterter Phantasie zu bedenken, die der pneumatisch bewegten Einbildungskraft des Glaubens an Jesus Christus entspringen. Der Fiktionsverdacht liegt nahe. Am besten begegnet man ihm durch Aufweis des grundlegenden Unterschieds, der nach Maßgabe der Terminologiegeschichte zwischen der Einbildung und der ihr eigenen Kraft einerseits und bloßen Fiktionen im Sinne willkürlicher Erfindungen reinen Beliebens andererseits besteht. Ein zwischengeschalteter Exkurs zur Geschichte des Begriffs der Einbildungskraft im Umkreis Schleiermachers soll diesen Aufweis erbringen und zugleich Gründe für einen tragfähigen Ansatz neuzeitspezifischer Eschatologie anführen, wonach das Lehrstück „De novissimis" von Erwartungen christlichen Glaubens handelt, die durch die produktive Einbildungskraft des in Jesus Christus offenbaren Gottesgeistes hervorgerufen werden und alle Selbst- und Welterfahrungen auf jenseitige Zukunft hin transzendieren. Die eschatologische Erwartung des Christentums lebt davon, dass sich dem Glauben der Geist Jesu Christi mit der ihm eigenen Kraft einbildet, die Phantasie beflügelt und eine Hoffnung hervorruft, die alle Zeiten überdauert, weil sie auf Gott und sein kommendes Reich gerichtet ist.

Produktive Einbildungskraft. Ein Exkurs

Zur Zeit Schleiermachers und seiner Glaubenslehre stand die Einbildungskraft hoch im Kurs. Im Laufe des 18. Jahrhunderts hatte sich diese Kursentwicklung bereits deutlich abgezeichnet. Für den damaligen poetologischen Diskurs im deutschsprachigen Bereich war der Streit zwischen dem Leipziger Dichter und Poetikprofessor Johann Christoph Gottsched (vgl. Dürbeck, 34 ff., bes. 47 ff.) und seinen Schweizer Widersachern Johann Jakob Bodmer und Johann Jakob Breitinger (vgl. Dürbeck, 260 ff.) von besonderer Wichtigkeit. Während Gottsched die Kraft der Einbildung eher zu restringieren trachtete, werteten Bodmer und Breitinger sie auf und zwar auch und gerade in ihrer produktiven, der Phantasie vergleichbaren Tätigkeit. Sie konnten sich dabei auf ihre Weise auf Christian Wolff, den philosophischen Gewährsmann Gottscheds, und sein Konzept der Einbildungskraft berufen, da dieser sie bei aller Zurückhaltung gelegentlich mit der Funktion eines konstruktiven Erdichtens und Entwerfens verband, die über die Reproduktion von Gegenwärtigem und Vergangenem hinausweist und zu, wenn man so will, exzentrischer Selbst- und Welttranszendenz anleitet.

Auch beim großen Kritiker des Leibniz-Wolff'schen Systems war die Kraft der Einbildung durchaus geachtet. Nach Kant ist sie eine Grundbedingung möglicher Erkenntnis. Ausdrücklich wird in der „Kritik der reinen Vernunft" erklärt, dass wir ohne Einbildungskraft „überall gar keine Erkenntniß haben würden" (A 78, B 103). Jede Erkenntnis enthält sinnliche Anschauung und begriffliche Momente in sich, deren Zusammenhang den eigentümlichen Charakter erkennender Wahrnehmung ausmacht. Für die Gewährleistung dieses Zusammenhangs kommt der Einbildungskraft eine wesentliche Funktion zu. Synthesis zwischen Sinnlichkeit und Verstand zu leisten, ist die entscheidende Fähigkeit, die sie in ihren verschiedenen Modi kennzeichnet. Bewusst wahrgenommen wird ein Gegenstand der Erscheinungswelt nach Kant nur, wenn er nach den Regeln des Verstandes begriffen wird. Ohne verständiges Begreifen lässt er sich in seiner Gegenständlichkeit nicht erfassen. Objekterfahrung enthält also immer ein konstitutives Element vonseiten des Erfahrenden in sich. Von subjektloser Objektivität kann entsprechend nicht die Rede sein. Andererseits sind, wo immer objektive Erfahrung statthat, ihre Eindrücke vom Erfahrungssubjekt rezipiert und nicht unmittelbar hervorgebracht worden. Als real gilt eine Erfahrung dann, wenn in ihr dem Begriff, ohne den sie nicht verstanden werden könnte, ein Sachverhalt entspricht, der sich im Begreifen zu verstehen gibt. Andernfalls müsste die vermeintliche Erfahrung als fiktiv und als bloße Erfindung gelten.

Werden Fiktionen Einbildungen genannt, dann verweist der Einbildungsbegriff auf Ideengebilde ohne berechtigten Anspruch auf Realität, die allgemeiner Überprüfung standhält. Nur der Phantast setzt fiktionalen Schein mit Wirklichkeit gleich und muss daher im Extremfall für verrückt erklärt werden. Seine Einbildungskraft wäre entsprechend eine facultas imaginandi bloß subjektiver Art und ohne objektive Grundlage zu nennen. Kant kann von Einbildung und Einbildungskraft in diesem Sinne sprechen. Doch geht für ihn die Bedeutung beider Begriffe in dem fiktiven Sinn nicht auf, der sich möglicherweise mit ihnen verbindet. Denn Imagination und das Vermögen zu ihr sind nach seinem Urteil für jedes denkbare Realitätsbewusstsein unverzichtbar. Ohne facultas imaginandi wird Wirklichkeitswahrnehmung weder zustande gebracht noch auf jene Dauer gestellt, welche die implizite Voraussetzung der Realität des Gedächtnisses ist.

Das Gedächtnis verhindert, dass als wirklich Wahrgenommenes augenblicklich der Vergessenheit anheimfällt. Ohne Gedächtnis ist mithin ein dauerhaftes Realitätsbewusstsein nicht möglich. Durch seine Leistung werden Erfahrungsgegenstände erinnert und erinnernd vorstellig gemacht, ohne als solche präsent zu sein. Ob nun als zeitlich Vergangenes oder als räumlich Distantes abwesend: das einmal in Erfahrung Gebrachte wird in der Erinnerung in seinem Realitätsgehalt vergegenwärtigt, ohne unmittelbar da zu sein. Damit solches geschehe, bedarf es dessen, was Kant reproduktive Einbildungskraft nennt. Diese reproduziert Erfahrenes, indem sie einstmalige Vorstellungsgehalte erneut zum Bewusstsein bringt, um sie assoziativ zu einer Gedächtniseinheit zu verbinden. Die reproduktive Einbildungskraft, wie sie in der Gedächtnisleistung der Erinnerung wirksam ist, setzt eine bereits gemachte Erfahrung voraus. Dies unterscheidet sie nach Kant von der produktiven Einbildungskraft; ihr als der reinen facultas imaginandi kommt im strengen Sinne transzendentale Bedeutung zu, weil sie als Bedingung der Möglichkeit von Erfahrung überhaupt zu gelten hat.

Reine facultas imaginadi nach Kant

Während die reproduktive Einbildungskraft bereits Erfahrenes in Erinnerung ruft, erinnert die produktive, wenn man so will, auf ursprüngliche Weise. Ursprünglich ist die Erinnerungsleistung der produktiven Einbildungskraft insofern zu nennen, als sie das sinnliche Äußere in genuiner Weise dem Inneren einbildet und seine Mannigfaltigkeit zu einer ersten Einheit bringt, damit die imaginative Synthese, die erst eine Vorverständigung bewirkt, gemäß den Regeln des Verstandes strukturiert und begriffen werde. Zwar leistet die produktive Einbildungskraft erst anfängliche Erkenntnis, aber ohne ihre apprehensive Funktion, die von apriorischer und nicht aposteriorischer Natur, der Spontaneität des Seeleninneren und nicht der sinnlich gegebenen Außenwelt zugehörig ist, wäre verständige Erfahrung und entsprechende Erkenntnis von vorneherein unmöglich.

Die produktive Einbildungskraft ist nach Kant ein apriorisches Vermögen von transzendentaler Bedeutung, sofern ohne sie Erfahrung und Erkenntnis nicht zustande kommen könnten. Die Grenze ihrer Produktivität, ohne deren Achtung sie in fiktionaler Phantastik enden müsste, liegt seinem Urteil zufolge in dem Unvermögen begründet, Vorstellungen prinzipiell transempirischer, sinnlichkeitstranszendenter Natur hervorzurufen. Zwar ließen sich ohne die Kraft produktiver Einbildung überhaupt keine Erfahrungen machen. Aber sinnvoll betätigen lässt sie sich nach Kant nur unter der Voraussetzung gegebener Sinnesdaten, die sie in ihrer affizierenden Wirkung voraussetzt und nicht etwa erst ihrerseits bewirkt. Der Stoff ihrer Imaginationen ist der facultas imaginandi sinnlich vorgegeben, und es steht nicht in ihrer Macht, ihr Vorstellungsmaterial von sich aus zu erzeugen. In diesem entscheidenden Punkt sind die Vertreter des Deutschen Idealismus weit über Kant hinausgegangen. Dafür gibt nicht nur Schleiermacher ein Beispiel, sondern auf seine Weise auch Fichte samt Hegel – von Schelling, namentlich dem späten, ganz zu schweigen.

In Fichtes frühen Wissenschaftslehren ist die produktive Einbildungskraft im Namen der Freiheit zum konstruktiven Prinzip der Philosophie insgesamt erklärt worden, was im gegebenen Zusammenhang nicht näher auszuführen ist. Festgehalten sei nur, „dass dem Begriff Einbildungskraft am Ende des 18. und am Anfang des 19. Jahrhunderts bei aller Verschiedenheit seiner Bestimmungen und Funktionen allgemein eine zentrale Bedeutung zukommt" (Homann, 290). Als ein besonders prominentes Beispiel hierfür sei zuletzt noch Hegel angeführt, der in der Drittausgabe seiner „Enzyklopädie der philosophischen Wissenschaften im Grundrisse" (1817; 1827²) von 1830 (vgl. Hegel) in immerhin fünf Paragraphen von der Einbildungskraft handelt (§§ 455–460). Voran gehen Ausführungen zur Erinnerung (§§ 452–454); Erwägungen zum Gedächtnis folgen (vgl. §§ 461–464). Die Einbildungskraft vermittelt zwischen Erinnerung und Gedächtnis; durch sie entwickelt sich erstere zu letzterem, damit aus dem Gedächtnis schließlich das Denken hervorgehe. Darin erfüllt sich der Begriff des theoretischen Geistes im Durchgang durch Anschauung und Vorstellung, wobei die Vorstellung Erinnerung, Einbildungskraft und Gedächtnis in sich befasst.

Die Lehre vom theoretischen bildet zusammen mit der vom praktischen Geist den dritten Teil der Lehre vom subjektiven Geist, der als freier Geist seinen Begriff realisiert, um in den Institutionen des Rechts, der Moralität und der Sittlichkeit (Familie, bürgerliche Gesellschaft, Staat) objektive Gestalt anzunehmen. Der zweite Teil der Lehre vom subjektiven Geist war der Bewusstseinstheorie, der erste dem Seelenverständnis gewidmet. Aus der Unmittelbarkeit seines Seelenlebens heraus kommt der subjektive Geist durch das Bewusstsein zur Vernunft, um sich durch Theorie und Praxis zu freier Geistigkeit zu gestalten. Dieser Prozess vollzieht sich in der Sphäre der Theorie durch Anschauung, Vorstellung und Denken, wobei, wie gesagt, die Vorstellung die im Denken aufzuhebenden und im Denken aufgehobenen Momente der Erinnerung, der Einbildungskraft und des Gedächtnisses in sich enthält. Die Tätigkeit des theoretischen Geistes zielt auf Erkenntnis, ihr Vollzug ist Erkennen (vgl. § 445). Erkennen fungiert nicht als eine theoretische Tätigkeit des subjektiven Geistes neben anderen, sondern ist diejenige, in der und durch die geistige Subjektivität ihrem Begriff entspricht. Der theoretisch verfasste subjektive Geist ist, was er ist, als Erkennen. Dieses macht seine Intelligenz aus. Erkennen hebt mit Anschauung als ihrem im Erkenntnisvorgang aufzuhebenden Anfangsmoment an. Anschauung hinwiederum nimmt ihren Anfang in Form einer Affektion, durch die sich der subjektive Geist gefühlsmäßig bestimmt findet, ohne bereits mit Bestimmtheit erkannt zu haben, worum es sich handelt. Der Stoff des Erkennens ist, wenn man so will, zwar bereits da, aber noch nicht als erkannter.

Um nicht in einem dumpfen Weben in sich zu verharren, muss sich der subjektive Geist aus dem stoffartig-verworrenen Anfang seines Anschauens erheben, um durch das hindurch, was Hegel Aufmerksamkeit nennt (vgl. §448), die Anschauung wirklich zur Anschauung werden zu lassen. Entwickelte Anschauung ist das erinnernde Versenktsein in das Außersichsein. In ihr ist der subjektive Geist ganz bei der Sache, aber doch nicht bewusstlos, sondern in Form unmittelbaren Erinnerns. In der Vorstellung wird das unmittelbar erinnerte Äußere der Anschauung vorstellig, um durch reflektierte Erinnerung, durch Einbildungskraft und Gedächtnis dem Denken zugeführt zu werden, in welchem der theoretische Geist nach Hegel in seine eigentliche Wahrheit gelangt. In der reflektierten Erinnerung wird die Anschauung anschaulich und nimmt bildhafte Gestalt an, wobei das Erinnerungsbild des Angeschauten ganz der Innerlichkeit des subjektiven Geistes angehört. Als Bild ist das Angeschaute im Inneren des subjektiven Geistes zunächst aufbewahrt wie in einem „nächtlichen Schacht, in welchem eine Welt unendlich vieler Bilder und Vorstellungen aufbewahrt ist, ohne daß sie im Bewußtseyn wären" (§453). Doch können die bewusstlos aufbewahrten Bilder bei Gelegenheit in Erinnerung gerufen, zu bewusster Vorstellung gebracht und dem Gedächtnis dauerhaft eingebildet werden. Um dieses zu leisten, bedarf es der Kraft der Einbildung.

Produktive Phantasiegebilde nach Hegel

Die Einbildungskraft wird traditionell in eine reproduktive und eine produktive eingeteilt. Hegel schließt an diese Einteilung an, wobei er die Einbildungskraft bei der reproduktiven ihren Ausgang nehmen lässt, damit sie sich als produktive vollende und ein Gedächtnis ermögliche, welches zum Denken führt. Die reproduktive Einbildungskraft lässt die Anschauungsbilder aus der eigenen Innerlichkeit des subjektiven Geistes entstehen, der sich nun als deren Macht erweist, indem er sie ermöglicht. Kraft reproduktiver Einbildung erinnert er das Angeschaute in der Weise bewusster Vorstellung. Im Übergang zur produktiven ist die „*symbolisirende*, *allegorisirende* oder *dichtende* Einbildungskraft" (§456) begriffen, welche das in bewusster Erinnerung vorstellig gemachte Angeschaute phantasievoll verknüpft und arrangiert, um jene „*Zeichen machende Phantasie*" (§457) herbeizuführen, durch die das reproduktiv Eingebildete ins Wort gefasst, zur Sprache gebracht und in Schriftform gesetzt wird, um so konserviert und dem Gedächtnis unvergesslich eingeprägt zu werden. Das Gedächtnis vermag nicht nur Namen zu behalten, sondern in und durch die Namen der Sache selbst zu gedenken, aus welchem Gedenken das freie Denken hervorgeht, das an keinen Gegenstand mehr äußerlich gebunden ist und doch alles in sich enthält. Im Denken erfüllt sich nach Hegels Lehre der subjektive Geist in theoretischer Hinsicht und entspricht seinem Begriff als Intelligenz. Ohne Gedächtnis und Einbildungskraft vermöchte er dies nicht zu leisten.

Hegels System sucht sich in der Aufhebung der Vorstellung einschließlich der religiösen im absoluten Begriff zu vollenden, was die Aufhebung der Eschatologie in die Gegenwart des Absoluten bzw. die Überführung sog. futurischer in sog. präsentische Eschatologie nach sich zieht mit all den theoretischen und praktischen

Folgen, die hier nicht zur Debatte stehen (vgl. im Einzelnen Cornehl, bes. 93ff.). Wer an systementscheidender Stelle anders votiert als Hegel, wird die produktive Kraft der Einbildung noch ungleich bedeutsamer einschätzen als das bei ihm der Fall ist. Wie auch immer: Bis weit ins 19. Jahrhundert hinein und über Hegel und seine Zeit hinaus hat der Begriff der Einbildungskraft im allgemeinen Bewusstsein erhebliche Relevanz besessen. Seine Bedeutungsfülle von derjenigen der Imagination bzw. des Vermögens zu ihr klar abzugrenzen, ist kaum zu leisten, was angesichts der terminologischen Verwandtschaft auch nicht überrascht. Klar und offenkundig tritt hingegen zutage, dass die Bedeutungsgehalte beider Begriffe im Wesentlichen positiv bewertet wurden. Entsprechendes gilt für den Phantasiebegriff, der wie derjenige der Einbildung erst allmählich pejorisiert und in die Nähe des scheinhaft Fiktiven und Irrealen gerückt wird. Noch bei J. Frohschammer, einem ausgewiesenen Kenner der Materie, der ausführlich „Über die Bedeutung der Einbildungskraft in der Philosophie Kants und Spinozas" gehandelt hat, konnte, um einen weiteren Titel eines seiner Bücher aus den 70er Jahren des 19. Jahrhunderts zu zitieren, „Die Phantasie als Grundprincip des Weltprocesses" fungieren (vgl. Frohschammer; ferner: Eisler).

Die „Blütezeit des Begriffs der Einbildungskraft" (Wunsch, 18), reicht bis ins hohe 19. Jahrhundert. Ohne die Kraft der Phantasie, der Imagination und der Einbildung ist geistvolles Leben nicht möglich, so die vorherrschende Überzeugung. Phantasie beflügelt, und Imagination bildet erinnernd ein, was ansonsten in bloßer Äußerlichkeit verbleiben müsste. Erst mit dem heraufziehenden 20. Jahrhundert mehren sich die Anzeichen für einen Niedergang des Begriffs und eine Pejorisierung dessen, was Einbildung oder ähnlich heißt. Bald „ist der quantitative Schwund ebensowenig zu übersehen wie die Einbuße an philosophischer Relevanz" (Homann, 290f.). Nur noch selten hat der Begriff der Einbildungskraft seither zentrale Bedeutung erlangt. Eine philosophische Ausnahme bildet seine phänomenologische Rezeption und Interpretation durch Martin Heidegger (vgl. Heidegger; Mörchen), der die Relevanz der facultas imaginandi wie vor ihm die Repräsentanten des Deutschen Idealismus nicht in dem erkenntnistheoretischen Kontext aufgehen lässt, in den sie bei Kant gestellt ist (vgl. Gibbons, Wunsch), sondern ihr subjektivitätstheoretische und daseinsanalytische Fundamentalbedeutung beimisst. Im allgemeinen Bewusstsein hingegen hat, was Einbildung heißt, nicht nur an Kraft und Bedeutung, sondern weithin auch die Wertschätzung verloren, welche sich einst mit ihr verband.

Einbildung wird heutzutage in der Regel zumindest der Tendenz nach mit realitätsferner Phantastik assoziiert. Inwieweit die radikale Religionskritik zu dieser Entwicklung beigetragen hat, wäre zu fragen. Bekanntlich liegt Feuerbach zufolge die Grundverkehrung des religiösen Bewusstseins darin begründet, Eingebildetes für wirklich zu erachten und fiktive Phantasieprodukte mit Realität zu verwechseln (vgl. Homann, 29f.). Der Glaube und das, worauf er sich bezieht, gelten als Inbegriff des Irrealen. Hieran ist im Zuge des auf philosophisch-theologische Rehabilitation von Phantasie und Einbildungskraft angelegten Exkurses anzuknüpfen, um den kritischen Begriff der Irrealität des Glaubens ins Konstruktive zu wenden und für eine Eschatologie fruchtbar zu machen, welche die christliche Hoffnung als ein Produkt des Geistes Jesu Christi begreift. Ein fränkischer Dichter und Eschatologe der besonderen Art, Jean Paul, soll dabei landsmännische Hilfestellung leisten und daran erinnern, dass Religion und Poesie insbesondere dort enge Verbündete sind, wo es darum geht, Trost zu spenden und dafür zu sorgen, dass die Hoffnung auch in widrigen Zeiten nicht verloren gehe.

Das Irreale des Glaubens

In einem der Theorie und dem Stellenwert des Fiktiven im menschlichen Leben gewidmeten Band der Forschungsgruppe „Poetik und Hermeneutik" findet sich an prominenter Stelle ein Beitrag Wolfhart Pannenbergs über „Das Irreale des Glaubens". „Der Glaube ist", so heißt es dort, „die Gegenwart des für diese Welt Irrealen. Dieses Irreale des Glaubens besteht nicht nur in bestimmten Ereignissen, auf die sich die Erwartung des Glaubenden richtet, die der Welt als unrealistisch und verstiegen erscheinen mag. Das Irreale des Glaubens besteht zentral in der Wirklichkeit Gottes selbst, für die in dieser Welt kein Platz zu sein scheint, die aber der Glaube kontrafaktisch als Zukunft dieser Welt im Kommen des Reiches Gottes bejaht. Ist dieses Irreale des Glaubens nun Fiktion oder Inspiration?" (Pannenberg, 30) Dies ist die entscheidende Frage in Bezug nachgerade auf die Themen, welche die Eschatologie zu verhandeln hat, weil diese offenkundig über das hinausweisen, was dem üblichen Bewusstsein als Realität gilt. Man kann sie als fiktionale Erfindungen abtun, die keinen Anspruch auf Wahrheit haben. Man kann aber auch fragen, ob nicht die Wahrheit selbst erfinderisch sein muss, um ihrer Bestimmung wirklich und über das hinaus zu entsprechen, was vordergründig real genannt wird.

Eschatologische Aussagen übersteigen den Horizont des faktisch Gegebenen. „Eben dieser Überstieg erweist sich als ein wesentliches Moment von Religion. Ohne ihn verlöre sie sich selbst." (Zirker, 16) Die radikale Religionskritik hat die Gegenstände eschatologischer Hoffnung wie die Wirklichkeit Gottes überhaupt für Fiktion im Sinne trügerischer, selbsttäuschender Hoffnung erklärt. Dem Glauben hingegen gelten sie im Bewusstsein, „daß die Wirklichkeit umfassender ist als das, was unser profanes Alltagsbewusstsein überschaut" (Pannenberg, 34), als durch Inspiration, näherhin durch den Geist des in Jesus Christus offenbaren Gottes erschlossene Wirklichkeit, und zwar gerade in demjenigen, was über das profan-alltägliche Realitätsbewusstsein, ja über alles hinausweist, was sich unter den gegebenen Bedingungen von Selbst und Welt überhaupt in Erfahrung bringen lässt. In Anbetracht der erfahrbaren Erscheinungswelt lässt sich der Schein des Fiktiven, den die eschatologischen Vorstellungen hervorrufen, auch für das religiöse Bewusstsein nicht einfachhin beseitigen. Gleichwohl gilt ihm, was als fiktiv erscheint, in der inspiratorischen Kraft des Geistes als Vorschein einer Realität, die realer ist als alle Wirklichkeit, wie sie sich bezüglich Selbst und Welt aktuell in Erfahrung bringen lässt.

Im Frühherbst 1798, also kurz vor Erscheinen von Schleiermachers „Reden über die Religion an die Gebildeten unter ihren Verächtern", wurde ein merkwürdiges Werk begonnen, das „ein Sammelsurium verschiedenster Texte (enthält), nur durch die allen gemeinsame Briefform verbunden" (Pfotenhauer, 196): „Jean Pauls Briefe und bevorstehender Lebenslauf". Dem fünften Brief ist als Postskript ein Essay „Über das Träumen" (Jean Paul I/4, 971–982) beigegeben, das jedem zünftigen Psychologen zur Ehre gereichen würde. Der Dichter unterscheidet verschiedene Traumsorten. Seine besondere Aufmerksamkeit gilt dem „Ideen-Charivari ..., womit der Tag in uns ausklingt" (Jean Paul I/4, 975), jenem Vorträumen auf dem „Weg vom Wachen in den Schlaf" (ebd.), welches die Bewusstseinswelt des vergehenden Tages in einem abendlichen Dämmerlicht erscheinen lässt. Im glücklichsten Falle wird der Tag im Übergang vom hellen Bewusstsein zum Nachtschlaf gänzlich verklärt in Erinnerung gebracht. Dies geschieht insbesondere dann, wenn Vergangenes sich in einem Ereignis verdichtet oder – besser noch – personale Gestalt angenommen hat, mag diese Gestalt tagsüber körperlich präsent gewesen sein oder nicht. Um ein Exempel zu geben: „wer ferne Geliebte heller sehen will, der schaue sie auf dem Kopfkissen an, diesem Bildersaal, dieser Gemälde-Ausstellung aller geliebten Gestalten." (Jean Paul I/4, 973)

Anders als die „heiße ikonologische Stunde vor dem Einschlafen" (ebd.) sind die Zeiten der Nacht nicht mehr vom Flor des Dämmerlichts umschleiert, sondern in ein undurchdringliches Dunkel gehüllt, das keine bewusste Wahrnehmung mehr zulässt. Was in den Nachtträumen geschieht, spielt sich im Unterbewussten ab, um in aller Regel dem sofortigen Vergessen anheimzufallen. „Vielleicht wurde darum die Lethe zur Schwester des Schlafs gemacht." (Jean Paul I/4, 975) Nicht alles Vergessene freilich ist, weil vergessen, schon vergangen. Es wirkt untergründig nach, um bei Gelegenheit des Nachtschlafs zwar nicht zu Tage zu treten, sich aber träumerische Geltung zu verschaffen. Manch tagsüber Verdrängtes macht dabei großes Aufhebens, und das Gewese ist, wie Jean Paul sagt, nicht gering: „Fürchterlich tief leuchtet der Traum in den in uns gebaueten Epikurs- und Augias-Stall hinein; und wir sehen in der Nacht alle die wilden Grabtiere oder Abendwölfe ledig umherstreifen, die am Tage die Vernunft an Ketten hielt." (Jean Paul I/4, 980)

Albträume und Vernichtvisionen

Einen Albtraum der abgründigsten Art hat Jean Paul im Revolutionsjahr 1789 in Form eines Textes aufgezeichnet, der ursprünglich „Des todten Shakespear's Klage unter den todten Zuhörern in der Kirche, dass kein Gott sei" überschrieben war und später als „Rede des todten Christus" im „Siebenkäs" zu Berühmtheit gelangt ist (vgl. Jean Paul I/2, 270–275). Über Details der Entstehungsgeschichte der Rede, die auf eine „Hofer Lokalsage" (Pfotenhauer, 86) zurückgeht, über ihr Verhältnis zu Klopstocks eschatologischer Dichtung sowie über die Studien, die Jean Paul im Zusammenhang ihrer Genese betrieb, wurde intensiv geforscht. Die Mittel, deren sich der Dichter bei der Redengestaltung bediente, sind diejenigen der Poesie und Ästhetik des Erhaben-Schrecklichen (vgl. Jean-Paul I/5,7 ff.). Er „will Schrecken erregen, um die philosophischen Atheisten – und sich selbst – heftig zu rühren und zu erschüttern" (Müller, 47). In diesem Sinne hat Jean Paul dem Vorbericht zur Rede folgende Anmerkung vorangestellt: „Wenn einmal mein Herz so unglücklich und ausgestorben wäre, daß in ihm alle Gefühle, die das Dasein Gottes bejahen, zerstöret wären: so würd' ich mich mit diesem meinem Aufsatz erschüttern und – er würde mich heilen und mir meine Gefühle wiedergeben." (Jean Paul I/2, 270 Anm. 1)

Tatsächlich endet „die erste und zugleich ästhetisch vielleicht spektakulärste der zahlreichen ‚Vernicht-Visionen', die Jean Paul geschrieben hat" (Pfotenhauer, 86), nicht schrecklich, sondern tröstlich und in einem Erwachen, welches österlich genannt zu werden verdient: „Meine Seele weinte vor Freude, daß sie wieder Gott anbeten konnte – und die Freude und das Weinen und der Glaube an ihn waren das Gebet. Und als ich aufstand, glimmte die Sonne tief hinter den vollen purpurnen Kornähren und warf friedlich den Widerschein ihres Abendrotes dem kleinen Monde zu, der ohne eine Aurora im Morgen aufstieg; und zwischen dem Himmel und der Erde streckte eine frohe vergängliche Welt ihre kurzen Flügel aus und lebte, wie ich, vor dem unendlichen Vater; und von der ganzen Natur um mich flossen friedliche Töne aus, wie von fernen Abendglocken." (Jean Paul I/2, 275) Dass dieser Schluss unveräußerlich zum Text gehört, beweist die Empörung, mit der Jean Paul auf seine Entfernung in einem Abdruck reagierte (vgl. Pfotenhauer, 89).

Jean Pauls Ahnung

Jean Paul war einer der großen Eschatologen unter den deutschen Dichtern der Neuzeit, und er war es nicht zuletzt deshalb, weil er eine Ahnung von der Grauenhaftigkeit des Nihilismus hatte; die „Rede des todten Christus" bietet nur einen Beleg hierfür. Hoffnung angesichts eines keineswegs nichtigen, sondern vernichtenden und zugrunderichtenden Nichts kann es nach seiner Überzeugung nur im erwartungsvollen Vertrauen auf Gott und seinen Christus geben. Jean Pauls Schreckensphantasien sind darauf angelegt, die produktive Einbildungskraft fundamental zu erschüttern, um so eine grundlegende Umkehr zu bewirken und himmlische Aussichten zu eröffnen. Man kann durchaus sagen, dass sie der Erweckung dienen sollen: Die Grauen der Nacht werden erkundet, um Aufklärung zu schaffen und um Licht ins Dunkel zu bringen, damit der Mensch sich erhebe und auferstehe zu einem neuen Morgen, der keinen Abend mehr kennt. Des Dichters Lehre von den Träumen bestätigt dies auf ihre Weise.

Das Traumleben spielt sich nicht nur unter Tage, im nächtlichen Dunkel des Unterbewusstseins ab; es gibt auch Dämmerträume im Übergang von Tag und Nacht, deren man sich in der Regel zwar „nur bei Störungen des Einschlafens bewusst" (Jean Paul I/4, 975) ist, die aber dennoch unvergesslich bleiben können. Neben den beiden genannten Traumsorten rechnet Jean Paul fernerhin mit ausgesprochenen Tagträumen, ja mit Träumen, welche die alltägliche Bewusstseinswelt weit unter bzw. hinter sich lassen und auf ein Transzendentes und Eschatologisches hin übersteigen. Solche Träume sind seinem Urteil zufolge nicht unter-, sondern eher überbewusst zu nennen, weil sie keiner prä-, sondern einer postreflexiven Sphäre angehören, die, ohne sie zu indifferenzieren, über die Selbst-Welt-Differenz des Bewusstseinslebens hinausweist und die Ahnung von einem Höheren vermittelt, über das hinaus Höheres nicht empfunden zu werden vermag, weil in ihm Ich und Nichtich jenen Grund finden, in dem sie fundiert und eins sind.

Jean Paul war überzeugt, dass man sich von jenem transzendenten Grund weder durch Transzendentalphilosophie noch durch spekulative Metaphysik einen Begriff machen könne. Näheres hierzu ist einem „Brief über die Philosophie“ zu entnehmen, den der Dichter an seinen imaginierten Erstgeborenen Hans Paul zum Zwecke der Universitätslektüre geschrieben hat (vgl. Jean Paul I/4, 1014–1024), oder der „Clavis Fichtiana seu Leibgeberiana“ (Jean Paul I/3, 1011–1056), jener Schrift, die „ursprünglich das letzte Glied im *komischen Anhang* zum Titan“ (Jean Paul I/3, 1013) bildete und eine kritische Auseinandersetzung mit der Ichphilosophie Fichtes enthält, die als hypertroph abgelehnt wird. Gewidmet ist der Text Friedrich Heinrich Jacobi, Jean Pauls Hauptgewährsmann in philosophischen Herzensangelegenheiten (vgl. im Einzelnen Wenz; Pfotenhauer, 219 ff.). Mit dem „Glaubensphilosophen“, der bekanntlich auch für Schleiermacher höchst einflussreich war, brachte Jean Paul die Wahrnehmungsform des fundierenden Grundes von Selbst und Welt vorzugsweise mit dem Gefühl in Verbindung. Er unterschied die fühlende Ahnung des transzendenten Grundes klar von allen präbewussten Empfindungsweisen und wies ihr einen Ort zu, der nicht unter, sondern über dem Bewusstseinsleben zu stehen kommt.

Unmittelbar präsent ist das alles Bewusstseinsleben Transzendierende im Gefühl als einem, mit Schleiermacher zu reden, Innesein des ganzen ungeteilten Daseins; dem Bewusstsein zu vermitteln und zu vergegenwärtigen ist es nur durch eine Phantasie, der sich durch produktive Einbildungskraft Einsichten erschließen, die im Alltag unerschwinglich sind. Beizeiten hat sich Jean Paul „Über die natürliche Magie der Einbildungskraft“ geäußert. In den „Jus de tablette für Mannspersonen“ findet sich ein entsprechender Titel an erster Stelle (vgl. Jean Paul I/4, 195–205). Im Text entwickelt der Dichter seine lebenslang beibehaltene Auffassung von der machtvollen Bedeutung der Phantasie, welche die Erfahrungwelt transzendiert, ohne deshalb mit Fiktion gleichgesetzt werden zu können. Zwar konstituiert die Phantasie ihre Gegenstände durch produktive Einbildungskraft statt sie lediglich zu reproduzieren. Aber magisch ist ihre Produktivität deshalb zu nennen, weil sie nicht lediglich Subjektives fingiert, sondern Ideen bearbeitet, die von anderwärts her einfallen und auf eine Wirklichkeit jenseits der Differenz von Subjekt und Objekt hindeuten: „auch im Wachen“, schreibt Jean Paul in seinem Traumessay, „springt jede Idee, wie ein geschlagener Funke, plötzlich hervor, die wir unserer Anstrengung zurechnen.“ (Jean Paul I/4, 979)

In der von bloßer Fiktion zu unterscheidenden Phantasie durchdringen sich schlechthinnige Empfänglichkeit und produktive Einbildungskraft wechselseitig. Phantasie ist ganz auf Vernehmen eingestellt und zugleich Selbsttätigkeit in Höchstform, einerseits auf die fünf Sinne und die durch sie vermittelte Außenwelt bezogen, andererseits über alles bloß Empirische hinaus, weil sie alles, was sinnlich in Erfahrung zu bringen ist, zu einem Sinnganzen zusammenschließt, dessen man fühlend inne wird, um es mittels Phantasie zu explizieren. Am meisten gefordert ist produktive Einbildungskraft, wenn die äußeren Sinne im Schwinden begriffen sind und Hören und Sehen vergehen. Als „der goldene Abend-Widerschein der Sinne“ (Jean Paul I/4, 199) trägt die Phantasie die Verheißung in sich, alles sinnlich Erlebte zu einer sinnvollen Einheit zu verdichten, um es zur Erfüllung zu bringen. Nachgerade das Lebensende könne so als ein unvergleichlicher Neuanfang wahrgenommen werden. Als untrügliches Zeichen hierfür wertet Jean Paul die Beobachtung, „daß der dichterische *Regenbogen* (wie der optische) sich gerade beim niedrigsten Stande der Sonne (im Abend und Winter) am höchsten wölbe“ (Jean Paul I/4, 205).

Nach biblischem Zeugnis ist der Regenbogen in die Wolken gesetzt als ewiges Gedächtniszeichen des Noahbundes, den Gott mit allen irdischen Lebewesen über die Generationen hinweg geschlossen hat: Er soll, spricht der Herr, „das Bundeszeichen sein zwischen mir und der Erde“ (Gen 9,13). Auch der dichterische Regenbogen (Jean Paul I/2, 276: „Ring der Ewigkeit“), der sich in Jean Pauls Werk ausspannt, soll Irdisches und Himmlisches, Göttliches und Menschliches vereinen und insbesondere die Kluft überbrücken, für die Tod, Grab und Verwesung stehen. Der oberfränkische Lehrer- und Pfarrerssohn schreibt, seitdem er zum Schreiben fähig ist, um sein Leben und gelegentlich auch um das seiner Mitmenschen. Die Suche nach einer Möglichkeit, den Tod zu überleben, ist ein Dauerthema seiner Dichtung. In der Idylle vom „Leben des vergnügten Schulmeisterlein Maria Wutz in Auenthal“ (Jean Paul I/1, 422–462), die Jean Paul seinem Roman „Die unsichtbare Loge. Eine Lebensbeschreibung“ „angeleimt“ (Pfotenhauer, 113) hat, kommt der Dichter seinem lebensfrohen Helden im entscheidenden Augenblick dadurch zu Hilfe, dass er selbst in die Handlung eintritt, damit sein Protagonist „den langen Fall ins Grab“ (Jean Paul I/1, 459) nicht einsam und allein, sondern im Beisein dessen antrete, der als Zeuge seines Todes mit diesem zugleich sein Leben in Erinnerung hält und schreibend den Hinterbliebenen und der Nachwelt übermittelt. Doch bleiben Zweifel, ob durch dichterische Lebensbeschreibungen die Macht des Todes zu bändigen ist.

Zur Verzweiflung steigern sich die Zweifel in autobiographischer Hinsicht, wie Jean Pauls in poetischen Episteln aufgesetzte Konjekturalbiographie seines eigenen Lebens belegt (vgl. Jean Paul I/4, 1025–1080). Was bleibt, ist die Phantasie: Zwar nimmt sich der Dichter vor, an seinem Ende zum Tod als dem letzten Genius des Lebens, wie er genannt wird, zu sagen: „nimm nur hin den leichten durchsichtigen Sommernachtstraum des Lebens, weiter ist nichts da!“ (Jean Paul I/4, 1079) Und doch treibt den Menschen eine produktive Einbildungskraft, die nur bedingt die seine ist, über diese Welt hinaus, um, wie schon im Falle des Schulmeisterleins Wutz, von Grund auf zu fragen, was es mit Schlaf und Traum in Bezug auf den Tod näherhin auf sich habe: „Um 11 1/2 Uhr nachts kamen Wutzens zwei besten *Jugendfreunde* noch einmal vor sein Bette, der Schlaf und der Traum, um von ihm gleichsam Abschied zu nehmen. Oder bleibt ihr länger, und seid ihr zwei Menschenfreude es vielleicht, die ihr den ermordeten Menschen aus den blutigen Händen des Todes holet und auf euren wiegenden Armen durch die kalten unterirdischen Höhlungen mütterlich traget ins helle Land hin, wo ihn eine neue Morgensonne und neue Morgenblumen in waches Leben hauchen?“ (Jean Paul I/

1, 459) Nach Jean Pauls Überzeugung wird sich der Traum der Menschenkinder bewahrheiten, „daß nach dem *Winter* des Lebens ihr ewiger *Mai* anbricht“ (Jean Paul II/3, 775).

Traum im Traum

Im „Der Traum im Traum“ überschriebenen Zweiten Blumenstück, das unmittelbar auf die „Rede des toten Christus vom Weltgebäude herab, dass kein Gott sei“ folgt, spricht der Menschensohn zur Gottesmutter: „Die Erde ist ein Traum voll Träume; du mußt entschlafen, damit dir die Träume erscheinen können.“ (Jean Paul I/2, 277) Maria willigt ein, damit sie, wie sie sagt, „die Menschen träume“ (ebd.), will heißen: in jener Form sich vorstellig mache, die der menschlichen Bestimmung zur Gottebenbildlichkeit entspricht. Man kann Träume dieser Art getrost Einbildungen nennen, wenn man von diesem Begriff jene pejorativen Bedeutungsmomente fernhält, die sich erst in der Zeit nach Jean Paul mit ihm verbunden haben. Für den Dichter selbst waren Imagination, Phantasie und die Kraft zu produktiver Einbildung unentbehrliche Medien eines Lebens, das über den Tod hinausweist und nicht in seinem Schatten vergeht. Ohne Einbildungskraft, Phantasie und Imagination, die dem Menschen seine gottebenbildliche Bestimmung und die Bestimmung seiner Welt wider Übel und Sünde, Tod und Teufel innerlich vor Augen halten, muss Jean Paul zufolge menschliches Leben dem Ungeist der Beschränktheit verfallen und in der Enge der Angst verkommen, von der es nur durch eschatologische Phantasie und Ewigkeitsträume befreit werden kann, in denen die Wirklichkeit Gottes selbst sich dem Menschen einbildet, die mithin das gerade Gegenteil sind von fiktionalen Scheingebilden.

Zu guter Letzt noch ein kleines Gedicht von Goethe und zwei etwas längere Sentenzen von Robert Spaemann, die den zu wahrenden Unterschied zwischen Fiktion und demjenigen betreffen, was im Vorangegangenen die Geisteskraft eschatologischer Einbildung genannt wurde: „Ihrer sechzig hat die Stunde, / Über tausend hat der Tag. / Söhnchen! werde dir die Kunde, / Was man alles leisten mag.“ (Goethe, 288) Der Olympier hat diese Zeilen im April 1825 seinem Enkel ins Stammbuch geschrieben. Vorangestellt wurden folgende Worte: „Der Mensch hat hier dritthalb Minuten: eine zu lächeln, eine zu seufzen und eine halbe zu lieben; denn mitten in dieser Minute stirbt er.“ (Ebd.) Das Zitat stammt von Johann Paul Friedrich Richter, genannt Jean Paul, gestorben am 14.11.1825 im 64. Lebensjahr.

Es folgen die beiden angekündigten Sinnsprüche Spaemanns: „Die Lehren der Religionen von der Überwindung des Todes enthalten einen Wahrheitsanspruch, dessen Verifikation nicht aufgeht in der Bewährung im irdischen Leben dessen, der diesen Glauben hat.“ (Spaemann, Gerücht, 179) „Wenn es kein Überleben des Todes gibt, dann ist es trivial zu sagen, daß dies nicht verifizierbar ist. Jeder jedoch, der an ein Leben nach dem Tode glaubt, glaubt natürlich, daß dieser Glaube auch verifiziert wird, nämlich nach dem Tode. Der Glaube von der Überwindung des Todes kann allerdings nicht *falsifiziert* werden; denn wenn wir alle definitiv tot sind, wird niemand mehr sagen können, daß es kein Weiterleben nach dem Tode gibt. Die

Frage, ob es wahr ist, daß es eine Auferstehung der Toten gibt, ist deshalb eine andere Frage als die, welchen Sinn es für das Leben in dieser Welt hat, an diese Wahrheit zu glauben. Das wiederum ist wichtig für den Inhalt dieses Glaubens. Denn wer an die Auferstehung glaubt, glaubt nicht nur an die Auferstehung jener, die daran glauben." (Spaemann, Gerücht, 178 f.)

4. De novissimis.
Zu Begriff und Themenbeständen der Eschatologie

Lit.: Ph. Ariès, Geschichte des Todes, München [8]*1997. – K. Barth, Der Römerbrief, München* [2]*1922. – O. Bayer, Schöpfung als Anrede. Zu einer Hermeneutik der Schöpfung, Tübingen 1986. – E. Fastenrath, „In vitam aeternam". Grundzüge christlicher Eschatologie in der ersten Hälfte des 20. Jahrhunderts, St. Ottilien 1982. – H.-F. Geißer, Grundtendenzen der Eschatologie im 20. Jahrhundert, in: K. Stock (Hg.), Die Zukunft der Erlösung. Zur neueren Diskussion um die Eschatologie, Gütersloh 1994, 13–48. – E. Gräb-Schmidt/R. Preul (Hg.), Auferstehung, Leipzig 2012. – G. Greshake/G. Lohfink, Naherwartung. Auferstehung. Unsterblichkeit. Untersuchungen zur christlichen Eschatologie, Freiburg/Basel/Wien* [4]*1982. – S. Hjelde, Das Eschaton und die Eschata. Eine Studie über Sprachgebrauch und Sprachverwirrung in protestantischer Theologie von der Orthodoxie bis zur Gegenwart, München 1987. – G. Hoffmann, Das Problem der letzten Dinge in der neueren evangelischen Theologie, Göttingen 1929. – F. Holmström, Das eschatologische Denken der Gegenwart. Die Etappen der theologischen Entwicklung des zwanzigsten Jahrhunderts, Gütersloh 1936. – M. Kehl, Eschatologie, Würzburg* [2]*1988. – G. Kittel, Art.* eschatos, *in: ThWNT II, 694f. – T. Koch, „Auferstehung der Toten". Überlegungen zur Gewissheit des Glaubens angesichts des Todes, in: K. Stock (Hg.), a. a. O., 88–107. – W. Krötke, Das menschliche Eschaton. Zur anthropologischen Dimension der Eschatologie, in: K. Stock (Hg.), a. a. O., 132–146. – E. Kunz, Protestantische Eschatologie. Von der Reformation bis zur Aufklärung, Freiburg/Basel/Wien 1980 (Handbuch der Dogmengeschichte IV/7c [1. Teil]). – B. Lannert, Die Wiederentdeckung der neutestamentlichen Eschatologie durch Johannes Weiß, Tübingen 1989. – Th. Mahlmann, Auferstehung der Toten und ewiges Leben, in: K. Stock (Hg.), a. a. O., 108–131. – F.-W. Marquardt, Was dürfen wir hoffen, wenn wir hoffen dürften? Eine Eschatologie. 3 Bde., Gütersloh 1993/1994/1996. – M. Mühling, Grundinformation Eschatologie. Systematische Theologie aus der Perspektive der Hoffnung, Göttingen 2007. – J. Rahner, Einführung in die christliche Eschatologie, Freiburg/Basel/Wien 2010. – C. H. Ratschow, Art. Eschatologie. VIII. Systematisch-theologisch, in: TRE 10, 334–363. – J. Ratzinger, Gesammelte Schriften. Bd. 10: Auferstehung und ewiges Leben. Beiträge zur Eschatologie und zur Theologie der Hoffnung, Freiburg/Basel/Wien 2012. – W.-R. Schmidt, Die Eschatologie in der neueren römisch-katholischen Theologie von der Schulddogmatik bis zur „politischen Theologie", 2. Bde., Berlin 1974. – E. Troeltsch, Glaubenslehre. Nach Heidelberger Vorlesungen aus den Jahren 1911 und 1912, München und Leipzig 1925. – Chr. Walther, Eschatologie als Theorie der Freiheit. Einführung in neuzeitliche Gestalten eschatologischen Denkens, Berlin/New York 1991. – G. Wanke, „Eschatologie". Ein Beispiel theologischer Sprachverwirrung, in: KuD 16 (1970), 300–312. – M. Welker, Nicht einfach „wieder lebendig": Zur erhebenden Kraft des „geistlichen Leibes Jesu Christi", in: E. Gräb-Schmidt/R. Preul (Hg.), a. a. O., 77–91. – G. Wenz, Eschatologie als Zeitdiagnostik. Paul Tillichs Studie zur religiösen Lage der Gegenwart von 1926 im Kontext ausgewählter Krisenliteratur der Weimarer Ära, in: ders., Tillich im Kontext. Theologiegeschichtliche Perspektiven, Münster 2000, 45–103.*

Eschatologie ist ein Lehnwort aus dem Griechischen. Soviel steht fest. Die Schwierigkeiten beginnen, wenn man zu genaueren Definitionen der Wortbedeutung zu gelangen sucht. Man kann unter Eschatologie beispielsweise die „methodisch begründete Auslegung der christlichen Hoffnung auf die ihr verheißene endgültige Zukunft unserer (persönlichen, kirchlichen und universalen) Geschichte und der ganzen Schöpfung im Reich Gottes" (Kehl, 18; bei K. kursiv) verstehen. Gemäß dieser Definition ist für eschatologische Erkenntnis der performative Akt des Versprechens grundlegend (vgl. Kehl, 25 ff.). Haben eschatologische Aussagen „primär performativen Charakter" (J. Rahner, 62; vgl. Bayer, 128 ff.), dann muss ihr Gehalt von empirisch verifizier- oder falsifizierbaren Informationen sorgsam unterschieden werden. Eschatologische Aussagen reichern das Weltwissen nicht an, sondern stellen es in einen neuen Horizont, der durch Verheißung erschlossen ist. Sie weist über dasjenige hinaus, was als gegenwärtige Realität in Erfahrung zu bringen ist. Doch wird realistische Hoffnung von der inhaltlichen Bestimmtheit der Verheißung, deren Erfüllung sie erwartet, nicht einfachhin absehen können. Auch performative Verheißungsrede bedarf eines faßbaren Sachgehalts, um verlässlich zu sein.

Endzeitliche Verheißung

Verheißung ist ein komplexer Begriff, dessen genaue Bedeutung sich wesentlich nach dem Modus ihres Ergehens und ihrer Vermittlung, nach ihrem Subjekt, Gegenstand und Empfänger sowie deren Verhältnis zueinander bestimmt und der ohne Berücksichtigung des jeweiligen Kontextes, in dem er auftritt, nicht präzise zu fassen ist. Am biblischen Befund bestätigt sich diese Einsicht, wobei der terminologische Entwicklungstrend bereits im Alten Testament dahin geht, den Begriff der Verheißung, als dessen Primärsubjekt Gott zu gelten hat, reflexiv zu fassen. Inbegriff aller Verheißungen ist danach jene Verheißung, in der Gott sich selbst bzw. seinen Geist verheißt, um sein Volk und dessen Glieder seines Kommens und seines heilsamen Daseins zu versichern. Nach neutestamentlichem Zeugnis ist die Verheißung, die Gott durch diverse Mittel und Mittler ergehen ließ, in Jesus Christus erfüllt (vgl. Apg 13,23; Röm 1,2; Gal 3,22), welcher als der vollendete Prophet, Priester und König und als derjenige zu gelten hat, in dem Gott in der Kraft seines Geistes als er selbst offenbar ist. Zwar ist das Christentum auf eine noch ausstehende Zukunft hin ausgerichtet, die es hoffend erwartet. Aber alle möglichen Verheißungen, die mit dieser Hoffnung verbunden sind, heben nach dem Bekenntnis des christlichen Glaubens die in Jesus Christus gegebene Erfüllung nicht auf, stehen vielmehr unter der Voraussetzung, dass die erwartete Zukunft keine andere sein wird als diejenige dessen, der zum Heil der Menschheit auf die Welt kam und sich im Geist heilsam vergegenwärtigt.

Unter dem Evangelium als der Frohbotschaft Jesu Christi ist nach neutestamentlichem Zeugnis nicht nur die vorhersagende Ankündigung eines noch ausstehenden, sondern auch der Zuspruch einer bereits vollbrachten Erfüllung zu verstehen, welche den Glauben durch Liebe zur Hoffnung bewegt und so eine offene und gleichwohl im Letzten gewisse Zukunft erschließt. Weil der Glaubende sich darauf verlassen darf, dass der gottmenschliche Versöhner und Erlöser Jesus Christus zuletzt auf ihn zukommt, kann er im Vertrauen auf das Entgegenkommen seines Herrn dem Kommenden trotz aller verbleibenden Unsicherheiten getrost entgegensehen und entgegengehen. Die verheißene Zukunft des Glaubens erschließt sich von der ihn erfüllenden Gegenwart des Geistes her, der das Heilsperfekt Jesu Christi bezeugt. Umgekehrt ist gläubige Geistesgegenwart ihrem Wesen nach ausgerichtet auf eine künftige Vollendung, die hoffnungsvoll zu erwarten, aber noch nicht unmittelbar präsent ist.

Gott wird nach dem Bekenntnis des christlichen Glaubens als Herr aller Zeiten in der Kraft seines in Jesus Christus offenbaren Geistes seine Schöpfung vollenden. Der Geist hat den gekreuzigten Jesus von den Toten auferweckt, damit dieser den Seinen als der Christus erscheine, sein vorösterliches Leben „kreativ wirksam werden" (Welker, 91) lasse und „die rettenden und erhebenden Kräfte der ‚Neuen Schöpfung'" (ebd.) vermittle. Durch Wort und Sakrament ist dies bereits gegenwärtig der Fall und ein Angeld gegeben des ewigen Lebens der zukünftigen Welt. Die eschatologische Zukunft kommt in der Geistesgegenwart des Glaubens jetzt schon zum Vorschein, um durch ihre Präsenz das Leben der Gläubigen auszurichten auf das kommende Reich der Vaterherrschaft Gottes, auf die Parusie seines Sohnes Jesus Christus und auf das ewige Leben des Geistes. Gleichwohl ist das, was in ihm jetzt schon zum Vorschein kommt, für den Glauben noch nicht so da, wie er es erhofft. „Schon" und „noch nicht", „präsentische" und „futurische" Eschatologie bilden entsprechend einen differenzierten Zusammenhang, der zu Unterscheidungen nötigt, aber Trennungen verbietet.

Pneumatischer Realismus

Was dem Glauben im Geist gegenwärtig ist, verweist ihn auf Zukunft, von der er zugleich erwartet und erhofft, dass sie zurückkommen wird auf dasjenige, was war. So gibt ihm der eschatologische Gottesgeist, der die Schöpfung durch Verherrlichung des auferstandenen Gekreuzigten und durch entsprechende Verwirklichung des Gottesreiches zu ewigem Leben vollenden wird, beispielsweise die Gewähr der bei allem eschatologischen Wandel erhaltenen Selbigkeit der Geschöpfe und namentlich des Menschengeschöpfs. Der eschatologische Gottesgeist löscht die Subjektivität derer, die er ergreift und belebt, nicht aus, sondern versetzt sie im Gegenteil in den Stand ureigenen Selbstseins. Im Geist der Vollendung kommt der Mensch ganz zu sich selbst und zu einem identischen Wissen um sich; er ist es, welcher die Selbigkeit prä- und postmortaler Existenz der Menschenseele gewährleistet und garantiert, dass das eigene Leben als eigenes erinnert und gewusst werden kann. Im Glauben kann der Mensch sich selbst mit allem, was sein ist, einschließlich des eigenen Todes dem Gottesgeist überlassen und gewiss sein, dass dieser seine leibseelische Identität nicht nur erhält, sondern jener Bestimmung zuführen wird, die der unmittelbar auf sich gestellte Mensch nicht nur nicht realisieren kann, sondern zwangsläufig verfehlen muss.

Der Glaubende vertraut seine Zukunft dem Geist an, damit dieser für sein ewiges Leben sorge und er in dieser Hinsicht sorglos sei. Aus solch eschatologischer Sorglosigkeit erwächst Fürsorge, deren Grundsatz lautet: „Was ein Mensch im

Glauben für sich erhofft, das glaubt und erhofft er auch für die Anderen: daß das zeitliche Leben, bewegt und geprägt vom Geiste Jesu Christi, sich als ewiges Leben mit Gott vollende." (Koch, 106) Die Hoffnung des Glaubens ist durch die Gegenwart des Künftigen und die Zukunft des Gegenwärtigen bestimmt. Sie charakterisiert ein „pneumatischer Realismus" (Ratzinger, 178), der das zeitliche Menschenleben mit dem ewigen verbindet: „Wir leben deshalb, weil wir im Gedächtnis Gottes eingeschrieben sind. Im Gedächtnis Gottes sind wir nicht ein Schatten, eine bloße ‚Erinnerung', sondern im Gedächtnis Gottes stehen heißt: leben, ganz leben, ganz wir selber sein." (Ratzinger, 33 f.) Zwar ist das eschatologische Menschenleben in der Ewigkeit Gottes kein Gegenstand aktueller Empirie; diesbezügliches Erfahrungswissen liegt nicht vor. Wohl aber ist im Geist, der den Glauben wirkt, die Faktizität ewigen Lebens bezeugt und zu evidenter Gewissheit gebracht. Christliche Eschatologie hat dies zu bedenken und zwar just unter der doppelten Voraussetzung, dass Glaube ohne Hoffnung ebenso wenig Bestand haben kann wie Hoffnung ohne Glaube, dass mithin die Zukunft des Gegenwärtigen und die Gegenwart des Zukünftigen stets zusammengehalten werden müssen, wenn sinnvolle eschatologische Aussagen möglich sein sollen.

Eschatos, eschaton, eschata

Eschatologische Aussagen sind bei all ihrer sonstigen Bedeutung immer auch „Indikatore(n) der kollektiven Mentalität" (Ariès, 123) der Glaubensgemeinschaft, die sie tätigt. Von dieser Tatsache wird eine reflektierte Behandlung christlicher Eschatologie nicht absehen dürfen. Sie muss historisch informiert sein. Doch kann sie sich nicht in der Darstellung der Geschichte des eschatologischen Lehrstückes erschöpfen, wenn sie ihren Geltungsanspruch systematisch aufrecht erhalten will. Dazu gehört es als erstes, „das eschatologische Problem als Frage nach dem Wesen des Christlichen überhaupt" (Ratzinger, 51 ff.) zu erfassen. Dies hinwiederum ist möglich nur, wenn man auf die impliziten Problemprämissen achtet. Die christliche Eschatologie ist nicht nur „von anthropologischen Grundentscheidungen durchzogen" (Krötke, 132), sondern mit allen dogmatischen Themenbeständen unveräußerlich verbunden. Insofern ist es richtig zu sagen, die Eschatologie sei nicht nur eine Teildisziplin der Systematischen Theologie, sondern umfasse diese in ihrer Gesamtheit, insofern sie „die Ausprägung der eschatologischen Bestimmtheit *aller* Glaubensaussagen" (Hoffmann, 93) zum Gegenstand habe.

Trotz und unbeschadet ihrer umfassenden Bedeutung hört die Eschatologie nicht auf, ein besonderer Bestandteil der Dogmatik mit einem spezifischen Thema zu sein. Traditionell ist dieses Thema mit der Wendung „De novissimis" umschrieben. Ohne *eschata* keine Lehre vom *eschaton*; auch kann man nicht sagen, Eschatologie sei „nicht Lehre von den letzten Dingen, sondern Lehre von der Bezogenheit des Glaubens auf die letzten Dinge" (ebd.). Zwar kann eschatologische Lehre vom Glaubensbezug nicht absehen; sie muss aber zugleich bedenken, dass der Glaube sich und seine Gewissheit gänzlich abhängig weiß von der Wahrheit dessen, worauf er bezogen ist. Ohne ihre Bewährung, auf die sich seine Hoffnung richtet, hat der Glaube keinen Bestand. Damit ist erneut das Verhältnis von Glaube und Hoffnung, Verheißungsvertrauen und Erfüllungsgewissheit etc. als Schlüsselproblem der Eschatologie identifiziert. Fallstudien zu ausgewählten Eschatologiekonzeptionen im 20. Jahrhundert werden hierauf bezogen sein. Zunächst aber ist genauer nach Begriff und Themenbestand der Eschatologie zu fragen.

Die Gleichsetzung der Lehre von den Letzten Dingen mit dem, was Eschatologie heißt, begegnet in der Christentumsgeschichte erst seit der frühen Neuzeit und hat sich nur langsam und nie ausnahmslos durchgesetzt (vgl. im Einzelnen Mahlmann). Im Übrigen verband und verbindet sich mit dem Eschatologiebegriff und seinen Verwendungsweisen nicht selten der Eindruck von Konfusion und zugesteigerter Sprachverwirrung (vgl. Holmström, 8 ff.): „Eben in demselben Maße wie der Eschatologiebegriff ein *Hauptthema* der Theologie des 20. Jahrhunderts ankündigt, stellt er … offensichtlich auch eins ihrer durchgehenden *Hauptprobleme* dar." (Hjelde, 19) So resümiert S. Hjelde in seiner Studie über die Geschichte des Eschatologiebegriffs von der Orthodoxie bis zur Gegenwart. Der moderne Eschatologiebegriff biete ein signifikantes „Beispiel theologischer Sprachverwirrung" (vgl. Wanke), ja die Konfusion, die sich mit seinem häufigen Gebrauch verbinde, sei unvergleichlich. „Wie auf kaum einem anderen theologischen Gebiet herrscht heute in der Eschatologie eine beispiellose Sprachverwirrung." (Greshake / Lohfink, 11)

Sprachgebrauch und Sprachverwirrung

In der deutschsprachigen Theologie soll Paul Tillich der erste gewesen sein, „der vom Eschaton dezidiert im Singular sprach" (Geißer, 18). Diese Auffassung vertritt H.-F. Geißer in seiner Studie zu „Grundtendenzen der Eschatologie im 20. Jahrhundert". Im Übrigen kommt er zu dem Ergebnis, dass der Eschatologiebegriff bis in die Gegenwart hinein „zwischen einer chronologischen Aufreihung und logischen Abfolge lebenszeitlich bzw. weltzeitlich letzter und allerletzter Dinge einerseits, der perspektivischen Ausrichtung der Daseinserfahrung und Weltbetrachtung auf ein absolut Letztes anderseits" (Geißer, 20) oszilliert. Weitgehendes Einvernehmen innerhalb christlicher Theologie herrscht unbeschadet dessen darin, dass sich, was Eschatologie meint, nicht auf das Schlussstück der Dogmatik beschränken lässt, weil die letzten Dinge am Ende der Zeiten unter dem Vorzeichen dessen stehen, der in der Mitte der Zeit zum Heil von Menschheit und Welt erschienen und Grund und Zentrum christlicher Theologie geworden ist.

Das eschatologisch Künftige, welches der christliche Glaube erwartet, lässt sich von der verheißenen Zukunft des Gekommenen nicht trennen. In diesem Sinne kann, um einen weiteren Definitionsversuch anzuführen, der Gegenstand der Eschatologie beschrieben werden als die inhaltliche Bestimmtheit der österlich begründeten Hoffnung des christlichen Glaubens „auf eine sowohl individuelle wie gemeinschaftliche Vollendung des menschlichen Lebens über die irdische Existenz hinaus, eine Vollendung, die ihren Ort haben wird in der am Ende aller Wege Gottes vollkommen realisierten Gemeinschaft des Schöpfers mit der von ihm geschaffenen Wirklichkeit" (Gräb-Schmidt / Preul, VII). Bilden die Endzeitverheißungen der Hl. Schrift das Material bzw. die Materie christlicher Eschatologie, so hat Jesus Christus, aristotelisch zu reden, als ihre Form, als „promissio omnium promissionum fons“ (Marquardt I, 336), als Quell- und Erfüllungsgrund aller Verheißungen zu gelten.

Eine eigene Studie über Sprachgebrauch und Sprachverwirrung in der protestantischen Theologie von der Orthodoxie bis zur Gegenwart ist, wie erwähnt, von S. Hjelde vorgelegt worden. Er konzentriert sich insbesondere auf das Verhältnis der Rede vom *eschaton* einerseits und von *eschata* andererseits. Die Pluralform sei stets erhalten geblieben und zwar auch unter der Bedingung der Wortschöpfung „Eschatologia“, deren Thema die *eschata* sind. Doch habe der an die Stelle der Wendung „De novissimis“ tretende Eschatologiebegriff die Neigung befördert, die Singularform sprachlich zu privilegieren, wie dies in der modernen Literatur häufig der Fall sei, wenn von Eschatologischem die Rede sei. Indes lasse sich zeigen, dass die „Doppelseitigkeit des Eschatologiebegriffs“ (Hjelde, 487) im Sinne von *eschaton* und *eschata* inhaltlich bereits in der altprotestantischen Dogmatiktradition angelegt sei, was besonders dann zutage trete, wenn man die klassisch-analytische Eschatologie mit der nach Maßgabe der synthetischen Methode generierten vergleiche (vgl. Hjelde, 69 ff.). Die Alternative „Eschaton *oder* Eschata?“ (Hjelde, 488) habe sich schon damals nicht gestellt, insofern man den Sinngehalt der Eschata stets von dem Eschaton her bestimmt habe, welches in Jesus Christus in der Kraft des Hl. Geistes dem Glauben proleptisch offenbar geworden sei.

Einen Großteil seiner Studie widmet Hjelde der Renaissance endzeitlichen Denkens im beginnenden 20. Jahrhundert. Seit der „Wiederentdeckung der neutestamentlichen Eschatologie durch Johannes Weiß“ (vgl. Lannert, bes. 138 ff.), Albert Schweitzer und andere „konsequente“ Eschatologen (vgl. Hjelde, 217 ff.) sowie der in den Jahren 1910 bis 1930 vollzogenen „eschatologische(n) Wende“ innerhalb der Systematischen Theologie (vgl. Hjelde, 347 ff.) habe die Eschatologiedebatte eine Konjunktur erlebt wie keine andere theologische Thematik. Sei von Ernst Troeltsch in Heidelberger Vorlesungen aus dem Jahr 1911 und 1912 noch die Meinung vertreten worden, das „eschatologische Bureau sei heutzutage zumeist geschlossen“ (Troeltsch, 36), „weil die Gedanken, die es begründeten, die Wurzel verloren“ (ebd.) hätten, habe Karl Barth zehn Jahre später die Forderung erhoben, christliche Theologie müsse, um zu sein, was sie ist, „ganz und gar und restlos Eschatologie“ (Barth, 300) sein. Eine der Folgen sei eine beinahe inflationäre Verwendung des Eschatologiebegriffs gewesen, bei dem bald niemand mehr präzise zu sagen gewusst habe, wie er denn „selbst überhaupt zu verstehen sei“ (Hjelde, 19).

Terminologiegeschichtliches

Aus dem vieldeutigen Gebrauch des im Deutschen erst im Laufe des 19. Jahrhunderts heimisch gewordenen Eschatologiebegriffs ist nach Hjelde eine fortschreitende Sprachkonfusion hervorgegangen: „Obwohl das Wort ‚Eschatologie‘ sowie – erst recht – das entsprechende Adjektiv ‚eschatologisch‘ zu den meist benutzten und insofern allerwichtigsten Termini heutiger Theologie gehören, herrscht unter den jeweiligen Fachleuten keine einheitliche

Auffassung darüber, was sie nun wirklich bedeuten, oder wie sie sachgerecht zu verwenden seien." (Ebd.) Terminologiegeschichtliche Aufklärung hat bei der Feststellung ihren Ausgang zu nehmen, dass es sich beim deutschen Eschatologiebegriff um ein durch lateinische Vermittlung dem Griechischen entlehntes Kompositum handelt, das die Lehre vom *eschatos*, vom *eschaton* bzw. von den *eschata* bedeuten kann. Im allgemeinen Sprachgebrauch des antiken Griechisch bezeichneten die Vokabeln sachlich, räumlich oder zeitlich Letztes, auf welches nichts Gleichartiges bzw. Gleichwertiges mehr folgt (vgl. Kittel, 694). Das im temporalen Sinne Letzte kann für einen Abschlussvorgang am Ende der Zeiten stehen. Diese Wortverwendung ist für die sog. eschatologischen Texte der LXX und des Neuen Testaments kennzeichnend geworden. Sie handeln im apokalyptischen Überlieferungskontext in vielfältigen Formen von einem Allerletzten, nach dessen Eintreffen Künftigeres nicht kommen wird.

Zum Kunstwort wissenschaftlicher Theologie ist der Eschatologiebegriff erst in der Dogmatik der altlutherischen Orthodoxie geworden. Erstmals soll ihn Philipp Heinrich Friedlieb, ein Schüler Johann Gerhards, im zweiten Drittel des 17. Jahrhunderts in lateinischer Fassung in Gebrauch genommen haben und zwar als Umschreibung des klassischen dogmatischen Locus „De novissimis". Im wissenschaftssprachlichen Deutsch hat sich der Begriff erst allmählich etabliert; allgemeine und über die Konfessionsgrenzen hinausreichende Verwendung findet er nicht vor dem 18. Jahrhundert. Dabei wird seine Bedeutung immer unspezifischer, je weiter der Prozess generalisierender Verwendung fortschreitet. „Einerseits wird er als Bezeichnung für jegliche Jenseits- und Zukunftsvorstellungen verwandt, auch außerchristliche. Andererseits wird er – wie schon bei Johann Gerhard der Terminus der *novissima* – für die binnenchristliche Lehre ‚von den Letzten Dingen', die Eschata (pl.) gebraucht." (Mühling, 17) Noch unklarer wird die Bedeutung des Eschatologiebegriffs u. a. dadurch, dass der Inhalt der Lehre von den Letzten Dingen über die quattuor novissima Tod, Endgericht, Hölle und ewige Seligkeit hinaus variieren kann.

Um die bis heute bestehende Sprachverwirrung in Sachen Eschatologie nicht weiter zu steigern, empfiehlt es sich, zwischen der Lehre vom *eschatos*, vom *eschaton* und von den *eschata* zu differenzieren. Als Lehre vom Eschatos, nämlich von Gott, näherhin dem dreieinigen, ist christliche Theologie insgesamt Eschatologie in dem Sinne, dass sie von dem absoluten Bestimmungsgrund von Selbst und Welt und damit vom schlechterdings Letztgültigen und von jenem handelt, in welchem mit der Differenz von Alpha und Omega auch diejenige von Protologie und Eschatologie aufgehoben ist. Worin sich das *eschaton* vom *proton* unterscheidet und was Eschatologie im Unterschied zu Protologie bedenken muss, hat sich im christlichen Sinne an der Offenbarung Gottes in Jesus Christus zu entscheiden, wie der Hl. Geist sie erschließt. Vom offenbaren *eschatos* her gibt sich kund, was *eschaton* heißt. Als Lehre vom *eschaton* hat christliche Eschatologie vor allem die Zukunft des Gekommenen zu thematisieren, um von der endzeitlichen Ankunft Jesu Christi und des Reiches Gottes her, welches der göttliche Geist in seinem Namen verheißt, all jenes ins Auge zu fassen, was im Hinblick auf Selbst und Welt von letztentscheidender Bedeutung ist. Vom *eschatos* wird der Blick über das *eschaton* zu den *eschata*, also zu jenen Letzten Dingen gelenkt, von denen der traditionelle Locus „De novissimis" handelt, der wissenschaftssprachlich seit geraumer Zeit im spezifischen Sinne Eschatologie genannt zu werden pflegt.

Präeschatische und eschatische Themen

Von den *eschata* als den letzten Dingen im eigentlichen Sinn unterscheidet M. Mühling, an dessen „Grundinformation Eschatologie" sich der skizzierte Vorschlag der Themenorganisation orientierte, die sog. Präeschata, die vorletzten Dinge. Darunter versteht er das Geschick der Welt als Vernichtung oder Verwandlung (vgl. Mühling, 139 ff.), den Tod des Menschen (vgl. Mühling, 156 ff.) sowie dasjenige, was die apokalyptische Offenbarung der Zukunft der Geschichte genannt wird (vgl. Mühling, 198 ff.); gemeint sind Endzeitvorstellungen nach Art etwa des Millenarismus und seiner Unterarten. Als eschatische Themen im eigentlichen Sinn kommen dann die Parusie Jesu Christi und der Jüngste Tag (vgl. Mühling, 221 ff.), die leibliche Auferstehung der Toten (vgl. Mühling, 242 ff.), das Endgericht und seine Ausgänge (vgl. Mühling, 263 ff.) sowie die Vollendung des Reiches Gottes (vgl. Mühling, 293 ff.) in Betracht, dessen eschatische Realität die Bibel in der Rede vom neuen und himmlischen Jerusalem (Apk 21,10–27), vom Tierfrieden (Jes 11,6–9), vom Paradies (Lk 23,43; Apk 2,7), von der neuen Erde und vom neuen Himmel (Apk 21,1), von der eschatischen Weinlaube (Mi 4,4; Sach 3,10), vom Zusammensein mit dem Herrn (1. Thess 4,17), von der Vergöttlichung (Röm 8,14; Apg 17,28 f.; 2. Petr 1,4), von der unmittelbaren Schau Gottes von „Angesicht zu Angesicht" (1. Kor 13,12), vom ewigen Leben (Mt 25,46; Mk 10,30; Joh 3,16; Röm 6,22) sowie durch die Wendung zum Ausdruck bringt, dass Gott „alles in allem" (1. Kor 15,28) sein wird.

In der Terminologiegeschichte des Eschatologiebegriffs reflektiert sich ein Problem von sachlich grundlegender Bedeutung. Unter dem, was Eschatologie heißt, ist nicht nur ein Teilstück der Dogmatik zu verhandeln, „sondern es geht um *das* Letzte und Endgültige, um das Zentrum des Glaubens" (Greshake / Lohfink, 14). Daran erinnert die generalisierende Verwendungsweise des Begriffs, wie sie seit dem ausgehenden 19. und dem beginnenden 20. Jahrhundert üblich wurde. „War die Eschatologie vordem ein Teil der christlichen Lehre, ein gewisser *inhaltlicher Stoff*, so wird sie nun zu einem *formalen Aspekt* des Inhaltes der verschiedenen Glaubenslehren." (Holmström, 5) Der, wenn man so will, entspezifizierte Sprachgebrauch ändert allerdings nichts an der Notwendigkeit, die herkömmliche Verbindung des Eschatologiebegriffs mit der expliziten Lehre von den „Letzten Dingen" festzuhalten: „Die Eschatologie ist aus einem Locus der Dogmatik, der die dogmatische Reflektion einmal abschloß, zu dem Generalimpuls von christlichem Glauben und theologischer Reflektion geworden. Jedoch – die Dogmatik kann mit dieser Wende nicht einfach auf die Sachfragen verzichten, die früher in der Eschatologie erörtert wurden. Soweit man das erkennen kann, sind die Dogmatiker auch keineswegs der Meinung, daß mit dem Erweis der konsequenten Eschatologie für alle Teile der Dogmatik das Lehrstück Eschatologie in Fortfall kommen könnte oder sollte." (Ratschow, 349)

Ein spezielles Lehrstück „De novissimis" hat sich ansatzweise bereits in der scholastischen Theologie des Mittelalters ausgebildet. Seine Bezeichnung als Eschatologie ist, wie vermerkt, in der Dogmatik der altprotestantischen Orthodoxie seit Ph. H. Friedlieb üblich geworden. Galt als Urheber dieses „terminus technicus theologischer Wissenschaft" (Hjelde, 24) lange Zeit Abraham Calov, so hat sich neuerdings ein erster schriftlicher Beleg schon in einem Werk Friedliebs aus dem Jahr 1644 nachweisen lassen. Der Stralsunder Theologe und Schüler Johann Gerhards verwendet das griechisch-lateinische Kunstwort „Eschatologia" als Titel eines „Florilegium theologicum exhibens locorum de morte, resurrectione mortuorum, extremo iudicio, consummatione seculi, inferno seu morte aeterna et denique vita aeterna". Friedlieb nennt also Eschatologie, was sein Lehrer unter dem Titel „De novissimis" über Tod, Totenauferstehung, Jüngstes Gericht, Vollendung der Welt, Hölle bzw. ewigen Tod und über das ewige Leben vorgetragen hat. Eschatologie bedeutet nach diesem Verständnis die Lehre von den novissima bzw. *eschata*. Innerhalb der biblischen Literatur ist beider Gleichsetzung etwa durch die Ermahnung Sir 7,36 nahegelegt, in allem Tun um der Sünde willen des eigenen Endes zu gedenken: wo die Vulgata von novissima tua (Vulg 7,40) spricht, heißt es im griechischen Text der Septuaginta *ta eschata sou*.

Außerchristliche und christliche Eschatologiebestände

Die üblich gewordene Gleichsetzung von Eschatologie und Lehre von den Letzten Dingen ist bis zum ausgehenden 19. Jahrhundert und darüber hinaus erhalten geblieben und zwar sowohl in der evangelischen als auch in der katholischen (und orthodoxen) Theologie (vgl. Greshake/Lohfink, 12). Was das Lehrstück „De novissimis" selbst anbelangt, so reicht seine Geschichte weit hinter die Zeit von Barockscholastik und Reformation zurück, ja man kann sagen, dass die in ihm verhandelten Inhalte von allgemeiner und menschheitsgeschichtlicher Bedeutung sind. Es verwundert daher nicht, dass sich eschatologische bzw. eschatologieanaloge Postulate in der Religionsgeschichte auch außerhalb der christlichen Tradition finden, wobei sich etwa folgende Erwartungsperspektiven unterscheiden lassen: „Das anthropologische Argument, daß mit dem Tode nicht alles aus sein kann; das kosmologische Argument, daß die Welt als die Welt Gottes nicht ins Nichts fallen kann; das hamartiologische Argument, daß die flagranten Ungerechtigkeiten dieser Welt einen endzeitlichen Ausgleich finden müssen; und das soteriologische Argument, daß das Heil allen Wesen der Welt nach dem Willen Gottes zukommt, daß dies aber keineswegs so zu sein scheint." (Ratschow, 351)

Carl-Heinz Ratschow nimmt an, dass christlichen und außerchristlichen Eschatologievorstellungen „ein analoges Modell" (Ratschow, 359) zugrunde liege, nach dem sich ihre Ordnung und Abfolge bestimme: 1. Der Tod und der Zwischenzustand (anthropologisches Argument); 2. Die neue Welt (kosmologisches Argument); 3. Das Gericht (hamartiologisches Argument); 4. Das Reich (soteriologisches Argument) (vgl. Ratschow, 352 ff.). Unterschieden ist die christliche von der nichtchristlichen Eschatologie Ratschow zufolge dadurch, dass in ihr alles hingeordnet werde auf die Zukunft Jesu Christi; in seiner Parusie werde manifest, was in seinem Leben, Sterben und Auferstehen zwar einerseits schon vollendet, andererseits aber erst im Verborgenen offenbar geworden sei: die eschatologische Enthüllung, welche sich „jenseits des Todes, jenseits des Vergehens dieser Welt, jenseits des Gerichtes, als die unmittelbare Klarheit des Reiches Gottes" (Ratschow, 351) ereigne.

Wie immer man Ratschows Annahme eines Analogiemodells zu beurteilen hat, das angeblich alle religionsgeschichtlichen Eschatologievorstellungen verbindet: dass die Christologie die dogmatische Basis und den Skopus christlicher Eschatologie bildet, steht außer Zweifel. Das christologische Dogma hinwiederum kann ohne das trinitarische nicht gedacht werden. Entsprechend steht die Parusie Jesu Christi in unveräußerlicher eschatologischer Verbindung zum Kommen des Gottesreiches als der Herrschaft des Vaters und zum ewigen Leben, welches der Hl. Geist wirkt. Von dieser Voraussetzung gehen seit der Alten Kirche alle christlichen Eschatologietraditionen aus. Präfiguriert und implizit vorausgesetzt ist die christologisch-trinitarische Eschatologieprämisse im neutestamentlichen Bekenntnis zum auferstandenen Gekreuzigten. Mit diesem Bekenntnis hat sich nicht nur „eine perspektivische Verschiebung neutestamentlicher Eschatologie" (J. Rahner, 155) gegenüber derjenigen der jüdischen Apokalyptik vollzogen, sondern eine Kehre insofern, als in der Erscheinung des österlichen Jesus Christus, welche der Geist bezeugt, „die Zukunft Gottes bereits personal präsent" (J. Rahner, 163) geworden ist. Diese Präsenz ist zwar auf Künftiges hin angelegt und insofern noch nicht vollendet. Ein Perfekt stellt sie dennoch dar, da das Kommende sich in der Ankunft des Gekommenen erfüllen wird. Die Christologie hat daher im Christentum kriteriologische Funktion für die Eschatologie (vgl. J. Rahner, 169).

Eschatologischer Themenkanon

Was die Themenbestände der Eschatologie anbelangt, so hat sich schon in mittelalterlichen Überlieferungszusammenhängen ein mehr oder minder fester Kanon von *eschata* ausgebildet. Als abschließender Traktat der Dogmatik behandelt die Eschatologie üblicherweise diejenigen Endereignisse, die den einzelnen Menschen als Einzelnen, sodann jene, welche ihn als Glied der Menschheit, diese insgesamt und im Verein mit der ganzen Welt betreffen. Zu den individuellen „Letzten Dingen" werden in der Regel Tod, besonderes Gericht, Himmel, Hölle und diverse „Zwischenzustände" gerechnet, zu den allgemeinen die Wiederkunft Christi, die leibliche Totenauferstehung, universales Endgericht und Weltende bzw. Weltvollendung. Doch ist leicht zu sehen, dass sich die getroffene Unterscheidung nicht als Trennung verstehen lässt, da Individual- und Universalaspekte der Eschatologie auf differenzierte Weise zusammengehören. Eine gängige, nur in Teilen konfessionsspezifische Form der Zuordnung folgt einem Zeitschema und bringt die individuellen und allgemeinen Endereignisse in eine bestimmte temporale Reihung.

Im Augenblick seines Todes bzw. unmittelbar danach entscheidet sich das ewige Geschick jedes Einzelnen in einem besonderen Gottesgericht, wobei die ungläubigen Todsünder sogleich verdammt, die gänzlich Reinen ebenso schnell dem Himmel zugeführt, die zur Seligkeit Bestimmten, aber vorheriger Reinigung Bedürftigen hingegen in einen purgatorischen Zwischenzustand eingewiesen werden, in dem sie auszuharren haben, bis sie vollkommen von ihren lässlichen Sünden gereinigt sind. Einen wichtigen Referenztext diesbezüglicher Aussagen bildet die dogmatische Konstitution von Papst Benedikt XII. „Benedictus Deus" aus dem Jahr 1336 (vgl. DH 1000–1002). Wie das Verhältnis der Themen der allgemeinen zu denjenigen der individuellen Eschatologie zumeist chronologisch bestimmt wird, so folgt auch ihre Anordnung einer temporal gedachten Reihung, die mit der Parusie Jesu Christi beginnt, woraufhin kollektive Totenauferweckung und universales Endgericht folgen. Die Platzierung von Weltende bzw. Weltvollendung kann variieren. Der Vorrang der individuellen vor der Kollektiveschatologie ist in den meisten Lehrbüchern nicht nur zeitlicher, sondern auch sachlicher Art, was u. a. aus der ungleich strengeren Systematisierung der einschlägigen Stoffe ersichtlich wird.

Der Kanon der Themenbestände des traditionellen Lehrstücks „De novissimis" bleibt über die Jahrhunderte hinweg verhältnismäßig stabil. Für römisch-katholische Dogmatiken und dogmatische Lehrbücher des 19. und 20. Jahrhunderts hat dies im Einzelnen E. Fastenrath erwiesen (vgl. ferner Schmidt). So erörtert, um ein hervorragendes Beispiel zu geben, Hermann Schells „Katholische Dogmatik" die Eschatologie unter dem Aspekt der Theodizee in folgender Ordnung: Tod und besonderes Gericht; jenseitige Reinigung; Sieg des Gottesreiches und Wiederkunft Christi; Auferstehung des Fleisches; Weltgericht und Weltvollendung; ewige Verdammnis der Gottlosen und ewige Seligkeit bei Gott (vgl. Fastenrath, 208 ff.). Ähnliche Befunde ergeben sich für traditionsorientierte Entwürfe der Folgezeit wie etwa für die Eschatologie von Joseph Zahn (vgl. Fastenrath, 277 ff.), Bernhard Bartmann (vgl. Fastenrath, 573 ff.) oder Karl Adam (vgl. Fastenrath, 683 ff.). Der im Vergleich zur orthodoxen und reformatorischen Dogmatik deutlichste und häufig einzige Unterschied der Themenauflistung ist mit der Purgatoriumsthematik gegeben.

Im Großen und Ganzen wird abgesehen von der Fegefeuerthematik in der Lehre von den Letzten Dingen bis heute „noch von jedem Autor vorausgesetzt" (Mahlmann, 113), was evangelischerseits namentlich der altprotestantische Dogmatiker Johann Gerhard in Bezug auf die eschatologischen Themen und die Reihenfolge ihrer Behandlung festgelegt hat: „(1) Tod, (2) Auferstehung, (3) Gericht, (4) Weltvollendung, (5) ewiges Leben, (6) ewiger Tod. Gerhard versteht diese Zahl und Reihenfolge auch im Sinne einer ‚*logischen* Anordnung'. Man sieht das auch sofort, denn (6) und (5) sowie (3) bis (1) verhalten sich so zueinander, daß das frühere Glied stets die notwendige, teilweise sogar hinreichende Bedingung für das spätere darstellt. Ohne Tote keine Auferstehung der Toten, ohne Auferstandene kein Gericht, ohne Gericht keine Entscheidung und ohne deren Gnadenwahl (!) keine Nichtannahme. Der logischen Anordnung entzieht sich nur (4), die consummatio mundi, die Gerhard *temporal*, und zwar *nach* dem Gericht einordnet … Dieser Ausdruck ist zwar doppeldeutig: er kann Vernichtung der Welt, er kann aber auch Verwandlung der Welt bedeuten. Aber auch dann, wenn wir eine von diesen beiden Bedeutungen wählen, gelingt noch keine logische Einordnung in die anderen Themen der Eschatologie." (Ebd.)

Wie immer es um die logisch-chronologische Stellung der consummatio mundi innerhalb des Lehrstücks „De novissimis" bestellt sein mag: die in dieser Hinsicht zu konstatierende Variabilität ändert nichts an der grundsätzlichen Konstanz des eschatologischen Themenkanons und das umso weniger, als der Weltbezug in der traditionellen Eschatologie stets präsent gehalten wird. Die individuelle Eschatologie wird trotz ihrer sich immer mehr ausbildenden Vorrangstellung nie ohne die universale, sondern stets in Ausrichtung auf sie behandelt. So entscheidend der Gottesbezug für den Einzelnen und sein seelisches Ergehen in eschatologischer Hinsicht ist, so kann doch von seiner Beziehung zur Welt nie abgesehen werden. Dies gilt auch und gerade in Anbetracht des individuellen Todes. Er trennt zwar nach traditioneller Auffassung die Seele von ihrem Leib und damit dasjenige, was das Ich an sich selbst und in seinem Selbstbezug ist, vom leiblichen Weltbezug. Aber diese Trennung wird dennoch nicht als definitive Scheidung verstanden, sondern vollzieht sich in Erwartung künftiger Wiedervereinigung von Leib und Seele in der allgemeinen Auferstehung der Toten, deren universaler Charakter ohne Wahrnehmung menschheitsgeschichtlich-kosmologischer Relationen nicht denkbar ist. Strittig kann also nicht die Frage sein, ob die Weltthematik zur Eschatologie gehört, sondern nur diejenige nach dem Modus ihrer Zugehörigkeit und damit nach der Ordnung, in der Gott, Selbst und Welt in eschatologischer Hinsicht zueinander stehen.

Die altprotestantische Lehre „De novissimis"

Um am Beispiel der Dogmatik der altprotestantischen Orthodoxie einen ersten Gesamtüberblick über die klassischen Themenbestände des Lehrstücks „De novissimis" zu geben: Ihren Ausgang nehmen die Überlegungen beim individuellen Tod, von dem alle Adamskinder und damit die gesamte adamitische Menschheitsgattung betroffen ist. Er wird als Trennung von Leib und Seele verstanden, wobei stricte dictu nur der Leib stirbt, während die Seele als unsterblich in Anschlag gebracht wird, ohne dass dadurch in Abrede gestellt werden müsste, dass indirekt auch sie der Tod des Leibes angeht, dem sie verbunden war. Luthers Annahme, „daß der *ganze* Mensch dem Tode ausgeliefert ist" (Kunz, 49), wird zwar „nicht ohne weiteres übernommen" (ebd.), aber auch keineswegs abgewiesen. Was den postmortalen Zustand der vom Leib durch den Tod getrennten Seele anbelangt, so weisen die orthodoxen Theologen die Theorie des Seelenschlafes in der Regel ab und zwar mit dem Argument, dass Bewusstsein und Sichwissen zum Wesen der Seele gehörten und daher nicht ausgeschaltet werden könnten. Der Hinweis, dass dies auch im Schlafe nur bedingt der Fall sei, sofern ein beseeltes Wesen nach geraumer Zeit aus ihm erwache, um erneut und zumeist problemlos zu sich und zum Bewusstsein seiner selbst zu kommen, wird mit dem Hinweis beschieden, dass die Dauer des Schlafes mit der andauernden Todeszeit nicht zu vergleichen sei.

Die Ablehnung der Seelenschlaftheorie führt die orthodoxe Dogmatik indes nicht zu der Annahme einer zwar nicht unendlichen, aber doch indefiniten Wartezeit der Seele. Ihr eschatologisches Geschick gilt vielmehr im Augenblick des Todes als ausgemacht und zwar dergestalt, dass sie darum weiß. Diese Gewissheit wird durch den Ausstand der zu erwartenden Wiedervereinigung mit ihrem Leib im Grunde nicht berührt, weil diese ihr, wenn man so will, in antizipatorischer Weise und doch instantan präsent ist, da sie den Grenzen des Zeitlichen mit dem Tod des Leibes enthoben ist, ohne doch einfachhin zeitlos zu sein. So wie der Seele in Form der Erinnerung alles erlebte Vergangene gegenwärtig ist oder jedenfalls gegenwärtig sein kann, so präsentiert sich ihr coram Deo auch dasjenige, was ihr in Ansehung ihres Leibes noch bevorsteht. In seelischer Hinsicht ist so der Todestag des Menschen für diesen jeweils bereits der Tag des Jüngsten Gerichts, auch wenn dieser bezüglich des Leibes und der leibhaften Welt noch unbemessbar lange auf sich warten lässt.

Die Zeit, welche die Seele zwischen ihrer Trennung vom Leib und ihrer Wiedervereinigung zubringt, wird von ihr recht eigentlich nicht als Zwischenzeit erlebt, sondern als eine augenblicklich vergehende, weil eschatologisch bereits transformierte. Ähnlich verhält es sich mit dem Ort der Seele nach dem Tod. Sowenig sich die postmortale Seelenzeit nach Zeiträumen bemisst, sowenig kann die Frage nach dem Wo, an dem sie sich befindet, durch lokale Verweise beantwortet werden. Ihr Status ist zwar nicht einfachhin zeit- und raumlos, aber als ein eschatologischer Zustand zu begreifen, der die physisch-leibhafte Raumzeitlichkeit transzendiert. Während die reformierten Theologen die Raumzeittranszendenz der Seele, ohne sie zu leugnen, im Interesse der Wahrung ihrer gottunterschiedenen Endlichkeit mit Immanenzgedanken verbinden, die freilich eher unbestimmt bleiben, betonen die Lutheraner, dass die eschatologische Zeit- und Örtlichkeit der Seele translokal und transtemporal sei. Doch kommen auch sie nicht um eschatologische Örtlichkeits- und Zeitlichkeitsassoziationen umhin, wenngleich sie auf jede topographische oder chronologische Beschreibung derselben konsequent Verzicht tun. Auf die kopernikanische Revolution der Kosmologie konnte sonach die altlutherische Eschatologie, ja die altlutherische Theologie überhaupt, entsprechend gelassen reagieren.

Wird über das menschliche Seelenleben im unmittelbaren Augenblick des Todes befunden, so ereignet sich die Auferstehung des Leibes erst dann, wenn das Ende der Weltzeit gekommen ist. Die allgemeine Totenerweckung und die Wiedervereinigung der einst gestorbenen Leiber mit ihren jeweiligen Seelen stellt nach traditioneller Lehre den ersten Akt der Endzeitereignisse im Zusammenhang des eschatologischen Advents Jesu Christi und der definitiv sich realisierenden Gottesherrschaft dar. Als Primärgrund der Auferstehung der Toten gilt der Dogmatik der altprotestantischen Orthodoxie weniger die körperliche Restitution des verwesten Leibes, obwohl auch diese nachdrücklich bis hin zur Annahme materieller Selbigkeit betont wird, als vielmehr seine Wiedervereinigung mit der Seele zum Zwecke eschatologischen Gerichts über den ganzen Menschen. Auch wenn dieses Gericht seelisch und damit im Prinzip schon vollzogen ist, kann dieser Vollzug doch nicht ohne Hinzunahme des Leibes so gedacht werden, wie es der von Gott geschaffenen und für immer vorgesehenen psychosomatischen Differenzeinheit des Menschen entspricht. Das biblische Zeugnis von der leibhaften Auferstehung verhütet, die Eschatologie unstatthaft zu spiritualisieren. Zwar ist Christus im Geiste stets präsent und aller Zeit gleichzeitig mit der Konsequenz, dass die Begegnung mit ihm im Augenblick des Todes unmittelbar statthat; aber es entspricht der Eigentümlichkeit seiner eigenen Auferstehung, dass Jesus Christus am Ende der Welt in eschatologischer Leibhaftigkeit erscheint und alle Menschen leibhaft um sich versammelt, damit die Gerechtigkeit Gottes universal und endgültig offenbar werde.

Vollzogen wird die universale und definitive Offenbarung und Realisierung der Gerechtigkeit Gottes im Jüngsten Gericht, zu dem Jesus Christus erscheint, um in der Kraft des göttlichen Geistes zu urteilen gemäß dem Kriterium von Gesetz und Evangelium, an dem sich alles entscheidet. Die Vorstellungen, die sich mit der allgemeinen Totenerweckung verbinden, sind auf diesen Entscheidungsprozess angelegt. Man hat gesagt, in der altprotestantischen Eschatologie werde Auferstehung „als ein (neutraler) Oberbegriff verstanden, der sowohl die Auferstehung zum ewigen Leben (resurrectio gloriosa) wie die Auferstehung zur ewigen Verdammnis (resurrectio ignominiosa) umfaßt" (Kunz, 56). Diese Beschreibung ist zwar nicht falsch, aber differenzierungsbedürftig. Richtig ist, dass die allgemeine Totenauferstehung wesentlich wegen des Jüngsten Gerichts als des universalen Erweises der Gerechtigkeit Gottes und seines definitiven Urteils über Gut und Böse geschieht, deren Gegensatz eschatologisch nicht vergleichgültigt werden darf. Ihre Hinordnung auf das Letzte Gericht, dem sie nach Maßgabe der traditionellen Sequenz der Endzeitereignisse vorangeht, wird nicht von ungefähr als der wichtigste Vernunftgrund für die Notwendigkeit und zu erwartende Tatsächlichkeit der allgemeinen Totenauferstehung angeführt; gesagt wird freilich auch, dass die Reichweite dieser Begründung begrenzt sei.

Ambivalenter Begriff der Auferstehung

Die allgemeine Menschenvernunft enthält nach Auffassung der altprotestantischen Dogmatiker zwar eine implizite, an der Gewisseneinsicht in das rechtmäßig Gebotene orientierte Erkenntnis, welche die Faktizität der allgemeinen Totenauferstehung als möglich und rational erwartbar, jedenfalls nicht als irrational erscheinen lässt. Aber diese Erkenntnis bleibt nach ihrem Urteil nicht nur uneindeutig, sondern zweideutig gerade deshalb, weil sie den Gedanken allgemeiner Totenauferstehung mit der in sich uneinigen Erwartung versieht, sowohl Auferstehung zum ewigen Leben als auch Auferstehung zum geistlichen Tod definitiver Verdammnis zu sein. Die vernünftig begründete Allgemeinheit der allgemeinen Totenauferstehung bleibt also mit einer Ambivalenz, ja mit einer jeden Vergleich sprengenden Gegensätzlichkeit belastet, die unentscheidbar werden lässt, ob die eschatologische Erwartung heilsam oder heillos sei. Deshalb belassen es die altprotestantischen Theologen nicht bei Versuchen vernünftiger Begründung der allgemeinen Totenauferstehung, sondern verweisen auf die Auferweckung Jesu Christi als ihren eigentlichen Grund, womit dem abstrakten Vernunftgedanken Grenzen auf- und die Fixierung auf einen neutralen Auferstehungsbegriff abgewiesen wird.

Ein neutralisierter Begriff der Auferstehung hält offen, ob diese zum Heil oder zum Unheil geschieht. Diese Offenheit hat ihre Richtigkeit, sofern sie auf das bevorstehende Gericht urteilender Scheidung von Gut und Böse verweist und dem am Gesetz orientierten Urteilsspruch seine Geltung nicht vorweg entzieht. Doch ist sie nicht grenzenlos, sondern durch die Tatsache begrenzt, dass Jesus Christus es ist, der als Richter erscheint und von dem zu erwarten steht, dass er durch sein Urteil zwar nicht das göttliche Gericht aufhebt, aber zugleich mit diesem seinem Evangelium Geltung verschafft. Die Bestimmung des Verhältnisses beider ist auch in eschatologischer Hinsicht das entscheidende Problem. Eine Fehlbestimmung liegt stets dann vor, wenn man die Lehre vom Jüngsten Gericht ausschließlich unter gesetzlichen Vorzeichen entfaltet. Eine Tendenz dazu mag in einigen Systemen altprotestantischer Dogmatik zu konstatieren sein: Doch aufs Ganze gesehen bleibt der evangelische Gesichtspunkt nicht nur erhalten, sondern bestimmend. Dies zeigt sich bereits daran, dass die entscheidende Begründung der allgemeinen Totenauferstehung von der Auferstehung Jesu Christi her geschieht.

Ist die prima ratio der allgemeinen Auferstehung der Toten die Auferstehung Jesu Christi, so kann es mit einem abstrakt allgemeinen oder gar neutralen Auferstehungsbegriff eschatologisch nicht sein Bewenden haben, sondern es muss schon in Bezug auf ihn und nicht erst in Bezug auf den Gedanken des Jüngsten Gerichts das singuläre Datum bedacht sein, das durch das Ostereignis gesetzt ist. Der österliche Christus hat, wenn man so sagen darf, das Jüngste Gericht, das er an seiner Person im Leiden und Sterben am Kreuz stellvertretend erlitten hat, bereits hinter sich, was unter der Voraussetzung, dass der Stellvertretungsgedanke in Geltung steht, für diejenigen nicht bedeutungslos sein kann, welche das eschatologische Gericht noch vor sich haben. Im Blick auf sich selbst und in Anbetracht ihrer Werke werden sie nach reformatorischer Auffassung nichts anderes als ein zugrunderichtendes Gesetzesurteil erwarten können. Im Blick auf Jesus Christus hingegen und im Glauben an sein Evangelium wird sich für sie nicht erst die Erwartung des Jüngsten Gerichts, sondern bereits die zu erwartende Totenauferstehung grundlegend anders darstellen, nämlich als gewisse Aussicht ewigen Heils. Ansonsten wäre die Rede vom „lieben Jüngsten Tag", wie sie sich häufig bei Luther findet, um ihren Sinn gebracht.

Richter und Retter

Mit der Vorstellung eschatologischen Erscheinens Jesu Christi ist die Erwartung gerechten Gerichts nach Maßgabe des Gesetzes, wie es in den Geboten kodifiziert ist, untrennbar verbunden. Doch darf der eschatologische Gedanke gesetzlichen Gerichts nicht getrennt werden von der evangelischen Grundbotschaft, wonach aus ihm alle, die sich gläubig auf den auferstandenen Gekreuzigten verlassen, durch Gottes Gnade gerechtfertigt hervor- und ins ewige Heil eingehen werden. Gesetz und Evangelium bilden nach reformatorischer Auffassung einen differenzierten Zusammenhang, der auch in eschatologischer Hinsicht genauestens bedacht sein will, wenn die Endzeitvorstellung in eine angemessene Ordnung gebracht werden soll. Diese Ordnung verkehrt sich ins Heillose, wenn das zu erwartende Jüngste Gericht und die ihm vorhergehende allgemeine Totenauferstehung unter Absehung vom Evangelium primär oder gar ausschließlich unter gesetzlichen Aspekten in Betracht gezogen wird. Zwar ist der gesetzlichen Betrachtung aus Gerechtigkeitsgründen eine Prioritätsstellung nicht in jeder Hinsicht zu bestreiten, doch darf durch sie die unbedingte Geltung des Evangeliums nicht eingeschränkt werden.

Priorität gebührt dem am Gesetz orientierten Gerichtsgedanken um der Ewigkeitsgeltung der göttlichen Gerechtigkeit willen, die zwischen Gut und Böse scheidet und es nicht zulässt, den Gegensatz zwischen Recht und Unrecht eschatologisch zu egalisieren. Die Stellung des Gesetzes anerkennt der endzeitliche Richter Jesus Christus nicht nur, er ratifiziert sie vielmehr durch sein Erscheinen. Auch Christi Gericht ist ohne Vergeltungsgedanke nicht denkbar. Er bleibt in reformatorischer Tradition nicht nur erhalten, sondern wird hamartiologisch aufs äußerste radikalisiert und zu der These zugesteigert, dass kein adamitischer Mensch Aussicht auf Bestand im Gericht göttlicher Gerechtigkeit aus seinem Eigenvermögen heraus hat. Jeder muss gewärtigen, in ihm wegen der Radikalität seiner Sündenschuld gänzlich zugrundegerichtet zu werden. Abstrakt zu fassen ist dieser Gedanke nicht, so als sei die allgemeine Sündenverfallenheit ein generalisierend zu konstatierendes Faktum. Mit einem pessimistischen Menschenbild hat die reformatorische Lehre allgemeiner Sündenverfallenheit nichts zu tun. Denn sie erschließt sich nicht anders als in der konkreten Konfrontation mit dem Gesetz, dessen gerechte Geltung auch Jesus Christus nicht außer Kraft setzt, sondern bestätigt. Die allgemeine Verbindlichkeit und Gültigkeit des Gesetzes ist es, die jeden Einzelnen zur Einsicht in die Abgründigkeit seiner Sündenverfallenheit und zu dem Schluss führt, diese sei ein generelles Menschheitsphänomen im Sinne des peccatum originale. Fatal ist dieser Schluss, wenn er zu Indifferenz und dazu führt, Sünde zu einem Naturgeschick zu erklären, zutreffend dann, wenn er zum Evangelium hintreibt, auf das nach Urteil des Glaubens jedermann angewiesen ist, um vor Gott zu bestehen.

Der dem Evangelium Glaubende wird sich gerade deshalb über niemanden erheben und erhaben wissen, weil er sich durch seinen Glauben hineingestellt weiß in die sündige Allgemeinheit des Menschengeschlechts. Wird nach den Werken gerichtet, verfallen ausnahmslos alle dem Schuldspruch. Vor dem göttlichen Gesetz sind alle gleich und gleichermaßen zu verurteilen. Wird das der allgemeinen Totenauferstehung folgende allgemeine Gericht als Gericht nach den Werken verstanden, was um der Allgemeingültigkeit der gebotenen Gerechtigkeit nötig ist, dann haben ausnahmslos alle mit ihrer Verurteilung zu rechnen. Die eigenmächtige Scheidung zwischen Guten und Bösen ist damit dem Menschengeschlecht grundsätzlich entzogen. Denn keiner erhält die ewige Seligkeit wegen seiner Werke, über die nach Maßgabe des Gesetzes gerichtet wird. Die Seligkeit ist vielmehr ein unverdientes Geschenk, welches der Glaube durch Gottes Gnade um Christi willen empfängt. Wohl empfängt der Glaubende das ewige Heil als sein Heil, dessen er als er selbst gewiss sein darf. Aber diese Gewissheit wird er wie seinen Glauben nicht als sein Werk und sein Verdienst ansehen, sondern als Wirkung des Geistes des in Jesus Christus offenbaren Gottes. Nicht seine Entscheidung oder die Entschiedenheit seines Glaubens ist das Kriterium der Scheidung zwischen Gut und Böse. Sie liegt im Urteil des Gesetzes gegründet, dessen Verurteilung und Schuldspruch der Glaubende nicht um seiner Werke, sondern allein um Christi willen entnommen ist.

Doppelter Ausgang des Endgerichts versus Apokatastasis panton

In Übereinstimmung mit der kirchlichen Tradition hat die reformatorische Eschatologie die Lehre von der Wiederbringung aller als antinomistisch und im Widerspruch zum Gedanken göttlicher Gerechtigkeit stehend abgelehnt. Das göttliche Gesetz erlaubt es nicht nur nicht, sondern verbietet es, die Differenz von gerecht und ungerecht für erledigt zu erklären. Doch liefe es auf eine mehr oder minder verdeckte, in jedem Fall evangeliumswidrige Form von theologischer Selbstgerechtigkeit hinaus, daraus eine abstrakte Lehre vom doppelten Ausgang des Endgerichts zu folgern, die ewige Seligkeit und ewige Verdammnis in ein symmetrisches Verhältnis setzt. Diese Symmetrie hat unter Bedingungen des Gesetzes ihre Richtigkeit, stellt sich aber unter der Voraussetzung des Evangeliums, von dem der Glaube sein Heil allein erwartet, grundlegend anders, nämlich so dar, dass die Unausdenklichkeit des Höllengedankens gewahrt bleibt, der nicht nur jede Vorstellung sprengt, sondern von dem man sich als dem schlechterdings Begriffswidrigen keinen vernünftigen Begriff machen kann. Man kann daher auch nicht sagen, dass die ewige Verdammnis „das negative Spiegelbild der ewigen Seligkeit“ (Kunz, 66) sei. Die in dieser Bezugnahme unterstellte Reflexion nimmt in Form eines Gegenbegriffs einen Begriff von Verdammnis in Anspruch, der zu begreifen vorgibt, was jeden Begriff ebenso zersetzt wie der Gedanke einer ewigen Trennung von Gott, in dem die altprotestantischen Dogmatiker den Inbegriff höllischen Verderbens beschlossen sahen.

Das materiale Kriterium reformatorischer Eschatologie und das Organisationsprinzip ihrer Inhalte ist die Lehre von Gesetz und Evangelium, die heilsam nur in Betracht kommen kann, wenn sie unter evangelischem Vorzeichen steht. Auch in eschatologischer Hinsicht geht es daher primär um die Rechtfertigung des Sünders, doch ohne dass dadurch der Gedanke der Gerechtigkeit Schaden leiden dürfte. Der Gerechtigkeitsgedanke ist und bleibt für die gesamte Eschatologie der altprotestantischen Orthodoxie „von grundlegender Bedeutung“ (Kunz, 67): „Die Idee der Gerechtigkeit ist gleichsam der Schlüssel, der den Zugang zu den von der biblischen Tradition vorgegebenen Lehren und ihrem Verständnis eröffnet.“ (Ebd.) Was das eschatologische Geschick der physischen Welt anbelangt, so schwankt die Theoriebildung zwischen der Annahme einer purifizierenden Transformation und derjenigen einer „annihilatio mundi“. Letztere „schließt zwar nicht notwendig eine weltlose Existenz der Seligen ein, da ja ein neuer Himmel und eine neue Erde erschaffen werden. Aber das Interesse der lutherischen Theologen an dieser neuen Welt ist sehr gering.“ (Kunz, 64) Dass durch das Theologumenon von der Vernichtung der

Welt der „Zusammenhang des Menschen mit der übrigen Schöpfung erheblich (gelockert)“ (ebd.) wird, wurde mit Recht eingewandt.

Die Dogmatik der altprotestantischen Orthodoxie gleich ob lutherischer oder reformierter Provenienz schließt bei aller insbesondere rechtfertigungstheologisch motivierten Kritik verhältnismäßig direkt an die eschatologischen Lehrbestände der aristotelisch geprägten mittelalterlichen Tradition an. Sehr viel stärker ins Gewicht fallen die Änderungen, die unter neuprotestantischen Bedingungen an den überkommenen Lehrtraditionen vorgenommen wurden. Sie betreffen nicht nur Einzelaspekte, sondern den Gesamtansatz der Eschatologie. Insgesamt stellt ihre neuzeitspezifische Entwicklung einen Prozess fortschreitender Entspezifizierung der traditionellen Lehre von den Letzten Dingen dar (vgl. im Einzelnen Walther). Dies wird nicht nur durch die moderne Transformation der traditionellen Vorstellungsgehalte in einen geschichtstheologischen Fortschrittsglauben, sondern auch durch die von den Vertretern der sog. konsequenten Eschatologie oder von den Repräsentanten der Theologie der Krise geübte Kritik bestätigt. Sie brachte keine Restauration der klassischen eschatologischen Thematik im Sinne der altprotestantischen Doktrin mit sich; vielmehr wurden die eschatologischen Überlieferungsbestände dahingehend funktionalisiert, der konstatierten Krise des Zeitgeistes ihre Unbedingtheit zu verleihen (vgl. Wenz).

Eschatologie im frühen 20. Jahrhundert

Von besonderer Bedeutung für die Geschichte der neueren evangelischen Eschatologie waren die Entwicklungen im ersten Drittel des 20. Jahrhunderts, denen F. Holmström 1936 eine ausführliche Studie gewidmet hat. Er unterscheidet zwischen einer sog. zeitgeschichtlichen (vgl. Holmström, 27 ff.) und der sog. ungeschichtlichen (vgl. Holmström, 177 ff.) Etappe. Erstere habe ihren Anfang mit der, wie es heißt, Aufstellung des Problems der Eschatologie durch die religionsgeschichtliche Schule genommen. Mit Johannes Weißens, Albert Schweitzers oder Einar Billings historischen Jesusforschungen sei eine apokalyptische Betrachtungsperspektive zumindest in der Exegese bestimmend geworden. Die prinzipiellen Folgen dieses Durchbruchs thematisiert Holmström an Ernst Troeltschs Versuch einer Überwindung des Historismus und an Martin Kählers neuer Begründung einer aktuellen biblischen Eschatologie. Dabei wird Kähler „wegweisende Bedeutung“ (Holmström, 175) über die sog. zeitgeschichtliche Epoche hinaus zuerkannt, weil seine Eschatologie weder historizistisch, noch metaphysisch, sondern in bibeltheologischer Konzentration entwickelt worden sei.

Was den Umschlag von der sog. zeitgeschichtlichen zur sog. ungeschichtlichen Epoche eschatologischen Denkens in den ersten Jahrzehnten der evangelischen Theologiegeschichte des 20. Jahrhunderts anbelangt, so mutet er nach Holmström auf den ersten Blick wie eine radikale Kehrtwende an. Bedenke man aber, dass bereits die religionsgeschichtliche Schule aus weltanschaulichen Gründen nicht willens oder fähig gewesen sei, der Einsicht in die apokalyptische Prägung der jesuanisch-urchristlichen Überlieferung systematisch aktuelle Geltung zu verschaffen, dann überrasche die Anfang der Zwanziger Jahre vollzogene Wende zur transhistorisch-überzeitlich angelegten Eschatologie der sog. ungeschichtlichen Epoche weit weniger. Holmström illustriert ihre Signatur anhand von Karl Barths „Theologie der Krisis" und ihrer „Umdeutung der Eschatologie zu einem zeitlosen Symbol des existentiellen Wagnisses" (Holmström, 233; bei H. gesperrt), an dem exegetischen Echo, das der kerygmatische Weckruf in der „formgeschichtlichen" Schule bei Ernst Lohmeyer, Rudolf Bultmann und Martin Dibelius gefunden habe (vgl. Holmström, 244 ff.), sowie an einzelnen systematischen Konzeptionen (vgl. Holmström, 263 ff.). In Betracht kommt dabei insbesondere der „Entwurf einer christlichen Eschatologie" von Paul Althaus (vgl. Holmström, 279 ff.), dessen Erstauflage signifikanterweise im „Erscheinungsjahr der umgearbeiteten Römerbriefauslegung" (Holmström, 279) von Karl Barth publiziert worden sei und eine systematisch durchgeführte Kritik aller endgeschichtlichen Eschatologie enthalte. Der kritische Grundsatz, wonach christliche Eschatologie keine Apokalyptik sei und weder mit einer Endgeschichte noch mit einem Geschichtsende, sondern mit dem Jenseits der Geschichte zu tun habe, ist Holmströms Erörterungen zur sog. ungeschichtlichen Eschatologieepoche als Motto vorangestellt.

Holmström und Hoffmann

Holmströms Unterscheidung einer sog. zeitgeschichtlichen von einer sog. ungeschichtlichen Epoche eschatologischen Denkens schließt an die Typisierung an, die G. Hoffmann in seinem 1929 erschienenen Werk über „Das Problem der letzten Dinge in der neueren evangelischen Theologie" entwickelt hat. Er kontrastiert einer endzeitlichen eine überzeitliche Eschatologie. „Neben der herkömmlichen *endzeitlichen* Eschatologie, die in ihrem Lehrstück von den letzten Dingen das behandelt, was zuletzt kommt, also die künftige Vollendung der Einzelnen und der Menschheit, steht, besonders neuerdings, eine *überzeitliche* Eschatologie, die die Vollendung nicht in der Verlängerung der Zeitstrecke sucht, sondern senkrecht zu ihr, in der unmittelbaren Beziehung des gegenwärtigen Augenblicks auf die Ewigkeit Gottes." (Hoffmann, 3) Diejenige endzeitliche Eschatologie, die Hoffmann die beschreibende nennt (vgl. Hoffmann, 4 ff.), habe entweder biblizistische oder spekulative Form oder stelle eine Mischung beider Formen dar. Die biblizistische Endzeiteschatologie entwerfe die Gemälde von den letzten Dingen auf der Basis der Offenbarungsurkunde der Hl. Schrift, die spekulative auf der Basis apriorischer Vernunfterkenntnis bzw. im Sinne logischer Schlussfolgerungen, die dritte Form schließlich kombiniere beide Erkenntnisgrundlagen.

Neben der beschreibenden rechnet Hoffmann mit einer endzeitlichen Eschatologie der beschränkenden Art. „Ihren Gegenstand bilden nicht die letzten Dinge an sich, sondern die Ewigkeitshoffnung des christlichen Glaubens und die in ihr beschlossene Erkenntnis der letzten Dinge." (Hoffmann, 20) Die sog. beschränkende endzeitliche Eschatologie leitet über zur überzeitlichen, welche die Vollendung nicht durch temporale Vermittlung, sondern auf transtemporale Weise erwarte. Eine denkbare dritte Form, nämlich die einer Mystik des zeitlosen Ewigseins im Augenblick bleibt unberücksichtigt, weil diese „strenggenommen keine Eschatologie mehr" (Hoffmann, 53) darstelle. Am konsequentesten findet Hoffmann die überzeitliche Eschatologie in der Dialektischen Theologie ausgebildet (vgl. Hoffmann, 28 ff.). Die von ihm selbst vertretene nennt Hoffmann eine bestimmende Eschatologie (vgl. Hoffmann, 53 ff.), bestimmend deshalb, weil in ihr die eschatologische Erwartung nicht lediglich als Explikationsform gegenwärtiger Glaubensgewissheit fungiere, sondern als für den aktuellen Glauben an sich selbst konstitutiv verstanden werde. Ein Glaube ohne Hoffnung, so die Grundthese, ist kein Glaube. Die Hoffnung gehe aus dem Glauben daher nicht nur folgeweise hervor, sondern sei ihm immer auch vorausgesetzt. Jede mittelbare Ableitung der Eschatologie führe zwangsläufig „zu einer Verkürzung der ihr gebührenden Geltung und damit ihrer Bedeutung für das dogmatische Denken" (Hoffmann, 72); dieser könne man nur im Bewusstsein „der unlöslichen Verbundenheit von Glauben und Hoffnung" (ebd.) gerecht werden.

Es ist nach Hoffmann für den Glauben wesentlich, aus zu sein „auf die ewige Zukunft" (Hoffmann, 91): „der Glaube läßt sich gar nicht ohne seine eschatologische Bestimmtheit verstehen." (Ebd.) Die in ihm dem Menschen „geschenkte Heils*gewißheit* trägt stets die Erwartung des realen, uneingeschränkten Heils*besitzes* in sich. In der gegenwärtigen Glaubensgemeinschaft mit Gott ist immer schon der Hinweis auf ihre künftige Erfüllung enthalten. Die Heilsgegenwart ist ... ein Provisorium, will nichts weiter als ein Provisorium sein." (Ebd.) Werde die Heilsgegenwart als zwar gegeben, aber als provisorisch gegeben verstanden, dann ergebe sich daraus die „gesuchte Verbindung der endzeitlichen und überzeitlichen Eschatologie" (Hoffmann, 117) von selbst. Heilsgegenwart, lautet der Grundsatz der sog. bestimmenden Eschatologie, hat „das Gepräge der *Vorwegnahme*: Das volle Heil tritt erst mit dem Ende ein ..., aber es ist als ewige Gegenwart da und kann deshalb vom Glauben vorweg behauptet werden ..." (Hoffmann, 116) Mit diesem Grundsatz hat Hoffmann seine eigene Position und zugleich deren Differenz zu demjenigen Entwurf einer christlichen Eschatologie markiert, welchem sein besonderes Interesse galt: „Die letzten Dinge" von Paul Althaus, 1922 erstmals, 1933 in revidierter Viertauflage erschienen.

5. Die Zukunft des Gekommenen. Fallstudien zum Verhältnis von „präsentischer" und „futurischer" Eschatologie

Lit.: P. Althaus, Die letzten Dinge. Entwurf einer christlichen Eschatologie, Gütersloh ³1926. – A. Aßmann, Ist die Zeit aus den Fugen? Aufstieg und Fall des Zeitregimes der Moderne, München 2013. – P. Bühler, Kreuz und Eschatologie. Eine Auseinandersetzung mit der politischen Theologie, im Anschluß an Luthers theologia crucis, Tübingen 1981. – H.-G. Geyer, Ansichten zu Jürgen Moltmanns „Theologie der Hoffnung", in: W.-D. Marsch (Hg.), Diskussion über die „Theologie der Hoffnung" von Jürgen Moltmann, München 1967, 40–80. – G. Hoffmann, Das Problem der letzten Dinge in der neueren evangelischen Theologie, Göttingen 1929. – W. Kreck, Die Zukunft des Gekommenen. Grundprobleme der Eschatologie, München 1961. – J. Moltmann, Theologie der Hoffnung. Untersuchungen zur Begründung und zu den Konsequenzen einer christlichen Eschatologie (1964), München ⁵1966. – Ders., Zukunft der Schöpfung. Gesammelte Aufsätze, München 1977. – Ders., Das Kommen Gottes. Christliche Eschatologie, Gütersloh 1995. – W. Pannenberg, Systematische Theologie. Bd. III, Göttingen 1993. – K. Rahner, Theologische Prinzipien der Hermeneutik eschatologischer Aussagen, in: ders., Schriften zur Theologie. Bd. IV: Neuere Schriften, Einsiedeln/Zürich/Köln ²1961, 401–428. – C.H. Ratschow, Art. Eschatologie. VIII. Systematisch-theologisch, in: TRE 10, 334–363. – M. Remenyi, Um der Hoffnung willen. Untersuchungen zur eschatologischen Theologie Jürgen Moltmanns, Regensburg 2005. – G. Sauter, Zukunft und Verheißung, Das Problem der Zukunft in der gegenwärtigen theologischen und philosophischen Diskussion, Zürich (1965) ²1973. – Ders., Begriff und Aufgabe der Eschatologie. Theologische und philosophische Überlegungen, in: NZSTh 30 (1988), 191–208. – G. Wenz, Wolfhart Pannenbergs Systematische Theologie. Ein einführender Bericht, Göttingen 2003. – Ders., Ewige Gottesgemeinschaft. Evangelische Notizen zu Dumitru Staniloaes individueller Eschatologie in ihrem Verhältnis zur universalen, in: A. Marinescu (Hg.), Receptarea gândirii Pär. Dumitru Stăniloae în teologia contemporană (Die Rezeption des Denkens von Vater Dumitru Staniloae in der zeitgenössischen Theologie), vol. II (Studii Teologice III/9 [2013] 2), Bukarest 2013, 69–98.

Folgt man Aleida Aßmanns Analysen zu Aufstieg und Fall des Zeitregimes der Moderne, dann ist die Zukunft heute auch „nicht mehr das, was sie war" (Aßmann, 323). Habe man vor geraumer Zeit wenn nicht alles, so doch sehr viel von ihr erwartet, so sei inzwischen nicht nur der für weite Teile der Moderne charakteristische Fortschrittsnarrativ verstummt, sondern weithin auch die „Große Blochmusik" verklungen, die seit den 60er Jahren des vergangenen Jahrhunderts nachgerade die christliche Theologie einschließlich ihrer Eschatologie eine Zeit lang auf Trab gehalten habe. Tatsache ist, dass die Zukunft unter den Tempora nicht mehr favorisiert wird wie noch vor einigen Jahrzehnten. Indes wird man sagen müssen, dass auch für konsequent futurisch ausgerichtete Eschatologie präsentische Bezüge und Bezüge protologischer Erinnerung nie völlig marginal waren.

Als „theologisch verantwortete Verheißung“ (Sauter, Zukunft, 149) derjenigen Zukunft, die Gott dem Menschen und seiner Welt durch Jesus Christus in der Kraft des Hl. Geistes gewähren will und tatsächlich gewährt, transzendiert Eschatologie alle Schranken der Zeit und bringt mittels geistepikletischer Offenbarungsanamnese jetzt schon das endzeitliche Gottesreich zum Vorschein. Entsprechend gehört es zu „Begriff und Aufgabe der Eschatologie“ (vgl. Sauter, Begriff), den Advent Jesu Christi nicht nur als futurisch, sondern in pneumatologischer Perspektive so zu bedenken, dass sich ein Bezug zu allen Tempora herstellt. Durch die in der Kraft des Hl. Geistes mittels Wort und Sakrament dem Glauben erschlossene Gottesoffenbarung in Jesus Christus wird sowohl die ursprüngliche Bestimmung von Mensch und Welt und deren Verfehlung durch Sünde und Übel in Form einer Anamnese von Schöpfung und Fall in Erinnerung gerufen, als auch die gewisse Hoffnung auf die eschatologische Ankunft des Reiches Gottes und der Wiederkehr des auferstandenen Gekreuzigten eröffnet. Die gläubige Wahrnehmung der Gegenwart des Geistes enthält daher sowohl einen Vergangenheits- als auch einen Zukunftsbezug. Beide Bezüge stehen in einem Verhältnis zur temporalen Verfasstheit des Daseins, wie sie dem Glaubenden präsent ist; sie transzendieren aber zugleich, was unter gegenwärtigen Bedingungen Präteritum und Futur heißt.

Ewige Fülle der Zeiten

Weder kann das protologische Perfekt, welches die Schöpfungslehre bedenkt, um in einem damit des zwieträchtigen und abgründigen Falles des Bösen gewahr zu werden, mit einem zeitlich Gewesenen sei es historischer oder prähistorischer Art gleichgesetzt werden, noch ist das zu erwartende Eschaton mit einem bevorstehenden Ereignis identifizierbar, das sich chronologisch bemessen und in den Kontext gegenwärtig erfahrbarer Geschichte einzeichnen lässt. Zwar entbehrt die eschatologische Endzeit, wie schon ihr Begriff besagt, nicht des Zeitbezugs: Was Ewigkeit heißt, ist nicht zeitlos, sondern als vollendete Fülle der Zeiten zu denken. Aber sowohl das Ende als auch der Anfang, das bzw. der durch die endzeitliche Vollendung gesetzt wird, unterscheidet sich von allem der Welt- und Selbsterfahrung zugänglichen Beginnen und Schließen wesentlich dadurch, dass im Eschaton alles Anfangende und Endende vom A und O dessen umfangen wird, welcher der Herr aller Zeiten ist.

Präsentische und futurische Eschatologie stehen in keinem Ausschlussverhältnis, sondern verweisen aufeinander und bedingen sich gegenseitig. Nichtsdestoweniger bleibt die Frage, wie der Aspekt gegenwärtiger Glaubenserfahrung und derjenige zu erhoffender Zukunft in der eschatologischen Lehrbildung angemessen zu verbinden sind. Zu dieser Frage und ihren möglichen Antworten werden im Folgenden drei Fallstudien zu prominenten Eschatologiekonzeptionen der jüngeren westkirchlichen Tradition vorgestellt. In Betracht kommen Karl Rahners grundlegende Studie zu den theologischen Prinzipien der Hermeneutik eschatologischer Aussagen, der bereits erwähnte, nun in seiner Genese zu berücksichtigende Entwurf einer christlichen Eschatologie von Paul Althaus und schließlich zwei Monographien Jürgen Moltmanns zum Thema, nämlich seine „Theologie der Hoffnung“ und sein Werk „Das Kommen Gottes“.

Die Zukunft des Gekommenen

Christliche Eschatologie handelt von der Parusie Jesu Christi als der Zukunft dessen, der zur Rettung der Menschheit auf die Welt gekommen ist. Im Zeichen der „Zukunft des Gekommenen“ (vgl. Kreck) steht in christlicher Eschatologie alles, was über das endzeitliche Reich Gottes und das ewige Leben des Geistes zu sagen ist. Christologie und Trinitätslehre gehören zusammen und bilden in ihrem wechselseitigen Verweisungszusammenhang die – gesamtökumenische (vgl. Wenz, Gottesgemeinschaft) – Basis christlicher Eschatologie. Sie thematisiert die Hoffnungsgewissheit des christlichen Glaubens und ihren Grund, ohne den die Hoffnung und die erhofften Inhalte keinen Bestand hätten. Eschatologisches Denken muss demnach stets mit der Frage nach der theologischen Bedingung seiner Möglichkeit verbunden sein. Darauf hat Karl Rahner in seinen transzendentaltheologischen Reflexionen zu den Prinzipien eschatologischer Aussagen beispielhaft aufmerksam gemacht.

Entgegen der nach seinem Urteil „falschen und primitiven Meinung, es seien die Eschata ein Wirklichkeitsbereich wie jeder andere auch“ (Rahner, 402), betont Rahner, der spezifische Sinn eschatologischer Aussagen lasse sich nur im Zuge einer „grundsätzlichen erkenntnistheoretischen Besinnung“ (Rahner, 403) auf ihr Wesen und ihre Tragweite erheben. Nach Maßgabe christlichen Glaubens und seines Bekenntnisses hätten eschatologische Sätze ihren Ausgang bei der „Erfahrung von dem Heilshandeln Gottes *an uns selbst* in Christus“ (Rahner, 417) zu nehmen. Diese habe als die durch Offenbarung erschlossene Quelle aller speziellen Aussagen christlicher Eschatologie zu gelten. Generell und eindeutig festzuhalten sei der „Grundansatz ..., daß in dem Wissen um die Heilsgegenwart in Christo das Wissen um die Eschata gegeben ist und nur so“ (ebd.). Christus selbst, wie er sich in seiner österlichen Erscheinung kraft des Geistes dem Glauben aktuell vergegenwärtigt, ist „das hermeneutische Prinzip aller eschatologischen Aussagen“ (Rahner, 425).

Rahners Hermeneutik eschatologischer Aussagen

Mit der namentlichen Benennung des hermeneutischen Prinzips eschatologischer Aussagen, die als christlich gelten wollen, ist zugleich der Erkenntnisgrund benannt, der sie ermöglicht. Eschatologische Sätze informieren nicht über Endzeitszenarien und vermitteln kein gegenständliches Wissen von jenseitigen Welten, sondern explizieren die in der Christusoffenbarung gründende Glaubensgewissheit auf jene Zukunft hin, die – obzwar auf temporales Futur bezogen – jedes chronologische Maß transzendiert. Im Unterschied zur „Auffassung der eschatologischen Aussagen als einer antizipierten Reportage künftiger Ereignisse“ (Rahner, 407 f.), die den Verborgenheitscharakter des Eschaton zu beheben beansprucht, bleibt nach Rahner das eschatologische Geheimnis in seiner Offenbarung nachgerade deshalb gewahrt, um *als* Geheimnis offenbar zu werden. Gott hat in Christus nicht nur den Zeitpunkt des Jüngsten Tages nicht offenbart, sondern durch seine Offenbarung jede Möglichkeit verschlossen, ihn chronologisch zu berechnen: „Das Eschatologische ist in seiner Offenbarung gerade da *als* das *Geheimnis*." (Rahner, 409) Ohne Wahrung ihres offenbaren Geheimnis- und Verborgenheitscharakters wird jede eschatologische Aussage um ihre spezifische Bedeutung für den Menschen gebracht und dieser „selbst *ent*eschatologisiert, d. h. ein Wesen, das in seiner *Gegenwart* als solcher selbst durch das Künftige nicht betroffen ist, weil das Künftige dann nur noch das abständig Ausständige und nicht mehr das als Künftiges Anwesende ist" (Rahner, 408).

Das Eschaton ist in der kraft des Hl. Geistes erschlossenen Gottesoffenbarung in Christus als Geheimnis offenbar, um eine Gewissheit zu begründen, welche die Differenz von Wissen und Nichtwissen transzendiert. Die Christusoffenbarung überführt in eschatologischer Hinsicht weder „bisher Nichtgewußte(s) in das Stadium des nun Gewußten und durchschaut Verfügbaren" (Rahner, 409), noch lässt sie den Glauben im Ungewissen. Sie vergewissert ihn vielmehr der Zukunft des Gekommenen, dessen eschatologischer Advent alle Zeiten umfassen und einer Erfüllung zuführen wird, welche die Schöpfung vollendet und die eigene Vollendung mit sich zu bringen verspricht. Diese Zukunft erwartet der Glaube, und in der Gewissheit seiner Hoffnung ist sie ihm jetzt schon geistesgegenwärtig präsent. Der hoffnungsvolle Glaube ist in der Kraft des göttlichen Geistes, der ihm die Christusoffenbarung erschließt, gewiss, „daß das beendende Ende des einzelnen, der Menschheit und der Welt überhaupt eben die Vollendung *des* Anfangs ist, der mit Christus (dem Auferstandenen) gesetzt ist, und nur das" (Rahner, 414).

Aus dem Ansatz beim österlichen Urdatum des Christentums ergibt sich in Kritik und Konstruktion Rahners Begriff christlicher Eschatologie, den er in einem Satz von stattlicher Länge folgendermaßen umschreibt: „Eschatologie ist … nicht die antizipierende Reportage später erfolgender Ereignisse (die Grundansicht falscher Apokalyptiker im Unterschied zu echter Prophetie) *aus* den künftigen Ereignissen heraus und von ihnen her (weil Gott für eine metaphysische Erkenntnislehre des Seins und Wissens Gottes ihnen ‚jetzt schon' gleichzeitig ist und so von ihnen schon jetzt berichten kann), sondern der für den Menschen in seiner geistigen Freiheits- und Glaubensentscheidung notwendige Vorblick *aus* seiner durch das Ereignis Christi bestimmten heilsgeschichtlichen Situation *heraus* (als dem ätiologischen Erkenntnisgrund) auf die endgültige Vollendung dieser seiner eigenen, schon eschatologischen Daseinssituation zur Ermöglichung seiner eigenen, erhellten und doch glaubend wagenden Entscheidung ins dunkel Offene hinein, damit der Christ darin seine Gegenwart annehme als Moment an der Verwirklichung der im Anfang (der letztlich Christus ist) gestifteten Möglichkeit und als schon jetzt verborgen gegenwärtige und endgültige Zukunft, die dann gerade als Heil sich gibt, wenn sie angenommen wird als die auf Zeitpunkt und Weise nicht berechenbare Tat Gottes, der allein verfügt, und wenn so der Skandal des noch gegebenen Widerspruchs zu dem schon gegebenen Heil in Christus (Welt in Sünde, Geteiltheit der Völker, Diskrepanz zwischen Natur und Mensch, Begierde, Tod, Herrschaft der Mächte und

Gewalten) in hoffender Geduld ausgehalten wird als Teilnahme am siegreichen und erlösenden Kreuz Christi.“ (Rahner, 414 f.)

Bleibt hinzuzufügen, dass nach Rahner der eschatologische Vorblick des Glaubens auf die kommende Vollendung mit der Vorstellung eines wirklichen Zukunftsgeschehens und endzeitlicher Ereignisse notwendig verbunden sein muss, weil der reale Mensch „in echter, auf wirklich noch ausständig Zukünftiges gerichteter Zeitlichkeit existiert“ (Rahner, 418). Rahner wendet sich entschieden gegen eine, wie er sagt, „absolute Existentialisierung“ (ebd.) und abstrakte Entmythologisierung eschatologischer Aussagen. Aber ebenso dezidiert lehnt er es ab, die christliche Eschatologie in einem vorgegebenen Rahmen apokalyptischer Endzeitspekulationen einzuzeichnen. „Biblische Eschatologie muß immer gelesen werden als Aussage von der Gegenwart als geoffenbarter her auf die echte Zukunft hin, nicht aber als Aussage von einer antizipierten Zukunft her in die Gegenwart hinein. Aus-sage von Gegenwart in Zukunft hinein ist Eschatologie, Ein-sage aus der Zukunft heraus in die Gegenwart hinein ist Apokalyptik.“ (Ebd.) Entsprechend bleibt es bei dem Grundsatz, „daß es keine eschatologischen Aussagen geben könne, die nicht auf die über diese christliche Existenz, so wie sie jetzt ist, zurückgeführt werden können. Aber solche Einsicht bedeutet keine Enteschatologisierung, sondern eine (wenn man das Wort wagen dürfte) Entapokalyptisierung.“ (Ebd.)

Antiapokalyptik bei Althaus

Rahners Absage an die Apokalyptik in seinem Text über die Hermeneutik christlicher Eschatologie von 1960 steht in der Theologiegeschichte des 20. Jahrhunderts keineswegs beispiellos da, sondern darf zum damaligen Zeitpunkt eher als die Regel gelten. Bereits zwei Generationen vor Rahner hatte Paul Althaus, einer der damals führenden lutherischen Theologen, eine konsequente Entapokalyptisierung eschatologischer Aussagen des Christentums angemahnt. 1922, im Erscheinungsjahr der Zweitauflage von Karl Barths Römerbriefkommentar, legte er im dritten Kapitel seines Entwurfs einer christlichen Eschatologie „Die letzten Dinge“ unter der Überschrift „Abgrenzung. Die Vollendung und das Ende der Geschichte“ eine radikale Kritik aller endgeschichtlichen Eschatologie vor. Obwohl er sich durch zahlreiche Einwände zu einer Neugestaltung des Kapitels in der Viertauflage des Werkes von 1933 veranlasst sah, hielt er an seiner massiven Apokalyptikkritik fest. Das Ende der Geschichte, so lautete nach wie vor die Devise, lässt sich mit ihrer Vollendung nicht gleichsetzen: „die Vollendung der Geschichte ist weder als ein geschichtlicher Endzustand zu denken noch in besondere Beziehung zu diesem zu setzen. Die Geschichte hat wohl ein Ende, aber kein geschichtliches Endziel. Die ‚letzten Dinge‘ haben daher mit der letzten Periode der Geschichte nichts zu tun. Die Eschatologie ist an der Frage nach dem geschichtlichen Endzustande nicht interessiert. Sie hat also auch nicht die Aufgabe, Aussagen über eine zu erwartende Entwicklung oder über eine Abfolge von Perioden der Geschichte zu machen. Sie ist keine Apokalyptik.“ (Althaus, 77 f.)

Während Rahner trotz seiner Entapokalyptisierungsforderung den Endzeitbezug als der christlichen Eschatologie unveräußerlich zugehörig erachtete, ist er bei Althaus gänzlich gekappt und abhanden gekommen. Etwaige Kenntnisse von einem Ende der Weltgeschichte haben mit der Glaubensgewissheit weltgeschichtlicher Vollendung nichts zu tun und umgekehrt. Nach Althaus hat christliche Eschatologie nicht Aussagen zu einer letzten Geschichtsperiode, sondern zu dem alles Geschichtliche transzendierenden Sinnziel der Geschichte zu machen. Ein notwendiger Zusammenhang von endgeschichtlicher Eschatologie und Heilsgeschichte bestehe keineswegs. Die Notwendigkeit dieses Zusammenhangs wird von Althaus bibelexegetisch bestritten, seine sachliche Begründung in systematischer Perspektive entschieden kritisiert. Halte man sich an Christus und seine Beziehung zur Geschichte, dann sei eine endzeitliche Eschatologie im Sinne des Geschichtsbildes frühjüdischer Apokalyptik nicht nur nicht gefordert, sondern ausgeschlossen (vgl. Althaus, 118). Die systematische Kritik bestätigt diesen exegetischen Befund und begründet den Anspruch, „daß die Theologie das danielische Geschichtsbild endg(ü)ltig aufgebe“ (Althaus, 174), um so „für die *echte* Eschatologie“ (ebd.) Raum zu schaffen. „Ihr Grundgedanke lautet: die Vollendung der Geschichte ist weder als ein geschichtlicher Endzustand zu denken noch in besondere Beziehung zu diesem zu setzen, sondern sie besteht in der Aufhebung der Geschichte durch die Ewigkeit.“ (Ebd.)

Um das Verhältnis der Geschichte zur Ewigkeit recht und im Sinne echter Eschatologie zu erkennen, muss Althaus zufolge der endzeitlichen Eschatologie und ihren Säkularisationsformen der Abschied gegeben und als erstes hervorgehoben werden, dass jede Zeitspanne und jede geschichtliche Epoche ihren Selbstwert habe und in einem unmittelbaren Verhältnis zum eschatologischen Gericht und zur eschatologischen Vollendung stehe: „jede Zeit ist in diesem Sinne ‚letzte‘ Zeit.“ (Althaus, 174) Die Unmittelbarkeit jeder Zeit zur Ewigkeit dürfe indes nicht übersehen lassen, dass die Zeiten verschieden sind und zwar auch und nicht zuletzt in ihrem Verhältnis zur Ewigkeit. Es gibt nach Althaus Zeiten, die der Ewigkeit nahe und solche, die ihr fern, ja feind sind. Doch liefere den Maßstab, das eschatologische Näher und Ferner zu bemessen, nicht die Chronologie. Einer denkbaren letzten Zeit am Ende der Zeiten komme insofern letztlich kein eschatologischer Vorrang zu. Diese komme der Ewigkeit nur chronologisch, aber „nicht wesentlich“ (Althaus, 177) näher als alle anderen Perioden. Eine „Entwertung der Geschichte“ (ebd.), wie sie ihm vorgeworfen wurde, verbindet sich für Althaus mit seiner Auffassung nicht. Sie gebe im Gegenteil der Geschichte sowohl des Einzelnen als auch der Gemeinschaft gerade dadurch ihren je eigentümlichen Wert, dass sie ihre aktuelle Ewigkeitsbedeutung direkt an den Tag bringe, statt sie mittels der Vorstellung einer abständigen und distanzierbaren Zukunft zu verstellen und zu verdunkeln.

Ihre von ihm geforderte Entapokalyptisierung hat nach Althaus’ Urteil eine Entweltlichung christlicher Eschatologie oder eine Abstraktion von ihrer universalen Dimension zugunsten der individuellen keineswegs zur zwangsläufigen Folge. Im ewigen Leben als der vollendeten Gemeinschaft mit Gott wird alles Zeitliche und mit ihm die Geschichte des Einzelnen und aller Menschen aufgehoben, will heißen: in bestimmter Weise negiert, bewahrt und zur Vollendung gebracht, wobei Individualität und Sozialität in ihrer Gleichursprünglichkeit zutage treten. Die in ungestörter Ruhe andauernde und zugleich in sich bewegte ewige Seligkeit darf weder als einsam noch als kollektiv in dem Sinn gedeutet werden, dass der Einzelne zum Funktionsmoment eines Gemeinschaftsganzen herabgesetzt wird. Die Seligkeit der Seligen ist ungeteilt ihre je eigene und doch ganz und gar gemeinschaftlich und kommunikativ bestimmt. Ihre leibseelische Daseinsform entspricht dem. Die Vollendeten sind voneinander unverwechselbar unterschieden und lauter singuläre Unikate, jedoch unbeschadet ihrer nicht steigerungsfähigen und daher keineswegs bloß graduellen Differenziertheit, ja gerade in ihr völlig ungetrennt vereint und einig. Weil aber das „lebendige Ich des Menschen … unserem Selbstbewusstsein nur als unlösliche Einheit des Leiblichen und Geistigen gegeben" (Althaus, 257) ist, darf eine leibhafte Welt im ewigen Leben nicht fehlen, wobei Althaus die Frage ihres Stoffes und ihrer Ausgestaltung ebenso offen lässt wie diejenige nach dem eschatologischen Geschick von Pflanzen und Tieren.

Axiologische Eschatologie?

Bis zur Drittauflage ist die materiale Durchführung des Lehrstücks von den Letzten Dingen in Althaus' Eschatologie vergleichsweise kurz gehalten. In den beiden mit „Ausbau" überschriebenen Schlusskapiteln wird lediglich vom Gericht (Althaus, 187 ff.) und dann recht knapp vom ewigen Leben und der neuen Welt (vgl. Althaus, 239 ff.) gehandelt. Diese Zurückhaltung ist Folge des Entschlusses, sich auf Grundlegungsfragen und auf die Kritik an der endgeschichtlichen Eschatologie zu konzentrieren. Was die systematische Strukturierung seines Entwurfs anbelangt, so suchte Althaus bis zur Drittauflage die Eschatologie im Allgemeinen und die christliche im Besonderen durch Unterscheidung und Zuordnung eines sog. axiologischen und eines sog. teleologischen Gedankenkreises zu begründen. Unter dem axiologischen Grund der Eschatologie versteht er das Fundament, auf dem sie aufruht, im Falle des Christentums die „Christustatsache des Neuen Testaments" (Althaus, 36), näherhin die österliche Wirklichkeit des auferstandenen Gekreuzigten (vgl. Althaus, 5 f.), „mit der Gott unsere Seele überwindet und bindet" (Althaus, 7). Mit ihr „ist der Schlüssel zum Verständnis des biblischen Zukunftsbildes, zugleich der Maßstab für die Wertung seiner einzelnen Züge gegeben" (Althaus, 6). Denn in Jesus Christus ist das Eschaton angebrochen und gegenwärtig und zwar definitiv. Doch ist „die Endgültigkeit Christi eine solche *innerhalb der Grenzen*, die das irdisch-geschichtliche Dasein zieht" (Althaus, 39). Ihr definitives Jetzt darf daher gerade um der Endgültigkeit willen nicht als Abschluss verstanden werden. Das „Schon" muss offen sein für ein „Noch nicht" und für eine Zukunft, deren Advent zu bedenken Aufgabe teleologischer Eschatologie ist und zwar so, dass der konstitutive Zusammenhang individueller und universaler Hoffnungsperspektiven, personaler und kosmischer Erwartungshorizonte deutlich wird.

Seit der 4. Auflage seines Werkes über „Die letzten Dinge" hat Althaus unter Preisgabe des missverständlichen Begriffs einer axiologischen Eschatologie die Zukunftsoffenheit und den Verheißungscharakter des Lehrstücks „De novissimis" deutlicher hervorzuheben versucht. Dennoch ist er der Forderung seines Kritikers G. Hoffmann, die Heilszukunft der Heilsgegenwart sachlich überzuordnen (vgl. Hoffmann, 78), nicht gefolgt. Die Heilsgegenwart, wie der Glaube sie wahrnimmt, bleibt nach Althaus für die Heilszukunft insofern bestimmend, als diese enthüllt, was in jener grundsätzlich bereits gegeben ist, wenngleich auf verborgene Weise. Die Zukunft des Heils ist für und bleibt für Althaus endgültige Apokalypsis des durch die Auferstehung des Gekreuzigten österlich gesetzten und pfingstlich erschlossenen Perfekts, wie sie dem Glauben kraft des Geistes Jesu Christi gegenwärtig ist. „Diese Gegenwart bestimmt die Zukunft, und die Zukunft ist der öffentliche Ausgang dieser Gegenwart. Sie ist also ein Modalitätswechsel der Heilsgegenwart von der Verborgenheit zur Enthüllung.“ (Moltmann, Zukunft, 29)

Richtende und rechtfertigende Gottesgerechtigkeit

Unbeschadet aller Modifikationen, die seine Eschatologie mit ihrer Viertauflage von 1933 erfahren hat, bleibt Althaus seinem ursprünglichen Ansatz treu, wonach die Gegenwart des Heils dessen Zukunft einschließt. Indes darf man sich von der gegenwärtigen Heilsgewissheit, welche „auch die Zukunft umspannt“ (Moltmann, Zukunft, 29), im Althaus'schen Sinne keineswegs einen spannungslosen Begriff machen. Denn sie ist von der durch keine Theorie und Praxis zu behebenden Spannung von Gesetz und Evangelium durchwaltet. Aus dem Zusammenhang ihrer weder theoretisch noch praktisch zu synthetisierenden, sondern nur in Jesus Christus und im exzentrischen Vertrauen auf ihn behobenen Differenz heraus entwickelt Althaus seine Eschatologie, die sich in ihren individuellen und menschheitsgeschichtlichen Aspekten ganz auf den Gedanken der richtenden und rechtfertigenden Gerechtigkeit Gottes konzentriert. Die Einheit des richtenden und rettenden Gerechtigkeitsvollzugs, wie sie dem Glauben bereits jetzt perfekt, wenngleich auf eine noch nicht vollkommen enthüllte Zukunft hin präsent ist, kann Althaus zufolge nur durch den in Jesus Christus offenbaren Gott und seinen Geist, nicht aber z. B. durch die Annahme einer immortalen Menschenseele gewährleistet werden, die sich durch den als der Sünde Sold zu verstehenden Tod identisch durchhält.

Der Tod und mit ihm das Sündengericht betreffen nach Urteil von Althaus den ganzen Menschen nach Leib und Seele und zerbrechen die Person insgesamt. Das menschliche Lebensende ist nach Maßgabe des eschatologischen Gesetzesgerichts gänzliche Vernichtung. Erst im Lichte des Evangeliums kann die gesetzliche Negation als Anfang ewigen Lebens und als Beginn eines seiner Unzerstörbarkeit gewissen Personseins in Betracht kommen, so dass dann rückwirkend von einer durch Tod und Teufel nicht zu vernichtenden Identität des Menschen als einer psychosomatischen Differenzeinheit geredet werden kann. Der Sinn dieser Rede wird von der österlichen Gewissheit begründet, welche der göttliche Geist verifiziert, dass nämlich Gott, der alles, was ist, aus dem nihil pure negativum ins Sein gerufen hat, auch aus dem Nichts bloßen Gewesenseins zu erretten vermag, ja aus einem schuldhaften Zugrundegerichtetsein, welches in seiner Abgründigkeit nichtiger ist als das nihil pure negativum.

Der im auferstandenen Gekreuzigten in der Kraft des Hl. Geistes offenbare Gott und er allein vermag das nicht nur nichtige, sondern nichtende Nichts zu negieren und den Menschen als ihn selbst und mit integrer Identität aus Tod und Höllengericht herauszuführen. Der Glaube ist dieser Wahrheit gewiss, und er erwartet ihre manifeste Realisierung in der Hoffnung, die dem Glauben eigen ist, ohne mit ihm differenzlos identisch zu sein. In der Perspektive glaubensgewisser Hoffnung, wie sie durch die evangelische Erfahrung von Gesetz und Evangelium erschlossen wird, versucht Althaus die Horizonte individueller und universaler Eschatologie zu verbinden, wobei sich nach seinem Urteil die Frage nach dem Ausgang der Menschheit von der eigenen Zukunftsfrage zwar unterscheiden, nicht aber sondern lässt, weil die persönliche Selbst- und Weltwahrnehmung, wie sie im Glauben statthat, die Bedingung der Möglichkeit dafür darstellt, eschatologische Glaubensaussagen über Menschheit und Kosmos zu machen.

Drei Zukunftsbilder vom Ausgang der Menschheit

Vor allem drei verschiedene Zukunftsbilder vom Ausgang der Menschheit trägt uns die Überlieferung Althaus zufolge zu: „den dualistischen Ausgang in Himmel und Hölle, die Vernichtung der Heillosen, die Wiederbringung aller.“ (Althaus, 203) Jedes dieser Bilder bringt seine je eigenen Schwierigkeiten mit sich. Die Apokatastasistheorie destruiert, indem sie die Hoffnung auf universales Heil prinzipialisiert, den Entscheidungsernst der existentiellen Lebenssituation und vergleichgültigt den Gegensatz von Gut und Böse, was nicht recht und gut, sondern im Gegenteil böse und ungerecht ist. Selbst die eschatologische Lehre einer definitiven Vernichtung der Heillosen macht sich nach Althaus einer tendenziellen Egalisierung der Differenz von gerecht und ungerecht schuldig, indem sie dem Tod ungerechter- bzw. ungerechtfertigterweise die Macht und Möglichkeit zudenkt, Geschehenes ungeschehen zu machen und so zu tun, als sei nichts gewesen. Auch darin habe man eine theologisch unstatthafte Verkennung existentiellen Daseinsernstes zu entdecken, die als nicht nur nicht richtig, sondern als verkehrt zu beurteilen sei.

Bleibt offenbar nur die eschatologische Annahme eines doppelten Ausgangs der Menschheit im Sinne eines Himmel-Hölle-Dualismus bestehen. Doch auch ihr begegnet Althaus mit Zurückhaltung. Die dogmatische Theorie der endgültigen Menschheitsscheidung sei in ihrer überlieferten Form im Unterschied zu den beiden anderen erwähnten Traditionen zwar nicht einfachhin falsch, aber unzulänglich. Es gehe nicht an, den weder durch menschliches Denken noch durch menschliches Handeln zu behebenden, sondern nur in Gottes Offenbarung im auferstandenen Gekreuzigten für den Glauben aufgehobenen Gegensatz von Gericht und Rechtfertigungsurteil „auf zwei Gruppen von Menschen zu verteilen“ (Althaus, 209). Die eschatologische Scheidung gehe durch einen jeden mitten hindurch, wobei nicht etwa zwei Teile gesondert bestehen blieben, sondern abgesehen von einem, nämlich dem zweiten Adam ausnahmslos alle Menschen zur Linken zu stehen kämen, würde ihnen nicht aus Gnade um Christi willen durch den Glauben unverdiente Rechtfertigung zuteil.

Nehme man die Lehre vom peccatum originale et universale ernst, dann sei eine theoretische Lösung des durch den Gegensatz und Zusammenhang von Gesetz und Evangelium umschriebenen eschatologischen Menschheitsproblems nicht nur nicht möglich, sondern „unmöglich" (Althaus, 211). Aus der Einsicht in die Lösungsunmöglichkeit hinwiederum ergebe sich, dass jeder einzelne mit beidem ernsthaft zu rechnen habe, mit der nicht auszuschließenden Möglichkeit seiner ewigen Verdammnis durch den gesetzlich urteilenden, gerechten Richterspruch Gottes und mit der ebenfalls nicht auszuschließenden Möglichkeit Gottes, die in Jesus Christus Tatsache geworden ist, seiner Gerechtigkeit durch das Rechtfertigungsevangelium Geltung zu verschaffen, ohne eschatologisch Strafe am Sünder zu üben. Bei beiden Möglichkeiten handelt es sich um theoretisch unausdenkliche Grenzwerte, die nicht zur Spekulation reizen, sondern den Menschen in seine konkrete Situation einweisen und auf jenen Glauben hinweisen wollen, dessen Leben durch Gesetz und Evangelium bestimmt ist. Beide bilden einen Zusammenhang, aber einen Zusammenhang theoretisch nicht synthetisierbarer Differenz, der nur vom Evangelium her auf heilsame Weise erfasst werden kann. Dies ist zu bedenken, um die entwickelte Gedankensequenz nicht abstrakt und damit falsch zu verstehen.

Das theologische Urteil über die ganz aus dem Rechtfertigungsglauben heraus entwickelte (vgl. Althaus, 271 ff.) Althaus'sche Eschatologie hat sich – orientiert man sich an ihrem Selbstverständnis – primär an dem Verhältnis von Gesetz und Evangelium und erst sekundär an der Frage zu entscheiden, in welcher Beziehung in ihr Heilsgegenwart und Heilszukunft stehen. Was das Verständnis des Gesetzes betrifft, so grenzt es Althaus dezidiert von jedwedem Moralismus ab. Durch das Gesetz wird nicht nur diese oder jene menschliche Untat, sondern auch und gerade das Ich selbst gerichtet, welches meint, sich durch seine sittliche Selbsttätigkeit in Form von guten Werken Bestand vor Gott verschaffen und sich so verewigen zu können. Genau jenes Ich nämlich werde durch das Gesetz als dem peccatum originale verfallen erwiesen, aus dessen Abgründigkeit alle peccata actualia hervorgingen.

Schwerer als gegen dasjenige, was er Moralismus, Pelagianismus, Semipelagianismus o. ä. nennt, fällt es Althaus, sich gegen eine tendenzielle Fatalisierung der Sünde und dagegen abzugrenzen, dass aus seinem metaethischen ein moralitätsdestruierendes Gesetzesverständnis entsteht. „Sittlicher Ernst und Glaube an Gottes Schöpferfreiheit", heißt es (Althaus, 235; bei A. gesperrt), „gehören zusammen." Dem ist nicht zu widersprechen. Probleme ergeben sich indes aus der Althaus'schen Bestimmung ihrer Zusammengehörigkeit: „wie Gott mir, dem Einzelnen, meine sittliche Lage nach der Freiheit seines Willens bereitet hat, so befreit er mich, ohne daß moralische ‚Läuterung' ans Ziel gekommen wäre, durch seine Machttat. Da meine besondere Sündigkeit durch den übergreifenden Zusammenhang der Vererbung und des Gemeinwillens selber ein metaethischer Tatbestand ist, unter den ich mich gehorsam beugen muss, so hat auch die metaethische Lösung meiner sittlichen Not nichts Befremdendes und Unwürdiges mehr: Gott erlöst uns, indem er im Tod das ‚Fleisch' zerstört." (Althaus, 234 f.) Indem Althaus Sätze wie diese, statt sie als Ausdruck eines Problems zu verstehen, mit dem Anspruch der Problemlösung versieht, erzeugt er den missverständnisträchtigen Eindruck, Gottes schöpferische Freiheit mit naturhaftem Belieben vergleichen zu wollen. Auch und gerade in dieser Hinsicht lässt sich seit der Viertauflage seines Werkes über „Die letzten Dinge“ ein tendenzielles Umdenken konstatieren.

Rechtfertigung und Heiligung in eschatologischer Perspektive

Um dem Missverständnis einer Gleichsetzung von Gottes schöpferischer Freiheit und naturhaftem Belieben und damit einer drohenden Entsittlichung des Rechtfertigungsgedankens zu wehren, wendet Althaus im Laufe der Entwicklung seiner Eschatologie dem Zusammenhang von Rechtfertigung und Heiligung vermehrte Aufmerksamkeit zu. Ein signifikantes Indiz hierfür kann man in der Tatsache entdecken, dass er sich seit der Viertauflage seiner Eschatologie mit großer Intensität eines Themas angenommen hat, welches in den vorhergehenden Auflagen nur marginal erörtert wurde: der Purgatoriumsthematik und der Thematik eschatologischer Interimszustände. Ein Wahrheitsmoment hatte Althaus dem Fegefeuergedanken von Anfang an nicht bestritten, nämlich das Bestreben, den Zuspruch unbedingter und dem ganzen Menschen geltender Rechtfertigungsgnade mit dem Anspruch auf einen Prozess fortschreitender Heiligung zu verbinden. Doch statt das „schwerste Problem der Heilslehre, das Verhältnis von Rechtfertigung und Heiligung“ (Althaus, 227) zu klären, trage die Purgatoriumslehre zu dessen Verdunkelung bei und zwar weniger dadurch, dass sie in die Ewigkeit ein Werden hineindenke, was nicht einfach abwegig sei, sondern durch Beförderung und eschatologische Befestigung des Glaubens, „daß der Mensch nur das sein könne, wozu er sich selber, durch Gottes Gnade befähigt, gemacht hat“ (Althaus, 231). Sofern er darauf ziele, sei der Purgatoriumsgedanke als unevangelisch abzulehnen.

An der grundsätzlichen Ablehnung des Purgatoriumsgedankens hat Althaus auch in der vierten Auflage seines Eschatologiewerkes festgehalten. Immerhin verweist die vergleichsweise intensive Auseinandersetzung mit ihm auf das andauernde Problem, welches Althaus die Zuordnung von Rechtfertigung und Heiligung eschatologisch bereitete. Ob er es wirklich gelöst hat, ist fraglich und ihm selbst, wie es scheint, ebenso fragwürdig geblieben wie das Verhältnis zwischen der Gegenwart des kommenden und der Zukunft des gekommenen und gegenwärtigen Jesus Christus. Vieles spricht dafür, dass seine immer stärker werdende Hervorkehrung des Verheißungsaspekts der Eschatologie sachlich verbunden ist mit der offenen Frage nach dem Zusammenhang von Rechtfertigung und Heiligung, der von demjenigen von individuellem und universalem Heil bzw. Unheil nicht zu trennen ist.

Hoffmanns Althauskritik

Die Zentralprobleme der Eschatologie von Paul Althaus sind rechtfertigungstheologischer Natur und ergeben sich aus der aktuellen Verfasstheit des Glaubens. Schon zeitig ist an seiner Konzeption kritisiert worden, dass sie die hoffnungsvolle Erwartung des eschatologisch Künftigen zu einseitig von der Heilsgegenwart her begründe, welche der Glaube wahrnehme, ohne hinreichend zur

Geltung zu bringen, dass der gegenwärtige Glaube ohne die ihm verheißene Zukunft und deren Erfüllung keinen Bestand habe. Beispielhaft für diese Kritik ist G. Hoffmanns Studie über „Das Problem der letzten Dinge in der neuern Theologie“ von 1929. Anders als Althaus wollte Hoffmann die eschatologische Zukunft, welche der Glaube erwarte, primär nicht von der Gewissheit präsenten Heils her begreifen, sondern umgekehrt die gegenwärtige Gewissheit des Heils von der Erwartung der noch ausstehenden Heilsvollendung und Heilserfüllung her verstehen. Denn was gläubige Heilsgewissheit aktuell bedeute, erschließe sich nur von der eschatologischen Zukunft her, auf die der Glaube hoffe und als deren erwartungsvolle Antizipation er zu begreifen sei.

Hoffmann zufolge ist es für den christlichen Glauben konstitutiv, aus zu sein auf die ewige Zukunft: „der Glaube läßt sich gar nicht ohne seine eschatologische Bestimmtheit verstehen.“ (Hoffmann, 91) Die in ihm dem Menschen „geschenkte Heils*gewissheit* trägt stets die Erwartung des realen, uneingeschränkten Heils*besitzes* in sich. In der gegenwärtigen Glaubensgemeinschaft mit Gott ist immer schon der Hinweis auf ihre künftige Erfüllung enthalten. Die Heilsgegenwart ist … ein Provisorium, will nichts weiter als ein Provisorium sein.“ (Ebd.) Werde die Heilsgegenwart als zwar gegeben, aber als provisorisch gegeben verstanden, dann ergebe sich daraus die „gesuchte Verbindung der endzeitlichen und überzeitlichen Eschatologie“ (Hoffmann, 117) von selbst. Heilsgegenwart, lautet der Grundsatz der sog. bestimmenden Eschatologie, hat „das Gepräge der *Vorwegnahme*: Das volle Heil tritt erst mit dem Ende ein …, aber es ist als ewige Gegenwart da und kann deshalb vom Glauben vorweg behauptet werden …“ (Hoffmann, 116) Provoziert werden die antizipatorischen Aussagen des Glaubens über die eschatologische Zukunft durch dasjenige, was man die produktive Einbildungskraft des Geistes nennen könnte. Der Geist, der von dem in Jesus Christus offenbaren Gott ausgeht, ruft Erwartungen hervor, die alles Gegebene und empirisch in Erscheinung Tretende transzendieren, ohne deshalb fiktiv und irreal genannt werden zu können, weil sie durch die allerrealste Realität Gottes selbst gewährleistet sind, der Himmel und Erde geschaffen hat und seine Schöpfung trotz Tod und Teufel der Vollendung zuführen wird.

Hoffmanns Althauskritik kommt über den speziellen Anlass der Kontroverse hinaus exemplarische Bedeutung zu. Denn sie kennzeichnet „eine tiefe Umschichtung im Zeitverständnis“ (Ratschow, 335) und eine „Wendung menschlicher Aufmerksamkeit von der Vergangenheit zur Zukunft“ (Ratschow, 337), wie sie für die Entwicklung der Eschatologie in der zweiten Hälfte des 20. Jahrhunderts bestimmend werden sollte. Den prominentesten Beleg hierfür bietet Jürgen Moltmanns „Theologie der Hoffnung“ aus dem Jahr 1964 (vgl. auch Pannenberg, 569 ff.; dazu Wenz, Einführender Bericht, 238 ff.), das wohl bekannteste Werk des Tübinger Theologen (Remenyi, 21). Moltmann lehnt es entschieden ab, die eschatologische Zukunft als eine bloße Extrapolation jener Heilsgegenwart zu verstehen, deren der Glaube gewiss ist, und hält es entsprechend für falsch, Eschatologie und Apokalyptik einander entgegenzusetzen, wie das sowohl bei Althaus als auch bei Rahner der Fall sei: „Es gibt keine Eschatologie ohne Apokalyptik und keine Apokalyptik ohne Eschatologie. Die Differenz von jüdischer und christlicher Hoffnung liegt in der Christologie.“ (Moltmann, Zukunft, 54)

Letzteres hatten auch Althaus und Rahner behauptet mit dem Unterschied freilich, dass ihnen die Christologie als Aufhebung der Apokalyptik galt. Im Gegensatz dazu hält Moltmann an der apokalyptischen Ausrichtung einer christologisch begründeten Eschatologie ausdrücklich fest, sofern das Christusereignis selbst als vorläufige Antizipation der Endzeit, als deren Prolepsis zu verstehen sei (vgl. Moltmann, Zukunft, 55 ff.). Christliche Eschatologie sei weder eine Reportage künftiger Geschichte noch auch Extrapolation der Zukunft aus der Geschichte, sondern sie „formuliert die *Vorwegnahme* der Zukunft der Geschichte mitten in der Geschichte“ (Moltmann, Zukunft, 57): „*Geschichtliche Eschatologie* ist möglich und notwendig auf Grund der *eschatologischen Geschichte* Jesu Christi.“ (Ebd.) Denn Jesus Christus, so Moltmann, ist der Antizipator jener Zukunft Gottes, die als Paradigma seiner Transzendenz (vgl. Moltmann, Zukunft, 9 ff.) zu gelten hat.

Moltmanns Theologie der Hoffnung

Als neues Paradigma der Transzendenz bildet Zukunft die Grundkategorie, von der her und auf die hin Moltmann seine eschatologische „Theologie der Hoffnung“ entwirft. Zwar sei Jesus Christus die perfekte Erfüllung biblisch verheißener Zukunft, jedoch so, dass diese Erfüllung selbst verheißungsvoll sei und Zukunftsverheißungen aus sich entlasse. Es gelte der Grundsatz, „daß der Auferstandene in seiner Offenbarung die Verheißung seiner eigenen Zukunft“ (Moltmann, Hoffnung, 77) sei. Die Hoffnung auf die zu erwartende Parusie Jesu Christi am Ende der Zeiten sei dem Osterglauben nicht lediglich folgeweise, sondern als Grund seiner inneren Bewegtheit verbunden. Ohne Hoffnung auf die Wiederkehr des österlich Erstandenen und zum Himmel aufgefahrenen Herrn könne der christliche Glaube an die Auferstehung des Gekreuzigten gar nicht erfasst werden, da „sowohl das Erhoffte wie das von ihm bewegte Hoffen“ (Moltmann, Hoffnung, 12) konstitutiv und unveräußerlich zu seinem Wesen gehöre.

Als die „Lehre von der christlichen Hoffnung, die sowohl das Erhoffte wie das von ihm bewegte Hoffen umfaßt“ (Moltmann, Hoffnung, 11 f.), erschöpft sich die Eschatologie nach Moltmann nicht in einer Sammlung von einschlägigen Sätzen zum Lehrstück „De novissimis“. Sie kann „kein Teilstück christlicher Lehren sein“ (Moltmann, Hoffnung, 12), weil sie deren Gesamtzusammenhang prägt und ein charakteristisches Kennzeichen des christlichen Glaubens überhaupt ist. „Das Christentum ist ganz und gar und nicht nur im Anhang Eschatologie, ist Hoffnung, Aussicht und Ausrichtung nach vorne, darum auch Aufbruch und Wandlung der Gegenwart. Das Eschatologische ist nicht etwas *am* Christentum, sondern es ist schlechterdings das Medium des christlichen Glaubens, der Ton, auf den in ihm alles gestimmt ist, die Farbe der Morgenröte eines erwarteten neuen Tages, in die hier alles getaucht ist. Denn der christliche Glaube lebt von der Auferweckung des gekreuzigten Christus und streckt sich aus nach den Verheißungen der universalen

Zukunft Christi. Eschatologie ist das Leiden und die Leidenschaft, die am Messias entstehen.“ (Ebd.)

Christliche Hoffnung, welche die Sünde hoffnungsloser Verzweiflung (vgl. Moltmann, Hoffnung, 18 ff.) hinter sich lässt, steht in der Tradition der messianischen Verheißungs- und Hoffnungsgeschichte Gottes mit seinem Volk Israel, wie die hebräische Bibel sie bezeugt. Im Unterschied zur Epiphaniereligiosität der paganen Antike und ihrer gegenwartsfixierten Kosmosfrömmigkeit sei die verheißungsorientierte „Erwartungsreligion“ (Moltmann, Hoffnung, 92) Israels auf Künftiges aus, was zu einer Vergeschichtlichung der Welt und einer Eschatologisierung des menschlichen Daseins in ihr führe. In der Apokalyptik habe diese Tendenz menschheitsgeschichtlich-universales Ausmaß und Dimensionen angenommen, welche die den aktuellen Äon beherrschende Vergänglichkeitsmacht des Todes von der Zukunft her und auf Zukunft hin infrage stellen.

An die apokalyptische Überlieferung schließt nach Moltmann nicht nur die jesuanische Botschaft vom nahe herbeigekommenen Gottesreich an, sie bleibt auch im Osterkerygma vom auferstandenen Gekreuzigten erhalten, sofern in diesem nach urchristlichem Bekenntnis die Menschheits- und Weltgeschichte zwar zu vollendeter Erfüllung, nicht aber zum Abschluss gelangt sei, insofern der den Seinen österlich offenbare Jesus Christus seine künftige Wiederkehr und allgemeinuniversale Manifestation verheiße. Der christliche Glaube sei und bleibe daher Verheißungsglaube. Entsprechend teile die Gemeinschaft des christlichen Glaubens mit derjenigen des jüdischen die Bestimmung als „Exodusgemeinde“ (vgl. Moltmann, Hoffnung, 280 ff.), die aus dem Banne der Vergangenheit und einer selbstverschlossenen Gegenwart zum Aufbruch in die Zukunft gerufen sei. Welche praktischen Konsequenzen diese Bestimmung aktuell zeitigt, hat Moltmann in Bemerkungen zum eschatologischen Verständnis der Christenheit in der modernen Gesellschaft skizziert, mit denen seine „Theologie der Hoffnung“ schließt. Ab der dritten Auflage ist als Anhang noch ein Gespräch mit Ernst Bloch beigefügt (vgl. Moltmann, Hoffnung, 313 ff.) – kleine Blochmusik sozusagen.

Endzeitorientierte versus transzendentale Eschatologie

Die wesentliche Aufgabe der christlichen Exodusgemeinde besteht nach Moltmann darin, einer dem Banne des Todes und des Bösen hoffnungslos verfallenen Menschheit und Welt den Horizont der Zukunft Jesu Christi zu eröffnen. Diesem Ziel will nachgerade die „Theologie der Hoffnung“ dienen. Sie versteht sich als kritisch-konstruktiver Gegenentwurf gegen Konzeptionen einer, wie Moltmann sie nennt (vgl. Moltmann, Hoffnung, 39 ff.), transzendentalen Eschatologie, welche den endzeitorientierten Zukunftsbezug entweder ganz ausblende oder auf einen bloßen Aspekt gegenwärtigen Glaubens reduziere und so entgegen ihrem Anspruch das Christentum tendenziell enteschatologisiere. Vor allem in zwei exemplarischen Varianten ist die sog. Transzendentaleschatologie, die in Wahrheit keine sei, weil sie den Verlust der Eschatologie mit sich führe, nach Moltmann in der ersten Hälfte des 20. Jahrhunderts theologiegeschichtlich bestimmend geworden: in Form einer

Theologie der transzendentalen Subjektivität Gottes (vgl. Moltmann, Hoffnung, 43 ff.), wie Barth, und in Form einer Theologie der transzendentalen Subjektivität des Menschen (vgl. Moltmann, Hoffnung, 51 ff.), wie Bultmann sie vertreten habe. Zwar hätten Barth und Bultmann ihre transzendentaleschatologischen Entwürfe nicht wie etwa Paul Althaus im expliziten systematischen Gegenzug gegen die historische Wiederentdeckung der apokalyptischen Prägung der jesuanischen und urchristlichen Botschaft entworfen. Gleichwohl seien bei ihnen die endzeitlichen und auf Realgeschichte bezogenen Eschatologieaspekte im Grunde ebenso vernachlässigt worden wie bei diesem und wie in der sog. konsequenten Eschatologie selbst, die, was ihr Thema betreffe, systematisch keineswegs so konsequent verfahren sei, wie es unter historischen Gesichtspunkten der Fall zu sein schien.

In systematischer Hinsicht sind nach Moltmann die Vertreter der sog. konsequenten Eschatologie wie je auf ihre Weise auch Althaus, Barth und Bultmann sowie die meisten modernen Eschatologen dem namentlich von Kant vorgegebenen neuzeitlichen Subjektivitätsparadigma verhaftet geblieben, demzufolge das seiner selbst bewusste Ich auch unter Gesichtspunkten eschatologischer Erwartung die Bedingung der Möglichkeit sinnvoller Rede von Gott sei. Zwar scheint sich Barths Konzeption diesem Schema nicht nur nicht zu fügen, sondern zu widersetzen. Doch in Wahrheit sei auch seine Theologie einschließlich der Eschatologie transzendental entworfen, und der Barth'sche Gottesgedanke werde strukturell vom neuzeitlichen Subjektivitätsprinizip bestimmt. Gegenüber ihrer zum Solipsismus neigenden Egologie gelte es, theologisch darauf zu insistieren, dass Gott der Herr sowohl des Ich als auch der Welt sei, welcher zusammen mit mir alle mitmenschlichen Ichwesen und im Verein mit der Menschheit alle lebendigen Kreaturen sowie alle Entitäten angehören, die es gibt. Von diesem menschheitsgeschichtlichen und allumfassend kosmologischen Bezug kann nach Moltmann eine christliche Theologie, die ihren Namen verdient, gerade in eschatologischer Hinsicht nicht abstrahieren. Die eschatologische Existenz des Menschen ist ohne Geschichts- und Weltbezug theologisch nicht angemessen aussagbar.

Dem Zusammenhang von Eschatologie und Geschichte hat Moltmann in seiner „Theologie der Hoffnung" ein eigenes Kapitel gewidmet (vgl. Moltmann, Hoffnung, 210 ff.). Es folgt auf das christologische Grundlegungskapitel, welches den „Mittel- und Höhepunkt des ganzen Buches" (Geyer, 57) bildet, sofern sich nach christlichem Zeugnis an Jesus Christus mit der Zukunft der Menschheitsgeschichte diejenige der ganzen Welt entscheidet. Den Konstitutions- und Erhaltungsgrund des christlichen Bekenntnisses zu Jesus als dem Christus stellt nach Moltmann das Osterereignis bzw. der auferstandene Gekreuzigte selbst dar, der sich den Seinen in der Kraft des göttlichen Geistes als die Zukunft der Menschheits- und Weltgeschichte präsentiert. Dabei kommt alles darauf an, das Ostergeschehen zugleich als geschichtlich und als eschatologisch zu verstehen und zu vermeiden, dass entweder die Geschichte die Eschatologie oder die Eschatologie die Geschichte „verschlingt" (Moltmann, Hoffnung, 150). Im auferstandenen Gekreuzigten sind kraft des Geistes Geschichte und Eschatologie als differenzierter Zusammenhang offenbar dergestalt, dass der österliche Jesus Christus als der Erfüller aller protologischen, in der Religionsgeschichte Israels kulminierenden Verheißungen zugleich derjenige ist, der eschatologische Aussicht von universalen Dimensionen deshalb erschließt, weil er im Perfekt seiner Gegenwart sich als die Zukunft der Welt, der Menschheit, ja als die Zukunft seiner selbst erweist.

Zukunft seiner selbst

Mit der Aussage, dass sich Jesus Christus im vollendeten Perfekt seiner österlichen Geistesgegenwart als die Zukunft nicht nur der Welt und jedes Menschen, sondern auch als die Zukunft seiner selbst erweise, ist der entscheidende christologische Grundsatz der Moltmann'schen Eschatologie formuliert, in dem mit der Bedeutung des Entwurfs all seine Probleme angelegt sind. Das Zentralproblem betrifft die Frage, wie die Korrelation von Christologie und Eschatologie präzise zu bestimmen ist. An der normativen Funktion der Christologie für alle christlich zu nennende Eschatologie lässt Moltmann keinen Zweifel; zugleich soll die Eschatologie die Christologie an sich selbst formieren. Wie verhalten sich christologische Norm und eschatologische Form zueinander? Um die Frage zu konkretisieren: Bildet die apokalyptische Tradition, wie sie sich im Zuge der jüdischen Überlieferungsgeschichte entwickelt hat, den festen Rahmen, innerhalb dessen das Osterereignis zu verstehen ist, oder transzendiert das Verständnis Osterns die durch die Apokalyptik vorgegebenen eschatologischen Deutungsformen? Moltmann tritt entschieden für letztere Option ein: „So gewiß die Ostererscheinungen Jesu in den apokalyptischen Kategorien der Erwartung der allgemeinen Totenauferstehung und als Anfang des Endes aller Geschichte erfahren und verkündigt worden sind, so gewiß ist doch die Auferweckung Jesu nicht nur als der erste Fall von endzeitlicher Totenauferstehung allein gedacht, sondern als Ursprung des Auferstehungslebens aller Glaubenden. Es wird nicht nur gesagt, daß Jesus der Erste aus der Auferstehung sei und die Glaubenden *wie er* Auferstehung finden werden, sondern es wird verkündet, daß er die Auferstehung und das Leben selber sei, und daß folglich die Glaubenden ihre Zukunft *in* ihm finden und nicht nur *wie* er finden. Darum warten sie auf ihre Zukunft, indem sie auf seine Zukunft warten.“ (Moltmann, Hoffnung, 73)

Man wird Moltmann in Anbetracht dieser und ähnlicher Feststellungen nicht vorwerfen können, er subsumiere im Stile einer eschatologisch gewendeten theologia naturalis das österliche Offenbarungszeugnis einem vorgefertigten Allgemeinbegriff, wie ihn die apokalyptische Erwartung einer allgemeinen Totenauferstehung darstelle. Zwar bezieht er das Ostergeschehen auf eine universalanthropologische Erwartungshaltung, ohne doch deshalb die normative Funktion der Christologie für die Eschatologie zu vernachlässigen. Dass die christologische Norm nicht nur Modifikationen und konstruktive Fortbildungen, sondern gegebenenfalls auch kritische Revisionen erforderlich machen kann, wird nach Moltmann insbesondere darin offenkundig, dass der auferstandene Christus nach christlichem Zeugnis mit dem gekreuzigten Jesus von Nazareth identisch ist (vgl. Moltmann, Hoffnung, 179 ff.). Christliche Eschatologie dürfe das Kreuz Jesu Christi nicht übergehen oder hinter sich lassen, sondern sei entschieden als „eschatologia crucis" (Moltmann, Hoffnung, 140 ff.) zu gestalten.

Eschatologia crucis

Das Kreuz Jesu Christi ist nach Moltmann nicht lediglich ein „Durchgangsstadium seines Weges zur himmlischen Herrschaft" (Moltmann, Hoffnung, 143), sondern „die bis zum erfüllenden Eschaton hin bleibende Signatur seiner Herrschaft in der Welt" (ebd.). Entsprechend sind die Christen zum aktuellen Mitsterben mit ihrem Herrn berufen, wohingegen sich ihre Teilhabe an seiner Auferstehungswirklichkeit erst mit dem Ende dieses Äons erfüllen wird. „Christusgemeinschaft ist Leidensgemeinschaft mit dem Gekreuzigten. Die Getauften sind mit Christus gestorben, wenn sie auf seinen Tod getauft werden. Aber sie sind nicht in einem kultischen Perfekt schon mit ihm auferstanden und in den Himmel versetzt. Sie gewinnen an der Auferstehung Christi Anteil durch neuen Gehorsam, der sich im Raume der Hoffnung auf Auferstehung entfaltet. In der Kraft des Geistes, der Christus von den Toten auferweckt hat, können sie gehorsam das Leiden der Nachfolge auf sich nehmen und eben darin die zukünftige Herrlichkeit erwarten." (Moltmann, Hoffnung, 146) Präsentische und futurische Eschatologie verhalten sich wie eschatologia crucis und eschatologia resurrectionis.

Man hat Moltmann vorgeworfen, er gelange trotz gegenteiliger Beteuerungen „zu keiner wirklichen eschatologia crucis" (Bühler, 54 Anm. 59), sondern vertrete stattdessen realiter eine „eschatologia gloriae" (Bühler, 318) im Stil eines „apokalyptisch-messianischen Enthusiasmus. Es ist zwar nicht Enthusiasmus im Sinne der Mysterienreligionen. Vergangenheit und Gegenwart weichen nun zurück vor der herrlichen Zukunft, auf die alles in einem bereits jetzt eintretenden eschatologischen Prozeß ausgerichtet ist. In der überwältigenden Herrlichkeit der eschatologischen Erfüllung, die bereits ihren Vor-schein aufleuchten läßt, wird schließlich die Erde verlassen, auf der das Kreuz steht." (Ebd.) In Pierre Bühlers unter dem Titel „Kreuz und Eschatologie" im Anschluss an Luthers theologia crucis geführten Auseinandersetzung mit der politischen Theologie wird diese Kritik im Einzelnen ausgearbeitet und zwar unter Konzentration auf zwei Punkte: Moltmann erfasse, weil seine Eschatologie mit dem „natürlichen Gefälle der Zeiten von der Vergangenheit über die Gegenwart zur Zukunft" (Bühler, 53) konvergiere, nicht scharf genug die Spannungen, welche die eschatologische Thematik prägen, ohne temporal gelöst werden zu können. Besonders deutlich werde dies in hamartiologischer Hinsicht. Moltmanns Eschatologie gehe zu leicht über die Aporie der Sünde hinweg und sei insbesondere deshalb eschatologia gloriae statt eschatologia crucis zu nennen.

Eine zwar anders gelagerte, aber zu einem vergleichbaren Ergebnis führende Kritik an Moltmanns Eschatologie hatte bereits Hans-Georg Geyer in seinen „Ansichten" zur „Theologie der Hoffnung" geäußert. Geyer sieht das entscheidende Defizit des Moltmann'schen Ansatzes darin begründet, dass der Sinn Osterns vorzugsweise in Bezug auf die ausstehende Parusie Jesu Christi und auf die Verheißung seiner Zukunft entfaltet werde, statt hinsichtlich der geschehenen Kreuzigung. Das Kreuz Jesu Christi werde nicht als Summe des Evangeliums, sondern gesetzlich verstanden und auf die Funktion des usus elenchticus legis restringiert, der den Aufweis der Gottlosigkeit von Menschheit und Welt zu leisten habe, die allein von der Parusie Jesu Christi überwunden werde, auf welche das Osterereignis hinziele (vgl. Geyer, bes. 65 ff.). Durch konsequente Futurisierung der Eschatologie entstehe die Gefahr, dem Perfekt des im auferstandenen Gekreuzigten gegebenen Heils und seiner geistesgegenwärtigen Präsenz nicht mehr hinreichend Geltung verschaffen zu können.

Moltmann hat auf Einwände dieser und ähnlicher Art in der Regel mit der Warnung vor falschen Alternativen und mit differenzierenden Hinweisen reagiert. So wird hervorgehoben, dass das deutsche Wort „Zukunft" sowohl futurum als auch adventus bedeute und nicht nur temporal, sondern auch im Sinne des Zuvorkommens Gottes und seiner Ewigkeit verstanden werden könne, die alle Zeiten umgreife. Das lateinische futurum leitet sich ab von fieri und „meint das, was sein wird, was sich aus dem Werden des Seins … ergibt" (Moltmann, Zukunft, 36). Es finde im Griechischen *phyo* ein Äquivalent und hänge mit dem Verständnis von *physis* als dem Hervorbringenden insofern zusammen, als futurische Zukunft dasjenige sei, was sich aus der Natur des Gegebenen herkunftsbestimmt entfalte und entwickle. Dagegen sei adventus gleichbedeutend mit dem griechischen *parousia* und bezeichne wie dieses die Ankunft und das Anwesen eines von Hause und Natur aus nicht Gegebenen, „eines Fremden und anderen" (ebd.). Im Sinne von Advent verweise das Wort Zukunft mithin auf das Kommen eines „Neuen und Ändernden, das so noch nicht da war und noch nicht da ist" (ebd.). Von diesem „adventlichen" Zukunftsverständnis lasse sich sagen: „Gegenwart hat kein Futur, wenn sie nicht Gegenwart der Zukunft ist. Ist sie aber die Gegenwart einer größeren Zukunft, so begründet sie ein Futur." (Ebd.) Für die christliche Eschatologie und ihre Methodik ergibt sich hieraus nach Moltmann, die Erwartung des Glaubens auf den göttlichen Advent Jesu Christi zu gründen, dessen Ankunft nicht Abschluss, sondern Aufschluss von futurischer Zukunft bedeute.

Die Differenzierung des Zukunftsbegriffs im Sinne von futurum und adventus ist entscheidend für Moltmanns Eschatologieverständnis. Entscheidend – wenngleich schwerer fassbar – ist ferner, wie Moltmann ins Verhältnis setzt, was er eschatologische Ontologie und eschatologische Gnoseologie nennt. Unter ontologischem Aspekt wird die Eschatologie zum Realgrund der Christologie, unter gnoseologischen Gesichtspunkten die Christologie zur Basis der Eschatologie erklärt und zwar so, dass die christologische Erkenntnis der inhaltlichen Bestimmtheit der Eschatologie nicht äußerlich sein soll. Das damit gegebene Problem tritt im Zentrum der Christologie in veränderter Form erneut zutage und zwar anhand der bereits erwähnten Frage, in welcher Beziehung eschatologia resurrectionis und eschatologia crucis stehen. Moltmann hat selbst Hinweise auf eine Akzentverlagerung in seiner Beantwortung dieser und damit der Frage geben, „*wo* denn diese (sc. die in Jesus Christus vollzogene) göttliche Antizipation der Zukunft stattgefunden hat und stattfindet" (Moltmann, Zukunft, 62). „Wir werden hier", heißt es in einem Aufsatz aus dem Jahr 1970, „von der ‚Theologie der Hoffnung', die die Auferstehung

Christi in ihrer Bedeutung für die Weltgeschichte mit Hilfe des Gedankens der Antizipation begreift, umkehren müssen zu einer ‚Theologie des Kreuzes‘. Die Antizipation des kommenden Reiches Gottes hat in der Geschichte am gekreuzigten Jesus von Nazareth stattgefunden. Das heißt: Das kommende Reich Gottes hat keinen anderen Ort auf dieser Welt als das Kreuz von Golgatha. Nicht in Zukunftsträumen, sondern im Angesicht des Gekreuzigten sieht uns die Zukunft Gottes an. Im Gekreuzigten ist der Auferstandene irdisch gegenwärtig, sichtbar und erzählbar. Ist aber im Auferstandenen Gott selbst nahe, dann ist der Gekreuzigte das Angesicht und die Offenbarung des kommenden Gottes.“ (Moltmann, Zukunft, 62 f.) Die Richtung der weiteren Entwicklung von Moltmanns Theologiekonzeption ist damit umschrieben.

Gottes adventliches Kommen

Um unter den zahlreichen Monographien Moltmanns nur das eigens als „Christliche Eschatologie“ qualifizierte Werk über „Das Kommen Gottes“ von 1995 in Betracht zu ziehen, so ist es formal in vier Teile gegliedert: personale, geschichtliche, kosmische und göttliche Eschatologie. Vorangestellt ist eine „Auseinandersetzung mit der konsequent futurischen und der absoluten Ewigkeitseschatologie“ (Moltmann, Kommen Gottes, 22), in deren Zusammenhang Moltmann seinen der „Theologie der Hoffnung“ entsprechenden Ansatz skizziert, wie er durch die eschatologische Kategorie des „Advents“ und die Kategorie des „Novum“ als deren geschichtlicher Entsprechung gekennzeichnet ist (vgl. ebd.). Bestimmend soll ein Begriff der Zukunft sein, „der es weder erlaubt, daß die ‚weiterlaufende‘ Geschichte jede Eschatologie verschlingt, noch daß die stets gegenwärtige Ewigkeit jede Geschichte aufhebt. Das ‚Eschaton‘ ist weder das Futur der Zeit noch die zeitlose Ewigkeit, sondern die Zu-kunft und An-kunft Gottes. Wir verwenden daher einen *adventlichen Begriff der Zukunft*.“ (Moltmann, Kommen Gottes, 39) Zum Begriff des adventus hinwiederum, der im Unterschied zu demjenigen des futurum keine Bezeichnung des Werdenden, sondern des Kommenden sein soll, „gehört die *Kategorie Novum* notwendig hinzu“ (Moltmann, Kommen Gottes, 47), weil sie durch die Erfahrung des kommenden Gottes und des adventlichen Zeitbegriffs eröffnet wird.

Moltmanns personale Eschatologie ist an zwei für die europäische Geistesgeschichte charakteristischen Vorstellungen angesichts des Todes orientiert: am antiken Bild der unsterblichen Seele und am biblischen der leibhaften Auferstehung der Toten (vgl. Moltmann, Kommen Gottes, 74). Ersteres beruhe auf einer Einsicht, letzteres auf einer Hoffnung (vgl. Moltmann, Kommen Gottes, 82). Moltmann verbindet beide Bilder, indem er das grundlegende Hoffnungsbild der Totenauferweckung auf dasjenige der Seelenunsterblichkeit mit dem Hinweis rückbezieht, für die von Gott erweckten und auferstehenden Toten sei personale Selbigkeit und der Einheitserhalt ihres gelebten prämortalen Lebens in Anschlag zu bringen. „Die Auferweckung der Toten setzt zwar den Tod, nicht aber die Vernichtung der Identität der Toten voraus. Gott muß die Toten vielmehr identifizieren können, um sie aufzuwecken, denn es tritt kein anderes Leben an ihre Stelle, sondern ihr Leben wird auferweckt. Auferweckung ist keine neue Schöpfung, sondern eine Neuschöpfung dieses sterblichen Lebens zum ewigen Leben, nämlich die Aufnahme unseres menschlichen Lebens in das göttliche Leben." (Moltmann, Kommen Gottes, 92 f.)

Was die Sterblichkeit des Lebens der Menschen und die Faktizität seines Todes betrifft, so differenziert Moltmann zwischen natürlichem Ende und Sündenfolge. Nicht jede Kreatur sterbe infolge der Sünde, und nicht jede Sünde habe den Tod zur Folge. Als Beleg für den ersten Teil der These führt Moltmann die extrahumanen Lebewesen, als Beleg für den zweiten die gefallenen Engel an. „Es gibt folglich in der Schöpfung Sünde ohne Tod und Tod ohne Sünde." (Moltmann, Kommen Gottes, 109) Auch im Falle des Menschen bestehe zwischen Sünde und Tod kein Kausal-, wohl aber ein Korrelationsverhältnis, insofern die durch das Wesen der kreatürlichen Zeit bedingte temporale Befristung und das natürlich zu nennende Enden des endlichen Daseins des Menschen von diesem erst unter sündigen Bedingungen als sinnzersetzend erfahren würden.

Moltmann unterscheidet zwischen einem allgemeinen Naturtod des Menschen und seinem Sündentod im Besonderen: „Gehört der allgemeine Tod zur zeitlichen Schöpfung, dann ist der besondere ‚Tod der Sünder' durch die Sünde in die Welt gekommen." (Ebd.) Zwischen beiden „Todesarten", wenn man so sagen darf, ist zu unterscheiden, wenngleich faktisch ein Zusammenhang besteht, der allerdings nicht zwangsnotwendig genannt werden darf. „Die Gebrechlichkeit der zeitlichen Schöpfung der Menschen", so konstatiert Moltmann, „ist wie der Zunder für jene Sünde, Gott gleich zu werden und diese Gebrechlichkeit zu überwinden. Der Tod ist nur insofern ‚Folge der Sünde', als die Sünde aufgrund des Todes da ist: Wir ertragen die Sterblichkeit nicht und wir können durch Töten andere sterben lassen. Die Verwundbarkeit der anfänglichen Schöpfung macht die Gewalttat gegen das Leben möglich." (Moltmann, Kommen Gottes, 109 f.) Fraglich wird bzw. fraglich bleibt, wie unter diesen Bedingungen von der vollkommenen Güte der Schöpfung und des Menschengeschöpfs die Rede sein kann. Ist es Funktion einer konsequent eschatologischen Ausrichtung der Theologie, protologische Mängel des Schöpfungswerkes zu kompensieren, das doch perfekt sein soll und zwar in ursprünglicher Weise?

Die kirchliche Lehre unterscheidet zwischen einer Individual- und einer Universaleschatologie. Gegen den geläufigen Trend, letztere auf erstere zu reduzieren, macht Moltmann den umfassenden Charakter der universalen Eschatologie geltend, von dem her die individuelle allererst zu begreifen sei. Ist die Individual- auf die Universaleschatologie hin anzulegen, werden das Problem des Verhältnisses von Tod des Einzelmenschen und Weltende sowie die Frage virulent, wo die Toten zwischen ihrem je eigenen Tod und der allgemeinen Totenauferstehung bleiben (vgl. Moltmann, Kommen Gottes, 115 ff.). Moltmann setzt sich diesbezüglich mit der Purgatoriumslehre, der Lehre vom Seelenschlaf und der Annahme einer Auferstehung im Tode auseinander. Die Vorstellung eines Läuterungsprozesses für die Gläubigen nach dem Tod weist er zwar nicht grundsätzlich ab, kritisiert aber ihre Verbindung mit derjenigen eines durch postmortale Leiden der Verstorbenen oder stellvertretende Bußleistungen der Hinterbliebenen erwirkten Verdienstes. „Für die

Reformatoren war die über den Tod hinaus projizierte *Werkgerechtigkeit* der eigentliche Stein des Anstoßes." (Moltmann, Kommen Gottes, 119)

Was die Seelenschlaftheorie einerseits und die Annahme einer sog. Auferstehung im Tode betrifft, so sucht Moltmann eine Lösung vom Gedanken der Gemeinschaft Jesu Christi und des dreieinigen Gottes mit Lebendigen und Toten her. „Im Zentrum der christlichen Eschatologie stehen weder das Ich noch die Welt, sondern Gott, der uns in Christus seine Zukunft geöffnet hat." (Moltmann, Kommen Gottes, 125) Jesus Christus, in dessen österlicher Erscheinung die Zukunft des Gottesreiches bereits antizipiert und das Angeld des Geistes ewigen Lebens gegeben ist, ist nicht nur der Vorläufer des Eschaton, sondern selbst der Weg dorthin. In ihm sind daher Individual- und Universaleschatologie auf differenzierte Weise dergestalt vereint, dass die im Glauben an Christus Verstorbenen einerseits als augenblicklich und ganz der Ewigkeit Gottes zugehörig zu denken sind, ohne deshalb Endlichkeitsbezügen einfachhin entnommen zu sein. Denn in der Gemeinschaft Christi werden zwar die Grenzen des Raumes und der Zeit transzendiert, nicht aber Räumlichkeit und Zeitlichkeit abstrakt negiert.

Personale, geschichtliche, kosmische und göttliche Eschatologie

Die personale Eschatologie Moltmanns ist mit der Überschrift „Ewiges Leben" versehen, die geschichtliche mit der Wendung „Reich Gottes". Unter der sog. geschichtlichen Reich-Gottes-Eschatologie werden apokalyptische Endzeitentwürfe (vgl. Moltmann, Kommen Gottes, 150 ff.), Millenarismuskonzepte messianischer (vgl. Moltmann, Kommen Gottes, 167 ff.), politischer (vgl. Moltmann, Kommen Gottes, 182 ff.) und kirchlicher (vgl. Moltmann, Kommen Gottes, 202 ff.) Provenienz, schließlich jener epochale Chiliasmus (vgl. Moltmann, Kommen Gottes, 209 ff.) verhandelt, der das Beginnen der Neuzeit bestimme. Die Frage, ob eine chiliastische Eschatologie notwendig sei, verneint Moltmann in Bezug auf Deutungen der politischen, kirchlichen und universalgeschichtlichen Gegenwart im Sinne eines historischen Chiliasmus, wohingegen er die Notwendigkeit eines eschatologischen Chiliasmus, einer „Zukunftserwartung im eschatologischen Zusammenhang des Endes und der Neuschöpfung der Welt" (Moltmann, Kommen Gottes, 217 f.) bejaht. Entsprechend wird über apokalyptische Eschatologie und ihre Säkularisate (nukleare, ökologische, ökonomische Endzeit sowie Post-histoire) geurteilt. „Die apokalyptische Deutung weltgeschichtlicher oder kosmischer Katastrophen ist etwas anderes als eschatologische Apokalypse der Mächte dieser Welt im Gericht Gottes zum Zwecke der Geburt der neuen Welt. Die modernen apokalyptischen Deutungen menschlicher Endzeiten sind Säkularisierungen biblischer Apokalyptik und haben mit ihr nur noch die Katastrophe, aber nicht mehr die Hoffnung gemein." (Moltmann, Kommen Gottes, 253) Dem sei durch eine konsequent christologische Ausrichtung sowohl der apokalyptischen als auch der chiliastischen Eschatologiekonzepte zu begegnen.

Die Christologie bietet nach Moltmann auch das Beurteilungskriterium der Erwartung einer Wiederbringung aller Dinge bzw. eines doppelten Gerichtsausgangs von irreduzibler Definitivität. Nur aus der Versenkung in die Tiefe des Kreuzestodes Jesu Christi heraus, der den Gekreuzigten in den Abgrund der Hölle hinabgeführt habe, könne eine christliche, dem Osterevangelium des auferstandenen Gekreuzigten entsprechende und dem Pfingstgeist gemäße Antwort gefunden werden. „Die wahre christliche Begründung der Hoffnung auf Allversöhnung ist die Kreuzestheologie, und die einzig realistische Konsequenz aus der Kreuzestheologie ist die Wiederbringung aller Dinge.“ (Moltmann, Kommen Gottes, 279; bei M. kursiv). Der kommende Christus, der in die Hölle gefahren ist und Tod und Teufel überwunden hat, wird den Gegensatz von schuldigen Tätern und schuldlosen Opfern niemals vergleichgültigen, wofür als Garantie und Wahrzeichen seine Wundmale bürgen; er vermag aber den Gegensatz auf eine unvordenkliche Weise dergestalt zu beheben, dass er nicht ewig das Verhältnis von Opfern und Tätern bestimmen muss.

Was schließlich Moltmanns kosmische Eschatologie (vgl. Moltmann, Kommen Gottes, 285 ff.) anbelangt, so handelt sie von einem neuen Himmel und von einer neuen Erde, worin das universale All der Vollendung zugeführt und Raum und Zeit in der Ewigkeit und Allgegenwart Gottes ihre Erfüllung finden werden. Gott wird im Eschaton alles in allem sein, ohne deshalb alles, was er nicht unmittelbar selbst ist, mit sich gleichzuschalten. In der göttlichen Eschatologie wird im Gegenteil alles und jedes seiner je eigenen Bestimmung zugeführt, weil just darin Gott sich selbst verherrlicht und seine Herrlichkeit endgültig und universal offenbart.

6. Das Kommen des Gottesreiches und die Parusie Jesu Christi. Biblische Befunde

Lit.: R. Anselm, Jüngstes Gericht und irdische Gerechtigkeit. Protestantische Ethik und deutsche Strafrechtsreform, Stuttgart/Berlin/Köln 1994. – H. Blumenberg, Lebenszeit und Weltzeit, Frankfurt 1986. – B. Daley, Eschatologie. In der Schrift und Patristik, Freiburg/Basel/Wien 1986 (HDG IV 7a). – W. Dietrich/S. Vollenweider, Art. Tod. II Altes und Neues Testament, in: TRE 33, 582–600. – Eschatologie I (Texte zur Theologie. Dogmatik Bd. 10). Bearbeitet v. G. Bachl, Graz/Wien/Köln 1999. – G. Filoramo, Art. Eschatologie I, in: RGG^4 2, 1542–1546. – A. Finkel, Art. Gerechtigkeit II. Judentum, in: TRE 12, 411–414. – O. Fuchs, Das Jüngste Gericht. Hoffnung auf Gerechtigkeit, Regensburg 2007. – P. Hoffmann, Art. Auferstehung I/3. Neues Testament, in: TRE 4,450–467. – T. Jantsch, „Gott alles in allem" (1Kor 15,28). Studien zum Gottesverständnis des Paulus im 1. Thessalonicherbrief und in der korinthischen Korrespondenz, Neukirchen 2011. – G. Klein, Art. Eschatologie IV. Neues Testament, in: TRE 10, 270–299. – M. Konradt, Schöpfung und Neuschöpfung im Neuen Testament, in: K. Schmid (Hg.), Schöpfung, Tübingen 2012, 121–184. – W. Kreck, Die Zukunft des Gekommenen. Grundprobleme der Eschatologie, München 1961. – D. Lührmann, Art. Gerechtigkeit III. Neues Testament, in: TRE 12, 414–420. – H. Merkel, Art. Gericht Gottes IV. Alte Kirche bis Reformationszeit, in: TRE 12, 483–492. – B. Oberdorfer, „Das kann doch nicht alles gewesen sein …" Fundamentalanthropologische Prolegomena zur Eschatologie, in: U. Swarat/Th. Söding (Hg.), Gemeinsame Hoffnung – über den Tod hinaus. Eschatologie im ökumenischen Gespräch, Freiburg/Basel/Wien 2013, 71–87. – J. Ratzinger, Gesammelte Schriften Bd. 10: Auferstehung und ewiges Leben. Beiträge zur Eschatologie und zur Theologie der Hoffnung, Freiburg/Basel/Wien 2012. – J. Scharbert, Art. Gerechtigkeit I. Altes Testament, in: TRE 12, 404–411. – K. H. Schelkle, Theologie des Neuen Testaments. IV,1: Vollendung von Schöpfung und Erlösung, Düsseldorf 1974. – B. U. Schipper/G. Plasger (Hg.), Apokalyptik und kein Ende?, Göttingen 2007. – G. Stemberger, Art. Tod. III. Judentum, in: TRE 33, 600–605. – M. Tilly, Apokalyptik, Tübingen/Basel 2012. – Chr. Walther, Eschatologie als Theorie der Freiheit. Einführung in neuzeitliche Gestalten eschatologischen Denkens, Berlin/New York 1991. – G. Wenz, Gott. Implizite Voraussetzungen christlicher Theologie, Göttingen 2007 (Studium Systematische Theologie Bd. 4) – M. Wolter, Die Auferstehung der Toten und die Auferstehung Jesu, in: E. Gräb-Schmidt/R. Preul (Hg.), Auferstehung, Leipzig 2012, 13–54. – W. Zager, Begriff und Wertung der Apokalyptik in der neutestamentlichen Forschung, Frankfurt a. M./Bern/New York/Paris 1989. – W. Zwickel, Einführung in die biblische Landes- und Altertumskunde, Darmstadt 2002.

Kein homogenes Kontinuum

Assoziativer Stil, welcher der Pluralität möglicher Perspektiven gegenüber geradliniger Argumentation den Vorzug gibt, gehört aus guten Gründen nicht zu den formalen Charakteristika systematischer Darstellungen. Ausnahmen haben diese Regel zu bestätigen. Sie sind berechtigt, wenn sie von der Sache her nahegelegt werden wie im gegebenen Fall der die Eschatologie betreffenden biblischen Befunde. Diese „bilden kein homogenes Kontinuum, in dem ein einziger Gedanke in vollständiger Konsequenz ausgelegt wird“ (Eschatologie I,20). Dieser Sachverhalt ist zu respektieren, von unstatthaften Systematisierungsversuchen entsprechend Abstand zu nehmen selbst auf die Gefahr einer Einschränkung argumentativer Stringenz hin. Um diese Einschränkung ihrerseits in Grenzen zu halten, wird die Auswahl der biblischen Befunde unter Konzentration auf den Bezug der apokalyptischen Reich-Gottes-Erwartung und der christlichen Hoffnung auf die Parusie des auferstandenen Gekreuzigten und im Übrigen so zu treffen sein, dass Orientierung in Bezug auf systematische Dauerprobleme zu erwarten steht wie etwa dasjenige des Verhältnisses von präsentischer und futurischer Eschatologie. Was über Begriff und Wertung der Apokalyptik in der Forschung (vgl. Zager), über die apokalyptische Bewegung im antiken Judentum und ihre Motive (vgl. Tilly, bes. 36 ff.) sowie ihre Wirkungsgeschichte im Neuen Testament und darüber hinaus (vgl. Schipper / Plasger [Hg.]) bereits ausgeführt wurde, ist im gegebenen Zusammenhang nicht zu wiederholen. Die Aufmerksamkeit soll im Wesentlichen auf die Frage gerichtet werden, wie das Neue Testament unter der Voraussetzung, dass „Jesus Christus als Erkenntnis- und Gewissheitsgrund eschatologischer Aussagen“ (Oberdorfer, 83) zu gelten hat, die apokalyptischen Überlieferungen rezipiert und transformiert. Dabei ist davon auszugehen, dass Jesu Wirken in Wort und Tat „zweifellos … unter apokalyptischen eschatologischen Vorzeichen“ (Oberdorfer, 84) stand und von der Erwartung des nahenden und nahe bevorstehenden Gottesreiches zentral geprägt war.

Naherwartung und Parusieverzögerung

Für den historischen Jesus und die älteste Christengemeinde soll nach verbreiteter exegetischer Meinung eschatologisch bestimmend gewesen sein, was man üblicherweise Naherwartung nennt. Wenn in ihrem geschichtlichen Zusammenhang „vom künftigen Leben, von Rettung, Gericht und Verderben oder vom Eingehen in das Reich Gottes“ (Hoffmann, 450) gesprochen werde, sei „nicht sicher auszumachen, ob die Aussagen nur der noch lebenden Generation gelten oder ob sie die Vorstellung der allgemeinen Totenauferstehung voraussetzen“ (Hoffmann, 450 f.). Auch wenn letzteres wahrscheinlich sei, beziehe sich die jesuanische und die frühchristliche Endzeiterwartung doch stets und eindeutig auf zeitlich unmittelbar Bevorstehendes, dessen Eintritt als zwar nicht eigentlich berechenbar, aber doch als alsbald geschehend zu denken sei. Nicht zuletzt der Apostel Paulus veranschlage zumindest in seinen ersten Äußerungen zum Thema, wie der 1. Brief an die Thessalonicher sie biete, den Anbruch des Eschatons und die Parusie Jesu Christi „als derart dicht bevorstehend, daß ihr Erleben den Normalfall bedeutet“ (Klein, 279). Unter dieser Voraussetzung stelle die für die Nachgeborenen dann immer größer werdende „Divergenz“ (Blumenberg, 294) zwischen individueller Lebenszeit und universaler Weltzeit noch gar kein wirkliches Problem dar. Erst als der Verlauf der Zeit, deren baldiges Ende man eigentlich erwartete, weiter gegangen sei und sich über die Zeitspanne eines Menschenlebens hinaus erstreckt habe, sei eingetreten, was man in negativer Entsprechung zum Begriff der Naherwartung Parusieverzögerung nenne: Zwar blieb das Thema des nahen Endes unter individuellen Aspekten in Gestalt des in absehbarer Zeit eintretenden Todes des jeweiligen Einzelmenschen erhalten, doch die Naherwartung bezog sich, wie es scheint, immer mehr und bald nur noch auf die endende Lebenszeit des Menschen, nicht mehr hingegen auf die Weltzeit, deren Ende in weite Ferne rückte.

Um darüber befinden zu können, ob und inwieweit die skizzierten Annahmen der tatsächlichen Situation und den Entwicklungen in der frühen Christentumsgeschichte entsprechen, müssen zuvor zumindest zwei Problemaspekte etwas genauer erwogen werden, weil ohne ihre Wahrnehmung die Naherwartungs- bzw. Parusieverzögerungsfrage weder historisch noch systematisch einer befriedigenden Antwort zugeführt werden kann. Primär zu handeln ist von der bleibenden Relevanz apokalyptischer Überlieferungen für die Formierung frühchristlicher Eschatologie einerseits sowie andererseits von der transformierten Bedeutung, die in diesem Zusammenhang dem Zeugnis vom österlichen Perfekt der Auferstehung und Auferstehung des Gekreuzigten zukommt: Schließlich ist es seine endzeitliche Ankunft, auf die sich die eschatologische Erwartung des christlichen Glaubens wesentlich ausrichtet. Genauer zu erwägen ist ferner, ob das chronische Ausbleiben dessen, was man als unmittelbar bevorstehend erwartete, tatsächlich als grundstürzende Krise oder möglicherweise als ein Problem wahrgenommen wurde, im Vergleich zu dem es nach frühchristlichem Zeugnis theologisch wesentlich gewichtigere gab und gibt. Eine adäquate exegetische Antwort auf diese Frage lässt sich ohne systematische Reflexionen nicht erlangen; gleich eingangs ist daher noch einmal auf die Resultate zurückzukommen, welche die Fallstudien zum Verhältnis von „präsentischer" und „futurischer Eschatologie" ergeben haben.

Aktueller und zukünftiger Aspekt wurden und werden in der Lehrtradition christlicher Eschatologie unterschiedlich akzentuiert. Doch zeigt sich bei näherem Zusehen rasch, dass kein Ansatz auf die Wahrnehmung des zunächst in den Hintergrund gerückten Gesichtspunkts verzichten kann. Abstrakte Alternativen sind entsprechend zu meiden. Als Vollendung der Zeit transzendiert die Parusie Jesu Christi den Gegensatz von präsentischer und futurischer Eschatologie. Christi Advent umgreift Präsens und Futur, und die Erwartung seiner verheißenen Zukunft lässt sich von Erinnerung ebensowenig trennen wie diese von hoffnungsvoller Erwartung. Dies hat mit der Antizipation der Endzeit im österlichen Perfekt der Auferstehung des Gekreuzigten und damit zu tun, dass die christliche Eschatologie die Zukunft des Gekommenen erwartet; anhand eines markanten Werkes zu „Grundprobleme(n) der Eschatologie" aus dem Kontext der Dialektischen Theologie sei dies noch einmal verdeutlicht, damit die historische Rückfrage nicht der nötigen systematischen Basis entbehrt.

Grundprobleme der Eschatologie im Anschluss an W. Kreck

Unter dem programmatischen Titel „Die Zukunft des Gekommenen“ hat Walter Kreck in einer 1961 erschienenen Monographie „Grundprobleme der Eschatologie“ entfaltet, die nicht nur in systematischer, sondern auch in exegetischer Hinsicht lehrreich und erhellend sind. Nach einem Überblick über die Haupttypen der Eschatologie (vgl. Kreck, 14 ff.) exponiert Kreck die eschatologische Aufgabe unter Konzentration auf das Problem des „Zugleich von ‚Schon‘ und ‚Noch nicht‘“ (vgl. Kreck, 82 ff.) in exegetischer und systematischer Hinsicht, um die differenzierte Einheit von Perfekt, Präsens und Futur der Erscheinung Jesu Christi zu erfassen. Dies geschieht in engem Anschluss an Karl Barth, der „das Verhältnis der drei Gestalten des Kommens bzw. Wiederkommens Jesu Christi in Analogie zur Trinitätslehre, und zwar speziell zur Lehre von der Perichoresis“ (Kreck, 86) gestellt hatte. Die Ordnung der drei Weisen der Parusie ist Kreck zufolge nicht „mit der Elle eines linearen Geschichts- und Zeitbegriffs“ (Kreck, 118), sondern an dem Verhältnis der intertrinitarischen zu den ökonomischen Beziehungen der göttlichen Dreieinigkeit zu bemessen, welchem dasjenige von Person und Werk Jesu Christi entspreche. Die Dreiheit seiner soteriologischen Erscheinungen als auferstandener Gekreuzigter, als in Wort und Sakrament gegenwärtig Wirksamer und als künftig Wiederkommender sei im Persongeheimnis Jesu Christi inbegriffen und zwar kraft des Gottesgeistes, der es in seinem Geheimnischarakter bezeugt und erschließt.

Kraft des Gottesgeistes, der den auferstandenen Gekreuzigten mittels Wort und Geist aktuell präsentiert, damit er dem Glauben gegenwärtig sei, ist das Perfekt Jesu Christi als die Zukunft offenbar, auf die sich die Hoffnung des Glaubens ausrichtet. Hoffnungsvolle Erwartung gehört ebenso zum Glauben wie heilsame Erinnerung. Beide sind eins in ihrer Beziehung auf Jesus Christus, in dem der Geist der väterlichen Liebe Gottes auf ewig gegenwärtig ist, ohne aufzuhören gerecht zu sein. Wie sich das Verhältnis von Liebe und Gerechtigkeit Gottes eschatologisch darstellt, entfaltet Kreck im Detail unter der Überschrift „Der Gerichtete als Richter“, um von der theologia crucis her das Verhältnis von Rechtfertigung und Gericht, die Thematik eines Gerichts nach den Werken sowie diejenige von Seligkeit und Verdammnis einschließlich des Problems einer möglichen *apokatastasis panton* ins Auge zu fassen.

Wie Karl Barth, auf den er sich neben Isaak August Dorner vornehmlich beruft, will Kreck zwar die Wiederbringung aller nicht lehren, um keiner billigen Gnade und keiner „happy-end-Theologie“ (Kreck, 148) das Wort zu reden. Er lehnt aber ebenso die traditionelle Doktrin eines doppelten Ausgangs ab, um alles eschatologische Augenmerk auf denjenigen auszurichten, welcher die Sünde richtet, aber den Sünder rettet, der glaubt. „Gottes Barmherzigkeit setzt nicht seine Gerechtigkeit außer Kraft. Gottes Ja ergeht nicht ohne sein Nein.“ (Kreck, 128) Am Kreuz Jesu von Nazareth wird dies offenbar, doch mit dem Ziel, den Gekreuzigten als das österliche Wirkzeichen göttlicher Gnade zu erweisen, die den Sünder durch Glauben rechtfertigt und Werke der Liebe in ihm hervorruft, die zwar niemals als Grund des Heils in Betracht kommen können, ohne deshalb im Endgericht unberücksichtigt zu bleiben. Was Kreck über den Gekreuzigten als Sieger über den Tod (vgl. Kreck, 148 ff.) sowie über die eschatologische Herrlichkeit des am Kreuz Erniedrigten ausführt, bestätigt und vertieft diese Einsicht unter der Prämisse, die grundlegend ist für die gesamte Monographie: Eine christologisch-trinitarisch orientierte Eschatologie hat „das Futurum im Licht des Präsens, die Verheißung auf Grund der bereits geschehenen und verkündigten Erfüllung, aber auch umgekehrt wieder die Erfüllung im Licht der mit ihr unlöslich verklammerten Verheißung (zu) verstehen" (Kreck, 120).

Christologische Transformation apokalyptischer Überlieferung

Die Grundlegung christlicher Theologie einschließlich ihrer Eschatologie im trinitarisch-christologischen Dogma ist erst im Laufe der Geschichte der Alten Kirche erfolgt. Dass die eschatologische Verheißung im Lichte ihrer Erfüllung und diese nicht ohne verbleibende Verheißung, dass mithin der gegenwärtige Glaube nicht ohne hoffnungsvolle Zukunftsaussicht und diese nicht ohne Anhalt an dem in der Kraft des Geistes gegenwärtigen Perfekt Osterns verstanden werden kann, war hingegen schon zur Zeit des Neuen Testaments klar. Neutestamentliche Eschatologie artikuliert sich vorzugsweise im Kontext frühjüdischer Apokalyptik, weist über deren Rahmen aber zugleich hinaus, da sie alle überkommenen Endzeiterwartungen kritisch und konstruktiv mit dem Zeugnis vom österlichen Perfekt des auferstandenen Gekreuzigten verbindet. „Das Bekenntnis zu Jesus von Nazaret als dem Christus nahm die Kategorien der alttestamentlichen Hoffnung auf mit dem Anspruch, Jesus sei die Erfüllung der messianischen Verheißung. Das geschah nicht ohne eine oft tiefgehende Umdeutung dieser Kategorien, um sie der Eigenart der Person und der Botschaft Jesu, vor allem seinem Tod und seiner Auferstehung, anzupassen. Einerseits verliehen sie dem christologischen Bekenntnis eine eschatologische Qualifizierung (Erfüllung der messianischen Hoffnung, Auferstehung von den Toten waren endzeitliche Ereignisse), andererseits wurde ihr Inhalt christologisch interpretiert. Die Erwartung der Gottesherrschaft in der Predigt Jesu fand einen neuen Ausdruck in der Hoffnung auf die Wiederkunft des Herrn (Parusie); Gericht und Auferstehung wurden im Lichte des eschatologischen Richters (Menschensohnchristologie) und des Erstgeborenen von den Toten verkündet. Das christologische Bekenntnis und seine soteriologischen Implikationen waren zugleich ein Bekenntnis zur Gegenwart des Heils. Die vergangene Heilstat Gottes in Jesus Christus kennzeichnete den Anfang dieser Gegenwart, die in der Spannung zu ihrer Vollendung blieb." (Daley, 50)

Von der apokalyptischen Prägung neutestamentlicher Eschatologie kann man sich in vielerlei Hinsicht einen Eindruck verschaffen, etwa im Hinblick auf die sog. synoptische Apokalypse im 13. Kapitel des Evangeliums nach Markus. Dort spricht Jesus nach einer Ankündigung der Zerstörung des Jerusalemer Tempels vor einem ausgewählten Jüngerkreis von den Vorzeichen des Endes der Zeiten, von Verfolgungen und großen Bedrängnissen, die mit dem Kommen des Menschensohnes einhergehen, das unmittelbar bevorsteht. Am Anfang der eschatologischen Wehen werden Krieg, Erdbeben und Hungersnöte stehen. Die Nachfolger Jesu sollen sich darauf gefasst machen, dass sie ob ihres Herren und um des Bekenntnisses seines Namens willen vor Gericht geschleppt, gemartert und bestraft werden. Unsägliche Gräuel und Nöte, wie sie niemand sah, werden folgen, falsche Christusgestalten und falsche Propheten sich erheben, die Zeichen und Wunder tun, um die Auserwählten, wenn möglich, zu verführen. In jenen Tagen wird „die Sonne sich verfinstern / und der Mond nicht mehr scheinen / und die Sterne werden vom Himmel fallen / und die Kräfte des Himmels ins Wanken geraten. Und dann wird man den Menschensohn mit großer Macht und Herrlichkeit auf den Wolken kommen sehen." (Mk 13,13 ff.)

Erwartet wird das den ganzen Bestand der Schöpfung betreffende eschatologische Ereignis offenbar in Bälde. „Amen, ich sage euch: Diese Generation wird nicht vergehen, bis alles eintrifft." (Mk 13,30) Berechnen lassen sich der Eintritt des Eschaton und die Parusie des Menschensohnes allerdings nicht. Sie erfolgen plötzlich und bleiben unberechenbar. Niemand weiß um Tag und Stunde, nicht die Engel im Himmel, um von irdischen Menschen zu schweigen, nicht einmal der Sohn, sondern allein der Vater (Mk 13,32). Beständige Wachsamkeit ist deshalb erforderlich. Die Zeit drängt. Lange wird der Anbruch der Gottesherrschaft nicht mehr auf sich warten lassen. Das himmlische Reich wird ohne Verzug erscheinen, augenblicklich und auf einen Schlag. Analog stellt sich das Kommen des Gottesreiches unter der Bedingung österlicher Identifikation des gekreuzigten Jesus mit dem eschatologischen Menschensohn und unter der Voraussetzung dar, dass Ende und Vollendung von Menschheits- und Weltgeschichte mit der Parusie Jesu Christi einhergehen.

Dass der auferstanden Gekreuzigte am Ende der Menschheits- und Weltgeschichte in Herrlichkeit wiederkommen wird, ist vom Neuen Testament vielfach beurkundet und von den altkirchlichen Bekenntnissen einheitlich bezeugt. Die kirchliche Tradition benennt als Begleitumstände der Parusie in der Regel die allgemeine Totenauferweckung und das gerechte Gericht der Vergeltung. Als Beleg wird u. a. 2. Thess 1,8 angeführt. Obwohl ihr genauer Zeitpunkt nach 1. Thess 5,1–2 ungewiss ist, sollen der Wiederkunft Jesu Christi Zeichen vorhergehen. Eigens benannt werden als Vorzeichen die Verkündigung des Evangeliums auf der ganzen Welt (vgl. Mt 24,14; Mk 13,10), die Bekehrung der Juden (vgl. Röm 11,25–32), das Wirken falscher Propheten (Mt 24,4 f.) mit wachsendem Abfall vom Glauben (vgl. 2. Thess 2,3), schließlich das Auftreten des Antichristen (vgl. 2. Thess 2,3 ff.; 1. Joh 2,18.22; 4,3; 2. Joh 7) samt schwerer Bedrängnisse wie Kriege, Hungersnöte, Verfolgungen und Naturkatastrophen (vgl. Mt 24,9; Jes 13; 10; 34,4).

Trotz einer Reihe von Vorzeichen lässt sich der Anbruch des Reiches Gottes und der Wiederkunft Jesu Christi nicht berechnen und zwar weder chronologisch noch auf andere Weise. Das Kommen des Eschaton bleibt grundsätzlich unberechenbar. Wie Jesus gegen Ende seiner Parusierede sagt: „Jenen Tag aber und die Stunde kennt niemand, auch nicht die Engel im Himmel und auch nicht der Sohn, sondern nur der Vater." (Mk 13,32; vgl. Mt 24,36; ferner: Apg 1,7). Der Tag des Herrn kommt „wie ein Dieb in der Nacht" (1. Thess 5,1 f.; vgl. 2. Petr 3,8–10; Apk 3,3; 16,15) – plötzlich und unvorhergesehen. Der Tatsache, dass der Tag des Herrn jederzeit kommen kann, entspricht die urchristliche Haltung der Naherwartung. Sie duldet prinzipiell keine Verschiebung des Jüngsten Tags auf ein Fernes und Abständiges. Die Parusie Jesu Christi steht unmittelbar bevor. Wenn sie sich verzögert, dann ist dies kein Indiz ihres voraussichtlichen Ausbleibens, sondern in Gottes ewigem Ratschluss vorgesehen und ein Zeichen seiner Langmut, der Zeit lässt, damit einen das Ende nicht unvorbereitet antreffe.

Österliche Endzeitantizipation

Die eschatologische Naherwartung der frühjüdischen Apokalyptik, welche die jesuanische Botschaft nachhaltig prägte, blieb auch in der frühen Christenheit erhalten, wie überhaupt der apokalyptische Horizont den förmlichen Rahmen ihrer Selbstverständigung und ihres Verständnisses dessen bildete, der als Christus und Herr bezeugt wird. Als der entscheidende Unterschied der frühchristlichen zur frühjüdischen Endzeiterwartung stellte sich im Laufe der Entwicklung die Identifikation Jesu Christi mit dem erwarteten Messias / Menschensohn heraus, wie sie auch aufgrund der österlichen *apokalypsis* erfolgte, die man als Antizipation und proleptische Vorwegereignung des Eschaton deutete. In der Person des auferstandenen Gekreuzigten ist bereits die Endzeit angebrochen und in der Kraft des göttlichen Geistes gegenwärtig. Diese Präsenz und das geistbeglaubigte Perfekt des Osterereignisses hebt indes den Erwartungshorizont des christlichen Glaubens nicht auf. Die Zukunft, in der sich Jesus Christus im Verein mit der Realisierung des Gottesreiches für jedermann und vor aller Welt als Herr erweisen wird, steht zwar noch aus, ist aber nahe, sehr nahe herbeigekommen.

Naherwartung ihres Herrn bestimmt das eschatologische Zeugnis der frühen Christenheit. Sie ist nicht nur für das letzte, sondern auch für die übrigen Bücher des Neuen Testaments kennzeichnend: „Amen, komm Herr Jesus." „Ja, ich komme bald." (Apk 22,20) Ist diese Erwartung durch dasjenige falsifiziert, was man Parusieverzögerung nennt? Die Antwort auf diese Frage hängt wesentlich davon ab, was in dem Kompositum „Naherwartung" unter Nähe verstanden wird. Bezeichnet Nähe vor allem einen Zeitabstand, der sich durch bemessbare Kürze auszeichnet, dann benennt der Begriff der Parusieverzögerung ein notorisches Problem christlicher Endzeiterwartung, welches geeignet ist, das Christentum insgesamt zu problematisieren. Tatsächlich ist die Problematik, dass sich die Zeit zwischen der ersten und zweiten Parusie Jesu Christi in die Länge zieht, theologisch nicht zu unterschätzen; man wird sie aber auch nicht überschätzen dürfen.

Sicherlich markierte die sog. Parusieverzögerung eine Krise innerhalb der frühen Christenheit; doch ebenso sicher ist, dass es sich dabei um keine unbewältigbare Krise handelte. Geleistet wurde ihre geschichtliche Bewältigung vor allem durch eine doppelte Einsicht: Zum einen bezeichnet Endzeit zwar auch, aber nicht nur ein den universalen Weltverlauf betreffendes kosmologisches Datum, sondern ebenso einen Vorgang, der jedes Lebewesen und jeden Menschen zumal in Gestalt des in nicht allzu ferner Zeit eintretenden Todes unmittelbar und nicht erst vermittels des Weltendes angeht; zum anderen bemisst sich die eschatologische Nähe bzw. Ferne zu Gott und seinem Christus nicht nur und auch nicht in erster Linie in Zeiträumen, sondern nach Maßgabe dessen, was theologisch Glaube und Sünde heißt. Unter diesen Gesichtspunkten nimmt der Begriff der Parusieverzögerung eine gewandelte Bedeutung an. Was hinwiederum den Parusiebegriff selbst betrifft, so ist seine weitere Bedeutungsgeschichte materialiter durch die Bestimmung der eschatologischen Erscheinung Jesu Christi als Erscheinung zum Endgericht, formaliter durch die Differenzierung einer individuellen und einer universalen Eschatologie charakterisiert. Die Rede von der Parusie Jesu Christi am Ende der allgemeinen Menschheits- und Weltgeschichte schließt nicht aus, dass er für jeden einzelnen Menschen im Augenblick des Todes eschatologisch in Erscheinung tritt, ohne dass durch die individuelle die universale Parusie überflüssig würde.

Von den Pharisäern befragt, wann denn das Reich Gottes komme, antwortet der lukanische Jesus: „Das Reich Gottes kommt nicht so, dass man es beobachten bzw. an äußeren Zeichen erkennen könnte; man wird auch nicht sagen: Siehe, hier ist es! oder: Da ist es! Denn siehe, das Reich Gottes ist mitten unter euch bzw. innerhalb eurer." (Lk 17,20 f.) Wie man die Wendung *„entos hymon"* zu verstehen hat, ist unter Exegeten strittig. In jedem Fall trifft zu, dass das Gottesreich keine lediglich die äußere Welt betreffende und auch keine Größe ist, die ihr Maß an der chronologischen Tempusfolge findet. Vom Reich Gottes ist in allen Zeitformen zu reden, weder nur im Futur, noch nur im Präsens, sondern auch in perfektischer Form, weil ohne die vollendete Vergangenheit Jesu Christi dessen endzeitlicher Advent nicht hoffnungsfroh und heilsam erwartet werden könnte. Mit diesem hermeneutischen Grundsatz lässt sich zugleich das schwierige Problem der in Lk 17,22–37 gruppierten Logien über die Tage der Ankunft des Menschensohnes lösen. Ihr Zusammenhang, wie Jesus ihn dem Jüngerkreis erschließt, ist hingeordnet auf die Einsicht, dass der Menschensohn an seinem Tage nicht wie ein Weltphänomen, sondern wie ein Blitz vom Himmel erscheinen wird, der den Kosmos erleuchten und alles Böse und Dunkle ans Licht bringen wird.

Christi Erscheinen zum Gericht

Die Vorstellung gerechten Gerichts ist im Neuen Testament sehr häufig mit derjenigen vom endzeitlichen Erscheinen Jesu Christi verbunden. Um ein Beispiel zu geben: In seiner Areopagrede verkündet der Paulus der Apostelgeschichte den Athenern, Gott habe „einen Tag festgesetzt, an dem er den Erdkreis in Gerechtigkeit richten wird durch einen Mann, den er dazu bestimmt und vor allen Menschen dadurch ausgewiesen hat, dass er ihn von den Toten auferweckte" (Apg 17,31). Auch in den paulinischen Briefen erscheint der auferstandene Gekreuzigte bei seiner endzeitlichen *parousia* (vgl. 1. Thess 2,19; 3,13; 4,15; 5,23; auch 1. Kor 15,23) als der nach Maßgabe göttlicher Gerechtigkeit richtende Richter. Er fungiert aber auch und zugleich als derjenige, welcher kraft seines stellvertretenden Leidens und Sterbens für die Sünder die Glaubenden aus dem Gericht zu erretten vermag. Die Möglichkeit und Notwendigkeit eines Gerichts nach den Werken wird dadurch nicht in Abrede gestellt. Aber heilbringend ist dieses nur, wenn es auf die eschatologische Rechtfertigung des Sünders um Christi willen durch Glauben folgt. Dies ist der Skopus der Ausführungen des Apostels über die Hoffnung der Christen auf die Auferstehung der Toten und den Tag des Menschensohns in den Schlusspassagen des 1. Thessalonicherbriefs als des ersten Schriftzeugnisses neutestamentlicher Eschatologie: „Gott hat uns nicht für das Gericht seines Zorns, sondern dazu bestimmt, das Heil zu erlangen durch unseren Herrn Jesus Christus, der für uns gestorben ist, damit wir, ob wir nun wachen oder schlafen, vereint mit ihm leben." (1. Thess 5,9 f.)

Die Gemeinschaft der Gläubigen, für welche die Thessalonichergemeinde nach paulinischem Urteil vorbildlich ist, hofft auf die Ankunft Jesu Christi und auf Gottes Entgegenkommen in ihm. Um Christi willen wird der gerechte Gott die Sünder, welche glauben, keinem Strafgericht ausliefern, sondern sie aus Gnade rechtfertigen. Weil sie darauf vertrauen, erwarten Christen die allgemeine Totenauferstehung mit gewisser Zuversicht und Freude. Der Tod, dessen Stachel die Sünde ist, wird bei der Parusie Jesu Christi verschlungen werden vom Sieg (vgl. Röm 15,54 ff.). Schon in der hebräischen Bibel wird immer wieder betont, dass Gott nicht ein Gott des Todes, sondern Inbegriff, Grund und Quelle allen Lebens ist. Leben ist ein göttliches Gut und ein Segen, der Tod hingegen nicht nur eine natürliche, mit der Endlichkeit des geschaffenen Lebewesen gesetzte Grenze, sondern ein Fluch (vgl. Dtn 30,19). Nicht immer zwar wurde der Fluchcharakter des Todes gleich stark empfunden; man nimmt ihn als Geschick hin und tröstet sich eines Weiterlebens im Volk oder in der eigenen Nachkommenschaft. Aber als zur Güte der Schöpfung gehörig wurde der Tod auch unter diesen Bedingungen in Israel nicht empfunden. Die Abscheu vor Totem und Verwestem, die Leben kontaminieren, wenn man zu nahe oder gar damit in Berührung kommt, ist ein signifikanter Beleg hierfür. Der sich in Krankheiten allerlei Art abschattende Tod macht unrein und entfernt von Gott.

Tod als Sündensold

Eine zugesteigerte Erfahrung tödlicher Entfremdung stellt sich im Zusammenhang sündiger Verfehlung ein. Zum Fluch wird der Tod durch die Sünde. Zwar ist die Aussicht auf eine Scheinexistenz im Schattenreich der Scheol schon per se betrüblich, wie beispielsweise die Klage zu Gott Jes 38,18 f. zeigt: „Nicht preist dich die Unterwelt, nicht lobt dich der Tod; nicht harren, die in die Grube hinab gefahren sind, auf deine Treue. Der Lebende lobt dich, nur er." Aber zur Höllenpein wird die Todeserfahrung erst durch das Bewusstsein der Sünde und die durch Schöpfungsanamnese vermittelte Erkenntnis, dass zwischen Gebotsübertretung und Sterbensgeschick eine Beziehung besteht: „Sobald du davon isst, musst du sterben." (Gen 2,17). Der innere Abgrund des Todes ist die Sünde. Dieser paulinische Grundsatz (vgl. Röm 5,12–21; 7,7–25 etc.) ist auch im übrigen Neuen Testament deutlich ausgesprochen. Er benennt das materiale Zentrum biblischer Thanatologie. Hingegen findet sich die förmliche Bestimmung des Todes als einer Trennung von Leib und Seele, wie sie für die spätere Dogmatik kennzeichnend ist, in der Bibel allenfalls am Rande. Auch die Erwartung einer Auferstehung von den Toten prägt sich erst allmählich aus. Den alten Israeliten gilt der Tod als definitiv und unwiderruflich. Wer ihm verfallen ist, kehrt nicht ins Leben zurück und ist dem Vergessen preisgegeben. Auch Gott erinnert sich nicht der Toten. Doch konnte es hierbei unter Voraussetzung eines entwickelten Gottesglaubens nicht bleiben. Im Laufe der Zeit bildete sich die Gewissheit aus, dass auch der Tod umfangen ist vom Leben Gottes.

Gott ist in allen Höhen und Tiefen anwesend: „Stiege ich zum Himmel empor, so bist du dort. Machte ich mir ein Lager im Totenreich, so bist du auch hier." (Ps 139,8) Der Tod vermag es nicht, Gott seine Geschöpfe auf Dauer zu entziehen. Denn seine Macht kommt derjenigen Gottes nicht gleich. Der Schöpfer herrscht auch im Totenreich und gedenkt derer, die gestorben sind. Wer sich an Gott hält, vergeht selbst im Tode nicht. Diese Gewissheit und das fromme Bedürfnis nach Erweis der Lebensmacht Gottes und insbesondere der Macht seiner Gerechtigkeit, die eine Vergleichgültigung der Differenz von Gut und Böse durch den Tod nicht zulässt, führt zur Ausbildung einer förmlichen Totenauferstehungserwartung in der apokalyptischen Tradition des Frühjudentums. „Leben sollen deine Toten, meine Leichname auferstehen" (Jes 26,19), heißt es im Kontext der sogenannten Jesaja-Apokalypse: „Vernichten wird er den Tod für immer." (Jes 25,8) Die neutestamentliche Verkündigung der Auferstehung der Toten schließt an diese und ähnliche Zeugnisse an, um sie von der Osterbotschaft her und auf die Parusie des auferstandenen Gekreuzigten am Ende der Tage hin zu deuten.

Allgemeine und besondere Auferstehung

Neben der breit bezeugten Erwartung einer allgemeinen Auferstehung der Toten am Ende der Welt, die alle Menschen, Gläubige und Ungläubige, Gerechte und Ungerechte, Gute und Böse umfasst und mit einer Verwandlung derer einhergehen wird, die bei Anbruch des Jüngsten Tages noch leben, finden sich im Neuen Testament auch einige Stellen, die nicht nur eine endzeitliche Auferstehung kennen: Nach Apk 20,1 ff. betrifft eine ausdrücklich so genannte erste Auferstehung nur die Märtyrer und Konfessoren, die zur Teilhabe an der Millenniumsherrschaft Jesu Christi vor dem definitiven Weltende berufen sind. Die übrigen Toten sollen, wie es ausdrücklich heißt, erst zum Leben kommen, wenn die tausend Jahre eines noch irdischen, wenngleich fast schon himmlischen Friedensreiches vergangen sind. Unabhängig von einem Chiliasmus, wie ihn die Johannesapokalypse im Kontext der apokalyptischen Tradition des Frühjudentums vertritt, begegnet die Unterscheidung zwischen einer vorgängigen besonderen und partiellen und einer nachfolgenden allgemeinen Auferstehung, die nicht nur einen Teil der Menschen, sondern die Menschheit insgesamt betrifft, auch bei anderen neutestamentlichen Zeugen. Selbst wenn nicht stricte dictu von zwei oder mehreren Auferstehungen die Rede ist, so wird das Auferstehungsereignis doch als in sich differenziert bzw. in einer gewissen Sequenz geschehend namhaft gemacht. „Es gibt", wie Paulus in 1.Kor 15,23 sagt, „eine bestimmte Reihenfolge." Zu vergleichen ist, was der Apostel in 1. Thess 4,13 ff. über die Hoffnung der Christen ausführt.

Zu eschatologischen Differenzierungen geben auch die Befunde in den Evangelien Anlass. Zwar scheint es zweifelhaft, ob zwischen Matthäus 27,52 f. und Apk 20,5 eine direkte Beziehung besteht. Doch benennt der erste Evangelist ausdrücklich eine von der allgemeinen Erweckung zum Endgericht (Mt 25,31 ff.) zu unterscheidende besondere Auferstehung, nämlich diejenige entschlafener Heiliger beim Tode Jesu: „Da riss der Vorhang im Tempel von oben bis unten entzwei. Die Erde bebte, und die Felsen spalteten sich. Die Gräber öffneten sich, und die Leiber vieler Heiligen, die entschlafen waren, wurden auferweckt. Nach der Auferstehung Jesu verließen sie ihre Gräber, kamen in die Heilige Stadt und erschienen vielen." (Mt 27,51 ff.) Wie sich die „Auferstehung der Gerechten" in Lk 14,14 zur endzeitlichen Auferstehung aller verhält, ist exegetisch strittig; nicht bestritten werden kann hingegen, dass das lukanische Wort Jesu an den Schächer besagt, dieser werde „heute noch" (Lk 23,43) im Paradiese sein. Der von Jesus zugesagte, im Verein mit ihm erfolgende Eingang des sterbenden Schächers in die himmlische Herrlichkeit wird sonach, wie man annehmen darf, individuell, ohne Verzug und nicht erst im Rahmen einer allgemeinen Totenauferstehung nach Ablauf der Weltgeschichte geschehen. Unerörtert bleiben kann, wie sich Joh 5,28 f. zu den Aussagen in Joh 6,39 f.44.54 verhält. Einen in sich differenzierten Begriff der Auferstehung und Auferweckung hat in jedem Fall auch der vierte Evangelist.

Unbeschadet interner Differenzierungen der Begriffe von Auferstehung und Auferweckung sind diese doch sowohl im Neuen Testament als auch in der frühjüdischen Apokalyptik auf den Gedanken des Endgerichts angelegt, der ihren Skopus bildet und durch den zugleich der Gegensatz von Himmel und Hölle sein für die biblische Überlieferung charakteristisches Format annimmt. Von jenem Himmel, den Gott nach Gen 1,1 (vgl. Jes 42,5; Ps 33,6; 104) zusammen mit der Erde erschaffen hat, sind der protologische des Paradieses und der eschatologische des Reiches Gottes klar zu unterscheiden. Himmel und Erde sind vergänglich, wenngleich die überirdische Sphäre Gott näher steht als die irdische. Doch mögen auch Himmel und Erde vergehen, so werden dadurch nach biblischem Zeugnis weder die Ursprungsbestimmung der Schöpfung Gottes noch das Ziel aufgehoben, auf welches sie ausgerichtet ist – das Himmelreich im Sinne der eschatologisch vollendeten Gottesherrschaft, an der nach Zeugnis apokalyptischer Tradition die Gerechten teilhaben werden, wohingegen die Ungerechten der Hölle verfallen (vgl. im Einzelnen Konradt).

Überirdische Sphäre und Unterwelt

Voll ausgebildet hat sich der Gegensatz von eschatologischem Himmel und eschatologischer Hölle erst unter den Bedingungen erschlossener Einsicht in die Gerechtigkeit Gottes, welcher nicht nach Weise eines allmächtigen Naturfatums, sondern so waltet, dass er auf Guttat Wohlergehen und auf die Untat des Bösen Strafübel folgen lässt. Bis es hierzu und zur Eschatologisierung des Tun-Ergehens-Zusammenhangs kam, blieb in Bezug auf das Verhältnis von Himmel und Erde noch manches in der Schwebe. Statt als alternativer Gegensatz konnte die Beziehung von überirdischer und unterirdischer

Welt, zwischen der sich die irdische befindet, noch als relative Differenz bestimmt werden. Wenn auserwählte Heilige Gottes in den Himmel entrückt werden (vgl. Gen 5,24; 2.Kön 2,11; Jes 53,8), dann ist nicht in jedem Falle klar, ob sie damit bereits der Vollendung zugeführt oder vorerst nur dem Zugriff des Todes entnommen sind. Die Toten hinwiederum werden in der Regel gemeinsam der Unterwelt zugewiesen und zwar zunächst unter Absehung davon, ob es sich um verstorbene Gerechte oder Ungerechte handelt.

Der eschatologische Gegensatz von Himmel und Hölle ist zwar in der Unterscheidung einer überirdischen und einer unterirdischen Welt präfiguriert, aber noch nicht zu der Alternative von himmlischer Seligkeit und höllischer Verdammnis ausgebildet. Überirdisches und Unterirdisches sind, wie der jeweilige Name sagt, durch ihren differenten Bezug auf Irdisches unterschieden. Als Unterwelt kann eine Welt verstanden werden, die recht eigentlich noch keine oder keine mehr ist, weil sie keine kosmische Ordnung kennt: in ihr herrscht das Chaos als ein ungeordnetes Durcheinander, in dem alles unbestimmt bleibt. Vergleichbare Assoziationen stellen sich ein, wenn man die Unterwelt als Reich des Todes beschreibt. Das Totenreich ist nicht nichts, weil es Leben voraussetzt, aber eben nicht als lebendiges, sondern als unwiederbringlich beendetes und vergangenes Leben. Im „Land ohne Heimkehr" (Hiob 10,21) herrscht der Tod über Verstorbene, die nicht mehr am Leben sind und keine Möglichkeit haben, aus ihrem Grabesdunkel emporzusteigen zum Licht.

Über die eigentümliche Befindlichkeit derjenigen, die sich in der Unterwelt befinden, lässt sich nichts Genaues ausmachen. Tote sind nicht einfach nichts, da sie ja lebten; ihre Existenz ist aber Nichtexistenz, sie führen ein nichtiges Schattendasein in einer Sphäre, in der alle Unterschiede verfließen und verblassen. Diese werden indifferenziert, egalisiert und zum Verschwinden gebracht. Vergleichgültigt zu sein scheint auch der Gegensatz von Gut und Böse. Der Tod ebnet alles ein, macht plan und gleich. Was die Griechen *hades* oder auch *abyssos* nannten, hieß bei den Hebräern Scheol. Der Name verweist auf etwas unter der Welt, das hinabreicht in chaotische Abgründe und bodenlose Urfluttiefen, wo finstre Ungeheuer hausen, die ebenso wenig zu fassen sind wie die flüchtigen Schatten des Todes. Scheol ist ein Land lichtloser Dunkelheit (vgl. Hiob 10,21 f.), wo man weder Jahwes gedenkt (vgl. Ps 6,6; 30,10; 115,17), noch von ihm erinnert wird (vgl. Ps 88,6). Keiner, der das unheimliche Land bewohnt, wird in ihm heimisch. Der Raum verliert seine Konturen und die Zeit zerfließt. Von der Zukunft ist nichts zu erwarten, die Gegenwart hat keinen Bestand und das Vergangene wird nicht mehr wirklich präsent, sondern ist in fortschreitendem Vergehen begriffen.

In der Scheol-Vorstellung reflektiert sich die hebräische Abscheu vor dem Tohuwabohu und mehr noch das Grauen vor Tod und Verwesung, mit dem in Berührung zu kommen unrein macht und vom göttlichen Geist des Lebens trennt. Abscheulich ist der Tod, grauenhaft das Grab; und doch gibt es Schlimmeres und Abgründigeres als die Grube der Verwesung, nämlich die Verdammung durch Gottes Endgericht, als dessen Stätte nach Jer 7,32; 19,6 die sogenannte Gehenna zu gelten hat. Ursprünglich Name eines wegen widerwärtiger Opferkulte (vgl. 2. Kön 16,3; 21,6) von den Frommen gemiedenen Tales nahe Jerusalem wird die Ortsbezeichnung im Laufe der Zeit zum Synonym nicht nur für Leichenhaufen, sondern für eine Feuerhölle, in der die Gottlosen ihrer gerechten Strafe zugeführt werden: „Ihr Wurm stirbt nicht, und ihr Feuer erlischt nicht, für alle sind sie ein Abscheu." (Jes 66,24; vgl. Jdt 16,17; Sir 7,17; Dan 12,2) Aufgegriffen ist das Wort in Mk 9,47 f., wo die Gehenna eindeutig als Hölle im Gegensatz zum Reiche Gottes verstanden wird. Höllenvorstellungen haben sich im Rahmen der apokalyptischen Tradition auf breiter Basis ausgebildet. Ihre inhaltliche Grundlage bildet die Gewissheit der universalen Gerechtigkeit des einen Gottes, der zwischen Recht und Unrecht scheidet. Auch wenn der Zusammenhang von Tun und Ergehen durch Welt- und Selbsterfahrung nicht bestätigt, sondern falsifiziert zu werden scheint, steht er doch von Gott her in Geltung, was sich spätestens am Jüngsten Tage erweisen wird.

Himmel und Hölle

Definitive Begriffe von Himmel und Hölle (vgl. Ratzinger, 326 ff.; 331 ff.) in ihrer Gegensätzlichkeit ergeben sich in der Konsequenz der Eschatologisierung der Vorstellung vom göttlichen Gericht. Wie in der frühjüdischen Apokalyptik ist die Hölle auch im Neuen Testament eine eschatologische Größe. Am Ende der Tage wird endgültig zwischen gut und böse, zwischen gerecht und ungerecht, zwischen fromm und gottlos unterschieden werden. Das Maß der urteilenden Scheidung bietet die Gerechtigkeit Gottes, wie sie in Jesus Christus erschienen ist. Die entscheidende Frage lautet, wie sich die in Jesus Christus und seinem Evangelium offenbare Gerechtigkeit zu derjenigen der Thora verhält. Diese Frage wird im Neuen Testament unterschiedlich beantwortet. Einigkeit besteht darin, dass von einer Verabschiedung des Gesetzes durch die Erscheinung Jesu Christi nicht die Rede sein kann. Ein Antinomismus wird im Neuen Testament nirgends vertreten. Der Gedanke einer richtenden Gerechtigkeit Gottes bleibt entsprechend erhalten. In zahlreichen Jesuslogien tritt er deutlich zutage. So wird in der Bergpredigt Mt 5,21 f.; 29 f. der Gottlose vor dem höllischen Feuer gewarnt, dem er zu verfallen droht, wenn er sich nicht bekehrt, und in der lukanischen Feldrede weist die Gegenüberstellung von Heils- und Weherufen auf die bevorstehende Scheidung zwischen Bußfertigen und Unbußfertigen hin. Im Übrigen möge, wer seine Mitmenschen richtet, zusehen, dass er nicht selbst gerichtet werde (Mt 7,13 f.).

Eng ist die Pforte, die zum Leben führt, breit der Weg ins Verderben (Mt 7,13 f.). Nach üblicher apokalyptischer Vorstellung haben sich ausnahmslos alle Menschen am Ende der Tage beim göttlichen Weltgericht einzufinden. In Mt 25,31 ff. ist diese Vorstellung rezipiert worden: Der Menschensohn, der kein anderer ist als Jesus Christus, wird zusammen mit allen Engeln herrlich erscheinen und sich auf den Thron seiner Herrlichkeit setzen, um Gericht zu halten über alles Volk und zwischen Böcken und Schafen zu scheiden. Erfolgt gemäß der jesuanischen Rede vom großen Weltgericht die Scheidung zwischen Gerechten und Ungerechten allgemein und am Ende aller Tage, so fällt die eschatologische Entscheidung in der Beispielerzählung vom reichen Mann und vom armen Lazarus sogleich nach dem individuellen Tod (vgl. Lk 16,19 ff.). Der Reiche stirbt, wird begraben und kommt in die Hölle (*hades*), wo er qualvolle Schmerzen erleidet. Der Arme hingegen wird nach seinem Tod von den Engeln in Abrahams Schoß (*eis ton kolpon Abram*) getragen, wo ihn der Reiche von Ferne (*apo makrothen*) sitzen sieht. Unberührt geblieben von dieser in der Dogmatik später förmlich vollzogenen Differenzierung von individueller und universaler Eschatologie ist der kriteriologische Maßstab, nach dem geurteilt wird. Gerichtet und geschieden wird beide Male nach Maßgabe von Moses und den Propheten (vgl. Lk 16,29.31) sowie nach den Gesetzeswerken, die sie gebieten. Dass sich im Gleichnis vom großen Weltgericht Jesus Christus selbst zum Urteilskriterium erklärt, ändert an diesem Sachverhalt zunächst nichts, sondern bestätigt ihn.

Das Reich des Vaters und des Sohnes

Der Menschensohn weiß sich an Gottes Gerechtigkeit gebunden, die dem Unrecht Leidenden Recht verschafft und dem Ungerechten nicht das Recht lässt, Unrecht zu tun. Er richtet nicht als Ersatzmann, sondern als Stellvertreter Gottes und an Gottes statt dergestalt, dass die göttliche Gerechtigkeit gewahrt, zur Geltung und zur Durchsetzung gebracht wird. Ein grundsätzlicher Unterschied zur frühjüdischen Apokalyptik ist in dieser Hinsicht nicht vorhanden. Zwar fungiert in ihr wie im Judentum überhaupt in der Regel Gott selbst und Gott allein als Richter. Doch sehen einige Texte eine Übertragung der Richterfunktion beispielsweise auf die Gestalt des Menschensohns durchaus vor (vgl. Äth Hen 45 f.; 55; 71). Das neutestamentliche Zeugnis von Jesus Christus als endzeitlichen Richter, das „bereits die ältesten uns bekannten Glaubensformeln" (Merkel, 483) bieten, sprengt also nicht per se den Rahmen des Herkömmlichen und das umso weniger, als der königliche Weltenrichter sein Amt nicht selbstherrlich, sondern ganz im Sinne der Herrschaft Gottes ausübt. Dies wird exemplarisch deutlich, wenn er sagt: „Kommt her, ihr Gesegneten meines Vaters, ererbt das Reich, das euch der Vater vom Anbeginn der Welt bereitet hat." (Mt 25,34)

Besonders signifikant für das gemeinsame eschatologische Handeln Gottes und Jesu Christi ist der „rätselhafte Abschnitt" (Jantsch, 279) im 15. Kapitel des 1. Korintherbriefes (V. 20–28), in dessen Zusammenhang gesagt wird, dass der Sohn, wenn er alle finsteren Mächte und Gewalten vernichtet hat, das Reich Gottes seinem Vater übergeben werde (1. Kor 15,24): „Wenn aber alles ihm untertan sein wird, dann wird auch der Sohn selbst untertan sein dem, der ihm alles unterworfen hat, damit Gott alles in allem sei." (1. Kor 15,28) Wird in dieser Aussage das eschatologische Handeln Jesu Christi in dasjenige Gottes aufgelöst, der Sohn dem Vater definitiv subordiniert? Diese Deutung „legt sich zwar angesichts der Rückübertragung der Herrschaft an den Vater in V. 28 nahe" (Jantsch, 289); sie ist aber „nur dann sinnvoll, wenn man von einer entwickelten Trinitätslehre auf die paulinischen Texte zurückblickt. Entscheidend ist dagegen, dass der Vater dem Sohn Anteil an seiner Herrschaft gibt – das erhöht de(n) Sohn über ‚alles' und hebt ihn auf dieselbe Stufe wie den Vater. Dies ist eine Aussage, die besonders die *Erhöhung* des Sohnes betont und das *Verhältnis von Gott und Jesus Christus im Sinne eines Mit- und Nebeneinanders* bestimmt, nicht im Sinne eines Über- und Unterordnungsverhältnisses." (Ebd.) Christozentrische und theozentrische Eschatologie in ein Konkurrenzverhältnis zu bringen und gegeneinander auszuspielen, entspricht dem neutestamentlichen Befund nicht nur nicht, sondern widerspricht ihm. Die Rückgabe seines Reiches an den Vater bringt die Sohnesherrschaft nicht zum Verschwinden. Es ist im Gegenteil so, dass der Sohn vollen und paritätischen Anteil an der Herrschaft im Gottesreich erhält, „auch (und gerade!) wenn er sich selbst ganz und gar dieser Herrschaft unterordnet" (Jantsch, 291).

Im Reich des Vaters herrscht Gerechtigkeit, ohne deren Realisierung das Reich Gottes nicht zu denken ist. Doch zeigt die Qualifikation des gerechten Gottes als Vater zugleich an, dass sich sein und des Menschensohnes Endgericht nicht in einem Urteil erschöpft, welches jedem das Seine zuteilt, die Gerechten belohnt und die Ungerechten bestraft. Der Sohn des Vaters und der Vater in ihm werden vielmehr in der Kraft des Geistes, der sie verbindet, aus Gnade heraus die Ungerechten, Sünder und Gottlosen rechtfertigen, welche glauben. Das Jüngste Gericht nimmt unter diesem Gesichtspunkt den Charakter eines Gnadengerichts an, das sich von einem Strafgericht wesentlich unterscheidet, ohne dass deshalb der Strafaspekt unberücksichtigt bliebe. Doch steht dieser unter der Voraussetzung des Augenblicks eschatologischer Begnadung, um heilsam zu sein. Dass durch diese Perspektive die durch Gottes Gesetz gebotenen Werke und die Aufgaben christlicher Weltverantwortung geringgeschätzt oder vernachlässigt würden, ist eine irrtümliche Meinung. Neutestamentliche Eschatologie beendet verantwortliche Weltgestaltung nicht nur nicht, sondern fordert sie geradezu heraus: „Weil der Christ durch Gottes Zusage, sein Reich herbeizuführen, wann er es will, von dem Zwang entlastet ist, selber seine ganze Zukunft besorgen zu müssen, ist er frei, sich ganz seiner geschichtlichen Gegenwart zuwenden zu können." (Walther, 28)

Sinn und Primärzweck biblischer Eschatologie

Wozu Eschatologie? Warum lässt man die Toten nicht in Ruhe und alles auf sich beruhen, was in ihrem Leben der Fall war? Wieso soll die Welt nicht am Ende dorthin zurückkehren, woraus sie nach Maßgabe des kirchlichen Dogmas von Gott ins Sein gerufen wurde, nämlich ins Nichts und zwar ins nihil pure negativum? Die Hl. Schriften Israels, die unveräußerlich zum Kanon der christlichen Kirche gehören, beantworten diese und vergleichbare Fragen primär mit dem Hinweis auf die göttliche Gerechtigkeit: Sie lässt es nicht zu, dass alles endet, als sei nichts gewesen, und sie ist es, welche dem Tod nicht nur die Macht bestreitet, den Unterschied von gerecht und ungerecht zu vergleichgültigen, sondern die sein tödliches Unwesen selbst zur Schuld des Bösen erklärt. Aus dieser Antwort ergibt sich, dass Sinn und Zweck der Eschatologie mitsamt ihrer anthropologischen und kosmologischen Implikationen nur mittels theologischer Konzentration zu erfassen sind, wobei als Zentralbegriff eschatologischer Theologie derjenige der Gerechtigkeit Gottes zu gelten hat. Am Begriff der Gottesgerechtigkeit entscheidet sich der materiale Gehalt biblischer Eschatologie, deren formale Gestalt erst unter seiner Voraussetzung angemessen in den Blick kommt; aus ihm und seinem Verständnis heraus resultiert zugleich der Unterschied zwischen jüdischer und christlicher Endzeiterwartung, sofern christliche Endzeiterwartung im Verein mit der Ankunft des Reiches göttlicher Gerechtigkeit zugleich das Kommen desjenigen erhofft, um dessentwillen Gott im Gericht aus Gnade den Sünder rechtfertigt, der glaubt.

Das semantische Feld der hebräischen Termini, die im Deutschen in der Regel mit „Gerechtigkeit", im Septuagintagriechisch mit „*dikaiosyne*" und im Vulgatalatein mit „iustitia" wiedergeben werden, ist weit und überschneidet sich teilweise mit anderen Wortfeldern. Für die Bedeutung der alttestamentlichen Begriffe für Gerechtigkeit, gerecht, richtig etc. grundlegend ist zweifellos ihre ursprüngliche Verbindung mit dem Vollzug herrscherlich-richterlicher Rechtsprechung. Gerechtigkeit und Gericht gehören von Anfang an zusammen. Dies gilt nicht nur für die menschliche Gerechtigkeit, sondern auch in theologischer Hinsicht. Auszugehen ist auch hier von einem forensischen Wortgebrauch: „Gott wird zunächst als oberster Richter verstanden." (Scharbert, 408) Er erweist seine Gerechtigkeit darin, dass er richtet und zwischen recht und unrecht urteilend scheidet, damit derjenige sein Recht bekommt, welchem Unrecht geschah. Man hat zutreffend vermerkt, „daß es im Alten Testament nicht in erster Linie um die Bestrafung der Schuldigen, sondern um die Rettung der Unschuldigen geht" (Scharbert, 408 f.), und man hat mit Recht konstatiert, dass Gnade und Verheißungstreue konstitutiv zur Gerechtigkeit Jahwes gehören; ihre Intention ist auf Rettung des Unrechtleidenden und nicht darauf ausgerichtet, zugrunde zu richten: Gottes Gerechtigkeit will Heil, nicht Unheil. Dies ändert indes nichts am richtenden Charakter göttlicher Gerechtigkeit, da nach alttestamentlicher Auffassung nichts heilloser wäre, als den Gegensatz von recht und unrecht zu vergleichgültigen.

Als gerecht erweist sich Gott, indem er nach Maßgabe des Rechts urteilt und Rechtes von Unrechtem scheidet statt den Gegensatz beider zu egalisieren. Die Vorstellung einer Belohnung des Guten und einer Bestrafung des Bösen entspricht dem, wenn man sie nicht vorschnell mit der Scheidung empirischer Menschengruppen gleichsetzt, sondern vom allgemeingültigen Grundsatz der Gerechtigkeit bestimmt sein lässt, die demjenigen, welcher schuldlos Unrecht erlitt, Recht verschafft und es nicht zulässt, dass einer sich das vermeintliche Recht herausnimmt, Unrecht zu tun. Gottes Gerechtigkeit will Rettung und Heil; eben darum muss das Unrecht gerichtet und das Böse bestraft werden. An den Psalmen (vgl. Scharbert, 409 f.) ließe sich dieser Zusammenhang exemplarisch belegen, der vergleichbar im rabbinischen Judentum (vgl. Finkel) und ebenso im Neuen Testament begegnet, wie nicht nur am synoptischen, sondern auch am paulinischen *dikaiosyne*-Verständnis aufgezeigt werden kann (vgl. Lührmann). Gott rettet im Gericht, nicht außerhalb desselben (vgl. O. Fuchs). Auch nach Paulus ist Gottes Gerechtigkeit richtend, wie denn auch Jesus Christus nach dem Gesamtzeugnis des Neuen Testaments als eschatologischer Richter erscheint. Wie sich diese Erwartungsperspektive mit der Hoffnung auf Rettung im Gericht durch Rechtfertigung des Sünders aus Gnade durch Glauben verhält, ist die entscheidende Frage nicht nur reformatorischer, sondern gesamtchristlicher Eschatologie und ihres Verhältnisses zur Eschatologie des Judentums.

Eschatologisierung jüdischer Religion

Die ursprüngliche Einsicht jüdischer Religion, die sie charakteristisch prägt, liegt in der Erkenntnis der Gerechtigkeit des einen und allmächtigen Gottes begründet, welche die Thora erschließt. Über die Ausbildung des universalen Thoramonotheismus, der das Judentum kennzeichnet, wurde bereits ebenso ausführlich gehandelt wie über die Krise des jüdischen Glaubens an einen proportionierten Zusammenhang von menschlichem Tun und Ergehen, wie er aus dem Vertrauen auf die Gerechtigkeit des einen und allmächtigen Gottes folgt (vgl. Wenz, Gott, 103ff.). Ausgiebig erörtert wurden zudem die religiösen Ansätze zur Bewältigung besagter Krise, wobei der apokalyptischen Bewegung und der mit ihr einhergehenden Eschatologisierung der jüdischen Überlieferung und ihrer Traditionsbestände besondere Aufmerksamkeit zugewendet wurde (vgl. Wenz, Gott, 160ff.). Die Grundaussage jüdischer Apokalyptik ist Ausdruck der Gewissheit, dass Gottes Gerechtigkeit Bestand hat und sich realisieren wird, auch wenn alle Selbst- und Welterfahrung dagegen zu sprechen scheint: Am Ende der Zeit wird der eine und universale Gott urteilend zwischen Recht und Unrecht scheiden und richten nach Maß seiner Gerechtigkeit. Die apokalyptische Erwartung einer endzeitlichen Auferstehung der Toten und eines neuen Äons ist eine Funktion dieser eschatologischen, im ursprünglichen Gottesglauben begründeten Gewissheit, die Rückwirkungen hat in Bezug schon auf das Verständnis des Todes selbst.

Wie man hört, soll im Alten Israel zwar der vorzeitige Tod, nicht aber der Tod als solcher ein Problem gewesen sein. Als natürliche Grenze eines betagten Lebens, das nicht vor der Zeit sein Ende genommen habe, sei er nicht nur „mit großem Realismus wahrgenommen" (Dietrich / Vollenweider, 582), sondern in seiner Faktizität auch religiös akzeptiert worden, ohne ihn theologisch zu problematisieren. Inwieweit diese geläufige Annahme mit altisraelitischen Trauer- und Klageriten oder mit den aus der altorientalischen Umwelt übernommenen Vorstellungen vom Totenreich als einem Ort freudloser Schattenexistenz in Einklang zu bringen ist, wäre zu prüfen. Dass auch den lebenssatten Altisraeliten die Aussicht, demnächst in der unwirtlichen und unheimlichen Scheol zu landen, nur bedingt mit Zufriedenheit erfüllt haben wird, darf angenommen werden; nicht von ungefähr galt allein schon die Grabstätte als „ein unreiner Ort, der entsprechend gemieden wurde" (Zwickel, 151).

Zu vermuten ist ferner, dass die Abscheu vor Toten, deren Berührung als kultische Verunreinigung par excellence erachtet wurde, und das strikte Verbot, mit ihnen Kontakt aufzunehmen und zu verkehren, als Indizien dafür zu werten sind, dass auch dem Alten Israel selbst der Alterstod nicht einfach als ein natürliches Datum, sondern wenn vielleicht auch nicht als schöpfungswidrig, so doch als in Spannung zur schöpferischen Lebensmacht Gottes stehend empfunden wurde. Wie auch immer: Spätestens im Judentum nachexilischer Zeit wird nicht nur auf den Zusammenhang von Sünde und Sterben reflektiert, sondern insbesondere auch Einspruch dagegen erhoben, dass der Tod als der große „*Gleichmacher*" (Dietrich / Vollenweider, 589) fungiert, als den ihn die Alten angeblich naturgemäß betrachteten. Zwar ist nicht zu leugnen, dass alle unterschiedslos sterben müssen; aber gerecht kann dieses allgemeine Naturschicksal des Todes insofern nicht genannt werden, als es die Differenz von gerecht und ungerecht zu egalisieren und damit die Grundlage der Gerechtigkeit zu destruieren droht. Damit ist das entscheidende Motiv für die Ausbildung eines auf die allgemeine Auferstehung der Toten ausgerichteten Erwartungshorizonts im frühen Judentum benannt. Die eschatologische Totenerweckung erfolgt primär um der Gerechtigkeit Gottes willen, die es nicht zulässt, dass der Tod den Unterschied von Thoragehorsam und Thorawidrigkeit nivelliert und auflöst.

Eschatologische Realisierung der Gottesgerechtigkeit

Was die frühjüdische Auferweckungs- und Auferstehungsthematik betrifft, so hat man zwischen zwei Vorstellungstypen unterschieden: Der eine „rechnet mit einer Auferstehung aller Toten oder aller Gerechten am Ende der Tage zu einem neuen Leben auf der Erde. Wenn alle Toten auferstehen, folgt auf die Auferstehung ein forensisches Gerichtsverfahren; wenn nur die Gerechten auferstehen, gibt es kein Gericht mehr. Daneben gibt es die Vorstellung einer Auferstehung von herausgehobenen Individuen, die mit einer Erhöhung in Gottes himmlische Welt einher geht. Dieses Geschick ist besonders Gerechten vorbehalten oder auch Märtyrern, die um ihrer Gesetzestreue willen den Tod erleiden mussten. Ihr eschatischer Heilsort ist nicht die Erde, sondern der Himmel." (Wolter, 29) Bei beiden Ereignissen handelt es sich um ein „eschatisches Geschehen" (Wolter, 30), das „einen Zustand herbeiführt, der unverändert bleibt" (ebd.). Wolle man eine systematisierende Einteilung vornehmen, dann „wäre die Erwartung einer *kollektiven* Auferstehung *am Ende der Tage* mit einem anschließenden Leben der Auferstandenen *auf der Erde* der ‚universalen Eschatologie' zuzurechnen, während die Vorstellung einer *auch in der Gegenwart* schon möglichen Auferstehung von *einzelnen Gerechten und Märtyrern*, die mit einer *Entrückung* in den *Himmel* einhergeht, eine Vorstellung der ‚individuellen Eschatologie' wäre." (Ebd. unter Verweis auf Filoramo, 1542)

Auch wenn man dieser Einteilung nicht zu folgen bereit ist, sondern andere Klassifikationen bevorzugt, ändert dies nichts an der Tatsache, dass alle Variationsmuster frühjüdischer Auferstehungserwartung im Dienst der Realisierung des Gedankens göttlicher Gerechtigkeit stehen. Er bildet den materialen Gehalt der Eschatologie, an dem sich ihre formale Gestaltung zu orientieren hat. Dabei gilt die Regel, dass sich individuelle und universale, allgemeine und besondere Eschatologieaspekte zwar unterscheiden, nicht aber trennen lassen, weil im theologischen Gerechtigkeitsgedanken Besonderheit und Allgemeinheit, Universalität und Individualität einen differenzierten Zusammenhang darstellen. Dies dürfte auch ein wesentlicher Grund dafür sein, warum sich die Erwartung einer allgemeinen Auferstehung der Toten am Ende der Zeit schon im hellenistischen Judentum und dann entsprechend im Christentum mit der Annahme einer individuellen Identitätswahrung über den Tod hinaus verbinden konnte, wie der Gedanke einer Seelenimmortalität sie nahelegte. Unter der Voraussetzung dieses Gedankens konnte der Tod schließlich als Trennung von Leib und Seele und die endzeitliche Auferstehung als allgemeine Wiederherstellung der psychosomatischen Einheit jedes Einzelmenschen verstanden werden.

Der Tod als Trennung von Leib und Seele

Die förmliche Kennzeichnung des Sterbens als eines Vorgangs der Entseelung, aus dem der Tod als Trennung von Leib und Seele resultiert, ist für das christliche Todesverständnis bekanntlich beizeiten bestimmend geworden unbeschadet der Vielfalt der Bilder und Gleichnisse, mit denen die Bibel den Tod alles Lebendigen und namentlich denjenigen des Menschen charakterisiert. Die Rede ist von Auflösung und Zersetzung (Phil 1,23; 2. Tim 4,6), von Abbruch des irdischen Wohnhauses und Zeltes (2. Kor 5,1; 2. Petr 1,14), von Ende (Mt 10,25) und Ausgang (Hebr 13,7; vgl. auch Gen 3,19; Ps 145,4; Pred 12,7). Gesprochen wird ferner vom Eingang zu den Vätern (Gen 15,15; 25,8.17; 49,29.32 u. ö.), vom Entschlafen (Dtn 31,16), im Neuen Testament vom Entschlafen in Christus (1. Kor 15,18; 1. Thess 4,12 ff.), vom Eintritt in die himmlische Ruhe (Apk 14,13) oder von der Rückkehr des Geistes zu Gott (Pred 12,7). Ohne die biblische Bildervielfalt von ihm und den Assoziationsreichtum zu beseitigen, der mit ihr verbunden ist, hat sich in der Christentumsgeschichte schon seit den Apologeten die förmliche Bestimmung des Todes als Trennung von Leib und Seele durchgesetzt; Justin ist dafür ein prominenter Zeuge.

Auch im zeitgenössischen Judentum ist eine ähnliche Entwicklung zu verzeichnen: „weithin setzt sich schon früh die Auffassung des Todes als Trennung von Leib und Seele durch." (Stemberger, 602) Diese Trennung vollzieht sich nach rabbinischer Auffassung nicht auf einen Schlag, sondern in einem längeren Prozess, der im Grunde erst mit der endgültigen Verwesung endet. Tagelang noch kehrt die Seele zu ihrem sie entbehrenden Körper zurück, um Leichenschau zu halten und sich davon zu überzeugen, dass er wirklich und nicht nur zum Schein tot ist. Erst allmählich weicht sie ohne Wiederkehr von ihm. Daran zeigt sich, dass der Tod durchaus auch jetzt noch und unter der Voraussetzung der Differenzierung von Leib und Seele „als ein den Menschen ganzheitlich betreffendes Geschehen" (ebd.) betrachtet wurde, wie das ja auch im Christentum der Fall war. Zentral blieb ohnehin hier wie dort und trotz der vielen formalen Gestaltungsprobleme, welche die Eschatologie im Besonderen und im Allgemeinen, in individueller und in universaler Hinsicht aufgab, der materiale Gedanke der Gottesgerechtigkeit und ihrer eschatologischen Realisierung. An ihm entschied sich im Kern schon das Problem des Verständnisses des Todes, dessen innerer Abgrund nach biblischem Urteil durch den Fall der Sünde bewirkt ist. Im Vergleich zu diesem Problem sind alle anderen, welche der Tod aufgibt, zweitrangig und eher äußerlich.

Die Zwangsläufigkeit menschlichen Sterbens hat als Strafkonsequenz der Sünde zu gelten, deren Faktizität dazu führte, dass ausnahmslos alle Adamskinder den Tod erleiden. Als biblischer Beleg wird traditionell Gen 2,17 angeführt, wo dem Menschen angedroht wird, nach erfolgter Gebotsübertretung dem Tode zu verfallen und wieder zur Erde zu werden, aus der er genommen ist: „Denn Staub bist du und zum Staub sollst du wieder werden." (Gen 3,19) Das Neue Testament scheint diesen Befund vom Tod des Menschen als einer Folge der adamitischen Sünde zu bestätigen, etwa wenn Paulus Röm 5,12 sagt: „Durch einen Menschen ist die Sünde in die Welt gekommen und durch die Sünde der Tod, und so ist der Tod auf alle Menschen übergegangen, weil alle gesündigt haben." (Vgl. Röm 5,15; 8,19; 1. Kor 15,21 f.) Weil alle Menschen gesündigt haben, ist der Tod auf sie gekommen. Seine Allgemeinheit ist eine Folge der Allgemeinheit der Sünde, der alle Nachkommen Adams verfallen sind. Dies schließt nicht aus, dass Einzelne durch eine spezielle Gnadenzuwendung Gottes das Privileg der Bewahrung vor dem Tod erhalten. Als alttestamentliche Beispiele gelten Henoch (Gen 5,24; Sir 44,16; ferner: Hebr 11,5) und Elia (2. Kön 2,11; 1. Makk 2,58), die entrückt wurden und zum Himmel fuhren, ohne den Tod geschmeckt zu haben. Zu denken ist eventuell auch an die bei der Parusie Jesu Christi noch lebenden Gerechten, die nach 1. Kor 15,51 nicht entschlafen, sondern sogleich verwandelt werden. Wie auch immer: Was es mit dem Tod und dem durch allgemeine Totenauferstehung, individuelle Seelenunsterblichkeit oder durch beides zusammen förmlich eröffneten „Leben danach" auf sich hat, entscheidet sich materialiter an dem Problem der Gottesgerechtigkeit und der Gerechtigkeit des Menschen vor Gott.

Gottes Reich als realisierte Herrschaft der Gerechtigkeit

Zu den Leitbegriffen biblischer Eschatologie gehört unzweifelhaft derjenige des kommenden Gottes- bzw. Himmelreiches; er umfasst individuelle und universale Bezüge und integriert anthropologische und kosmologische Aspekte unter dem Gesichtspunkt eschatologisch sich verwirklichender Gottesgerechtigkeit. Die beherrschende Form, in der sich die Gottesgerechtigkeit eschatologisch realisiert, ist dabei diejenige des Jüngsten Gerichts, was durch den biblischen Befund eindeutig belegt wird und zwar sowohl, was die hebräische als auch was die christliche Bibel angeht. Der Gedanke endzeitlichen Gerichts bestimmt nicht nur die alttestamentliche, sondern auch die neutestamentliche Eschatologie in allem, was sie in Bezug auf die Zukunft der Welt und namentlich des Menschengeschlechts zu sagen hat. Ausnahmslos alle Menschen haben am Ende der Tage vor dem Richterstuhl Gottes zu erscheinen, um beurteilt zu werden. Die Wirklichkeit eines allgemeinen Endgerichts ist durch die Hl. Schrift vielfach bezeugt, im Alten Testament vor allem im Kontext der apokalyptischen Traditionen, im Neuen in Parabeln (vgl. Mt 13,30.39 ff.; 13,47 ff.; 22,11 ff.; 25,1 ff.14 ff.) und Logien Jesu (vgl. Mt 7,21 ff.; 10,15; 11,22 ff.; 12,41 f.; 16,27), bei Paulus etwa Röm 2,5 ff.; 14,10 ff.; 1. Kor 3,13 ff.; 4,4 f.; 6,2 f., um von anderen Zeugen zu schweigen. Nicht minder gut belegt ist die nach dem allgemeinen Endgericht erfolgende Vollendung aller Dinge. Sie schließt die Momente der Negation und erneuernden Verwandlung der Welt in sich. Weder lässt sich eine völlige Vernichtung der geschaffenen Welt, noch eine bloße Affirmation ihres Bestandes behaupten, wie er sich derzeit in Erfahrung bringt.

Zwischen Jüngstem Gericht und irdischer Gerechtigkeit (vgl. Anselm) gibt es bei aller Unterschiedlichkeit Vergleichspunkte, die u. a. Funktionen und Verfahrensabläufe betreffen, worauf hier nicht näher einzugehen ist. Konstatiert sei lediglich, dass die mit der Aussicht auf das kommende Gottesreich verbundene Erwartung eines eschatologischen Endgerichts auch unter christlichen Bedingungen und unter der Voraussetzung erhalten blieb, dass die Verwirklichung der Gottesherrschaft einhergeht mit der Parusie Jesu Christi. Gemäß christlicher Erwartung wird Jesus Christus im Endgericht als Richter fungieren, der im Namen und Auftrag Gottes alle Menschen mitsamt ihrer Welt beurteilen wird und zwar nach Maßgabe der durch sein Menschsein vollkommen erfüllten Gebote, in deren Gehalten der Mensch seine eigene Bestimmung erkennt (vgl. Röm 2,16; ferner Röm 2,6; 3,6; 14,10; auch Joh 5,30; Apg 17,31). Engel (vgl. Mt 13,41 f.49 f.; 24,31) und Apostel (Mt 19,28; 1. Kor 6,2) werden ihm bei seiner endzeitlichen Richtertätigkeit assistieren.

Gegenstand des Gerichts ist alles Tun und Lassen des Menschen einschließlich dessen, was zu seinen irdischen Lebzeiten verborgen war; Gerichtszweck und -ziel die Verherrlichung Gottes und seiner Gerechtigkeit, die durchaus als vergeltend zu denken ist. Die christologische Konzentration der Eschatologie ändert daran offenbar ebensowenig etwas wie der förmliche Parusiegedanke. Erst wenn man ihn inhaltlich näher bestimmt, wird ein Wandel der Perspektive erkennbar. Das griechische Wort *parousia* hat im Neuen Testament die Bedeutung Ankunft (2. Petr 3,12), Erscheinung im Sinne von *epiphaneia* (1. Tim 6,14; 2. Thess 2,8) oder *apokalypsis* (2. Thess 1,7; 1. Petr 4,13) sowie Gegenwart (2. Petr 1,16). „Die übliche Übersetzung ‚Wiederkunft' setzt voraus, daß schon die Menschwerdung Christi als Parusie bezeichnet wird. Dies geschieht erstmals bei *Ignatius*, An die Philadelphier 9,2. *Justin* (1. Apologie 52,3) spricht von der ersten und zweiten Parusie." (Schelkle, 61 Anm. 1) In seiner endzeitlichen Verwendungsweise ist der neutestamentliche Parusiebegriff entscheidend durch Überlieferungen der frühjüdischen Apokalyptik geprägt. In ihren Traditionszusammenhang gehört auch Jesus, der in Wort und Zeichenhandlungen als Endzeitprophet in apokalyptischem Kontext wirkte. Ob er den kommenden Menschensohn, dessen Parusie er im Zusammenhang seiner Reich-Gottes-Verkündigung ansagte, unmittelbar mit sich selbst identifizierte, ist unter historisch-kritischen Exegeten strittig.

Der kommende Menschensohn

Nach Mk 8,38 wird sich der Menschensohn, „wenn er kommen wird in der Herrlichkeit (*doxa*) seines Vaters mit den heiligen Engeln", dessen schämen, der sich Jesu und seiner Worte schämt. Mit diesem Spruch ist eine enge Verbindung zwischen der jesuanischen Sendung und der Parusie des Menschensohnes angesagt, wenn auch nicht notwendigerweise eine Aussage unmittelbarer Gleichsetzung beider getroffen ist. In den Parallelworten Jesu Mt 10,32 f. wird eine solche Identifikation vorgenommen, ohne dass noch eigens vom Menschensohn die Rede ist: „Wer sich nun vor den Menschen zu mir bekennt, zu dem werde auch ich mich vor meinem Vater im Himmel bekennen. Wer mich aber vor den Menschen verleugnet, den werde auch ich vor meinem Vater im Himmel verleugnen." Zu vergleichen ist Jesu Antwort in Mk 14,62 auf die Frage des Hohenpriesters, ob er der Christus, der Sohn des Hochgelobten, sei: „Ich bin's; und ihr werdet den Menschensohn zur Rechten der Macht sitzen und mit den Wolken des Himmels kommen sehen." (Vgl. Lk 22,69)

Wie immer man den Bezug, den Jesus zwischen sich und dem kommenden Menschensohn in Anschlag brachte, und wie immer man darüber hinaus das Verhältnis zwischen dem Selbstverständnis Jesu und den sog. christologischen Hoheitstiteln zu beurteilen hat, die das Neue Testament auf ihn anwendet: Unter den Bedingungen des Geistzeugnisses von der österlichen Auferweckung und Auferstehung des gekreuzigten Jesus von Nazareth ist dieser als Christus und als derjenige offenbar, der mit dem eschatologischen Menschensohn identisch ist. Der auferstandene Gekreuzigte ist der Messias Gottes und der am Ende der Tage kommende Menschensohn eins mit dem Christus Jesus, der beim endzeitlichen Anbruch des Gottesreiches zwar anders, nicht aber als ein anderer erscheinen wird als zu seinen irdischen Lebzeiten. Der christliche Glaube erwartet die Zukunft dessen, der gekommen ist, um für uns zu leben, zu sterben und auferweckt zu werden von seinem Vater, dem allmächtigen Schöpfer Himmels und der Erde, dessen Sohn er in der Gemeinschaft des Hl. Geistes von Ewigkeit her und in Ewigkeit ist.

Athenagoras über die Auferstehung der Toten

Die Parusie Jesu Christi wird mit dem Anbruch des Reiches Gottes einhergehen und das ewige Leben des Geistes kein anderes sein als dasjenige des einen Gottes in seiner Einzigkeit. Die Eschatologie des Neuen Testaments bleibt streng monotheistisch verfasst, doch in der Weise eines Monotheismus, der auf eine auszubildende Lehre von der Dreieinigkeit Gottes vorausweist. Namentlich durch die Apologeten, welche die jüdisch-urchristlichen Endzeiterwartungen in Beziehung setzten zu den philosophischen Überlieferungen der paganen Antike, wurde dieser Prozess und eine entsprechende Transformation traditioneller Eschatologie nachdrücklich forciert. Als ein Beispiel hierfür studiere man die vielleicht „erste philosophisch begründete Apologie der Auferstehung des Leibes" (Daley, 102) in dem Werk „Über die Auferstehung der Toten", welches traditionell dem Apologeten Athenagoras von Athen zugeschrieben wird, möglicherweise aber auch von einem anderen Autor stammt. Es bietet zugleich ein Exempel für das Entsprechungsverhältnis, das zwischen der Erinnerung der Auferstehung des Gekreuzigten und der Erwartung seiner Wiederkunft am Ende der Tage statthat. Ostern antizipiert, was sich im Eschaton realisiert, und die Endzeit wirkt auf das Osterereignis zurück, um sein vollendetes Perfekt zu erweisen.

Ein Entsprechungsverhältnis zwischen der Erwartung der Parusie Jesu Christi und der Erinnerung der österlichen Auferweckung und Auferstehung des Gekreuzigten wird bereits in der neutestamentlichen Überlieferung in Anschlag gebracht und zwar in einer Weise, die hinausweist über die überkommenen Vorstellungen von Endgericht, weil sie den kommenden Herrn als denjenigen vorstellig macht, der als der um unseretwillen Gerichtete aus dem Gericht rettet, indem er den Sünder rechtfertigt, der glaubt, um erst dann als Richter zu erscheinen, der nach den Werken urteilt und nach Maßgabe der richtenden Gerechtigkeit Recht von Unrecht scheidet. Eschatologisch hat das Evangelium dem Gesetz voranzugehen, damit das Endgericht nicht als heillos und zugrunderichtend, sondern als heilsam erkannt und erwartet werde, wie dies dem Geist Jesu Christi entspricht. Er und er allein erschließt endzeitliches Heil und erweist seine schöpferische Stärke und Kraft vorzugsweise dort, wo er die Geistlosigkeit des Todes und die Geistwidrigkeit der Sünde überwindet. Eschatologie gehört zur Pneumatologie, und sie bedarf dieses Kontexts, damit inmitten der Anfechtung durch Tod und Teufel im Glauben an den im auferstandenen Gekreuzigten offenbaren Gott verstanden werde, was ewiges Leben heißt. Die altkirchliche Lehrentwicklung greift diesen Gesichtspunkt auf, um im eschatologischen Geiste der Gerechtigkeit, der Liebe und des ewigen Lebens die biblische Perspektivenvielfalt trinitätstheologisch zu integrieren und auf differenzierte Weise zu vereinen: der eschatos, der das eschaton samt allen eschata in sich begreift und für Mensch und Welt realisiert, ist der dreieinige Gott.

7. Der Geist der Gerechtigkeit, der Liebe und des ewigen Lebens. Entwicklungstendenzen altkirchlicher Eschatologie

Lit.: R.D. Aus, Art. Gericht Gottes II. Judentum, in: TRE 12, 466–469. – D.L. Balas, Art. Gregor von Nyssa (331/340 – ca. 395), in: TRE 14, 173–181. – R. Bauckham, Art. Chiliasmus IV. Reformation und Neuzeit, in: TRE 7, 737–745. – H.-G. Beck, Die Byzantiner und ihr Jenseits. Zur Entstehungsgeschichte einer Mentalität, München 1979. – Ders., Theoria. Ein byzantinischer Traum?, München 1983. – Ders., Byzantinisches Erotikon. Orthodoxie – Literatur – Gesellschaft, München 1984. – Ders., Actus fidei. Wege zum Autodafé, München 1987. – O. Böcher, Art. Chiliasmus I. Judentum und Neues Testament, in: TRE 7, 723–729. – W. Daley, Eschatologie. In der Schrift und Patristik, Freiburg/Basel/Wien1986 (HDG IV 7a). – E. Düsing/W. Neuer/H.-D. Klein (Hg.), Geist und Heiliger Geist. Philosophische und theologische Modelle von Paulus und Johannes bis Barth und Balthasar, Würzburg 2009. – M. Durst, Die Eschatologie des Hilarius von Poitiers. Ein Beitrag zur Dogmengeschichte des vierten Jahrhunderts, Bonn 1987. – K. Fitschen, Art. Chiliasmus, in: RGG^{4} 2, 137f. – M. Kähler, Zur Lehre von der Versöhnung, Gütersloh ^{2}1937. – M. Kehl, Eschatologie, Würzburg ^{2}1988. – W. Kinzig, Art. Justin, in: RGG^{4} 4, 719f. – K. Koch, Art. Gesetz I. Altes Testament, in: TRE 13,40–52. – C.-P. März, Die Hoffnung auf Leben – biblische Perspektiven, in: ThG 56 (2013), 82–97. – G. May, Eschatologie V. Alte Kirche, in: TRE 10, 299–305. – M. Mühling, Grundinformation Eschatologie. Systematische Theologie aus der Perspektive der Hoffnung, Göttingen 2007. – A. Oepke, Art. apokathistemi, apokatastasis, *in: ThWNT 1, 386–392. – G. Podskalsky, Die byzantinische Reichseschatologie. Die Periodisierung der Weltgeschichte in den vier Großreichen (Daniel 2 und 7) und dem tausendjährigen Friedensreich (Apk 20). Eine motivgeschichtliche Untersuchung, München 1972. – J. Rahner, Einführung in die christliche Eschatologie, Freiburg/Basel/Wien 2010. – K. Seybold, Art. Gericht Gottes I. Altes Testament, in: TRE 12, 459–466. – G. Stemberger, Der Leib der Auferstehung. Studien zur Anthropologie und Eschatologie des palästinischen Judentums im neutestamentlichen Zeitalter (ca. 170 v. Chr. – 100 n. Chr.), Rom 1972. – A. Strobel, Apokalypse des Johannes, in: TRE 3, 174–189. – E. Troeltsch, Augustin, die christliche Antike und das Mittelalter. Im Anschluss an die Schrift „De civitate Dei", München 1915. – G. Vlantis, In Erwartung des künftigen Äons. Aspekte orthodoxer Eschatologie, in: ÖR 56 (2007), 170–182. – G. Wenz, Geist. Zum pneumatologischen Prozess altkirchlicher Lehrentwicklung, Göttingen 2011 (Studium Systematische Theologie Bd. 6). – R. Williams, Art. Origenes (ca. 185/86 – ca. 253/54)/Origenismus, in: TRE 25, 397–420. – H. W. Wolff, Anthropologie des Alten Testaments, München ^{3}1977. – M. Wolter, Die Auferstehung der Toten und die Auferstehung Jesu, in: E. Gräb-Schmidt/R. Preul (Hg.), Auferstehung, Leipzig 2012, 13–54.*

Lebenswind

Es gibt Wörter, deren Sprachklang akustisch reproduziert, was sie bezeichnen. Das hebräische *ruah* gehört zu dieser Wortart. Es bedeutet ursprünglich Wind. In knapp einem Drittel aller Fälle seiner alttestamentlichen Verwendung steht es für die meteorologische Naturkraft strömender Luft. Sein allmählicher Bedeutungszuwachs erklärt sich u. a. daraus, dass sich die Funktion des Windes nicht in einem Vorgang in der Lufthülle der Erde erschöpft. Er erfüllt zugleich biologische Zwecke. Sein Wehen wirkt direkt auf die Pflanzenwelt ein, etwa in der Weise der Bestäubung oder der Samenverbreitung. Als ein Beispiel indirekter Windwirkungen lässt sich etwa die Veränderung vegetabilischer Wasserbindung durch Transpiration erwähnen. Nicht minder relevant ist die Wirkung des Windes bei Tieren und zwar nicht nur bei denen der fliegenden Art. Zur Erhöhung animalischer Verdunstung und entsprechender Temperaturverringerung etwa ist sie unerlässlich. Jeder, der einen Fächer zu bedienen und bei Gelegenheit zu hecheln versteht, weiß darum.

Ohne Wind gibt es kein natürliches Leben. So wundert es nicht, dass sich mit dem hebräischen *ruah*-Begriff neben meteorologischen bald auch biologische Konnotationen verbanden, die zu anthropologischen Verwendungsweisen überleiteten. Die naheliegendste Begleitassoziation, die sich mit der Vorstellung von Lebenswind verbindet, ist diejenige des Atems bzw. Odems. Atmung dient dem Gasaustausch von Lebewesen, ohne den sie ihrem Begriff nicht entsprechen, sondern sterben würden. Dies gilt auch vom Menschen. Wenn der Respirationsvorgang und die Atmung enden, dann tritt der Tod ein. Ist der letzte Atemzug getan und die Lungenluft definitiv entwichen, dann hat jemand seinen Geist aufgegeben. Wie es in Hiob 34,14 f. und anderwärts in der hebräischen Bibel heißt: Wenn der Lebenswind des Atems weicht, dann sinkt alles Fleisch darnieder, und der Mensch muss wieder zum Staube werden, aus dem er genommen ist.

Sieht man genauer zu, dann merkt man rasch, dass der Lebenswind des Atems, derjenige des Menschen zumal, nach alttestamentlichem Zeugnis vom Geist Jahwes nicht zu trennen ist: „Nimmst du ihnen den Atem, so schwinden sie hin und kehren zurück zum Staub der Erde. Sendest du deinen Geist aus, so werden sie alle erschaffen, und du erneuerst das Antlitz der Erde." (Ps 104,29 f.) Was der Psalmist bezeugt, wird durch eine Vielzahl von Bibelstellen bestätigt. Dabei fällt auf, dass *ruah* „doppelt so oft für Wind und für die Lebenskraft Gottes steht als für des Menschen Atem, Gemüt und Willen. Die meisten Texte, die von Gottes oder der Menschen r. handeln, zeigen Gott und Mensch in dynamischer Relation. Dass ein Mensch als r. lebendig ist, das Gute will und in Vollmacht wirkt, kommt nicht aus ihm selbst." (Wolff, 67) Erst wenn er außer sich ist, gelangt der Geist des Menschen zur göttlichen Quelle seiner Kraft.

Lebendige Begeisterung heißt nicht von Sinnen sein, auch wenn die Verwechslung mit rauschartigen Zuständen für äußere Beobachtung naheliegt. Es ist im Gegenteil so, dass der biblische Mensch, indem er exzentrisch in seinem Gott gründet, auf den er sich glaubend verlässt, zur Realisierung seiner kreatürlichen Bestimmung und zum entwickelten Bewusstsein seiner selbst gelangt. Geistvolles Menschenleben brütet nicht dumpf vor sich hin, entäußert sich auch nicht an fremde Zwecke, sondern lässt sich vom transzendenten Gott zu einer Selbsttranszendenz bewegen, welche die Bedingung möglicher Weltoffenheit ist. Mag die gegebene Beschreibung dieses Befunds dem hebräischen Sprachgebrauch terminologisch nur bedingt entsprechen, so besteht in struktureller Hinsicht doch völlige Übereinstimmung: Der schöpferische Geist des Lebens ist, was er ist, auf zentrierte und zugleich exzentrische Weise, in der Einheit von Identität und Differenz. Dabei ist es Gott, dessen Schöpfergeist alles geistige Leben begründet und ihm das Ziel vorgibt, in dem er sich je nach seiner Art erfüllt. Im Menschen ist dieses Vollendungsziel durch die Gerechtigkeit Gottes und seiner Herrschaft bezeichnet, von welcher die Thora kündet. Indem er den Geboten gehorcht und dem offenbaren Willen Gottes entspricht, erfüllt der Mensch nach Urteil der hebräischen Bibel seine Bestimmung und ist im Unterschied zum geistlosen, ja geistwidrigen Unwesen der Sünde im wahrsten Sinne des Wortes geistreich zu nennen.

Geist Gottes

Eine summarische Auflistung der Bedeutungselemente des biblischen *ruah*-Begriffs ergibt im Vergleich zu meteorologischen, biologischen und anthropologischen einen eindeutigen Vorrang theologischer Verwendungsweisen (vgl. Düsing/Neuer/Klein [Hg.], bes. 7 ff.). Gott ist Geist im vollendeten Sinne des Begriffs und als Geist in sich selbst lebendig und schöpferisch. In seiner schöpferischen Geisteskraft schafft er Leben und durchwaltet alles Lebendige, wobei das Leben umso lebendiger ist je mehr es von Gottes Geist erfasst und durchdrungen wird. Die Sonderstellung des Menschen unter den Geschöpfen versteht sich von hierher. Ihm ist der göttliche Geist in besonderer Weise gegeben. Dies gilt generell für alle Menschengeschöpfe und speziell für jene, die der Geist in Ekstase versetzt, zu prophetischer Rede antreibt oder mit Führungscharismen etc. ausstattet. Dabei ist es nach jüdischem Urteil wesentlich die Thora als die Offenbarung des einen und universalen Gottes, deren gerechte Weisung das Kriterium bildet, Geist von Ungeist zu sondern und zwischen Geistwirkungen und solchen geistwidriger, dämonischer und teuflischer Art zu unterscheiden.

Am Urteil des Gebotes der Gerechtigkeit, in dem sich Gottes Geist vornehmlich äußert, hat sich alles Kreatürliche und namentlich des Menschen Geist zu bemessen. Als geistiges Wesen und gottebenbildliches Geschöpf wird der Mensch nicht nur und auch nicht primär an seinen psychosomatischen Prärogativen erkannt, mit denen er unter den Lebewesen hervorragt, sondern daran, dass er um den Willen seines Schöpfers weiß und bewusst danach tut. Es ist vor allem der Geist der Gerechtigkeit, der ihn auszeichnet, weil dieser es ist, in dem sich Gottes Gottheit in ihrem Innersten offenbart, um einen Gemeingeist zu begründen, ohne den ein menschliches Leben nicht möglich ist, das seinen Namen verdient.

Eine ähnliche Bedeutungsvielfalt wie beim hebräischen *ruah*-Begriff begegnet beim griechischen Begriff *pneuma* oder beim lateinischen *spiritus*. In hellenistischen Zeiten kam es zu mannigfachen Berührungen und Überlagerungen der Begrifflichkeiten und ihrer jeweiligen Kontexte mit entsprechenden Konsequenzen für den Sinngehalt. Was den *pneuma*-Begriff angelangt, so ist auch an seinem Klang die ursprüngliche Nähe zum Wirken des Windes noch unmittelbar zu spüren. Im Zusammenhang seiner Bedeutung als Träger des Lebens erlangte der Begriff durch Vermittlung des Atemphänomens dann ebenfalls einen transmeteorologischen Sinn, um anthropologisch in Gebrauch genommen zu werden. Kraft des *pneuma* wird der Leib beseelt, wobei die Grenzen zum *psyche*-Begriff fließend sind, so dass von Leib, Seele und Geist oder auch nur von Leib und Seele des Menschen gesprochen werden kann, wenn dessen eigentümliche Belebtheit im Rahmen der Kreatur zum Ausdruck gebracht werden soll.

Es ist klar, dass sich mögliche Differenzen zwischen hebräischer und griechischer Denkungsart auch in den Begrifflichkeiten und ihrem Verständnis reflektieren. Doch sollte man sich vor allzu pauschalen Typisierungen hüten. Dass der Mensch unbeschadet nötiger Differenzierungen zwischen Leib und Seele bzw. Leib, Seele und Geist eine psychosomatische Einheit darstellt, wurde in der Regel auch griechischerseits ebenso wenig in Abrede gestellt wie die Annahme einer göttlichen Quelle allen geistigen Lebens. Auch wenn sich die Wendung *pneuma hagion* in der Profangräzität nicht findet, sind die Verbindungen zwischen Geistigem und Göttlichem doch weit verbreitet. Entsprechendes gilt für das lateinische spiritus und die vielfach äquivalent gebrauchten Begriffe animus / a oder mens. Tendenzen zu einer religiös-theologischen Hypostasierung des Geistes zeichneten sich in seiner antiken Terminologiegeschichte beizeiten ab. Sie verstärkten sich unter jüdisch-christlichem Einfluss mit dem Ergebnis, dass der Geist theologisch als personifizierte Äußerungsgestalt der Gottheit in Aktion trat. Als ein im eigentlichen Sinne zweiter Gott kann der Geist indes nicht in Betracht kommen und zwar weder unter den Bedingungen des jüdischen Monotheismus noch unter denjenigen einer Ontotheologie, welche den metaphysischen Grund des Vielen im göttlichen Einen sucht.

Man wird sorgsam zu prüfen haben, was mit der geläufigen Rede von einer Hypostasierung des Geistes jeweils gemeint ist, und die Aufmerksamkeit vor allem auf die Bestimmtheit richten müssen, die der Begriff in seinem jeweiligen Kontext erhält. In der jüdischen Tradition ist der begriffsbestimmende Kontext vor allem durch die Thora als göttliche Weisung gegeben, im Christentum durch das Zeugnis von Jesus Christus und durch das Bekenntnis zu ihm als der Erscheinungsgestalt des göttlichen Logos, von der die Begeisterung des Glaubens ihren Ausgang nimmt. So wie Gott und Geist theologisch nicht zu trennen sind, so gehören auch Jesus Christus und göttlicher Geist nach christlichem Urteil zusammen, wie immer ihr Verhältnis zueinander genau zu bestimmen ist. Vom neutestamentlichen *pneuma*-Verständnis her wird dies bestätigt: Der göttliche Geist erschließt sich im Geist Jesu Christi, ohne dass von einer trinitätstheologischen Lehre bereits die Rede sein könnte, die den gegebenen Zusammenhang begrifflich erfasst.

Der Dritte im trinitarischen Bunde

Es blieb der christentumsgeschichtlichen Entwicklung der ersten Jahrhunderte vorbehalten, die differenzierte Einheit von Gott, Jesus Christus und Geist trinitätstheologisch zu explizieren und eine entsprechende Christologie der gottmenschlichen Persongestalt des Erlösers und Versöhners auszugestalten. Dieser Prozess altkirchlicher Lehrbildung wurde im 6. Band dieser Reihe in pneumatologischer Perspektive ausführlich beschrieben (vgl. Wenz, Geist). Es erwies sich, dass der Sinn des trinitarischen und christologischen Dogmas der Alten Kirche ohne Wahrnehmung seiner die göttliche Ökonomie betreffenden Implikationen und Folgen nicht zu erfassen ist. Der dreieinige Gott ist wirksam als Schöpfer, Versöhner und Vollender. Im Geist als dem Dritten im göttlichen Bunde ist diese protologische, soteriologische und eschatologische Wirklichkeit des in Jesus Christus offenbaren Gottes so für uns erschlossen, dass wir lebendigen Anteil an ihr gewinnen.

Der Geist, der von dem im Sohne offenbaren Vater ausgeht, ruft durch das österliche Gedächtnis des irdischen Lebens Jesu Christi in uns eine Schöpfungsanamnese hervor, die den allmächtigen Schöpfer als Vater seiner Geschöpfe und jenes Kindschaftsverhältnis erkennen lässt, in dem namentlich das Menschengeschöpf zu Gott steht. Mit dieser Erkenntnis ist die Einsicht verbunden, dass Jesus Christus als der inkarnierte Logos Gottes in Personeinheit der wahre Mensch und neue Adam ist, in welchem die menschliche Bestimmung sich manifestiert und erschließt. Sie verfehlt zu haben, macht den Fall der Sünde aus, durch den das Innerste des Menschen schuldhaft verkehrt wurde mit üblen Folgen für seine äußere Welt. In der österlichen Erinnerung des Leidens und Sterbens Jesu Christi wird dieser Missstand durch den Geist offenbar, der Übel und Sünde als geistlos und geistwidrig und dem schöpferischen Leben Gottes zuwider erkennen lässt. Diese Erkenntnis ist unbeschadet ihrer externen Natur nicht äußerlich, sondern ergreift das Innerste des Menschen, sofern ihm die verfehlte Bestimmung als seine ureigenste zu Bewusstsein kommt. Indem er sich gegen Gott verfehlte, hat der Mensch sich selbst verfehlt, und seine Welt erscheint und ist ihm nicht länger ein paradiesischer Ort, sondern ein Hort des Übels. Erlösung und Versöhnung vermag er in dieser Situation von sich aus nicht zu erlangen. Sein soteriologisches Eigenvermögen ist dahin. Die Möglichkeit und Tatsächlichkeit seines Heils liegt allein im auferstandenen Gekreuzigten begründet, in dem Gott ihm in der Kraft seines Geistes als Versöhner und Erlöser begegnet, der aus göttlicher Gnade den Sünder rettet, der glaubt.

Das Charisma gewisser Hoffnung

Das Osterevangelium, wie der Geist es erschließt, ist die Frohbotschaft der Rechtfertigung des Sünders aus Gnade um Christi willen durch Glauben. Der Glaube ist, was er ist, allein im Vertrauen auf diese Zusage, die der auferstandene Gekreuzigte in Person ist. Mit ihm vereint der Geist, der in Wort und Sakrament wirkt, um jene Christusgemeinschaft des Glaubens zu schaffen, in welcher die eschatologische Vollendung und Erfüllung jetzt schon zum Vorschein kommt, aber auf Hoffnung hin. Indem er dem Glauben die Aussicht auf die Parusie Jesu Christi am eigenen Ende und am Ende von Menschheitsgeschichte und Welt erschließt, wirkt der Geist des in Jesus Christus offenbaren Gottes Hoffnung und die Gewissheit ihrer Erfüllung, die er selbst gewährleistet. Indem er die Zukunft des Gekommenen verheißt und vergewissert, ist der Schöpfergeist als

Geist der Vollendung und des ewigen Lebens wirksam, in dem Gott alles in allem sein wird – freilich nicht ohne, sondern mit uns und mit aller Kreatur, die er zur Erfüllung ihrer Bestimmung führen wird.

Der Geist bereitet durch die Parusie Jesu Christi das Reich Gottes, in welchem der dreieinige Gott alles in allem sein wird, aber nicht für sich allein, sondern in der Gemeinschaft mit Menschheit und Welt, deren personaler Mittler der Gottmensch Jesus Christus ist, der für uns gelebt hat, für uns gestorben und auferstanden ist, um sich in der Kraft des Geistes als diejenigen Zukunft zu erweisen, die alle Zeiten in sich birgt. Die altkirchliche Eschatologie entwickelte sich in dem trinitarisch-christologisch-pneumatologischen Kontext, den das nizänokonstantinopolitanisch-chalcedonische Dogma lehrmäßig umschreibt. Dass es im Zuge dieser Entwicklung zu Modifikationen der urchristlichen Eschatologie kam, ist offensichtlich und nicht zu bestreiten. Transformiert wird insbesondere der apokalyptische Rahmen, innerhalb dessen sie sich ursprünglich artikulierte. Nötig geworden war diese Transformation primär nicht durch äußere Faktoren, sondern durch das österliche Urdatum des Christentums selbst. Zwar konnte die Rede von der Auferweckung und der Auferstehung des Gekreuzigten nur im Traditionszusammenhang der Apokalyptik artikuliert und verstanden werden, aber zugleich wurden die apokalyptischen Rahmenbedingungen transzendiert, sofern die Verheißung eschatologischer Zukunft mit dem geschichtlichen Perfekt ihrer proleptischen Erfüllung verbunden und der auferstandene Gekreuzigte zum personalen Zentrum der Eschatologie erklärt wurde.

Zwar blieben kosmologische Bezüge der Eschatologie durchaus erhalten: in seiner Parusie wird Jesus Christus als Kosmokrator erscheinen, der in der Sohnesvollmacht, die ihm der Schöpfergeist verleiht, das Reich Gottes als Herrschaft seines allmächtigen Vaters über alle Welt herbeiführen wird. Doch ist es der menschgewordene Logos und wahre Adam, der in seiner gottmenschlichen Persongestalt kraft des Geistes die Weltherrschaft Gottes bewirkt und repräsentiert, um so als vollendeter Mittler der Schöpfung offenbar zu werden. Unmittelbar naturhafte Züge eschatologischer Erwartung werden dadurch relativiert und treten hinter personale zurück. Doch war dies indirekt auch schon in der jüdischen Apokalyptik der Fall, indem man die Realisierung der Gerechtigkeit zum Inbegriff eschatologischer Erwartung erklärt hatte. Daran schließt die frühchristlich-altkirchliche Eschatologie an, allerdings mit dem entscheidenden Skopus, dass vom Eschaton insonderheit die Zukunft dessen erwartet wird, der gekommen ist, diejenigen zu retten, welche am Maßstab der zuteilenden Gerechtigkeit bemessen als verloren zu gelten haben. Die Hoffnung des Glaubens richtet sich von daher in erster Linie nicht auf den Richter, sondern auf den, der aus dem Gericht rettet, weil er im Zeichen des Kreuzes den Sünder rechtfertigt, der glaubt. Nicht immer wurde in der Alten Kirche und im Laufe der Kirchengeschichte dieser Skopus christlicher Eschatologie in der nötigen Deutlichkeit herausgestellt. Oft ging es um vordergründige Gesichtspunkte. Aber im Hintergrund blieb der zentrale Aspekt doch wirksam und erwies sich als Movens nicht zuletzt des Prozesses der Transformation apokalyptischer Überlieferungsbestände, von denen zunächst vor allem diejenigen ins Auge gefasst werden sollen, die im Zuge der altkirchlichen Lehrentwicklung tendenziell ausgeschieden wurden: die chiliastischen bzw. milleniaristischen.

Personalisierung der Eschatologie und chiliastische Tradition

Die frühjüdische Literatur kennt viele Apokalypsen, das Neue Testament nur ein „einzige(s) Buch dieser Art“ (Strobel, 175): die Offenbarung des Johannes. Sie hat zu mancherlei eschatologischen Spekulationen Anlass gegeben. Zu denken ist zum Beispiel an die Eingangsverse ihres zwanzigsten Kapitels, die als wichtigste Schriftgrundlage für die chiliastische Tradition und ihre Glaubenserwartung angeführt wurden. Chiliasmus bzw. Milleniarismus (vgl. Kehl, 171 ff.) nennt man üblicherweise die Lehre, wonach Jesus Christus unmittelbar vor dem Ende der Welt ein tausendjähriges Friedensreich errichten wird. In Apk 20, 1–7 kündet der Seher von der Schau des Herabstiegs eines Engels vom Himmel, der auf seiner Hand den Schlüssel zum Abgrund und eine schwere Kette trug. Er ergriff und überwältigte den Drachen, die alte Schlange, will heißen: den Teufel und Satan, und fesselte ihn *chilia etä* (Apk 20,2), für tausend Jahre. Bis zu ihrer Vollendung muss der satanische Drache in dem verschlossenen und versiegelten Abgrund, in welchen er geworfen wurde, gefangen bleiben, damit er die Völker nicht mehr verführe. Während dieser Zeit regiert Christus mit den Märtyrern und Konfessoren, die im Unterschied zu anderen Toten bereits zu neuem Leben erweckt worden sind (vgl. Apk 20,4 f.).

Danach, also nach Ende des tausendjährigen Reiches der Christusherrschaft auf Erden, muss, wie es heißt (Apk 20,3. 7), der satanische Drache für kurze Zeit freigelassen werden. Er wird aus seinem Gefängnis ausziehen und die Seinen, deren Zahl wie der Sand am Meer ist (Apk 20,8), zum Endkampf heraufführen, um das Lager der Heiligen und Gottes geliebte Stadt zu umzingeln; Gog und Magog (vgl. insgesamt Ez 37–38) werden aus der Horde der von Satan angeführten Gottesfeinde eigens benannt (vgl. Apk 20,8). Doch das Ende der teuflischen Truppe ist nahe. Ihr Angriff erliegt dem himmlischen Feuer. Dem Seher ist das künftige Geschehen bereits als vergangen und perfekt vollendet präsent: „Und es fiel Feuer vom Himmel und verzehrte sie. Und der Teufel, der sie verführte, wurde in den Pfuhl von brennendem Schwefel geworfen, wo auch das Tier und der falsche Prophet sind. Tag und Nacht werden sie gequält in alle Ewigkeit.“ (Apk 20,9)

Die christliche Erwartung eines tausendjährigen Reiches vor der letzten Entfesselung und endgültigen Vernichtung der Macht des Bösen, wie sie sich im Neuen Testament außerhalb der Johannesapokalypse nur in „Spuren“ (vgl. Böcher, 727 f.) findet, ist samt vieler Einzelelemente, die sie kennzeichnen, insbesondere durch die Tradition der jüdischen Apokalyptik geprägt. Bestimmend für den Chiliasmus des antiken Judentums ist die Vorstellung einer tausendjährigen Messiasherrschaft als Vorstufe des kommenden Gottesreiches bzw. eines friedlichen Weltensabbats von tausend Jahren. Selbst wenn die Angaben über die Dauer einer befristeten Endzeit vor dem definitiven Zeitenende voneinander abweichen, kann die Grundvorstellung erhalten bleiben. Entsprechungen zum Chiliasmus der neutestamentlichen

„Offenbarung des Johannes“ finden sich vor allem im 4. Esrabuch (7,28 f.) sowie in der Henoch- (91,12 f.) und der syrischen Baruchapokalypse (29,3 ff.; 40,3 u. a.). Grundlegend ist die Annahme eines befristeten Interimstadiums zwischen dem Ende der alten und dem Anfang der neuen Welt, ob dieses nun genau tausend Jahre oder länger bzw. kürzer andauert.

Formal kennzeichnend für die chiliastische bzw. chiliasmusanaloge Zwischenzeit ist ihre, wenn man so will, Lage zwischen den Zeiten, die chronologisch nur bedingt zu ermessen ist. Dies gilt vergleichbar auch für das Verhältnis der beiden Totenauferstehungen, die in der Johannesoffenbarung, aber vorher schon in der apokalyptischen Tradition begegnen. Während die Auferstehung im Allgemeinen für alle Menschen und zwar für Böse und Gute am letzten Tag erwartet wird, rechnet die Apokalypse des Johannes im Anschluss an Zeugnisse jüdischer Apokalyptik mit zwei Auferstehungsereignissen, wobei das erste Geschehen lediglich beispielhafte Fromme angeht (vgl. Apk 20,4 f.). In einer letzten Spanne der Zeit wird denen, die ihr christliches Glaubenszeugnis mit dem Tode bezahlt haben, der Vorzug eines bereits vollendeten Lebens zuteil, indem sie in der Gemeinschaft mit ihrem Herrn Jesus Christus als Richter, Könige und Priester eines einerseits noch irdischen, andererseits schon himmlischen Reiches des Friedens fungieren. In den übrigen Texten des Neuen Testaments werden vergleichbare Erwartungen, wie vermerkt, allenfalls spurenweise erkennbar. Hingegen gibt es mehrere „Stellen, die verschiedene Auferstehungen oder zumindest eine stufenweise erfolgende Totenauferstehung voraussetzen“ (Böcher, 727 mit Verweis u. a. auf 1. Kor 15,23 f.). Vergleichbare Voraussetzungen treten später immer wieder in den diversen Lehrversuchen auf, besondere und allgemeine Eschatologie zu unterscheiden und zugleich untereinander zu vermitteln.

Verwerfung von Milleniarismus und Apokatastasis panton

Der im antiken Judentum präfigurierte Chiliasmus der Johannesapokalypse hat in der frühen Christenheit eine Reihe von Anhängern gefunden und zwar nicht nur unter Ebioniten und Montanisten. Erst allmählich verlieren die je auf ihre Weise das Zeugnis von Apk 20,1 ff. fortspinnenden chiliastischen Traditionen in der Alten Kirche an Einfluss, bis sie im Zuge der konstantinischen Wende entweder transformiert, spiritualisiert oder gänzlich verabschiedet werden. Augustin beispielsweise wollte unter dem tausendjährigen Reich des Sehers Johannes symbolisch die Zeit von der österlichen Verherrlichung Jesu Christi bis hin zu seiner Wiederkunft am Ende der Welt verstanden wissen. Zeitweilige Renaissancen erlebten chiliastische Ideen im Mittelalter, besonders bei Joachim von Fiore und in seinem Schülerkreis sowie dann auch in den spätmittelalterlichen Bewegungen etwa der Fraticellen, der Flagellanten, der Taboriten und der Böhmischen Brüder. Die Haltung nicht nur der Scholastik, sondern auch der reformatorischen Theologie blieb demgegenüber ablehnend, wie u. a. der 17. Artikel der Confessio Augustana belegt, wo es heißt: „Damnant et alios, qui nunc spargunt iudaicas opiniones, quod ante resurrectionem mortuorum pii regnum mundi occupaturi sint, ubique oppressis impiis.“

(CA XVII, 5) Verworfen wird die als jüdisch abqualifizierte Vorstellung, „daß vor der Auferstehung der Toten eitel Heilige, Fromme ein weltlich Reich haben und alle Gottlosen vertilgen werden" (BSLK 72, 16–18). Doch konnte diese ausdrückliche Damnation des Chiliasmus nicht verhindern, dass dieser im neuzeitlichen Protestantismus in Form vor allem des sog. Postmilleniarismus eine nicht unbedeutsame Wirkungsgeschichte entfaltete (vgl. im Einzelnen Bauckham, 739 ff.).

Neben den Chiliasten bzw. Milleniaristen werden in CA XVII auch diejenigen verdammt, „qui sentiunt hominibus damnatis ac diabolis finem poenarum futurum esse" (CA XVII,4), „so lehren, daß die Teufel und verdammte Menschen nicht ewige Pein und Qual haben" (BSLK 72,11–13), sondern wiedergebracht werden am Ende der Zeiten. Die Vertreter der Lehre von der sog. *apokatastasis panton*, der eschatologischen Wiederkunft aller, haben als Beleg für ihre Auffassung neben Röm 5,18 oder 1. Kor 15,22 vor allem Apg 3,20 f. angeführt, die „einzige Stelle, an der die Vokabel (sc. *apokatastasis*) im NT vorkommt" (Oepke, 388). In ihr ist die Rede von „den Zeiten der Wiederherstellung von allem, was Gott von jeher durch den Mund seiner heiligen Propheten verkündet hat" (Apg 3,21). Zugrunde liegt der Passage „der dem Judentum geläufige Begriff der messianischen Neuschöpfung. Die völlig andere Frage dagegen, ob das NT eine letzte Wiederbringung aller Sünder und Abgefallenen, selbst des Satans, zur Harmonie alles Geschaffenen in Gott lehrt, läßt sich von unserer Stelle aus in keiner Weise entscheiden. Im ganzen liegt eine derartige Auffassung der nt.lichen Gedankenwelt ebenso fern wie der jüdischen." (Oepke, 390 f.) Eschatologisch nahegelegt wird im Gegenteil die Vorstellung von einem doppelten Ausgang des Endgerichts, zu der sich explizit auch die Confessio Augustana in ihrem XVII. Artikel bekennt: „Item docent, quod Christus apparebit in consummatione mundi ad iudicandum et mortuos omnes resuscitabit; piis et electis dabit vitam aeternam et perpetua gaudia; impios autem homines ac diabolos condemnabit, ut sine fine crucientur." (CA XVII,1–3) Ob dies das letzte Wort einer an der theologia crucis orientierten Eschatologie sein kann, muss fraglich bleiben.

Auch wenn durch sie der apokalyptische Chiliasmus kritisiert und aus ihrem Lehrzusammenhang ausgeschieden wurde, blieb die altkirchliche Eschatologie entscheidend durch frühjüdische Überlieferungen bestimmt. Allerdings war, wie man weiß, die Eschatologie des Frühjudentums schon zu jesuanischen Zeiten weder einheitlich noch unumstritten. Während die Pharisäer um des Erweises der göttlichen Gerechtigkeit willen eine Auferweckung der Toten erwarteten (vgl. im Einzelnen Stemberger), gingen die Sadduzäer davon aus, „dass der Mensch mit dem Tod sein Ende findet" (März, 85) und keine postmortale Weiterexistenz zu erwarten hat. Dagegen hatte sich bereits Jesus gewandt (vgl. Mt 22,23 ff.), und seine Zeugen schließen sich ihm an, nicht ohne die frühjüdische Eschatologietradition vom Ereignis Osterns her zu modifizieren bzw. neu zu bestimmen. Das war zweifellos nötig. Denn in den jüdischen Aussagen über die allgemeine Auferstehung und die Erhöhung einzelner Gerechter wird für niemand in Aussicht gestellt, was der christliche Glaube von Jesus Christus bekennt. Zwar kann man die generelle Deutung der

Ostervisionen „vom jüdischen Grundwissen her erklären, nicht aber die besondere Christologie, die im Gefolge der Visionen Jesu und deren primären Deutungen entstanden ist" (Wolter, 51).

Synthetisierung hebräischer und griechischer Tradition: Grundstrukturen altkirchlicher Eschatologie

Im Übrigen kommt es in der altkirchlichen Tradition in Fortsetzung analoger frühjüdischer Entwicklungen bald schon zu einer Kombination und Synthetisierung hebräischer und griechischer Vorstellungweisen von dem, was jenseits der Todesgrenze liegt. Der Gedanke der Immortalität der einzelnen Menschenseele wird in die Eschatologie integriert und mit der Vorstellung einer endzeitlichen Auferstehung aller Toten verbunden. Nachdem der Tod des Einzelnen schon seit Justin, dessen Eschatologie sich ansonsten „ganz aus apokalyptischen Quellen" (Kinzig, 720) speist, als Trennung von Leib und Seele verstanden worden war, verblieb für die Annahme einer Auferstehung der Toten die Vorstellung einer jeden betreffenden und daher allgemeinen Wiedervereinigung der Einzelseele mit ihrem Leib. Die Variationsformen dieser Grundauffassung sind in der Alten Kirche vielfältig. Doch bleibt eine Grundstruktur im Wesentlichen erhalten.

Gelehrt wird, dass mit der endzeitlichen Parusie Jesu Christi die universale Auferstehung der Toten erfolge. Ausnahmslos alle abgeschiedenen Menschenseelen werden mit ihren Leibern wiedervereinigt, um vor Gericht zu erscheinen. Die Allgemeinheit der Totenauferstehung am Weltende ist vor allem der universalen Realisierung allgemeinverbindlicher Gerechtigkeit geschuldet. Sie lässt sich so gesehen nicht auf einen Teil der Menschheit beschränken. Der Tod hat nicht die Macht, die Differenz zwischen Recht und Unrecht bzw. den Gegensatz zwischen Unrecht tun und Unrecht leiden zu vergleichgültigen. Um der Gerechtigkeit willen lässt sich die Totenauferstehung von daher nicht beschränken; weder die Opfer noch auch die Täter des Unrechts dürfen dem Tode überlassen bleiben. Ausnahmslos alle müssen offenbar werden vor dem Richterstuhl Christi.

Was den Leib betrifft, mit dem die abgeschiedenen Seelen bei der allgemeinen Totenauferweckung vereint werden, so ist er mit dem vormaligen identisch. Mit dem je eigenen Körper, der zu irdischen Lebzeiten der ihre war, wird jede Menschenseele wiedervereinigt werden. Der Auferstehungsleib ist mit dem vormaligen numerisch eins. Der im irdischen und der im ewigen Leben der Seele zugehörige Leib ist ein und derselbe. Die leibliche Auferstehung hat den Charakter eine re-surrectio. Auch Jesus Christus ist in demselben Leibe auferstanden, in dem er zu seinen irdischen Lebzeiten weilte und litt und in dem er gekreuzigt wurde. Gewährleistet wird die Selbigkeit des Auferstehungsleibes der Menschenseele mit ihrem vormaligen durch Gott, der durch seinen inkarnierten Logos Jesus Christus in der Kraft des Hl. Geistes schöpferisch wirksam ist.

Ob zum Identitätserhalt für den Auferstehungsleib irgendwelche Teile des Stoffes vonnöten sind, die mit dem irdischen Leib einstmals verbunden waren, wurde schon in der altkirchlichen und später auch in der scholastischen Theologie unterschiedlich beurteilt. Einige behaupteten diese Notwendigkeit, andere stellten sie in Abrede bis hin zu der Annahme, es genüge die ganzheitliche Wiederherstellung seelischer Leiberinnerung, um den Gehalt der Vorstellung einer leiblichen Auferstehung der Toten zu bewahren. Wie immer man hier zu urteilen hat: als Quintessenz orthodoxer Lehre ist festzuhalten, dass der Auferstehungsleib der auferweckten Menschen wohl anders, aber kein anderer sein wird als der von der Seele zu irdischen Lebzeiten bewohnte. Er wird der Seele unter eschatologischen Bedingungen in der Form präsent sein, in der sie ihn in der irdischen Zeit erlebt hat, wobei das Leiberleben der Seele auf keinen bestimmten Zeitpunkt des leiblichen Erdenlebens zu fixieren ist, sondern dessen Gesamtheit in sich begreift.

Ohne numerisch ein anderer zu werden, wird der durch den Tod von seiner Seele getrennte und dem Gewesensein verfallene Leib nach seiner eschatologischen Reanimation durchgreifend verwandelt, um zum *soma pneumatikon* gestaltet zu werden. Als zentrale biblische Belegstelle bietet sich 1. Kor 15,35–55 an. Zwar hört der Geistleib der Auferstandenen, zu dessen wesentlichen Kennzeichen Unsterblichkeit und Unverweslichkeit zählen, nicht auf, Leib zu sein. Die Annahme seiner Verwandlung in eine geistige Substanz wird von der altkirchlichen Tradition einhellig abgewiesen, gleich ob besagte Geistsubstanz mit derjenigen der Seele gleichgesetzt oder von ihr unterschieden wird. Corpus spirituale ist der Auferstehungsleib deshalb zu nennen, weil er, obwohl von der Seele unterschieden, ganz für sie zugänglich ist, um von ihr einerseits gänzlich durchdrungen und ihr andererseits völlig präsent zu sein.

Fortschreibung apokalyptisch-kosmologischer Traditionsbestände

Die bisherigen Ausführungen lassen einen Trend altkirchlicher Lehrentwicklungen von der universalen hin zur individuellen Eschatologie vermuten. Diese Vermutung ist nicht falsch, darf aber nicht übersehen lassen, dass die allgemeine Eschatologie mitsamt ihren apokalyptisch-kosmologischen Vorstellungsbeständen erhalten bleibt und angereichert wird. Besondere Aufmerksamkeit wird beispielsweise den Zeichen zugewandt, die nach biblischer Überlieferung der Wiederkehr Jesu Christi vorhergehen: Erdbeben, Himmelskörperirritationen, Hunger, Pest, Kriege und Verfolgungen, Häresien von mancherlei Art. Als Dringlichkeitszeichen gelten ferner die Verkündigung des Evangeliums in aller Welt sowie das Kommen des Antichristen. Unter der Wiederkunft Jesu Christi selbst wird in der Regel sein universales Offenbarwerden für alle und nicht nur für die je Einzelnen verstanden.

Christus erscheint öffentlich zum Gericht in seiner verherrlichten Menschengestalt. Das Gericht erfolgt in Prozess und Urteilsspruch. Als sein Ort wird das Tal Josaphat am Fuße des Ölbergs vorgesehen. Der Zusammenhang mit dem Ort der Himmelfahrt Christi ist evident. Doch wie immer die Parusie Jesu Christi im Detail vorgestellt wird: den materialen Kern ihrer Erwartung bildet die Hoffnung des Glaubens, dass Jesus Christus das von ihm begonnene Werk der Erlösung und Versöhnung vollenden werde und zwar sowohl als Richter als auch und vor allem als derjenige, der aus dem eschatologischen Gericht zu erretten vermag. Formal hat sich dabei die Auffassung als bestimmend erwiesen, die von seiner österlichen Erscheinung zwar nicht zu trennende, wohl aber zu unterscheidende Parusie Jesu Christi falle mit dem Ende der Menschheits- und Weltgeschichte zusammen. Chiliastischen Erwägungen war damit die Grundlage entzogen.

Das universale Ende der Menschheits- und Weltgeschichte, welches im Lebensende, das der Tod dem Einzelnen bereitet, individuell antizipiert wird, stellt nach patristischer Lehre vor die eschatologische Alternative von Himmel und Hölle, in der sich der theologische Gegensatz von gerecht und ungerecht reflektiert. Durch Gottes Gerechtigkeit gerecht gesprochen und gerechtfertigt zu sein erhebt in den Himmel, von ihr gerichtet und verurteilt zu werden ist die Hölle. Als offenbarer Ausdruck und verbindliche Urkunde der Gerechtigkeit Gottes gilt der Bibel und zwar einschließlich ihrer neutestamentlichen Teile die Weisung der Thora. Man hat das Judentum eine Gesetzesreligion genannt; diese Bezeichnung ist missverständnisträchtig und irreführend, sofern sie legalistische Assoziationen und die Vorstellung heteronomer Vorschriften hervorruft, denen durch äußere Observanz Genüge geleistet werden kann. Davon unberührt bleibt die Tatsache, dass ein verfasstes Recht bzw. dasjenige, was im Griechischen *nomos* und im Lateinischen lex heißt, im Alten Testament von zentraler Bedeutung ist, wie man nicht nur aus den zahlreichen rechtlichen Formen und Gattungen der hebräischen Bibel ersehen kann (vgl. Koch). Gott hält seine Gerechtigkeit nicht im Verborgenen, sondern offenbart sie in der Thora, die im Dekalog und im Doppelgebot der Liebe bündig und in einer Weise zusammengefasst ist, welche allgemeine Geltung zu beanspruchen vermag. Für das göttliche Gericht bedeutet dies, dass es nicht nach willkürlichem Belieben, sondern auf der Basis eines Rechts erfolgt, das nicht unbekannt, sondern bekannt, festgeschrieben und im Prinzip von jedermann eingesehen werden kann, so dass der Bescheid, der zuletzt ergehen wird, grundsätzlich prognostizierbar ist. Die altkirchliche Eschatologie affirmiert diese Gesichtspunkte und schließt jedenfalls insofern kontinuierlich an die frühjüdischen Überlieferungen an; jedweder Antinomismus ist ihr fremd.

> Gerechtigkeit und Recht als Kriterien endzeitlichen Gottesgerichts

Das Gesetz ist eine gute Gabe Gottes, weil sich in ihm die göttliche Gerechtigkeit manifestiert und der verbindliche Maßstab erschließt, nach dem das gottmenschliche Verhältnis sowie das Verhältnis der Menschen untereinander von Gott her beurteilt wird. Nulla poena sine lege: Gott hält sich, wenn man so sagen darf, an den Grundsatz gerechten Rechts, da er nicht ohne gesetzliche Basis urteilt, in welche Einsicht zu nehmen er ausdrücklich gewährt. Dieser Gesichtspunkt behält auch unter christlichen Bedingungen seine Gültigkeit. Generell kann gesagt werden, dass im Neuen Testament bei aller soteriologisch motivierten Gesetzeskritik von einem prinzipiellen Antinomismus nicht die Rede sein kann. Auch bei Paulus bleibt die Vorstellung eines Gerichts Gottes nach Maßgabe des Gesetzes durchaus erhalten, wenngleich nach seinem Urteil Heil nicht von diesem, sondern allein vom Evangelium Jesu Christi zu erwarten steht, welches die vom Gesetz Gerichteten aus Gnade durch Glauben errettet.

Gott hat durch die Gabe des Gesetzes seine Freiheit gebunden und seiner Gerechtigkeit jene Verbindlichkeit gegeben, die ihr entspricht. Im Gegensatz zu einer Willkür allmächtigen Beliebens, die sich supra legem stellt, herrscht der Schöpfer Himmels und der Erden über Menschheit und Welt mittels eines Gesetzes, das universell verbindlich ist. Es bildet gemäß jüdischer Ursprungseinsicht die Grundlage jedweder Form göttlichen Gerichts, das sog. Jüngste eingeschlossen. Das Christentum bestätigt dies indirekt, wenn es, wie in der Tradition spätestens seit Augustin üblich, das Menschsein Jesu Christi zum Richtmaß eschatologischen Urteilens bestimmt. Denn Jesu Christi Menschsein steht für den Inbegriff humaner Bestimmung in der kreatürlichen Welt, welche nicht äußerlich vorgeschrieben, sondern von innen heraus verpflichtend ist, weil sie dem Gewissen des Menschen eingeschrieben ist und zwar mit der Gewissheit desjenigen Wissens, mit dem er um sich selbst und um seine Gottebenbildlichkeit weiß.

Im Begriff des gerechten Gottes bündeln sich verschiedene Traditionskomplexe des Alten Testaments, die auf die eine oder andere Weise auf ein richterliches Handeln Gottes bezogen sind. Viel erörtert wurde die Stellung des Rechtshandelns Gottes in der sog. Gerichtsprophetie und ihren formgeschichtlich zu erhebenden Gattungen. Gott hält Strafgericht in Bezug auf Israel, die Fremdvölker sowie gemäß deuterojesajanischer Tradition auch über die Götter der anderen Völker, um ihre Nichtigkeit zu erweisen. Das Gesetz aber, nach dem gerichtet wird, ist, wie immer man über das Verhältnis von Prophetie und Thora im Einzelnen urteilen mag, die offenbare göttliche Weisung, welche die Richtung vorgibt, in welche Israel und die Völker fortzuschreiten haben. Von einem göttlichen Gesetz der Vergeltung zu sprechen, ist unter der Voraussetzung nicht verkehrt, dass man falsche Assoziationen wie etwa diejenige der Rache fernhält. Im Unterschied zu blindwütiger Rache ist Gottes Zorn, wenn man so will, gesetzlich geregelt. Gott zürnt um der Gerechtigkeit willen, deretwegen auch ein Tun-Ergehens-Zusammenhang anzunehmen ist und zwar trotz der Schwierigkeiten, die mit dieser Annahme verbunden sind. Sie führten im frommen Judentum nicht etwa zur Preisgabe des Glaubens an eine richtende und urteilende Gerechtigkeit Gottes, sondern bedingten eine Eschatologisierung der Glaubensgehalte. Wenn auch unter Umständen noch nicht jetzt und möglicherweise unter den Bedingungen des gegenwärtigen Äons überhaupt nicht, so wird Gott doch am Ende der Tage seine Gerechtigkeit zur Durchsetzung bringen und jedermann richten nach dem Gesetz. Charakteristisch für das eschatologische Gericht, dessen Bevorstehen die apokalyptische Tradition erwartet, ist ihr endzeitlicher, universaler und kosmischer Aspekt (vgl. Seybold, 465).

Christologisierung der jüdischen Eschatologietradition

Auch im rabbinischen Judentum bleibt das Endgericht „zentraler Lehrgegenstand, insofern es endgültig Gottes Gerechtigkeit und seine siegreiche Herrschaft erweist" (Aus, 466). Entsprechendes gilt für das neutestamentliche und altkirchliche Christentum mit dem Unterschied, dass es nun Jesus Christus ist, der als eschatologischer Richter die Gerechtigkeit des Reiches Gottes ratifiziert. Was es mit diesem Unterschied genau auf sich hat und welche eschatologische Bedeutung ihm eignet, tritt in der Alten Kirche nicht sofort und überall in gleicher Klarheit zutage, auch wenn sich ein bestimmter Entwicklungsstand unschwer erkennen lässt. Schon in der eschatologischen Vorstellungwelt des Frühjudentums waren messianischen und Gestalten vergleichbarer Art wichtige Funktionen bei der endgültigen Durchsetzung des kommenden Gottesreiches zuerkannt worden; doch blieb ihre Bedeutung derjenigen Gottes eindeutig subordiniert.

Nach Maßgabe des Dogmas der Alten Kirche gehört der inkarnierte Logos Jesus Christus, in dem Gottheit und Menschheit zwar unvermischt, aber auch ungetrennt personal vereint sind, wesenseinig zur Gottheit Gottes, was auch in eschatologischer Hinsicht höchst bedeutsam ist. Zwar ist das iudicium extremum ein gemeinsames Werk der göttlichen Dreieinigkeit; aber seine Durchführung ist gleichwohl in besonderer Weise Jesus Christus zuerkannt, der nach einer spätestens seit Augustin verbreitet begegnenden Auffassung in der verherrlichten Form seiner Menschheit und in der Gestalt des erniedrigten Knechtes, der vom Herrn über alle Dinge erhöht ist, zum Jüngsten Gericht erscheinen wird. Die Merkmale des Gekreuzigten, die der erhöhte Herr in Ewigkeit an sich trägt, führen den Abgrund menschlicher Sündenschuld vor Augen, werden aber vom Glauben in der Kraft des Geistes zugleich und darüber hinaus als Wirkmittel eschatologischer Rechtfertigung und Versöhnung wahrgenommen. Der Richter rettet den Sünder aus dem Gericht, der glaubt.

Es würde zu weit führen, alle Details der Anwendung des christologischen Dogmas auf die Lehre vom Erscheinen Jesu Christi und etwa Fragen wie diese zu erörtern, warum die Vollmacht der richterlichen Gewalt dem Gottmenschen gemäß seiner göttlichen Natur, die Kompetenz ihrer Ausübung secundum humanitatem zukommt oder weshalb der gottmenschliche Richter die Menschen nicht nur in, sondern auch nach seiner menschlichen Natur richten wird. Auch ist es nicht nötig, genauer auf weitere trinitätstheologische Differenzierungen einzugehen, die scholastische Theologen später in das eschatologische Lehrstück einzeichneten. Es genügt die Feststellung, dass Jesu Christi eschatologisches Richten trinitarisch vermittelt ist und in ungeteilter Mitwirkung Gottes des Vaters und des Hl. Geistes geschieht. Obzwar der inkarnierte Logos in Form und nach Maßgabe seiner göttlich verherrlichten Menschheit, welche die Knechtsgestalt bleibend kennzeichnet, allein zum Gericht erscheint und richtet, so vollzieht er sein eschatologisches Werk doch in der Autorität der ganzen Trinität und zwar so, dass göttliche Gerechtigkeit und Liebe übereinkommen.

Trinitarische Eschatologie

Andere Personen außer den trinitarischen Hypostasen, deren Offenbarungsgestalt der auferstandene Gekreuzigte ist, treten im Jüngsten Gericht nicht in vergleichbarer Weise in Aktion. Engel und Heilige etwa fungieren allenfalls als Beisitzer, nicht aber als Richter im eigentlichen Sinn. Zwar können zuletzt alle, die in dem menschgewordenen Logos ihre Bestimmung gefunden haben und der Vollendung zugeführt werden, als Gerichtsassistenten vorstellig werden, die im Prozessgeschehen auf die eine oder andere Weise kooperieren. Doch das eschatologische Urteil steht allein dem obersten Richter Jesus Christus zu, der einerseits durch seine menschliche Natur mit dem gesamten Menschengeschlecht und seiner kreatürlichen Anlage verbunden ist, der aber andererseits als Repräsentant Gottes eine schlechterdings singuläre Stellung einnimmt, die er nachgerade durch die Art und Weise seines Gerichtsverfahrens unter Beweis stellt.

Jesus Christus richtet als der um der Sünde des Menschen willen und an der Sünder statt Gerichtete. Dazu tritt er im eschatologischen Gericht stellvertretend als Fürsprecher für diejenigen ein, über die er zu urteilen hat. Nicht als ob der eschatologische Richter des Jüngsten Gerichts nicht nach Maßgabe der Gerechtigkeit verfahren und entscheiden wird, die in dem göttlichen Gebot der Thora manifest ist und als deren Erfüllungsgestalt er an sich selbst zu gelten hat. Jesus Christus richtet auf der Basis des Gesetzes Gottes, das die Grundlage sowohl des Untersuchungsverfahrens als auch seines Urteils und Schlusses bildet. Die Möglichkeit eines Freispruchs aber liegt nicht im Gesetz, sondern im Evangelium begründet, das der auferstandene Gekreuzigte in Person ist. Man wird nicht sagen können, dass dieser evangelische Gesichtspunkt, demzufolge der sündige Mensch im eschatologischen Gericht aus Gnade um Christi willen durch Glauben gerechtfertigt wird, in patristischer Theologie stets hinreichend berücksichtigt worden ist. Gänzlich außer Acht gelassen wurde er freilich nie, auch wenn die Primäraufmerksamkeit der gesetzlich richtenden Gerechtigkeit galt.

Das Gesetz, gemäß dem Jesus Christus im Jüngsten Gericht urteilt, ist von Gott gesetzt und insofern positiv. Es steht aber dem Menschen nicht äußerlich gegenüber, da es seine ureigene kreatürliche Bestimmung in sich birgt. Realisiert ist diese Bestimmung, welche der erste Adam gründlich verfehlte, im zweiten Adam Jesus Christus, dessen Menschsein sowohl als Manifestation des Gehalts des Gottesgebots als auch als Form seiner Erfüllung zu gelten hat. Wenn sonach gesagt wird, dass das Letzte Gericht in der und nach Maßgabe der menschlichen Natur Jesu Christi erfolgt, dann heißt dies, dass der Mensch gemäß dem göttlichen Gesetz als seiner eigenen Bestimmung gerichtet wird. Dies bringt patristische Theologie u. a. durch die Auffassung zum Ausdruck, dass das menschliche Gewissen, sofern seine Stimme nicht mutwillig unterdrückt und zum Verstummen gebracht wird, dem gerechten Urteil des göttlichen Gerichts vorbehaltlos wird zustimmen müssen. Auch der, welcher sich gewissenlos gebärdete, kann ihm seine Zustimmung nicht versagen. Gilt das Postulat, dass im Idealfall eines Gerichtsverfahrens „ein schuldiger Angeklagter die Strafe als sein Recht fordert und so gewissermaßen selbst den Urteilsspruch vollzieht“ (Mühling, 288 unter Bezug auf Kähler, 409), dann wird das Endgericht unter allen Umständen „kein von außen über den Menschen verhängtes Fremdurteil“ (J. Rahner, 211) darstellen.

Humanität als eschatologisches Richtmaß und das Gesetz der Vergeltung

Das Richtmaß des Jüngsten Gerichts ist der Erkenntnis derer, die gerichtet werden, nicht äußerlich. Dies gilt auch für den Vergeltungsaspekt, der nach patristischer Lehre dem Gerechtigkeitsgedanken konstitutiv innewohnt. Es gehört nach Allgemeinurteil der Väter zum Wesen der Gerechtigkeit, zwischen Gut und Böse zu scheiden, und es ist nach ihrer aller Auffassung gut und gerecht, diese Scheidung zu vollziehen. Hingegen wäre es ungerecht, dem Guten seine Gerechtigkeit mit Bösem zu vergelten und dem Bösen das Unrecht durchgehen zu lassen, das ins Werk zu setzen er sich das Recht nahm. Es entspricht daher der verbindlichen und rechten Ordnung, die Gott für sein Menschengeschöpf in der Welt gesetzt hat, wenn er dem Gerechten Recht gibt und Gutes zuteil werden lässt, das Unrecht des Ungerechten aber richtet. Stets wird dabei vorausgesetzt, dass Gottes Gerechtigkeit allein rechtes Gericht zum Guten und nicht jenes Zugrunderichten will, das die Ungerechtigkeit zuletzt sich selbst bereitet. Die beiden Eckdaten des Gedankens göttlicher Vergeltung wären also völlig missverstanden, wollte man aus ihnen eine Symmetrie zwischen göttlichem Freispruch und göttlicher Verurteilung des Menschen folgern. Gott will, dass alle Menschen gerecht gesprochen werden. Aber er will es im Sinne seines gerechten Wesens, welches nicht zulässt, die Differenz von Gut und Böse zu vergleichgültigen und den Gegensatz zu übergehen, der durch die Sünde in die Welt gekommen ist. In diesem Sinne gehört der Vergeltungsgedanke wesentlich zum Gedanken göttlicher Gerechtigkeit und göttlichen Gerichts.

Auch Jesus Christus wird, wenn er zum Jüngsten Gericht erscheint, nach Maßgabe vergeltender Gerechtigkeit richten. Daran lassen die patristischen Theologen keinen Zweifel aufkommen, so unterschiedlich sie zum Teil über Zeit, Ort und Verfahrensweise des Jüngsten Gerichts lehren. Was die Zeit betrifft, so kann sie wie der eschatologische Anbruch überhaupt menschlicherseits nicht vorhergewusst werden. Jede Art von chronologischer Berechnung verfehlt daher zwangsläufig das Ziel, das es erstrebt. Interessant ist, dass das Nichtwissen um den, wenn man so will, Beginn der Endzeit in der Regel nicht als Schaden, sondern als Nutzen gewertet wird, sofern dadurch falsche Sicherheit vermieden und zur Wachsamkeit aufgefordert wird. Interessant ist ebenso, dass Jesus Christus gemäß seinem Menschsein das menschliche Nichtwissen um den eschatologischen Endzeitpunkt teilt – sei es, weil ihm entsprechendes Wissen fehlt, sei es in Form eines völligen Verzichts auf seinen Gebrauch. Damit findet zumindest indirekt ein Moment realer Unwissenheit in die göttliche Allwissenheit Eingang. Der Vater Jesu Christi weiß in seiner Allwissenheit durch den Sohn, was es heißt, nicht allwissend zu sein.

Der Zeitpunkt, in dem die Endzeit anhebt, um zugleich die durch die Tempora Vergangenheit, Gegenwart und Zukunft bestimmte Zeitlichkeit des alten Äons zu transformieren, bleibt im Dunkeln und ist nur Gott bekannt. Vorstellungshaft liegt es daher nahe, ihn mit der Nacht und dabei in Sonderheit mit der Mitternacht zu assoziieren, um deren Stunde nach Mt 25,6 der Bräutigam kommt und der Tag des Herrn anbricht. Wo dies geschieht, muss nach patristischem Urteil ebenso offen bleiben wie der Zeitpunkt, auch wenn, wie vermerkt, im Anschluss an Joel 4,2 häufig an das – zumeist mit dem Jerusalemer Kidrontal gleichgesetzte – Tal Josaphat gedacht wird. Naheliegend ist auch der Gedanke an den Golgathafelsen, dessen Lage freilich von den Endzeitlehrern aller irdischen Beschränkung enthoben und in einer Weise dimensioniert wird, die dem eschatologischen Geschehen gemäß ist.

Synthetisierungsbestreben und Lehrkonsolidierung

Die Eschatologie der Alten Kirche zusammenfassend auf den Begriff bringen zu wollen, ist ein müßiges Unterfangen. Ihre Gehalte bleiben „relativ beweglich“ (May, 300) und sperren sich gegen Versuche einer durchgängigen Systematisierung. Kennzeichnend ist der insgesamt zu beobachtende Trend, die jüdisch geprägten Traditionsbestände mit hellenistischen zu verbinden. „Der apokalyptisch-eschatologische Vorstellungszusammenhang der älteren christlichen Überlieferung ist noch im 1. Jh. durch Gedanken anderer Herkunft und neue theologische Gesichtspunkte ergänzt worden. Dieser Vorgang setzte sich verstärkt fort, je mehr das Christentum in die griechisch-römische Welt hineinwuchs.“ (May, 299 f.) Starke Tendenzen zu einer Individualisierung und Spiritualisierung der Eschatologie zeichnen sich ab: „doch wurde die realistische Enderwartung gegen alle Einwände aufrecht erhalten; ihre Preisgabe hätte auch den Verlust des spezifisch christlichen Geschichtsgedankens bedeutet.“ (May, 300) An ihm wurde unter Verwerfung massiv chiliastisch-milleniaristischer Erwartungen festgehalten. Dies gilt auch für Augustin. Nicht zuletzt gegen seine eigenen philosophischen Neigungen versuchte er, „dem Spiritualismus Grenzen zu setzen“ (Troeltsch, 20): „In gereiztester Sprache, unter Zuhilfenahme der groteskesten Naturanalogien und unter Widerlegung der skurrilsten Einwände verteidigt er (den) biblischen Realismus. Auch gegen die Apokatastasis des großen Origenes wendet er sich, übrigens mit einer sehr bemerkenswerten Milderung des Tons.“ (Ebd.) Was hinwiederum den Chiliasmus betrifft, dessen Anhänger Augustin einstmals selbst gewesen war, so identifiziert er das Millennium „mit der schon gegenwärtigen civitas Dei bzw. der Kirche (civ. XX 6.9)“ (Fitschen, 138).

Für den Entwicklungsstand abendländischer Eschatologie im 4. Jahrhundert gibt Hilarius, Bischof von Poitier und bedeutendster lateinischer Kirchenlehrer vor Augustin, ein eindrucksvolles Beispiel. Seine Lehre von den Letzten Dingen weist auf eine „Konsolidierung“ (Durst, 340) der kirchlichen Doktrin hin, die sich im Wesentlichen „entfaltet und fest gefügt“ (ebd.) darstellt. Daran konnte Augustin anknüpfen, dessen Gedanken „grundlegend für die Eschatologie des Mittelalters“ (May, 303) werden sollten, in welcher zum bisherigen Vorstellungskanon noch die Annahme eines Purgatoriums hinzugefügt wurde. Die ostkirchlich-griechische Theologie hat diese Entwicklung nicht mitvollzogen. Sie verblieb auf altkirchlichem Stand und hielt lange „eine mittlere Linie zwischen biblischem Realismus und origenistischem Spiritualismus“ (ebd.), bis die Eschatologie des Origenes auf dem 5. ökumenischen Konzil von Konstantinopel 553 verworfen und insbesondere seiner Lehre einer *apokatastasis panton* eine Absage erteilt wurde.

Schon in dem auf der Synode von Konstantinopel 543 veröffentlichten Edikt des Kaisers Justinian an den Patriarchen Menas wurde die Lehre anathematisiert, wonach die Strafe der Dämonen und gottlosen Menschen zeitlich sei, so dass mit einer Wiederbringung aller gerechnet werden könne (DH 411; vgl. 409). Trotz dieser Verurteilung ist in der Ostkirche das Recht der Hoffnung auf eine mögliche Allversöhnung bis heute von nicht wenigen Theologen verteidigt worden (vgl. Vlantis, 180 f.), u. a. mit dem „apophatischen" Hinweis auf die Unerschöpflichkeit der Gnadenfülle Gottes, die niemand durch seine Vernunft ermessen könne, „so dass das Leben des Geistes in der Einung mit dem Logos ein Leben endlosen Fortschreitens" (Williams, 414) sei – eine „Vorstellung, die für Gregor von Nyssa, den zumindest in dieser Hinsicht getreuesten und schöpferischsten Deuter des Origenes im 4. Jh., ein erhebliches Gewicht hat" (ebd.), um nachgerade in eschatologischer Hinsicht fortzuwirken. Nach Gregor ist das Leben des Geistes und mit ihm das Gute in beständigem Fortschritt begriffen mit der Folge, dass das Böse nicht unendlich dauern kann, so dass „die eschatologische Gemeinschaft aller geistigen Geschöpfe mit Gott" (Balas, 178) erhoff- und erwartbar sei.

Byzantinisches Jenseits

Wer sich genauer über die alexandrinische Eschatologie und ihre Verteidiger und Kritiker informieren möchte und wer an Detailkenntnissen zu Entwürfen patristischer Eschatologie interessiert ist, der studiere die Ausführungen von Brian Daley in Faszikel 7a des Handbuchs für Dogmengeschichte (vgl. Daley, 84 ff.). Im gegebenen Zusammenhang sei zum Schluss nur noch eine Kurzexkursion in das von Konstantin dem Großen unter dem Namen Konstantinopel zur römischen Hauptstadt erhobenen Byzanz unternommen, nicht um die von Euseb initiierte „byzantinische Reichseschatologie" (vgl. Podskalsky), sondern um byzantinische Jenseitswelten zu erkunden und vor der nicht nur unter Theologen verbreiteten Neigung zu warnen, alte – im gegebenen Fall altkirchliche – Zeiten auf Kosten der eigenen zu glorifizieren. Es gibt Wissenschaftler, die sich aus Begeisterung für den Gegenstand ihres Forschens und Lehrens dergestalt mit ihm identifizieren, dass ihnen jede kritische Distanz abhanden kommt. Der legendäre Münchener Byzantinist H.-G. Beck gehörte nicht zu dieser Sorte, sondern entschieden zur Gruppe derer, denen Kritik als ein konstitutives Element konstruktiver Wissenschaft gilt. Seine Vorliebe für Ketzer (Beck, Actus fidei, 4: „so etwas wie das Salz in der ansonsten streckenweise sehr geschmacksneutralen Suppe der Kirchengeschichte") belegt dies: Nicht selten seien es gerade die Häretiker, „die den Aporien und Antinomien nachspüren, die von den orthodoxen Theologen ausgeklammert oder verniedlicht werden; es sind sie, welche die Hierarchen gelegentlich dazu vermögen, bescheidene Korrekturen zu wagen, auf die sie von selbst nicht gekommen wären." (Ebd.)

Beck selbst betrachtete es als einen wesentlichen Teil seiner wissenschaftlichen Tätigkeit, Aporien und Antinomien auf die Spur zu kommen, um den falschen Schein zu beheben, in Byzanz sei alles, was glänzte, Gold gewesen. Belege dafür geben beispielsweise seine Studien zum fragwürdigen Traum reiner „Theorie" (vgl. Beck, Theoria) sowie zum Thema „Byzantinisches Erotikon", wo er zu zeigen versucht, wie wenig es den Theologen im byzantinischen Reich gelungen sei, „die ethischen Ansätze des Neuen Testamentes für den Gebrauch eines alltäglichen Christenlebens aufzubereiten" (Beck, Erotikon, 15): „Mögen die Tugenden noch so oft gepriesen werden, das Festhalten am korrekten Dogma der Kirche war und blieb wichtiger, ja dieses Festhalten ist die Tugend des orthodoxen Christen schlechthin. Und so gut wie alle Fragen, die prima vista ethischer Natur sind, werden dementsprechend auf die dogmatische Höhe gehoben und damit erst von letzter Wichtigkeit.“ (Ebd.)

Auch in eschatologischer Hinsicht waren die byzantinischen Verhältnisse Beck zufolge nicht so, wie man es eigentlich erwarten möchte. Das orthodoxe Christentum habe, was Jenseitserwartungen anbelange, das Bewusstsein der Menschen häufig nur oberflächlich zu prägen vermocht, ohne in seine Tiefenschichten einzudringen. An einer Fülle literarischer Zeugnisse sucht Beck zu belegen, wie wirkungslos die offizielle Theologie im byzantinischen Volk, aber auch unter vielen Gebildeten vielfach geblieben ist. Die eschatologischen Vorstellungen seien häufig entweder vage, der paganen Antike verhaftet, christlich indifferent oder nur äußerlich vom Christentum bestimmt gewesen. Vielerorts im byzantinischen Reich habe es an einer guten Katechese gemangelt. Eklatante Defizite an christlich-religiöser Bildung seien gerade unter eschatologischen Gesichtspunkten unübersehbar. „Vielleicht“, resümiert Beck zum Schluss seiner materialreichen Untersuchung, „ist aufs Ganze gesehen der real assent der Byzantiner zu ihrer Eschatologie nicht schlechter gelungen als in anderen christlichen Kulturen. Aber vielleicht war der Versuch, ihm nachzugehen, im Falle Byzanz besonders wichtig, um emphatische Urteile über die christliche Verwirklichung in Byzanz auf ein erträglicheres Maß zurückzuführen.“ (Beck, Jenseits, 71)

8. Inferno, purgatorio, paradiso: Mittelalterliche Jenseitsszenarien im Anschluss an Dante und Thomas

Lit.: K. Aner, Die Theologie der Lessingzeit (1929), Hildesheim 1964. – M. Basse, Certitudo Spei. Thomas von Aquins Begründung der Hoffnungsgewissheit und ihre Rezeption, Göttingen 1993. – A. Buck, Dante Alighieri (1265–1321), in: TRE 8, 349–353. – Dante Aligheri, La Commedia. Die Göttliche Komödie. I. Inferno / Hölle. II. Purgatorio / Läuterungsberg. III. Paradiso / Paradies. Italienisch / Deutsch. In Prosa übers. u. komm. v. H. Köhler, Stuttgart 2010–12 (= Dante I / II / III). – K. Flasch, Einladung, Dante zu lesen, Frankfurt a. M. ⁴2012. – J. W. Goethe, Sämtliche Werke. Bd. 5: Die Faustdichtungen. Bd. 14: Schriften zur Literatur, Zürich 1979 (= Goethe V / XIV). – G. W. F. Hegel, Hauptwerke in sechs Bänden. Bd. 1: Jenaer kritische Schriften, Hamburg 1999. – R. E. Lerner, Art. Eschatologie VI. Mittelalter, in: TRE 10, 305–310. – Th. Mann, Gesammelte Werke in dreizehn Bänden. Bd. VI, Doktor Faustus, Frankfurt a. M. 1990. – L. Ott, Eschatologie in der Scholastik, Freiburg / Basel / Wien 1990 (Handbuch der Dogmengeschichte IV/7b). – O.-H. Pesch, Art. Thomas von Aquino (1224–1274)/Thomismus / Neuthomismus, in: TRE 33, 433–474. – J. Rohls, Thomas Manns „Doktor Faustus" und die Theologie, in: ZThK 110 (2013), 439–474. – Ph. Schäfer, Eschatologie. Trient und Gegenreformation, Freiburg / Basel / Wien 1984 (Handbuch der Dogmengeschichte IV/7c. 2. Teil). – Thomas von Aquin, Vollständige, ungekürzte deutsch-lateinische Ausgabe der Summa Theologica (Deutsche Thomas-Ausgabe). Bd. 6: Wesen und Ausstattung des Menschen (I,75–89), Salzburg / Leipzig 1937; Bd. 35: Auferstehung des Fleisches (Supplement 69–86), Heidelberg / Graz / Wien / Köln 1958; Bd. 36: Die Letzten Dinge (Supplement 87–99), Heidelberg / Graz / Wien / Köln 1961. – J. P. Wawrykow, The Westminster Handbook to Thomas Aquinas, Louisville / Kentucky 2005. – J. A. Weisheipl, Thomas von Aquin. Sein Leben und seine Theologie, Graz / Wien / Köln 1980.

Hegels Danteadaption

Hegel war ein großer Danteverehrer. Besonders beeindruckt hatte ihn, wie man sich denken kann, die „Trichotomie" (Hegel, 489) der Commedia. In einem dem Großdialektiker zugeschriebenen Beitrag im dritten Stück des zweiten Bandes des Kritischen Journals der Philosophie (Tübingen 1803) „Ueber Dante in philosophischer Beziehung" wird der Dichter als der alles Bisherige überbietende „Schöpfer der modernen Kunst" (Hegel, 487) verherrlicht und sein aus „schlechthin freye(r) Erfindung" (Hegel, 488) heraus entworfenes Werk als „ein absolutes Individuum, nichts Anderm und nur sich selbst vergleichbar" (Hegel, 487), gerühmt: „Die Fülle der Kunst, die Tiefe der bis in's Einzelne gehenden Absichtlichkeit in der inneren Construction der drey Welttheile darzustellen, wäre eine eigene Wissenschaft, wie kurze Zeit nach des Dichters Tode von seiner Nation anerkannt wurde, indem sie einen eigenen Lehrstuhl des Dante errichtete, den zuerst Boccaccio bekleidete." (Hegel, 490 f.)

Die überragende dichterische Größe Dantes zeigt sich nach Hegel u. a. daran, dass seine „Eintheilung des Universums und Anordnung des Stoffs nach den drey Reichen, des Infernum, Purgatorium und Paradieses" (Hegel, 489) sich zwar einerseits ganz dem theologischen Denken seiner Zeit verpflichtet wisse, wie es durch das „Ptolomäische Weltsystem" (ebd.) und die Verbindung des Aristotelismus mit platonischen Ideen in christlicher Absicht gekennzeichnet sei (Hegel, 490: „gleichsam nur das in concreto und architektonisch aufgeführte System der Theologie"), dass aber andererseits in der Trias unabhängig von ihrer spezifischen Bedeutung im (mittelalterlichen) Christentum eine „allgemein symbolische Form" (Hegel, 489) enthalten sei, „so daß man nicht sieht, warum in derselben Form nicht jedes ausgezeichnete Zeitalter seine göttliche Komödie haben könnte" (ebd.). Wie nach seinem Urteil die Divina Commedia seines Zeitalters anzulegen sei, gibt Hegel gleich nach der zitierten Bemerkung in einem Satz skizzenhaft zu erkennen: „Die Natur ist, als die Geburt aller Dinge, die ewige Nacht und als diejenige Einheit, wodurch diese in sich selbst sind, das Aphelium des Universums, der Ort der Entfernung von Gott als dem wahren Centro. Das Leben und die Geschichte, deren Natur stufenweises Fortschreiten ist, ist nur Läuterung, Uebergang zu einem absoluten Zustand. Dieser ist nur in der Kunst gegenwärtig, welche die Ewigkeit anticipirt, das Paradies des Lebens, und wahrhaft im Centro ist." (Hegel, 489 f.)

In Hegels Danteadaption steht der Läuterungsberg nicht für einen eschatologischen Zwischenraum bzw. ein eschatologisches Interim, sondern für den stufenweisen Fortschritt der Lebens- und Weltgeschichte, die im Übergang vom infernalischen Dunkel der Natur zum Lichte des Absoluten begriffen ist, wie es in Kunst, Religion und Wissenschaft erstrahlt, um es unter Bezug auf die „Enzyklopädie der philosophischen Wissenschaften" zu formulieren. Das Purgatorium umschreibt, wenn man so will, das Reich des endlichen Geistes, wohingegen der Himmel den unendlichen Geist, die Hölle die – wenn nicht einfachhin geistlose, so doch geistferne – Natur bezeichnet, die geistwidrig wird, wenn der Geist sich durch sie bestimmen lässt, unmittelbar auf ihr insistiert bzw. auf ihre Stufe regrediert. Man kann diese Umdeutung als eine neuzeitspezifische Säkularisierung traditioneller eschatologischer Themenbestände qualifizieren, wie sie in anderer Form und mit anderem Skopus in dem exoterischen Gebrauch begegnet, den Lessing im neologischen Streit um die Seligkeit der Heiden und die Ewigkeit der Höllenstrafen (vgl. Aner, 270 ff.) von der Fegfeuerlehre machte.

Lessings Purgatoriumsexoterik

Nach Lessing dient die Purgatoriumsvorstellung nicht der Charakterisierung des Prozesses der Reinigung von lässlichen Sünden vor Eingang in den Himmel, auch nicht der eines Zwischenzustandes zwischen Himmel und Hölle, sondern der Aufhebung ihrer Alternative. „Himmel und Hölle sind nicht absolute Gegensätze, sondern in die allgemeine Relativität der Dinge einbezogen." (Aner, 285) Es gibt nach Lessing generell nur ein Besser oder

Schlechter bzw. ein weniger gut oder weniger schlecht. Die absolute Kontrastierung von Himmel und Hölle laufe auf eine abstrakte Schwarz-Weiß-Malerei hinaus. Ihr sei daher der Abschied zu geben und mit ihr einer eschatologischen Gerichtsvorstellung, deren Urteil auf Verherrlichung oder Verdammung, nicht aber auf sittliche Besserung hinauslaufe, wie dies bei der Purgatoriumsidee immerhin der Fall sei. Doch wollte Lessing auch sie nur exoterisch gebrauchen, ohne ihre traditionelle Form beizubehalten, die sie im Mittelalter angenommen hatte.

Auf die Wolfenbüttler Adaption der Purgatoriumstheorie und auf die Fegfeuerlehre selbst wird an späterer Stelle zurückzukommen sein. Zunächst habe Dante Alighieri (1265–1321) das Wort, damit seine eigene, mittelalterliche Sicht der Letzten Dinge verdeutlicht und vor allzu schneller neuzeitlicher Aneignung bewahrt werde; einer der Akteure des poema sacrato der „Göttlichen Komöde“ soll anschließend gehört werden, Thomas von Aquin (1224/25–1274). Wer weiteres zur scholastischen Eschatologie in Erfahrung bringen möchte, sei auf den von L. Ott bearbeiteten Band IV/7b des Handbuchs der Dogmengeschichte (vgl. Ott; ferner: Schäfer) und auf den ehemaligen Wahlspruch katholischer Theologiestudenten verwiesen: mit Ott zu Gott!

Vergils Geleit

Zu Beginn seiner in den ersten beiden Jahrzehnten des 14. Jahrhunderts entstandenen „Commedia“, die „aus 100 Gesängen mit 14233 Versen in Terzinen (Dreizeilern aus elfsilbigen Versen)“ (Buck, 351) besteht, findet sich Dante inmitten der menschlichen Lebensbahn abgeirrt vom rechten Wege in einem finstern Walde vor (Dante I/1,2: selva obscura), um unter der Führung seines römischen Kollegen Publius Vergilius Maro (70–19 v. Chr.), dessen Schatten ihn bis auf Weiteres begleitet (vgl. Dante I/1,67 ff.), eine Reise ins Jenseits anzutreten, in der er nicht, mit dem Schlusssatz des Theatervorspiels von Goethes Fausttragödie zu reden, „(v)om Himmel durch die Welt zur Hölle“ (Goethe V, 149), sondern umgekehrt von höllischen Abgründen über den Läuterungsberg zu den höchsten Himmelshöhen wandeln wird. Die Sendung Vergils ist von der verklärten Gestalt Beatrices (vgl. Flasch, 155 ff.) in Auftrag gegeben (vgl. Dante I/2,52 ff.), die den Jenseitswanderer an den Pforten des Paradieses vom hehren Heiden, der in den Limbus (vgl. Dante I/4) zurückkehren muss, in Empfang nimmt und ihn erst ganz am Ende der himmlischen Auffahrt wieder abgibt, damit er durch Vermittlung Mariens, deren Obhut ihn Bernhard von Clairvaux übergibt, der vollendeten Gottesschau teilhaftig werde.

Vergil ist als Nichtchrist, der die Ankunft des Erlösers in der Vierten Ekloge seiner Bucolica nach traditionellem Urteil zwar erahnt, nicht aber lebendig erfahren hat, ungeeignet, die höchsten Stufen des Seins zu erklimmen. Er vermag zwar „philosophische Unterweisung“ (Buck, 352) zu vermitteln, nicht aber „theologische Offenbarung“ (ebd.) wie später Beatrice. Ihm wird als ewige Wohnstatt der sog. Limbus zugewiesen, ein zwar edler (Dante I/4,106: nobile castello), aber kein himmlischer Ort, in dessen Umkreis neben ungetauften Kindern und alttestamentlichen Patriarchen u. a. die großen Dichter und Denker der Antike siedeln;

wenngleich allein und abseits stehend wird ihnen bemerkenswerterweise auch der sunnitische Sultan Saladin beigesellt (Dante I/4,129: e solo, in parte, vidi 'l Saladino). Statt über weitere Limbusbewohner und den Besuch jenes „Mächtigen" (Dante I/4,53: vidi venire un possente) zu berichten, mit dem nur der ad inferos hinabsteigende Christus gemeint sein kann, sei vor Eintritt ins Inferno noch vermerkt, dass das in Cantico I von Vergil Vorhergesagte in den Folgegesängen aufs genaueste Ereignis wird: Dante wird mit dem nicht endenden Leid der zur Höllenverzweiflung verdammten Geister konfrontiert werden (vgl. Flasch, 91 ff.), die Zuversicht derer wahrnehmen, die im Purgatorium hoffen (vgl. Flasch, 110 ff.), irgendwann einmal zu den Glückseligen zu gelangen, und er wird schließlich zu den himmlisch Vollendeten emporsteigen (vgl. Flasch, 129 ff.), die in Gott und in der Gemeinschaft der Seligen ihre Erfüllung gefunden haben (vgl. Dante I/1,112 ff.).

Die Inschrift am Eingangstor zur Unterwelt prophezeit, was im Inferno zu erwarten steht, nämlich Schlimmeres als das Nichts, Schrecklicheres als der Tod, ein nicht endendes Leben in schierer Hoffnungslosigkeit. „LASCIATE OGNI SPERANZA, VOI CH' ENTRATE." (Dante I/3,9) „Lasst alle Hoffnung fahren, die ihr eingeht." Wer in die Hölle kommt, ist für immer und ewig verloren und zu endloser Pein verdammt, weil er im Inferno der göttlichen Gerechtigkeit begegnet, gegen die er sich von Grund aus verfehlt hat und die ihn mit einer Strafe zugrunderichtet, die in seiner eigenen Schuld besteht. „GIUSTIZIA MOSSE IL MIO ALTO FATTORE: / FECEMI LA DIVINA POTESTATE, / LA SOMMA SAPIENZA E 'L PRIMO AMORE." (Dante I/3,4 ff.) In der Hölle bekommt es der Mensch mit der richtenden Gerechtigkeit des allmächtigen Gottes zu tun, die zwischen Gut und Böse definitiv scheidet („Gerechtigkeit bewegte meinen Schöpfer; / erschaffen hat mich seine Allmacht …"). Sie ist es, welche das Inferno recht eigentlich bereitet; im Vergleich zu ihrer Macht sind alle teuflischen Machenschaften ein Geringes. Denn das satanische Vermögen besteht in nichts als in der Verkehrtheit dessen, der sich gegen Gott und seine Gerechtigkeit gekehrt hat, um sich durch Gottwidrigkeit die eigene Hölle zu bereiten, in der Gott nur mehr im Modus des Gegensatzes zugegen ist, wodurch der teuflische Schein des Bösen zur infernalischen Realität wird. Hier hört sich, wie es in Thomas Manns Theologenroman „Doktor Faustus" „in einer Verschärfung des Eingangsspruchs von Dantes Inferno heißt" (Rohls, 462), alles auf: „jedes Erbarmen, jede Gnade, jede Schonung" (Mann, 327).

Abgrund der Hölle

Das ganze Ausmaß der Höllenwirklichkeit wird erst allmählich und im Laufe des Abstiegs bewusst, den Dante unter Leitung Vergils nach anfänglichem Zögern (vgl. Dante I/2) antritt. Nach erfolgtem Durchgang durch die Vorhölle der laxen Christen und durch den erwähnten Limbus begegnet Dante als erstes denjenigen Sündern, welche, wie es heißt (vgl. Dante I/5,38 f.), die Vernunft dem Trieb hintangestellt haben, also der Fleischeslust erlegen sind. Auf die Wollüstigen folgen, vom Höllenhund Cerberus bewacht, die Gefräßigen, sodann solche, die neidischer Habgier und maßloser Verschwendung frönten, statt den Weg der goldenen Mitte zu gehen, der nicht erst durch Jesus, sondern vor ihm schon von

Moses und Aristoteles gewiesen worden war. Von besonders hoch lodernden Höllenflammen sieht Dante sodann die Jähzornigen umgeben, die sich aus gehässigem Eifer heraus zu Gewalttaten haben hinreißen lassen, wo Gleichmut nötig gewesen wäre. Als geistliche Gewalttäter, die schlimmer sind als die Schänder des Leibes, werden anschließend die Ketzer eingestuft, weil sie durch häretische Irrlehren nicht nur Körper, sondern Seelen mordeten. Dafür schmoren sie nun bei unterschiedlicher – am Grad ihrer Ketzerei bemessener – Flamme in ihren Gräbern und Grüften.

Erst als er an Vergils Seite bereits einige Höllenkreise abwärts durchschritten hat, gibt Dante in Canto XI einen vorläufigen Einblick in die räumlichen Beschaffenheiten des Inferno. Nach einer für den Commedia-Übersetzer Karl Streckfuß bestimmten Notiz Goethes vom 9. September 1826 hat die „ganze Anlage des Danteschen Höllenlokals … etwas Mikromegisches und deshalb Sinneverwirrendes“ (Goethe XIV, 862) an sich. Dieser Hinweis ist insofern bemerkenswert, als die infernalische Unterwelt tatsächlich nicht darauf angelegt ist, Orientierung zu verschaffen, sondern jene Totalverwirrung zu stiften, in welche der ins Irrsinnige hineinführende Irrweg der Sünde führt. Mit irdischen Raummaßen ist der Ort der Hölle deshalb nicht zu bemessen, wie denn auch die nicht endende Zeit, die im Inferno herrscht, weder mit den vertrauten Tempora zu vergleichen ist, noch gar mit der paradiesischen Ewigkeit, deren widriges Gegenteil sie zeitigt. In der Hölle wird sowohl in temporaler als auch in räumlicher Hinsicht das Oberste zuunterst und das Vorderste zuhinterst gekehrt. Das Inferno sprengt den Rahmen aller denkbaren Weltbilder, das mittelalterliche eingeschlossen, dem Dante zwar einerseits zeitgenössisch verbunden war, ohne dadurch seine dichterische Einbildungskraft binden zu lassen. Diese transzendiert bzw. deszendiert auch jene örtlichen bzw. zeitlichen Vorstellungen, die in Bezug auf Himmel und Hölle sowie auf das purgatorische Zwischenreich ausdrücklich nahegelegt werden.

Hält man sich an die im elften Gesang gegebene topographische Skizze, dann ist das Inferno trichterförmig, also genau so angelegt, wie es Sandro Botticelli in der bekannten Miniatur „La voragine infernale“ im Anschluss an Dante gemalt und aufgezeichnet hat. Der Höllentrichter erzeugt einen Strudel, dessen Sog zwangsläufig nach unten und in bodenlose Abgründe zieht, aus denen es kein Entrinnen gibt. Der infernalische Malstrom reißt alles mit sich, was ihm entgegenzutreten sucht. Auch Dante hat erhebliche Mühe, seine Höllenfahrt an der Seite Vergils Schritt für Schritt durchzuführen. Es wird immer schlimmer. Der Abstieg in den ersten Ring des siebten Höllenkreises führt zu den Tyrannen, die nun selbst und ewig in jenen Blutbädern sitzen müssen, die sie anderen zu ihren irdischen Lebzeiten bereitet haben. Für immer in Dornen und Disteln verstrickt hinwiederum sind diejenigen, welche mutwillig Hand an sich selbst gelegt haben. Noch schlechter ergeht es den Übermütigen, die ihre Hybris zur Gotteslästerung steigerten und nun genau jenen Absturz erleiden, der ihrer Selbstüberhebung entspricht. Im achten Höllenkreis schließlich werden Verführer, Schmeichler, Hexer und Zauberer, Gauner, Heuchler, Diebe und Räuber, unlautere Ratgeber, Zwietrachtstifter, Fälscher und Betrüger jedweder Art ihrer gerechten Strafe zugeführt, um vom höllischen Los Einzelner unter ihnen zu schweigen.

Dass Dante im Inferno auch Päpsten und Kaisern begegnet, ist bekannt. In immer tiefere Höllenschlünde führt seine infernalische Reise, bis er schließlich, Dämonen im Nacken, durch Feuer und Eis, Pechsträhnen, Schlangengruben und unerträglichen Schwefelgestank, der von Lug und Trug ausgeht, jenen aporetischen Ort erreicht, dessen ausweglose Abgründigkeit nicht mehr zu unterbieten ist, den neunten und tiefsten Kreis, in dem die Gluthitze der in sich zwieträchtigen Hölle zu ewigem Frost erstarrt ist. Am absoluten Nullpunkt, an dem Dante im dreiunddreißigsten Gesang nach dem Portalcanto angelangt ist, begegnet der Teufel als eingefrorener Widergott, als Licht in völlige Finsternis verkehrender Luzifer, als Antichrist von unsäglicher Missgestalt, als Perversion der Trinität: „Oh quanto parve a me gran maraviglia / quand' io vidi tre facce alla sua testa." (Dante I/34,37 f.)

Der Schrecken, den der dreigesichtige Satanskopf jedem Betrachter einjagt, wird nur noch durch den Anblick seiner triefenden Schandmäuler gesteigert, mit denen er je einen Sünder schindet und zermalmt. Am meisten Pein muss Judas Ischarioth erleiden, dessen Haupt im Teufelsrachen steckt, während draußen seine Beine hilflos zappeln. Neben dem Verräter des Herrn werden Brutus und Cassius gemartert. Bevor das höllische Spektakel vollends ausartet, spricht Meister Vergil lakonisch das lösende Wort: Es sei Zeit wegzugehen, „chè tutto avem veduto" (Dante I/34,69), da mittlerweile alles gesehen sei. Die beiden Dichter seilen sich mittels des zottigen Teufelsfells ab, finden, ganz unten angelangt, ein Schlupfloch und entrinnen, nachdem sie – verkehrte Teufelswelt – durch Kopfstand Boden unter den Füßen gewonnen haben, der Finsternis der Höllennacht, um das Licht der Sterne und der aufgehenden Sonne zu schauen. Die Ersteigung des Läuterungsberges, der aus der durch den Teufelssturz verdrängten Landmasse entstand und gewissermaßen das Positiv des höllischen Negativs darstellt, kann beginnen.

Besteigung des Läuterungsbergs

Der Weg durchs Purgatorium, dem die zweite Cantica gewidmet ist, wird von Dante als Bergaufstieg vorstellig gemacht, der dem Abstieg ins Inferno gegenläufig ist. Zwischen Höllenschlund und Läuterungsberg herrscht ein Entsprechungsverhältnis, doch im entgegengesetzten Sinne dergestalt, dass der Höllenweg immer mehr in die Abgründe der Sünde hinein, das Purgatorium hingegen aus dem sündigen Unwesen heraus und dem Himmel entgegenführt. Zwar ist der Berganstieg insonderheit anfangs äußerst mühsam und beschwerlich. Doch im Unterschied zum Höllenabstieg verfolgt er ein Ziel, dem der Wanderer hoffnungsfroh entgegensehen darf. Nicht nur, wer das Purgatorium schon hinter sich hat und vom erreichten Gipfel aus Rückschau hält auf den zurückgelegten Weg, auch derjenige, welcher noch im Steigen begriffen bzw. den reinigenden Flammen ausgesetzt ist, wird die Gesamtunternehmung ohne Vorbehalte als günstig bewerten.

Hochmut kommt nicht nur vor dem Fall, sondern trägt dessen Abgrund bereits insofern in sich, als spätestens die hybride Selbstvergottung des Menschen sich ihre eigene Hölle bereitet, wie am Fall des Judas in extremster Exemplarität zu ersehen ist. Mit der Überwindung des Hochmuts der Selbstvergottung und der ihm korrespondierenden Höllenverzweiflung hat daher der purgatorische Berganstieg zu beginnen, wobei der Anfang, wie gesagt, den schwierigsten und gefährlichsten Part der ganzen Tour ausmacht; im Vergleich zu ihm stellt der Kampf gegen die sinnliche Wollust am Ende ein eher Leichtes dar. Statt sich lange bei den trägen Müßiggängern aufzuhalten, die aus Faulheit oder ängstlicher Feigheit am Fuße des Läuterungsberges verharren und dabei die Gefahr eines drohenden Absturzes in die Hölle übersehen, sei Dante bei seinem zügigen Marsch nach oben ohne weiteren Aufschub und ohne Umschweife rechterhand den Hang entlang (Dante II/11,49: A man destra per la viva) bis an die Stelle gefolgt, wo er von einer erhebenden Ekstase und dem langsamen Regress aus ihr berichtet: „Quando l'anima mia tornò di fori / alle cose che son fuor di lei vere, / io riconobbi i miei non falsi errori." (Dante II/ 15,115–117) Diese Terzine bietet einen Schlüssel für das Verständnis der gesamten „Commedia": Nach innerem Seelenerwachen und Rückkehr zur Außenwelt erkennt der Dichter seiner Träume Wirklichkeit.

Was die Dichtung beinhaltet, scheint auf bloßer Einbildung zu beruhen und nichts als ein Phantasieprodukt zu sein. Tatsächlich leugnet Dante nicht, dass man gewissermaßen außer sich sein muss, um wahrzunehmen, wovon die Rede ist. Aber die ekstatische Begeisterung, ohne die weder Poesie noch religiöse Schau möglich sind, führt seinem Urteil zufolge nicht zu Realitätsverlust, sondern zu einer Wirklichkeitserkenntnis, die das übliche Bewusstsein von Selbst und Welt nicht unterbietet, sondern transzendiert. In der Mitte seiner Commedia, auf welche die Hermeneutik der Ekstase verweist und die durch den sechzehnten Gesang ihres zweiten Teiles markiert ist, wendet sich der Dichter trotz der sich daraus ergebenden ästhetischen Probleme explizit Themen theologischer Scholastik zu, wie beispielsweise dem Problem der Willensfreiheit, für die er entschieden, wenngleich nicht im Sinne eines liberum arbitrium plädiert, dem Verhältnis von potestas ecclesiastica und potestas civilis, später dann auch der Frage nach der Ursache der Sünde, die er als pervertierte Missgestalt fehlgeleiteter Liebe deutet (vgl. Dante II/17,103 ff.). Gehandelt wird ferner von der Beziehung von Vernunft und Offenbarung, Glaube und Wissen (vgl. z. B. Dante II/18,46 ff.).

Nach dem österlichen Abgesang auf die Süchte der avaritia, der gula, zu Deutsch: Fressgier sowie der luxuria hat Dante im Canto XXVII eine persönliche Feuertaufe zu bestehen, die den heilsamen Sinn und guten Zweck des Purgatoriums noch einmal deutlich werden lässt. Mit Vergil zu reden: „Figliuol mio, / qui può esser tormento, ma non morte. / … Credi per certo che se dentro all' alvo / di questa fiamma stessi ben mille anni, / non ti potrebbe far d'un capel calvo." (Dante II/27,20 ff.) Das Fegefeuer bewirkt Qual und nicht Tod; das Heil der Seele bleibt im purgatorischen Hitzekessel unversehrt. Wie lange sich der durch brennende Feuerflammen oder steile Berganstiege charakterisierte Läuterungsprozess auch hinziehen mag – seine Zeit basiert auf einer eigenen, nicht an körperlichen Zuständen, sondern an seelischen Belangen orientierten Bemessungsgrundlage: er ist heilsam und endet im

Guten, welches zur Vollendung führt. Sehr viel mehr hat der antike Dichter Vergil seinem Schutzbefohlenen nicht mehr zu sagen. Man sei nun dorthin gelangt, bekennt er (vgl. Dante II/27,128 f.), wo er von sich aus nicht mehr weiter zu blicken vermöge: „per ch' io te sovra te corono e mitrio." (Dante II/27,142) Zum Herrscher über sich selbst gekrönt schreitet der poeta laureatus Beatrice entgegen, die im 30. Gesang endlich in einer Blumenwolke in Erscheinung tritt, als Sinnbild der Gnade den Triumphwagen einer ins Stocken geratenen Kirchenprozession besetzt und sukzessive alles zurecht bringt, so dass dem von den Wassern des Vergessens des Bösen und der Erinnerung des Guten gereinigten Dichter zum Schluss nur zu sagen bleibt: „Io ritornai dalla santissima onda / rifatto sì come piante novelle / rinovellate di novella fronda, / puro e disposto a salire alle stelle." (Dante II/33,142 ff.) Dem purgatorischen Jungbrunnen entstiegen und an Leib und Seele erneuert wie ein Baum im frischen Frühlingsgrün ist Dante rein und bereit, sich zu den Sternen zu erheben. Per aspera ad astra: Der Himmelsflug kann beginnen, von dem die Paradiesesgesänge künden.

Himmlische Höhen

Dantes Höllenfahrt begann in der Abenddämmerung und bei einbrechender Nacht (vgl. Dante I/2,1), seine Besteigung des Läuterungsberges zur Morgenstunde (vgl. Dante II/1,19); seine Auffahrt himmelwärts nimmt ihren Anfang auf der Höhe des Tages (vgl. Dante III/1,37 ff.). Was sich im Laufe der Himmelfahrt ereignet, übersteigt den irdischen Horizont des Menschen: „Transumanar" (Dante III/1,70) lautet das *hapax legomenon*, mit dem der Dichter das Geschehen in seiner Unvergleichlichkeit charakterisiert. Er weiß es bei aller poetischen Fertigkeit von Anfang an nicht in Worte zu fassen und stammelt mehr als dass er spricht, woraufhin ihn Beatrice, wie es schön heißt, mit dem Ausdruck einer Mutter ansieht, deren Kind im Fieber (Dante III/1,102: deliro) redet. Zugleich gibt sie ihm zu bedenken, dass der Weg nach oben für ein auf Selbst- und Welttranszendenz angelegtes Wesen eigentlich nichts Verwunderliches sein sollte: „Non dei più ammirar, se bene stimo, / lo tuo salir, se non come d'un rivo / se d'alto monte scende giuso ad imo." (Dante III/1,136 ff.) Wie ein Fluss naturgemäß vom hohen Berg herab zu Tale fließt, so ist der Mensch samt allem Seienden wesentlich dazu bestimmt, über sich selbst hinaus dem Sein selbst als dem Ursprung und Ziel dessen entgegenzustreben, was ist.

Der paradiesische Aufstieg führt Dante in den Mond-, Merkur-, Venus-, Sonnen-, Mars-, Jupiter- und Saturn-, sodann in den Fixsternhimmel und von dort über den Kristallhimmel ins Empyreum. Dieser Fortgang ist als Steigerung zu verstehen. Zwar sind die Seligen auf jeder Stufe und je auf ihre Weise vollendet. Dies schließt aber weder im Einzelnen noch im Allgemeinen Gradualität und Prozesshaftigkeit aus. Auch im Himmel herrschen Unterschiede und dynamische Bewegung. Unbewegt in sich selbst ist nur Gott, durch den alles bewegt wird und auf den hin sich alles bewegt, was im Himmel und auf Erden ist. Wie man das näherhin zu verstehen hat, wird Dante von der Ordensschwester Piccarda erläutert, die einen der unteren Plätze in der Paradiesesordnung einnimmt und damit mehr als zufrieden ist (vgl. Dante III/3,70 ff.).

Dass man in allen Himmelskreisen auch in theoretischer Hinsicht nicht nur zufriedengestellt wird, sondern zu vollendeter Erkenntnis gelangt, zeigen u. a. die vielen Exkurse zu theologischen und philosophischen Schulthemen, die im Paradies bei passender Gelegenheit unternommen werden, bei denen nicht selten Beatrice als Dozentin fungiert. Sie belehrt Dante in Bezug auf die platonische Seelenlehre (vgl. Dante III/4), ferner über Sünde und Satisfaktion, in letzterer Hinsicht ganz im Sinne von Anselm (vgl. Dante III/7). Erwägungen zu Trinität und Schöpfungslehre, Anthropologie und Christologie, Soteriologie und Pneumatologie bis hin zur Eschatologie schließen sich an. In eschatologischer Hinsicht verdient besonderes Interesse, was über das Verhältnis der abgeschiedenen Seelen zu den Leibern gesagt wird, welche sie prämortal beseelt hatten: sie sehnen sich nach ihnen (vgl. Dante III/14,63) bzw. danach, am Jüngsten Tage bei der allgemeinen Auferstehung der Toten mit ihnen wiedervereinigt zu werden.

Der Glaube wird im 1. Vers des 11. Kapitels des Hebräerbriefes, den Dante mit der Tradition dem Apostel Paulus zuschreibt (vgl. Dante III/24,61 ff.), *elpizomenon hypostasis* und *pragmaton elenchos ou blepomenon* genannt. Diese griechischen Wendungen sind schwer in anderen Sprachen wiederzugeben. Die Vulgata setzt für *hypostasis* substantia, für *elenchos* argumentum und formuliert den Vers folgendermaßen: „Est autem fides sperandarum substantia rerum, argumentum non apparentium." Daran schließt Dantes Glaubensbestimmung an, mit der er sein Bekenntnis einleitet, das er vor einem apostolischen Prüfungsausschuss ablegt: „fede è sustanza di cose sperate, / ed argomento delle non parventi." (Dante III/24,64 f.) Der Apostelfürst Petrus stimmt dieser Aussage unter der Bedingung zu, dass verstanden werde, was mit den Begriffen Substanz und Argument gemeint sei. Eine entsprechende Begriffsdefinition wird in Canto XXIV,70 ff. nachgereicht. Dann folgt die konfessorische Explikation des Glaubens an den einen Gott, der einzig ist und ewig, „che tutto il ciel move, / non moto, con amore e con disio" (Dante III/24,131 f.). Der in sich unbewegt den Himmel durch Liebe und Sehnsucht bewegt ist kein anderer als der trinitarische Gott, der „‚sono' ed ‚este'" (Dante III/24,141), „ist" und „sind", in sich vereint, weil er in drei Personen subsistiert und darin eines Wesens ist. Neben dem trinitarischen hat Dante selbstverständlich auch das christologische Dogma und mit der chalcedonischen Zweinaturenlehre alle sonstigen Glaubensartikel der Kirche rezipiert.

Eine Begegnung der besonderen Art wird in Canto XXVI besungen: Dante trifft Adam und will von ihm wissen, wann, wie und wo das Menschengeschlecht seinen Anfang nahm und was der Grund für die Vertreibung aus dem hochgelegenen, himmelsnahen Garten (Dante III/26,110: eccelso giardino) war, in den Gott ihn gemäß Gen 2,8 gesetzt hatte. Des Stammvaters Antwort: „Or, figliuol mio, non il gustar del legno / fu per sè la cagion di tanto essilio, / ma solamente il trapassar del segno." (Dante III/26,115 ff.) Nicht das Kosten der Frucht vom Baum der Erkenntnis an sich sei der Grund der Vertreibung gewesen, sondern allein das Übertreten des Zeichens, will heißen: der in verfluchtem Stolz (Dante III/29,55 f.: maladetto superbir) schuldig gebliebene Gehorsam Gott gegenüber und die Missachtung des

Unterschieds, der zwischen Schöpfer und Geschöpf waltet. Dieser mit keiner endlichen Differenz vergleichbare Unterschied leuchtet Dante spätestens in jenem Augenblick ein, als er in dem an den Fixsternhimmel grenzenden Kristallhimmel, in welchem ihn Beatrice erhebt, erstmals einen unmittelbaren Eindruck von der Gottheit Gottes gewinnt, nämlich in Form eines nicht nur unendlich kleinen, sondern ausdehnungslosen, aber zugleich alles überstrahlenden Lichtpunkts, der seine Augen bis zur Blindheit hin blendet.

Dichtertheologe

„Da quel punto / depende il cielo e tutta la natura" (Dante III/28,41 f.). Von diesem Punkt hängt der Himmel ab und die ganze Natur, doziert Beatrice, um Dante weitere Einblicke zu geben in die Ordnung des Empyreums, das sich vom Weltuniversum abhebt und es zugleich in sich befasst. Wo und Wann, „ubi e … quando" (Dante III/29,12), alle Räume und Zeiten sind auf den Ur- und Endpunkt Gottes hingeordnet, der sie aus sich entlässt und in dem sie ihre Erfüllung finden. In Gott selbst gibt es kein Vorher und Nachher, weil die Differenz der Räume und Zeiten die Signatur des kreatürlichen Kosmos ist. Keineswegs indes ist Gottes Gottheit indifferent und in vermittlungsloser Unmittelbarkeit unterschiedslos mit sich selbst eins. Dies ist deshalb nicht der Fall, weil der ewige Gott von Ewigkeit her und außerhalb aller Zeit den Logos aus sich entließ, um ihm im Geist der Liebe wesenseinig verbunden zu sein (vgl. Dante III/29,16 ff.). Was die geschaffene Welt betrifft, so rangieren an oberster Stelle die reinen Geistwesen, an unterster die bloßen Materiebestände, wobei *morphe* und *hyle* ebenso wie Akt und Potenz Grenzwerte bezeichnen, die in der geschaffenen Wirklichkeit auf die eine oder andere Weise verbunden sind. Actus purus zu sein ist allein dem Schöpfergott selbst vorbehalten, in dessen ewigem Licht, was in der Welt getrennt, mit Liebe sich zu einem Bande fügt.

Dante war Dichter und kein Theologe. Dies gilt auch für Beatrice: auch sie ist „keine Theologin. Schon gar nicht ist sie *die* Theologie." (Flasch, 161) Dennoch bezeugen beide ein hohes Maß an Gottesgelehrsamkeit, Beatrice in der Funktion der Lehrerin, Dante in derjenigen ihres Schülers. Grundlegend ist die aristotelische Ontotheologie. Die ältere Forschung hielt Dantes theologischen Aristotelismus für thomistisch. Auch wenn man neuerdings den Einfluss neoplatonisch-franziskanisch-spiritualistischer Ideen gelegentlich höher einschätzt (vgl. etwa Flasch, 209, 260 ff., bes. 276), bleibt die Stellung des Hl. Thomas und seine Bedeutung für Dante unangefochten. Der große Scholastiker wurde vier Jahrzehnte vor dem Dichter geboren und starb, als dieser noch ein Knabe war. Im zehnten Paradiesgesang der „Commedia" hat er einen persönlichen Auftritt. Es genügt, dass er sagt, „io Thomàs d' Aquino" (Dante III/10,99), und es ist klar, mit welcher herausragenden Gestalt man es zu tun hat.

Doctor angelicus

Sachlich gehört die Commedia-Erscheinung des Thomas in den Zusammenhang der vorgetragenen Lehre von den abgeschiedenen Einzelseelen und ihrer Sehnsucht, sich in der allgemeinen Totenauferstehung mit den Leibern wiederzuvereinigen, die sie einstmals beseelten. Sie entspricht ganz der thomasischen Auffassung. Doch hat es der doctor angelicus nicht nötig, als Schulmeister aufzutreten. Er bescheidet sich damit, in Cantico XI des Paradiso in seiner Eigenschaft als Dominikaner den Hl. Franziskus als vorbildlichen Christen vorzustellen, dessen Armutsideal sich zur Nachahmung empfiehlt. Es folgt im zwölften Gesang der Franziskaner Bonaventura, der seinerseits den Hl. Dominikus würdigt, den Gründer des Ordens des Hl. Thomas. An dieser Sequenz zeigt sich: Die ganz großen Theologen suchen das Eigene in Theorie und Praxis nicht unmittelbar in und bei sich selbst, sondern finden ihre Beglückung im Lob des Verdienstes der Anderen. Thomas gibt dafür ein Beispiel, das gerade in eschatologischer Hinsicht besticht. Er soll deshalb nach Dante als zweiter das Wort haben, um in Themenbestände des scholastischen Lehrstücks „De novissimis" einzuführen. Dass der Meister es in seiner theologischen Summe nicht mehr selber zur Durchführung gebracht hat, muss kein Schaden sein. Auch in unvollendeten Werken kann sich der Sinn des Ganzen erschließen. Theologie muss darum wissen, gerade wenn sie Eschatologie betreibt.

Die „Summa theologica" des Hl. Thomas blieb unvollendet. Die tertia pars bricht mitten in der Lehre vom Bußsakrament ab. Grund hierfür sind Ereignisse am 6. Dezember 1273, „als Thomas nach einer langen Ekstase nur mit Mühe seine Messes zu Ende bringen konnte, hernach sein Schreibgerät weglegte und keine Zeile mehr geschrieben hat" (Pesch, 436). Verglichen mit dem von ihm Geschauten erscheine ihm alles, was er bisher geschrieben habe, wie Stroh, kommentierte er vertraulich den Vorgang (vgl. Weisheipl, 293 ff.). Die geplante Eschatologie der Summe konnte nicht mehr durchgeführt werden. Ihre Teile wurden im sog. Supplementum von einem oder mehreren Schülern auf der Textbasis des frühen Sentenzenkommentars des Meisters nach einem vorgefertigten Schema in seinem Stil und im Geiste dessen kompiliert, was er certitudo spei nannte (vgl. Basse). Die Befürchtung, die thomasische Lehre von den Letzten Dingen nicht in originaler, sondern lediglich in einer unausgereiften Vorform geboten zu bekommen, ist unbegründet. Inhaltlich entspricht das eschatologische Kompilat wie der zweite Teil der Sakramentenlehre, der ebenfalls ergänzt wurde, ganz dem genuinen System, in dessen früheste Wirkungsgeschichte es gehört. Im späten Thomismus der Defensiones, Kommentare und Disputationes (vgl. Pesch, 459 f.) hat man das nicht anders gesehen. Im Übrigen ist zu bedenken, dass „(d)as ganze Mittelalter hindurch … allgemeine Übereinstimmung hinsichtlich der Hauptumrisse des eschatologischen Geschehens (bestand)" (Lerner, 305). Analysen der einschlägigen Lehrstücke in Früh-, Hoch- und Spätscholastik (vgl. Ott) bestätigen diesen Sachverhalt.

Näheres zu Genese und Kontext der Eschatologie sowie der anderen Supplementtexte der Summe ist den Einleitungen zu den Bänden 35 und 36 ihrer deutsch-lateinischen Ausgabe zu entnehmen (vgl. ferner Wawrykow, 44 ff.). Das Supplement zum III. Buch enthält neben Ergänzungen zur Lehre vom Bußsakrament (q. 1–16) Ausführungen zur Schlüsselgewalt der Kirche, zur extrema unctio und zum ordo (q. 17–40) sowie zum Verständnis der Ehe (q. 41–68). Daran schließen sich die eschatologischen Lehrstücke an. Sie setzen ein mit der Frage, wo und an welchem

Ort sich die vom Leib getrennten Seelen in ihrer postmortalen Abgeschiedenheit befinden und wie sie sowie die ihnen vom körperlichen Feuer im Purgatorium verursachten Strafleiden beschaffen sind. Erwägungen zur Thematik der Fürbitten für die Toten und zur anrufenden Bitte an die verewigten Heiligen um Fürbitte schließen sich an. Sodann wird von den Vorzeichen des Jüngsten Tages und vom Weltenbrand am Ende der Zeiten gehandelt, der hinsichtlich seiner reinigenden Funktion der Auferstehung der Toten zum Gericht und damit der endzeitlichen Wiedervereinigung der abgeschiedenen Seelen mit ihrem Leib vorausgeht, in anderer – die definitive Verzehrung des Bösen betreffenden – Hinsicht der allgemeinen Totenauferstehung folgt.

Hylemorphismus

Unter individuellen Gesichtspunkten steht am Anfang des eschatologischen Geschehens der Tod des einzelnen Menschen. Dieser wird in der christlichen Theologie seit Justins Zeiten unter dem Einfluss antiker Philosophie als Trennung von Leib und Seele verstanden. Dies ist auch bei Thomas so, wobei ein genaues Verständnis seiner Auffassung nur möglich ist, wenn man zuvor seine Bestimmung des Leib-Seele-Verhältnisses im Allgemeinen in Betracht zieht. Nach Thomas ist der Mensch eine psychosomatische Differenzeinheit, zusammengesetzt aus einer geistigen und einer körperlichen Substanz (q. 75: ex spirituali et corporali substantia). Theologische Aufgabe ist es, diese die Natur des Menschen betreffende Wesensaussage zu begreifen und zwar von der Seele (anima) her und vonseiten des Körpers (corpus) nur entsprechend dem Verhältnis, in welchem dieser zur Seele steht (ebd.: secundum habitudinem quam habet corpus ad animam). Anthropologisches Primärthema der Theologie sind demgemäß das Wesen der Seele (essentia animae), ihre Wirkkraft bzw. ihre Vermögen (virtus sive potentiae) sowie ihre jeweiligen Tätigkeiten (operationes). Die psychologische Essentialbetrachtung bezieht sich in erster Hinsicht auf das Sein der Seele an sich selbst (ipsa anima secundum se), in zweiter Hinsicht auf ihre Einheit mit dem Körper (unio eius ad corpus).

Ihrem Wesen nach und an sich selbst betrachtet ist die Seele kein Körper, sondern der Wirklichkeitsgrund leibhaften Lebens, ohne den Körperliches nicht als lebendig, sondern als tot bzw. als bloße Möglichkeit von Leben gelten müsste. Lebewesen sind beseelte Wesen, wobei nach thomasischer Auffassung im Unterschied zu Pflanzen- und Tierseelen der Menschenseele seelische Selbständigkeit ihrem Körper gegenüber zuzuerkennen ist. In ihrer Wesenswirklichkeit ist die anima humana „aliquid subsistens“ (vgl. q. 75,2). Obwohl als „quoddam principium incorporeum et subsistens“ (ebd.) ihrem Wesen nach kein Körper und unabhängig von Körperlichkeit, ist die Seele des Menschen nach Thomas ihrer kreatürlichen Konstitution nach doch unveräußerlich auf den Körper bezogen, den zu beseelen sie bestimmt ist. Infolgedessen wäre es falsch zu sagen, die Menschenseele sei der ganze Mensch und sie könne des körperlichen Bezugs definitiv entbehren. Zwar verliert sie durch diesen unveräußerlichen Bezug nicht ihre substantielle Selbständigkeit und die Subsistenz, die zu ihrem Wesen gehört. Doch wäre das Wesen der Menschenseele ebenso verkannt, wenn man ihren Körperbezug veräußerlichen und marginalisieren wollte. Nachgerade an der abgeschiedenen Seele, von der bald zu reden sein wird, erweist sich einerseits deren subsistentes Wesen, andererseits ihre bleibende Hinordnung auf den Körper, den sie prämortal beseelte.

Die Menschenseele ist keine materielle Größe und auch nicht aus Stoff und Form zusammengesetzt. Sie ist nach Thomas zwar nicht von derselben Art wie Engel, aber doch hinsichtlich ihrer körperlosen Substanz der Verfasstheit von Engeln gleich, immortal und unzerstörbar. Begründet wird dies mit anthropologisch-ontologischen Evidenzen, im Entscheidenden aber auf theologische Weise. Während die Seelen von Pflanzen und Tieren nach Thomas mittelbar durch eine körperliche Kraft produziert werden, ist jede Menschenseele unmittelbar von Gott hervorgebracht. Zum biblischen Beleg wird auf Gen 1,24, Pred 3,19 und 12,7 sowie auf Weish 2,2 verwiesen. Die Annahme einer Immortalität und Unzerstörbarkeit der Seele beinhaltet die These, dass ihr die Möglichkeit zum Nichtsein (q. 75,6 ad 2: potentia ad non esse) abgeht. Kein Mensch kann sein seelisches Sein, welches Gott ihm gewährte, rückgängig machen und vernichten. Diese Macht eignet auch dem Tode nicht, der zwar, ob erlitten oder selbst zugefügt, den Körper zu entseelen, nicht aber die Seele zu zerstören vermag.

Der Tod trennt die Seele vom Körper, den sie beseelte und einen lebendigen Leib sein ließ, ohne sie destruieren zu können. Daraus könnte man folgern, dass das physische Ende das psychische Sein im Grunde gar nicht tangiert. In der Tat bleibt nach thomasischer Lehre die Menschenseele postmortal und nach erfolgter Trennung von Körper und Seele an sich selbst bestehen, wodurch ihre relative Unabhängigkeit vom Körperlichen bestätigt wird. Aber diese Unabhängigkeit ist eben nur relativ und bereits an sich selbst auf Beziehung angelegt. Die Menschenseele war, ist und bleibt stets mit einem Fürbezug und damit mit einem Bezug auf den Körper versehen, für den sie Seele zu sein bestimmt ist. Diese Bestimmung besteht auch nach dem Tode weiter, was durch die Hinordnung der Lehre von der seelischen Immortalität auf die eschatologische Erwartung einer allgemeinen Auferstehung der Toten und der durch sie erfolgenden Wiedervereinigung der anima separata mit ihrem Körper unterstrichen wird.

De anima

Das Angelegtsein auf einen Körper, der mit dem Moment lebendiger Beseelung der ihre ist, gehört zum Ansichsein der Seele dergestalt hinzu, dass ihr Wesen zwar ohne Körper Bestand, aber doch keinen solchen Bestand hat, der im vollen Sinne als wesentlich gelten könnte. Thomas sieht sich daher genötigt, den Begriff der Seelensubstanz dergestalt zu differenzieren, dass er sowohl der Differenziertheit als auch der Einheit der menschlichen Leib-Seele-Relation gerecht wird. Die Seele ist die Form des Körpers, dessen Stofflichkeit sie durchwaltet. Im Unterschied zur Aristotelesauslegung der lateinischen Averroisten, die den Seelenbegriff abstrakt verallgemeinerten, rechnet Thomas ausdrücklich mit einer der Zahl beseelter Menschenleiber identischen Anzahl einzelner Menschenseelen. Jeder lebende Mensch hat eine je eigene Seele, die zugleich seine einzige ist. Dass zwei oder mehrere Seelen in einer Brust wohnen, ist zwar im Sinne einer empirischen Psychologie möglich, durch die prinzipielle Seelenlehre, die Thomas intendiert, indes grundsätzlich ausgeschlossen.

Wie jede Menschenseele einzig ist in ihrer Art, so verfügen Menschenseelen ausnahmslos alle nur über je einen Leib, den sie dergestalt zu dem ihren zu machen bestimmt sind, dass sie seine Sinnlichkeit sich einerseits gefallen lassen, ohne ihr andererseits zu verfallen. Auf diese Weise vermittelt sich die durch ein göttlich vermitteltes Selbstbewusstsein mit sich vermittelte Seele mit ihrem Leib, um sich mit ihm zu einer individuellen psychosomatischen Identität zu vereinigen. Mit Zusatzmedien, die sei es von außen oder innerlich zwischen Leib und Seele vermitteln, rechnet Thomas nicht nur nicht, er schließt solche Instanzen vielmehr ebenso aus wie die von einigen Franziskanertheologen vertretene Auffassung, im Menschen sei mit noch anderen substantiellen Formen zu rechnen als mit der Form, welche die Seele für den Leib ist.

Die Seele ist als Seele und damit in dem, was sie für sich, secundum se ist, selbständig, wenngleich nicht in vermittlungsloser Unmittelbarkeit, sondern auf gottvermittelte Weise. Sie ist in der Selbständigkeit ihres An-und-für-sich-Seins auf einen Körper angelegt, den sie belebt und dessen Seele sie sein soll. Dieser Körper kann ohne Seele nicht leben, ohne dass deshalb die Seele den Körper und dessen Lebendigkeit unmittelbar aus sich heraus generieren könnte. Ist die relative Körperunabhängigkeit der Seele durch Gott bedingt, so die Relativität ihrer Unabhängigkeit durch den ihr zugeordneten Körper, in dem sie sich ihrer gottgewollten Bestimmung nach zu explizieren hat.

Nachdem das Wesen der Seele in ihrem Ansichsein und in ihrer Union mit dem Körper soweit geklärt ist, gilt es als nächstes im Allgemeinen und dann im Besonderen nach den Potenzen und in Verbindung damit nach den Operationen der Seele zu fragen. Nach Thomas ist die Unterscheidung von Seele und Seelenvermögen nicht lediglich begrifflicher, sondern sachlicher Natur. Während die Menschenseele jeweils eine ist, sind die Vermögen ein und derselben Menschenseele verschiedene und mehrere. Statt die Frage der Verschiedenheit und Ordnung der potentiae animae und ihres Verhältnisses zueinander generell zu erörtern, seien im gegebenen Zusammenhang nur ihre fünf Gattungen aufgelistet, nämlich das genus vegetativum, sensitivum, appetitivum, motivum secundum locum et intellectivum (vgl. q. 78).

Gegenstand der Tätigkeit der ersten Gattung ist einzig und allein der mit der Seele vereinte Körper, der durch das vegetative Seelenvermögen genährt und erhalten werden soll. Nicht nur dem eigenen Körper, sondern sinnenfälligen Körpern jedweder Art ist die Seele vermöge ihres genus sensitivum zugewandt. Hinzu kommen die genera des Strebevermögens, des Vermögens örtlicher Bewegung und schließlich des möglichen Verstandeserkennens, welches unter den leibhaften Kreaturen dem animal rationale Mensch vorbehalten ist. In den Folgequästionen (vgl. q. 79 ff.) werden die Seelenvermögen und damit zusammenhängende Probleme dann im Einzelnen erörtert, beginnend mit den potentiae intellectivae und unter besonderer Berücksichtigung der Verstandeserkenntnis, die schließlich reflexiv auf sich selbst bezogen wird, so dass nach dem bewussten Welterkennen auch die sich wissende Selbsterkenntnis (vgl. q. 87) thematisiert wird, um schließlich zu erörtern, wie die menschliche Seele dasjenige erkennt, was über ihr ist (vgl. q. 88). Besonderes Interesse verdient im gegebenen Zusammenhang das Problem des Erkennens der abgeschiedenen Seele. Die für die anima separata, die im Augenblick des Todes ihren Körper verlassen hat, eigentümliche Tätigkeit ist vor allem die Verstandeskognition, mit der sie körperlos denken und zur Erkenntnis geistiger Wesenheiten zu gelangen vermag, durch welche sie aber auch dessen bewusst bleiben kann, was sie in ihrem körperlichen Erdendasein erlebt hat.

Postmortales Seelenleben

Der Tod trennt Leib und Seele, ohne dass die unsterbliche Seele in ihrer Abgeschiedenheit die innere Beziehung zu ihrem Leib einfachhin verlieren würde. Von der kirchlichen Lehrtradition wurden der abgeschiedenen Seele bestimmte Aufenthaltsorte (receptacula) zugewiesen. Dies geschicht nach Thomas zurecht. Denn obwohl geistige Substanzen (substantiae spirituales) wie vom Leib geschiedene Seelenwesen von körperlich verfassten Räumen unabhängig sind, ist doch ihre Seinsweise nicht einfachhin illokal verfasst. Zwar sind die transzendenten Lokalitäten, in denen sie sich befinden, mit Örtern im hiesigen Dasein nicht gleichzusetzen. Sie sind geistiger Natur und bemessen sich nicht an der Physik der vorfindlichen Welt, sondern an dem Jenseits, auf welches das Diesseits hingeordnet und zu dem es bestimmt ist. Bemessungsgrundlage der Örter, an denen sich die abgeschiedenen Seelen befinden, und Kriterium der bis zum Gegensatz ausgespannten Verschiedenheit dieser Örter bildet die Entsprechung, Nichtentsprechung bzw. der manifeste Widerspruch, in dem sich die jeweiligen Seelen zu ihrer Bestimmung als spirituelle Wesen befinden. „Et sic locus cedit eis in poenam vel praemium." (q. 69,1)

Während einige Seelen sofort nach dem Tod entweder in die paradiesischen Gefilde des Himmels erhoben werden oder zur Hölle fahren und ins Inferno stürzen, verbleiben nach Thomas andere in einer Zwischenlage, deren Situiertsein nur differenziert zu erfassen ist. Obwohl weder Himmel noch Hölle hat der Zwischenzustand in gewisser Weise momentanen Anteil an beiden, ohne dass damit behauptet wäre, es gäbe ein Mittleres zwischen ihnen. Ein mittlerer Weg, der den Gegensatz von Paradies und Inferno beseitigt und zwischen beiden hindurchführt, ist nicht gangbar. Die Relativierung des sog. Zwischenzustands muss also anders vorgenommen werden. Bei Thomas erfolgt sie auf zweifache Weise, zum einen unter Bezug auf das Verhältnis, in dem lässliche Sünden zu den sog. Todsünden stehen, zum anderen durch Differenzierungen im Christusbezug.

Definitiver Bann durch tödliche Sünde oder endgültige Freiheit von ihr entscheiden seelisch über Himmel und Hölle, deren Gegensatz mit keiner gewohnten Alternative zu vergleichen ist. Die lässlichen Sünden hingegen verweisen in einen Zwischenbereich, in dem Gutes und Böses dergestalt vermittelt sind, dass Besserung nötig, aber auch möglich ist. Die Himmlischen haben Besserung nicht nötig, und den in die Hölle Verdammten ist sie nicht mehr möglich. Abgefordert und zugleich ermöglicht wird sie denjenigen Seelen, die sich im Zwischenbereich befinden. Um die Binnenverfassung der intermediären Örtlichkeit, die in zeitlicher Hinsicht einem Interim gleicht, genauer zu erfassen, bedarf es weiterer Differenzierungen, die mit der Unterscheidung von tödlichen und lässlichen Sünden verbunden sind, nicht aber mit ihr identifiziert werden können.

Das eschatologisch Wichtigste ist für Thomas mit der Ankunft Jesu Christi in Raum und Zeit verbunden. Die guten Seelen, die vor der Erscheinung des Logos auf der Welt waren, postmortal zur Hölle zu schicken, wäre nach Thomas ungerecht. Gleichwohl kann ihnen himmlische Vollendung ohne Christusbezug nicht zugebilligt werden. Daher werden die frommen Heiden in einem Zwischenbereich angesiedelt, der vom limbus patrum nicht weit entfernt liegt, aber mit ihm nicht gleichzusetzen ist, weil die alttestamentlichen Patriarchen, ohne ihn realiter zu kennen, Jesus Christus vergleichsweise näher stehen als die Dichter und Denker der griechisch-römischen Antike – um von abseitigen Heiden ferner Länder und Zeiten zu schweigen. Ein noch einmal anderer Platz im eschatologischen Zwischenbereich ist den Christenkindern zugewiesen, die ungetauft blieben. Es ist ein Kennzeichen des eschatologischen Zwischenbereichs, in sich differenziert zu sein, wobei es nicht leicht ist, einen genauen Überblick über die Lokalitäten zwischen Himmel und Hölle und ihre unterschiedliche Beschaffenheit zu erlangen. Aber auch dieses im Vergleich zu Himmel und Hölle hohe Maß an Uneindeutigkeit kann als Charakteristikum besagten Zwischenbereiches gewertet werden; sie zu beseitigen ist daher immer nur ansatzweise, nie aber ganz möglich.

Purgatorium wird derjenige eschatologische Zwischenbereich und derjenige Interimszustand genannt, in welchem sich abgeschiedene Seelen getaufter Christen befinden, über deren ewiges Los zwar bereits heilsam befunden worden ist, die aber wegen eines verbleibenden Mangels an Reinheit der Läuterung bedürfen, bevor sie zur Anschauung Gottes gelangen. Vom Leib getrennt verfügen die abgeschiedenen Seelen zwar über kein vegetatives Vermögen, dessen sie in ihrem Stand auch nicht bedürfen, und über ein sensitives nur im Modus der Erinnerung an ihr vergangenes leibhaftes Leben und der Erwartung des zukünftigen, nicht aber auf unmittelbare Weise. Aber dieses mittelbare Sinnenvermögen der anima separata genügt, um ihr jene Empfindsamkeit zu verschaffen, die zu ihrer Läuterung nötig ist. Auf geistige Weise wird der abgeschiedenen Seele postmortal vorstellig, was sie mittels ihres Leibes zu irdischen Lebzeiten erlebt, welche Erfahrungen sie auf tätige und leidentliche Weise gemacht, was sie erreicht und versäumt und was sie Positives und Negatives gewirkt hat und so fort. Ihr Gedächtnis ist ebenso zeitenthoben wie zeitbezogen, was es ihr erlaubt, den Ewigkeitswert ihres zeitlichen Lebens zu erheben, zugleich aber jenes zu erinnern, was nicht wert ist, verewigt zu werden, sondern was bereinigt werden muss, um zur Vollendung zu gelangen. In diesem Sinne bekommt die abgeschiedene Seele das Feuer göttlicher Gerechtigkeit zu spüren, deren Flammen sie zu einem Glühen bringen, im Vergleich zu dem beschämendes oder begeistertes Erröten nur ein matter Abglanz ist.

Wiedervereinigung von Seele und Leib

Es gehört zur Eigentümlichkeit jeder Menschenseele, ihrem Leib (unbeschadet möglicher Trennung von ihm) verbunden zu sein und zu bleiben. Alle abgeschiedenen Seelen sind daher ungeachtet ihres eschatologischen Einzelloses, über das im Prinzip mit dem Augenblick des Todes entschieden ist, förmlich dazu bestimmt, mit ihren durch den Tod von ihnen getrennten Körpern wiedervereinigt zu werden, damit sich erneut verbinde, was nach Gottes Fügung zusammengehört und nicht zu scheiden ist. Diese Wiedervereinigung von Seele und Leib vollzieht sich in der Auferweckung bzw. der Auferstehung der Toten am Ende der Welttage. Dass es eine endzeitliche Auferstehung der Leiber geben wird, steht für Thomas ebenso fraglos fest wie die Tatsache, dass sie alle Menschen betreffen werde. Diverse Beweisgründe werden angeführt, ohne den übernatürlichen und wunderhaften Charakter allgemeinen Totenerstehens zu leugnen. Der Grund universaler Auferstehung ist durch das Osterereignis gelegt; es ist der auferstandene Gekreuzigte, der sie in der Kraft des Hl. Geistes als offenbarer Gottmensch auf zugleich göttliche und menschliche Weise verursacht, so dass die gottgewirkte Auferweckung des Menschen zugleich als dessen menschliche Auferstehung zu bezeugen ist. Das Geschehen wird begleitet werden vom Schall der Posaune, bei dem der Herr 1. Thess 4,15 f. gemäß vom Himmel herabkommen wird, wobei Engel ihm dienstbar sind.

Statt näher auf Tempus, Modus und Termin des endzeitlichen Auferstehungsereignisses einzugehen, seien sogleich die conditiones resurgentium, die Seinsbedingungen der aus dem Tod Erwachten erörtert und zwar in dreifacher Hinsicht, nämlich hinsichtlich dessen, was alle gemeinsam angeht, sowie hinsichtlich dessen, was einerseits die zur ewigen Seligkeit und andererseits die zu ewiger Verdammnis Auferstehenden betrifft. Die allgemeinen Konditionen der endzeitlichen Auferstehung der Toten sind grundlegend durch die zahlenmäßige Selbigkeit der Auferstehungsleiber mit den irdischen bestimmt. Die Seele nimmt am Ende der Tage keinen neuen Leib an, sondern wird mit dem, der vor dem Tod der ihre war, dergestalt wiedervereinigt, dass vom Leib zwar Tod und Verwesung abgetan sind, ohne dadurch die Identität des eschatologisch erweckten mit dem gestorbenen aufzuheben. Nur unter Voraussetzung dieser Annahme lässt sich nach Thomas, wie biblisch geboten, die eschatologische Identität des Menschen in seiner leibseelischen Ganzheit wahren. Nicht als ob es zur endzeitlichen Wahrung menschlicher Einheit materialer Restbestände des verstorbenen Leibes bedürfte, die als Bedingung möglicher psychosomatischer Wiedervereinigung fungierten. Für die leibliche Auferstehung von den Toten ist der Bezug zu einem verbleibenden Substrat des toten Körpers nicht notwendig. Der Auferstehungsleib wird anders sein als der irdische Leib, ohne dass deshalb der auferstandene Mensch in numerischem Sinne ein anderer wäre als derjenige, der er vor seinem Tode gewesen war.

Die leibliche Selbigkeit des Menschen bleibt der Zahl nach eschatologisch erhalten. Um dies zu unterstreichen und die zu erwartende allgemeine Totenauferstehung nicht zu saft- und kraftlos vorstellig zu machen, lassen Thomas bzw. seine

Adepten, wie der Quästion „De integritate corpus resurgentium" (q. 80) zu entnehmen ist, die am Jüngsten Tage Erweckten mit Haut und Haaren, kurzum: mit allem auferstehen, was zur Wesensnatur einer leibhaften Menschenseele gehört. Ob man dazu auch die Eingeweide zu rechnen hat (q. 80,1 ad 2: „Et plena erunt, non quidem turpibus superfluitatibus, sed nobilibus humiditatibus."), kann offen bleiben und das umso mehr, als auch der Aquinate mit Verrichtungen des irdischen Menschenleibs rechnet, die sich eschatologisch erübrigen werden. Dass dazu auch der Geschlechtsakt gehört, muss insofern nicht betrüben, als Geschlechtlichkeit nach Thomas auch unter eschatologischen Bedingungen durchaus erhalten bleibt und zwar in der Form einer Erotik, die dem bloßen Gattungstreiben himmelhoch überlegen ist. Lustlos wird das Jauchzen der Seligen in keinem Fall sein.

Bedingungen ewigen Seins

Bevor auf die Seinsbedingungen der ewig Beseligten näher einzugehen ist, sei „De qualitate resurgentium" (vgl. q. 81) nur noch vermerkt, dass das allgemeine Auferstehungsalter sein Maß am Alter Jesu Christi nimmt, der „in aetate juvenili" (q. 81,1) starb und auferstand, also in einem Lebensalter, das um die Dreißigerjahre herum beginnt. Auch die Leibesgröße, die der erwachsene Mensch zu seinen irdischen Lebzeiten erreicht hat, wird eschatologisch innerhalb eines bestimmten Spielraumes erhalten bleiben. Vom Erhalt des Geschlechts war bereits die Rede. Ausdrücklich verneint Thomas die Frage, „utrum omnes resurrecturi sint in sexu virili" (q. 81,3). Um zu endzeitlicher Vollendung zu gelangen, müssen Frauen nicht, wie einige meinten, zunächst zu Männern umgestaltet werden. Sie können vielmehr als Frauen ihre Vollendung finden und die Männer als Männer in differenziertem Verein mit ihnen. Letzteres ist freilich nach Thomas nur unter Seligkeitsbedingungen zu erwarten, wohingegen unter den Verdammten der Trieb der Geschlechter zueinander die perverse Form höllischen Hasses annehmen wird.

Der Leib der Seligen, so heißt es, wird durch Leidensunfähigkeit (impassibilitas), Feinheit (subtilitas), Behendigkeit (agilitas) und Klarheit (claritas) ausgezeichnet sein (vgl. q. 82–85). Das Fehlen jeder passibilitas schließt Sensibilität der Beseligten nicht aus, sondern im Gegenteil ein. Sie sind, wenn man so sagen darf, umso sensibler je leidensunfähiger sie werden, und ihre Sensibilität schließt die Betätigung aller Sinne in sich. Der verklärte Leib der Seligen wird fühlend und befühlbar sein. Als Urbild dafür steht der österliche Herr, der den zweifelnden Thomas im Innersten anrührte, als er sich von ihm berühren ließ. Ähnlich wird es im Himmel sein mit dem Unterschied freilich, dass nach dem endzeitlichen Erscheinen Jesu Christi jeder Zweifel unter den Verherrlichten ewig vergangen sein wird. Nicht alles, was Thomas von Aquin über die verklärten Leiber der beseligten Seelen und ihr Verhältnis zum trinitarischen Gott und zueinander ausführt, muss wiedergegeben werden, um sich einen vorläufigen Begriff von ihrer glänzenden Verfassung zu machen. Bleibt zu fragen, warum sie kein Mitleid empfinden mit denen, die in unausdenklichem Gegensatz zu ihnen nicht im ewigen Licht eines unvergänglichen Tages wohnen, sondern in einer Finsternis, die nur Dunkelheit kennt. Wissen die

Verherrlichten um das Schicksal der Verdammten nicht? Dagegen scheint zu sprechen, dass Thomas explizit von den Seinsbedingungen der Verdammten handelt.

Was den Auferstehungsleib der zur Hölle Bestimmten anbelangt, so wird er nach Thomas formal demjenigen der Beseligten gleich und ohne Deformationen sein, die ihn körperlich entstellen. Mit der Unversehrtheit, die allen mit ihren Seelen wiedervereinigten Leibern unterschiedslos eignet, ist ihre Unzerstörbarkeit und Unverweslichkeit verbunden. Indes bedeuten integritas und incorruptibilitas im gegebenen Fall inhaltlich das gerade Gegenteil ihres genuinen Begriffs. Denn sie führen keinen terminologischen Sinn mit sich, sondern deuten in den Abgrund jenes höllischen Widersinns hinein, dessen formale Möglichkeit sie bedingen. Dies wird u. a. dadurch bestätigt, dass der Leib der Verdammten nach Thomas zwar unzerstörbar, aber keineswegs leidensunfähig ist: impassibilitas geht ihm völlig ab. Was aber das tatsächliche Leiden der Verdammten betrifft, so wird dieses durch die Unzerstörbarkeit und Unverweslichkeit ihrer Leiber nicht etwa gemindert, sondern auf endlose Dauer gestellt, so wie es der Vorstellung ewiger Höllenstrafen entspricht. Die Verdammten suchen, um es in Anklang an Apk 9,6 zu formulieren (vgl. q. 86,2), den Tod, aber sie finden ihn nicht, weil er vor ihnen flieht und zwar infolge ihrer eigenen Schuld.

Iudicium duplex

Nach Thomas ist nicht nur die Seele, sondern auch der Auferstehungsleib unsterblich. Aber während Immortalität für die Seligen ein unzerstörbarer Gewinn und Grund ewiger Freude ist, verkehrt sie sich im Falle der Verdammten ins schiere Gegenteil und wird zum Schlimmsten, was man sich denken kann: zum Abgrund einer unausdenklichen Hölle. Vollzogen wird die Scheidung zwischen himmlischer Seligkeit und höllischer Verdammnis im eschatologischen Endgericht und zwar als iudicium duplex, auf doppelte Weise: Als Einzelgericht ergeht es unmittelbar nach dem individuellen Tod und betrifft die Seele der gestorbenen Person direkt, nämlich so, dass definitiv und irreversibel über ihr Endgeschick entschieden wird. Jede Menschenseele wird postmortal sofort entweder dem Himmel oder der Hölle zugeführt und zwar unabhängig von der Frage, ob mit einem sich hinziehenden Läuterungsprozess für einige der zur himmlischen Seligkeit Bestimmten zu rechnen ist. Vom eschatologischen Gericht über den Einzelnen ist das allgemeine Endgericht zu unterscheiden. Es ereignet sich nicht unmittelbar nach dem individuellen Tod, sondern am Ende aller Welttage und zwar universal, öffentlich und auf leib-seelische Weise. Vorausgesetzt ist die allgemeine Totenauferstehung und die in ihr statthabende Wiedervereinigung von Leib und Seele, die durch den Tod getrennt wurden. Jeder muss in wiederbeseelter Leiblichkeit als Teil des ganzen Menschengeschlechts zum Jüngsten Gericht erscheinen, damit in universaler Weise, nämlich an allen und für alle, das Urteil offenbar werde, mit dem Gott durch Jesus Christus in der Kraft des Hl. Geistes über jeden Menschen und die ganze Menschheit endgültig befindet.

Die eschatologische Annahme eines doppelten Gerichts hat vielfältige Kritik auf sich gezogen. Wenn über die Verdammnis eines jeden Verdammten und über die ewige Seligkeit eines jeden Erretteten bereits unmittelbar nach dem individuellen Tod entschieden ist, warum bedarf es dann überhaupt eines allgemeinen Endgerichts? Widerspricht es nicht der Gerichtslogik, wenn der Urteilsspruch bereits vor der öffentlichen Verhandlung ergeht? Und wird die Gerechtigkeit des Gerichts nicht dadurch ins kontradiktorische Gegenteil verkehrt, dass ein und derselbe in Bezug auf ein und dasselbe nicht nur einmal, sondern zweimal gerichtet wird, nämlich zum einen im Einzelgericht unmittelbar nach dem Tod, zum anderen im allgemeinen Gericht am Weltende? Trotz dieser Einwände hat die Kirche an der Annahme eines iudicium duplex festgehalten und die eschatologische Vorstellung verteidigt, dass auf das Gericht über den Einzelnen ein allgemeines Endgericht erfolgt, wobei das universale Gericht am Weltende zugleich Rückwirkungen auf das Einzelgericht haben soll. Falsch allerdings sei es zu sagen, dass Gott denselben zweimal richte.

Die Einheit des göttlichen Gerichts wird nach Urteil kirchlicher Doktrin durch die Annahme eines iudicium duplex im Sinne von Einzelgericht und Universalgericht nicht aufgehoben, was nur dann der Fall wäre, wenn für eine Sünde zwei Strafen auferlegt würden. Dies aber sei durch die Gerechtigkeit Gottes ausgeschlossen, die die Einheit des göttlichen Gerichts unbeschadet der Differenzierung zwischen Einzelgericht und Universalgericht gewährleiste. Festgehalten werden müsse an dieser eschatologischen Unterscheidung vorzugsweise aus anthropologischen, schließlich auch aus kosmologischen Gründen, deren theologische Relevanz nicht zu verkennen sei. Mit Thomas von Aquin und seiner Antwort auf die Quaestio LXXXVIII (Utrum generali iudicium sit futurum) seiner Summa Theologica zu reden, an der bereits die bisherigen Ausführungen zur Frage nach dem eschatologischen Einzel- und Universalgericht und ihrem Verhältnis zueinander orientiert waren: „quilibet homo et est singularis quaedam persona, et est pars totius generis humani. Unde et duplex ei judicium debetur." (STh III [Suppl.] q. 88,1 ad 1)

Jeder Mensch ist sowohl Einzelperson als auch Teil des ganzen Menschengeschlechts. Daher gebührt ihm ein doppeltes Gericht, ohne dass er deshalb stricte dictu zweimal gerichtet würde. Das Gericht über ihn erfolgt als einiges und eines, aber auf differenzierte Weise und in Entsprechung zu dem Unterschied, der dadurch gesetzt ist, dass jeder Mensch sowohl singularis quaedam persona als auch pars totius generis humani ist. Für das singuläre Personsein jedes Einzelnen steht nach thomasischer Lehrweise primär seine Seele ein. Das unmittelbar nach dem individuellen Tod ergehende Gerichtsurteil Gottes betrifft demgemäß vorzugsweise die Menschenseele, über deren Endgeschick damit bereits entschieden ist und zwar dergestalt, dass diese Entscheidung den ganzen Menschen in der Einheit von Leib und Seele angeht. Der anthropologische Vorrang der Seele als des Identitätsfaktors singulären Personseins wird also auch in eschatologischer Hinsicht gewahrt. Dennoch ist das seelische Gericht über den Einzelnen nach Thomas unbeschadet seiner Endgültigkeit auch für diesen noch nicht das komplette Gericht, sondern durch das allgemeine Endgericht deshalb zu komplettieren, weil die Seele ohne die wiederhergestellte Verbindung mit ihrem Leib nicht den ganzen Menschen zu repräsentieren vermag, wie die thomasische Lehre von der anima separata ausdrücklich festhält. Die eschatologische Notwendigkeit eines universalen Endgerichts ist also in anthropologischer Hinsicht wesentlich der Leiblichkeit des Menschen geschuldet, die konstitutiv zu ihm gehört und mittels derer er zugleich Teil der Menschheitsgattung ist, welche Teilhabe ebenso unveräußerlich zu seinem Menschsein gehört wie seine Leiblichkeit.

Jeder Mensch ist als Mensch Einzelperson, aber er ist dies nicht ohne Bezug auf das ganze Menschengeschlecht, dem er leiblich angehört, um mittels seines Leibes auch seelischen Anteil an ihm zu nehmen. Die eschatologische Unverzichtbarkeit der Annahme eines allgemeinen Endgerichts ergibt sich daraus konsequent. Nur durch sie lässt sich auch die Allgemeinverbindlichkeit des göttlichen Rechts und die Universalität seiner eschatologischen Realisierung gewährleisten, die mit der Menschheitsgattung deren generellen Weltbezug und damit den Kosmos insgesamt tangiert. Mittels ihrer menschheitsgeschichtlich-kosmischen Bezüge verbindet sich die eschatologische Gerichtsvorstellung und mit ihr die ganze Eschatologie folgerichtig mit temporalen Strukturen, deren Zeitlichkeit allerdings mit der physikalischen und der Zeit irdischen Welterlebens nicht unmittelbar gleichgesetzt werden darf, wenn ihr eschatologischer Charakter gewahrt werden soll. Dies gilt entsprechend für die Rede von einer eschatologischen Zwischenzeit, die sich in der Regel mit der Unterscheidung von postmortalem Einzelgericht und universalem Weltgericht verbunden hat, um dann mit diversen Vorstellungen gefüllt zu werden, von denen diejenige des Purgatoriums die traditionell wichtigste ist.

Das tempus futuri iudicii ist nach Thomas allein Gott bekannt (vgl. STh III [Suppl.], q. 88,3), an dessen Ewigkeit alle eschatologischen Zeiten ihr Maß finden, wie sich sowohl im eschatologischen Gericht über den Einzelnen als auch im universalen Endgericht erweisen wird. In Gott sind Anfang und Ende beschlossen und Protologie und Eschatologie vereint, wenngleich auf differenzierte Weise. Der alles, was ist, ursprünglich ins Dasein rief, um es je nach seiner Eigenart zu gestalten, zu lenken und zu leiten, der wird jeden Einzelnen, die ganze Menschheit und alle Welt jenem Ziel zuführen, das er in der Weisheit seiner gerechten Liebe vorgesehen und in Jesus Christus kraft seines Hl. Geistes offenbart hat. Im allgemeinen Endgericht, dessen seelische Antizipation für den Einzelnen unmittelbar nach seinem individuellen Tod statthat, wird dies in universaler Weise publik werden.

Ordo conversus

Interessant und systematisch sehr aufschlussreich ist, dass Thomas in Bezug auf die protologischen und eschatologischen Lehrstücke und ihr Verhältnis zueinander mit Abfolgeumkehrungen, mit einem ordo conversus (vgl. STh III [Suppl.], q. 88,1) rechnet. Beginnt nach Maßgabe des priesterlichen Genesisberichts und der traditionellen Lehre das Werk der Schöpfung mit der Erschaffung des kosmischen Alls, auf welche dann diejenige pflanzlicher und tierischer Kreaturen bis hin zum Menschen folgt, der als Glied des Menschengeschlechts zugleich singuläre Einzelperson ist, so hebt das Eschaton mit dem individuellen Tod an, um sich unter seelischen Voraussetzungen durch endzeitliche Erweckung der Leiber zum universalen Gericht so zu realisieren, dass der menschliche Weltbezug und mit ihm der ganze Kosmos inbegriffen sind. In eschatologischer Hinsicht rangiert also der kosmische Raum, mit dem alles begann, unter ferner liefen. Die Vermutung liegt nahe, dass die zeitliche Terminierung des Weltendes wie diejenige des Weltanfangs dem menschlichen Begreifen von Thomas nicht nur deshalb entzogen wurde, weil ein entsprechendes Wissen Gott vorzubehalten sei, sondern auch, weil solches Wissen für den Menschen weder nötig noch nützlich wäre. Was eschatologisch gefordert ist, und zwar aus theologischen Gründen, ist anthropologische Konzentration und damit zugleich Konzentration auf dasjenige Maß, an dem sich eschatologisch alles bemisst: gottmenschliche Gerechtigkeit.

Als oberster Richter, über den hinaus ein höherer nicht gedacht werden kann, fungiert im eschatologischen Endgericht der dreieinige Gott, wobei alle trinitarischen Hypostasen dank ihrer Wesenseinheit an der göttlichen Richtergewalt gleichermaßen Anteil haben. Doch ist das eschatologische Richtertum in besonderer Weise der zweiten Person der Gottheit zuzuerkennen. Zur Begründung wird bei Thomas neben dem Gleichnis vom Großen Weltgericht Mt 25,31–46 u.a. auf Mt 16,27 verwiesen, wo gesagt ist, dass der Menschensohn mit seinen Engeln in der Hoheit seines Vaters kommen und jedem Menschen vergelten wird, wie es seine Taten verdienen. Verwiesen wird ferner auf Joh 5,22, wonach das Gericht vom Vater ganz dem Sohne übertragen ist. Er ist, mit Apg 10,42 zu reden, der von Gott eingesetzte Richter der Lebenden und der Toten (vgl. Apg 17,31). Als weitere Belegstellen werden Röm 2,16, 1. Kor 4,4f., 2. Kor 5,10 sowie 2. Tim 4,1 angeführt, wo der Christus Jesus als der kommende Richter der Lebenden und der Toten bezeichnet wird.

Göttlicher Weltenrichter in menschlicher Gestalt

Unbeschadet der ungeteilten richterlichen Wirksamkeit des dreieinigen Gottes kommt das eschatologische Richteramt nach biblischem Zeugnis vor allem dem Sohne zu, dem es der Vater durch den Geist übertragen hat. Gemeint ist mit dem Sohn der inkarnierte Logos Jesus Christus, der Gekreuzigte und Auferstandene, der als zur Rechten Gottes Erhöhte kommen wird, die Lebenden und die Toten zu richten in Herrlichkeit. Sein Reich wird kein Ende haben. Um die gottmenschliche Person des Weltrichters und sein Richteramt angemessen zu verstehen, bedarf es nach Thomas neben trinitätstheologischer Differenzierungen solcher christologischer Art, wie sie durch die chalcedonischen und nachchalcedonischen Lehrentscheidungen vorgegeben sind. Auszugehen ist davon, dass Jesus Christus in der personalen Einheit seiner göttlichen und menschlichen Natur als Weltenrichter fungiert. Dabei kommt die richterliche Kompetenz dem Menschsein Jesu nicht unmittelbar, sondern mittels ihrer personalen Einheit mit dem göttlichen Logos zu, dessen Hypostase wesensein der Gottheit Gottes angehört.

Nach thomasischem Urteil erscheint Jesus Christus zum Jüngsten Gericht in menschlicher Gestalt, die den Glanz seiner Gottheit in sich birgt. Dem wurde entgegengehalten, dass zum eschatologischen Richten göttliche Richtergewalt und zur

Durchsetzung des gefällten Urteils Allmacht nötig seien, was die Folgerung nahelege, Jesus Christus werde nicht secundum formam humanam, nicht in Menschengestalt bzw. secundum quod homo, insofern er Mensch ist, sondern in forma divinitatis, in Gottesgestalt richten. Diesen Einwendungen begegnete Thomas unter Verweis auf Joh 5,27 und Hiob 36,17 (Glosse) mit dem Argument, dass der Mensch Jesus Christus seine eschatologische Richtervollmacht als leidender Gerechter erworben habe und mit universaler Herrschergewalt zwar nicht unmittelbar, aber mittelbar dergestalt ausgestattet sei, dass er in der menschlichen Natur in der Kraft Gottes zu richten vermöge und zwar nicht nur über körperliche, sondern auch über geistliche Güter. Im Übrigen, so Thomas, habe Jesus Christus uns die „lex Evangelii", wie es heißt (STh III [Suppl.] q. 90,3), gegeben, als er in menschlicher Erscheinungsgestalt auf der Welt war. Weil aber Richten als die Sache des Gesetzgebers zu gelten habe, sei es angemessen, wenn Jesus Christus in Menschengestalt richte. Ergänzend ist zu vermerken, dass das, was im evangelischen Sinne Gesetz zu nennen ist, mit der Bestimmung des Menschen zu Humanität theologisch direkt zusammenhängt.

Jesus Christus wird zum Endgericht in Menschengestalt erscheinen und in der Kraft seiner göttlichen Natur richten, sofern er Mensch ist. Der Glanz seiner Gottheit wird dabei nicht unmittelbar zutage treten und zwar unter anderem deshalb nicht, weil die freudige Schau der Gottheit den Seligen vorbehalten ist, wohingegen den Bösen durch ihre Bosheit der Blick auf sie verstellt ist, was durch die Art der Ankunft Christi zum Endgericht bestätigt wird. Erscheint der Weltenrichter sonach aus guten Gründen in Menschengestalt, so doch nicht in forma infirma, in der Gestalt menschlicher Schwachheit, sondern in forma gloriosa, in der verklärten Gestalt seines Menschseins, die in Herrlichkeit und Macht erstrahlt. Nicht als ob das eschatologische Menschsein Jesu Christi ein anderes wäre als das zu seinen irdischen Lebzeiten: „in eadem carne apparebit, sed non similiter se habente" (STh III [Suppl.], q. 90,2 ad 1); er wird in demselben Fleische erscheinen, das aber nicht auf dieselbe Weise in Erscheinung tritt. Auch wird die eschatologische Erscheinung Jesu Christi im Zeichen des Kreuzes geschehen, jedoch nicht im Sinne einer aktuellen bzw. fortbestehenden Schwäche des Gekreuzigten, sondern im Sinne des von ihm errungenen Sieges über Tod und Teufel. Entsprechendes ist von seinen Wundmalen zu sagen: Sie sind nicht etwa Verwesungszeichen, sondern Insignien jener höchsten Kraft, durch die er sich in der Schwachheit seines Leidens als mächtig erwiesen hat.

9. Alt- und neuprotestantische Eschatologie. Die Beispiele Hütter und Schleiermacher

Lit.: P. Althaus, Die Theologie Martin Luthers, Gütersloh ²1963. – U. Asendorf, Art. Eschatologie VII. Reformations- und Neuzeit, in: TRE 10, 310–334. – O. Bayer, Martin Luthers Theologie. Eine Vergegenwärtigung, Tübingen 2003. – W. Elert, Morphologie des Luthertums. Erster Band: Theologie und Weltanschauung des Luthertums hauptsächlich im 16. und 17. Jahrhundert, München 1931. – Th. Harnack, Luthers Theologie mit besonderer Beziehung auf seine Versöhnungs- und Erlösungslehre. 2 Bde., Neue Ausgabe, München 1927. – H. Heppe, Die Dogmatik der evangelisch-reformierten Kirche. Dargestellt und aus den Quellen belegt. Neu durchgesehen und hg v. E. Bizer, Neukirchen 1935. – E. Herms, Schleiermachers Eschatologie nach der zweiten Auflage der „Glaubenslehre", in: ThZ 46 (1990), 97–123. – L. Hütter, Compendium Locorum Theologicorum ex Scripturis Sacris et Libro Concordiae. Lateinisch-deutsch-englisch. Kritisch hg., kommentiert und mit einem Nachwort sowie einer Bibliographie sämtlicher Drucke des Compendium versehen von J.A. Steiger, Teilbd. 1, Stuttgart/Bad Cannstatt 2006. – J.F. König, Theologia positiva acroamatica (Rostock 1664). Hg. und übersetzt v. A. Stegmann, Tübingen 2006. – E. Kunz, Protestantische Eschatologie. Von der Reformation bis zur Aufklärung, Freiburg/Basel/Wien 1980 (Handbuch der Dogmengeschichte IV/7c [1. Teil]). – Ph. Melanchthon, Loci Communes 1521. Lateinisch-Deutsch. Übers. v. H.G. Pöhlmann, Gütersloh 1993. – G. Sauter, Art. Eschatologie IV. Dogmengeschichtlich, in: RGG⁴ 2, 1561–1567. – F.D.E. Schleiermacher, Der christliche Glaube nach den Grundsätzen der evangelischen Kirche im Zusammenhange dargestellt (1821/22). Hg. v. H. Peiter, Berlin/New York 1984 (KGA I/7, 1 u. 2 = GL¹). – Ders., Der christliche Glaube nach den Grundsätzen der evangelischen Kirche im Zusammenhange dargestellt (1830/31). Hg. v. R. Schäfer, Berlin/New York 2003 (KGA I/13, 1 u. 2 = GL²). – H. Schmid, Die Dogmatik der evangelisch-lutherischen Kirche. Dargestellt und aus den Quellen belegt. Neu hg. u. durchgesehen von H. G. Pöhlmann, Gütersloh ⁹1979. – H.E. Weber, Reformation, Orthodoxie und Rationalismus. Erster Teil: Von der Reformation zur Orthodoxie. Zweiter Halbband, Gütersloh 1940. – M. Zerrath, Vollendung und Neuzeit. Transformation der Eschatologie bei Blumenberg und Hirsch, Leipzig 2011.

Luthers Eschatologie

Die eschatologische Ausrichtung des Menschen und der Welt ist in Martin Luthers Denken nicht nur Thema eines einzelnen Lehrstücks, sondern bestimmend für seine ganze Theologie. „Will man die Eschatologie Luthers darstellen, genügt es daher nicht, sich bloß mit seinen direkten Anschauungen über die sogenannten Letzten Dinge zu beschäftigen; man muß vielmehr die eschatologische Prägung seiner gesamten Theologie zu erfassen suchen." (Kunz, 4) Diese Prägung ist durch die ursprüngliche Einsicht der Reformation und ihren evangelischen Grundsatz von der Rechtfertigung des Sünders aus göttlicher Gnade um Christi willen durch Glauben bedingt. Im reuigen Bewusstsein abgründiger Sündenschuld, wie das Gesetz es bewirkt, sind, wenn man so will, Jüngstes Gericht und Hölle antizipiert (vgl. Kunz, 6ff.), wohingegen sich im Glauben an das Rechtfertigungsevangelium die Prolepse himmlischer Seligkeit vollzieht und das Ewige in der Zeit anbricht (vgl. Kunz, 9ff.). In diesem Sinne bildet die Rechtfertigungstheologie Basis und Kriterium aller Aussagen über eschatologische Erwartungsgehalte.

Was Luther über Tod, individuelle und allgemeine Auferstehung der Toten, Jüngstes Gericht sowie Himmel und Hölle lehrt, erschließt sich von seinem Verständnis des Rechtfertigungsevangeliums und von dem Zusammenhang her, in dem dieses zu Gottes Gebot und Gesetz steht. Auch die Kritik an überkommenen Aussagen traditioneller Eschatologie findet hierin ihren Grund und beständigen Anlass. Dies gilt insbesondere für Luthers immer entschiedener werdende Ablehnung der Fegfeuervorstellung samt der Praktiken, die aus der Annahme eines purgatorischen Zwischenzustands folgten wie Mess-Stipendien, Vigilien und die Zuwendung diverser Ablässe. Nicht nur und nicht primär weil sie nach seinem Urteil der förmlichen Schriftgrundlage entbehrt, ist die Purgatoriumslehre abzulehnen, sondern weil sie im Positiven wie im Negativen zumindest auf indirekte Weise die eschatologische Aufmerksamkeit auf menschliche Werke ausrichtet, statt das Heil ganz und gar von Jesus Christus zu erwarten, in dem allein es begründet liegt. „Christus unsere Gerechtigkeit" (vgl. Harnack II, 319ff.): Von diesem Grundsatz ist alles bestimmt, was Luther zu den Letzten Dingen zu sagen hat (vgl. Althaus, 339ff.). Entscheidend ist „(n)icht das Letzte, sondern der Letzte" (vgl. Bayer, 303f.). Darauf deutet bereits das Alte Testament hin, wie man anhand von Luthers „Enarratio Psalmi XC" von 1534/35 (vgl. WA 40/III, 484ff.) beispielhaft ersehen kann. „Domine, habitaculum tu es nobis a generatione in generationem." Dies ist nach Urteil des Reformators von Mose in Vorausschau auf Jesus Christus gesagt, der sich in den Tod am Kreuz dahingegeben hat, damit der Sünder lebe und seine Zuflucht habe bei Gott für und für.

Mit seiner Auffassung bezüglich der Lehre von den Letzten Dingen steht Luther unter den Reformatoren nicht allein. Sie wird unbeschadet sonstiger Unterschiede auch von Zwingli (vgl. Kunz, 23ff.) und Calvin geteilt (vgl. Kunz, 31ff.; zur strittigen Lehre von der ewigen Erwählung vgl. Inst. III,21ff.). Wer annimmt, dass der Glaube an das Evangelium Jesu Christi nicht zur vollkommenen Seligkeit genüge, weil diese vorhergehender oder nachfolgender menschlicher Werke tätiger Buße und sühnenden Leidens bedürfe, um perfekt und vollendet zu sein, der missachtet die Heilssuffizienz der tätigen und leidenden Gerechtigkeit Jesu Christi, in welcher das ganze Heil und alle Seligkeit begründet sind (vgl. Kunz, 29): „Christi Blut ist die einzige Genugtuung und Sühne für die Sünden der Gläubigen; daneben ist kein Platz mehr für eine Genugtuung, die die Verstorbenen nach dem Tod zu leisten hätten." (Kunz, 39) Die Fegfeuerlehre könne so keinen Bestand haben, sondern sei abzulehnen. Nicht als ob die Reformatoren und die nachfolgenden Theologen der altprotestantischen Orthodoxie damit der Annahme eines Gerichtes nach den Werken einfachhin den Abschied gegeben hätten. Dies ist offenkundig nicht der Fall. Aber das Gericht nach den Werken wird dezidiert dem Zwischenzustand entnommen, in dem es die Purgatoriumslehre um des Heiles willen, unter dessen gewisse Voraussetzung auch sie sich gestellt weiß, meinte vorstellungsmäßig einrücken zu sollen.

Gerechtigkeit Christi

Als heilsam kann das bedingungsweise Gericht nach den Werken gemäß reformatorischer Auffassung überhaupt nur dann gedacht werden, wenn durch seine Annahme, die festzuhalten sei, die bedingungslose Unbedingtheit des allein und vollkommen in Jesus Christus begründeten Heils in keinerlei Weise relativiert, sondern in seiner absoluten Geltung anerkannt werde. Ansonsten gereiche der Gedanke eines Gerichts nach den Werken ganz und gar zum Unheil und führe geradewegs in den Abgrund der Hölle. Um es in einem – zugestandermaßen etwas langen – Satz zu sagen: Heilsam lässt sich ein eschatologisches Werkgericht nach reformatorischem Urteil nicht anders denn als aufgehobenes Moment jenes Heiles denken, das unbedingt und bedingungslos in Gottes Gnade in Jesus Christus gründet, der in der Kraft seines göttlichen Geistes vollkommenen Anteil gibt an seiner ewigen Herrlichkeit, die den Glauben gänzlich und ohne jede Rücksicht auf Werke beseligt, deren Bedeutung indes keineswegs marginalisiert, sondern eschatologisch gerade dadurch gewürdigt wird, dass ihre Bedingtheit und die durch sie bedingten Unterschiede aufgehoben, will heißen: in ihrem Trennungen begründenden Charakter negiert, in ihrem endlichen Wert bewahrt und über ihre Endlichkeit und Bedingtheit hinaus zur unbedingten Vollendung geführt werden.

Hinzuzufügen ist, dass nach Maßgabe reformatorischer Eschatologie in der Ewigkeit nicht alles differenzlos eins und Gott so alles in allem sein wird, dass von Welt, Menschheit und individuellem Menschsein nicht länger die Rede sein kann. Dies würde der christlichen Erwartung einer leibhaften Auferstehung der Toten und einer universalen Verherrlichung des je Einzelnen diametral entgegenstehen. Aber das ewige Heil, welches dem Einzelnen als Einzelnen zuteil wird und seine individuelle Bestimmung erfüllt, separiert ihn gerade in dem vollendeten Unterschied von allen und allem anderen nicht, weil es zu einer Gemeinschaft verbindet, in der Einheit und Verschiedenheit paritätisch gelten und sich wechselseitig steigern. Damit sind die Grundzüge reformatorischer Eschatologie skizziert; im konfessionalistischen Zeitalter wurde sie in scholastischer Manier entfaltet, also im Stil und nach Art jener Summen, mit denen Melanchthon, wie er in der Introductio seiner „Loci communes" von 1521 beteuerte, die Studenten seiner Zeit nicht mehr länger aufhalten wollte (vgl. Melanchthon, 18 f.).

Auch wenn die Eschatologie „kein Kernstück der orthodoxen Dogmatik" (Weber, 241) darstellt, auf das sich ihre argumentativen Anstrengungen konzentrierten, so sind doch alle ihre Lehrtopoi eschatologisch orientiert und hingeordnet auf die Lehre von den Letzten Dingen. Diese ist vergleichsweise traditionell gestaltet. „Überlegene Kritik will den Mangel der theologischen Leistung an der Unselbständigkeit und dem Eindringen eines fremden Denkens, sonderlich in dem Satz der Unsterblichkeit der Seele, bloßstellen. Theologisches Verstehen behütet vor verzerrter Darstellung und irrigem Aburteilen." (Ebd.) Was immer man von Werner Elert und seiner „Morphologie des Luthertums" halten mag, in einem ist ihm unzweifelhaft recht zu geben: „Es gehört zu den törichtsten oder böswilligsten Verleumdungen des alten Luthertums, wenn ihm immer wieder bis heute vorgeworfen wurde, es kenne nur eine Individualeschatologie." (Elert, 449)

Redonatus Lutherus

Will man an einem speziellen Werk exemplifizieren, was zur Lehre der altprotestantischen Orthodoxie von den Letzten Dingen generell bereits ausgeführt wurde, so legt sich in der Perspektive der Wittenberger Reformation das „Compendium Locorum Theologicorum" des „redonatus Lutherus" Leonhart Hütter alias Hutterus nahe. Es ist in Erstauflage 1610 auf Lateinisch, ein Jahr später auch auf Deutsch erschienen und zu einem der am meisten verbreiteten Werke des konfessionalistischen Zeitalters geworden. Das Lehrbuch vermittelt „in bestechend klarer, knapper und eindrücklicher Weise einen Einblick in die lutherische Theologie des beginnenden 17. Jahrhunderts" (Hütter, 701); es hat Generationen theologisch geprägt. Von der enormen wirkungsgeschichtlichen Bedeutung des Kompendiums zeugt noch das seinerseits sehr häufig aufgelegte dogmatische „Repertorium" des Liberalprotestanten Karl August von Hase, der sog. Hutterus redivivus von 1828/29; allerdings borgt sich von Hase „nur den Namen des großen Wittenberger Theologen, ohne sich jedoch etwa von Aufbau und Inhalt des Compendium leiten zu lassen" (Hütter, 783). Es ist ihm im Wesentlichen „darum zu tun, den dogmatischen Stoff so darzubieten, wie es Hütter unter den Bedingungen der veränderten Zeitumstände, mithin im 19. Jahrhundert, getan haben würde" (ebd.).

Hütters Dogmatikkompendium, für dessen Neuedition „die zweite Auflage der postum erschienenen zweisprachigen Ausgabe" (Hütter, 788) von 1661 als Leittext diente, ist in Frage-Antwort-Form gestaltet. Die eschatologischen Lehrstücke werden in sechs Loci (XXIX–XXXIV) abgehandelt: De morte corporis et immortalitate animae; de fine seculi, sive mundi; de resurrectione mortuorum; de extremo judicio, et adventu Christi ad judicandum vivos et mortuos; de inferno; de vita aeterna. Der leibliche Tod ist seinem Wesen nach nichts anderes als eine Auflösung der natürlichen Vereinigung, durch welche die Seele vom Leib abgesondert wird (Hütter, 578: dissolutio unionis Naturalis, qua corpus ab anima separatur). Hauptursache für die im Tode statthabende Auflösung der psychosomatischen Einheit des Menschen ist die Sünde. Sie bewirkt Hütter zufolge als causa primaria die Trennung von Leib und Seele. Als biblische Belege werden Gen 2,17, Röm 6,23 und Röm 5,12 angeführt. Unterworfen sind dem Todesgeschick alle Menschen, die auf natürliche Weise gezeugt und durch Sünde verunreinigt sind (ebd.: secundum natura propagati, et peccato inquinati). Alle Adamskinder, mit CA II zu reden, „so naturlich geborn werden, in Sunden empfangen und geborn werden" (BSLK 53,3–5), müssen in Folge des Falles der Sünde sterben. „Anne ergo nemo prorsus ab hac lege mortis excipitur?" (Hütter, 580) „Jst dann gar niemand vorm Tode gefreyet?" (Hütter, 581) Doch, sagt Hütter, nämlich zum ersten Henoch und Elia, die von der allgemeinen Sterblichkeit ausgenommen und lebendig in den Himmel versetzt worden sind (vgl. Gen 5,24; 2. Kön 2,11), sodann diejenigen, welche bei Anbruch des Jüngsten Gerichts noch am Leben sein werden (vgl. 1. Kor 15,51): Diese werden zwar nicht sterben, aber verwandelt werden und zwar so, dass sie „etwas fühlen / das dem Tode etlicher massen ehnlich seyn mag“ (Hütter, 581).

Trost in den alles Schreckliche überbietenden Schrecknissen des Todes kann nach Hütter nur die Gewissheit der Christgläubigen vermitteln, „daß ihnen der Todt kein Todt ist / sondern eine Thür und Durchgang zum Leben“ (Hütter, 581 unter Verweis auf Joh 5,24). Tatsächlich seien die durch den Tod vom Leibe abgeschiedenen Seelen der Gläubigen sogleich in Gottes Hand, wo sie die herrliche Auferstehung ihrer Leiber und den vollen Genuss ewiger Glückseligkeit erwarten (vgl. Sap 3,1; Lk 16,22.25). „Impiorum autem sive Incredulorum animae sunt in loco tormentorum, expectantes ibi cum terrore & cruciatu ignominiosam corporis Resurrectionem, & perfectum aeternae damnationis sensum.“ (Hütter, 584 unter Verweis auf Lk 16,22 f.) Vorausgesetzt ist für beide Fälle die Unsterblichkeit der Seele; Seelen seien „spiritus immortales, qui postquam ex hoc mortali corpore discesserint, vere manent superstites“ (Hütter, 582). Es folgen einige Bemerkungen zum Brauch der Erdbestattung sowie zum rechten Maß der Totenbeweinung und der christlichen Trauer.

Individuelle und universale Eschatologie

Im unmittelbaren Anschluss an seine Antworten auf Fragen des leiblichen Todes und der Seelenunsterblichkeit handelt Hütter vom Ende der Welt. Individuelle und universale Eschatologie sind direkt aufeinander bezogen. „Ja freylich“ (Hütter, 591) wird diese Welt vergehen: „Maxime“ (Hütter, 590), auch wenn kein Mensch, kein Engel im Himmel, ja nicht einmal der Sohn nach Maßgabe seiner menschlichen Natur (Hütter, 590: ex proprietate videlicet humanae naturae consideratus), sondern allein der Vater Zeit und Stunde des Jüngsten Tages kenne (vgl. Mk 13,31 f.; Act 1,7). Dass dieser nicht mehr allzu lange auf sich warten lassen, sondern bald anbrechen werde, darauf deuten nach Hütter gewisse Zeichen untrüglich hin. Wenn es dann soweit sei, werde die ganze Welt (Hütter, 592: totus mundus) im Feuer vergehen und zwar plötzlich (ebd.: subito). Alle Menschen würden dann entweder verwandelt oder vom Tode auferweckt werden (vgl. Joh 19,25; Ez 37,12; Dan 11,2; Joh 5,28; 1. Kor 15,51). Der „einige Grund“ (Hütter, 597) hierfür sei Christus, der Erstling der Entschlafenen (vgl. Kol 1,18; Apk 1,5), ja derjenige, welcher die Auferstehung und das Leben selbst sei (vgl. Joh 11, 25).

Wenngleich alle Menschen auferstehen werden, so wird ihre Auferstehung nach Hütter doch „nicht auff einerley weise“ (Hütter, 599) geschehen, sofern die Frommen ins ewige Leben, die Gottlosen aber ins ewige Verderben eingehen werden. Zwar eigne den Auferstehungsleibern sowohl der pii als auch impii Unverweslichkeit. Aber mit Ehre, Kraft und geistlicher Dignität seien nur die Leiber der Verherrlichten ausgestattet, wohingegen den Gottlosen ihr Auferstehungsleib zur Schmach und zur Schande gereiche, so dass sie ein Greuel sind „vor Gott und den Engeln / und allen Außerwehlten“ (ebd.). Die endgültige Scheidung zwischen Gläubigen und Gottlosen werde im extremum iudicium erfolgen, wie aus Ps 9,9, Jes 66,15, Joh 5,27, Act 17,31 und 2. Thess 1,6 klar hervorhergehe. Erscheinen müssen vor dem Jüngsten Gericht nach Hütter ausnahmslos alle Menschen, die jemals gelebt haben, leben und leben werden, sowohl Fromme als auch Böse, pii et impii (vgl. Hütter, 602 f.).

Der eschatologische Gerichtsprozess unterscheidet sich von weltlichen Prozessen wesentlich dadurch, dass der „Hertzenkündiger" (Hütter, 605; 604: cordium scrutator) Christus als Richter fungiert, der alle Gedanken, Worte und Werke des Menschen kenne und sie ohne eigene Beweisaufnahme zu beurteilen vermöge und zudem in der Lage sei, sein Urteil unmittelbar zu exekutieren. Mit Nachdruck zu vermerken ist Hütter zufolge die Norm, nach der das Endurteil gesprochen wird: Das Kriterium bildet der Glaube bzw. Unglaube (vgl. Joh 3,18) und das Verhältnis zu Christus, welches nach dessen Selbstzeugnis über ewiges Heil und Unheil entscheidet (Joh 12,48; vgl. Röm 2,16). Ebenfalls durch Christus selbst sei die Frage beantwortet, wie er zum Gericht kommen werde, nämlich gemäß Mt 24,30 und 25,31 in der Herrlichkeit, welche seiner menschlichen Natur „ex unione cum divina" (Hütter, 606) eigne. Die Annahme, dass der zur Rechten des Vaters Erhöhte in Knechtsgestalt zum Gericht erscheinen werde, wird zurückgewiesen. Das Prophetenwort Sach 12,10, wonach die Gottlosen am Tag des Herrn auf den blicken werden, den sie durchbohrt haben, wird dahingehend gedeutet, dass der in Herrlichkeit Wiederkommende den zur Verdammnis Bestimmten die Narben seiner Wunden und die Nägelmale zeigen werde, um sie aufs heftigste zu erschrecken. Der mit der Menschheit Jesu Christi personal vereinten Gottheit würden die impii nicht ansichtig werden; sie bleibe ihrem Blick verschlossen und werde nur denen offenbar, die reinen Herzens sind: „unnd diß wird ihnen seyn das ewige Leben" (Hütter, 609).

„Estne Infernus?", wird in XXXIII. Artikel von Hütters Kompendium gefragt. Antwort: „Est" (Hütter, 610); ja, es gibt eine Hölle, wofür u.a. Dtn 32,22 und Mt 5,22 zeugen. Wo befindet sich das Infernum? Davon, so Hütter, ist in der Hl. Schrift nichts überliefert. Es gebühre uns daher nicht, die Örtlichkeit der Hölle vorwitzig zu erforschen. Statt Neugier walten zu lassen, sei mit Fleiß darauf zu achten, „daß wir durch wahren Glauben und Gottseligkeit der Höllischen Pein und Quaal entrinnen mögen" (Hütter, 611). „Quinam & quales futuri sunt cruciatus isti?" (Hütter, 610) In der Beantwortung dieser Frage akkommodiere sich, wie gesagt wird, die Hl. Schrift „ad captum nostrum" (Hütter, 610), indem sie Wörter und Phrasen gebrauche, welche die Höllenpein mit irdischen Strafen verglichen oder einen solchen Vergleich zumindest nahelegten. Dies ändere aber nichts daran, dass sich Art und Beschaffenheit der Höllenstrafen vernünftig nicht hinreichend begreifen lasse; worum es sich handle, müsse unaussprechlich bleiben.

Unaussprechlich und unbegreifbar ist nach Hütter fernerhin die Ewigkeit der höllischen Pein und Qual. Nichtsdestoweniger stehe aufgrund eines eindeutigen Schriftzeugnisses fest, dass die Höllenstrafen ewig währten; eigens aufgeführt sind die Stellen Mt 3,12, Mt 25,41 und Apk 9,6. Wortgleich mit CA XVII werden die Anabaptisten verworfen, „qui sentiunt, hominibus damnatis ac Diabolis finem poenarum futurum esse" (Hütter, 612). Die Annahme, Höllenstrafen endeten, weil das höllische Feuer die Leiber der Verdammten im Laufe der Zeit verzehre und zunichte mache, wird mit dem Hinweis abgewiesen, dass „die Gottlosen so wol als die Frommen … nach der Aufferstehung unverweßliche Leiber haben" (Hütter, 613) werden (Hütter, 612: corpora incorruptibilia). Zudem sei das höllischer Feuer nicht von elementarischer Natur: „ac proinde neque corruptionis Physicae vim obtinere poterit: praesertim cum corpora etiam damnatorum non futura sint Physica." (Hütter, 612)

Eschatologische Alternative

Im 7. Artikel des Locus „De inferno" konstatiert Hütter, dass die Papisten in Bezug auf die Hölle vier Abteilungen, Klassen, Örter bzw. „cellas" (Hütter, 614) unterschieden: „quarum infima sit damnatorum: supra hanc sit limbus infantium non baptizatorum, quibus neque bene neque male sit: supra hanc vero sit purgatorium, eorum videlicet, qui adhuc pro peccatis quibusdam satisfacere necesse habent: suprema tandem classis sive cella, sit limbus sanctorum patrum, in quo illi detenti fuerint, usque ad adventum Christi: cujus etiam destruendi gratia, Christus in infernum descenderit." (Hütter, 614) Zuunterst in der Hölle solle nach papistischer Lehre der Ort der Verdammten sein, es folgten „die Zell der ungetaufften Kinder / denen weder wol noch übel seye" (Hütter, 615), darauf „das Fegfeuer / für diejenigen / welche noch für etliche Sünden zu büssen haben. Die oberste Claß oder Zelle sollen Vorzeiten innen gehabt die Heilige Ertzväter / welche daselbst behalten worden / biß auff die Zukunfft Christi / der auch deswegen in die Hölle gefahren sey / damit er solche oberste Zell zerstöre / und die lieben Ertzvater darauß erledigte." (Hütter, 615)

„Num veri aliquid subesse putas?" (Hütter, 616) Was ist „von diesem Bäpstischen fürgeben" (Hütter, 617) zu halten? „Nihil minus" (Hütter, 616), auf Deutsch: „Eben so viel / als von Altfettelischen Fabeln." (Hütter 617) Die ganze Hl. Schrift kenne allein zwei Stände oder Orte wohin die Seelen nach dem Tod gelangten (Hütter, 616: duos tantum novit Animarum a corporibus separatarum status): „Der eine ist der Himmel oder das ewige Leben; der ander die Hölle / oder ewiges Verdammniß." (Hütter, 617 unter Verweis auf Mk 16,16) Tertium non datur: „Vom dritten Ort / welcher solle seyn das Fegefeur oder anders dergleichen / weiß die Schrift durchauß nichts." (Hütter, 617) Nach ihrem Zeugnis müsse es bei einem letzten Entweder-Oder bleiben: Wer glaubt, wird errettet und das ewige Leben haben (vgl. Joh 5,24); wer aber nicht glaubt, ist schon gerichtet und verdammt (vgl. Joh 3,18). Ein vermittelndes Drittes gibt es nicht: den Glaubenden sei der Himmel und nichts als der Himmel, also nicht etwa ein purgatorischer Zwischenzustand verheißen, den Gottlosen aber gebühre „abermahl nicht das Fegefeur / sondern schlechter und unwandelbarer weise die Hölle und Ewige Verdammniß" (Hütter, 617).

Das kompromisslose Festhalten an der durch keinen Zwischenzustand und durch kein Interim zu vermittelnden Alternative von Himmel und Hölle hindert Hütter nicht, unterschiedliche Grade von Höllenpein und himmlischer Herrlichkeit anzunehmen: „(J)e ärger einer in dieser Welt gewesen / je härter Straff er auch in der Hölle wird leiden müssen." (Hütter, 615 unter Bezug auf Mt 11,21 und Lk 12,47) Entsprechendes gilt, wenngleich in völlig gegenläufigem Sinn, für die seligen Menschen: es gibt Hütter zufolge „gradus gloriae" (Hütter, 624). Allerdings hebe die Gradualität weder der Höllenpein noch der himmlischen Seligkeit den Gegensatz von Himmel und Hölle auf, der vielmehr unvermittelt bleibe: „duo tantum sunt hominum genera. Unum piorum ac fidelium: Alterum impiorum & infidelium." (Hütter, 616) Ein tertium genus hominum (vgl. Hütter, 618) ist eschatologisch nicht vorgesehen. Zwar gebe es wie einen gradus peccatorum, einen „unterscheid der Sünden" (Hütter, 615), auch eine graduelle Differenz der Stärke des Glaubens. Aber „auch ein schwacher Glaube ist ein wahrer Glaube / und ergreifft nicht weniger das Verdiensts Christi / als ein starcker Glaube" (Hütter, 619). Die im Glauben Schwachen sind deshalb ebenso Gläubige zu nennen wie die Glaubensstarken: „Sintemal der Glaube nicht gerecht macht / so fern er nach seiner Würdigkeit / Grösse oder schwachheit betrachtet wird: Sondern einig und allein / so fern er ergreifft Christum / den rechten Artzt und Helffer der Schwachen" (Hütter, 619 unter Verweis auf Jes 42,3; Mt 9,12; 2. Kor 12,9). „Exemplo potest esse Latro in cruce" (Hütter, 618); der Schächer am Kreuz könne dafür ein Beispiel geben (vgl. Lk 23,42 f.).

Ineffabilis Beatitudo

Nach Bekräftigung der Gewissheit, dass Christus „vere ac realiter" (Hütter, 618) zur Hölle und zum Ort der Verdammten niedergefahren sei, um der Höllen Gewalt zu zerstören, den Teufel zu überwinden und ihm seine Macht wider die Gläubigen zu nehmen, bedenkt Hütter im letzten Abschnitt seines Kompendiums das ewige Leben, dessen Faktizität die Hl. Schrift unzweifelhaft bezeuge (Dan 12,2; Mt 25,46; Joh 10,27). Sein Wesen könne kein Sterblicher mit Worten „satis digne" (Hütter, 620) zum Ausdruck bringen. Doch genüge es völlig, dass wir wissen und glauben, das ewige Leben werde eine unaussprechliche Seligkeit sein, eine „ineffabilis Beatitudo" (ebd.), mit der Gott seine Gläubigen auf ewig beglücken wird. In ihm in Ewigkeit lebend werden die Seligen aller Welt Elend ledig sein und Gott immerdar und ohne Schranken lieben, ehren und von Angesicht zu Angesicht schauen (ebd.: „de mundi hujus miseriis triumphantes Deum sine fastidio ament, sine sacietate colant, sine fine intueantur").

In ihrer Gottesschau werden die Seligen Gott so sehen, wie er ist, und ihn nach Wesen und Willen vollkommen erkennen, um zugleich mit höchster Begierde und Lust seinen Willen zu tun (vgl. 1. Kor 13,12; 1. Joh 3,2). „Haec enim praecipua pars erit beatitudinis nostrae." (Hütter, 622) In der Gotteserkenntnis ist die Selbsterkenntnis der Seligen und ihre Erkenntnis untereinander mitgegeben, „also daß ein jeder alle Menschen und alle einen jeden kennen werden" (Hütter, 623). Als fester Beweisgrund hierfür wird die in ihrer Vollkommenheit wiederhergestellte Gottebenbildlichkeit der Seligen angegeben. Kraft dieser wird jeder jeden erkennen und zwar auch ohne vorherige Bekanntschaft im irdischen Leben. Unter Seligkeitsbedingungen sind die Verschiedenen als Verschiedene ungetrennt eins. Bleibt als letztes zu fragen, ob nicht die Freude des ewigen Lebens „etwas geschwächt" (Hütter, 627; Hütter, 626: contaminabitur) werden wird dadurch, dass die Auserwählten viele ihrer besten Freunde (Hütter, 626: multos suorum conjunctissimorum) als der Höllenqual ausgeliefert zu Gesicht bekommen werden. Eine solche Schwächung wird in Abrede gestellt. Sei doch der Wille der Seligen von allen irdischen Schwachheiten wie fleischlichen Affekten frei und in allem dem Göttlichen gleichförmig. Infolgedessen werde sich die Liebe der Seligen allein auf diejenigen erstrecken, welche Gott selbst liebe und zu Erben seines ewigen Lebens mache, wohingegen diejenigen, welche Gott feind und verdammt seien, nur mehr ein Beispiel dafür abgäben, die höchste Gerechtigkeit Gottes aufs höchste zu bewundern und in Ewigkeit zu preisen.

Lutherische Barockscholastik

Was in Hütters Kompendium kurz und bündig zur Darstellung gebracht ist, bieten andere Schul- und Lehrbücher der lutherischen Barockscholastik zumeist wesentlich distinktionenreicher dar. Zum Beleg kann erneut die in den vorhergehenden Bänden bereits wiederholt erwähnte „Theologia positiva acroamatica" von Johann Friedrich König aus dem Jahr 1664 angeführt werden, obwohl auch dieses Werk kein ausgearbeitetes System, sondern lediglich einen Systemgrundriss enthält. Interessant ist, dass König wie auch andere Dogmatiker seiner Zeit die Gegenstände des Lehrstücks „De novissimis" als Heilsmittel im weiteren Sinne des Begriffs qualifiziert, weil sie auf irgendeine Weise (König III,1052: quomodocunque) zur Erreichung des höchsten Zwecks (ebd.: ad obtinendum finem supremum) beitrügen, der nicht schon in diesem, sondern erst in jenem Leben zu erlangen sei. Sog. „media *laxius* sumta" (ebd.), die im Unterschied zu den media salutis proprie dicta nicht eindeutig heilsvermittelnd, aber dennoch in medialer Weise auf den terminus ad quem des Menschenlebens hingeordnet seien, gebe es vier: den Tod, die Auferstehung der Toten, das Jüngste Gericht und die Weltvernichtung. Eine explizite Begründung für diese Auswahl und ihre Reihung gibt König in seinem Theologiegrundriss nicht. Sie wird anderwärts beigebracht, zumeist dadurch, dass zwischen einer ersten Klasse von Eschata, die sich auf den Einzelmenschen, und einer zweiten Klasse unterschieden wird, die sich auf alle Menschen und die ganze Welt bezieht. Zur ersten Klasse gehören der Tod und der Status der individuellen Seele nach ihm, zur zweiten Totenauferstehung bzw. analog die Verwandlung der am Jüngsten Tag noch Lebenden sowie das Jüngste Gericht und das Weltende. Ob in diesem Kontext vom ewigen Leben der Seligkeit und seinem widrigen Gegenteil gehandelt wird, hängt davon ab, ob solches nicht schon früher im Zusammenhang der Lehre vom Finalgrund der Theologie geschehen war (vgl. Schmid, 394f.).

Was die „(d)efinitio mortis" (vgl. König III,1047) betrifft, so bietet König gegenüber Hütter eine Reihe von onomatologischen Differenzierungen, stimmt aber mit dem „Lutherus redonatus" in der Grundsatzdefinition überein, wonach der Tod die durch den Sündenfall verursachte örtliche Trennung der Seele vom Leibe sei (König III,1076: *separatio animae a corpore localis*). Näher bestimmt wird besagte Trennung als eine anstelle einer poena verhängte privatio, die Fromme genauso wie Gottlose treffe, freilich mit entgegengesetzter Zielrichtung. Auch in der Definition der Auferstehung der Toten und der mit dieser nahe verwandten Verwandlung derer, die am Jüngsten Tage noch leben, stimmt König im Wesentlichen mit Hütter überein. Entsprechendes gilt vom Jüngsten Gericht, dessen Form in der Gerichtsverhandlung, der Urteilsermittlung, der Verkündigung des endgültigen Urteils und schließlich im Vollzug desselben besteht. Bemerkt zu werden verdient, dass nach König die Norm des Jüngsten Gerichts „*speciatim*" (König III,1113) hinsichtlich der Frommen das Evangelium in seinem eigentlichen, vom Gesetz unterschiedenen Sinn, hinsichtlich der Ungläubigen aber das Gesetz sein wird, freilich nicht allein und an sich, sondern vom Evangelium her gesehen (ebd.: *non sola* & per se spectata, sed *quatenus per Evangelium collustrata est*). Ähnliche Formulierungen finden sich bei anderen Dogmatikern der altprotestantischen Orthodoxie. Hierzu und zu ihren sonstigen eschatologischen Lehren sind die zusammenfassenden Darstellungen und Quellenbelege in Heinrich Schmids „Dogmatik der evangelisch-lutherischen Kirche" zu vergleichen (vgl. Schmid, 394–411). Eine analoge Aufstellung für die altreformierten Dogmatiker findet sich in Heinrich Heppes „Dogmatik der evangelisch-reformierten Kirche" (vgl. Heppe, 557–570).

Schleiermachers Neuansatz

Weitaus größer als die Differenzen zwischen Dogmatikern der altlutherischen und der altreformierten Orthodoxie sind diejenigen, welche die altprotestantische Lehre „De novissimis" von neuprotestantischen Eschatologien scheiden. Beispielhaft verdeutlichen lässt sich die neuzeitliche „Transformation der Eschatologie" (vgl. Zerrath), deren Entwicklungsmomente den bisherigen Ausführungen zur Theologiegeschichte sowie einschlägigen Lexikaartikeln (vgl. Asendorf, 317 ff. und Sauter, 1564 ff.) zu entnehmen sind, an der Schleiermacher'schen Lehre von den Letzten Dingen. Über ihren Ansatz und systematischen Rahmen wurde an anderer Stelle bereits das Nötige gesagt. Ihren Ort hat sie innerhalb der Dogmatik im zweiten Abschnitt der Gnadenlehre, der von der Beschaffenheit der Welt in Bezug auf die Erlösung handelt. Schleiermacher trägt seine Eschatologie „vor als Lehre von der Vollendung der Welt durch dasjenige Geschehen, in dem das Gesamtleben der Gnade das Gesamtleben der Sünde vernichtet; als dasjenige Ende des ‚Kampfes', an dem das Gesamtleben der Gnade allein existiert. Und das heisst wiederum wenigstens: Er trägt sie als kosmische (universelle) Eschatologie vor, die die individuelle impliziert." (Herms, 107) Von einer Vergleichgültigung der allgemeinen zugunsten der besonderen Eschatologie kann also nicht die Rede sein, wenngleich der kosmologische Horizont an die individuelle Perspektive und an das religiöse Gefühl und unmittelbare Selbstbewusstsein des frommen Subjekts rückgebunden ist.

Wie Glaubenssätze im Allgemeinen, so sind auch Sätze der Glaubenslehre stets sprachliche Darstellungen des frommen Selbstbewusstseins. Dies muss „in *irgendeinem* Sinne" (Herms, 109) auch für die Lehre von den Letzten Dingen gelten, von denen ansonsten unter den Bedingungen der Schleiermacher'schen Glaubenslehre dogmatisch überhaupt nicht gehandelt werden könnte. Es wird aber von ihnen gehandelt, wenngleich auf eine besondere, von der sonstigen Darstellungsform abweichende Weise. Schleiermacher hat die Letzten Dinge in den beiden Auflagen seiner

Glaubenslehre in Gestalt von vier prophetischen Lehrstücken erörtert. Er hat dieses Verfahren mit dem Hinweis begründet, dass das Prophetische „in seiner höheren Bedeutung keinen Anspruch darauf macht, eine Erkenntniß im eigentlichen Sinne hervorzubringen, sondern nur schon erkannte Principien anregend zu gestalten bestimmt ist" (GL^2 § 163 Zus.). Genau dies sei auch die Bestimmung der Eschatologie, die deshalb in den „Formen des profetischen" (ebd.) abzuhandeln sei.

Nach Schleiermacher gehört die Eschatologie, wie erwähnt, in den Entwicklungszusammenhang des Bewusstseins der Gnade, näherhin in den Zusammenhang, der den Weltbezug des Gnadenbewusstseins betrifft. Dieser Bezug ist ekklesiologisch bestimmt, welche Bestimmung auch für die Eschatologie in Geltung bleibt. Signifikanterweise lautet die Überschrift ihrer Erörterung „Von der Vollendung der Kirche". Vorangestellt sind zwei ekklesiologische Abschnitte über das Entstehen und das Bestehen der Kirche, wobei bezüglich des kirchlichen Bestands zwischen wesentlichen und unveränderlichen Grundzügen einerseits und dem Wandelbaren unterschieden wird, „was der Kirche zukommt vermöge ihres Zusammenseins mit der Welt" (Überschrift der §§ 148–156 GL^2). Eschatologisches Ziel der Ekklesiologie ist ein Zustand, in welchem das Gesamtleben der Gnade die Welt überwunden bzw. in sich aufgehoben hat dergestalt, dass alles Böse und Üble vernichtet ist. Dieses Ziel ist unter irdischen Bedingungen nicht nur nicht erreicht, sondern auch nicht erreichbar. Die Kirche gelangt im Verlauf der Menschheitsgeschichte zu keiner Vollendung. Entsprechendes gilt vom Prozess der Heiligung der einzelnen Gläubigen, der aus ihrer Wiedergeburt hervorgeht: auch er ist im Laufe eines menschlichen Erdenlebens weder je abgeschlossen noch überhaupt abschließbar.

Prophetische Lehrstücke

Die Vollendung, welche die Eschatologie zu bedenken hat, ist sowohl in sozialer, die Kirchengemeinschaft und die Gemeinschaft von Menschheit und Welt betreffender, als auch in individueller, den Einzelnen betreffender Hinsicht nie als Erfahrungstatsache oder als eine wie auch immer zu fassende Gegebenheit, sondern lediglich als ein Zielpunkt gegeben, der außerhalb der Reichweite realer Theorie und Praxis liegt. Die Darstellung des vollendeten Zustands der Kirche als des Symbols und Wirkmittels der Gemeinschaft, zu der Menschheit und Welt bestimmt sind, sowie der Vollendung des Einzelnen in ihr kann daher „unmittelbar nur den Werth eines Ideals" (GL^1 § 173) bzw. „den Nuzen eines Vorbildes (haben), welchem wir uns nähern sollen" (GL^2 § 157). Ein wie auch immer geartetes Wissen theoretischer und praktischer Art über den Vollendungszustand lässt sich hingegen nicht gewinnen und zwar weder in sozialer noch in individueller Hinsicht. Was die Eschatologie zu sagen hat, ist deshalb in der charakteristischen Form prophetischer Lehrstücke zu entfalten.

Für die Gesamtanlage der Schleiermacher'schen „Glaubenslehre" ist es kennzeichnend, dass sich jeder ihrer dogmatischen Sätze wenn nicht unmittelbar, so doch mittelbar auf das fromme Selbstbewusstsein zurückführen lässt, das er repräsentiert. Bei eschatologischen Sätzen ist eine solche Reduktion nicht bzw. nur bedingt möglich. Ihr Status innerhalb der Glaubenslehre ist daher problematisch. Schleiermacher betont ausdrücklich, dass auf dem Standpunkt, den seine Dogmatik einnehme, streng genommen keine Vollendungslehre möglich sei, „da unser christliches Selbstbewußtsein gradezu nichts über diesen uns ganz unbekannten Zustand aussagen kann“ (GL² § 157,2). Dieser ist ihm stets nur als angestrebter, nie als wirklich erreichter und sonach realer gegenwärtig. Jedem direkten lehrmäßigen Zugriff ist und bleibt er entzogen. Ein reales Wissen vom Vollendungszustand ist dem gläubigen Selbstbewusstsein nicht gegeben. Dennoch wird durch das zu konstatierende Nichtwissen eschatologische Gewissheit nicht destruiert. Es ist im Gegenteil so, dass die Gewissheit des frommen Selbstbewusstseins seine Unwissenheit in Bezug auf den Zustand der Vollendung dergestalt in sich aufzunehmen vermag, dass zwar keine im strengen Sinne didaktisch-doktrinären Aussagen über die sog. Letzten Dinge (vgl. GL² § 159,1) getätigt werden können, wohl aber paränetische (vgl. GL¹ § 173,2). Diese geben in der bezeichneten Form prophetischer Rede der getrosten Hoffnung bezüglich eines Jenseits aller Räume und Zeiten Ausdruck, wie sie dem Glauben eigen ist, der sich in Jesus Christus gegründet weiß.

Der Glaube des einzelnen Christen und die Glaubensgemeinschaft der Kirche, ohne welche der individuelle Glaube keinen Bestand hat, gründen in Jesus Christus. Der religiöse – weder in Theorie noch in Praxis überführbare – Bezug auf seine Person und sein Werk ist nach Schleiermacher konstitutiv für ein entwickeltes Bewusstsein der Gnade. Den Zustand sowohl des Christen, sofern er sich der göttlichen Gnade bewusst ist, als auch die Beschaffenheit der Welt in Bezug auf die Erlösung, die Gegenstand der ekklesiologischen Lehrstücke ist, behandelt er in strikt christologischer Konzentration. Sie bleibt auch in eschatologischer Hinsicht und bezüglich der prophetischen Lehrstücke erhalten, welche von der Vollendung der Kirche und zwar so handeln, dass Individualität und Sozialität als ekklesiologisch gleichwertig erkennbar werden. Die Kirche ist nach Schleiermacher weder ein Zusammenschluss atomistischer Individuen noch eine Gemeinschaft, in welcher die Einzelnen zum bloßen Funktionsmoment eines umgreifenden Ganzen herabgesetzt werden, sondern sie ist eine Einheit, in der Individualität und Sozialität paritätisch in Geltung stehen. An Jesus Christus, dem Grund und Urbild der Kirche, wird dies unmittelbar ersichtlich: Er ist singuläre Person und zugleich jener, der die ganze Menschheit samt aller Welt in sich befasst und umgreift.

Aus dem Glauben an die Unveränderlichkeit und ewige Fortdauer der Vereinigung des göttlichen Wesens mit der menschlichen Natur in der Person Jesu Christi geht nach Schleiermacher alles hervor, was in christlicher Eschatologie zu explizieren ist, nämlich sowohl der Glaube an den ewigen Fortbestand der menschlichen Natur über den Tod hinaus (vgl. GL¹ § 174 sowie GL² § 158) als auch der Glaube an die Vollendung der Menschheit und Welt, wie sie durch die Vollendung der Kirche vermittelt wird. Beide Vorstellungen, „die von der Vollendung der Kirche und die von dem Zustande der Menschen nach dem Tode“ (GL¹ § 175), sind nach Schleiermacher in den christlichen Vorstellungen von den Letzten Dingen vereinigt, oder besser und mit den Worten der Zweitauflage der Glaubenslehre formuliert: „Die

Lösung beider Aufgaben, die Kirche in ihrer Vollendung und den Zustand der Seele im künftigen Leben darzustellen, wird versucht in den kirchlichen Lehren *von den lezten Dingen*, denen jedoch der gleiche Werth wie den bisher behandelten Lehren nicht kann beigelegt werden." (GL² § 159)

Grenzwertiger Status

Wieso eschatologische Aussagen keine Glaubenssätze im üblichen Sinne sind, wurde bereits erläutert. Dass ihnen nicht der gleiche Wert wie den regelrechten Glaubens- und Lehrsätzen zuzuerkennen ist, besagt nicht, dass sie wertlos oder von minderem Wert seien. Ihr Wert ist von anderer Art, weil sie die Sprache des Glaubens an eine innere Grenze führen und auf ein Unsagbares verweisen, von dem dennoch nicht geschwiegen werden darf, weil durch Verschweigen sein Geheimnis ebensowenig gewahrt würde wie durch doktrinäre Fixierung. Die grenzwertige Stellung der Eschatologie im System ist sonach dem Thema gemäß, von dem sie handelt, und selbst die Aporie, in die alle eschatologischen Lehren führen, wenn man sie nur konsequent genug verfolgt, lassen sich als ein Indiz nicht eines unsachgemäßen, sondern vielmehr eines sachgemäßen Umgangs mit den sog. Letzten Dingen deuten. Zutage treten die besagten Aporien nach Schleiermacher weniger an den Rändern der Eschatologie, als vielmehr in ihrem Zentrum, nämlich dort, wo es um den Zusammenhang besonderer und allgemeiner Eschatologie und damit um die innere Einheit der eschatologischen Lehre sowie darum geht, ihre beiden konstitutiven Momente, nämlich Fortdauer der Einzelpersönlichkeit und Vollendung der Kirche, als einen terminologisch und sachlich kohärenten Zusammenhang zu erfassen bzw. in einem in sich stimmigen Bild zur Darstellung zu bringen.

Individuelle und universale Eschatologie lassen sich nicht trennen. „Wollten wir uns eine christliche Vorstellung machen von einem Zustande nach diesem Leben, sie entspräche aber nicht zugleich der von dem vollendeten Zustand der Kirche: so würden wir nicht glauben können, mit dieser das lezte gesagt zu haben, sondern annehmen müssen, daß noch eine Entwiklung bevorstehe, welche die Kirche vollende. Und umgekehrt, dächten wir die Vollendung der Kirche noch in dem gegenwärtigen Verlauf der menschlichen Dinge eintretend: so müßten wir für den Zustand nach dem Tode noch irgend etwas hinzudenken, um ihm einen eigenthümlichen Gehalt zu geben …" (GL² § 159,1) Besondere und allgemeine Eschatologie bilden einen Zusammenhang und müssen zusammen und als differenzierte Einheit zur Geltung gebracht werden. Eine wirklich stimmige Lösung dieser Aufgabe will jedoch nicht gelingen, so dass entweder der allgemeine Aspekt den besonderen oder der besondere den allgemeinen dominiert.

Um ein Beispiel zu geben: Der Glaube an die Fortdauer der Einzelperson über den Tod hinaus bzw. die Annahme einer Unsterblichkeit der individuellen Seele lässt sich nach Schleiermacher zwar nicht metaphysisch beweisen, auch nicht unmittelbar aus dem Gottesbewusstsein ableiten, er ist aber nach seinem Urteil eine implizite Prämisse des Glaubens an Jesus Christus als diejenige Person, in der Gott und Mensch eins sind, wenngleich auf differenzierte Weise. Denn der Glaube an die

Person des Gottmenschen setzt voraus, „daß wenn der menschlichen Natur nicht die persönliche Unsterblichkeit zukäme, alsdann auch eine Vereinigung des göttlichen Wesens mit der menschlichen Natur zu einer solchen Persönlichkeit wie die des Erlösers nicht möglich gewesen wäre; und umgekehrt daß, weil Gott beschlossen hatte durch solche Vereinigung die menschliche Natur zu vollenden und zu erlösen, deshalb auch schon immer die menschlichen Einzelwesen dieselbe Unsterblichkeit an sich tragen mußten, deren der Erlöser sich bewußt war." (GL^2 158,2) In diesem Sinne ist der Glaube an die Fortdauer der Persönlichkeit über den Tod hinaus und an die individuelle Unsterblichkeit aller Menschenseelen ein unveräußerliches Implikat des Christusglaubens und seines inneren Lebens, das die Ahnung der Ewigkeit in sich trägt.

Aporetische Vermittlungsversuche

Wie das ewige Leben des Einzelnen vorzustellen und ins Verhältnis zu setzen ist zur Vollendung von Kirche, Menschheit und Welt, darauf geben Schleiermacher zufolge weder das eigene fromme Selbstbewusstsein, noch das Glaubenszeugnis der Hl. Schrift oder der Bekenntnisse der Kirche eine rundum stimmige Antwort. Halte man sich an die von der biblischen Tradition her nahegelegte Vorstellung, derzufolge die Vollendung des Einzelnen simultan mit der Vollendung von Kirche, Menschheit und Welt statthabe und zwar in Form einer endzeitlichen Auferstehung der Toten in der Untrennbarkeit ihrer psychosomatischen Einheit, dann leide die Annahme einer Stetigkeit gläubigen Selbstbewusstseins über den Tod hinaus Schaden und die beunruhigende Frage tauche auf, wie es um die Verstorbenen in der Phase zwischen ihrem Tod und dem Jüngsten Tage bestellt sei. Gehe man hingegen von der Vorstellung aus, wonach der Mensch, der im Glauben an Jesus Christus gestorben sei, im Augenblick seines Todes unmittelbar seinem Herrn begegne, um bei und mit ihm selig zu sein, dann werde es „schwer, die allgemeine Auferstehung der Todten nicht für etwas überflüssiges" (GL^2 § 161,2) zu halten.

Zwar mangelt es Schleiermacher zufolge nicht an Versuchen, die durch interne Differenzierungen besondere und allgemeine Eschatologie zu vermitteln suchen etwa dergestalt, dass sie in Bezug auf die individuelle Eschatologie die Leib-Seele-Differenz geltend machen und nur der Seele ihr eschatologisches Geschick im Augenblick des Todes zuteil werden lassen, wohingegen der Leib als Medium des Weltverhältnisses von diesem Geschick erst am Jüngsten Tage betroffen wird, wenn er sich mit der von ihm geschiedenen Seele wiedervereinigt. Doch können nach seinem Urteil weder Interimsvorstellungen besagter Art noch andere Zwischenlösungen das bestehende Problem beseitigen, dass individuelle und universale Eschatologie nicht zur Deckungsgleichheit bzw. zu einer solchen Konvergenz zu bringen sind, in der beide Elemente paritätisch gelten. Es verbleibe eine unaufgehobene und unaufhebbare Spannung sowie eine Unbestimmtheit, die alle begrifflichen Bestimmungen durchziehe, wodurch der Sonderstatus der Eschatologie im Lehrganzen noch einmal bestätigt werde. Schleiermacher beansprucht nicht, die eschatologischen Aporien beheben zu können. Er will sie lediglich identifizieren und in gewisser Weise auf Dauer stellen, um gerade dadurch der Eigentümlichkeit des eschatologischen Lehrstücks Geltung zu verschaffen.

Die kirchliche Lehre von den Letzten Dingen handelt als individuelle Eschatologie vom Zustand des Einzelnen im künftigen Leben, als universale Eschatologie von der Vollendung von Kirche, Menschheit und Welt. Beide Aspekte sind als konstitutiv zum eschatologischen Ganzen gehörig wahrzunehmen. Doch sieht sich Schleiermacher beim besten Willen „nicht im Stande, das Zusammentreffen beider Momente darzustellen oder Gewähr dafür zu leisten" (GL^2 § 159,1). Er stellt die Lösung dieser wie aller anderen Aufgaben, welche die Eschatologie betreffen, der produktiven Einbildungskraft des Glaubens und seiner Phantasie anheim, der er grundsätzlich freien Lauf gewährt, um sie nur dort zu zügeln, wo sie die Bahnen des Christlichen verlässt und „sich einem Spiel der Willkühr oder vermeintlichen neuen Offenbarungen" (GL^2 § 159,2) überlässt, statt sich im christologisch grundgelegten Rahmen zu halten. Damit dieser Rahmen gewahrt bleibe, richtet Schleiermacher alle eschatologischen Aussagen auf die Wiederkehr Christi aus, von der das erste prophetische Lehrstück handelt.

Ungeteilte Ganzheit in Christus

Durch die Wiederkehr Christi wird die eschatologische Form des Daseins von Selbst und Welt bedingt; die Parusievorstellung schließt alle Einzelbilder individueller und universaler Eschatologie zu einem Ganzen zusammen und integriert den Aspekt sowohl der Vollendung des Einzelnen als auch des Allgemeinen, zu dem alles Besondere verbunden ist. Nur in Ausrichtung auf das zweite Kommen dessen, der zur Erlösung und Versöhnung der Menschheit und jedes einzelnen Menschengeschöpfs auf die Welt gekommen ist, kann der Glaube zur eschatologischen Gewissheit des individuellen und universalen Heils gelangen. Daher ist die Lehre von der Wiederkehr Christi als erstes prophetisches Lehrstück den drei folgenden vorangestellt: Das erste Folgestück, das die Auferstehung des Fleisches erörtert, bezieht sich primär auf das eschatologische Geschick des Individuums und ist formal ungeteilt; die beiden anschließenden Lehrstücke drei und vier thematisieren in Form der Vorstellung des Jüngsten Gerichts und der ewigen Seligkeit die universalen Bezüge der Eschatologie, die freilich rückbezogen bleiben auf die individuellen, welche ihrerseits auf die universalen hingeordnet sind.

Was die Gewissheit der persönlichen Fortdauer über den Tod hinaus angeht, so ist sie nach Schleiermacher im Wesentlichen christologisch, nämlich durch den Glauben an Jesus Christus und damit auf religiöse Weise, nicht aber durch metaphysische Spekulationen zur Seelenunsterblichkeit vermittelt, denen der Glaubenslehrer auch gedanklich mit Skepsis begegnet. Seien wir uns doch „so allgemein des Zusammenhanges aller auch unsrer innerlichsten und tiefsten Geistesthätigkeiten mit den leiblichen bewußt, daß wir die Vorstellung eines endlichen geistigen Einzellebens ohne die eines organischen Leibes nicht wirklich vollziehen können; ja wir denken den Geist nur als Seele, wenn im Leibe, so daß von einer Unsterblichkeit der Seele im eigentlichen Sinn gar nicht die Rede sein kann ohne leibliches

Leben." (GL^2 § 161,1) Andererseits rechnet die Erwartung einer leibhaften Auferstehung der Toten, wie sie in der christlichen Tradition begegnet, nicht nur mit der äußerlichen Wiederbeseelung eines entseelten Leibes und toten Körpers, sondern setzt die Selbigkeit des künftigen Leibeslebens mit dem jetzigen voraus, was nur unter der Prämisse einer sachlichen Identitätsgewährleistung und durch den Erhalt von Erinnerungsbezügen denkbar ist, die den von den Toten Auferstandenen wahrnehmen lassen, dass er zwar anders, aber kein anderer ist als in seinen irdischen Lebensräumen und zu seinen irdischen Lebenszeiten. Die Vorstellung einer leibhaften Auferstehung der Toten fordert also einerseits so etwas wie Seelenunsterblichkeit, problematisiert sie aber zugleich wieder, da sie die Annahme einer leiblosen Seele infrage stellt.

Die eschatologischen Vorstellungen einer Seelenunsterblichkeit einerseits und einer leibhaften Auferstehung von den Toten andererseits verweisen nach Schleiermacher aufeinander und lassen sich nicht gänzlich trennen, ohne zu einer vollkommenen Bestimmung ihrer selbst und ihrer Einheit untereinander erhoben werden zu können. Eine unbehebbare Unbestimmtheit verbleibe, die jenes Schwanken vom einen zum andern bedinge, das nach Schleiermacher für die ganze Eschatologie und damit auch für die Lehrstücke vom Jüngsten Gericht und von der ewigen Seligkeit kennzeichnend sei, die vor allem den universalen Aspekt der Eschatologie zur Geltung zu bringen versuchten. Unter dem Jüngsten Gericht (vgl. GL^2 § 162) versteht Schleiermacher die vollendete Scheidung der Kirche von allem, was ihrer Vollkommenheit und damit der Vollkommenheit des Gesamtlebens des Glaubens widerstrebt, zu dem Menschheit und Welt berufen sind. Diesem negativen Aspekt der universalen Eschatologie, der analog auch die individuelle angeht, korrespondiert der positive, nämlich der Gesichtspunkt unveränderlicher und ungetrübter Seligkeit (vgl. GL^2 § 163), in deren Zustand sich nach der Auferstehung der Toten alle befinden werden, welche in der Gemeinschaft mit Jesus Christus gestorben sind.

Der Befindlichkeit der Seligen den Zustand derer zu kontrastieren, welche außer dieser Gemeinschaft oder im Gegensatz zu ihr gestorben sind, und damit der Vorstellung einer ewigen Seligkeit diejenige einer ewigen Verdammnis als eines Zustands nicht zu mindernder Unseligkeit entgegenzusetzen, sieht sich Schleiermacher in der Erstauflage seiner Glaubenslehre durch bildliche Reden Christi wie Mt 25,46, Mk 9,44 oder Joh 5,29 veranlasst, „wiewol nicht hinreichend" (GL^1 § 179). In der Zweitauflage wird dies unterstrichen mit der Konsequenz, dass die Lehre von der ewigen Verdammnis von derjenigen von der ewigen Seligkeit abgelöst und in einen Anhang verwiesen wird. Dort werden die Schwierigkeiten der Vorstellung eines sog. doppelten Ausgangs namhaft gemacht; es ergibt sich, dass „wir wol wenigstens gleiches Recht jener milderen Ansicht einräumen (dürfen), wovon sich in der Schrift doch auch Spuren finden, daß nämlich durch die Kraft der Erlösung dereinst eine allgemeine Wiederherstellung aller menschlichen Seelen erfolgen werde" (GL^2 § 163 Anhang). Schleiermacher lehrt die sog. Wiederbringung aller nicht; er tritt aber für das dogmatische Recht ein, sie zu erhoffen.

Doppelter Ausgang oder Wiederbringung aller?

Durch die erlaubte, ja gebotene Hoffnung auf die Wiederbringung aller relativiert sich für Schleiermacher die traditionelle Lehre vom sog. doppelten Ausgang. Zwar ist auch für ihn und für seine Auffassung vom Jüngsten Gericht die Vorstellung einer Scheidung grundlegend und zwar einer endgültigen, irreversiblen und „gänzliche(n)", wie es heißt (GL² § 162; vgl. GL¹ § 178). Gänzlich abgeschieden wird im Endgericht die Kirche von der Welt, „sofern die Vollendung der ersten alle Einwirkungen der lezteren ausschließt" (GL² § 162). Das Aufhören weltlicher Einwirkungen auf die Kirche bedingt deren Vollendung. Vollzogen wird der Prozess vollendeter Absonderung der Kirche von der Welt im Jüngsten Gericht, das nach klassischer Vorstellungsart die Wiederkunft Christi und die Auferstehung der Toten zur impliziten Voraussetzung hat. Das Endgericht betrifft mit der Menschheit insgesamt auch jedes einzelne Glied des Menschengeschlechts, das der Welt enthoben und der ewigen Seligkeit zugeführt werden soll, in der sich das Gesamtleben aller Erlösten vollendet. Bleibt hinzuzufügen, dass der Vorgang des Endgerichts wie derjenige der Wiederkunft Jesu Christi und der Auferstehung der Toten einerseits einen Zeitbezug enthält und insofern einen Zeitpunkt markiert, dessen Endzeitlichkeit aber andererseits alle Zeiten transzendiert, um dasjenige zu erschließen, was Ewigkeit heißt.

In elementaren Grundzügen präfiguriert ist die Vorstellung vom Jüngsten Gericht, welche das dritte prophetische Lehrstück bedenkt, Schleiermacher zufolge in einigen Reden Jesu Christi, deren Bedeutung allerdings unterbestimmt bliebe, wenn man sie allein oder auch nur primär auf die Scheidung von Gläubigen und Ungläubigen und ihre Verteilung auf Himmel und Hölle beziehen wollte. Denn was durch das Jüngste Gericht ausgeschlossen werden soll, ist weniger die Einwirkung der Ungläubigen auf die Gläubigen als vielmehr diejenige des „fleischlichen, welches sich in den Wiedergebohrenen selbst noch findet" (GL² § 162,1). Würden die Wiedergeborenen in der Gestalt, in der sie aus der irdischen Welt geschieden sind, in die himmlische eingehen wollen, so wäre dies nicht möglich, da in ihnen „die Sünde, wiewol im Verschwinden begriffen noch mitgesezt ist" (GL² § 162,1). Scheidende Absonderung der in den Gläubigen bei allen vollzogenen Fortschritten im Glauben immer noch mitgesetzten sündigen Welt ist nach Schleiermacher die wesentliche Funktion des Jüngsten Gerichts. Denn ohne gänzliche Scheidung der Gläubigen und ihrer Gemeinschaft vom Bösen sind die Vollendung der Kirche und die ewige Seligkeit nicht möglich.

Das Jüngste Gericht vollzieht nach Schleiermacher seinem eigentlichen Wesen nach keine äußere Scheidung zwischen zwei Sorten von Menschen, sondern eine innere, die jeden und nachgerade den Gläubigen an sich selbst betrifft, sofern dadurch das Weltliche, Fleischliche, Sündige, das ihm noch anhängt, zum Verschwinden gebracht werden soll. Stellt man sich diese Scheidung als auf einen Schlag vollzogen vor, so haftet der Vorstellung „etwas zauberisches" (GL² § 162,1) an, weil der Beschluss der Heiligung nicht als durch einen Prozess fortschreitender Besserung vermittelt, sondern als auf unmittelbar-supranaturale Weise sich ereignend erscheint.

Verzichte man dagegen auf die Annahme einer augenblicklich vollzogenen Vollendung kraft Sündenscheidung, Seelenreinigung und Erfüllung kirchlicher Bestimmung, dann erscheine der Heiligungsprozess als infinit und tendenziell unabschließbar. Beide Aporien sind nach Schleiermacher aus den erkenntnistheoretischen Gründen, die seine Glaubenslehre bestimmen, nicht behebbar und für ihn ein weiterer Beleg für den Sonderstatus der eschatologischen Lehrstücke.

Innere Sonderung und Scheidung

Die Vollkommenheit der Glaubensgemeinschaft der Kirche und des einzelnen Gläubigen in ihr wird Schleiermacher zufolge weniger durch äußere Einwirkungen Ungläubiger als vielmehr durch sündige Einwirkungen des Fleisches und der Welt auf das Innere der Gläubigen eingeschränkt oder verhindert. Die Sonderung, welche die Vorstellung des Jüngsten Gerichtes bestimmt, ist daher seinem Urteil zufolge im Entscheidenden nicht auf eine äußere Trennung von Menschengruppen, sondern auf eine das menschliche Innere betreffende Scheidung zu beziehen. Was die herrschend gewordene Vorstellung betrifft, im Jüngsten Gericht werde zwischen Personen geschieden, „je nachdem sie ihr Leben gläubig oder ungläubig beschlossen haben" (GL^1 § 178,3), so erkennt Schleiermacher „ihren wesentlichen Gehalt" (GL^1 § 178,4) in der Gewissheit, „daß wenn die Vollendung unserer Gemeinschaft mit Christo gesezt ist, alsdann die Bösen und das Böse, möge auch beides sein wo es wolle, für uns nicht mehr als solches vorhanden ist, sondern die irdische überall die Entgegensezung hervorhebende Ansicht, mit welcher wir hier unvermeidlich behaftet sind und bleiben, ganz derjenigen Plaz gemacht haben wird, vermöge deren das Böse nicht ist, weil Gott nicht kann der Urheber desselben sein" (ebd.). Welche Form dieser gehaltvolle Satz in der Zweitauflage der Glaubenslehre angenommen hat, ist in § 162,3 nachzulesen. Der Grundsinn bleibt erhalten: Das Jüngste Gericht gewährleistet, dass das Böse für die in gänzlicher Glaubensgemeinschaft mit Christus Verbundenen als solches nicht mehr da ist. Wo immer es geblieben sein mag: in den in Christus Vollendeten und für sie hat es in Ewigkeit keine Bleibe; denn in der ungetrübten Fülle göttlicher Gnade hat das gottwidrige Böse keinen Ort und keinen Bestand. Ist aber mit einer wie auch immer gearteten eschatologischen Existenz des Bösen oder der Bösen zu rechnen, dann kann das nur unter der Bedingung der Fall sein, dass keinerlei Beziehung zwischen der Verdammnis und den Vollendeten waltet. Himmel und Hölle stehen im Verhältnis absoluter Verhältnislosigkeit.

Hatte Schleiermacher sich zur ewigen Verdammnis in der Erstauflage seiner Glaubenslehre noch im kontrastierenden Zusammenhang mit dem Lehrstück von der ewigen Seligkeit geäußert (vgl. GL^1 § 179,4), so geschah dies in der Zweitauflage nur noch anhangsweise (vgl. GL^2 § 163 Anhang). Die Traditionszeugnisse zu einer Verwerfung in Ewigkeit seien ambivalent und „keinesweges über alle Zweifel erhoben" (GL^1 § 179,4), die Vorstellung selbst nicht „so zu fassen, daß sie eine Prüfung von allen Seiten aushielte" (ebd.). Dagegen steht nach Schleiermachers Urteil vor allem die Annahme eines ewigen Verbleibs des Bösen als des inneren Abgrundes der Verdammnis bzw. die Annahme eines in Ewigkeit nicht zu behebenden Gegensatzes von Gut und Böse, welche die Voraussetzung der Vorstellung einer Höllenewigkeit sei. Im Übrigen sei die Vorstellung ewiger Verdammnis überhaupt nicht vorstellbar. Assoziiere man mit ihr körperliche Pein, dann laufe dies auf einen Widerspruch hinaus, da eine unendliche Dauer von Leibesschmerzen ohne prinzipielle Erträglichkeit der Leiden und einer Gewohnheit an sie nicht denkbar sei, woraus eine Minderung der Unseligkeit folge mit der Konsequenz, dass diese nicht absolut bzw. vollkommen sein könne. Setze man hingegen den Verdammnischarakter ewiger Höllenpein in eine nicht endende Gewissensqual, „so wären dann die Verdammten um vieles besser in der Verdammniß, als sie in diesem Leben gewesen sind, weil nämlich ihr Gewissen schärfer wäre" (GL[1] § 179,4), welche Annahme ebenfalls auf einen Widerspruch hinauslaufe. Entsprechendes gelte bezüglich der Annahme, wonach die ewige Verdammnis in dem „Gefühl der verscherzten Seligkeit" (ebd.) oder in ähnlichen Emotionszuständen bestünde.

In sich widersprüchliche Vorstellung

Die Vorstellung ewiger Verdammnis ist nach Schleiermacher in sich widersprüchlich. Doch selbst wenn sie zu vollziehen wäre, was sie nicht ist, bedürfte es schlagender Zeugnisse der Überlieferung, um an der Annahme einer prinzipiellen, unwiederbringlichen Verlorenheit und unbehebbaren Verdammnis eines Teils der Menschheit und möglicherweise noch dazu des größten festhalten zu müssen. Solche Zeugnisse aber sind nach Schleiermacher „nicht vorhanden" (ebd.). Der Ansicht, „welche durch die Kraft der Erlösung eine dereinstige allgemeine Wiederherstellung aller menschlichen Seelen ahndet" (ebd.), müsse daher „wenigstens gleiches Recht" (ebd.) mit der herrschenden von einer ewigen Verdammnis eingeräumt werden. In der Zweitauflage seiner Glaubenslehre hat Schleiermacher die Forderung zugestandener Möglichkeit einer Wiederbringung aller formaliter durch den Verweis der Thematik ewiger Verdammnis in den Anhang des Lehrstücks von der ewigen Seligkeit und inhaltlich dadurch unterstrichen, dass er erneut die Unhaltbarkeit der Vorstellung selbst und die Uneindeutigkeit der Traditionszeugnisse aufwies, die üblicherweise für sie angeführt werden.

Um ein letztes Argument gegen die Vorstellung des sog. doppelten Ausgangs anzuführen; in der Erstauflage der Glaubenslehre ist es in § 179,3 entwickelt. Die ewige Seligkeit ist nach Schleiermacher ohne vollkommene Erkenntnis und damit auch ohne Erkenntnis von einem eventuellen Zustande der Verdammten nicht denkbar, welche Erkenntnis hinwiederum unter den Bedingungen der Seligkeit ohne Mitgefühl mit dem Los der Verdammten nicht gedacht werden könne. Daraus folge, dass die Seligkeit der Seligen durch die Verdammnis der Verdammten zwangsläufig getrübt werde und zwar ewig. Diese Betrübnis könne durch die Einsicht in die Gerechtigkeit des ergangenen Verdammungsurteils nicht wirklich behoben werden. Denn das Mitgefühl der Seligen bleibt Schleiermacher zufolge auch unter diesen Umständen erhalten und dies umso mehr, als mit Recht ein tieferes Mitleid zu verlangen sei „mit verdienten Leiden als mit unverdienten" (GL[2] § 163, Anhang). Wie immer man es ansehe: Es hat „große Schwierigkeiten vorzustellen, der endliche Erfolg der Erlösung sei ein solcher, daß Einige zwar dadurch der höchsten Seligkeit theilhaftig würden, Andere aber und zwar nach der gewöhnlichern Vorstellung der größte Theil des menschlichen Geschlechtes in unwiederbringlicher Unseligkeit verloren ginge" (ebd.). Der Hoffnung könne daher ihr christliches Recht nicht bestritten werden, „daß nämlich durch die Kraft der Erlösung dereinst eine allgemeine Wiederherstellung aller menschlichen Seelen erfolgen werde" (ebd.).

10. Individuelle und universale Eschatologie. Ökumenische Perspektiven

Lit.: M. Beintker, Die Auferstehung von den Toten auf dem Hintergrund eines neuen Verständnisses von eschatologischer Naherwartung, in: E. Gräb-Schmidt/R. Preul (Hg.), Auferstehung, Leipzig 2012, 55–75. – F. Courth, Maria/Marienfrömmigkeit III/2. Katholisch, in: TRE 22, 143–148. – E. G. Farrugia, Art. Fegfeuer. V. In der ostkirchlichen Theologie, in: LThK III (1995), Sp. 1208. – G. Greshake, Auferstehung der Toten. Ein Beitrag zur gegenwärtigen theologischen Diskussion über die Zukunft der Geschichte, Essen 1969. – Ders./G. Lohfink, Naherwartung. Auferstehung. Unsterblichkeit. Untersuchungen zur christlichen Eschatologie, Freiburg/Basel/Wien ⁴1982. – H. Grote, Maria/Marienfrömmigkeit II. Kirchengeschichtlich, in: TRE 22, 119–137. – H. Hirschmann, Die eschatologische Botschaft des Neuen Dogmas, in: Die leibliche Himmelfahrt Mariens. Theologische Beiträge zum Neuen Dogma im Dienste der Seelsorge. Hg. v. Professoren der Philosophisch-Theologischen Hochschule St. Georgen, Frankfurt/M. 1950, 130–137. – P. Jezler, Himmel, Hölle, Fegfeuer. Das Jenseits im Mittelalter, München ²1994. – J. A. Kanberg, Maria – Ersterbin des in Christus neu geschaffenen Lebens, St. Ottilien 2006. – K.-H. Menke, Fleisch geworden aus Maria. Die Geschichte Israels und der Marienglaube der Kirche, Regensburg 1999. – G. Nachtwei, Dialogische Unsterblichkeit. Eine Untersuchung zu Joseph Ratzingers Eschatologie und Theologie, Leipzig 1986. – K. Rahner, Das Leben der Toten, in: ders., Schriften zur Theologie. Bd. IV: Neuere Schriften, Einsiedeln/Zürich/Köln ²1961, 429–437. – J. Ratzinger, Gesammelte Schriften. Hg. v. G. L. Müller. Bd. 10: Auferstehung und ewiges Leben. Beiträge zur Eschatologie und zur Theologie der Hoffnung, Freiburg/Basel/Wien 2012. – K. Riesenhuber, Maria im theologischen Verständnis von Karl Barth und Karl Rahner, Freiburg/Basel/Wien 1973. – F. D. E. Schleiermacher, Der christliche Glaube nach den Grundsätzen der evangelischen Kirche im Zusammenhange dargestellt (1821/22). Hg. v. H. Peiter, Berlin/New York 1984 (KGA I/7,1 u. 2 = GL¹). – Ders., Der christliche Glaube nach den Grundsätzen der evangelischen Kirche im Zusammenhange dargestellt (1830/31). Hg. v. R. Schäfer, Berlin/New York 2003 (KGA I/13,1 u. 2 = GL²). – E. Stakemeier, Das Dogma der Himmelfahrt Mariens, Paderborn 1951. – B. Stubenrauch, Was kommt danach? Himmel, Hölle, Nirwana oder gar nichts, München 2007. – H. Volk, Das neue Marien-Dogma. Inhalt. Begründung. Bedeutung, Münster ²1951. – H. Vorgrimler, Der Tod im Denken und Leben der Christen, Düsseldorf 1978. – Ders., Hoffnung auf Vollendung. Aufriss der Eschatologie, Freiburg i. Br. 1980.

Florentiner Partikulargericht

In St. Croce/Florenz befindet sich in der äußersten Chorkapelle linker Hand ein Ende der dreißiger, Anfang der vierziger Jahre des 14. Jahrhunderts entstandenes Wandgemälde des Giotto-Schülers Maso di Banco, welches ein verstorbenes Mitglied der Bankiersfamilie Bardi zeigt, das direkt über seinem realen Grab vor dem richtenden Christus erscheint und ihn um

Gnade bittet. Nach Urteil von Kunstsachverständigen darf man „das Bild wohl als eine frühe Darstellung des Partikulargerichtes deuten" (Jezler, 18 Abb. 8), in dem sich nach der im Mittelalter immer bestimmender werdenden Annahme das Endgericht auf individuelle Weise vorwegereignet. Im Partikular- bzw. Individualgericht entscheidet sich gleich nach dem Tod, ob der Verstorbene in den Himmel, in die Hölle oder in das Fegfeuer einzuweisen ist. Letzteres „unterscheidet sich von der Hölle darin, daß es endlich ist und nur einen einzigen Ausgang kennt, den Weg in den Himmel. Wer lange genug für seine Schuld gebüßt hat, wird erlöst und von den Engeln ins Paradies geführt. Das Fegefeuer ist somit der Vorhof zum Himmel. Nicht selten erscheinen in Fegefeuer-Bildern die Armen Seelen zwar leidend, aber zugleich auch mit hoffnungsvoll in die Höhe gestreckten Armen." (Jezler, 18) Dass sie himmlische Höhen erreichen und in die Herrlichkeit der Seligen eingehen werden, steht fest. Dies wurde bereits im Partikulargericht entschieden, das „für die Gläubigen zur wichtigsten Entscheidung überhaupt (wird). Dem allgemeinen Weltgericht am Jüngsten Tag bleibt zwar noch die Auferstehung des Fleisches, die Scheidung von Erwählten und Verdammten wird dann aber längst stattgefunden haben." (Ebd.)

Das Wandgemälde von Maso di Banco, der auch den monumentalen Freskenzyklus zur Sylvesterlegende in St. Croce schuf, bringt das Ergebnis der eschatologischen Lehrentwicklung seiner Zeit pointiert zur Darstellung. Am 29. Januar 1336 ist von Papst Benedikt XII. in der Konstitution „Benedictus Deus" (vgl. DH 1000–1002) förmlich definiert worden, was er zuvor schon in dem Werk „De statu animarum sanctarum ante generale iudicium" als Kardinal gegen anderslautende Aussagen seines Vorgängers im Amt verteidigt hatte: Die eschatologische Vorstellung vom iudicium duplex. Sein Amtsvorgänger, Johannes XXII., war lange der Auffassung gewesen, dass die Seelen der in Reinheit verstorbenen Erwählten nicht schon im Augenblick des Todes zur definitiven Einsicht in ihr Heil und zur vollendeten Anschauung Gottes gelangten, sondern erst nach der allgemeinen Totenerweckung und dem universalen Endgericht. Formal Vergleichbares machte er in Bezug auf das Los der Verdammten geltend. Erst nach intensiven theologischen Debatten rückte er von seiner Lehrmeinung ab, um schließlich auf dem Sterbebett in Gestalt der Bulle „Ne super his" vom 3. Dezember 1334 (vgl. DH 990 f.) einen Widerruf zu formulieren und zur gängigen, von Thomas klassisch vertretenen Lehre vom doppelten Gericht zurückzukehren.

Benedictus Deus, 1336

Ganz abgekehrt hatte sich Johannes von der Lehre vom iudicium duplex ohnehin nicht, sofern er den reinen Seelen vor ihrer Wiedervereinigung mit ihren Leibern im Zuge allgemeiner Totenauferstehung zwar die vollkommene Anschauung Gottes vorenthielt, nicht aber die Anschauung der menschlichen Natur Jesu Christi, deren beseligende Wirkung auf den Beschauer gewiss nicht zu bestreiten ist. Bis zur vollendeten Gottesschau indes mussten sich die vom Leib getrennten Seelen der Reinen nach ursprünglicher Auffassung Johannes XXII. noch eine Weile gedulden, nämlich bis zum allgemeinen Endgericht. Entgegen dieser Meinung lässt der scheidende Papst einen Tag vor seinem Tod verlauten: „Fatemur siquidem et credimus, quod animae purgatae separatae a corporibus sunt in caelo, caelorum regno et paradiso et cum Christo in consortio angelorum congregatae et vident Deum de communi lege ac divinam essentiam facie ad faciem clare, in quantum status et condicio compatitur animae separatae." (DH 991) Soweit es Zustand und Verfassung der animae separatae gestatteten, würden die reinen bzw. gereinigten Seelen der zur ewigen Seligkeit Bestimmten Gott bereits vor dem allgemeinen Endgericht von Angesicht zu Angesicht schauen.

Nach dem Ableben Johannes XXII. wurde seine Bulle von Benedikt XII. veröffentlicht und mit der eingangs erwähnten Konstitution „Benedictus Deus" ein gutes Jahr später besiegelt. In dieser wird gelehrt, dass die Menschenseelen, die keiner postmortalen Reinigung bedürfen, sowie diejenigen, deren purgatorische Reinigung erfolgt und noch vor dem Jüngsten Tag zum Abschluss gebracht worden ist, vor der Wiedervereinigung von Seele und Leib in der allgemeinen Totenauferstehung und vor dem universalen Endgericht in der himmlischen Gemeinschaft Jesu Christi, der Engel und aller Heiligen der seligmachenden Schau Gottes teilhaftig werden und zwar auf unmittelbare Weise (DH 1000: visione intuitiva) und ohne Vermittlung eines Geschöpfs, das sich als geschauter Gegenstand darbietet. Diese Schau und der mit ihr verbundene Genuss bestehen ununterbrochen bis zum Endgericht (DH 1001: ad finale iudicium) und von da an bis in Ewigkeit (ebd.: et ex tunc usque in sempiternum). Definiert wird ferner, dass „secundum Dei ordinationem communem" (DH 1002), wie es erneut heißt, die Seelen der in einer aktuellen Todsünde Dahinscheidenden sogleich nach ihrem Tod (ebd.: mox post mortem suam) zur Hölle hinabstiegen, wo sie mit höllischen Qualen gepeinigt würden. Das Recht und die Notwendigkeit der Annahme eines leibhaften Erscheinens aller Menschen zum universalen Endgericht bleibe dadurch unberührt, wie eigens erwähnt wird.

Die Konstitution „Benedictus Deus" aus dem Jahr 1336 ist das vorläufige Ergebnis eines langanhaltenden und auf Fortsetzung angelegten Prozesses eschatologischer Lehrentwicklung, in dem sich die Gewichte immer mehr von der universalen zur individuellen Eschatologie hin verschoben hatten. Zwar wird an der traditionellen Vorstellung einer endzeitlichen Auferstehung aller Toten zum allgemeinen Endgericht unzweifelhaft festgehalten. Aber der Hauptakzent liegt auf dem besonderen Gericht über den Einzelmenschen unmittelbar nach seinem Tode. Der Vermittlung von individueller und universaler Eschatologie dient, wie es scheint, die sich ausbildende, mit der Fegfeuervorstellung besetzte Annahme eines Zwischenzustandes. Dieser ist aber in zweifacher Hinsicht limitiert und markiert als dritter Ort neben Himmel und Hölle keineswegs deren Mitte. Er geht weder die etwas an, die im Stande einer Todsünde sterben, welche die Straffolge der Höllenverdammnis unmittelbar nach sich zieht, noch jene, deren vollkommener Heiligungsstand sie direkt in den Himmel führt. Betroffen sind nur Menschenseelen, welche in einem asymmetrischen Verhältnis zur Himmel-Hölle-Alternative stehen dergestalt, dass sie zwar für den Himmel bestimmt, aber wegen verbleibender Sündendelikte lässlicher Art noch nicht völlig in ihn gekommen sind.

Die Kandidaten, für die Benedikt in seiner Konstitution eine Zwischenlösung vorsieht, können nur auf dem Wege eines purgatorischen Prozesses definitiv in den Himmel kommen. Sie sind nicht ganz schlecht, sondern im Gegenteil zum vollendeten Guten bestimmt und insofern besserungsfähig. Sie sind aber auch besserungsbedürftig, weil nach wie vor mit Schlechtem verbunden, was die Interimslösung ihres eschatologischen Zwischenzustandes erforderlich macht. Dieser Zustand scheint zwischen Gut und Böse gelagert zu sein und deren Gegensatz zu relativieren. Aber dem ist nicht so: Denn diejenigen, welche sich im Fegfeuer befinden und den purgatorischen Prozess zu durchlaufen bzw. an sich vollziehen zu lassen haben, sind bereits für den Himmel vorgesehen. Über ihr eschatologisches Los ist also schon grundsätzlich entschieden, auch wenn die endgültige Ratifikation dieses Entscheids noch eine Weile auf sich warten lässt. So jedenfalls stellte sich die Angelegenheit lange Zeit im Westen dar, über dessen Purgatoriumsdoktrin bis hin zur reformatorischen Kritik und darüber hinaus noch eigens zu handeln sein wird.

Eine etwas andere Bewandtnis hat es mit den Letzten Dingen in der ostkirchlichen Tradition: „Orthodoxe glauben, daß Gerechte u(nd) Verdammte ihr ewiges Los in einem Zwischenzustand bis z(ur) Auferstehung der Leiber am Jüngsten Tag nur vorwegnehmen u(nd) es erst mit der Wiederkunft Christi (Parusie) endgültig wird. Die Läuterung wird nicht als Strafe od(er) juridisch verstandene Genugtuung gedacht, sondern als Reifung u(nd) Heilung." (Farrugia, 1208) Ob mit dieser Auffassung eine intransigente Alternative zu derjenigen beschrieben ist, die sich im mittelalterlichen Abendland ausgebildet hat, scheint zweifelhaft zu sein. Denn sowohl in der westlichen als auch in der östlichen Sicht reflektieren sich unbehobene Probleme, den differenzierten Zusammenhang individueller und universaler Eschatologie sowie das Verhältnis des absoluten Gegensatzes von Himmel und Hölle zu relativen Bezügen adäquat zu bestimmen. An diesem Problem hat auf ihre Weise auch die reformatorische Lehre Anteil.

Von Benedikt XII. zu Benedikt XVI.

Was die römisch-katholische Eschatologie anbelangt, so soll zunächst in exemplarischer Absicht ins Auge gefasst werden, wie die Lehre Benedikts XII. von seinem späteren Amtsnachfolger Benedikt XVI. rezipiert und gegenüber Auffassungen in Stellung gebracht wurde, die sich mit der Wendung „Auferstehung im Tode" kennzeichnen lassen. Die Textgrundlage hierzu bildet der 2012 im Freiburger Herderverlag erschienene 10. Band der Gesammelten Schriften Joseph Ratzingers. Er trägt den Titel „Auferstehung und Ewiges Leben" und enthält, wie es im Untertitel heißt, „Beiträge zur Eschatologie und zur Theologie der Hoffnung". Eröffnet wird der Sammelband mit einem Lehrbuch zur Eschatologie (vgl. Ratzinger, 29–276), das erstmals 1977 in der Reihe der „Kleinen Katholischen Dogmatik" und 2007 in einer Neuausgabe publiziert wurde. Im Vorwort zur Neuausgabe (vgl. Ratzinger, 31–35) erinnert Ratzinger / Benedikt XVI. an den lebhaften Disput, den insbesondere seine Ausführungen im 4. Paragraphen des Eschatologiebuches zur Unsterblichkeit der Seele und Auferstehung der Toten provozierten sowie namentlich die in diesem Zusammenhang erfolgte Verteidigung der Annahme eines sog. Zwischenzustandes zwischen Tod und Auferstehung, wie er spätestens seit Benedikt XII. in der römisch-katholischen Kirche offiziell gelehrt werde. Wie immer das dem individuellen Tod folgende und der allgemeinen Auferstehung der Toten zum Endgericht vorangehende Interim präzise zu bestimmen sei, der Gedanke eines eschatologischen „Zwischen" müsse als durch Schrift und kirchliche Tradition gut begründet erachtet werden, wohingegen derjenige einer Auferstehung im Tode sachlich undifferenziert sei und von der biblischen Überlieferung ausdrücklich abgelehnt werde, wie etwa 2. Tim 2,18 belege.

Die gedankliche Unaufgebbarkeit eines Interims zwischen dem eschatologischen Ereignis, welches sich im Augenblick des Todesgeschehens vollzieht, und dem endzeitlichen Geschehnis leibhafter Auferstehung der Toten zum universalen Endgericht begründet Ratzinger mit der Differenziertheit der menschlichen Leib-Seele-Einheit und mit dem differenzierten Zusammenhang, der zwischen individuellem Selbstbezug und allgemeiner Weltbezogenheit waltet. Zwar sei jede Trennung von Leib und Seele im Sinne eines platonischen bzw. pseudoplatonischen Dualismus abzuweisen. Doch handle es sich bei der psychosomatischen Einheit des Menschen um eine in sich differenzierte Identität, die zu Unterscheidungen nötige wie beispielsweise zu derjenigen zwischen seelischem Selbstbezug des einzelnen Ich und seinem leibhaften Bezug zur gegebenen Welt und zu allem, was dieser zugehöre. Auch wenn der einzelnen Menschenseele ihr eschatologisches Geschick bereits mit dem Tode zuteil und bekannt wird, so ist, was die Tradition leibhafte Auferstehung nennt, nach Ratzinger doch nicht unmittelbar mit dem im Tode statthabenden eschatologischen Seelengeschehen gleichzusetzen, sondern als ein damit zwar verbundenes, doch eigenes Ereignis zu unterscheiden. Eine solche Unterscheidung sei nötig, um keine abstrakte Entzeitlichung des eschatologischen Ewigkeitsgedankens zu bewirken. Zwar sei der Ewigkeitsgedanke zeittranszendent zu bestimmen, aber doch nicht durch den Gegensatz zur Zeit, sondern so, dass von einer Temporalität sub specie aeternitatis die Rede sein könne, die zugleich rückbezogen werde auf die Zeit des leiblichen Menschenlebens in der Welt, ja auf die Weltzeit überhaupt.

Ratzingers Interim

Solle der Leib nicht „definitiv aus der Hoffnung des Heils gestrichen" (Ratzinger, 129) werden, so müsse mit ihm auch die spezifische Zeitform leiblichen Welterlebens und damit auch die Tatsache Berücksichtigung finden, dass die Weltgeschichte jedenfalls für die Hinterbliebenen weitergehe, was für die abgeschiedene Menschenseele nicht belanglos sein könne. Zwar ist nach Ratzinger deren postmortale Zeitlichkeit von der Weltzeit und vom Zeiterleben in der leibhaften Welt zu unterscheiden; andernfalls könnte sie nicht als verewigt gelten. Aber die sub specie aeternitatis als immortal in Betracht zu ziehende Menschenseele könne doch unbeschadet ihres Ewigkeitsstandes vom eschatologischen Geschick ihres Leibes, von der zeitlichen Verfasstheit leibhaften Welterlebens und damit von der Weltzeit überhaupt nicht dergestalt abgehoben werden, dass ihr unter postmortalen Bedingungen alles gleichzeitig werde. Diese eschatologische Annahme wird von Ratzinger als abstrakt und indifferent kritisiert. Zwar gehe die zeitliche Geschichte für die verewigte Seele nicht so weiter wie für die in weltgeschichtlicher Zeit Lebenden. Aber ein eschatologischer Bezug zur Weltgeschichte und zur Endzeit, mit welcher die Tradition die Vorstellung einer leibhaften Totenerweckung und eines Jüngsten Gerichts von universaler Geltung verbinde, müsse auch für sie erhalten bleiben.

Wie Ratzinger seine Lehre vom sog. Zwischenzustand verstanden wissen will, expliziert er (vgl. Ratzinger, 139 ff.) am Beispiel vom reichen Mann und vom armen Lazarus Lk 16,19–29 und an Jesu Zusage an den Schächer Lk 23,43: „Amen, ich sage dir: Heute noch wirst du mit mir im Paradiese sein." Wer sich im Leben und Sterben auf Jesus verlässt, der wird im Tode nicht von ihm verlassen, sondern zu ihm erhoben, um mit ihm im Paradies bzw. dort zu sein, wohin der arme Lazarus von den Engeln Gottes getragen wird (vgl. Lk 16,22). Dabei muss im gegebenen Zusammenhang nicht näher erörtert werden (vgl. Ratzinger, 140 f.), wie sich Abrahams Schoß zum väterlichen Schoß Gottes verhält, aus dem der Heiland kam (vgl. Joh 8,58), welcher mehr und anderes ist als Abraham (vgl. Joh 8,58) und an dessen Seite der Jünger, der ihn lieb hatte, eschatologische Ruhe und ungetrübten Frieden fand (vgl. Joh 13,23). Die im Glauben abgeschiedene Menschenseele ist ganz bei Christus und ruht in seinem Schoß, ohne dass deshalb von ihrem leibhaften Welt- und Zeitbezug einfach abstrahiert und alles Temporäre und Kosmische von ihr geschieden werden könnte.

Schallings Schlusschoral

Ratzinger beruft sich zum Zwecke lehramtlichen Belegs seiner eschatologischen Auffassung vorzugsweise auf die Bulle „Benedictus Deus", deren Text zwar, wie er einräumt, „in seinem Vorstellungsgehalt zweifellos ein Abrücken von den Vätern" (Ratzinger, 151) bedeute, der aber gleichwohl „als Synthese der geistigen Bewegung der Patristik gewertet werden" (Ratzinger, 153) müsse, sofern er die christliche Eschatologie in konsequenter christologischer Perspektive entfalte und an dem Gedanken des Zwischenzustands vor allem insofern festhalte, „als er zwischen der persönlichen und der kosmisch-geschichtlichen Endgültigkeit der Christologie (und in ihr des menschlichen Schicksals) unterscheidet" (ebd.). In gewisser Weise hätte er für diese Sicht der Letzten Dinge auch die dritte Strophe von Martin Schallings Lied „Herzlich lieb hab ich dich, o Herr" anführen können, am besten in der bewegenden Form, in der sie im Schlusschoral der Johannespassion von Johann Sebastian Bach zu Gehör gebracht wird.

„Ach Herr, laß dein lieb' Engelein / an meinem End die Seele mein / in Abrahams Schoß tragen. / Der Leib in seim Schlafkämmerlein / gar sanft ohn alle Qual und Pein / ruh bis zum Jüngsten Tage. / Alsdann vom Tod erwecke mich, / daß meine Augen sehen dich / in aller Freud, o Gottes Sohn, / mein Heiland und mein Gnadenthron. / Herr Jesu Christ, erhöre mich, / erhöre mich. / Ich will dich preisen ewiglich." (EG 397,3) Der Dichter des Liedes, ein von Justus Jonas ordinierter Melanchthonschüler, wurde zwar wegen seiner Ablehnung der Konkordienformel aus seinem Amt als Generalsuperintendent der lutherischen Oberpfalz vertrieben; als rechtgläubig und orthodox im Sinne der Wittenberger Reformation dürfen die eschatologischen Anschauungen Schallings dennoch gelten. Sie sind mit der Vorstellung eines doppelten Endgerichts unmittelbar verbunden: dieses vollzieht sich einmal als iudicium particulare für jede Einzelseele im Augenblick ihres Todes und sodann als iudicium universale im Zusammenhang leiblicher Auferstehung aller Toten am Ende der Welt; diese erübrigt sich aus universaleschatologischen Gründen auch für diejenigen nicht, deren individuelle Seelen wie der biblische Lazarus (vgl. Lk 16,22) bereits in Abrahams Schoß sitzen.

Wer im Vertrauen auf Jesus Christus stirbt, der bleibt nicht im Tode, muss auch nicht bis auf Weiteres ein „Sein im Nichtsein" (Ratzinger, 167), ein Schattendasein und eine Scheolexistenz führen, sondern dessen Seele ist beim Herrn und sein Ich mit seinem alter Ego vereint. Nichtsdestoweniger lässt die individuelle Seelenbeseligung die leibhafte Auferstehung aller einschließlich derjenigen des eigenen Leibes nicht als überflüssig erscheinen, weil der Bezug zu Mitmensch und kreatürlicher Welt der Seele um ihrer selbst und Gottes willen nicht äußerlich ist. Als naheliegende Möglichkeit, die Differenz zwischen individueller und universaler Eschatologie zu überbrücken, bietet sich die Annahme eines vom Zeitpunkt des Todes bis zur allgemeinen Auferstehung der Toten währenden Seelenschlafes an. Sie bewältigt besagte Differenz, indem sie diese bewusst dem Bewusstsein entzieht und dergestalt der Bewusstlosigkeit anheimstellt, dass sie realiter gar nicht auftritt. Zwar würdigt Ratzinger die Funktion dieser Annahme, die Ausständigkeit der kosmisch-leiblichen Endzeit ebenso wie die Unmittelbarkeit seelischer Verewigung zu wahren; er kritisiert sie aber auch als einen „Archaismus, der in keinem der neutestamentlichen Texte eine Stütze findet" (Ratzinger, 146).

In der Tat kann man fragen, ob die beseligende Ruhe, welche die im Glauben abgeschiedene Menschenseele bei Christus findet, mit dem Schlaf direkt zu vergleichen ist. Dies ist offenbar ebensowenig möglich wie ein direkter Vergleich der leiblichen Auferstehung der Toten am Ende der Zeit mit dem alltäglichen Erwachen vom Schlafe. Man wird daher in beiden Fällen eschatologische Phantasie walten und sich von der jeweiligen Metaphorik hinausführen lassen müssen über eine allzu beschränkte Sicht der Dinge. Nötig ist dazu nach Ratzinger christologische Konzentration, weil in Christus und in dem in ihm offenbaren Gott die Einheit des differenzierten Zusammenhangs von individueller und universaler Eschatologie begründet liege. Die in Christus von der leiblichen Welt abgeschiedenen Seelen werden durch ihn individuell vollkommen beseligt und zugleich der Endzeit zugeführt, in der seine Erscheinung allgemein und von universaler Öffentlichkeit sein werde, wie die Vorstellung einer Auferstehung der Toten zum Endgericht am Jüngsten Tage dies geltend mache.

Dialogische Unsterblichkeit

Aus dem Zusammenhang der Argumentation Ratzingers ergibt sich, wie ihre impliziten Voraussetzungen zu verstehen sind: So will der zentrale Seelengedanke ebensowenig wie derjenige seelischer Immortalität substanzhaft, also im Sinne einer unmittelbar gegebenen Identität bzw. eines zeitinvariant vorhandenen Wesens begriffen werden, sondern dezidiert relational bzw. dialogisch (vgl. bes. Ratzinger, 162 ff.; vgl. Nachtwei), also von der

Gottesbeziehung her, auf die der Mensch geschöpflich angelegt ist, damit sie sich im Geist des Christusglaubens erfülle. „Seele ist nichts anderes als Beziehungsfähigkeit des Menschen zur Wahrheit, zur ewigen Liebe." (Ratzinger, 34; 274) Das Menschengeschöpf ist eine lebendige Seele, insofern es seiner Bestimmung zufolge Selbst und Welt transzendiert und auf Gott hin angelegt ist. Diese Anlage findet in der Christusbeziehung ihre Erfüllung, von der her sich das Wesen der Seele, aber auch das Unwesen seelischer Verkehrtheit und Abkehr vom Glauben erschließt.

Als „das zum Ganzen und zum Grund des Seins hin offene Wesen" (Ratzinger, 166) ist der Mensch, was er ist, nämlich nicht nur ein Körper, sondern ein beseelter Leib und ein personales Selbst, das als es selbst über den Tod hinaus verewigt zu werden bestimmt ist, ohne seine Immortalität aus sich selbst heraus gewährleisten zu können. Wer sich unmittelbar aus sich heraus zu verewigen gedenkt, der wird das Gegenteil dessen erlangen, was er erstrebt, und mit seinem Leib auch seine Seele zugrunderichten, deren ewiges Heil in der Christusbeziehung begründet liegt, nicht in einer substanzhaften Verfügungsmacht über den Grund des Eigenen. Weiß die Menschenseele ihr ewiges Leben in Christus begründet, der sie als sie selbst zu verewigen verspricht, so wird ihr aus dem Bezug zu ihm – dem inkarnierten und auf die Welt gekommenen Logos, dem leibhaft auferstandenen Gekreuzigten, der am Ende der Tage wiederkommen wird – die Einsicht aufgehen, dass die Seelenewigkeit unveräußerlich auf ein leibhaftes Leben der zukünftigen Welt und damit „auf die Ganzheit des Menschen und auf die Ganzheit der Welt" (Ratzinger, 135) bezogen ist.

Ratzingers Eschatologieentwurf kommt zu dem Schluss, dass der Glaube sowohl an die Unsterblichkeit der Einzelseele als auch an die leibhafte Auferstehung der Toten am Ende der Welt nachgerade in seiner Differenziertheit vom Glauben an den in Jesus Christus offenbaren Gott gefordert sei, um im Geiste seine fundierende Einheit zu finden. Dem vom Geist erschlossenen Glauben an den dreieinigen Gott stellen Unterscheid- und Untrennbarkeit von Seele und Leib, von individuellem Leben und kosmischer Universalität keine Gegensätze dar, sondern sie erweisen sich für ihn in ihrer simultanen Geltung als „vollkommen logisch" (Ratzinger, 275). Als unlogisch hingegen und eschatologisch nicht überzeugend wird die Annahme einer „Auferstehung im Tode" beurteilt. Gegen sie ist Ratzingers Kritik vor allem gerichtet, wie u. a. sein Kommentar zum „Brief zu einigen Fragen der Eschatologie" belegt, den die römische Glaubenskongregation im Jahr 1979 mit päpstlicher Approbation veröffentlichte (vgl. Ratzinger, 258 ff.).

Auferstehung im Tode?

In pointierter Verwendung begegnet die Formel von einer „Auferstehung im Tode" erstmals in Gisbert Greshakes Dissertation von 1969 über die Totenauferstehung in der gegenwärtigen theologischen Diskussion, wo nach einer Analyse der Entwürfe von Barth, Bultmann und Moltmann sowie einer exegetischen Untersuchung der einschlägigen Befunde im Alten Testament, bei Paulus und im 2. Petrus- und 2. Clemensbrief in einem Schlussteil „Versuche zum theologischen Zukunftsverständnis" (Greshake, Auferstehung der Toten, 321 ff.) vorgelegt werden. Die formal-hermeneutischen Erwägungen zum theologischen Geschichts- und Zukunftsverständnis im ersten Kapitel des angezeigten Teils enden mit dem Problem der Verhältnisbestimmung individueller und universaler Eschatologie, welches das zweite Kapitel sodann in weltbildlicher Konkretion erörtert. Dabei begrüßt es Greshake, „daß sich im Glaubensbewußtsein der Kirche die existentielle Geladenheit der Botschaft vom Jüngsten Tag auf die Vollendung im persönlichen Tod übertragen hat" (Greshake, Auferstehung der Toten, 401). Diese Entwicklung und die ihr korrespondierende Relativierung apokalyptischer Weltendzeitvorstellungen sei nicht nur legitim, sondern geboten, sofern die christliche Erwartung des Reiches Gottes auf eine Einzelperson, nämlich direkt auf Jesus Christus und indirekt auf Maria konzentriert sei. Zwar könne von kosmologischen Universalbezügen der Eschatologie nicht abstrahiert werden, da jede Menschenseele leibhaft mit der Welt verbunden sei. Aber diese festzuhaltende Weltverbundenheit aller Kreatur zwinge nicht zu der Vorstellung, wonach die leibhafte Auferstehung erst lange Zeit nach dem individuellen Tod am fernen Jüngsten Tage stattfinde.

Werde das Verhältnis von Zeit und Ewigkeit recht bedacht, dann spricht Greshake zufolge nichts dagegen und vieles dafür, die Totenauferstehung im Augenblick des Todes anzusetzen, mit dem ein gelebtes Menschenleben endgültige Gestalt annehme. Was aber den Christen angehe, so hoffe dieser, „daß im Tode eine neue Dimension des Lebens erschlossen wird, in welcher all das, was in der Zeit geworden ist, als Ernte eingebracht und als Baustein zugesteuert wird. Von dieser Hoffnung her ist das ‚neue Leben' ein Geschehen, das sich in der Geschichte verwirklicht, je im Tod verendgültigt und im Leben bei Gott seine Vollendung findet. So gesehen, entfällt auch die absolute Diastase zwischen individueller und universaler Zukunft, zwischen Zeit und Ewigkeit, zwischen agonaler Geschichte und vollendetem Sein: Universales erfülltes Leben, universale vollendete Gottesherrschaft ist nicht als statisches Endgeschehen, sondern als ein einziges durchgehendes dynamisches Vollendungsgeschehen zu verstehen." (Greshake, Auferstehung der Toten, 413) Mit Erwägungen dieser Art meint Greshake die „in der Schrift nicht klar gelöste Schwierigkeit" (Greshake, Auferstehung der Toten, 412) der „Bestimmung des Verhältnisses der Zukunft von Individual- und Universalgeschichte" (ebd.) einer Lösung zuführen zu können.

Greshake und Lohfink

In seinem Bemühen fand Greshake systematische Unterstützung durch seinen Kollegen Gerhard Lohfink, mit dem er 1974 unter dem Titel „Naherwartung. Auferstehung. Unsterblichkeit" gemeinsame Untersuchungen zur christlichen Eschatologie veröffentlichte. Die Zentralthese lautete, „daß die Eschata des einzelnen und der Welt im Tod und in der auf den Tod zuführenden Geschichte anzusetzen sind" (Greshake/Lohfink, 5). Mit der Annahme einer Auferstehung im Tod sei nicht nur das traditionelle Problem der Verhältnisbestimmung von individueller und universaler Eschatologie sowie von Seelenunsterblichkeit und Erweckung des Leibes gelöst, sondern zugleich eine Möglichkeit erschlossen, der jesuanisch-urchristlichen Naherwartung aktuelle Geltung zu verschaffen. Falle diese

Komponente bis heute „praktisch aus, wo es in Verkündigung und Glaubensvollzug um Eschatologie geh(e)" (Greshake / Lohfink, 39), so könne sie unter der Voraussetzung wiedergewonnen werden, dass „die Eschata, nicht nur des einzelnen, sondern auch der Welt, *im Tode selbst*" (Greshake / Lohfink, 77) angesetzt würden.

Die sog. Naherwartung war fester Bestandteil sowohl der apokalyptisch geprägten Reich-Gottes-Predigt Jesu, als auch des Glaubenszeugnisses der Urkirche, welche die Naherwartung des Gottesreiches mit derjenigen der Wiederkunft Jesu Christi verband, um sie entsprechend zu modifizieren. Daran zu zweifeln gibt es nach Greshake und Lohfink keinen exegetischen Grund (vgl. Greshake / Lohfink, 41 ff.). Doch stelle der häufige Versuch, diese für die neutestamentliche Überlieferung elementare Komponenten durch Dehnung, Relativierung oder Negation ihres Zeitfaktors (vgl. Greshake / Lohfink, 50 ff.) beheben zu wollen, keine überzeugende hermeneutische Lösung dar. Diese gelinge nur, wenn man die Eschatologie aus dem traditionellen Alternativschema von Zeit und Ewigkeit befreie und mit einem Dritten rechne, welches den abstrakten Gegensatz transzendiere. Der Begriff des aevum gebe dafür einen Denkanstoß. Er begegne bereits in der antiken Philosophie, sei innerhalb der mittelalterlichen Theologie bekannt, wo ihn namentlich Thomas intensiv bedacht habe, und bezeichne ein „Mittleres zwischen Zeit und Ewigkeit" (Greshake / Lohfink, 64), nämlich verklärte Zeit oder verklärte Zeitlichkeit.

Das aevum ist und bleibt der Zeit verbunden, kann daher mit einem zeitlichen Beginnen und mit momentaner Anfänglichkeit assoziiert werden, obwohl es nicht aufhört und kein temporales Ende hat. Aevitas meint nicht zeitlose Ewigkeit, kennt aber auch kein Vergehen der Zeit im Sinne von Vergänglichkeit. Als verklärte Zeit oder verklärte Zeitlichkeit sind aevum und aevitas „ein tota simul, ein Zusammengefaßtsein der gesamten Existenz in einem einzigen, ‚ewigen' Jetzt" (Greshake / Lohfink, 67). Das Jetzt verklärter Zeit ist „nunc stans", vollkommene Ruhe, aber zugleich ewig lebendiges Leben, in der differenzierten Einheit von Innen und Außen immerwährend bewegt: „nichts anderes als der Prozeß des ständigen Hineingezeitigtwerdens der gesamten irdischen Existenz in ihre jenseitige Vollendung … – aber so, daß dieser Prozeß immer schon sein Ergebnis selber ist, weil eben zwischen fieri und factum esse nicht mehr unterschieden werden kann." (Greshake / Lohfink, 69)

Aevum und aevitas

Aevum und aevitas stehen für ein Drittes zwischen der Ewigkeit Gottes und der menschlichen Zeit, für „die Dimension verklärter Zeit, in die alle Geschichte des einzelnen und der Menschheit gesammelt und eingebracht wird" (Greshake / Lohfink, 73). Ereignis wird dieses Geschehen im Augenblick des Todes. Im Tod soll der einzelne Mensch nicht nur sein eigenes Eschaton erfahren, „sondern zugleich das Eschaton der Welt und der gesamten Geschichte. Er erfährt im Durchschreiten des Todes nicht nur, daß sich nun seine ganze *individuelle* Geschichte vor Gott versammelt, sondern zugleich – durch tausend Fäden mit der eigenen Geschichte verknüpft – die Geschichte der Welt und aller Menschen. Man kann es auch so formulieren: Indem ein Mensch stirbt und eben dadurch die Zeit hinter sich läßt, gelangt er an einen ‚Punkt', an dem die gesamte übrige Geschichte ‚gleichzeitig' mit ihm an ihr Ende kommt, mag sie auch ‚inzwischen' in der Dimension *irdischer* Zeit noch unendlich weite Wegstrecken zurückgelegt haben." (Greshake / Lohfink, 72) Hinzugefügt wird, dass dieser Satz auch dann gelte, „wenn es überhaupt kein Ende der *zeitlichen* Welt geben sollte. Auch dann wird alle Geschichte ‚gleichzeitig' in ihre Vollendung hineingezeitigt." (Greshake / Lohfink, 72 Anm. 111).

Mit der Annahme des aevum als eines mittleren und vermittelnden Dritten zwischen zeitloser Ewigkeit und einer der Ewigkeit entbehrenden Zeit relativiert sich die Frage nach einem zeitlichen Anfang und einem zeitlichen Ende der Welt, bei der es sich recht eigentlich um „keine echte theologische Frage" (Greshake / Lohfink, 73 Anm. 111) handeln soll. Die grenzwertigen Unbestimmtheitshorizonte naturwissenschaftlicher Makro- und Mikrokosmologien gehen die christliche Eschatologie Greshake und Lohfink zufolge im Grunde nichts an, weil Welt für das Christentum theologisch von wirklichem Interesse nur insofern ist, als diese irgendeinen Bezug zum Menschen hat. Je entfernter dieser Bezug sei, desto geringer werde das Interesse an Kosmologie sowohl in protologischer, als auch in eschatologischer Hinsicht. Der Blick auf den auferstandenen Gekreuzigten als personalen Grund und Inbegriff christlichen Glaubens erweise die Berechtigung dieses Verfahrens.

In Jesu Christi österlicher Auferweckung und Auferstehung sind Greshake und Lohfink zufolge Welt- und Menschheitsgeschichte bereits zu einem vollendeten Ende gelangt, das perfekt zu nennen sei, auch wenn die Geschichte von Menschheit und Welt im Sinne chronologisch bemessener und bemessbarer Zeit noch weiter gehe. „In dem Realmodell christlicher Eschatologie, das Jesus selber ist, folgt nach urchristlichem Verständnis auf den Tod unmittelbar die Auferweckung von den Toten, also das, was im Judentum zur *allgemeinen* Eschatologie gehörte. Im Tode Jesu also wird der neue Äon, die neue Schöpfung und das eschatologische Handeln Gottes angesetzt." (Greshake / Lohfink, 80) Im österlichen Urdatum des Christentums trete dies zutage, um vom Pfingstgeist beglaubigt zu werden. Die im Tode endende Zeit des irdischen Jesus wird verklärt, sein Leben verewigt in Gott und zwar in einer Weise, die durch kein Geschehen in Menschheits- und Weltgeschichte mehr in Frage gestellt werden kann, so sehr der Bezug auf sie zum aevum gehört, dessen Urbild Jesus in Person ist. Wie ihn wird Gott auch die Seinen „aus dem Tode unmittelbar in die Vollendung aller Geschichte befreien" (Greshake / Lohfink, 81).

Eschatologische Relativitätstheorie

Unter evangelischen Eschatologen hat die These einer Auferstehung im Tod einigen Anklang gefunden. Sachliche Berührungen zwischen Luthers Auffassung von Zeit und Ewigkeit und der „eschatologischen Relativitätstheorie von Gisbert Greshake und Gerhard Lohfink" (Beintker, 71) werden nachgerade unter Naherwartungsgesichtspunkten konstatiert: „Verknüpft sich die Parusie des Herrn mit unserer Todesstunde, dann ist die Naherwartung, wie sie Jesus verkündigte, die genuine christliche Möglichkeit." (Beintker, 72) Setze man die Zeit in Relation zur Ewigkeit, in der ihre lineare Erstreckung aufgehoben sei, dann entfalle das Problem, das sich traditionell mit der neutestamentlichen Naherwartung verbinde, und sie gelange in ihr Recht. „Der christliche

Glaube erwartet eine Zukunft, die nicht in weiter Ferne vor uns liegt, sondern die uns so fern und so nahe ist wie unser eigener Tod." (Beintker, 74)

In der katholischen Theologie überwogen die skeptischen Stimmen gegenüber der eschatologischen Annahme einer Auferstehung im Tod. J. Ratzinger war nicht der einzige, der Vorbehalte hatte. Mehrheitlich wurde die These kritisiert, „dass der Jüngste Tag für jeden Sterbenden mit dem letzten Atemzug anbricht" (Stubenrauch, 231). Auch sei es nicht statthaft, das eschatologische Geschick der vor der Parusie sterbenden Christen mit demjenigen des leibhaft auferstandenen Jesus Christus zu analogisieren und auch schon für sie die leibseelische Vollendung und das vorweggenommene Ende der Welt im Augenblick oder doch im unmittelbaren Umkreis des Todes entsprechend in Anschlag zu bringen. Es kann im gegebenen Zusammenhang dahingestellt bleiben, ob von Greshake und Lohfink ein solch direkter Vergleich tatsächlich intendiert war. Explizit wurde er, wie es scheint, von der offiziellen römisch-katholischen Lehre in mariologischer Hinsicht vorgenommen, nämlich in Bezug auf das Dogma von der leibhaften Aufnahme Mariens in den Himmel. Diese eschatologische Bezugnahme ist nicht nur in ökumenischer Hinsicht von hohem Interesse und soll deshalb im Zusammenhang der Erwägungen zum Verhältnis von individueller und universaler Eschatologie eigens bedacht werden.

Assumptio Mariae

Nach römisch-katholischer Lehre gehört es zum geoffenbarten depositum fidei der Kirche, dass Maria, die Mutter Jesu Christi, die ihren Sohn in jungfräulicher Reinheit empfangen hat, selbst „in primo instanti suae conceptionis fuisse … ab omni originalis culpae labe praeservatam immunem" (DH 2803). Begründet wird die Aussage einer unversehrten Bewahrung Mariens vor jeglichem Makel der Urschuld vom ersten Augenblick ihrer Empfängnis an in der Bulle „Ineffabilis Deus" vom 8. Dezember 1854 unter Verweis auf ein einzigartiges Gnadenprivileg des allmächtigen Gottes im Hinblick auf die Verdienste Jesu Christi, des Erlösers des Menschengeschlechts (DH 2803: „singulari omnipotentis Dei gratia et privilegio, intuitu meritorum Christi Jesu Salvatoris humani generis"). Ein knappes Jahrhundert nach definitorischer Beantwortung der Frage, wie Maria ins irdische Sein gekommen ist, wurde diejenige nach der Art und Weise ihrer Aufnahme ins himmlische mit höchster dogmatischer Lehrautorität beantwortet (vgl. Grote, 126 ff.). Danach steht in eschatologischer Entsprechung (vgl. Courth, 148) zu dem protologisch-inkarnationstheologisch ausgerichteten Mariendogma von der immaculata conceptio fest, dass die unbefleckte Gottesgebärerin und immerwährende Jungfrau nach Vollendung ihres irdischen Lebenslaufes mit Leib und Seele (DH 3903: corpore et anima) in die himmlische Herrlichkeit aufgenommen wurde. Verkündet und durch die apostolische Konstitution „Munificentissimus Deus" definiert wurde das Dogma von der nach irdischem Lebensende nicht nur der Seele, sondern auch dem Leibe nach erfolgten Aufnahme Mariens in den Himmel von Pius XII. am 1. November 1950.

Wie schon dasjenige von der immaculata conceptio wird auch das Assumptionsdogma theologisch-christologisch begründet, nämlich mit der innigen Verbundenheit Mariens mit ihrem Sohn, dem gottmenschlichen Versöhner und Erlöser. Die Mutter von ihrem verherrlichten Sohn nach Ende ihres irdischen Lebens (DH 3900: post terrestrem hanc vitam) wenn auch nicht der Seele, so doch ihrem Leibe nach getrennt zu sehen, erscheint als „quasi impossibile" (ebd.), als gleichsam unmöglich. Zu glauben sei vielmehr, dass Jesus Christus seiner geliebten Mutter Maria die Ehre habe zuteil werden lassen „ut eam a sepulcri corruptione servaret incolumem" (ebd.), sie vor der Verwesung des Grabes unversehrt zu bewahren. Verwiesen wird in diesem Zusammenhang auf die vom vollkommenen Beobachter des göttlichen Gesetzes (ebd.: divinae legis observator perfectissimus) zu erwartende Erfüllung des vierten Gebots. Erinnert wird ferner an die von den altkirchlichen Vätern namhaft gemachte Stellung Mariens als neuer Eva, die dem zweiten Adam, obzwar untergeordnet (DH 3901: etsi subiectam), engstens verbunden (ebd.: arctissime coniunctam) sei im Kampf gegen Tod und Teufel und auch leibhaften Anteil habe an dem errungenen Ostersieg mit einer nicht erst am Jüngsten Tage, sondern im Augenblick des Todes erfolgenden Verherrlichung ihres jungfräulichen Leibes.

Mit Leib und Seele

Durch ein und denselben Prädestinationsratschluss (DH 3902: „uno eodemque decreto" praedestinationis) von aller Ewigkeit her als erhabene Gottesmutter ihrem gottmenschlichen Sohn auf geheimnisvolle Weise verbunden (ebd.: arcano modo coniuncta), unbefleckt in ihrer Empfängnis (ebd.: immaculata in suo conceptu), in ihrer göttlichen Mutterschaft völlig unversehrte Jungfrau (ebd.: in divina maternitate sua integerrima virgo) hat Maria, die edle Gefährtin des göttlichen Erlösers (ebd.: generosa Divini Redemptoris socia) und Triumphators über die Sünde und ihre Folgen, als höchste Krone ihrer Privilegien die unversehrte Bewahrung von der Verwesung des Grabes erlangt. Wie schon ihr Sohn wurde sie nach dem völligen Sieg über den Tod mit Leib und Seele (ebd.: corpore et anima) zur erhabenen Herrlichkeit des Himmels emporgehoben, wo sie zur Rechten eben dieses ihres Sohnes, des unsterblichen Königs der Zeiten (ebd.: immortalis saeculorum Regis), als Königin erstrahlen sollte. Es folgt die förmliche, mit einem Anathem bewehrte Definition des Dogmas: Es ist von Gott geoffenbarte Glaubenslehre (DH 3903: divinitus revelatum dogma), dass, um die Kirchenkonstitution des II. Vatikanischen Konzils zu zitieren, „die unbefleckte Jungfrau, von jedem Makel der Erbsünde unversehrt bewahrt, nach Vollendung des irdischen Lebenslaufs mit Leib und Seele in die himmlische Herrlichkeit aufgenommen und als Königin des Alls vom Herrn erhöht (wurde), um vollkommener ihrem Sohn gleichgestaltet zu sein, dem Herrn der Herren (Apk 19,16) und dem Sieger über Sünde und Tod" (LG 59, vgl. 60 ff.).

Seine förmliche Begründung findet das Dogma von der „Himmelfahrt Mariens" gemäß der Argumentation des Textes, der es definiert, im Glaubenskonsens der Gesamtkirche, wie er von den Bischöfen in Gemeinschaft mit dem Bischof von Rom, im gegebenen Fall: mit Papst Pius XII. authentisch repräsentiert wird. Das Assumptionsdogma gilt als Explikation des depositum fidei, das im Geist der der Kirche verheißenen Wahrheit zu entfalten Pflicht und Recht des kirchlichen Lehramtes sei. Methodisch kommt diesem Argument der „Prinzipat" (Stakemeier, 28) zu, wohingegen der Verweis auf sonstige Beglaubigungszeugnisse zwar nicht marginal, aber doch sekundär ist. Die Apostolische Konstitution vom 1. November 1950 „stellt fest, daß die Gesamtkirche unter Leitung ihres ordentlichen Lehramtes an die leibliche Aufnahme Mariens in den Himmel glaubt und erklärt es auf Grund des Beistandes des Heiligen Geistes für unmöglich, daß die Kirche in einem solchen Glauben irren könnte. Von dieser sicheren Erkenntnis aus schreitet sie sodann rückwärts zur Feststellung und Würdigung der kirchlichen Lehrüberlieferungen aller Jahrhunderte." (Stakemeier, 33) Ein direkter Schriftverweis erübrigt sich von daher. Er wird gar nicht erst versucht; auch altkirchliche Einzelzeugnisse werden nicht beigebracht.

Mariens Entschlafung

Probleme ganz besonderer Art gab den Interpreten des Assumptiodogmas die „Dormitio Mariae" auf: Zwar wird die Tatsache des Marientodes in der Regel vorausgesetzt; doch wird er weder als Strafe noch überhaupt als Sündenfolge gewertet. Wegen ihrer Erbsündenfreiheit hätte Maria recht eigentlich nicht sterben müssen. Warum sie es, wie die meisten Theologen annehmen, dennoch tat, wird unterschiedlich begründet, etwa mit dem Hinweis auf ihre bleibende Solidargemeinschaft mit dem Menschengeschlecht oder mit ihrer Christuskonformität oder mit beidem zugleich. Was Mariens Konformität mit ihrem Sohn betrifft, um dessen gottmenschlicher Person willen sie Gottesmutter zu nennen ist, obzwar sie ihn naturgemäß allein secundum humanitatem geboren hat, so ist daran zu erinnern, dass Jesus Christus nach klassischer Lehre auch als Mensch vermöge seiner Sündlosigkeit, die mehr und anderes war als Erbsündenfreiheit, nicht sterben musste. Er erlitt den Tod nicht zwangsläufig, sondern freiwillig, wobei im gegebenen Zusammenhang unerörtert bleiben kann, wie seine Sterbenswilligkeit und Freiheit zum Tode christologisch und soteriologisch näher zu bestimmen ist.

Man wird es einem evangelischen Theologen nicht verübeln, wenn er die Auslegung der Wendung „expleto terrestris vitae cursu" (DH 3903) mariologischen Experten überlässt. Dass sie auf den Tod der Gottesmutter verweist, wird in der Regel angenommen, auch wenn nirgends ausdrücklich gesagt wird, wie und wodurch sie ihren irdischen Lebenslauf vollendet hat. Die gelegentlich vertretene Sondermeinung, sie sei nicht eigentlich gestorben, sondern verklärt worden, wird nicht verworfen. In jedem Fall führt die „Dormitio Mariae" unbeschadet der auch bei ihr gegebenen Unterscheidbarkeit von Leib und Seele zu keiner dauerhaften Trennung beider, zu keiner Differenzierung einer Seelenerhebung im Augenblick des Todes und einer leibhaften Auferstehung erst am Jüngsten Tage und damit auch nicht zur Annahme eines eschatologischen Zwischenzustands bzw. eines wie auch immer gearteten Interims zwischen Entschlafung und endgültiger eschatologischer Verherrlichung. Für die Eschatologie im Allgemeinen lässt sich daraus folgern, dass die Tödlichkeit des Todes und die trennende Scheidung von Leib und Seele, wie sie nach traditioneller Lehre im Tode erfolgt, entscheidend hamartiologisch bedingt und durch das peccatum originale samt seinen Implikationen und Folgen veranlasst ist.

Aber auch wenn man von der opinio communis ausgeht, Maria sei wirklich gestorben, so ist der Tod für sie nach Maßgabe des Dogmas im Unterschied zu Menschen, die in der Erbsündenfolge stehen und als aktuelle Sünder zu gelten haben, doch letztlich nur ein Übergang, der ihre psychosomatische Einheit nicht längerfristig tangiert, so dass das Faktum des Todes zum transitorischen Moment herabgesetzt wird. Mit einer langfristigen Entseelung des Leibes Mariens ist ebenso wenig zu rechnen wie mit einer leiblosen Marienseele, die darauf warten muss, bis am Ende der Tage im Zuge der allgemeinen Totenauferweckung die lebendige Einheit von Leib und Seele wiederhergestellt wird. Sogleich nach Vollendung ihres irdischen Lebenslaufes ist Maria in den Himmel erhoben worden, um an den „Ort und Zustand der endgültigen Vereinigung der begnadeten Schöpfung mit ihrem sich selbst zu beseligendem Besitz mitteilenden Schöpfer" (Hirschmann, 131) zu gelangen.

Singuläres Gnadenprivileg

Maria ist nach römisch-katholischer Lehre durch Begnadung aus dem allgemeinen Generationengeschick der Kinder Adams und Evas herausgenommen, um unbefleckt auf die Welt zu kommen und ihr heilsgeschichtliches Amt zu verrichten. Nach Vollendung ihres irdischen Lebenslaufes wird ihre Seele mitsamt ihrem Leib verherrlicht, ohne der Verwesung anheimzufallen, aus der sie Jesus Christus in gottmenschlicher Sohnesliebe errettet. Mit einer dauerhaften Trennung von Leib und Seele Mariens, wie die Tradition sie im üblichen Falle des Todes annimmt, ist deshalb nicht zu rechnen, wie immer man über die irdische und überirdische Verfasstheit des Marienleibes denken mag. Ob mit einer stofflichen Identität zwischen irdischem und verklärten Marienleib zu rechnen ist, hängt davon ab, was man unter Stofflichkeit versteht. Nichts ausgeführt wird im Dogma jedenfalls über eine Zeit zwischen dem Ende des irdischen Lebens Mariens und ihrer leibhaften Aufnahme in den Himmel. Diese erfolgt, wie man annehmen darf, im Augenblick des Endes, um dieses augenblicklich Vollendung werden und sein zu lassen.

Mariens heilsgeschichtliche Stellung ist nach römisch-katholischer Lehre einmalig und ihr Gnadenprivileg singulär. Doch schließt ihr einzigartiger Status nicht aus, sondern ein, dass dies, wofür sie steht, protologische und eschatologische Bestimmung aller Menschen ist. Der elementare Zusammenhang von Mariologie und Ekklesiologie und die Tatsache, dass ihr als Urbild der Mutter Kirche zugleich die Rolle der zweiten Eva zugewiesen wird, bestätigt das Recht dieser Annahme. Für römisch-katholische Theologie liegt es daher nicht fern, sondern durchaus nahe, das Assumptiodogma zum Grundparadigma der Eschatologie zu erklären. Nach traditioneller Lehre treibt der Tod sein postlapsarisches Unwesen mit dem Menschen darin, dass er Leib und Seele trennt, „den Leib dem Schicksal des stofflichen Zerfalls und die abgeschiedene Seele einer Lebens- und Betätigungsform (überantwortet), die keine vollmenschliche ist" (Hirschmann, 132). Das Beispiel Mariens zeigt auf urbildliche Weise, dass dieses Todesgeschick nicht von zwangsläufiger Notwendigkeit, sondern eine Folge der Sünde ist, die im widrigen Verein mit dem Tod zu überwinden der Grundsinn der Sendung ihres Sohnes auf die Welt war.

Ihm, dem Sohn, verdankt auch und nachgerade Maria alle ihre Gnadenprivilegien, welche Einsicht sich u. a. in der Unterscheidung der Himmelfahrt Jesu Christi und derjenigen Mariens reflektiert. „Maria ist nicht so wie Christus in den Himmel aufgefahren. In der kirchlichen Ausdrucksweise ist es auch deutlich unterschieden: ascensio Domini, aber assumptio Mariae, ‚Auffahrt des Herrn', aber ‚Aufnahme Marias'." (Volk, 14) Dass das Assumpta-Dogma „durch eine geradezu konsequenzmacherische Parallelisierung der Gottesgebärerin mit Christus" (Menke, 14) begründet sei, wird man demnach unter eschatologischen Gesichtspunkten nicht sagen können. Richtig ist vielmehr, dass die mariologische Eschatologie christologisch begründet und vermittelt ist dergestalt, dass die Sonderstellung Mariens weder in protologischer noch in eschatologischer Hinsicht als eine exklusive gelten kann. Auferstehung und himmlische Erhöhung Jesu Christi und Mariens sind nicht unmittelbar vergleichbar, weil das Osterereignis den Ermöglichungsgrund der assumptio Mariae darstellt. Hingegen ist es – und zwar genau aus demselben Grund – nicht ausgeschlossen, einen direkten Vergleich zwischen dem eschatologischen Geschick Mariens und demjenigen herzustellen, zu dem in Christus alle Christen bestimmt sind.

Mariologie und Eschatologie

Liegt der Schlüssel zum Dogma von der leiblichen Aufnahme Mariens in den Himmel in ihrem Verständnis „als der in vollkommenster Weise Erlösten" (Riesenhuber, 108) bzw. als der „Ersterbin des in Christus neu geschaffenen Lebens" (Kanberg, bes. 153 ff.), dann kann offenbar nicht nur, sondern dann muss der Mariologie grundlegende Bedeutung für die eschatologische Hoffnung des christlichen Glaubens insgesamt beigemessen werden. Damit kehrt der mariologische Exkurs wieder dorthin zurück, woher er seinen Ausgang genommen hat, nämlich zur umstrittenen These von einer Auferstehung im Tode. Ist die Mariologie „*demonstrativer* Prototyp aller *menschlichen* Auferstehung und Vollendung" (Kanberg, 244), dann wird man unter den Bedingungen römisch-katholischer Eschatologie das Recht der Vorstellung einer Auferstehung im Tode bei aller anthropologisch-mariologisch-christologischen Differenzierungsbedürftigkeit nicht prinzipiell abweisen können. Daraus hinwiederum ergibt sich die Notwendigkeit einer präzisen Begründung, warum unbeschadet der mariologischen Legitimität der Vorstellung einer Auferstehung im Tode nicht diese, sondern im Allgemeinen diejenige die bestimmende sein soll, welche zwischen dem besonderen Entscheid über das eschatologischen Seelenlos des einzelnen Menschen im Augenblick seines Todes und dem allgemeinen Gericht im Zuge der leiblichen Totenauferstehung am Ende der Menschheits- und Weltgeschichte differenziert. In Anbetracht dieses Problems bekommt die Auseinandersetzung zwischen Joseph Ratzinger / Benedikt XVI. einerseits und Gisbert Greshake / Gerhard Lohfink andererseits paradigmatische Bedeutung für die Eschatologie und ihre Organisationsprobleme.

Friedrich Daniel Ernst Schleiermacher hat in einem Zusatz zu den sog. prophetischen Lehrstücken seiner Dogmatik die Auffassung geäußert, dass sich individueller und universaler Aspekt der Eschatologie, so nötig und unverzichtbar sie beide seien, gedanklich und vorstellungshaft nie vollkommen zur Deckung bringen lassen werden: es will sich, so der Glaubenslehrer, „weder aus dem Zusammenfassen und Aufeinanderbeziehen beider Elemente eine festbegränzte und wahrhaft anschauliche Vorstellung ergeben, noch läßt sich eine solche von dem einen oder dem andern Element aus den Andeutungen der Schrift entwikkeln" (GL² § 163 Zusaz; vgl. GL¹ § 179 Zusaz). Das Recht dieser Annahme, die Schleiermacher nicht als Beleg für das Scheitern der Eschatologie, sondern im Gegenteil als Indiz ihrer Eigenart wertete, wird, wie es scheint, durch die Debatte um das Für und Wider der These einer Auferstehung im Tode bestätigt. Alle Einwände gegen sie laufen auf den Vorwurf einer Entwertung der Menschheits- und Weltgeschichte (vgl. etwa Vorgrimler, Hoffnung, 151 ff., 168 ff.; Tod, 119 ff.) und auf die Gegenthese hinaus, dass sich im Tod des Einzelnen nur dessen individuelles Lebensende, nicht aber das Ende aller Zeiten ereigne, wovon sich jeder Hinterbliebene überzeugen könne. Dem wurde vonseiten Greshakes und Lohfinks entgegengehalten, dass in ihrer Theorie nirgendwo „ein im univoken Sinne *gleichzeitiges* Nebeneinander von vollendeter und noch weitergehender Geschichte" (Greshake / Lohfink, 148) behauptet worden sei. „Denn Geschichte gelangt ja nur durch den Tod hindurch, also durch den Eintritt in eine neue Zeitform, in ihre Vollendung. Deshalb existiert diese vollendete Geschichte nicht mehr in einem univoken ‚gleichzeitig' neben der irdischen, noch weiterlaufenden Geschichte, sondern in einer inkommensurablen Relation." (Ebd.)

Irreduktibler Dualismus

„Inkommensurabel" meine, wie angemerkt wird, „daß die ‚verklärte Zeit' nicht als ein der irdischen Zeit parallellaufendes Zeitkontinuum gedacht werden darf. Mit der Inkommensurabilität ist selbstverständlich der reale Bezug zwischen ‚verklärter Zeit' und irdischer Geschichte nicht ausgeschlossen. Dieser reale Bezug ist schon allein dadurch gegeben, daß es sich bei der *verklärten* Zeit um gesammelte und verwandelte *irdische* Zeit handelt." (Greshake / Lohfink, 148 Anm. 61) Indes sei es nicht notwendig und auch nicht hilfreich, den realen Bezug zwischen der gesammelten und verwandelten und der irdischen Zeit selbst in Form eines zeitlichen Zwischenzustands zwischen dem Tod des einzelnen Menschen und dem Ende von Menschheitsgeschichte und Welt vorstellig zu machen: denn das Interim, das traditionellerweise zwischen besonderer und allgemeiner Eschatologie angesetzt werde, sei „nichts anderes als ein Übergang, der sich allen irdischen Zeitmaßen entzieht. ‚Während' sich dieser ‚Übergang' ereignet, läuft die übrige irdische Geschichte ab." (Greshake / Lohfink, 151) Ob mit diesem Satz die Einheit individueller und universaler Eschatologie wirklich abschließend zur Geltung gebracht oder nicht erneut als differenzierungsbedürftig ausgewiesen wird, bleibt fraglich. Die Vertreter der These einer Auferstehung im Tode haben diesbezüglich offenbar selbst ihre Zweifel, was sie zu guter Letzt dazu führte, für ein „*Nebeneinander* verschiedener Modelle" (Greshake / Lohfink, 152) sowie dafür zu plädieren, den Versuch einer abschließenden theoretischen Synthese von individueller und universaler Eschatologie aus eschatologischen Gründen zu unterlassen.

In seiner hermeneutischen Prinzipienlehre zur Eschatologie sprach Karl Rahner von einem „irreduktible(n) Dualismus" (Rahner, 423) eschatologischer Aussagen, der „schon in der Schrift greifbar" (ebd.) und im Übrigen „im Wesen des Menschen" (ebd.) begründet sei: „Eschatologie als die im Tod als Ende der individuellen Geschichte eintretende Vollendung des einzelnen als einzelner Geistperson und Eschatologie der Vollendung der Menschheit in der Auferstehung des Fleisches als dem Ende der leibhaftigen Geschichte der Welt meinen je in ihrer Weise den *ganzen* Menschen, können also nicht einfach als zwei Aussagereihen von zwei verschiedenen Dingen je adäquat für sich allein gelesen werden und meinen doch nicht einfach dasselbe, so daß die eine oder die andere Aussagereihe, z. B. als zu mythologisch oder als zu philosophisch, zugunsten der anderen ausgeschieden werden könnte." (Ebd.) Individuelle und universale Eschatologie stehen in einem Verhältnis irreduzibler Differenz und bilden einen Zusammenhang, der Trennungen ebensowenig erlaubt wie eine abschließende theoretische Synthetisierung seiner unterschiedlichen Bestimmungsmomente. Man kann diesen Sachverhalt als Indiz des Scheiterns, aber auch als ein Zeichen für die Eigenart des eschatologischen Lehrstücks und der gedanklichen Beschäftigung mit ihm deuten. Was hinwiederum die Ökumene betrifft, so ist leicht einzusehen, dass die traditionellen Kontroversen weniger das formale Problem der Vermittlung individueller und universaler Eschatologie als vielmehr inhaltliche Fragen einer eschatologisch gewendeten Hamartiologie und Rechtfertigungstheologie betreffen.

11. Der Tod des Einzelnen und das Problem seiner Seelenunsterblichkeit

Lit.: Ph. Ariès, Geschichte des Todes, München [8]1997. – L. Boros, Mysterium Mortis. Der Mensch in der letzten Entscheidung, Olten/Freiburg [5]1966. – H. Ebeling (Hg.), Der Tod in der Moderne, Bodenheim bei Mainz [4]1997. – H. Fritsch, Vollendende Selbstmitteilung Gottes an seine Schöpfung. Die Eschatologie Karl Rahners, Würzburg 2006. – H. Fuhrmann, Bilder für einen guten Tod, München 1997. – F. W. Graf, Todesgegenwart, in: ders./H. Meier (Hg.), Der Tod im Leben. Ein Symposion, München 2004, 7–46. – G. Greshake/G. Lohfink, Naherwartung. Auferstehung. Unsterblichkeit. Untersuchungen zur christlichen Eschatologie, Freiburg/Basel/Wien [4]1982. – M. Hailer, Über die Seele. Theologische Überlegungen mit pädagogischen Nebenabsichten, in: ThZ 69 (2013), 101–117. – F. Hermanni, Metaphysik. Versuche über letzte Fragen, Tübingen 2011. – H.-W. Heidland, Art. opsonion, *in: ThWNT V, 591f. – E. Jüngel, Tod, Stuttgart/Berlin 1971. – Ders., Thesen zur Ewigkeit des ewigen Lebens, in: ZThK 97 (2000), 80–87. – P. H. Krammer, Kein Leben ohne Tod, in: F. W. Graf/H. Meier (Hg.), a. a. O., 221–233. – Chr. Levin, Die Durchsicht 2017 des Alten Testaments der Lutherbibel, in: M. Lange/M. Rösel (Hg.), „Was Dolmetschen für Kunst und Arbeit sei". Die Lutherbibel und andere deutsche Bibelübersetzungen, Leipzig 2014, 189–211. – Th. Mahlmann, Auferstehung der Toten und ewiges Leben, in: K. Stock (Hg.), Die Zukunft der Erlösung. Zur neueren Diskussion um die Eschatologie, Gütersloh 1994, 108–131. – P. v. Matt, Tod und Gelächter. Der Tod als Faktor des Komischen in der Literatur, in: F. W. Graf/H. Meier (Hg.), a. a. O., 155–200. – H. Meier, Epilog. Über Leben und Tod, in: F. W. Graf/ders., a. a. O., 327–342. – F. Nietzsche, Götzendämmerung, in: ders., Werke. Kritische Gesamtausgabe. Hg. v. G. Colli/M. Montinari. Bd. VI/3, Berlin 1969. – F.-J. Nocke, Eschatologie, Düsseldorf [6]1999. – K. Rahner, Zur Theologie des Todes. Mit einem Exkurs über das Martyrium, Freiburg 1958. – J. Ringleben, Gott und das ewige Leben. Zur theologischen Dimension der Eschatologie, in: K. Stock (Hg.), a. a. O., 49–87. – G. Scherer, Das Problem des Todes in der Philosophie, Darmstadt (1979) [2]1988. – Ders., Art. Tod VIII. Philosophisch, in: TRE 33, 629–635. – M. Schibilsky, Tod. VII. Praktisch-theologisch, in: TRE 33, 624–629. – A. Schopenhauer, Zur Theorie des Lächerlichen, in: ders., Die Welt als Wille und Vorstellung. Zweiter Band, welcher die Ergänzungen zu den vier Büchern des ersten Bandes enthält. Erster Teilband, Zürich 1977, 109–122. – M. Sopata, Zur Theologie des Todes, Frankfurt a. M. 1993. – R. Spaemann, Personen. Versuche über den Unterschied zwischen ‚etwas' und ‚jemand', Stuttgart 1996. – Ders., Der letzte Gottesbeweis, München 2007. – Ders., Das unsterbliche Gerücht. Die Frage nach Gott und die Täuschung der Moderne, Stuttgart 2007. – E. Tugendhat, Unsere Angst vor dem Tod, in: F. W. Graf/H. Meier (Hg.), a. a. O., 47–62. – H. Vorgrimler, Der Tod im Denken und Leben des Christen, Düsseldorf 1978. – Ders., Hoffnung auf Vollendung. Aufriss der Eschatologie, Freiburg/Basel/Wien 1980. – L. Wittgenstein, Tractatus logico-philosophicus, in: ders., Werkausgabe Bd. I, Frankfurt a. M. 1989. – H. W. Wolff, Anthropologie des Alten Testaments, München [3]1977.*

Christophorus in Chaoswassern

Die neuerdings wegen mangelnder Historizität erfolgte Streichung ihres Helden aus dem Heiligenkalender werden die Christophorusverehrer zu ertragen wissen, solange man den tieferen Sinn der Legende vom Christusträger unangetastet lässt. Dieser soll einst ein hundsköpfiger Menschenfresser, wie man im Osten, oder ein dem Teufel verbündeter Riese gewesen sein, wie man im Westen vermutet hat. Bekehrung und Taufe hätten sein Inneres dann allerdings von Grund auf gewandelt mit der Folge, dass das ehemalige Ungeheuer seine immense Größe und Kraft ganz in die Verfügung des Christkinds gestellt habe. Es zu tragen wurde ihm allerdings immer schwerer, je deutlicher er wahrnahm, wen er auf seinen breiten Schultern hielt. Hätte ihn der Herr der Welt nicht selbst in seinen Händen gehalten, wäre er zusammengebrochen und in den Wassern untergegangen, die er zu durchschreiten hatte.

So geht es den Größten und den Kleinsten unter den Menschen und zwar nachgerade im Angesicht des Todes, den die Christophorus umspülenden Chaoswasser symbolisieren. Der überkommene Volksglaube nahm an, dass ein morgendlicher und ein abendlicher Blick auf das Bild des Christusträgers vor der „mala mors", einem plötzlichen und unvorbereiteten Tod bewahre (vgl. Fuhrmann, 13 ff.). Doch war, wo es recht um den Glauben stand, sein Vertrauen in Wahrheit stets nicht auf den in seiner Stärke Schwachen, sondern auf den in seiner Schwäche Starken, nämlich auf das Kind in der Krippe und den Mann am Kreuz gerichtet, dessen Sterben allein die Gewähr dafür bietet, dass der menschliche Tod im ewigen Leben Gottes endet.

Theologie des Todes

In einem lehrreichen Überblick über die deutschsprachige Fachliteratur „Zur Theologie des Todes" aus dem Jahr 1993 wird vom Tod als natürliches Phänomen (Sopata, 111 ff.), als Folge der Sünde (Sopata, 35 ff.) sowie als heilsames Ereignis gehandelt (Sopata, 159 ff.). Was Natur- und Gerichtstod anbelangt, so lassen sich beide Aspekte nach M. Sopata zwar unterscheiden, nicht aber trennen, weil sie in Bezug auf die faktische conditio humana thanatologisch zusammengehören. Nach biblischem Zeugnis hat die Verhältnislosigkeit des Todes, zu der sich zu verhalten der Mensch nicht umhin kann, etwas mit der Verkehrung des Verhältnisses zu tun, welches dem Willen des Schöpfers gemäß zwischen ihm und seinem Geschöpf waltet. Schuld an dieser Verkehrung ist die Sünde, zu deren Sold der Apostel Röm 6,23 den Tod erklärt. Was *opsonion* im gegebenen Zusammenhang genau heißt, ist nicht leicht zu sagen, da mehrere Bedeutungsmerkmale des Begriffs in Anschlag zu bringen sind: Die Sünde „verspricht Leben und gibt Tod" (Heidland, 592); sie zahlt Schuld dadurch heim, dass sie die Schatten des Todes stetig „auf das Leben vorauswirft" (ebd.), und der Endlohn, den sie austeilt, ist das gerade Gegenteil dessen, was ihr Täter durch seine sündige Tat erstrebt. Ob nun bereits das Enden des irdischen Lebens als solches oder der Tod als Unrecht richtendes Gericht zum Sold der Sünde erklärt wird: die Abgründigkeit des Todes, die ihn recht eigentlich tödlich macht, rührt eindeutig von der Sündenschuld her. Israel wusste um den

Zusammenhang von Tod und Schuld „nach dem Zeugnis aller Bereiche des Alten Testaments“ (Wolff, 170), und im neutestamentlichen Zeugnis wurde dieses Bewusstsein nicht nur erhalten, sondern vertieft, um die christliche Auffassung vom Tod nachhaltig zu bestimmen.

Der Tod ist ein natürliches Phänomen, das alle kreatürlichen Lebewesen betrifft; er erscheint dem postlapsarischen Menschen aber zugleich als Gericht, um nicht nur äußerlich, sondern auch innerlich erlitten zu werden. Soll er darüber hinaus als heilsames Ereignis in Betracht kommen, dann kann das nach Sopata nur in der Perspektive des Christusglaubens geschehen, wie ihn die Christophoruslegende auf ihre Weise bezeugt. Nur in der Glaubensperspektive kann der Tod als zum Heil führend wahrgenommen werden. Auch ist es zuletzt der Glaube allein, welcher wahrzunehmen vermag, dass der Tod einerseits zu den faktischen Naturbedingungen menschlichen Daseins gehört, ohne deshalb ein bloß natürliches, moralindifferentes Phänomen zu sein, und dass er andererseits eine Sündenfolge darstellt, ohne den Charakter einer sittlichen Schuld im üblichen Sinne zu haben. Der Glaube setzt, wenn man so will, den Tod sowohl als Naturfaktum als auch als Sündenfolge voraus, wissend, dass er das durch ihn gegebene Problem weder durch Fatalismus, noch durch sittliche Anstrengung bewältigen kann, sondern nur dadurch, dass er sich auf Gott verlässt, der im Geiste Jesu Christi ewiges Leben verheißt.

Drei Todesdimensionen

Die Anlage von M. Sopatas Monographie weist nicht nur von ihrem Titel her viele Parallelen zu Karl Rahners Werk „Zur Theologie des Todes“ (vgl. Rahner) auf, in dem ebenfalls drei Todesdimensionen ins Auge gefasst werden: die naturale, die hamartiologische und die christologisch-soteriologische. Wie immer es um den möglichen Sinn der Unterscheidung von natürlichem Tod und Gerichtstod bestellt sein mag, als Mitsterben mit Christus in das Geheimnis Gottes hinein kann das Todesende von Rahner als Vollendung des Lebens gedeutet werden, wobei vermittels dessen, was er den allkosmischen Weltbezug der im Tode vom Körper getrennten Seele nennt, die Vollendung des Einzelnen im Tod als unveräußerlich bezogen zu denken ist auf die Endzeit der Weltgeschichte und damit auf die allgemeine Auferstehung der Toten, auf das universale Endgericht und die Vollendung der Schöpfung durch die freie Selbstmitteilung Gottes (vgl. Fritsch, 365 ff.).

Als hermeneutisches Prinzip aller eschatologischen Aussagen hat Rahner zufolge die vollendete und vollendende Selbstmitteilung Gottes an seine Schöpfung zu fungieren, wie sie in Jesus Christus in der Kraft des göttlichen Geistes definitiv erfolgt ist. Dabei umgreift der eschatologische Advent Jesu Christi jedes Futur. Der gottmenschliche „venturus“ als personaler Inbegriff des kommenden Eschaton kommt von sich selbst her auf uns zu, damit wir ihm entgegengehen können. In ihm teilt sich Gott in der Kraft seines Geistes selbst mit, um ein ewiges Reich der Gerechtigkeit und der rechtfertigenden Liebe zu bereiten (vgl. Fritsch, 100 ff.). Von dieser göttlichen Selbstmitteilung her ist die gesamte christliche Eschatologie einschließlich ihrer Lehre vom Tod zu begreifen.

Komplementäre Erwartungshorizonte

Sopatas Überlegungen „Zur Theologie des Todes" schließen an Rahners Ansatz an. Sie geben einen guten Überblick über traditionell und aktuell strittige Themenkomplexe der Lehre „De morte": Ganztodtheorie und Auferstehung als creatio ex nihilo; Unsterblichkeit der Seele und / oder Auferstehung der Toten; Tod als Trennung von Leib und Seele; Auferstehung im Tode (vgl. Sopata, 268). Es gehört zu den Vorzügen seiner Analysen, auf die Behebung von vermeintlichen Gegensätzen angelegt zu sein. Um ein Beispiel zu geben: Hoffnung über den Tod hinaus kann es für Sterbliche nur geben, wenn der Identitätserhalt der Verstorbenen gewährleistet und das postmortale Leben nicht von einer creatio ex nihilo, sondern als „creatio ex aliquo" (Sopata, 283) erwartet wird. Dies scheint für die anthropologische Annahme seelischer Immortalität des Menschen zu sprechen. Ohne göttliche Kreativität und Neuschöpfung jedoch wird sich weder ein Leben nach dem Tode noch eine Identitätsgewährleistung der Sterblichen durch den Tod hindurch erhoffen lassen. Dies räumen in der Regel auch diejenigen Theologen ein, welche die Wahrung einer das Ableben, soll man sagen, überdauernden Selbigkeit mit dem Gedanken der Seelenunsterblichkeit begründen. Denn zumeist wird die seelische Immortalität des Menschen nicht auf dessen Eigenvermögen zurückgeführt, sondern als eine implizite Prämisse des in Jesus Christus kraft des Hl. Geistes für den Glauben erschlossenen Verhältnisses Gottes zum Menschen aufgefasst.

In Gott und im Gedächtnis Gottes verewigt zu sein, dessen kann der sterbliche Mensch auch im Tode gewiss sein. Deshalb sind die Rede von der Unsterblichkeit der Seele und diejenige von der Auferstehung der Toten nach Sopata nicht alternativ, sondern komplementär zu verstehen (vgl. Sopata, 287 ff.) und das umso mehr, als unter jüdisch-christlichen Bedingungen die seelische Immortalität ohne Leib- und Weltbezug nicht denkbar ist. Ob durch die Rede „von einer Subjektwerdung des Tod- und Auferweckungsprozesses als Anfang einer neuen Relation *identischer Lebensgeschichte*" (Sopata, 292) eine Lösung angezeigt ist, kann dahingestellt bleiben. Immerhin hat die Wendung den Vorzug, einer definitiven Trennung der abgeschiedenen Seele von ihrem Leib zu wehren.

Endentscheidungs-hypothese

Noch auf ein weiteres Kapitel „Zur Theologie des Todes" sei eigens hingewiesen, nämlich auf Sopatas ausführliche und überzeugende Kritik an der Annahme, „daß der Mensch im Augenblick seines Todes eine letzte, endgültige und vollpersonale Entscheidung über sein Leben für oder gegen Gott treffen werde" (Greshake / Lohfink, 121). Pointiert vertreten wurde diese These von L. Boros in dem Buch „Mysterium Mortis. Der Mensch in der letzten Entscheidung". Nach Maßgabe der dort vertretenen sog. Endentscheidungshypothese kommt dem menschlichen Tod bzw. dem Sterbemoment des Menschen eine einzigartige Stellung in seinem Leben zu, da sich in ihm „die Möglichkeit zum ersten vollpersonalen Akt des Menschen (eröffne); somit ist er der seinsmäßig bevorzugte Ort des Bewusstwerdens, der Freiheit, der Gottesbegegnung und der Entscheidung über das ewige Schicksal" (Boros, 9; vgl. 93, 173). Das Todesverständnis von Boros ist offenkundig durch Martin Heideggers existentiale Grundannahme inspiriert, in der Antizipation seines definitiven Endes gelange das menschliche Dasein in seine Eigentlichkeit, wodurch es aus der alltäglichen Sphäre des „Man“ erhoben und zur Erkenntnis und Anerkenntnis seiner Singularität und Einmaligkeit geführt werde.

Man hat im Blick auf Heidegger von einer für sein Denken charakteristischen „Inversion der Thanatologie“ (Ebeling [Hg.], 12) gesprochen. Die Preisgabe des Unsterblichkeitsglaubens gehe bei ihm nicht mit einer Verdrängung des Todesbewusstseins einher, sondern im Gegenteil mit einem erneuten „Respekt vor dem Ende, aber nun als einem solchen, das in jeder Hinsicht ein Ende ist“ (ebd.). Heidegger lehre, das mögliche Ganzsein des Daseins sei davon abhängig, dass dieses sich als Sein zum Tode verstehe. „Der Vorgriff auf den Tod erweist die Unselbständigkeit des Subjekts in der Abhängigkeit von anderen unselbständigen Subjekten und erlaubt seine Selbstbestimmung, primär ohne Rücksicht auf Mitwelt und Gebrauchswelt. Die Selbständigkeit dieser Subjektivität, der ‚eigentlichen‘, ist die Bewegung einer ‚Freiheit zum Tode‘.“ (Ebeling [Hg.], 17)

Die Todesthematik steht bei Heidegger in direktem Bezug zu den Themen von singulärer Individualität und definitiver Entschiedenheit. Darauf bezieht sich Boros unter gleichzeitiger Berufung auf die Theologie Karl Rahners. Doch während Heidegger und Rahner das, wenn man so will, Todesprivileg mit dem Vorlauf des Menschenlebens zu seinem Ende hin und mit der proleptischen Integration des Lebensendes in den Lebenslauf begründen, scheint Boros das schiere Ableben und den Augenblick physischen Sterbens als solchen zu privilegieren. Dies hinwiederum ist nur unter der Voraussetzung sinnvoll, dass der Mensch seinen Tod erlebt, was nach biologisch-empirischem Urteil keinem Sterblichen zuteil wird. Die Privilegierung der Todessituation im Sinne von Boros hängt also von Prämissen ab, die im Moment des Sterbens bei objektiver Betrachtung gar nicht gegeben sind. Man kann allenfalls fragen, ob im Zusammenhang des Todesaugenblicks die Forderung objektiver Betrachtung überhaupt einen Sinn ergibt. Aber diese Anfrage betrifft zuallererst die Konzeption von Boros selbst, die in der Gefahr steht, die Todesproblematik in einer Weise zu vergegenständlichen, die für die theologische Problemwahrnehmung eher hinderlich als förderlich ist.

Radikalwitz

Nach Peter von Matt besteht „der radikalste mögliche Witz“ (v. Matt, 175) in einem schlichten Satz aus drei Wörtern. Er lautet: „Ich bin tot!“ Auf eine nicht mehr steigerungsfähige Weise witzig und komisch sei diese Aussage, weil sie auf eine vollkommene „logische Absurdität“ (ebd.) hinauslaufe, die Lachen förmlich erzwinge. Lachen ist „nichts Gewolltes“ (v. Matt, 160), sondern bricht unwillkürlich aus: „Man ‚muß lachen‘, wie es in der Umgangssprache heißt.“ (Ebd.) Lachzwang, den jeder gelungene Witz auslöst, entspringt Arthur Schopenhauers „Theorie des Lächerlichen“ zufolge einem plötzlich hervortretenden und unvermittelt wahrgenommenen Konflikt zwischen dem Gedachten und dem Angeschauten (vgl. Schopenhauer, 110). Dieser Widerstreit ist im Falle des Satzes „Ich bin tot“ nach von Matt ins Äußerste getrieben. Bringt ihn der Komödiant zu Gehör (der nicht nur einmal, sondern ständig fällt und für tot erachtet wird, um sich im Unterschied zum tragischen Helden anschließend allerdings stets wieder aufzurappeln und fröhliche Urstände zu feiern [vgl. v. Matt, 172 ff.]), dann bricht allgemeines Gelächter aus. Würde der Satz außerhalb des Theaters und allen Ernstes ausgesprochen, hörte der Spaß vordergründig zunächst zwar auf, um sich indes hintergründig umso heftiger auszutoben. Peinlich berührt sich ihm gegenüber ins Überhören und Stillschweigen kehrend, würden die Hörer denjenigen, der sich selbst für tot erklärt, untereinander einvernehmlich für verrückt erklären.

Warum ist der Satz „Ich bin tot!" ein Witz, über den hinaus nach von Matts Urteil ein witzigerer nicht gedacht werden kann? Antwort: Weil der erfahrene Tod immer derjenige der anderen und mit der Erfahrung eigenen Überlebens untrennbar verbunden ist. „Der Tod", heißt es in Ludwig Wittgensteins Tractatus logico-philosophicus, „ist kein Ereignis des Lebens. Den Tod erlebt man nicht." (Wittgenstein, 84 [6.4311.9]) Erlebt wird der Tod stets nur in Bezug auf andere Lebewesen und das Ergebnis ihres Sterbens, wie es als tierischer Kadaver oder menschlicher Leichnam vorliegt. In Gestalt der Leiche wird der Tod gegenständlich und seine Wirklichkeit zum Objekt der Welterfahrung. „Sie repräsentiert uns den Tod als den Tod eines anderen Menschen. Nur so vermögen wir ihn uns zu vergegenständlichen, weil wir ihn aus eigener Erfahrung als noch Lebende nicht kennen. Die Leiche ist starr, blicklos und sprachlos. Dadurch unterscheidet sie sich vom lebendigen Leibe in aller Deutlichkeit. Denn ihre Bewegungslosigkeit zeigt den Verlust der frei zu vollziehenden Möglichkeiten des Verstorbenen an. Zu seinen Lebzeiten gelangten sie in seinem Leib zur Erscheinung. Nun ist er zur toten Sache geworden. Selber verfügungslos, wird über die Leiche verfügt. Man begräbt oder verbrennt sie, macht sie zum Objekt wissenschaftlicher Untersuchungen, mumifiziert sie oder entnimmt ihre Organe zum Zweck der Transplantation. So ist die Leiche die sinnliche Erscheinung der unmöglich gewordenen Selbstbestimmung." (Scherer, Tod, 632; ferner: ders., Problem) Die Leiche repräsentiert uns den Tod als den eines anderen, nicht aber als unseren eigenen. Um ihn wird zwar in Form von Sterblichkeitsbewusstsein gewusst, ohne deshalb ein reales Wissen von ihm zu haben oder je haben zu können. Die Wahrnehmung dieses Spannungsverhältnisses kann traurig stimmen, aber auch zum Lachen reizen, was erklärt, warum Rituale der Todestrauer kulturgeschichtlich nicht selten mit ausgelassenen, z. T. karnevalesken Festen des Lebens verbunden waren und sind (vgl. v. Matt, 177 ff.).

Missverhältnisse

Das Verrückte am eigenen Tod ist, dass man ihn nicht erlebt. Daraus mit Epikur den klassischen Schluss zu ziehen, unser Tod gehe uns nichts an, weil er, solange wir existieren, nicht da sei, im Falle seines Daseins aber unsere Nichtexistenz zur impliziten Voraussetzung habe, ist zwar naheliegend, gleichwohl im Allgemeinen kaum überzeugend. Aus der Einsicht, dass wir den eigenen Tod nicht erleben, folgt offenbar nicht, dass er für das Leben ohne Bedeutung sei. Man kann den eigenen Tod, sofern man ihn per se nicht erlebt, zwar im Übermut für einen Witz erachten und der Lächerlichkeit preisgeben. Doch besteht die Gefahr, dass einem das Lachen, noch bevor es ausbricht, im Halse stecken bleibt und sich in tiefe Gram verwandelt. Der Grund für diesen Zwiespalt liegt in der Eigentümlichkeit des eigenen Todes begründet, zu dem man sich zugleich verhalten muss und nicht verhalten kann, weil die dem Tod eigene Beziehungs- und Verhältnislosigkeit nicht nur den Weltbezug angeht, sondern auch das Selbstverhältnis dergestalt betrifft, dass es schon zu Lebzeiten um sich selbst gebracht zu werden droht. In der Todesangst, die offenbar wie der vitale Lebenswille zum Dasein gehört, wird dies manifest.

An den eigenen Tod zu denken und von ihm zu reden ist grenzwertig, weil er sich recht eigentlich nicht zur Sprache und auf den Begriff bringen lässt. Mit dieser Begriffsaporie, vor die er das menschliche Denken, Sinnen und Trachten stellt, hängt zusammen, dass der Tod niemals „etwas Selbstverständliches (ist), obgleich jeder Mensch weiß, daß sein Leben begrenzt ist. Im Umgang mit dem Tod bleibt der Mensch notorisch unvernünftig. Obwohl der Verstand jedem Menschen sagt, daß irgendwann jedes Leben zu Ende geht, hält sich jeder Mensch die meiste Zeit seines Lebens selbst für unsterblich. Niemand kann sich selber wirklich tot denken." (Schibilsky, 625) In Bezug auf seinen Tod steht der Mensch vor dem Problem, sich zum Verhältnislosen verhalten zu müssen. Tod „bedeutet Verhältnislosigkeit" (Jüngel, Tod, 138), die nicht nur das Weltverhältnis des Menschen, sondern auch sein Selbstverhältnis angeht und zu der er sich verhalten muss, ohne sich doch von sich aus zu ihr verhalten zu können, weil sie die Basis all seines Verhaltens betrifft, nämlich sein Ich selbst. Dies ist der abgründige Grund dafür, dass sich kein Mensch wirklich tot denken kann, und warum es ein Witz ist zu sagen, ich bin tot.

Geschichte des Todes

Von Philippe Ariès, einem namhaften Repräsentanten der französischen Historikerschule der „Annales", ist die These vertreten worden, der Tod sei seit geraumer Zeit nicht mehr das, wofür man ihn einst und seit Menschengedenken gehalten habe. Unter Aufbietung gewaltiger Materialmengen soll gezeigt werden, dass sich die Grundeinstellung der Menschen zum Tod in der kulturellen Welt Europas seit dem 19. Jahrhundert wesentlich gewandelt hat. Sei der Tod bis dahin ein mehr oder minder selbstverständlicher Bestandteil des öffentlichen Lebens gewesen, so werde er seither fortschreitend daraus verbannt und ins rein Private abgedrängt. „Der älteste Tod", schreibt Ariès, „war der gezähmte" (Ariès, 42), weil ins normale mitmenschliche Leben eingebettete. „Man starb immer öffentlich." (Ariès, 30) Rituale am Sterbebett seien vertraut, der Umgang mit Toten nicht ungewohnt gewesen. Das habe dem Tod vieles von seiner Unheimlichkeit genommen.

Ariès meint, „das jahrtausendlange Überdauern einer nahezu unveränderlichen Einstellung zum Tode" (Ariès, 43) konstatieren zu können, welcher lange Zeit „eine symmetrische Einstellung zu den Toten" (ebd.) entsprochen habe. Beides vergehe „mit dem Ende des 18. Jahrhunderts, ohne Spuren in unserer Alltagswirklichkeit zu hinterlassen" (ebd.). In der Folge verwildere der einst gezähmte Tod. Er verberge sich und entziehe sich der Öffentlichkeit. Im Verhältnis zwischen dem Sterbenden und seiner Umgebung trete ein entscheidender Wandel ein. Der Todgeweihte werde ausgebürgert, sein Sterben primär zum medizinischen Problem erklärt, für welches das Krankenhaus zuständig sei. Dorthin werde der Sterbenskranke eingeliefert, um seinen letzten Augenblick allgemeiner Betrachtung zu entziehen. Die Kreise derer, die angesichts des Todes verweilten, würden immer kleiner, wenn man den Sterbenden nicht überhaupt schamhaft sich selbst und seiner Einsamkeit überlasse.

Als bester Tod werde derjenige erachtet, der sich bewusstlos vollziehe. Leichenbegängnisse fänden nur noch in sehr zurückhaltender Form statt, allzu offenkundige Trauer gelte als unschicklich. Es ist nicht nötig, alle Details der ausufernden Untersuchung von Ariès zur Geschichte des Todes im Allgemeinen und seiner soziokulturellen Ausbürgerung im Besonderen in Betracht zu ziehen. In den Schlusskonklusionen (vgl. Ariès, 773 ff.) tritt die Grundthese des Buches deutlich zutage: Die Geschichte des Todes bzw. der menschlichen Einstellung zu ihm verlaufe sehr lange sehr kontinuierlich und ohne größere Wandlungen. Erst mit der Schwellenzeit der Moderne, die ungefähr mit der französischen Revolution von 1789 anzusetzen sei, vollziehe sich ein Bruch und ein Wechsel weg vom öffentlichen und hin zum klandestinen Tod, der aus dem öffentlichen Bewusstsein verdrängt werde, was seine Unheimlichkeit für das Individuum indes nur noch steigere.

Aktuelle thanatologische Diskurse

Wie immer man Einzelaspekte und die Hauptthese der Ariès'schen Geschichte des Todes bzw. der menschlichen Verhaltensweisen zu ihm zu beurteilen hat: „Der Versuch der Ausbürgerung, den der Historiker der Geschichte des Todes zu Beginn des letzten Viertels des 20. Jahrhunderts beschrieb, hat sich als Fehlschlag erwiesen. Der Tod ist in das Leben zurückgekehrt." (Meier, 327) Auch wenn sich „die Formen und Medien seiner kulturellen Gegenwart … geändert" (Graf, 11) haben, so steht „auch in der Moderne der Tod im diskursiven Zentrum" (ebd.). Auf den ersten Blick scheint der aktuelle thanatologische Diskurs von den Naturwissenschaften beherrscht zu sein. Es gibt nach aller Erfahrung, die sich empirisch machen lässt, kein Leben ohne Tod. Er gehört, wenn man so will, zur Normalität des Lebens, weil „geordnetes Leben nur durch geordneten Tod möglich ist" (Krammer, 233). Die Biologie bestätigt diesen Sachverhalt sowohl unter makro- als auch unter mikroskopischen Aspekten. Ohne Zelltod vermögen Zellverbände nicht in dauerhafter Ordnung zu leben, und ohne Ableben einzelner Teile hat das ökologische Ganze keinen Bestand.

Der Außenbetrachtung muss sich der Tod keineswegs als ein Problem darstellen. Er kann von ihr auch als ein Gut und wenn schon als Übel, dann als ein notwendiges in Betracht gezogen werden. Selbst in Bezug auf den speziellen Fall kreatürlichen Einzellebens behält diese Betrachtung ein momentanes Recht. Sie wird freilich umso äußerlicher, je intensiver ihr die Innenwahrnehmung zur Seite tritt. Die Grade ihrer Intensität bemessen sich an der Nähe zum eigenen Leben, ohne dessen Selbstwahrnehmung sich generell nicht ermessen lässt, was Leben heißt. Gehört doch Innesein in welch rudimentärer Form auch immer konstitutiv zu seinem Begriff. Nur fühlende Wesen können ermessen, was es heißt, ein fühlendes Wesen zu sein, und nur Lebewesen, die ein entwickeltes Bewusstsein ihrer selbst haben, können dessen gewahr werden, was es mit der Todesangst auf sich hat.

Selbsterhaltungstrieb und Todesangst

Die menschliche Todesangst hat eine biologische Komponente, die sie mit Empfindungsweisen verbindet, wie sie auch für die Tierwelt zu vermuten sind. Lebewesen ist ein vitaler Trieb zum Selbsterhalt inhärent. Sie sind ab einem gewissen Entwicklungsstand ihrer Lebendigkeit mit dem Bedürfnis ausgestattet, weiterleben zu wollen. Im Falle des Menschen verhält es sich nicht grundsätzlich anders. Vielmehr gilt der Satz, der als ein Grundsatz biologischer Anthropologie gelten darf, „daß Menschen normalerweise immer weiterleben wollen" (Tugendhat, 51). Ausnahmefälle heben diese Regel nicht auf, sondern bestätigen sie und können zugleich erklären, „warum die Angst vor dem Tod eine unter Menschen nicht unbedingt ausnahmslose, aber normale Empfindung ist" (Tugendhat, 52). Normalerweise bleibt diese Empfindung latent und von den Selbstverständlichkeiten des Alltagslebens überdeckt. Manifest wird sie spätestens dann, wenn der Tod akut droht und als kurz bevorstehend erscheint.

Zwar ist jedem um sich wissenden Menschenwesen bewusst, früher oder später sterben zu müssen. Doch egalisiert werden kann die Differenz zwischen einem Früher und einem Später nur unter den Bedingungen gewohnten Alltagsbewusstseins, wohingegen sie im Falle manifester Todesangst einen gravierenden Unterschied ausmacht. Solange das Bewusstsein, jederzeit sterben zu können, ein bloßes Implikat des Wissens um die Sterblichkeit aller Menschen darstellt, muss es nicht unbedingt beunruhigen und bedrängen. Dies ändert sich, sobald die Jederzeitigkeit des Todes die Form des Baldigen annimmt. Erst die Kürze seines Bevorstands lässt den Tod üblicherweise als derart bedrohlich erscheinen, dass er von Grund auf ängstigt. Generell lässt sich daraus folgern, dass Zeitbewusstsein für die Todeswahrnehmung alles andere als akzidentell ist. Wesentlich ist ferner und im Verein damit die Fähigkeit des Menschen, sich differenziert zu sich selbst und zur Welt verhalten zu können bis dahin, der allgemeinen Möglichkeit nicht nur, sondern der künftigen Tatsächlichkeit eigener Nichtexistenz gewahr zu werden. In der Todesangst wird mit der befristeten Zeitlichkeit und ihrem bevorstehenden Enden zugleich wahrgenommen, dass dieses Enden nicht nur etwas betrifft, was am Subjekt ist oder was das Subjekt hat, sondern dieses selbst.

Diese Wahrnehmung macht den eigentlichen Unterschied aus zwischen einer individuellen Betrachtung des Todes und einer allgemeinen, die durch die individuelle allerdings nicht ausgeschlossen ist. Der formale Begriff des Todes ist derjenige des Lebensendes als des Resultates eines Sterbeprozesses. Beim Sterben handelt es sich um ein Enden der besonderen Art, wie es Wesen betrifft, die als lebendig zu qualifizieren sind. Lebewesen sind Entitäten, die in welch rudimentärer Form auch immer der Differenz von Innen und Außen inne sind. Die entwickelte Elementarform dieses Innewerdens bzw. Inneseins ist das taktile Gefühl, wie es sich im Übergang von der vegetabilischen zur animalischen Sphäre ausprägt. Sonach sind lebende Wesen primär fühlende Wesen zu nennen und umgekehrt. Nur fühlende Wesen sterben im eigentlichen Sinne, und allein von Wesen, die vorher lebendig waren, kann stricte dictu gesagt werden, dass sie gestorben und tot seien.

Vom Enden des Endlichen

Mag alles Endliche enden, so ist doch nicht jedes Endliche seiner Endlichkeit lebendig gewahr. Alles Endliche ist durch eine Grunddifferenz, nämlich dadurch bestimmt, all dasjenige nicht zu sein, was es nicht ist. Die rudimentärste Form des Endlichen, in dem die Unbestimmtheit des Alls zu erster Bestimmtheit gelangt, ist diejenige räumlicher Begrenztheit. Jedes räumlich begrenzte Eine steht zu allem anderen im Raum des unbestimmten Alls im äußeren Verhältnis bloßen Nebeneinanders. Von zeitlicher im Unterschied zu räumlicher Begrenzung kann erst unter der Bedingung von Veränderung die Rede sein. Veränderung hat statt, wenn Eines und Anderes nicht im simultanen Nebeneinander verharren, sondern wenn alles Eine als Eines anders zu werden vermag. Ein Sichverändern ist dieses Anderswerden des Einen dann, wenn es seine Einheit und Selbigkeit nicht auflöst. Dieser Elementarvorgang, mit dem, wenn man so will, das Beginnen der Zeit anhebt, ist an sich selbst nicht reflexiver Natur, bedarf aber der Reflexion, um erfasst zu werden.

Endliches ist räumlich und zeitlich begrenzt. Die zeitliche Grenze von Endlichem, die sein Dasein befristet, wird virulent, wenn eine Entität im Prozess der Veränderung um ihre Identität gebracht wird und aufhört, sie selbst zu sein. Der Lauf der Zeit bringt dann eine Änderung mit sich, die keine Veränderung unter den Bedingungen des Erhalts von ein- und demselben darstellt, sondern Einheit und Selbigkeit destruiert. Man kann dieses rudimentäre Enden, das alles zeitlich Verfasste kennzeichnet, eine Vorform des Todes nennen. Tod hieße dann das Ende einer bestimmten Entität jeder denkbaren Art im Sinne eines Vernichtetwerdens bzw. Zugrundegehens seiner Identität und Selbigkeit. Doch liegt es vom allgemeinen Sprachgebrauch her geurteilt näher und dient sachlich gebotener Differenzierung, den Begriff des Todes auf die Bezeichnung vollzogener Verendung von lebendigen Wesen zu beschränken. Dieser begrifflichen Verwendungsweise zufolge hat der Tod Leben zur Voraussetzung, das er nichtet. Seiner äußeren Betrachtung nach ist er das Ende von Leben und das Ergebnis eines Sterbeprozesses, dessen beobachtbares Resultat in Leichengestalt, nämlich in Form des toten Körpers eines ehemaligen Lebewesens vorliegt.

Tod als Lebensende

Aus dem Körper des vormals lebenden Toten ist mit dem Leben auch alles Fühlen entwichen. Totes gilt als entseelt. Sein Seinsstatus gibt Rätsel auf. Einerseits ist es nicht schlechterdings nichts wie das nihil pure negativum, aus dem Gott die Welt erschuf. Was starb, lebte doch zuvor und bleibt zumindest in dieser Hinsicht etwas, wie seine sterblichen Überreste auf ihre Weise belegen. Doch ist der Leichnam eines Lebewesens nicht mehr dasjenige, was dieses einmal war. Was ist das einstige Lebewesen jetzt? Assoziationen einer Schattenexistenz stellen sich ein. Das tote Tier entspricht nicht mehr seinem Begriff als animal, der gestorbene Mensch ist kein Mensch mehr, sondern ein entseelter Körper, der nur noch eine Weile zu erkennen gibt, dass er einst ein lebendiger Leib gewesen ist, mit dem ein Mensch nicht nur für andere, sondern auch für sich selbst da war in der Welt. Was ist aus diesem Dasein geworden? Ein Gewesenes, das nicht Nichts ist, aber auch kein bestimmungsgemäßes Sein hat, sondern an etwas denken lässt, was Sein und Nichtsein zugleich ist. In Scheolvorstellungen oder vergleichbaren Assoziationen reflektiert sich diese Empfindung, die, wo sie auf die eigene Existenz bezogen wird, die bange Frage enthält, was aus mir werden wird, wenn ich nicht mehr sein werde. Was werde ich sein, wenn ich nicht mehr bin? Was bin ich, wenn ich nicht mehr sein werde? Nichts!? Aber was soll das heißen?

In einem der „Versuche über den Unterschied zwischen ‚etwas' und ‚jemand'", die sich in seinem „Personen"-Buch finden, hat Robert Spaemann Epikurs erwähnte Sentenz, wonach der Tod bei rechter Betrachtung uns nichts angehe, mit dem Argument für ohnmächtig und nicht überzeugend erklärt, dass wir nicht umhin können „zu wissen, daß wir einmal nicht mehr sein, sondern gewesen sein werden. Dieses Wissen macht den Tod zur Realität. Wir antizipieren einen Rückblick auf uns selbst, der gerade nicht *unser* Rückblick sein wird. Das unterscheidet das Wissen um den Tod von jenem Futurum exactum, das für jedes personale Bewußtsein der Zeit konstitutiv ist." (Spaemann, Personen 123) Denn während das personale Bewusstsein von Zeit mit einem deren Lauf begleitenden Ichsubjekt rechnet, dem Vergangenheit und Zukunft im Modus von Erinnerung und Erwartung gegenwärtig sind, ist die Präsenz jener integrativen Einheit im Wissen um den Tod von Grund auf infrage gestellt. „Indem wir unseren Tod wissen, antizipieren wir ein radikales Äußerlichwerden, das keinen Versuch der eigenen Integration durch Herstellung eines Kontinuums von Bedeutsamkeit mehr zuläßt." (Ebd.)

Todeswissen und zweites Futur

Ist das Wissen um den Tod, indem wir einen Rückblick auf uns selbst vorwegnehmen, der nicht der unsere sein wird, von dem für personales Zeitbewusstsein konstitutiven Futur exakt unterschieden, so hebt dieser Unterschied den möglichen Zusammenhang beider doch nicht notwendig auf. Es ist nach Spaemann im Gegenteil so, dass nur unter Wahrung dieses Zusammenhangs das menschliche Wissen um den eigenen Tod und darum, dass irgendwann alles gewesen sein wird, nicht zwangsläufig in Nihilismus und Sinnlosigkeit endet. Zu wahren und wahrzunehmen versucht er diesen Zusammenhang durch eine Überlegung, die inzwischen – „etwas großspurig" (Spaemann, Gottesbeweis, 7) – als „der letzte Gottesbeweis" (ebd.) firmiert. Als Motto dient Nietzsches Götterdämmerungsdiktum, worin der Befürchtung Ausdruck gegeben wird, Gott nicht los zu werden, „weil wir noch an die Grammatik glauben" (Nietzsche, 72). Die argumentative Pointe von Spaemanns „nietzsche-resistent(em)" (Spaemann, Gottesbeweis, 31) Gottesbeweis „aus der Grammatik, genauer aus dem sogenannten Futurum exactum" ergibt sich aus der Prämisse, dass das „zweite Futur … für uns denknotwendig mit dem Präsens verbunden (ist). Von etwas sagen, es sei jetzt, ist gleichbedeutend damit, zu sagen, es sei in Zukunft gewesen. In diesem Sinne ist jede Wahrheit ewig." (Spaemann, Gottesbeweis, 31)

Was einmal wahr war, bleibt immer wahr. „Wenn wir heute hier sind, werden wir morgen hier gewesen sein. Das Gegenwärtige bleibt als Vergangenheit des künftig

Gegenwärtigen immer wirklich.“ (Spaemann, Gottesbeweis, 31) Anderes zu behaupten, laufe auf einen sprachzersetzenden Widerspruch zur Wahrheit und Wahrheitsfähigkeit des Menschen hinaus, mit der seine Personalität stehe und falle. Solle dieser Widerspruch vermieden werden, sei der Gottesgedanke alternativlos. Denn ohne die Annahme Gottes könne die denknotwendig mit Präsens und damit mit Bewusstseinspräsenz verbundene Futur-exakt-Aussage, dass, was einmal war, für immer und ewig gewesen sein wird, unter den Bedingungen der Vergänglichkeit von Selbst und Welt nicht als wirklich wahr behauptet und verifiziert werden. Es müsste vielmehr gesagt werden, dass mit der Gegenwart von Welt und menschlichem Gegenwartsbewusstsein auch die Vergangenheit, die einmal wirklich war, verschwände und nicht mehr wirklich wahr wäre, womit das Futurum exactum seinen Sinn verlöre. „Aber genau dies“, so Spaemann, „können wir nicht denken. Der Satz ‚In ferner Zukunft wird es nicht mehr wahr sein, dass wir heute Abend hier zusammen waren‘ ist Unsinn. Er lässt sich nicht denken. Wenn wir einmal nicht mehr hier gewesen sein werden, dann sind wir tatsächlich auch jetzt nicht wirklich hier, wie es der Buddhismus denn auch konsequenterweise behauptet. Wenn gegenwärtige Wirklichkeit einmal nicht mehr gewesen sein wird, dann ist sie gar nicht wirklich. Wer das Futurum exactum beseitigt, beseitigt das Präsens.“ (Spaemann, Gottesbeweis, 32) Soll dies vermieden werden, was um der Wahrheit willen alternativlos ist, müssen wir nach Spaemann „ein Bewusstsein denken, in dem alles, was geschieht, aufgehoben ist, ein absolutes Bewusstsein. Kein Wort wird einmal ungesprochen sein, kein Schmerz unerlitten, keine Freude unerlebt. Geschehenes kann verziehen, es kann nicht ungeschehen gemacht werden. Wenn es Wirklichkeit gibt, dann ist das Futurum exactum unausweichlich und mit ihm das Postulat des wirklichen Gottes.“ (Ebd.)

Argumentum ad hominem

Spaemann nennt seinen „Letzten Gottesbeweis“ ein Postulat und reiht ihn unter die Vernunftargumente für den Glauben ein, freilich nicht für irgendeinen Glauben an irgendetwas, sondern für den mit Evidenzanspruch verbundenen Glauben an die für die Wahrheit und die Wahrhaftigkeit menschlichen Personseins unverzichtbare Wirklichkeit Gottes, die um der Wahrheit willen als real gedacht werden müsse. Dass es sich bei der skizzierten Argumentation um ein argumentum ad hominem handelt, leugnet Spaemann nicht nur nicht, behauptet er vielmehr. Argumente dieser Art „gehen nicht von unbezweifelbaren Prämissen aus, um zu ebenso unbezweifelbaren Schlußfolgerungen zu kommen. Sie sind holistisch. Sie zeigen die wechselseitige Abhängigkeit der Überzeugung vom Dasein Gottes und von der Wahrheitsfähigkeit, also Personalität des Menschen auf und suchen gleichzeitig nach Zustimmung für beides …“ (Spaemann, Gerücht, 33) Um dasselbe noch einmal anders zu sagen: „Wir wissen nicht, wer wir sind, ehe wir wissen, wer Gott ist, aber wir können nicht von Gott wissen, wenn wir die Spur Gottes nicht wahrnehmen wollen, die wir selbst sind, wir als Personen, als endliche, aber freie und wahrheitsfähige Wesen.“ (Spaemann, Gottesbeweis, 29)

Als endliche, aber freie und wahrheitsfähige Personen sind wir weltoffen, selbsttranszendent und auf einen Sinngrund hin angelegt, der Selbst und Welt fundiert und ihre Bestimmung ausmacht. Aus diesem Zusammenhang heraus wäre der traditionelle Seelengedanke unter den Bedingungen seiner modernen Kritik konstruktiv zu reformulieren. Die Seele ist nicht substanzhaft im Sinne eines unmittelbaren Identitätsfaktors gegeben, sondern markiert die Bestimmung, auf deren Realisierung der Lebensprozess des beseelten Körpers ausgerichtet ist. Die Menschenseele steht so für das Sinnganze, das alle Momente des menschlichen Lebens zu integrieren sucht, ohne mit ihrem Integrationsvollzug im leiblichen Leben je zu einem Ende zu gelangen. Der Mensch strebt nach Identität mit sich, ohne sie herstellen zu können; wonach er strebt, ist im Streben schon vorausgesetzt, und zwar auf identische Weise. Theologisch geurteilt heißt das: „Es geht um *das Wesentliche* im Verhältnis zwischen Gott und Mensch, wenn es um die Seele geht." (Hailer, 101) Was darunter und unter der in der Neuzeit in die Kritik geratenen Lehre von der Seelenunsterblichkeit zu verstehen ist, wird zu Beginn des Folgeabschnitts im Anschluss an Aristoteles zu erörtern sein. Hier soll das Problem nur markiert und sogleich auf das Todesverständnis rückgezogen werden.

Ganztodtheorie und Seelenunsterblichkeitslehre

In der offiziellen christlichen Lehre wurde niemals eine dualistisch zu nennende Anthropologie vertreten. In Entsprechung zum biblischen Zeugnis ist vielmehr in schöpfungstheologischer und in eschatologischer Hinsicht stets die psychosomatische Einheit des Menschen behauptet worden. Der Mensch ist von Gott her weder dazu bestimmt, bloßer Körper noch eine leiblose Seele zu sein. Die traditionelle Vorstellung einer Trennung von Leib und Seele im Tod kann also nicht besagen, dass dieser nur den Leib, nicht aber die Seele des Menschen betreffe, die sich durch ihn hindurch aus ihrem Eigenvermögen heraus identisch und substantialiter durchhalte. Gegen eine solche Annahme polemisiert die sog. Ganztodtheorie zu Recht. Ihr zufolge ist nicht nur mit keinen materiellen Substraten zu rechnen, die sich im Tode des Menschen durchhalten, um seine postmortale Identität zu gewährleisten; diese Identität könne auch nicht durch die menschliche Seele garantiert werden, deren Unsterblichkeit zu bestreiten sei und die ebensowenig einen kontinuitätsbewahrenden Anknüpfungspunkt für die biblisch verheißene Auferstehung biete wie der sterbliche Leib bzw. der tote Körper des Verstorbenen: Denn der Mensch sterbe nach Leib und Seele, also ganz und nicht etwa nur zur Hälfte oder in wie auch immer zu bestimmenden Teilen.

Die Ganztodtheorie wurde zunächst fast ausschließlich innerhalb der evangelischen Theologie vertreten, später dann auch von einigen katholischen Theologen. Seelenunsterblichkeit und Auferstehung des Leibes werden nun nicht mehr wie in der Tradition einander zugeordnet, sondern gegeneinander gestellt. Entscheidend für diese Alternative sind anthropologische Gründe im Allgemeinen und hamartiologisch-soteriologische im Besonderen. Der Bestand des endlichen Menschengeschöpfs und namentlich das Heil des Sünders liegt nicht in einem gleichsam substanzhaften Eigenvermögen wie der Seelenunsterblichkeit begründet, sondern allein in der Zuwendung Gottes, der von den Toten zu erwecken vermag. Nicht auf seine natürliche Seelenkraft habe der Mensch angesichts von Tod und Teufel sein Vertrauen zu setzen, sondern ganz und ausschließlich auf den in Jesus Christus in der Kraft seines Hl. Geistes offenbaren Gott.

Besagt die mit der sog. Ganztodtheorie verbundene Neuschöpfungsthese, dass Gott seine zur Auferweckung bestimmten Geschöpfe „alle, und identisch!, zweimal erschaffen muß" (Mahlmann, 117) oder ist die Selbigkeit ihrer post- und prämortalen Existenz durch das Gedächtnis Gottes garantiert, das dann allerdings auch ein Wissen der Erweckten um sich selbst „oder genauer: eigene Erinnerung vergangenen Lebens" (Mahlmann, 118) ermöglichen müsste? Mit einer völligen Neuschöpfung derer, die von den Toten erweckt werden, wird in der Regel nicht gerechnet. Die Verstorbenen stehen als sie selbst auf dergestalt, dass ihre Identität mit ihrer irdischen Personexistenz gewährleistet wird. Aber als Garant jener Selbigkeit, so wird betont, fungiert nicht unmittelbar der Mensch selbst, sondern Gott, durch den der Kontinuitätsbezug zu dem im Tode endenden Leben vermittelt wird. Dies gilt im Prinzip für alle Menschen. Ob die Identität des einzelnen Auferstandenen mit seinem prämortalen Personsein ein ununterbrochenes Kontinuum kreatürlichen Seinsbestands erfordert, hängt davon ab, was man unter Seinsbestand versteht. Jedenfalls schließt die Annahme, dass Gott allein in der Lage ist, den Bestand des Menschen durch den Tod hindurch und über ihn hinaus zu erhalten, nicht aus, dass er diesen Erhalt so leistet, dass der zur postmortalen Erhaltung Bestimmte eschatologisch darum wissen kann, wissen muss und tatsächlich weiß.

Psychosomatische Differenzeinheit

Sieht man genauer zu, wird man schnell feststellen, dass Motive der traditionellen Idee von der Seelenunsterblichkeit auch dort fortwirken, wo man sie als unbiblisch abweist, wie denn auch umgekehrt die christliche Rezeption der Lehre von der unsterblichen Seele in aller Regel konstitutiv bezogen war auf den Gedanken der Auferweckung der Toten, als deren Subjekt niemand anders als Gott selbst infrage kommt, der indes die Auferweckten zugleich Auferstandene sein lässt, die ein Eigenleben haben, das um sich weiß. Plakative Entgegensetzungen sollten tunlichst vermieden werden und zwar sowohl in Bezug auf das Verhältnis von ewigem Seelenleben und leiblicher Totenauferstehung als auch in Bezug auf das psychosomatische Verhältnis von Leib und Seele selbst, das weder durch alternative Kontrastierung, noch durch unmittelbare Gleichsetzung, sondern nur in der Weise eines in sich differenzierten Zusammenhangs zu erfassen ist. Dass Seele und Leib eschatologisch genauso zusammengehören wie Selbst und Welt und dass zwischen dem Endgeschick der Seele und demjenigen ihres Leibes ebenso wenig getrennt werden kann wie zwischen individueller und universaler Eschatologie, ist Gemeingut christlicher Lehre.

Die Hauptschwierigkeit, der sich die Ganztodtheorie unter der Voraussetzung ihres Festhaltens an der christlichen Auferstehungshoffnung ausgesetzt sieht, besteht im Problem der Denkbarkeit einer personalen Identität der künftig vom Tode Erweckten mit den gegenwärtig Lebenden. Dass diese Identität bei aller erhofften

Verwandlung für den Auferstehungsglauben konstitutiv ist, duldet keinen Zweifel. Doch worauf gründet sie sich? Stirbt der Mensch nicht nur qua Leib, sondern auch qua Seele, dann kommt er als möglicher Garant seiner die Differenz von irdischem Leben und Tod transzendierenden Selbigkeit nicht infrage. Anthropologisch ist das Problem offenkundig nicht zu lösen. Seine Lösung kann nur von Gott her erwartet werden, der seiner Menschenkinder sowohl im Leben als auch im Tode gedenkt, ohne ihrer zu vergessen. „Er schafft jene Kontinuität, von der die den Tod übergreifende personale Identität des Menschen abhängt." (Hermanni, 184) Dass dabei das Gedächtnis Gottes nicht lediglich als passiv-hinnehmend, sondern auch als aktiv und produktiv gestaltend zu denken ist, trifft zu; zutreffend ist ferner, dass der lebendige Gott den von den Toten erweckten Menschen so erstehen lässt, dass dieser sich als derjenige weiß, welcher er war. Das schließt grundlegende Änderungen nicht aus: der eschatologische Mensch wird ganz anders, aber kein anderer sein.

Anders, aber kein anderer

Der christliche Glaube erhofft, trotz des individuellen Todes und durch diesen hindurch, kraft des Hl. Geistes, wie er in Jesus Christus wirksam ist, Anteil zu gewinnen an der göttlichen Ewigkeit. Er erwartet die Verewigung gelebten und beendeten Lebens in Gott. Dabei ist klarzustellen, dass Verewigung „alles andere als Musealisierung oder Archivierung des gelebten Lebens" (Jüngel, Ewigkeit, 87) bedeutet: Sie stellt das menschliche Leben nicht nur auf infinite Dauer, sondern konfrontiert es mit seiner Bestimmung und richtet so über seine Wahrheit, in die es nur im Glauben an Jesus Christus zu gelangen vermag, der Gottes Ewigkeit heilsam erschlossen hat. Im Geiste Jesu Christi ist dem gelebten Menschenleben Anteil am ewigen Leben Gottes gegeben und zwar als ihm selbst dergestalt, dass es zu seiner vollendeten Fülle gelangt. In diesem Sinne gilt: „Die Verewigung des menschlichen Lebens *konzentriert* dieses zu seiner *Ganzheit* und *intensiviert* es zu seiner Herrlichkeit." (Ebd.)

Zu seiner konzentrierten Ganzheit und intensivierten Herrlichkeit gelangt das verewigte Leben des Menschen, weil der Geist Jesu Christi es von Grund auf zu erneuern vermag, ohne seine Identität zu zerstören, die im Gegenteil in ihm zur Erfüllung ihrer Bestimmung und in die Wahrheit ihrer selbst gelangt. Welcher den Tod für uns zum Eingang ins Leben werden lässt (vgl. 1. Joh 3,14) und in der Kraft, mit der er sich alle Dinge untertan machen kann, den nichtigen in einen verklärten Leib zu verwandeln vermag (vgl. Phil 3,21), der wird mittels einer Glaubensbegeisterung, die ewig währt, auch „ein völliges Anderswerden Desselben" (Ringleben, 51) bzw. Derselben wirken dergestalt, dass aus in sich verkehrten Sündern vollkommene Menschen werden, die außer sich ganz bei sich sind und so leibhaft am ewigen Leben partizipieren.

Die dem Menschen verheißene Ewigkeit ist weder zeitlos noch fortgesetzte Zeit, sondern seine Zeitlichkeit im Segensstatus der Vollendung. Das Zeitliche zu segnen vermag allein der Glaube, der auf den ewigen Segen vertraut, den Gott in der Kraft seines Hl. Geistes durch Jesus Christus gegeben hat. Der Geist des auferstandenen Gekreuzigten, durch dessen Tod der Tod getötet und die Sünde überwunden ist, lässt das Enden enden, das Vergehen vergehen, um die Vergangenheit eines endlichen Menschenlebens zuvorkommend zum vollkommenen Perfekt zu gestalten und so zu präsentieren, dass es sich und anderen ewig gegenwärtig ist. Indem Gott im Geiste Jesu Christi sich unserer erinnert, ist uns ein ewiges Gedächtnis gestiftet und unser Leben verewigt nicht als ein anderes, sondern als es selbst.

Als er selbst, nicht aus sich selbst: so lebt der verewigte Mensch in der Erinnerung Gottes. „Kann man als … von Gott erinnertes Selbst auch für sich selber Selbst sein …?" (Ringleben, 75) Diese Frage ist zu bejahen, weil Gott im Geiste Jesu Christi dem Menschengeschöpf in seinem Anderssein, ja selbst unter den Bedingungen der Befremdlichkeit der Sünde, die Gott im Innersten zuwider ist, einen unveräußerlichen Bestand in sich selbst und in seinem ewigen Leben zu geben gewillt ist. Der Mensch, dessen Leben im Ewigen verewigt ist, wird demnach ein Bewusstsein seiner selbst haben, wobei das seiner selbst bewusste Ich dasselbe sein wird wie zu irdischen Lebzeiten, ganz anders zwar, aber kein anderes. Was aber den Leib und seine Auferstehung angeht, so bezeichnet diese „die Vollendung des irdischen Lebens, nicht seinen Ersatz durch ein anderes Leben, sondern das Bleiben der einmaligen Lebensgeschichte, aber auch nicht die Festschreibung auf das Maß des Erreichten oder eben nicht Erreichten, sondern die *Vollendung* des Begonnenen" (Nocke, 124). Vollendung bedeutet nicht das Ende des Endlichen, wohl aber die Negation einer in sich verkehrten Endlichkeit, die sich selbst unmittelbar mit dem Unendlichen gleichsetzt.

Protologische Retrospektion

Wir erhoffen Vollendung, ohne bereits vollendet zu sein. Die Erwartung ewigen Lebens ist entsprechend unter irdischen Bedingungen mit dem „memento mori" untrennbar verbunden, was eine Rückkehr der Überlegungen zu ihrem Ausgangspunkt nötig macht. Nach klassischer Lehre „De morte" ist der Mensch zwar wie jedes andere kreatürliche Lebewesen sterblich, weil er aus Leib und Seele besteht, deren Zusammenhang synthetisch und daher nicht untrennbar ist. Aber unter prälapsarischen Bedingungen musste der lediglich virtuell sterbliche Mensch nicht notwendigerweise sterben, wobei dahingestellt bleiben kann, ob es hierzu einer übernatürlichen Gabe bedurfte oder ob die Unvergänglichkeit des Leibes potenziell mit dem Schöpfungsgut selbst verliehen wurde. In jedem Fall ging die Ursprungsbegabung des Menschen, nicht sterben zu müssen, mit dem Fall der Sünde verloren. In, wenn man so will, postlapsarischer Fortführung dieser Überlegung wurde zwischen natürlicher Sterblichkeit bzw. Naturtod und einem sog. Gerichtstod unterschieden und gesagt, Folge des Vergehens der Sünde sei nur letzterer, wohingegen ersterer zur Schöpfung und zu ihrer gottunterschiedenen Endlichkeit gehöre. Zwar sei der natürliche Tod, der erfahrungsgemäß alles kreatürliche Leben betreffe, ein mit mancherlei Ungemach verbundenes Übel, könne aber den Sinn der Schöpfung und ihre Güte nicht grundsätzlich infrage stellen. Obwohl alle fühlenden Wesen, wenngleich in unterschiedlicher Intensität, Leiden und Sterben als schmerzlich empfänden, entfalte der Tod seine destruktive und sinnwidrige Kraft doch erst unter den Bedingungen menschlicher

Sünde, die sich weigere, ihn als postlapsarisches Naturgeschick hinzunehmen und zu erdulden.

Gegen die skizzierte Argumentation ist eingewendet worden, dass nicht etwa nur der Gerichtstod, sondern der Tod als solcher auf einen Riss in der Schöpfung verweise, der die Annahme nicht zulasse, im Grunde sei in ihr alles zum Besten bestellt. Der Tod werde nicht nur natürlicherweise als ein Übel empfunden, sondern widerstrebe mit der kreatürlichen Natur in Sonderheit der Wesensnatur des Menschen, der sich vermöge seiner Gottebenbildlichkeit als Geschöpf zur Teilhabe am unvergänglichen Leben Gottes bestimmt weiß. Der Tod lebendiger Kreaturen und namentlich derjenige des Menschengeschöpfs könne daher mit der Güte der Schöpfung nicht zum Ausgleich gebracht werden. Die Scheidung zwischen Naturtod und Gerichtstod lasse sich daher nicht aufrecht erhalten.

Der Tod gehört zu den natürlichen Daseinsbedingungen lebender Wesen einschließlich des Menschen. Ihn lebendigen Wesen als Schuld anzulasten ist auch dann nur schwer nachvollziehbar, wenn man den Begriff der Verschuldung nicht einseitig am Verursachungsprinzip orientiert. Wohl ist es wahr, dass der Mensch nicht nur für dasjenige verantwortlich ist, was er verursacht hat. Zweifellos hat er unter bestimmten Bedingungen Verantwortung auch für Gegebenheiten zu übernehmen, die seiner kausalen Disposition grundsätzlich entzogen sind wie etwa sein leibhaftes Dasein in der Welt. Das kontingente Grundfaktum seiner Existenz stand nie zur Wahl des Menschen. Dennoch hat er diesbezüglich Verantwortung zu übernehmen. Sie zu unterlassen, kann ihm als schuldhaftes Versagen angerechnet werden. Unter dieser Voraussetzung ist die Behauptung nicht abwegig, der Mensch habe auch für die Endlichkeit seines befristeten Daseins dergestalt Verantwortung zu tragen, dass er seine Existenzgrenzen akzeptiert und sein Ende der Fürsorge seines Schöpfers anheimstellt, in welchem sein befristetes Leben Erfüllung findet. Endlichkeit könnte so durchaus als Vollendungsdatum gedacht werden, und das Enden eines endlichen Lebens wäre nicht mehr eigentlich tödlich zu nennen, weil der integre Sinn des Lebensganzen auch noch im Dahinscheiden erhalten bliebe.

Beklagenswertes Fragmal

Wer seinem Schöpfer vertraut, wird das Zeitliche getrost segnen. Doch wird, wie es scheint, selbst oder gerade für denjenigen, welcher sozusagen ganz bei Trost ist, das Enden kreatürlichen Lebens ein beklagenswertes Fragmal bleiben, für welches er keine verallgemeinerungsfähige Lösung hat. Der gläubige Mensch wird sich scheuen, trostloses Sterben von Mitmenschen deren Schuld zuzurechnen, obwohl er um den Zusammenhang von Sünde und verzweifelter Todesangst weiß, und er wird sich auch das Verenden von Tieren nicht klaglos gefallen lassen, sondern Mitgefühl hegen mit der leidenden Kreatur, deren Schmerzempfinden er weder auf eine kreatürlich zu verantwortende Schuld zurückzuführen noch durch Überführung in den eigenen Lebenssinn ernsthaft zu beheben vermag. Der Stachel des Todes ist die Sünde; dessen ist der Glaube gewiss. Insofern hat die Unterscheidung von Natur- und Gerichtstod ihre Richtigkeit. Ihre Bedeutung wird aber überzogen und um ihr relatives Recht gebracht, wenn sie zur Scheidung zwischen einem schuldhaft bösen und einem guten Tod führt, der konstitutiv zur Schöpfung und zum kreatürlichen Leben gehört. Kein Tod ist gut, sondern jeder ein Übel, auch wenn das übelste am Todesübel, nämlich seine Ermächtigung zur Sinndestruktion, der Schuld der Sünde zuzurechnen ist.

Religion steht in Beziehung zu dem Verhältnis, das zwischen Natur und Sittlichkeit und vergleichbaren Relationsgrößen waltet; sie hat vor allem darüber zu befinden, wie dieses Verhältnis aus religiösen Bezügen heraus zu bestimmen ist. Um unter diesem Gesichtspunkt noch einmal auf die Unterscheidung von Natur- und Gerichtstod zu rekurrieren, so verweist erstere Bezeichnung auf den Geschickcharakter des Sterbens und darauf, dass sich in ihm die Kreatur unter Einschluss des Menschen primär leidentlich verhält. Die Rede vom Gerichtstod hingegen akzentuiert, das bei allem Leiden nie nur passive, sondern immer auch aktive Verhältnis, in welchem der Mensch zu seinem Enden steht. Zum Gericht wird der Tod durch die Schuld der Sünde, deren Begriff demjenigen der Sittlichkeit näher steht als dem Naturbegriff. Zwar ist, was im christlichen Sinne Sünde heißt, nicht mit moralischer Verfehlung gleichzusetzen. Sünde ist ein religiöser und als religiöser ein transmoralischer Begriff, der als solcher gleichwohl in einem Bezug steht zur Moral, welche Beziehung im Falle von Judentum und Christentum inniger ist als diejenige zur Natur. Mit der Entsittlichung des Bösen will daher der christliche Glaube auch dann nichts zu schaffen haben, wenn er auf dessen moralisch nicht auszulotende Abgründe verweist. Denn diese Abgründe sind durch einen Naturalismus noch weniger zu ergründen als durch Moral. Indes ist die Moral dem allgemeinen Todesgeschick des Lebenden nicht wirklich gewachsen, und es wäre nicht zuletzt moralisch kontraproduktiv, anderes zu behaupten. Zwar können Widerfahrnisse bis hin zum Tod einen Anlass zu sittlicher Bewährung bieten. Doch kann diese Bewährung im besten Falle der Einzelne nur für sich und nicht für andere leisten, die ihrem Schicksal zu entnehmen nicht in seiner moralischen Macht steht.

Segnung des Zeitlichen

In der Perspektive des Glaubens erscheint der Tod sowohl als ein natürliches Vorkommnis als auch als eine Folge der Sünde, wobei sich die eine Dimension von der anderen zwar unterscheiden, nicht aber trennen lässt. Um abschließend noch einmal auf Karl Rahners „Theologie des Todes" zurückzukommen (vgl. ferner Vorgrimler, Tod, bes. 48 ff.; ders., Hoffnung, bes. 83 ff.): Als ein natürliches Vorkommnis ist der Tod allgemeines Geschick und allen Menschen, ja allen Lebewesen gemeinsam. Scheint es sich hierbei um eine „existentiell neutrale" (Rahner, 14) Aussage zu handeln, so wird ihre existentielle Neutralität bereits dadurch problematisiert, dass die Allgemeinheit des Todes im Anschluss an Paulus als Indiz der Allgemeinheit der Sündenverfallenheit des Menschen gewertet wird und umgekehrt. An dieser Wertung zeigt sich, dass Rahner zwischen einem gleichsam normalen und einem hamartiologischen Aspekt des Todes bzw. zwischen Natur- und Gerichtstod zwar unterscheiden will, nicht aber trennen kann.

Ohne die Sünde wäre der Mensch vom Tode bzw. zum Tode frei. Seine Todesfreiheit zeigte sich daran, dass er in der ungebrochenen Gewissheit ewigen Lebens beim unendlichen Gott die eigene Endlichkeit in sein Dasein zu integrieren vermöchte, um so der Vollendung teilhaftig zu werden. Das Ende des prälapsarischen, seiner kreatürlichen Bestimmung zur Gottebenbildlichkeit und zur Gotteskindschaft entsprechenden Menschen, das „Ende des paradiesischen Menschen, der ‚Tod' ohne Tod, wäre", wie Rahner sagt, „reine, offenbare, tätige Vollendung des ganzen Menschen von innen her gewesen, ohne durch den Tod im eigentlichen Sinne, d. h. als von außen her erlittene Beraubung der konkreten Leiblichkeit hindurchgegangen zu sein" (Rahner, 33). Zwar ist das Enden des Endlichen in dessen geschöpflicher Bestimmung mitgesetzt und somit auch das Enden des Menschenlebens ein kreatürliches und darin natürliches Datum. Aber zum Tod wird das Lebensende des Menschen gemäß Rahner recht eigentlich erst durch die Sünde, die den tödlichen Charakter des Todes bewirkt. Näheres hierzu ist den Ausführungen über den Tod als Schuld und als natürliches Phänomen (vgl. Rahner, 33–36) sowie über das genauere Wesen des naturalen Todes als Bedingung der Möglichkeit, Heils- und Unheilsereignis zu sein (vgl. Rahner, 36–43), zu entnehmen. Thanatologisch letztendscheidend sind indes nicht sie, sondern die Verweise auf die dritte Dimension des Todes, die über seine Tödlichkeit hinausweist.

Befreiung vom Tod als einem Naturgeschick, das mit den Folgen des peccatum originale und der Summe aller peccata actualia unentwirrbar verbunden ist, wird Rahner zufolge dem gläubigen Vertrauen auf den auferstandenen Gekreuzigten verheißen, in dessen österlichem Licht der Tod als Mitsterben mit Christus erscheint, das in der Kraft des göttlichen Geistes zur Vollendung ewigen Lebens führt (vgl. Rahner, 52 ff.). Auf sakramentale Weise sichtbar werde die Einheit von Christi Tod und dem Tod des bzw. der Christen in Sonderheit im Vollzug der Taufe und der Eucharistie, welche auf zeichenhaft wirksame Weise das Eschaton antizipieren, auf das alles Menschenleben und die ganze Welt hingeordnet sind. Dem ist evangelischerseits nichts oder allenfalls dies hinzuzufügen: „Ich bin die Auferstehung und das Leben", spricht der johanneische Christus nach Maßgabe der revidierten Lutherbibel von 1975/84: „Wer an mich glaubt, der wird leben, selbst (1975) / auch (1984) wenn er stirbt." (Joh 11,25) Der Reformator hatte 1545 den Nachsatz anders wiedergegeben und es gewagt, „durch den Konjunktiv die Tatsächlichkeit des Todes in Frage zu stellen" (Levin, 195): „Wer an mich glaubt, der wird leben, ob er gleich stürbe." Die für das Reformationsjubiläum 2017 in Aussicht gestellte Revision der Revision wird diese „theologisch entscheidende Pointe" (ebd.), die zwischenzeitlich verloren gegangen war, wiederherstellen. Wer im Glauben an Christus das Zeitliche segnet, wird sterben, aber weder dem Tod noch gar dem Teufel verfallen.

12. Die allgemeine Totenauferstehung und das Problem ihrer Leiblichkeit

Lit.: Aristoteles, Über die Seele. Mit Einleitung, Übersetzung (nach W. Theiler) und Kommentar hg. v. H. Seidl. Griechischer Text in der Edition von W. Biehl u. O. Apelt, Hamburg 1995. – M. Beintker, Gottes Urteil über unser Leben. Das Jüngste Gericht als Stunde der Wahrheit, in: ZThK 110 (2013), 219–233. – H. Birus, Le temps présent est l'arche du Seigneur. Zum Verhältnis von Gegenwart, Geschichte und Ewigkeit beim späten Goethe, München 2009. – H. Blumenberg, Lebenszeit und Weltzeit, Frankfurt a. M. 1986. – H. Cassirer, Aristoteles' Schrift „Von der Seele" und ihre Stellung innerhalb der aristotelischen Philosophie, Darmstadt 1968. – F. Deibel (Hg.), Goethes Gespräche mit Eckermann, Leipzig 1923. – H. Flashar, Aristoteles. Lehrer des Abendlandes, München 2013. – F. Grossheutschi, Carl Schmitt und die Lehre vom Katechon, Berlin 1996. – H. Happ, Hyle. Studien zum Aristotelischen Materie-Begriff, Berlin/New York 1971. – J. Hübner, Eschatologische Rechenschaft, kosmologische Weltorientierung und die Artikulation von Hoffnung, in: K. Stock (Hg.), Die Zukunft der Erlösung. Zur neueren Diskussion um die Eschatologie, Gütersloh 1994, 147–175. – M. Kehl, Eschatologie, Würzburg ²1988. – A. Lindemann, Neuere Literatur zum Verständnis des Auferstehungsglaubens, in: ThR 79 (2014), 83–107; 224–254. – F.-J. Nocke, Eschatologie, Düsseldorf ⁶1999. – R. Polansky, Aristotle's De anima, Cambridge/New York 2007. – S. Salatowsky, De Anima. Die Rezeption der aristotelischen Psychologie im 16. und 17. Jahrhundert, Amsterdam/Philadelphia 2006. – L. Scheffczyk, Der Reinkarnationsgedanke in der altchristlichen Literatur, München 1985. – F. D. E. Schleiermacher, Der christliche Glaube nach den Grundsätzen der evangelischen Kirche im Zusammenhange dargestellt (1821/22). Hg. v. H. Peiter, Berlin/New York 1984 (KGA I/7, 1 u. 2 = GL¹). – Ders., Der christliche Glaube nach den Grundsätzen der evangelischen Kirche im Zusammenhange dargestellt (1830/31). Hg. v. R. Schäfer, Berlin/New York 2003 (KGA I/13,1 u. 2 = GL²). – E. Stock, Art. Tod. VI. Dogmatisch, in: TRE 33,614–619. – A. Schüle, Anthropologie des Alten Testaments, in: ThR 76 (2011), 399–414. – W. Thiede, Auferstehung der Toten – Hoffnung ohne Attraktivität? Grundstrukturen christlicher Heilserwartung und ihre verkannte religionspädagogische Relevanz, Göttingen 1991. – M. Zerrath, Vollendung und Neuzeit. Transformation der Eschatologie bei Blumenberg und Hirsch, Leipzig 2011.

Wiederbeleibung der Seele und Wiederbeseelung des Leibes

In einem seiner Gespräche mit Eckermann soll Goethe es für den Fall seines rastlosen Wirkens bis ans Ende zur Pflicht der Natur erklärt haben, ihm „eine andere Form des Daseins anzuweisen, wenn die jetzige (s)einen Geist nicht ferner auszuhalten vermag" (Deibel [Hg.], 445). Die Haltung des Olympiers ist ein bemerkenswertes Zeugnis vom Ewigkeitsstreben des Menschengeistes und der unendlichen Bedeutung seines Seelen- und Geisteslebens. Zwar folgt der Dichter Kants kritischer Ansicht, dass die Idee seelischer Immortalität durch die Vernunft nicht beweisbar sei;

aber er folgert daraus nicht den Verzicht auf den Gedanken unsterblicher Seele, an dem er vielmehr dezidiert festhält. Dabei richtet sich seine Erwartung nicht auf ein ewiges Seelenleben ohne Leib, sondern ausdrücklich auf eine Wiederbeleibung der Seele, und zwar seiner eigenen, die er unzweifelhaft als individuiert dachte.

Ohne „Wiederbeleibung" (GL^1 § 177) kann „keine Fortdauer der Seelen als Einzelwesen gedacht werden" (ebd.). Dieser Satz stammt zwar nicht von Goethe, aber er ist ganz in seinem Sinne. Man findet ihn in der Erstauflage von Schleiermachers Glaubenslehre und zwar im Zusammenhang des Leitsatzes zum Lehrstück von der Auferstehung des Fleisches. Mit dem schon in der altchristlichen Literatur abgewiesenen Reinkarnationsgedanken (vgl. Scheffczyk) hat Schleiermachers eschatologische Wiederbeleibungsannahme nichts zu tun. Sie rechnet mit einer Einmaligkeit leibhaften Lebens und schließt seine Wiederholung bzw. Multiplizierung dezidiert aus, wie Seelenwanderungslehren und Metempsychosetheorien sie in der Regel unterstellen.

In der Zweitauflage der Schleiermacher'schen Dogmatik fehlt die explizite Wendung, dass ein postmortales Seelenleben von Einzelnen ohne Wiederbeleibung nicht denkbar sei. Der Sache nach aber bleibt die Aussage erhalten, um weiterhin das Zentrum des zweiten prophetischen Lehrstücks zu bilden. „Wir sind uns so allgemein des Zusammenhanges aller auch unsrer innerlichsten und tiefsten Geistesthätigkeiten mit den leiblichen bewußt, daß wir die Vorstellung eines endlichen geistigen Einzellebens ohne die eines organischen Leibes nicht wirklich vollziehen können; ja wir denken den Geist nur als Seele, wenn im Leibe, so daß von einer Unsterblichkeit der Seele im eigentlichen Sinn gar nicht die Rede sein kann ohne leibliches Leben. Wie also die Wirksamkeit des Geistes als bestimmte Seele im Tode aufhört zugleich mit dem leiblichen Leben: so kann sie auch nur wiederbeginnen mit dem leiblichen Leben." (GL^2 § 161,1) Entsprechend werde in jüdisch-christlicher Tradition nicht die postmortale Fortexistenz einer leiblosen Seele, sondern die Auferstehung der Toten im Sinne einer Wiederbeseelung des Leibes und einer Wiederbeleibung der Seele, also einer Wiederherstellung der psychosomatischen Einheit des Menschen gelehrt, dessen persönliche Selbigkeit vermöge der Auferstehung in einer die Lebensgrenze des Todes um- und übergreifenden Weise erhalten bzw. rekonstituiert werden soll.

Unvorstellbare Transformation

Die Identität einer Einzelperson ist nicht denkbar ohne erinnernde Wahrung ihrer Lebensgeschichte, zu der alle Weltbezüge, wie sie der Seele durch ihren Leib vermittelt werden, unveräußerlich hinzugehören. Durch diese Feststellung wird von Schleiermacher erneut unterstrichen, dass die Auferstehung der Toten eine Wiederherstellung der leibseelischen Einheit des Menschen samt seiner Welt zu sein hat. Andererseits macht er nicht minder nachdrücklich geltend, dass die Wirklichkeit einer Totenauferstehung und eines ewigen psychosomatischen Lebens nicht ohne eine elementare Transformation von Welt, Leib und Seele denkbar ist. Was die neue und ganz andere Beschaffenheit der Welt anbelangt, so müsste durch sie, wie Schleiermacher sagt, „das Interesse an der leiblichen Selbsterhaltung aus dem Wege geräumt (werden), welches wir als einen so erfolgreichen Keim des Streites zwischen Fleisch und Geist erfahren" (GL[2] § 161,1). Ferner bedarf es seinem Urteil zufolge einer grundlegenden Umwandlung des Lebens der Menschenseele selbst, die mit ihren Leib- und Weltbezügen auch die sündige Verkehrtheit betrifft, zu der sie sich durch diese aus eigener Schuld verführen ließ.

Das „Interesse der leiblichen Selbsterhaltung …, welches dem Gehorsam des Leibes gegen die Seele in den Weg treten könnte" (GL[1] § 177,1), muss Schleiermacher zufolge aufgehoben werden, damit es zur Vollendung des Menschen komme. Wie das möglich sein und mit dem ganzen eschatologischen Vorstellungskomplex zusammengedacht und zu entsprechender Einsicht gebracht werden soll, muss Geheimnis bleiben. Jedes entworfene Bild der Auferstehung des Fleisches enthält eine Leerstelle und verweist auf einen Unbestimmtheitshorizont, der sich nicht beseitigen lässt; eine anschauliche Vorstellung, welche alle Einzelelemente eschatologischer Erwartung in sich vereinigte, ist nicht zu vollziehen. Unerfindlich bleibt zudem, um nur noch dieses zu benennen, wie die psychosomatische Wiederherstellung der Einzelmenschen durch die allgemeine Auferstehung der Toten für die zur Verdammnis Bestimmten dieselbe sein sollte wie für die zur Seligkeit Erwählten: „denn die neue Organisation muß", wie Schleiermacher lakonisch vermerkt, „auch eine Angemessenheit haben zu den innern Lebenszuständen, welche sich entwikkeln sollen." (GL[1] § 177,3) Diese werden im Himmel ganz andere sein wie in der Hölle. Trifft dies zu, dann droht der Allgemeinbegriff der Auferstehung der Toten uneinheitlich bzw. in seiner Beziehung auf die Vorstellung des Jüngsten Gerichts problematisch zu werden.

Stunde der Wahrheit

Im Jüngsten Gericht als der „Stunde der Wahrheit" (vgl. Beintker) wird nach eschatologischer Lehrtradition Gottes Urteil über das Leben des Einzelmenschen und der Menschheit insgesamt, ja über die ganze Schöpfung gesprochen. „Der Tag des Herrn bringt *uns* an den Tag" (Beintker, 226) und alles ans Licht, was in der Welt der Fall war. Die förmliche Schwierigkeit, die dieser Annahme inhäriert und zwar zunächst ganz unabhängig von der inhaltlichen Bestimmtheit des Gerichtsgedankens, besteht darin, Lebenszeit und Weltzeit sowie entsprechend individuelle und allgemeine Eschatologie zur Deckung zu bringen. Nach Schleiermachers Urteil ist dies nicht nur schwierig, sondern unmöglich, wie seine eschatologischen Erwägungen zum Thema einer Wiederbeleibung der Seele und einer Wiederbeseelung des Leibes bestätigen. Die Erwartung einer postmortalen Wiedervereinigung von Leib und Seele des Menschen sei zwar eschatologisch unverzichtbar, ohne dass deren Form auf den Begriff zu bringen wäre. Sie könne nur prophetisch, symbolisch, metaphorisch zum Ausdruck gebracht werden.

„Le temps présent est l'arche du Seigneur." „Die Gegenwart ist die Arche des Herrn." Der späte Goethe hat die Wendung als „geplanten Titel eines Aufsatzes (oder zumindest einer Miszelle)" (Birus, 6) rezipiert. Für den alternden Olympier nimmt die Jetztzeit eine ambivalente Stellung ein: Sie bietet ihm einerseits Zuflucht vor drohender Sintflut chaotisch versinkender Weltzeiten, stellt aber andererseits einen Ort dar, der für den Einzelnen keinen dauerhaften Bestand hat und insofern todbringend ist wie die Berührung der Bundeslade, die einst ebenfalls als Arche des Herrn bezeichnet werden konnte. Die Ambivalenzen des Augenblicks (vgl. Birus, 16ff.) haben Dichter und Denker seit alters und bis zum heutigen Tag ebenso beschäftigt wie die Diskrepanz zwischen Lebenszeit und Weltzeit, welcher der Goethe- und Löwenverehrer Hans Blumenberg ein ganzes Buch gewidmet hat. Die Beschäftigung mit der eschatologischen Thematik ließ sich dabei nicht vermeiden. Sie blieb, wie u.a. umfangreiche Bestände des Nachlasses belegen (vgl. Zerrath, 110 Anm. 217), auch nach erklärter „Abschiednahme vom Christentum" (Zerrath, 6) erhalten und wurde intensiv fortgesetzt.

Im Zentrum des Blumenberg'schen Interesses stand neben dem diskrepanten Verhältnis von Lebens- und Weltzeit die „Lücke zwischen der Gewissheit des Endes und seiner Unerfahrbarkeit" (Zerrath, 114). Beides gehört zusammen: Das Widerfahrnis eigenen Endes lässt sich nicht erfahren und der Umgang mit der eigenen Endlichkeit „nicht im Horizont der empirischen Erfahrung abschließen" (Zerrath, 113); dennoch ist die Lebenszeitbefristung in Anbetracht der Menschheits- und Weltgeschichte gewiss. Dieses bipolare Spannungsverhältnis fordert eschatologische Grenzreflexionen und Interpretationen heraus, welche die Möglichkeit des Begriffs transzendieren und sich nur mittels dessen zum Ausdruck bringen, was Blumenberg Metaphorik nennt. Sie verbindet Differentes, was sich in seiner Unterschiedlichkeit nicht begrifflich synthetisieren lässt, und hält die Naherwartung des Endes des individuellen Lebens, dessen zeitliche Befristung ein Erfahrungsdatum darstellt, mit dem sich von aller Erfahrung entfernenden Verlauf der Weltgeschichte zusammen, deren zeitliches Ende unabsehbar ist.

Lebens- und Weltzeit

Die befristete Zeit lebendiger Wesen und die alle Maße kreatürlichen Lebens sprengende Weltzeit differieren. Auf diese Differenz, die der Titel seiner Monographie „Lebenszeit und Weltzeit" (vgl. Blumenberg) bündig benennt, ist Blumenberg zufolge die eschatologische Tradition hintergründig bezogen mit dem Ziel, das „Drama der menschlichen Zeitknappheit ... zu schlichten" (Zerrath, 104) und die temporale „Kluft zwischen Leben und Welt" (ebd.) zu überwinden. Wird dieses Ziel von der traditionellen Eschatologie des Christentums erreicht? Blumenberg verneint diese Frage, will aber trotz seiner Kritik die Intention konstruktiv weiterverfolgen, die er für die bewegendste aller menschlichen Endzeiterwartungen hält. Zu beschreiten sei ein Mittelweg zwischen individueller Resignation und Jenseitsvertröstung. Humane Lebenskunst erfülle sich eschatologisch darin, den willentlichen Verzicht auf Unendlichkeitsstreben mit der bewussten Affirmation eigener Endlichkeit zu verbinden. „Nicht das Ganze wird als (unendliches) Telos des Menschseins ausgerufen, sondern die sinnhafte Aneignung der Grenzen." (Zerrath, 108)

Die Kosmologie rechnet mit astronomischen Zeitgrößen, die Anthropologie findet ihr temporales Maß nicht in Lichtjahren, sondern am Wort des Psalmisten, demzufolge das menschliche Leben siebzig Jahre währt und wenns hoch kommt achtzig (Ps 90,10). Die von Blumenberg in Anbetracht der Differenz von Welt- und Lebenszeit angebotene Lösung lautet: „Das eschatologische Individuum soll nicht auf die Vollendung seiner selbst ausgerichtet werden, sondern auf die Erträglichkeit seiner Vergänglichkeit." (Zerrath, 7) Christliche Eschatologie wird diesem Satz nicht zustimmen können. Dennoch war, ist und bleibt es auch für sie eines der Zentralprobleme, wie mit der Differenz von Welt- und Lebenszeit umzugehen sei. Dabei geht der Trend der Entwicklung, wie sich zeigte, nicht erst seit der Neuzeit dahin, die universale, kosmologisch orientierte hinter die individuelle, auf den Menschen konzentrierte Eschatologie zurücktreten zu lassen. Um nur eine Stimme aus der neueren Diskussion um die Eschatologie zu zitieren: „Die Zeitdimensionen moderner Kosmologie schließen jede unmittelbare Relevanz für irdisch gelebtes Leben mit der Dauer um die 70 Erdenjahre aus. Der Mensch tut also gut daran, sich in der existentiellen Dimension seines Lebens auf das irdische Dasein in seiner Beschränktheit und Endlichkeit zu konzentrieren. Das entspricht dem Anliegen christlicher Eschatologie im Blick auf die Schöpfung. Es gilt, endlicher zu werden." (Hübner, 172) Auf christliche Weise zu entsprechen ist dieser protologischen Forderung indes nur, wenn die Vollendung des Endlichen und die Erfüllung kreatürlicher Verheißung erhofft werden darf, was nicht unter Abstraktion vom Zusammenhang zwischen Selbst und Welt möglich ist, sondern nur unter der Bedingung seiner Bewahrung.

Definitive Grenzen

Dass die christliche Eschatologie den Zusammenhang von Selbst und Welt, Individualität und Universalität, Anthropologie und Kosmologie auch nach erfolgter Konzentration auf den Tod des Einzelnen und das Problem seiner Seelenunsterblichkeit tatsächlich zu wahren suchte, gilt es im Folgenden in Ausrichtung auf das Thema der allgemeinen Totenauferstehung und das Problem ihrer Leiblichkeit zu zeigen und zwar unter besonderer Berücksichtigung derjenigen Theorietradition, die für die christliche Bestimmung des Selbst-Welt- bzw. Seele-Leib-Verhältnisses prägend wurde wie wenig andere: die aristotelische. Am Anfang sollen erneut Überlegungen zum Tod des Einzelnen stehen. Der ausnahmslos alle Adamskinder betreffende Tod, der im Fall der Sünde ihren Ursprung hat, beendet das Leben des Einzelnen auf eine Weise, die natürlich zu nennen eine Verharmlosung wäre. Zwar gehört Sterblichkeit in bestimmter Hinsicht zur menschlichen Naturbeschaffenheit und kann insofern als ein mit der Geschöpflichkeit des Menschen gesetztes Datum gelten. Aber die mit seinem kreatürlichen Wesen gegebene Endlichkeit des Menschen hat in statu integritatis nur die Bedeutung von Gottunterschiedenheit und noch nicht diejenige eines Existenzabbruchs, der erst eine Folge des Falles der Sünde ist. Erst unter sündigen Bedingungen führt die Endlichkeit des Menschen zu einem Ende, dessen Definitivität Grenzen setzt, die vonseiten des Menschen her nicht mehr transzendierbar sind.

Der Mensch kann die Grenze, die ihm durch seinen Tod gesetzt ist, von sich aus nicht transzendieren. Dies wird durch den Grundsatz unterstrichen, dass mit dem

Eintritt des Todes die Zeit endet, in der sich das Geschick des einzelnen Menschen entscheidet. Postmortale Revisionsmöglichkeiten eines grundsätzlich verfehlten Lebens sind nicht vorgesehen. Zwar wurde die Lehre von der Unmöglichkeit eines postmortalen Heilserwerbs des der Sünde verfallenen Menschen nicht förmlich definiert. Aber faktisch war mit der Apokatastasislehre auch die Annahme verworfen worden, Todsündern stünde nach ihrem Tod die Möglichkeit einer Bekehrung zum Guten hin offen. Mit dem Tod des Einzelnen ist über sein eschatologisches Geschick im Grunde definitiv und endgültig entschieden. Grundsätzliche Revisionen sind ebenso wenig erwartbar wie jene Metempsychosen oder Reinkarnationen, welche diverse Seelenwanderungslehren in Aussicht stellen.

Man hat gegen die in einigen ihrer Grundzüge in Erinnerung gebrachte Eschatologie der abendländischen Scholastik im Allgemeinen und gegen ihre Lehre einer irreversiblen Definitivität des im Tode endenden Menschenlebens im Besonderen von ostkirchlicher Seite gelegentlich der Vorwurf einer Abstraktheit erhoben, welche in unstatthafter Weise vereinzele und schon zu irdischen Lebzeiten einen Solipsismus befördere, der dem kommunialen Wesen von Christentum und Kirche widerspreche und entgegengesetzt sei. In der Tat wird man fragen müssen, ob die mit ihm verbundene definitive Entscheidungsmacht wirklich dem Tod zukommt. Theologisch zutreffender ist sicher die Annahme eines mit dem Tode erfolgenden abschließenden Gerichts, das nicht den Regeln des Todes, sondern den Regeln der göttlichen Gerechtigkeit folgt. Sie ist es, die den Einzelnen im strikten Sinne individualisiert und zwar gerade dadurch, dass sie sein gelebtes Leben mit der Geltung eines Gesetzes von allgemeinmenschlich-universaler Verbindlichkeit konfrontiert. Dieses Gesetz bemisst den einzelnen Menschen nicht an einem ihm fremden Maß, sondern an dem der Menschlichkeit, zu der er wie jeder andere Mensch auch von Gott her bestimmt ist und zwar in der unvertretbaren Individualität, die sein Personsein ausmacht.

Seelisches Selbst- und leibhaftes Weltverhältnis

Von dem individuellen Endgericht und seiner Beziehung zum Jüngsten Gericht am Ende von Menschheits- und Weltgeschichte wird eigens zu handeln sein. Formal gerahmt wird, was über das Verhältnis von besonderem und allgemeinem Gericht zu sagen ist, von den Themen individueller Tod und Seelenunsterblichkeit einerseits und leiblicher Totenauferstehung andererseits. Auf die Frage nach einer möglichen Überwindung der Todesgrenze gibt es zwei Antworten, die einander ursprünglich nicht zugeordnet waren, aber für die christliche Eschatologie, die sie synthetisierte, wirkungsgeschichtlich gleichermaßen bedeutsam wurden: die griechische von der Unsterblichkeit der Seele und die hebräische von der allgemeinen Totenauferstehung. Beide Annahmen, die in der jeweiligen Tradition keineswegs einheitlich vertreten wurden, sind im Laufe der Christentumsgeschichte vielfältig, doch nach einem erkennbaren Grundmuster kombiniert worden. Erst Anfang des vergangenen Jahrhunderts wurden die traditionellen Rahmenbedingungen eschatologischer Lehrbildung systematisch problematisiert, etwa durch die sog. Ganztodtheorie. Doch zeigt sich bei genauerem

Zusehen rasch, dass keine Eschatologie auf interne Differenzierungen verzichten kann, die den traditionellen analog sind. Dies hat damit zu tun, dass das Selbstverhältnis des Menschen, für das traditionell die Seele steht, von seinem leibhaften Weltverhältnis zwar nicht zu trennen, wohl aber zu unterscheiden ist.

Das Verhältnis, in dem das Ich zu sich selbst steht, ist allen Weltverhältnissen vorrangig, ohne sich von der Welt dispensieren zu können und zu sollen, da das Verhältnis zur Welt und ihren Verhältnissen dem menschlichen Selbstverhältnis unveräußerlich zugehört. Ohne sich grundsätzlich eins zu wissen mit der Welt, kann das Ich nicht zu sich selbst finden. Dies aber ist ihm weder von der Welt her noch von ihm selbst her möglich. Es ist im Gegenteil so, dass die Einheit von Selbst und Welt verfehlt wird und in beständigen Zwist ausartet, wenn sie von einer der beiden Seiten her erlangt werden soll. Eins mit sich selbst und mit aller Welt kann das Ich nur sein, wenn es weder sich selbst zum Grunde der Welt noch die Welt zum Grunde seiner selbst, sondern Selbst und Welt in ihrer Unterschiedenheit einheitlich in einem beide transzendierenden Grund begründet weiß.

Der Mensch ist ein Verhältniswesen, das auf sich selbst, auf die Welt und auf den Grund von Selbst und Welt bezogen ist. Dass letztere Beziehung von Grund auf und vom Grund her auch im Falle des Endens von Selbst und Welt erhalten bleibt, ist der Kern christlicher Hoffnung (vgl. Stock). Er besteht in der Erwartung, dass Gott sein Verhältnis zu Mensch und Welt auch am und im Ende aufrechterhalten wird und zwar so, dass dies Auswirkungen hat sowohl für das Selbst- als auch für das Weltverhältnis des Menschen, die beide in Gott gründen und in ihm gut aufgehoben sind, ohne dadurch unmittelbar gleichgeschaltet zu werden. Entsprechend stehen auch in eschatologischer Hinsicht sowohl psychosomatische Einheit als auch psychosomatische Differenziertheit des Menschen in Geltung.

Für die christliche Eschatologie ist, wie mehrfach erwähnt, die förmliche Bestimmung des Todes als Trennung von Leib und Seele bestimmend geworden. „Während der Leib tot zurückbleibt und zerfällt, gelangt die unsterbliche Seele zu Gott. Am Ende der Zeit, bei der Auferstehung des Fleisches, wird sie wieder mit ihrem Leib vereint. So versuchte man, gleichzeitig die Wirklichkeit des Todes, die Rückkehr des Menschen zum Staub (vgl. Gen 3,19), ernst zu nehmen und den Glauben daran zu formulieren, daß die Verstorbenen schon jetzt bei Christus sind und daß der von Gott auferweckte Mensch identisch ist mit dem, der auf Erden gelebt hat.“ (Nocke, 114) Um sich einen genaueren Begriff von der anima separata und ihrem Verhältnis zum Leib zu verschaffen, orientierte man sich seit mittelalterlichen Zeiten vorzugsweise an der Psychologie des Aristoteles und ihrer Auffassung der Seele als der Formursache eines natürlichen, physisch-organischen Körpers (vgl. Salatowsky).

Aristoteles „De anima“

Kann schon in Bezug auf Platon nur von einem tendenziellen, nicht aber prinzipiellen Leib-Seele-Dualismus die Rede sein, so gilt dies umso mehr in Bezug auf seinen Schüler Aristoteles, in dessen Philosophie Leib und Seele untrennbar zusammengehören, „weil die Seele das Prinzip alles Lebendigen ist“ (Flashar, 299).

Sie fungiert, wie in den drei Bänden „De anima" klassisch entfaltet wird (vgl. Aristoteles; ferner Polansky), als die Entelechie eines natürlichen, mit Organen versehenen Körpers, als die habituelle Aktualität der in ihm angelegten Potenzen. Dieses Seelenverständnis entspricht dem, was schon in den homerischen Epen, den ältesten Zeugnissen der griechischen Literatur, mit dem Wort „*psyche*" zum Ausdruck gebracht ist: „Es meint dort den Lebenshauch, der den Sterbenden durch den Mund oder durch die Wunde verlässt." (Flashar, 297 f.) Man wird nicht sagen können, dass diese altgriechische Todesvorstellung in einem alternativen Gegensatz zum hebräischen Verständnis steht.

Im Vorgang des Sterbens verliert der Leib des einzelnen Lebewesens, im gegebenen Fall des individuellen Menschen, allmählich oder plötzlich die Tauglichkeit, beseelt bzw. seelisch geformt und gestaltet zu werden. Er wird zum toten Körper, zum Leichnam herabgesetzt. Der Tod löst die psychosomatische Lebenseinheit des Menschen auf. Besagter Auflösungs- und Zersetzungsprozess betrifft den Menschen nicht nur zum Teil, sondern durchaus als ganzen. Diese von der hebräischen Tradition nicht nur nahegelegte, sondern obligatorisch geforderte Annahme ist im Christentum eindeutig festgehalten worden und zwar auch unter den Bedingungen christlicher Platonrezeption. Denn der christliche Platonismus, wie er weite Teile der altkirchlichen Theologie bestimmte, hat den Menschen entgegen einer zwar verbreiteten, aber nichtsdestoweniger irrigen Meinung nie als ein zweiteiliges Wesen vorgestellt, dessen leiblicher Teil für sich allein vom Tode betroffen werde, wohingegen der andere, seelische Teil per se unsterblich sei. Umso mehr gilt dies für den christlichen Aristotelismus, wie er im Mittelalter herrschend wurde, da der aristotelische Hylemorphismus den innigen Leib-Seele-Zusammenhang von Hause aus unmissverständlicher herausgestellt hat als Platon.

Alle lebenden Körper sind Aristoteles zufolge beseelt, wobei innerhalb der diversen Gestalten des Lebendigen das dynamische Gesetz gradueller Stufung und fortschreitender Beseelung waltet und als Maßstab des Fortschritts die wachsende Emanzipation des Psychischen von seiner hylischen Basis fungiert. Je mehr die Hyle psychisch durchformt ist, desto entwickelter ist die entsprechende Lebensgestalt (vgl. Happ). Der unterste Grad seelischen Vermögens ist das vegetative, das Aristoteles insbesondere mit der Ernährungsfähigkeit, aber auch mit der Fortpflanzungspotenz assoziiert. Eine vegetative Seele kommt allen Lebewesen zu. Während viele Pflanzen nur über sie verfügen, partizipieren andere lebende Entitäten darüber hinaus am seelischen Wahrnehmungsvermögen und mit ihm am Strebevermögen, sofern mit dem Wahrnehmungsvermögen stets die elementare Empfindung von Lust und Schmerz verbunden ist, welche notwendigerweise Lustbegehren und Streben nach Schmerzvermeidung erzeugt. Die rudimentärste Form seelischer Wahrnehmungspotenz ist der Tastsinn. Mit seiner Ausbildung beginnt recht eigentlich entwickeltes Leben. Wie der Tastsinn das vegetative Seelenvermögen zur Voraussetzung hat, so setzen die übrigen Sinnesvermögen ein taktiles voraus, das ihre Basis bildet. Ohne den Tastsinn ist keine der anderen Wahrnehmungsorgane vorhanden, wohingegen jener ohne diese vorkommen kann. Hinzuzufügen ist, dass einige der wahrnehmungsbegabten Lebewesen die Fähigkeit örtlicher Bewegung haben, andere nicht.

Seelenvermögen

Neben dem Tastsinn, der die elementarste Form der Differenzierung von Innen und Außen sowie die basalste Weise fühlenden Inneseins ermöglicht, kommen im zweiten Buch der aristotelischen Psychologie die übrigen Sinne in der nötigen Ausführlichkeit in Betracht: der Gesichts-, der Gehörs-, der Geruchs- und der Geschmackssinn sowie jene Sinneseinheit, die alle Einzelsinne durchwaltet. Dass es außer den fünf Sinnen keinen anderen gibt und geben kann, und warum der Mensch von Natur aus mehrere Wahrnehmungssinne hat und nicht nur einen einzigen, wird zu Beginn des dritten Buches über die Seele erörtert, in deren Zentrum das seelische Vernunftvermögen steht. Bereits bei der sinnlichen Wahrnehmung wird das Wahrgenommene vom Wahrnehmenden nicht eigentlich materiell, sondern nach Maßgabe seiner Form wahrgenommen, ohne dass deshalb von einer nur geistigen Aufnahme der wahrgenommenen Form die Rede sein könnte, die von der sinnlichen Affizierung der Sinnesorgane abstrahiert. Solche Sinnenaffektion wird von Aristoteles für das Verständnis des Wahrnehmungsvollzugs unzweifelhaft vorausgesetzt. In Abrede gestellt wird lediglich, dass die sinnlichen Gegenstandseindrücke sinnenfällige, gleichsam gegenstandsanaloge Veränderungen in den Sinnesorganen hervorrufen.

Ein weiterer Schritt zu gleichsam materielosen Kognitionsweisen wird in der Phantasie vollzogen, die weniger ein Rezeptionsvermögen als eine produktive Einbildungskraft darstellt. Hebt Wahrnehmung nach Aristoteles mit der Stimulierung der Sinnesorgane durch einen sinnlichen Gegenstand an, so vermag das Gedächtnis die Sinneseindrücke in Erinnerung zu behalten, zu konservieren und bei Gelegenheit zu reproduzieren. In der Phantasie nimmt das Reproduktionsvermögen des Gedächtnisses produktive Gestalt an, insofern Erfahrungen nun förmlich gemacht und ohne sinnlichen Anstoß hervorgebracht werden. Zwar hat Aristoteles die Fähigkeit, Sinneseindrücke zu bewahren und zu reproduzieren, der Wahrnehmungsseele zugeordnet; doch verweist das produktive Vermögen der Phantasie schon ansatzweise auf das Denkvermögen als das oberste Seelenvermögen des Menschen, das zugleich seine spezifische Eigentümlichkeit unter den beseelten Lebewesen ausmacht. Auch die Wahrnehmung, dass man wahrnimmt, antizipiert bereits das Denken, in dem sie reflex wird und die Form eines Wissens um die Einheit des Wahrnehmungsbewusstseins bzw. eines sich wissenden Selbstbewusstseins annimmt.

Form und Materie

Nach Maßgabe des aristotelischen Hylemorphismus ist die Seele das Lebensprinzip des Körpers, das sich zu diesem wie die Form zur Materie verhält. Das seelische Vermögen zu denken ist formal insofern, als es zwar nicht ohne Vorstellungsbilder auskommt, diese aber nicht materiell, sondern in reiner Form aufzufassen sucht. Vernunft und Intellekt als dasjenige, womit die menschliche Seele denkt, sind an sich selbst keine sinnlich erfassbaren Größen mit materiellen Eigenschaften, auch wenn sie nie ohne Sinnlichkeitsbezug auftreten. Denken ist realiter nichts von dem, was es denken kann, wohingegen alle Wirklichkeit unter der Voraussetzung steht, gedacht und in Gedanken erfasst werden zu können. Werden Sinnesorgane durch übermäßige sinnliche Eindrücke ruiniert, kann das Denken im Unterschied dazu durch keinen denkbaren Gedanken zerstört werden, in welch drastischer Realistik dieser auch gedacht werden mag.

Das vernünftige Seelenvermögen ist von dem vernunftlosen, dem das vegetative und in bestimmter Weise auch noch das seelische Wahrnehmungs- und Strebevermögen zugehören, unterschieden, ohne im Menschen von diesem einfachhin abtrennbar zu sein. Wie menschlicher Leib und menschliche Seele einen differenzierten Zusammenhang bilden, dessen Richtungssinn eindeutig seelisch bestimmt zu sein hat, so verhalten sich das vernünftige Vermögen der Seele zum vernunftlosen wie das bestimmende zum bestimmbaren bzw. zu bestimmenden. Ist das seelische Strebevermögen zwar an sich selbst vernunftlos zu nennen, ja mit einem begehrlichen Hang zu demjenigen hin versehen, was Aristoteles das Vegetative nennt, so nimmt es doch zugleich eine adiaphoristische Zwischenstellung, ja einen potenziell vernunftanschlussfähigen Status ein, der es dazu bestimmt, durch Vernunft bestimmbar zu sein. Auf diese Bestimmung nimmt das seelische Vernunftvermögen insofern Bezug, als es sich durch rationale Erwägung und verständige Überlegung darum müht, das menschliche Streben in Form vernünftigen Willens, Wollens und Wählens zu gestalten.

Ihren Grund und ihre Zweckursache findet die praktische Vernunftbemühung, die in der *phronesis* zur Tugend wird, im vernünftigen Seelenvermögen theoretischen Wissens und einer Wissenschaft und Weisheit, die auf die unveränderlichen Fundamente alles Wissbaren gerichtet sind. Im theoretischen Wissen um die Letztgründe und das ewige Prinzip alles Wissbaren, wie es sich dem *nous* erschließt, sind Wissen und Gewusstes eins und die vernünftige Seele hat, wenn man so sagen darf, Anteil an der Sphäre reiner Intelligibilität und Idealität, die aber nach Aristoteles nicht als reale Transzendenz, sondern realiter nur als dasjenige denkbar ist, was den Menschen zu beständiger Selbst- und Welttranszendierung bewegt, ohne an sich selbst auf den Begriff gebracht und wirklich erfasst werden zu können. So muss es für die leibhafte Seele, welcher der Mensch ist, dabei bleiben, dass ihr Denkvermögen zwar alle Vorstellungen übersteigt, ohne doch auf Vorstellungen und sinnliche Rückbindungen gänzlich verzichten zu können.

Hylemorphistische Psychologie

Eine genauere Erörterung der hylemorphistischen Psychologie des Aristoteles und ihrer namentlich das theoretische Vernunftvermögen der Seele betreffenden Implikationen und Folgen würde einen detaillierten Vergleich mit der Seelenlehre Platons erforderlich machen. Im gegebenen Zusammenhang muss die Feststellung genügen, dass für Aristoteles deutlicher als in der zumindest tendenziell dualistischen Sicht Platons die Beziehung von Leib und Seele einen für beide Teile wesentlichen Zusammenhang bildet, der prinzipientheoretisch nicht aufhebbar ist. Zwar scheint Aristoteles eine Ausnahme von der hylemorphistischen Regel für die Menschenseele insofern vorzusehen, als er im fünften Kapitel des dritten Buches ihr theoretisches Vernunftvermögen wenn auch nicht in der Gestalt des *nous pathetikos*, der leidentlichen Vernunft, wohl aber in Form des bewirkenden Intellekts, des später von Kommentatoren sog. *nous poietikos*, ausdrücklich allen körperlich-sinnlichen Zusammenhängen entzieht, wenn es sagt: „Und diese Vernunft ist abtrennbar, leidensunfähig und unvermischt und ist ihrem Wesen nach in Wirklichkeit." (De anima III,5) Als tätige hat die Vernunft nach Aristoteles offenbar als unsterblich und ewig zu gelten. Doch fügt er sogleich hinzu: „Wir haben (dann) aber keine Erinnerung, weil dieses (sc. das Prinzip der tätigen Vernunft) leidensunfähig ist, die leidensfähige Vernunft hingegen vergänglich ist, und ohne diese jene nichts (von dem Erinnerbaren) erkennt." (Ebd.) Realiter ist der bewirkende Intellekt sonach Gott vorbehalten, dessen inneres Leben für Menschen unerschwinglich ist. Ihre leibseelische Wirklichkeit lässt eine Realisierung von Intelligibilität in idealer Vollkommenheit nicht zu.

Passive und aktive Vernunft

Die Lehre von der passiven und der aktiven Vernunft gehört zu den strittigsten Themen in der Geschichte der christlichen Aristotelesinterpretation und -rezeption. Die aktive Vernunft als die höchste Fähigkeit des menschlichen Geistes, die ihn mit dem göttlichen Geist verbindet, ist das einende Ziel alles rationalen Vermögens und die letzte Zweckursache aller Seelentätigkeit und Tugend des Menschen. Während die passive Vernunft, die sich durch sinnliche Vorstellungen beeindrucken lässt, leidensfähig und vergänglich ist, hat die tätige Vernunft, die alle Gedanken wirkt, die zu denken möglich sind, als leidensunfähig, unsterblich und ewig zu gelten. Dennoch wurde in der wechselvollen Interpretationsgeschichte von *De anima* III,4 f. die Stellung des intellectus agens unterschiedlich bestimmt. In der Neuzeit hat man ihn häufig im Sinne selbsttätiger Subjektivität ausgelegt.

Auch nach Aristoteles vollzieht die Vernunft zweifellos eine aktive Leistung, wenn sie sich den Erkenntnisgehalt eines in Erfahrung gebrachten Objekts abstrahierend zur Einsicht bringt. Gleichwohl bleibt im Falle des Menschen das aktive an das passive Vernunftvermögen rückgebunden, das von empirischen Objekten bestimmt ist, sofern es leidentlich etwas von ihnen erfährt. Menschliches Denken ist nach Aristoteles nie rein produktiv, sondern unveräußerlich mit sinnlich vermittelten Vorstellungen versehen. Man wird daher auch nicht sagen können, dass der intellectus agens nach Aristoteles die Unsterblichkeit der Menschenseele in ihrer leibgebundenen Individualität gewährleistet. Durch die tätige Vernunft kommt der Mensch zwar der Gottheit nahe, ohne deshalb in leibseelischer Einheit am Göttlichen zu partizipieren.

Die von Aristoteleskommentatoren *nous poietikos* genannte aktive Vernunft, die ihrer Substanz nach reine Aktivität und unaufhörlich tätig ist, findet im Leib des Menschen und seiner leibhaften Welt eine Schranke, welche zwar beständig transzendiert, niemals aber definitiv aufgehoben werden kann. Dies hat nach Aristoteles im Wesentlichen darin seinen Grund, dass erstens kein menschliches Denken möglich ist, das nicht auf Vorstellungsbilder angewiesen wäre, welche die Einbildungskraft produziert, und zweitens zwischen den denkenden und den übrigen Teilen der Seele keine scharfe Trennung besteht, sofern die höheren Seelenteile sich der niedrigen bedienen und zumindest indirekt auf sie angewiesen sind (vgl. Cassirer, 140 ff.). Ohne die Seele hat kein Körper lebendigen Bestand, sofern sein leibhaftes Leben von seiner Beseelung abhängt. Seine Entseelung hat den Tod bzw. die Verwandlung des lebendigen Leibes in einen bloßen Körper zur Folge. Doch hängt die Menschenseele nach Aristoteles ihrerseits am Leib, den sie beseelt, so dass der leibliche Tod auch sie betrifft, weil sie sich zwar einerseits als leibdifferent denken muss, wenn sie zum Begriff ihrer selbst gelangen will, aber andererseits nicht leiblos denken kann.

Aristotelisches und biblisches Menschenbild

Leib und Seele lassen sich nach Aristoteles nicht wie zwei Teile voneinander trennen, sondern bilden eine psychosomatische Einheit und ein Ganzes. In der christlichen Anthropologie wurde dieser ganzheitliche Aspekt in Übereinstimmung mit dem biblischen Menschenbild (vgl. im Einzelnen Schüle) in der Regel unterstrichen sowie, wenn nötig, gegen dualistische Tendenzen geltend gemacht – und zwar auch in eschatologischer Hinsicht, wie die in der mittelalterlichen Scholastik üblichen Lehren von der Auferweckung und Auferstehung der Toten dies bestätigen. Nach Mehrheitsmeinung scholastischer Theologie werden nicht lediglich einige, sondern alle Menschen auferstehen, die je gelebt haben. Mit der Allgemeinheit der Auferstehung ist ihre Gleichzeitigkeit verbunden. Das gesamte Menschengeschlecht wird in einem und demselben Augenblick erweckt werden und zwar so, dass jeder einzelne in leibhafter Identität ersteht, wenngleich in verwandelter Form. Die Art der Verwandlung fällt unterschiedlich aus, je nachdem wie das irdische Leben gestaltet war. Als Kriterium der Unterscheidung fungiert die Differenz von gerecht und ungerecht, gläubig und ungläubig. Doch erfolgt die Verwandlung in jedem Fall so, dass die Identität des Auferstehungsleibes mit dem irdischen unbeschadet erfolgender Verwandlung gegeben bleibt. Dass die leibhafte Verwandlung bei erhaltener Selbigkeit allein den Gerechten vorbehalten werde, ist eine scholastische Minderheitsmeinung.

Die gelegentlich begegnende Rede von zwei Auferstehungen wird von der orthodoxen Scholastik nicht im chiliastischen Sinne, sondern so verstanden, dass die erste auf die Auferstehung der Seele, die zweite auf diejenige des Leibes bezogen wird. Diese Unterscheidung soll die psychosomatische Einheit des Menschen nicht destruieren, trägt aber ihrer Differenziertheit eschatologisch dadurch Rechnung, dass sie die Erstehung der Seele aus dem Tod in unmittelbarer, diejenige des Leibes in vermittelter Form stattfinden lässt. In seelischer Hinsicht ist der Mensch im Augenblick seines Todes direkt vor Gott gestellt, wohingegen in leiblicher Hinsicht sein Weltbezug zu berücksichtigen ist mit der Folge, dass die Auferstehung des Leibes mit dem Ende bzw. der Vollendung der Welt koinzidiert. Eine zeitliche Abfolge ist mit dieser Sequenz nur in Bezug auf den Leib und in weltlicher Beziehung gesetzt, sofern sich für die verewigte, das Ganze des Lebens überschauende Seele unbeschadet ihrer durch wesensmäßige Leibbezogenheit bestimmten Temporalität die eigene Auferstehung und diejenige des Leibes in einem Moment ereignen. Was aber den Leib betrifft, so ist er durch den Tod und die mit ihm gegebene Ausschaltung des Bewusstseins der Zeit der Welt bis zu deren Ende enthoben, so dass auch für ihn seine Auferstehung mit derjenigen der Seele gleichzeitig stattfindet. Die Annahme zweier Auferstehungen hebt also die Einheit des Auferstehungsgeschehens nicht auf, sondern ist dem anthropologischen Verhältnis von Seele und Leib analog, auf das auch die zwar differenzierten, aber gleichwohl simultan zu denkenden Selbst-Welt- sowie Zeit-Ewigkeits-Relationen zu beziehen sind, deren Relationalität sich im eschatologischen Lehrstück in diverser Hinsicht reflektiert.

Wiedervereinigung von Leib und Seele als eschatologischer Skopus

Indem sie den menschlichen Tod durchweg als Trennung von Leib und Seele versteht, treibt die scholastische Lehrtradition die anthropologische Unterscheidung beider gleichsam ins Extrem. Doch wird nachgerade in extremis an der Einheitsbestimmung von Leib und Seele des Menschen insofern festgehalten, als ihre Wiedervereinigung den Skopus eschatologischer Argumentation bildet. Daraus folgt, dass die in der Regel in Anschlag gebrachte Immortalität der Seele nicht so gedacht werden darf, dass ihr Leibbezug als unwesentlich und der Tod als ein Geschick erscheint, der die Seele im Grunde gar nicht betrifft. Die Vorstellung einer postmortalen Leiblosigkeit der Menschenseele benennt lediglich das transitorische Durchgangsmoment eines Ereignisses, das auf die Erneuerung der Leib-Seele-Einheit zielt. Dass dabei die Wiederbeseelung des Leibes, wie sie in der leibhaften Auferstehung vom Tode statthat, sich vorstellungshaft nicht unmittelbar in deren Augenblick ereignet, ist der Tatsache geschuldet, dass der Leib in einem konstitutiven Weltbezug steht, dessen Externität wie diejenige des Leibes, durch den sie vermittelt wird, der Innerlichkeit der Seele nicht einfach äußerlich ist.

In der Eigentümlichkeit eschatologischer Temporalität jenseits von Zeitlosigkeit und infiniter Langeweile (vgl. Thiede) reflektieren sich komplexe Zusammenhänge dieser Art. Ihre Spiritualisierung wird vom Hauptstrom scholastischer Theologie nie so weit getrieben, dass die Leibhaftigkeit und leibliche Weltbezogenheit des Menschen zugunsten seines Seelenlebens der eschatologischen Vergessenheit anheim gestellt werden. Die platonisch-neuplatonisch geprägte Anschauung, wonach es unter Ewigkeitsbedingungen weder Körper, noch irgendeine Form von Zeit und Örtlichkeit gebe, wird abgelehnt. Zwar werden die Leiber der Auferstandenen materialiter transformiert und in einer Gestalt erscheinen, die mit irdischer Körperlichkeit nicht zu verwechseln ist. Doch wird die Transformation die Selbigkeit des jeweiligen Menschen auch in körperlicher Hinsicht nicht aufheben. Seine irdische Lebenszeit scheint im Zuge der Auferstehung erneut auf, um auf ewig erhalten zu bleiben. Ebenso gehört der Ort seines Lebens und alles, was ihm im Weltraum verbunden war, nicht einfach der Vergangenheit und dem Gewesenen an. Vielmehr sind die vom Tode erstandenen Menschen in Ewigkeit als leibhaft verfasst und durch eine Art von Raumzeitlichkeit bestimmt zu denken. Der Ort einer leibhaften

Seele wird auch unter eschatologischen Bedingungen nicht gleichzeitig von der einer anderen eingenommen werden können. Nachgerade dort, wo alle eins sind, wird Differenz nicht nur bewahrt, sondern zur Vollendung gebracht. Grundverkehrt wäre es hingegen, die himmlische Einigkeit der Verschiedenen als indifferent vorstellig zu machen. Diese Vorstellung weist in eine dem Himmel entgegengesetzte Richtung und ruft höllische Assoziationen hervor.

Von der Beschaffenheit der Auferstehungsleiber

Die in der Auferstehung mit ihrer Seele wiedervereinten Menschenleiber sind unvergänglich, aber nicht einfach zeitlos, sie sind unverweslich, aber nicht ohne einen Ort zu denken, an dem sie in Ewigkeit auf eigentümliche Weise erscheinen können. Was die Beschaffenheit des Leibes der Auferstandenen angeht, so erstrecken sich die scholastischen Spekulationen bis hin zur Frage des Alters und der Statur, in der er eschatologisch auftritt. Die Statur wird in einem gewissen Entsprechungsverhältnis zur Ausbildung gedacht, die der irdische Leib genommen hat, das Alter hinwiederum findet an den Lebzeiten Jesu Christi sein Maß, ohne dass dieses einfachhin chronologisch fassbar wäre. Christuskonformität ist primär nicht eine Frage der Altersgleichheit, sondern bemisst sich an dem Kriterium von Gerechtigkeit und Glauben, an denen sich in eschatologischer Hinsicht alles entscheidet.

Die in Glaubensgerechtigkeit Christuskonformen werden auch in leiblicher Hinsicht an der Herrlichkeit ihres Herrn teilhaben, wohingegen der eschatologische Leib der Ungerechten und Ungläubigen das Schicksal teilt, das sich ihre Seele auf unselige Weise bereitet hat. Die bereits angesprochene Differenzierung hinsichtlich der Verwandlungsgestalt der menschlichen Auferstehungsleiber nimmt auf diesen Gegensatz Bezug, dessen Ausmaß alles chronologisch-lokal Bemessbare sprengt und an eine Grenze reicht, deren Jenseitigkeit unausdenklich, jedenfalls durch Welt- und Selbsterfahrung nicht fassbar ist. Dies zu bemerken, ist insofern von wesentlicher Bedeutung, als eschatologische Aussagen stets dann missverstanden werden, wenn sie mit empirischen oder quasiempirischen gleichgesetzt werden. Auch eine supranatural begründete Metaphysik ist gegen solches Missverstehen nicht gefeit. Nicht zuletzt in Bezug auf Aussagen zu Hölle und Verdammnis muss dies sorgsamer bedacht werden, als es in Teilen der Scholastik und in anderen theologischen Kontexten der Fall war.

Die Naturgemäßheit der Auferstehung

Auch nach scholastischem Urteil ist die Auferstehung mit allem, was ihr zugehört, ein Wunder, das sich auf natürliche Weise nicht begreifen lässt und dessen Hoffnungsgewissheit sich nur dem Glauben erschließt. Unterstrichen wird dies u. a. dadurch, dass die zu erwartende allgemeine Auferstehung aller Menschen in der Regel an die zu erinnernde Auferstehung Jesu Christi rückgebunden wird, die gemäß urchristlichem Urteil (vgl. Lindemann) als Bedingung wenn nicht schon ihrer Möglichkeit, so doch ihrer heilsamen Tatsächlichkeit fungiert. Ohne Blick auf den auferstandenen Gekreuzigten lässt sich die Auferstehung der Toten nicht mit Gewissheit erwarten, jedenfalls nicht mit Heilsgewissheit. Von keinem Scholastiker, der Anspruch auf Rechtgläubigkeit erheben kann, wurde dies je bezweifelt. Wenn in scholastischer Theologie gleichwohl neben der Wunderbar- bzw. Wunderhaftigkeit der Auferstehung ihre Naturangemessenheit und ihre Übereinstimmung mit der Wesensbestimmung des Menschen hervorgehoben und die Annahme einer Allgemeinheit der Auferweckung aller derjenigen der Besonderheit der Auferstehung Jesu Christi vorausgesetzt wird, dann nicht, um die Unvergleichlichkeit des Osterereignisses und den die menschliche Wesensnatur samt aller Welt transzendierenden Charakter des eschatologischen Erweckungsgeschehens zu leugnen, sondern um dieses in protologischer Perspektive rückzubinden an dasjenige, was Gott ursprünglich und von Anfang an Menschheit und Welt zum schöpferischen Ziel gesetzt hat.

Die Eschatologie sprengt die Schöpfungstheologie nicht, sondern führt sie zur Vollendung. In diesem Sinne steht, um ein Beispiel zu geben, die Unsterblichkeit der leibhaften Menschenseelen, welche die Auferstehung mit sich bringt, nach scholastischem Urteil in keinem Widerspruch zur protologischen Anlage des Menschen, sofern der prälapsarische Adam zwar sterben konnte, aber nicht sterben musste und auch nicht hätte sterben sollen, wenn er sich nicht den Fall der Sünde hätte zuschulden kommen lassen. Zwar gehört Sterblichkeit im Sinne bloßer Möglichkeit protologisch zum Menschsein des Menschen, der nicht dergestalt unsterblich ist, dass er prinzipiell nicht sterben kann. Aber die Tatsächlichkeit des Todes des Menschen widerspricht seiner ursprünglichen Bestimmung und ist Folge des Falles der Sünde. Die Behebung des Todes in der Auferstehung der Toten widerspricht also nicht nur nicht der menschlichen Wesensbestimmung, sondern ist ihr gemäß jedenfalls dann, wenn sie in der Beseligung in Gott ihr Vollendungsziel findet.

Dass die Scholastiker in ihrer Lehre von Hölle und Verdammnis von Unsterblichkeit auch in dem furchtbaren Sinne eines widersinnigen Nichtsterbenkönnens sprechen konnten, ist in einer Weise grenzwertig, die gesonderter Überlegungen bedarf. Gesagt sei vorerst nur, dass der Abgrund der Sünde gedanklich ebenso unermesslich ist wie die Rede von ewiger Verdammnis und Hölle jeden Begriff sprengt. Sie macht, indem sie vom unausdenklich Verkehrten und Sinnwidrigen spricht, sprachlos, und sie muss dies tun, wenn sie in entsprechender Weise dem Wort Gottes dienlich sein soll, das der auferstandene Gekreuzigte in Person ist. Zu ihm haben die verdammnisbedrohten und höllengeängsteten Sünder, die wir sind, ihre Zuflucht zu nehmen, was die Theologie mit allen gedanklichen Mitteln zu bezeugen hat, die ihr zur Verfügung stehen. Hingegen sind von der nötigen Christuskonzentration ablenkende Höllen- und Verdammnisspekulationen gerade deshalb abwegig, weil sie das Unausdenkliche gedanklich zu bewältigen suchen, was zwangsläufig kontraproduktive Folgen zeitigen muss und in gefährliche Nähe zu demjenigen führt, welches zu bannen Gott allein dem Glauben die Macht gegeben hat.

Scholastische Normaldoktrin

Bevor ihre Verbindung mit der Erwartung eines Jüngsten Gerichts, das definitiv zwischen Gut und Böse scheidet, näher zu erörtern ist, seien noch einmal einige strukturelle Grundaspekte scholastischer

Lehre von der allgemeinen Totenauferweckung zusammenfassend ins Auge gefasst. Wie der Tod alle Adamskinder und jeden Einzelnen von ihnen betrifft, so wird auch die Auferstehung von den Toten dem Menschengeschlecht im Allgemeinen zuteil, jedoch je individuell. Zwar sind in Adam alle eins, jedoch nicht dergestalt, dass die Singularität des Einzelnen ausgeschlossen wird. Die Einheit des Menschengeschlechts kann nicht auf nur gattungsmäßige Weise erfasst werden, obwohl auch dieser Aspekt zum Begriff der Menschheit gehört. Doch ist diese auf menschengemäße Weise nicht anders gegeben als in einzelnen Menschen, die in Beziehung zum ganzen Menschengeschlecht stehen, ohne bloßes Besonderungselement seiner Allgemeinheit zu sein. Durch den menschlichen Tod wird dies insofern bestätigt, als er als Gattungsgeschick zugleich jeden Einzelnen als Einzelnen betrifft und zwar nicht nur von außen her und auf naturhafte Weise, die lediglich seine Physis tangiert, sondern so, dass sein seelisches Wesen im Innersten berührt und erschüttert wird.

Eine Bestätigung der differenzierten Einheit, wie sie Menschheitsgattung und Einzelmensch sowie menschlicher Leib und menschliche Seele in ihrem jeweiligen Verhältnis untereinander und zueinander darstellen, wird nach scholastischer Lehre auch durch die Auferstehung der Toten erbracht. Sie erfolgt, wie gesagt, zwar im Allgemeinen und für alle Menschen gleichzeitig, doch zugleich so, dass jeder einzeln und als er selbst auferweckt wird. Letzterer Aspekt wird unterstrichen, wenn das Ereignis der Auferstehung unbeschadet der Allgemeinheit und Gleichzeitigkeit, in der es erfolgt, in Beziehung gesetzt wird zur unverwechselbaren Lebensgeschichte jedes Menschen und zur Zeitlichkeit seines im Tode endenden leibhaften Daseins in der Welt. Dass die Weltzeit abgelaufen sein muss, bis die Leiber der Toten auferweckt werden, hängt damit zusammen, dass der Weltbezug der Leibhaftigkeit des Menschen ebenso konstitutiv zugehört wie der auf welt- und leibhaftige Weise vermittelte Gattungszusammenhang, in dem er steht. Als Gattungswesen sind alle Menschen im Grunde eins, worauf die Vorstellung verweist, derzufolge sie alle aus Adams Samen stammen. Doch bedarf es einer über diese Vorstellung hinausgehende Differenzierung, um den von Adam gattungsmäßig herrührenden Leib als individuell bedingt und damit in jener Einzelheit denken zu können, die ja schon Adam gekennzeichnet haben soll. Es ist hier nicht möglich, aber auch nicht nötig, die unterschiedlichen Modi dieser Differenzierung innerhalb scholastischer Theologie in Betracht zu ziehen. Festzuhalten ist lediglich, dass sie gemacht und zwar in dem Interesse gemacht werden, die differenzierte Einheit von Allgemeinheit und Besonderheit zur Geltung zu bringen, die jeder Mensch an sich selbst ist.

In seiner differenzierten Einheit von Gattungswesen und Einzelindividuum ist der Mensch jener beseelte Leib, der zu sein er nicht nur in diesem, sondern auch in jenem Leben bestimmt ist. Wie immer die leibhafte Selbigkeit des diesseitigen und jenseitigen Menschen und seine psychosomatische Einheit unter eschatologischen Bedingungen zu bestimmen ist, der auferstandene Mensch wird zwar anders, aber kein anderer sein als derjenige, der er zu seinen irdischen Lebzeiten war. Dies gilt ausnahmslos für alle Menschen und damit für jeden Einzelnen von ihnen. Die Endzeit wird dies erweisen und damit eschatologisch ratifizieren, was protologisch von

Anbeginn bestimmt war. Wann das Eschaton anbrechen wird, weiß niemand und ist einem Menschen vorauszuwissen unmöglich. Die Zeit der Auferstehung und der Tag des Gerichts heben unversehens und mit einer Plötzlichkeit an, die jedes irdische Zeitmaß sprengt. Eschatologische Berechnungen jedweder Art werden wie die Häresie der Chiliasten bzw. Millenarier als abwegig und irreführend abgelehnt. Auch über eine eventuelle Dauer der letzten Zeit oder über eine zeitliche Abfolge der Endzeitereignisse werden keine verbindlichen Aussagen gemacht. Wenn gesagt wird, dass die Auferstehung der Toten um Mitternacht oder zur Stunde der Auferweckung Jesu stattfinden wird, dann nicht, um sie nach Maßgabe irdischer Chronologie zu terminieren, sondern um ihre Definitivität und christologische Grundlegung zu bekunden.

Auferstehungsglaube und Vernunftanspruch

Was den in Grundzügen rekapitulierten systematischen Gesamtzusammenhang scholastischer Lehre von der Auferstehung der Toten anbelangt, so ist für ihn, um zuletzt nur noch dieses eigens zu erwähnen, die Frage von erheblicher Relevanz, wie der Beweis ihrer Wirklichkeit zu erbringen sei. Bedeutsam ist dabei weniger die Fülle der Einzelargumente und der aus Schrift und Lehrtradition beigebrachten Belege, so wichtig diese auch sind, sondern die Bestimmung des Verhältnisses, in dem Vernunft- und Autoritätsgründe zueinander stehen. Diesbezüglich gibt es, wie aus der Geschichte mittelalterlicher Scholastik bekannt, unterschiedliche Schulmeinungen, die für die Anlage des gesamten eschatologischen Lehrstücks folgenreich sind. Doch besteht allgemeine Übereinstimmung darin, dass der Glaube in seiner Auferstehungserwartung die Vernunft jedenfalls nicht gegen sich hat. Für die Vernunft des Auferstehungsglaubens spricht nach scholastischem Urteil in Verein mit der Zielgerichtetheit des Weltprozesses und dem Vollendungsstreben des leibseelischen Menschenwesens insbesondere, dass es mit der göttlichen Gerechtigkeit unvereinbar wäre, die Differenz von gerecht und ungerecht durch den Tod egalisieren und ins Nichts auflösen zu lassen. Der Ewigkeitswert des Guten, das alles Böse nach Maßgabe der Gerechtigkeit richtet, bedarf des Urteils eines letzten Gerichts, um in seiner Gültigkeit zu bestehen. Um dieses zu ermöglichen, erscheint die Auferstehung von den Toten als nötig und vernünftig. Zugleich erhellt, dass der Skopus, auf den hin sie angelegt ist, das extremum iudicium darstellt.

Die knappe Skizze der Regelauffassung mittelalterlicher Scholastik von der Auferstehung der Toten hat neben der aristotelischen Prägung ihrer Theologie auch die Tatsache bewiesen, dass von einer abstrakten Scheidung von Leib und Seele und einer Tendenz zu leibloser Seelenseligkeit in ihr nicht die Rede sein kann. Der Mensch geht mit seiner je eigenen Persönlichkeit und leibhaften Weltgeschichte in die Ewigkeit ein. Diese betrifft den ganzen Menschen. So verlangt die Seele nach Wiedervereinigung mit ihrem Leib, denn die Verbindung mit ihm entspricht ihrer Natur und ist ihr wesentlich. Ohne den Leib will und kann die Seele nicht in der Weise beseligt sein wie mit ihm. Der Tod des Leibes bzw. die im Tode erfolgende Trennung der Seele von ihm betrifft also auch die Seele, die ihn auf ihre Weise erleidet und mitstirbt. Es gilt der Grundsatz: „Mortuus homo non est homo", womit gesagt ist, dass der Tod das Menschsein des Menschen und damit den ganzen Menschen in seiner psychosomatischen Differenziertheit betrifft. Von daher ist es abwegig, die traditionelle Vorstellung vom Tod als Trennung von Leib und Seele demjenigen entgegenzusetzen, was man neuerdings Ganztodtheorie nennt. Eine solche alternative Entgegensetzung ist ebenso abstrakt wie die unvermittelte Kontrastierung seelischer Immortalität und einer als creatio ex nihilo statthabenden Auferstehung der Toten. Thomas beispielsweise hat stets versucht, die gleichsam „natürliche Unsterblichkeit der Seele mit der gnadenhaft geschenkten Auferstehung des Leibes zu vereinbaren" (Kehl, 271), wobei er unter leibhafter Auferstehung „das endgültige *Aufgehobensein* (der) menschlichen Geschichte (in ihrer individuellen, sozialen und universalen Dimension) im Leben Gottes" (Kehl, 235) verstand.

Eschatologische Identitätsgewähr

Dass die eschatologische Totenauferweckung mit der protologischen creatio ex nihilo pure negativo nur sehr bedingt zu vergleichen ist, wird in der Regel auch von den strengsten Ganztodtheoretikern nicht bestritten und geht im Grunde bereits aus dem Begriff der Totenauferweckung selbst hervor. Mag der Mensch im Sterben auch gänzlich vergehen und zunichte werden, so ist es für den Begriff eines Toten doch konstitutiv, dass er, mag er auch aktuell nichtig sein, doch nicht immer Nichts war, wohingegen das Nichts, aus dem Gott die Welt erschuf, in seiner Nichtigkeit keinerlei Gegensatz von Sein und Nichts zu bedingen in der Lage war. Umgekehrt würde die Lehre von der Unsterblichkeit der Seele in ihrer Plausibiliät kaum durch die Bestreitung der Ganzheitlichkeit des Todesgeschehens und durch die Annahme gesteigert, der Mensch sterbe wenn nicht nur zur Hälfte, so doch nur dem Leibe und nicht auch der Seele nach. Die entscheidende Frage kann also nur lauten, in welcher Weise angesichts des Todes von einer menschlichen Identitätswahrung gedanklich angemessen zu reden ist, ohne die eine Hoffnung über den Tod hinaus in der Tat nicht denkbar wäre.

Ist Gott der alleinige Garant menschlicher Identität über den Tod hinaus oder wird zum Selbigkeitserhalt auch von menschlicher Seite etwas beigetragen? Auch hier wird man zunächst einmal rückfragen müssen, ob die Problemexposition angemessen vorgenommen ist. Hält man sich an den Geist Jesu Christi, dann kann mit Gewissheit darauf vertraut werden, dass der Mensch als Mensch, ja, dass ich selbst der Wirklichkeit Gottes unveräußerlich zugehöre. Ich muss mich mithin um meine postmortale Identität nicht sorgen und zwar auch nicht dadurch, dass ich mir und meinesgleichen eine immortale Selbigkeit auf gleichsam substanzhafte Weise oder nach Art eines Eigenvermögens zudenke. Kurzum: Eine eschatologische Hermeneutik ist verständnisfördernd nur, wenn sie Differenzierungsleistungen im Sinne von Unterscheidungen erbringt, welche indifferente Gleichsetzungen ebenso vermeiden wie Trennungen, die auflösen, was nur als differenzierter Zusammenhang zu verstehen ist.

Ganztodkritiker legen Wert auf die Feststellung, dass der Tod den ganzen Menschen betrifft und nicht nur einen Teil von ihm. Dem wird niemand widersprechen wollen; denn in Anbetracht des Todes von einem teilweisen Überleben zu reden, wäre erkenntlich absurd. Zu fragen ist allerdings, was unter menschlicher Ganzheit und darunter zu verstehen ist, dass der Mensch durch den Tod als psychosomatische Einheit annihiliert werde. Der Begriff der Annihilierung setzt ein zu Nihilierendes voraus, das auch dann von dem, was nihil pure negativum heißt, zu unterscheiden ist, wenn es im Annihilierungsvorgang des Todes schlechterdings zunichte wird. Mag der verstorbene Mensch für sich selbst schlechterdings nicht mehr da sein, so war er doch da und ist es für andere Menschen nach wie vor, solange sie sich seiner erinnern. Indes handelt es sich hierbei für vom Tode Betroffene um einen schwachen Trost, da alle denkbaren menschlichen Erinnerungssubjekte nicht nur notorisch vergesslich, sondern selbst sterblich sind.

Schlussfrage

Die entscheidende theologische Frage kann nur lauten, ob am letzten Ende und ganz zum Schluss überhaupt jemand übrig bleibt, der den Sinn dessen gewährleistet, dass überhaupt etwas war und nicht nichts. Diese allgemeine Frage nach dem universellen Sinn des Ganzen stellt sich jedem Einzelnen in höchst spezieller Weise angesichts seines bevorstehenden Todes, was dessen eigentliches Problem ausmacht. Der Tod evoziert Angst vor dem Nichts und lässt mich am Sinngrund meines Daseins zweifeln, weil ich zu wissen meine, infolge meines Todes zwar noch eine Zeitlang äußerlich und geraume Zeit länger innerlich für andere, nicht mehr aber für mich selbst da zu sein, von welcher Meinung das ganze Bewusstsein in Beschlag genommen zu werden droht, einschließlich dessen, was ich zu wissen meine. Denn wenn ich zu wissen meine, dass ich durch den Tod mir selbst entzogen werde, dann ist von diesem Entzug mit jeder Form des Wissens und des sich wissenden Wissens auch mein Wissen vom Tode selbst betroffen.

Das Problem iteriert und lässt sich gedanklich nicht lösen. Reflexion findet keinen Ausweg, sondern verläuft sich in Endlosschleifen, die sie selbst erzeugt. Mit der Theorie scheitert auch die Praxis, weil Handeln Sinn voraussetzt und aus sich heraus nicht zu generieren vermag. Bleibt die Religion als das Verhalten zu denjenigen Problembeständen, zu welchen man sich nicht nicht verhalten kann, die aber weder einer theoretischen noch einer praktischen Lösung zuzuführen sind. Ohne Religion müsste die eschatologische Frage unbeantwortet bleiben. Die christliche Antwort auf sie hat einen Namen und heißt Jesus Christus. Im auferstandenen Gekreuzigten hat Gott in der Kraft seines Geistes die Befremdlichkeit des Todes überwunden. Als Vater des Sohnes weiß der Allmächtige und Allwissende, was es heißt, gänzlich ohnmächtig und unwissend zu sein. Eben deshalb ist er in der Lage, tödliche Ungewissheit in lebendige Gewissheit zu verwandeln.

13. De purgatorio. Gedanken zum Fegfeuer

Lit.: P. Althaus, Die Letzten Dinge. Entwurf einer christlichen Eschatologie, Gütersloh [3]1926. – A. Angenendt, Rez. Le Goff, Jacques, Die Geburt des Fegefeuers, Stuttgart 1984, in: ThRev 82 [1986], Sp. 38–41. – G. Anrich, Clemens und Origenes als Begründer der Lehre vom Fegfeuer, in: W. Nowack u. a. (Hg.), Theologische Abhandlungen. FS H. J. Holtzmann, Tübingen/Leipzig 1902, 95–120. – K. Bauer, Zu Augustins Anschauung von Fegfeuer und Teufel, in: ZKG 43 (1924), 351–355. – H. Bietenhard, Kennt das Neue Testament die Vorstellung vom Fegefeuer?, in: ThZ 3 (1947), 101–122. – I. Broer, Art. Fegfeuer. II. Biblischer Befund, in: LThK III (1995), Sp. 1204f. – E. Fleischhack, Fegfeuer. Die christlichen Vorstellungen vom Geschick der Verstorbenen geschichtlich dargestellt, Tübingen 1969. – Th. Freudenberger, Die Bologneser Konzilstheologen im Streit über 1Kor. 3,11ff. als Schriftzeugnis für die Fegfeuerlehre, in: E. Iserloh/K. Repgen (Hg.), Reformata reformanda. FS Hubert Jedin, Erster Teil, Münster 1965, 577–609. – J. Gnilka, Ist 1Kor 3,10–15 ein Schriftzeugnis für das Fegfeuer? Eine exegetisch-historische Untersuchung, Düsseldorf 1955. – Chr. Göttler/P. Jezler, Das Erlöschen des Fegefeuers und der Zusammenbruch der Auftraggeberschaft für sakrale Kunst, in: Chr. Dohmen/Th. Sternberg (Hg.), … kein Bildnis machen. Kunst und Theologie im Gespräch, Würzburg 1987, 119–148. – G. Hintzen, Luthers Lehre vom Fegfeuer aus der Sicht heutiger katholischer Theologie, in: Catholica 67 (2013), 281–296. – Unsere Hoffnung auf das ewige Leben. Ein Votum des Theologischen Ausschusses der Union Evangelischer Kirchen in der EKD, Neukirchen-Vluyn 2006. – M. Kehl, Eschatologie, Würzburg [2]1988. – E. Koch, Art. Fegfeuer, in: TRE 11, 69–78. – A. Landgraf, 1Cor 3,10–17 bei den lateinischen Vätern und in der Frühscholastik, in: Biblica 5 (1924), 140–172. – J. Le Goff, Die Geburt des Fegefeuers, Stuttgart 1984. – K. Lehmann, Was bleibt vom Fegfeuer?, in: Internationale katholische Zeitschrift „Communio“ 9 (1980), 236–243. – G. E. Lessing, Leibniz von den ewigen Strafen, in: ders., Werke, VII. Band: Theologiekritische Schriften I und II, Darmstadt 1976, 171–197. – B. Meyer, Lessing als Leibnizinterpret. Ein Beitrag zur Geschichte der Leibnizrezeption im 18. Jahrhundert, Erlangen 1967. – G. Minois, Die Hölle. Zur Geschichte einer Fiktion (1991), München 1994. – G. L. Müller, „Fegfeuer“. Zur Hermeneutik eines umstrittenen Lehrstücks in der Eschatologie, in: ThQ 166 (1986), 25–39. – F. J. Nocke, Eschatologie, Düsseldorf [6]1999. – L. Ott, Grundriss der katholischen Dogmatik, Bonn [11]2005. – K. Rahner, Fegfeuer, in: ders., Schriften zur Theologie. Bd. XIV: In Sorge um die Kirche, Zürich/Einsiedeln/Köln 1980, 435–449. – J. Ratzinger, Gesammelte Schriften. Bd. 10: Auferstehung und ewiges Leben. Beiträge zur Eschatologie und zur Theologie der Hoffnung, Freiburg/Basel/Wien 2012. – Ph. Schäfer, Eschatologie. Trient und Gegenreformation (Handbuch der Dogmengeschichte Bd. IV/7c [2. Teil]), Freiburg/Basel/Wien 1984. – M. Schulze, Ist die Hölle menschenmöglich? Das Problem der negativen Endgültigkeit in der deutschsprachigen katholischen Theologie der zweiten Hälfte des 20. Jahrhunderts, Freiburg/Basel/Wien 2008. – B. Stubenrauch, Was kommt danach? Himmel, Hölle, Nirwana oder gar nichts, München 2007. – H. Vordermayer, Die Lehre vom Purgatorium und die Vollendung des Menschen. Ein moraltheologischer Beitrag zu einem umstrittenen Lehrstück aus der Eschatologie, Innsbruck-Wien 2006. – G. Wenz, Grundfragen ökumenischer Theologie. Gesammelte Aufsätze. Bd. 1, Göttingen 1999.

Zwischenzustandsvorstellungen und Seelenschlaftheorie

Trotz des apokalyptischen Traditionszusammenhangs, ohne den sie nicht zu denken ist, hat sich die christliche Eschatologie im Laufe ihrer Geschichte immer mehr auf das postmortale Los der im Tod von ihrem Leib und mit diesem von der Welt geschiedenen Einzelseele konzentriert. Im Zuge dieser Konzentrationsbewegung behielt die sog. Naherwartung ihre Relevanz, auch wenn das Ende der Welt sich verzögerte und in immer weitere Ferne rückte. Ohnehin verbanden sich mit der Erscheinungsgestalt des auferstandenen Gekreuzigten, dessen Parusie man erwartete, primär personale Assoziationen, was nicht nur einen weiteren, sondern den Hauptgrund dafür geboten haben dürfte, die christliche Eschatologie im Wesentlichen nicht auf Weltuntergangsszenarien, sondern auf die im Tode zu definitiver Bedeutung gelangende persönliche Christusbeziehung abzustellen. Doch war damit die Frage, was mit den Seelen der verstorbenen Einzelmenschen bis zur endzeitlichen Auferstehung aller Toten, an deren Erwartung man durchaus festhalten wollte, und der am Weltende statthabenden Wiedervereinigung von Leib und Seele geschehen solle, nicht erledigt, sondern im Gegenteil in gesteigertem Maße virulent. Auf ihre Beantwortung und damit auf die Vermittlung individueller und universaler Eschatologie waren die diversen Zwischenzustandsvorstellungen angelegt.

Eine Interimsvorstellung der besonderen Art bietet diejenige eines zwischen individuellem Tod und allgemeiner Auferstehung währenden Seelenschlafes. Diese Vorstellung negiert zugleich, was sie evoziert, indem sie die Seele ihren Zwischenzustand bewusst- und damit gewissermaßen zeitlos überdauern lässt. Zumindest für die Hinterbliebenen freilich bleibt ein Problem; denn für sie gehen Zeit und Weltenlauf weiter. Generell ist zu sagen, dass die Seelenschlaftheorie nur bedingt eine Lösung darstellt, da unter Bewusstseinsbedingungen, denen jede Theorie angehört, das Problem iteriert, welches sie zu lösen sucht. Mit ihr wurde in der Regel auch die Annahme wenn nicht verworfen, so doch relativiert, dass der Todestag mit dem Jüngsten Tag identisch sei, was sich aus Temporalitätsgründen verbiete. Denn es sei, so wird argumentiert, „absurd, wenn man annimmt, der Tod beraube uns Menschen jedweder Zeit“ (Stubenrauch, 231 f.). Näher begründet wird die Notwendigkeit eines postmortalen Zeitbezugs vor allem mit dem Hinweis, dass Tod und eschatologisches Los nach christlicher Auffassung nicht lediglich „privates Geschick des Einzelnen“ (Kehl, 239) seien, da sie sich immer „im Raum der communio“ (ebd.) einstellten. „Die individuelle Vollendung (im Tod) geschieht nur in Einheit mit der sozialen und universalen Vollendung der Geschichte im Reich Gottes.“ (Kehl, 250)

Differenzierter Zusammenhang besonderer und allgemeiner Eschatologie

Wie man sich den Zusammenhang individueller, sozialer und universaler Eschatologie zu denken hat, ist eine für die formale Organisation des Lehrstücks „De novissimis“ entscheidende Frage. Die einen Eschatologen, in der Regel jüngeren Datums, wollen die Vorstellung eines gleichsam doppelten, zeitlich auseinandergezogenen Szenariums aufgeben und verstehen stattdessen „das Gericht Gottes als ein integrales Moment des *einen* Vollendungsgeschehens, das in sich die drei Dimensionen der individuellen, sozialen und universalen Geschichte vereint und das sich sowohl im Tod jedes einzelnen Menschen wie auch im Prozess des universalen Hineinsterbens aller Menschen und ihrer Welt in das vollendende Leben Gottes hinein ereignet …“ (Kehl, 285). Andere machen den eschatologischen Prozeß als einen zeitlich erstreckten vorstellig und unterscheiden entsprechend zwischen dem mit dem Tod des Einzelnen verbundenen eschatologischen Geschick und dem Geschehen am Ende der Welt, ohne deshalb beider Zusammenhang zu leugnen. Im Grunde läuft es immer darauf hinaus, dass das Verhältnis von individueller und universaler Eschatologie mit unterschiedlicher Akzentsetzung, aber doch stets als einheitlich und differenziert zugleich behauptet wird. Papst Johannes XXII. und sein Nachfolger Benedikt XII. bilden zwei prominente Beispiele für die Bestätigung dieses Sachverhaltes. Ersterer ließ die himmlische Seligkeit und die Strafe höllischer Verdammnis erst nach der leibhaften Auferstehung und dem allgemeinen Endgericht beginnen, letzterer lehrte, dass die Seelen sowohl der in schweren Sünden Gestorbenen als auch der Vollkommenen, die keiner Reinigung mehr bedürften, sofort nach ihrem Tod und noch vor ihrer Wiedervereinigung mit dem Leib und dem Jüngsten Gericht ihrem ewigen Geschick zugeführt würden (vgl. Nocke, 119). Ohne Anleihen an den jeweils anderen kommt keine der beiden Vorstellungen aus, so dass ihr Gegensatz bei genauerer Betrachtung keineswegs kontradiktorisch ist. Auch dafür geben die beiden Päpste ein Beispiel, nicht nur Johannes, sondern auch Benedikt.

Das formale Problem, individuelle und universale Eschatologie und in ihrem Zusammenhang Selbst und Welt, Leib und Seele ins rechte Verhältnis zu setzen, ist in der christlichen Lehrtradition aufs engste mit der materialen Problematik verbunden, nicht nur eine angemessene Verhältnisbestimmung von besonderem und allgemeinem Endgericht, sondern auch eine differenzierte Bestimmung des Gerichtsbegriffes selbst und des mit ihm verbundenen Begriffs der Gerechtigkeit vorzunehmen. Die förmliche Bestimmung des Verhältnisses von besonderem und allgemeinem Gericht enthält im Grunde keine Zusatzprobleme, da sie in Bezug auf den Menschen in aller Regel analog zu derjenigen von individueller und universaler Eschatologie erfolgt. „Während beim besonderen Gericht der Mensch als Einzelwesen gerichtet wird, wird er beim allgemeinen Gericht als Glied der menschlichen Gesellschaft vor der ganzen Menschheit gerichtet. Der Lohn und die Strafe werden durch die Ausdehnung auf den wiedererweckten Leib vervollständigt.“ (Ott, 666 f.) Der erste Satz ergibt sich aus dem differenzierten Zusammenhang individueller und universaler Eschatologie; der zweite nötigt zu weitergehenden Überlegungen.

Gerechtigkeit Gottes und Endgericht

Für die Vorstellung eines eschatologischen Endgerichts sei es der besonderen, sei es der allgemeinen Art ist die Annahme der göttlichen Gerechtigkeit grundlegend. Im besonderen Gericht realisiert sich die Gerechtigkeit Gottes in Bezug auf den Einzelnen, im allgemeinen in menschheitsgeschichtlich-universaler Weise, wobei zwischen individuellem und universalem Aspekt zwar zu unterscheiden, nicht aber zu trennen ist; denn Individualität ist nicht ohne soziale und kosmische Bezüge denkbar, wie umgekehrt von Sozialität und der Welt des Menschen unter Absehung von individuellen Beziehungen nicht die Rede sein kann, jedenfalls nicht auf menschengemäße Weise. Individualität und Sozialität gehören mithin eschatologisch zusammen und zwar insbesondere dann, wenn es um die definitive Verwirklichung der göttlichen Gerechtigkeit geht. Die Definitivitität der Realisierung der Gerechtigkeit Gottes schließt deren Universalität notwendig in sich, jedoch so, dass individuelle Belange nicht übersehen, sondern bis ins Allereinzelste hinein berücksichtigt werden. In diesem Sinne hat das allgemeine Endgericht das besondere zur impliziten Voraussetzung, wie denn auch das individuelle immer schon hingeordnet ist auf das universale Gericht am Jüngsten Tage.

In der traditionellen Vorstellung eines eschatologischen Endgerichts, wie sie sich im Laufe der Christentumsgeschichte ausgebildet hat, um spätestens seit der mittelalterlichen Scholastik schulmäßig entwickelt zu werden, wird zwischen einem postmortalen Einzelgericht und einem Universalgericht am Jüngsten Tage unterschieden. Das Einzelgericht hat den Tod des einzelnen Menschen zur Voraussetzung. Sobald die Seele vom Leib geschieden ist, muss der Einzelne als Einzelner vor dem Richterstuhl Gottes erscheinen. Das Urteil über sein Leben erfolgt augenblicklich, doch wird es im Geheimen und nicht öffentlich vollzogen. Offenbar ist es nur Gott und dem einzelnen Menschen selbst. Interessant ist, dass das Gericht über die Einzelseele nach Urteil mancher Scholastiker an dem Ort und an der Stelle stattfindet, an dem der Tote und der seiner Auferweckung harrende Körper des Verstorbenen liegt.

Vom eschatologischen Einzelgericht muss das allgemeine Endgericht unterschieden werden, das am Ende der Menschheits- und Weltgeschichte geschieht. Als Kriterium der Unterscheidung fungiert u. a., dass das eine privat, das andere öffentlich stattfindet. Geht ersteres primär die vom Leib getrennte, aber auf die Wiedervereinigung mit ihm hingeordnete Seele an, so letzteres Leib und Seele in ihrem infolge der allgemeinen Totenauferstehung auf ewig wiedervereinigten Status. Im allgemeinen Gericht manifestiert und realisiert sich die Gerechtigkeit Gottes öffentlich, um universal offenbar zu werden. Die Wirklichkeit des Einzelnen vor Gott wird nun nicht mehr nur für ihn selbst, sondern für alle anderen und für jedermann offenbar. Auch wenn die Thematik erst relativ spät zum Gegenstand eingehender systematischer Erörterungen geworden ist, setzen die Theologen der Früh- und Hochscholastik die Annahme eines letzten Gottesgerichts über alle Menschen am Ende der Tage als selbstverständlich voraus. Der allgemeinen Auferstehung der Toten korrespondiert die Allgemeinheit des Jüngsten Gerichts, ja man wird sagen müssen, dass die Totenauferstehung wesentlich zu dem Zwecke erfolgt, alle Menschen dem Urteil der göttlichen Gerechtigkeit zuzuführen, statt den Gegensatz von Gut und Böse durch den Tod vergleichgültigen zu lassen.

Die göttliche Überwindung des Todes, wie sie in der Auferstehung statthat, geschieht gewiss auch aus Gründen der Treue Gottes zu seinem Geschöpf, dessen psychosomatische Einheit nicht tödlicher Destruktion überlassen, sondern erhalten und vollendet werden soll. Aber in erster Linie dient die Wiedervereinigung von Leib und Seele, wie sie in der Totenauferstehung statthat, der universalen Realisierung göttlicher Gerechtigkeit, deren endgültige Durchsetzung sich im eschatologischen Gericht ereignet. Wie in der jüdischen Religionsgeschichte die Apokalyptik entscheidend darauf zielte, durch Eschatologisierung der Überlieferung der Thora Gottes und dem Vertrauen auf sie auch unter widrigsten Bedingungen Geltung zu verschaffen, so hält auch das Christentum am Zusammenhang von Reich-Gottes-Erwartung und definitiver Verwirklichung der Gerechtigkeit Gottes unverrückt fest mit dem einzigen, aber entscheidenden Unterschied, dass es nun der messianische Mittler Jesus Christus ist, der im Namen Gottes und in der Kraft seines Hl. Geistes das Endgericht vollzieht.

Jesus Christus als eschatologischer Richter

Nach Maßgabe christlicher Eschatologie ist Jesus Christus Richter sowohl im besonderen als auch im allgemeinen Endgericht. Welches die Gerechtigkeit ist, nach der in diesem Gericht gerichtet wird, und wie sich der Richter zum Retter verhält, der den Ungerechten rechtfertigt, der glaubt, ist die alles entscheidende eschatologische Frage. Sie kommt überein mit der Frage nach Einheit und Unterschied von Gesetz und Evangelium, an deren Beantwortung sich nach reformatorischem Urteil rechte von falscher Theologie scheidet. Wie verhalten sich Gesetz und Evangelium, und in welchem Verhältnis steht das Gericht nach den Werken, von dessen zugrunderichtender Funktion reformatorische Eschatologie ausgeht, zur Rechtfertigung im Gericht, wie Jesus Christus sie demjenigen zuspricht, der sich auf ihn verlässt? Fragen dieser Art können erst im Rahmen einer expliziten Lehre vom Endgericht erörtert werden. Doch deutet sich ihre Beantwortung bereits in der Art und Weise an, wie individuelle und universale Eschatologie unter Gerichts- und Gerechtigkeitsgesichtspunkten aufeinander bezogen werden. Am Problem sog. postmortaler Zwischenzustände und der mit ihnen verbundenen eschatologischen Interimslösungen lässt sich dies exemplifizieren, wobei als paradigmatisches Beispiel die Fegfeuerlehre samt ihrer reformatorischen Kritik gelten kann.

Die Purgatoriumsvorstellung hat eine eschatologische Vermittlungsfunktion in formaler und materialer Hinsicht. Die formale teilt sie mit anderen Vorstellungen von sog. Zwischenzuständen. Sie bieten Interimslösungen, um die Differenz zwischen individueller und universaler Eschatologie etwa in Bezug auf das Zeit-Ewigkeits-Problem zu bewältigen. Der Aufenthalt im Fegfeuer und der purgatorische Prozess „der Gewöhnung an Gott" (Stubenrauch, 234) dauern nicht ewig an; sie sind aber den irdischen Zeitmaßen entzogen. Beides ist signifikant und charakteristisch für das formale Grundproblem, unter endzeitlichen Gesichtspunkten zwischen Seele und Leib, Selbstverhältnis und Weltverhältnis, individuellem Tod und allgemeiner Totenauferstehung zu vermitteln und so einen Ausgleich zu schaffen zwischen besonderer und universaler Eschatologie. Dabei ist es ein Kennzeichen aller eschatologischen Interimslösungen, dass sie zwischen Zeit und Ewigkeit zu stehen kommen, ohne eine Aufhebung ihrer Differenz leisten zu können. Gerade darin sind sie beispielhaft für eine Schwierigkeit, welche die gesamte Eschatologie durchzieht und welche kennzeichnend ist für ihren theoretischen Status. Das formale ist mit einem materialen Problem eschatologischer Vermittlung aufs Engste verbunden. Auch darauf ist die Purgatoriumsthematik bezogen. Sie sucht zwischen den Extremen zu vermitteln. Sie lässt die Hölle hinter sich, weist aber nicht unmittelbar und sofort in den Himmel ein, sondern erst nach vollendetem Verlauf eines schmerzlichen Prozesses der Besserung, der die vom Bußinstitut geforderten satisfactiones operum postmortal fortsetzt.

Während nach Maßgabe reformatorischer Eschatologie das heilsame Gericht nach den Werken erst nach der aus Gnade um Christi willen durch Glauben erfolgten Rechtfertigung im Endgericht stattfindet, ereignet es sich nach römisch-katholischer Lehre schon vorher, wenngleich unter himmlischem Vorzeichen: Werden doch nur die zur ewigen Seligkeit Bestimmten dem Fegefeuer zugeführt. Um sich diesbezüglich die nötige kontroverstheologische Klarheit zu verschaffen, müssen einerseits die reformatorische Rechtfertigungslehre und ihre Bestimmung des Verhältnisses von Glaube und Werke studiert werden sowie andererseits das Trienter Rechtfertigungsdekret als eine der Grundlagen der Purgatoriumslehre, die ihre für den römischen Katholizismus eigentümliche Gestalt in den beiden um die Union mit den Kirchen des Ostens bemühten Konzilien gefunden hat, um dann im Tridentinum zusammengefasst und bestätigt zu werden. Das Urteil über die Fegfeuerlehre fällt in der Soteriologie; ein Schlüssel zu ökumenischer Verständigung mag im Verein mit der „Gemeinsamen Erklärung zur Rechtfertigungslehre" von 1999 die Erkenntnis bieten, dass die purgatorische Reinigung nach Maßgabe römischer Lehre „nicht durch irgendetwas geschieht, sondern durch die umwandelnde Kraft des Herrn, der unser verschlossenes Herz freibrennt und umschmilzt, so dass es taugt in den lebendigen Organismus seines Leibes hinein" (Ratzinger, 230).

Die Geburt des Fegfeuers

Man hat die „Genese des Fegfeuers aus der Schriftinterpretation des Mammon" zu erklären versucht und das Purgatorium als „Nahrungsquelle der Geistlichkeit" und als „Schmelzofen aller Güter" bezeichnet (vgl. Göttler/Jezler, 129 ff.). Faktum ist, dass sich mit dem Fegfeuer und allem, was ihm zugehört, geraume Zeit einiges Geld verdienen ließ. Daran mag der französische Historiker Jacques Le Goff gedacht haben, als er in den siebziger und beginnenden achtziger Jahren des vergangenen Jahrhunderts sein Buch über „La Naissance des Purgatoire" schrieb, das zum Bestseller wurde. Drei Jahre nach der Originalausgabe erschien das Werk 1984 unter dem Titel „Die Geburt des Fegefeuers" auch auf Deutsch, um erneut zum großen Verkaufserfolg zu werden. Gedanklich zur Welt gebracht wird das Purgatoium Le Goff zufolge nach vorhergehenden Ansätzen, die ideengeschichtlich in die Zeit der Antike hinabreichen, definitiv erst im letzten Drittel des 12. Jahrhunderts und zwar im Zusammenhang elementarer soziokultureller Wandlungen, die sich angeblich in der Purgatoriumsvorstellung reflektieren.

Sei die eschatologische Vorstellungswelt der Christenheit vormals durch das duale System von Himmel und Hölle bestimmt gewesen, habe sich nun nach einigen Ansätzen in der Heidenwelt, der Alten Kirche und vor allem bei Augustin (vgl. Le Goff, 100 ff.), die allerdings ohne langfristige Wirkung geblieben seien, ein die Jenseitsalternative vermittelnder „dritte(r) Ort" (Le Goff, 9) etabliert. Seine intermediäre Stellung deutet Le Goff als geistesgeschichtlichen Reflex der gesellschaftlichen Ausbildung eines „dritten Standes" zwischen Herrschern und Beherrschten. Die sich entwickelnde Schicht freier Städter habe im Purgatorium gewissermaßen ihr eschatologisches Gegenstück gefunden; hier wie dort vollzieht sich eine Relativierung ursprünglicher Gegensätze, hier wie dort wird Lust und Leid wohl proportioniert und nach rationalen Bewertungsmaßstäben von Lohn für geleistete und Strafe für schuldig gebliebene Werke zugeteilt. An die Stelle eines alles oder nichts trete ein teils-teils bzw. sowohl – als auch: tertium datur! Das Dreierschema von inferno, purgatorio und paradiso, wie es in Dantes „Commedia" klassische Ausdrucksgestalt gewonnen habe, zeichnet sich nach Le Goff wesentlich dadurch aus, dass es nicht mehr durch intransigente Gegensätze bestimmt sei, Übergänge und graduelle Abstufungen zulasse und insgesamt auf einen Fortschritt von der Hölle zum Himmel hin ausgerichtet werde: Es gehe kontinuierlich aufwärts, auf zwar, wie es scheint, unermesslich langen, aber doch nicht endlosen Wegen.

Le Goff zufolge verdankt sich das triadische Jenseitssystem und nachgerade die auf die Zeit zwischen 1170 und 1180 zu datierende Geburt des Fegefeuers dem Fortschrittsgedanken, für dessen diesseitige Realität der dritte Stand der Stadtbürger als jener „mediocres" stehe, die weder ganz frei, noch ganz unfrei, weder ganz reich, noch ganz arm etc. seien. In ihrer, wenn man so will, Durchschnittlichkeit fanden sie sich im Purgatorium als einem Ort der nicht ganz Guten, aber auch nicht ganz Schlechten gewissermaßen gut aufgehoben und das um so mehr, als die Insassen des Fegefeuers trotz langwieriger und anstrengender Prozesse, die sie durchlaufen müssen, gewiss sein durften, zu guter Letzt in den Himmel zu kommen. Das offizielle Recht zu dieser Gewissheit stand Le Goff zufolge spätestens zu dem Zeitpunkt fest, als die letzten Versuche einer Reinfernalisierung des Purgatoriums doktrinär abgewehrt waren und der „Triumph des Fegefeuers" (vgl. Le Goff, 285) im 13. Jahrhundert scholastische und schließlich auch lehramtliche Gestalt angenommen hatte.

Gegen Le Goffs Rekonstruktion der Purgatoriumsgenese sind nicht unerhebliche Bedenken geltend gemacht worden. Irreführend sei nicht nur die Behauptung, „(d)aß es bis zum Ende des 12. Jh.s das Wort purgatorium als Substantiv nicht gegeben" (Angenendt, 40) habe, irrig sei auch und vor allem die Annahme, erst damals sei das Fegfeuer zu einem „festumrissene(n) Ort" (Le Goff, 187) geworden; dies sei bereits viel früher der Fall gewesen. Noch schwerer als die historische fällt die systematische Kritik ins Gewicht. Man kann das Purgatorium gewiss einen dritten Jenseitsort nennen. Eine intermediäre Größe, welche die Gegensätze von Himmel und Hölle vermittelt und, wie Le Goff meint, einen progressiven Mittelweg weist, ist das Purgatorium nach offizieller römisch-katholischer Lehre erklärtermaßen nicht. Noch weniger ist das Fegfeuer eine „Hölle auf Zeit" (Le Goff, 416).

Denn wer in ihm weilt, ist nach offizieller Lehre aus der Hölle definitiv gerettet und von allem Höllischen frei und zwar prinzipiell und auf vollkommen gewisse Weise. Dieser Grundsatz droht bei Le Goff verkannt zu werden und damit auch der genuine Sinn der Purgatoriumsdoktrin. Dieser kann nur erschlossen werden, wenn man sich an den Grundsatz hält, dass das Purgatorium kein Mittelding zwischen Himmel und Hölle, sondern den Vollzugsort eines Prozesses darstellt, der von einem bereits erfolgten rettenden Freispruch aus dem Gericht herkommt und vollkommenem Heil entgegengeht. Man wird freilich nicht sagen können, dass die offizielle Theorie mit der religiösen Praxis, auf die sie sich bezog, jemals rundherum deckungsgleich war.

Lehramtliche Purgatoriumstheorie

Vergleicht man die lehramtliche Gestalt der Purgatoriumstheorie (vgl. etwa Vordermayer, 165 ff.) mit demjenigen, was Volksfrömmigkeit und Brauchtum, aber auch scholastische Spekulation im Laufe der Zeit mit ihr verband, dann fällt als erstes die große Zurückhaltung und Dezenz der offiziellen Doktrin auf. Sie bietet „ein gewichtiges Beispiel einer restriktiven und kritischen Tendenz im Umgang des Lehramtes mit extensiven Auslegungen der Theologie und mit einem sich verselbständigenden Interesse volkstümlicher Glaubensanschauungen“ (Müller, 28). Die lehramtliche Definition, so Gerhard Ludwig Müller, derzeitiger Präfekt der römischen Glaubenskongregation, enthalte nicht nur keine räumlichen Festlegungen auf einen bestimmten Ort des Strafleidens für lässliche Sünden, sondern sie vermeide auch bewusst die Bestimmung der Art und Weise der Pein, wie sie mit der Vorstellung eines postmortalen Reinigungsfeuers gegeben sei. Statt von ignis purgatorius werde von poenae purgatoriae seu catharteriae gesprochen, wobei offen bleibe, ob die Strafen „vindikativ-strafend oder mehr medizinell-heilend zu verstehen sind“ (Müller, 27). Folgt man dem Urteil von Karl Kardinal Lehmann, dann lässt es die Purgatoriumslehre der römisch-katholischen Kirche „durchaus zu, das Reinigungsgeschehen mehr heilend-therapeutisch und nicht ausschließlich vindikativ-strafend zu verstehen. Somit zeigt sich auch, daß die massiven Vorstellungen vom Fegfeuer als einer großen Folteranstalt durch die kirchenamtliche Lehre nicht gedeckt werden. Die Lehre der Kirche hat problematischen Vulgarisierungen eindeutige Grenzen gesetzt und in diesem Sinne den reformatorischen Protest in einen Auftrag zur theologischen und geistlichen Erneuerung umgesetzt. Die Lehre ist in den Mißbräuchen vielleicht verdunkelt, sie ist jedoch – so lautet die Antwort an die reformatorische Kritik – nicht in sich falsch.“ (Lehmann, 238)

Erste päpstliche bzw. konziliare Definitionen der Fegfeuerlehre erfolgten 1254 bzw. 1274. Sie waren durch den Widerspruch einzelner Gruppen im Westen und insbesondere durch die Reserve der Ostkirche nötig geworden. In seinem Brief „Sub catholicae professione“ an den Bischof von Tusculum, den Legaten des Apostolischen Stuhls bei den Griechen, vom 6. März 1254 verpflichtete Innozenz IV. die Graeci nicht nur auf den Purgatoriumsbegriff, sondern definierte zugleich das Fegefeuer als ein transitorisches, in dem auf vorübergehende Weise lässliche Sünden

(DH 838: non tamen criminalia seu capitalia) gereinigt werden (ebd.: purgantur), für die zu Lebzeiten noch nicht hinreichend Buße getan wurde. Die Seelen kleiner Kinder hingegen nach dem Bad der Taufe oder auch die Seelen der in Liebe dahinscheidenden Erwachsenen, die durch keine Sünde und Satisfaktionsverpflichtung gebunden seien, flögen, so wird weiter befunden, sogleich in die ewige Heimat hinüber (DH 839: ad patriam protinus transvolant sempiternam). Wer aber ohne Buße in einer Todsünde dahinscheide, der werde ohne Zweifel auf immer von den Gluten der ewigen Hölle gepeinigt (ebd.: hic procul dubio aeternae gehennae ardoribus perpetuo cruciatur).

Auf dem 2. Konzil von Lyon 1274, das u. a. die theologischen Grundlagen einer Union mit den Griechen zum Gegenstand hatte, wurde diese Lehre in Form eines dem byzantinischen Kaiser Michael Palaiologos zur Unterzeichnung vorgelegten Glaubensbekenntnisses bestätigt. Dort heißt es erneut, dass lässliche Sünden, für die vor dem Ableben noch nicht suffizient gebüßt worden sei, nach dem Tod durch Reinigungs- bzw. Läuterungsstrafen gereinigt würden (DH 856: poenis purgatoriis seu catharteriis … post mortem purgari). Hinzugefügt wird, dass zur Milderung derartiger Strafen die Fürbitte der lebenden Gläubigen nütze, Messopfer, Gebete, Almosen und andere Werke der Frömmigkeit hilfreich seien, die von den Gläubigen entsprechend den Anordnungen der Kirche für andere Gläubige gewöhnlich verrichtet würden. Sind die Seelen durch das Fegefeuer gänzlich rein geworden, dann werden sie ebenso augenblicklich wie diejenigen, die in bereits vollkommener Reinheit abgeschieden sind, in den Himmel aufgenommen (DH 857: mox in caelum recipi). „Illorum autem animas, qui in mortali peccato vel cum solo originali decedunt, mox in infernum descendere, poenis tamen disparibus puniendas." (DH 858) Die Ungleichheit der Strafen, mit der die in die Hölle verdammten Seelen bestraft werden, folgt aus der Ungleichheit ihrer Verschuldung, ändert aber nichts daran, dass ihre Höllenfahrt wie die Himmelfahrt der Reinen sofort nach dem individuellen Tod und nicht erst dann erfolgt, wenn, wie nichtsdestoweniger (DH 859: nihilominus) gelehrt wird, die allgemeine Auferstehung der Toten stattfindet und die abgeschiedenen Seelen mit ihren Leibern wiedervereinigt werden.

Trienter Dekret über den Reinigungsort

Erneuert und definitiv abgesegnet wurde die Purgatoriumslehre von 1274 durch die Bulle über die Union mit den Griechen „Laetentur caeli" vom 6. Juli 1439 (vgl. DH 1304–1306), um dann vom Trienter Konzil gegen die reformatorischen Angriffe verteidigt zu werden. Dies geschah in einem förmlichen Dekret, das „in dem allgemeinen Drängen auf Abschluß des Konzils in der 25. Sitzung vom 3. und 4. Dezember 1563 fast ohne Aussprache angenommen" (Schäfer, 35) wurde. Vorangegangen waren kontroverse Diskussionen zum Schriftbeweis der Fegefeuerlehre, zur genauen Bestimmung der Wirklichkeit purgatorischer Seelenreinigung, zur Möglichkeit eines Verdiensterwerbs der im Fegefeuer Befindlichen sowie zur Frage der Gewissheit ihrer Seligkeit. Die Frage purgatorischer Seligkeitsgewissheit wurde allgemein bejaht: „Die Seelen im Fegfeuer sind ihres Heiles sicher. Sie bleiben aber in der Hoffnung, da sie noch nicht ans Ziel gekommen sind. Die Sicht Cajetans wird übernommen. Die vom Leib getrennte Seele schaut sich selbst und all ihre Haltung. Sie erkennt die in ihr vorhandene Liebe und Gnade und weiß, daß sie im Stand der Gnade ist. Folglich ist sie sich ihres Heiles sicher." (Schäfer, 39) Übereinstimmung bestand auch darin, dass die Zuwendung kirchlicher Hilfen für die abgeschiedenen Seelen im Purgatorium möglich sei. „Die Gemeinschaft der Heiligen besteht aus den Seligen, den Pilgernden und denen, die im Fegfeuer sind. Folglich muß es auch eine Gemeinschaft in gegenseitiger Hilfe geben. In der Feier der Messe wurde seit apostolischen Gewohnheiten für die Verstorbenen gebetet. Oft wird auf die Ablaßpraxis und auf die Erscheinungen von Verstorbenen verwiesen." (Ebd.)

Das Trienter Dekret selbst (vgl. DH 1820) hält sich, was Einzelheiten betrifft, völlig zurück und macht zum Fegfeuer „keine Lehraussage außer der, daß Reinigung nach dem Tod eine Wirklichkeit ist und daß denen, die sich in dieser Reinigung befinden, von den Glaubenden durch Fürbitte und die Feier der Eucharistie geholfen werden kann. Begründungen werden außer den Verweisen auf eigene Entscheidungen nicht in den Text aufgenommen. Das Reformdekret erklärt, aus den Predigten sollen schwierige und kleinliche Fragen, die nicht der Erbauung und Mehrung der Frömmigkeit dienen, ausgeschlossen werden. Ungewisses oder der Unrichtigkeit Verdächtiges soll nicht behandelt werden. Die Bischöfe sollen aber dafür sorgen, daß die Glaubenden Fürbitten für die Verstorbenen leisten, sei es in der Mitfeier der Messe, im Gebet, Almosen oder anderen frommen Werken. Die Bischöfe werden verpflichtet, sorgfältig auf die gesunde Lehre vom Fegfeuer und ihre Beachtung zu drängen; aber diese gesunde Lehre wird nicht dargelegt. Es bleibt bei der knappen Aussage, daß es eine Reinigung nach dem Tod gibt." (Schäfer, 40)

Im II. Vatikanischen Konzil sind die Tridentinischen Aussagen über eine postmortale Reinigung einiger Menschen im Purgatorium „magna cum pietate" (LG 51) rezipiert und bestätigt worden. In der dogmatischen Konstitution über die Kirche „Lumen Gentium" wird im Zusammenhang der im 7. Kapitel entfalteten Lehre „De indole eschatologica ecclesiae peregrinantis eiusque unione cum Ecclesia caelesti" nachdrücklich die die Grenze des Todes transzendierende Einheit der communio sanctorum betont: „Bis also der Herr kommt in seiner Majestät und alle Engel mit ihm (vgl. Mt 25,31) und nach der Vernichtung des Todes ihm alles unterworfen sein wird (vgl. 1. Kor 15,26–27), pilgern die einen von seinen Jüngern auf Erden, die andern sind aus diesem Leben geschieden und werden gereinigt (alii hac vita functi purificantur), wieder andere sind verherrlicht und schauen ‚klar den dreieinigen Gott selbst, wie er ist'." (LG 49; LThK I,319; vgl. DH 1305) Das Zitat ist dem Passus des vom Konzil von Florenz beschlossenen Dekrets für die Griechen entnommen, der vom Los der Verstorbenen, im gegebenen Fall derjenigen handelt, die zu himmlischer Seligkeit gelangt sind (vgl. DH 1305). Vorausgegangen war die Bestimmung, „daß die Seelen derer, die in wahrer Buße in der Liebe Gottes verschieden sind, ohne zuvor durch würdige Früchte der Buße für das Begangene und Unterlassene Genugtuung geleistet zu haben, nach dem Tod durch Reinigungsstrafen gereinigt werden" (DH 1304). Was aber die Seelen derjenigen betrifft, „die in einer aktuellen Todsünde oder allein in der Ursünde verscheiden“ (DH 1306), so gilt es als ausgemacht, dass sie alsbald in die Hölle hinabsteigen (ebd.: in infernum descendere).

Fehlender Schriftbeweis

Auf einen Schriftbeweis der Purgatoriumslehre wurde schon in Trient bewusst verzichtet, obwohl solche Wünsche damals in Bezug auf 1. Kor 3,11 ff. mit Nachdruck vorgetragen worden waren (vgl. im Einzelnen Freudenberger; ferner: Landgraf). Paulus handelt an der angegebenen Stelle zunächst von der Verantwortung des Apostels und seiner Mitarbeiter. Wie ein guter Baumeister habe er der ihm geschenkten Gnade entsprechend den Grund gelegt für die Gemeinde; ein anderer baut darauf auf. Doch möge jeder zusehen, wie und worauf er baut (vgl. 1. Kor 3,10 f.): „Denn einen anderen Grund kann niemand legen als den, der gelegt ist: Jesus Christus.“ (1. Kor 3,11) Es folgt eine Art von Gleichnisrede, welche besagt, dass am Tag des Gerichts das Werk eines jeden im Feuer offenbar und sichtbar werden wird, ob jemand auf den Grund baut Gold, Silber, Edelsteine, Holz, Heu oder Stroh. „Hält das stand, was er aufgebaut hat, so empfängt er Lohn. Brennt es nieder, dann muss er den Verlust tragen. Er selbst aber wird gerettet werden, doch so wie durch Feuer hindurch.“ (1. Kor 3,14 f.)

Wenige Verse der Hl. Schrift sind in einem solchen Maß „zitiert, besprochen und ausgelegt“ (Gnilka, 115) worden wie 1. Kor 3,10–15. Bietet der Text ein Schriftzeugnis für das Fegfeuer? Joachim Gnilka hat diese Frage nach einer eingehenden exegetisch-historischen Untersuchung verneint, und die Mehrzahl nicht nur der evangelischen, sondern auch der katholischen Exegeten sind ihm in dieser Auffassung gefolgt: „Das Läuterungsgericht, das Gott am Jüngsten Tag über die Sünder kommen läßt, die nicht die Hölle verdienen, lehrt als erster christlicher Schriftsteller Origenes. Die Vorstellung, die der nachchristlich-jüdischen Literatur entlehnt ist, kennt Paulus nicht.“ (Gnilka, 128) Kennen die sonstigen neutestamentlichen Schriften die Vorstellung vom Fegfeuer? Auch diese Frage wird von den Exegeten mehrheitlich verneint. Weder in den paulinischen Briefen noch sonst im Neuen Testament begegnet die Annahme, „daß der sündige Mensch nach dem Tode, genauer die sündige Menschenseele, an einen Ort versetzt wird, an dem sie während einer gewissen Zeit für ihre Fehler und Vergehungen während des Erdenlebens bestraft wird, worauf sie an den Ort des Heiles und der Seligkeit gelangt“ (Bietenhard, 102).

West-östlicher Austausch

Die Lehre vom Fegfeuer lässt sich nicht aus dem neutestamentlichen Schriftzeugnis ableiten. Doch kannten sowohl das Frühjudentum als auch die griechisch-römische Antike Vorstellungen postmortaler Läuterung durchs Feuer, aus deren Zusammenhang heraus christliche Vorstellungen eines purgatorischen Prozesses nach dem Tod des einzelnen Menschen und vor der leibhaften Auferstehung aller am Ende der Welt erwachsen konnten (vgl. etwa Koch, 70). Als die eigentlichen Begründer einer christlichen Fegfeuerlehre haben die beiden alexandrinischen Theologen Clemens und Origenes zu gelten. Dieser Befund, demzufolge die Lehre vom Purgatorium „in ihren Grundzügen der lateinischen Kirche durch die griechische übermittelt worden ist“ (Anrich, 97), mag als merkwürdig erscheinen, insofern die Ostkirche die diesbezügliche westliche Doktrin ablehnte. Doch verflüchtigt sich dieser Eindruck, wenn man erkennt, dass die im Rahmen des „Gedanken(s) einer fortschreitenden Entwicklung und Erziehung auch nach diesem irdischen Leben" (Anrich, 120) ausgearbeitete alexandrinische Idee eines postmortalen Purgatoriums im Sinne einer eschatologischen Zersetzung der der Seele eines Christenmenschen „eingewurzelten fremden und schädlichen Elemente" (Anrich, 119) nicht ohne weiteres deckungsgleich ist mit allen Aspekten der einschlägigen westlichen Doktrin.

Des weiteren ist zu bedenken, dass ostkirchlicher- wie auch westkirchlicherseits die bei Clemens und Origenes begegnende Verbindung von Purgatoriumslehre und Lehre von der Wiederbringung aller in der Regel abgelehnt wurde. Die alexandrinisch-origenistischen Jenseitsspekulationen sind nirgends unmittelbar Gegenstand kirchlicher Lehrbildung geworden und erst durch „eine merkwürdige und vielverschlungene Entwicklung" (Anrich, 120), auf Umwegen sowie auf transformierte und modifizierte Weise in die abendländische Purgatoriumsdoktrin eingegangen. Zum wichtigsten Mittler der alexandrinischen Anschauung eines Purgatoriums ist für die abendländische Theologie Ambrosius von Mailand geworden, der sie „von Origenes und Gregor von Nyssa übernahm" (Bauer, 354) und an Augustin weitergab. Dieser verschaffte ihr in der westlichen Theologie Geltung, wenngleich ohne bzw. gegen die alexandrinisch-platonische Tendenzen hin zu einer eschatologischen Wiederbringung aller.

Vorstellungshafter Mittlerdienst

Man hat die Entwicklung der westkirchlichen Eschatologie als einen Prozess fortschreitender Individualisierung beschrieben, der mit der bereits ausführlich behandelten Konstitution „Benedictus Deus" Papst Benedikts XII. vom 29. Januar 1336 zu seinem „Höhepunkt" (Müller, 31) gelangt sei. Tatsächlich lässt sich ein gedanklicher Grundtrend identifizieren, der dahin geht, „daß mit dem Tod des einzelnen auch schon das ‚spezielle Gericht' unmittelbar gegeben ist" (Rahner, 443). Das Recht dieses Entwicklungstrends wird man nicht grundsätzlich infrage stellen können, sofern er durch die christlich gebotene Konzentration der eschatologischen Aufmerksamkeit auf die Persongestalt Jesu Christi zumindest nahegelegt wird. Christliche Eschatologie hat primär nicht apokalyptische Endzeit- und Weltuntergangsszenarien, sondern die Zukunft des Gekommenen zu thematisieren, dessen Parusie zwar kosmologische Dimensionen hat, aber doch primär auf den Menschen ausgerichtet ist, dessen konkrete Erscheinungsgestalt nun eben der jeweilige Einzelmensch ist. Doch ist der individuelle Mensch, was er ist, nicht unter Absehung von Menschheits- und Weltgeschichte. Die individuelle Ausrichtung christlicher Eschatologie muss also, um nicht privatistisch missverstanden zu werden, offen sein für universale Dimensionen. Das Modell eines Interims, das zwischen besonderer und allgemeiner Eschatologie zu stehen kommt, kann in diesem Zusammenhang gegebenenfalls einen vorstellungshaften Mittlerdienst leisten, indem es Separationen von eschatologischer Selbst- und eschatologischer Weltwahrnehmung vermeiden hilft.

Auch in der reformatorischen Eschatologietradition wurde zwischen Selbst und Welt und analog zwischen dem postmortalen Seelenlos und der erst am Ende der Menschheits- und Weltgeschichte erfolgenden Wiedervereinigung der Seele mit ihrem Leib im Zuge der allgemeinen Totenauferstehung unterschieden, wie immer man sich die Überbrückung der damit gegebenen Differenz im Einzelnen dachte. Entscheidend war, dass der Zusammenhang zwischen individueller und universaler Eschatologie erhalten blieb und die getroffene Unterscheidung nicht als Trennung missverstanden wurde. Was die Kritik an der Fegfeuerlehre im Speziellen anbelangte, so wurde sie, wie das Beispiel Luthers zeigt, keineswegs pauschal und von Anfang an geltend gemacht. Auch betraf sie, als sie erfolgte, weniger den formalen Rahmen als vielmehr den materialen Gehalt der eschatologischen Vorstellungen, wobei als Kriterium die Rechtfertigungslehre fungierte. Vorstellungen von einem eschatologischen Interim bzw. von Zwischenzuständen wurden nicht generell abgelehnt, sondern nur unter der Voraussetzung, dass sich mit ihnen Annahmen verbanden, durch welche man die Grundsätze des solus Christus sowie des sola gratia und des sola fide gefährdet sah.

Reformatorische Kritik an Fegfeuer und Ablasswesen

Zwischenzustandsvorstellungen finden sich auch in reformatorischer Tradition, und selbst die Annahme eines Purgatoriums stieß keineswegs von vornherein auf Bedenken. „Mihi certissimum est, purgatorium esse" (WA 1, 555, 36): der Satz stammt nicht von irgendeinem katholischen Kontroverstheologen, sondern von Martin Luther und zwar aus seinen „Resolutiones disputationum de indulgentiarum virtute" von 1518 (vgl. im Einzelnen Hintzen). Ein Jahr später bekundet der Reformator erneut, dass er „das fegfeur nit vorleugnet" (WA 2, 70, 26 f.), sondern „weyß das war ist, das die armen seelen unsegliche peyn leyden und man yhn helffen schuldig ist mit Beeten, fasten, almoßen und was man vormag" (WA 2, 70, 15–17). Welcher Art die purgatorische Leidenspein sei „und ob sie alleyn zur gnugthuung adder auch zur besserunge diene" (WA 2, 70, 17 f.), wisse er hingegen nicht und wisse niemand zu sagen: „Drumb solt man das got befelen und nit claffen und aufschreyn, alß were man desselben gewiß. Unß ist nit mehr befolen, dan yhn zu helffen, got wils alleyn wyssen wie er mit yhn handlet." (WA 2, 70, 19–22) 1519 leugnet Luther das Purgatorium nicht nur nicht, sondern bekennt sich zu seiner Lehre: „Ego, qui credo fortiter, immo ausim dicere ‚scio', purgatorium esse, facile persuadeor" (WA 2, 324,5 f.), bekundet er ausdrücklich in der Leipziger Disputation mit Eck. Seine Kritik beschränkt sich auf das Ablasswesen. Dass man „mit ablaß ynß fegfeur rauschen wil und alßo mit gewalt in gottes heymlich gericht fallen" (WA 2, 70, 23 f.), ist ihm zuwider: „glaubs wer do wil, ich wils nit glauben" (WA 2, 70, 25).

Gute zehn Jahre nach seinen zitierten Äußerungen publizierte Luther im Zusammenhang des Reichstags, der damals in Augsburg tagte, und im unmittelbaren Kontext der Verlesung der Confessio Augustana eine Schrift mit dem Titel „Ein Widerruf vom Fegefeuer" (WA 30/2, 367–390). Sie gelangte am 20. Juli 1530 in den Druck und war „(a)llen unsern nachkomen" (WA 30/2, 367,1) gewidmet, damit sie sähen, „warüber der Luther vom Bapst verdampt sey" (WA 30/2, 367,25 f.). Es folgen fünf Kapitel „von der Sophisten lügen und grewel mit dem Fegfeuer" (WA 30/2, 368 ff.), die an Deutlichkeit nichts zu wünschen übrig lassen. Hält man sich an ihren argumentativen Gehalt, dann ist dieser allerdings weniger gegen die Fegfeuervorstellung selbst als erneut gegen die Missbräuche gerichtet, die mit ihr im Rahmen des Ablassunwesens getrieben wurden. Zwar erbringt eine Durchsicht von Schriftstellen, die traditionell zu ihrer Begründung angeführt wurden, das Ergebnis, dass sich die Purgatoriumslehre biblisch nicht belegen lasse (WA 30/2, 386, 20: „Und ist nichts blieben fur dem fegfeur …"); aber Hauptgegenstand der Polemik Luthers ist und bleibt ihre Pervertierung zu Mammonszwecken. Seine Gegner, so Luther, hätten sich dem Dienst der „Gottheit des grossen Gottes Mammon" (WA 30/2, 390, 27) verschrieben, und der Mangel seiner Lehre bestehe ihrem Urteil zufolge in nichts anderes, als dass sie arm sei: „Armut ist mein irthum und ketzerey. Das sey davon gnug, Ich wil bey meinem armen Got bleiben, dem sey lob und danck jnn ewigkeit Amen." (WA 30/2, 390, 29–31).

Luthers Kritik an der Fegfeuerlehre ist eine Funktion seiner Kritik am kirchlichen Bußverständnis seiner Zeit und insbesondere an der Praxis des Ablasses. Dies gilt entsprechend auch für die lutherischen Bekenntnisschriften. Die wenigen Male, in denen Philipp Melanchthon in seiner Apologia Confessionis Augustanae auf das Purgatorium zu sprechen kommt, geschieht dies im Rahmen der Bußlehre, näherhin im Rahmen des „tertius actus" (AC XII, 13; BSLK 255,18) des Lehrstücks „De poenitentia", in dem es um „die satisfactio oder Gnugtuung für die Sunde" (BSLK 255,19) geht: „Hic vero habet confusissimas disputationes." (AC XII,13; BSLK 255,19 f.) Getadelt wird nicht nur die höchst gewinnbringende (AC XII, 15; BSLK 255,33: quaestuosissima) Ablösung purgatorischer Genugtuungsleistungen durch Geldzahlungen für Ablassbriefe oder durch Meßopferstipendien, wie sie Hinterbliebene für Verstorbene leisteten, sondern auch und vor allem der falsche Begriff, den die Gegner von poenitentia im Allgemeinen und von satisfactio bzw. satisfactiones im Besonderen hätten.

Von Buße und Genugtuung

Die Purgatoriumslehre wird von Melanchthon insoweit, aber auch nur insoweit kritisiert, als sie an den AC XII,17 ff. aufgelisteten Irrtümern der römischen Bußlehre Anteil hat. Gegebenenfalls kann die Fegfeuerlehre der Väter sogar gegen gegnerische Genugtuungsvorstellungen gewendet werden. Wenn beispielsweise Augustin vom Purgatorium spreche, dann meine er eine Reinigung der unvollkommenen Seelen unter der Bedingung bereits vollzogener Absolution von Sünde, Schuld und schuldverhafteten Sündenstrafen. Ähnlich äußerten sich Gregor der Große und Chrysostomos: „Nam si qui in his mentionem purgatorii fecerunt, interpretantur esse non compensationem aeternae poenae, non satisfactionem, sed purgationem imperfectarum animarum. Sicut Augustinus ait venialia concremari, hoc est, mortificari diffidentiam erga Deum et alios affectus similes. Interdum scriptores transferunt satisfactionis vocabulum ab ipso ritu seu spectaculo ad significandam veram mortificationem. Sic Augustinus ait: Vera satisfactio est peccatorum causas excidere, hoc est, mortificare carnem, item coercere carnem, non ut compensentur aeternae poenae, sed ne caro pertrahat ad peccandum." (AC XII, 167; BSLK 288, 32–48)

Auch wenn es Luther zufolge nicht angeht, „daß man aus der heiligen Väter Werk oder Wort Artikel des Glaubens macht" (ASm II,2; BSLK 421, 19 f.), so ist ihre Stimme doch zu hören und das nachgerade dann, wenn sie den Ursprungssinn christlicher Buße und den wahren Sinn dessen in Erinnerung rufen, was Genugtuung heißt. Mit Begriff und Praxis der Genugtuung steht es nach Luthers Urteil in der Papstkirche seiner Zeit sehr schlimm: „denn kein Mensch kunnt wissen, wieviel er tun sollt' fur ein einige Sunde, schweige denn fur alle. Hie funden sie nu [die] einen Rat, nämlich daß sie wenig Gnugtuns aufsetzten, die man wohl halten konnte als 5 Paternoster, ein Tag fasten etc. Mit der ubrigen Buße weiste man sie ins Fegfeur." (ASm III; BSLK 441, 14–19) Der Verweis auf das Purgatorium bewirkte indes keinen Trost, sondern im Gegenteil trostlose Schrecken. „Hie war nu auch eitel Jammer und Not. Etliche meineten, sie wurden nimmer aus dem Fegfeur kommen …" (ASm III; BSLK 442, 1 f.) Aller Missbrauch des Bußwesens und insbesondere ihres satisfaktorischen Moments habe hierin ihre Ursache, Ablass, Vigilien, Mess-Stiftungen und Jubeljahre etc. eingeschlossen.

Weil sie, wenn vielleicht auch nicht in ihrer offiziellen Theorie, so doch in ihren praktischen Folgen für den gelebten Glauben die ewige Seligkeit von postmortalen Satisfaktions- bzw. Satispassionsleistungen abhängig machte, stand die Purgatoriumsdoktrin nach Urteil der Reformatoren in Gefahr, das vorbehaltlose Vertrauen auf die in Jesus Christus gratis gegebene Gnade zu erschüttern und die christliche Hoffnungsgewissheit zu unterminieren. Dagegen richtete sich der reformatorische Protest. Er basierte auf der rechtfertigungstheologischen Grundeinsicht, wie sie der IV. Artikel der Confessio Augustana formuliert, der später der articulus stantis et cadentis ecclesiae genannt wurde: Gerechtigkeit vor Gott und Rettung im endzeitlichen Gericht kann es nur „gratis … propter Christum per fidem" (CA IV,1) geben, „aus Gnaden umb Christus willen durch den Glauben, so wir glauben, daß Christus fur uns gelitten habe und daß uns umb seinen willen die Sunde vergeben, Gerechtigkeit und ewiges Leben geschenkt wird" (BSLK 56,7–12). Der Gedanke eines eschatologischen Gerichts nach den Werken ist damit ebenso wenig ausgeschlossen wie eine mit ihm verbundene Purgatoriumsidee, welche das Werkgericht als einen Reinigungsprozess vorstellig macht; aber dieser Prozess kann gemäß ursprünglicher Einsicht der Reformation nur eine implizite Konsequenz der sola gratia und sola fide erfolgten Rechtfertigung des Sünders um Christi willen sein, in keiner Weise aber deren Bedingung.

Aufgeklärte Purgatoriumsapologie

Von keinem Geringeren als von Gotthold Ephraim Lessing stammt die These, „unsere Reformatores" hätten jenen „mittlere(n) Zustand, den die ältere Kirche glaubet und lehret, … ohngeachtet des ärgerlichen Mißbrauchs, zu dem er Anlaß gegeben hatte, vielleicht nicht so schlecht weg hätten verwerfen sollen" (Lessing, 197). Gemeint ist das Fegfeuer, das Lessing in seiner Anfang 1773 erschienenen Schrift „Leibniz von den ewigen Strafen“ zum Befremden seiner aufgeklärten Zeitgenossen ausdrücklich verteidigte, allerdings mit einer Intention, welche dann auch im orthodoxen Lager nur bedingt Freude hervorrief und zwar sowohl auf evangelischer als auch auf katholischer Seite. Lessings, wie er sagt, exoterische Purgatoriumsrezeption dient nämlich einzig und allein dem Zweck, den traditionellen Gegensatz von Himmel und Hölle, ewiger Seligkeit und ewiger Verdammnis zugunsten des Gedankens einer iterierenden Erziehung des Menschengeschlechts zu relativieren, gemäß der Devise: Wenn es aber „wahr ist, daß der beste Mensch noch viel Böses hat, und der schlimmste nicht ohne alles Gute ist: so müssen die Folgen des Bösen jenem auch in den Himmel nachziehen, und die Folgen des Guten diesen auch bis in die Hölle begleiten; ein jeder muß seine Hölle noch im Himmel, und seinen Himmel noch in der Hölle finden“ (Lessing, 193). Im Klartext heißt dies: „Es gibt keine Trennung in zwei Bereiche mehr. Gut und Böse, Lohn und Strafe werden zu Stufen des kontinuierlichen Fortschreitens des Individuums, werden als Zustände in dieses selbst verlegt, wo sie, analog zu den vermischten Empfindungen, jede für sich in ihrer Wirkung bestehen bleiben.“ (Meyer, 121) Diese Relativierung mag „ganz Leibnizisch“ (ebd.) sein; orthodox im Sinne der Lehre der Kirche ist sie nicht und zwar, wie gesagt, weder der evangelischen noch der katholischen.

Die entscheidende ökumenische Frage, zu deren Beantwortung die Lessing’sche Purgatoriumsapologie nur bedingt beitragen kann, muss lauten, „ob die konfessionelle Differenz in der Fegfeuerlehre auf das Rechtfertigungsverständnis zurückgeht und ob von der neueren Annäherung darin auch eine Einigung an diesem Punkt möglich wird“ (Lehmann, 243 Anm. 11). Beides kann bejaht werden. Das Fehlen eines expliziten Schriftzeugnisses für die Purgatoriumsdoktrin als der formale Grund ihrer reformatorischen Problematisierung wird in der Regel auch von katholischen Theologen eingeräumt: „Von den in der Väterliteratur hauptsächlich herangezogenen Stellen Mt 5,25.; 12,32 u(nd) 1 Kor 3,12–15 ist keine einschlägig – die Rettung der Verkündiger ‚wie durch Feuer‘ in 1 Kor 3,15 ist am ehesten als sprichwörtl(iche) Redensart für die äußerste Gefährdung dieser Rettung (vgl. Am 4,11; Sach 3,2; Jud 23) zu verstehen.“ (Broer, 1205) Es ergibt sich: „Das F(egfeuer) als Zwischenzustand der zu läuternden, v(om) Leib getrennten Seele, die auf ihre Wiedervereinigung mit dem Leib in Gottes Gericht wartet, ist eine v(on) den Kirchenvätern ins Christentum eingeführte Vorstellung, die versch(iedene) Anschauungen u(nd) Belege der Bibel zusammensieht u(nd) auf ähnl(iche) Gedanken in der paganen Lit(eratur), z. B. bei Platon u(nd) Vergil, zurückgreifen kann …“ (Broer, 1204; zu 2. Makk 12,42–45 vgl. Broer, 1204 f.)

Über den materialen Gehalt der Fegfeuervorstellung ist durch den bloßen Verweis auf das Fehlen eines expliziten biblischen Zeugnisses noch nicht entschieden. Der sachliche Entscheid ist nach reformatorischem Urteil im Zusammenhang der Buß- und Rechtfertigungstheologie zu treffen. Muss das reformatorische Verdikt „auch gegenüber einer katholischen Lehre vom Fegfeuer aufrechterhalten werden …, die nicht mehr von Verdienst und ‚Menschenwerk‘ redet, sondern von der personalen Begegnung mit dem liebenden und dadurch zugleich reinigenden und läuternden Gott“ (Hintzen, 295 f.)? Die Antwort auf diese Frage hat zu lauten: Ein differenzierter Konsens in der Rechtfertigungslehre muss sich „auch im Hinblick auf das zwischen der katholischen und reformatorischen Theologie umstrittene Fegfeuer bewähren“ (Müller, 35) und dazu führen, die Purgatoriumslehre „nicht mehr ohne weiteres als kirchentrennendes Hindernis“ (Müller, 39) zu betrachten. Ihre kirchentrennende Funktion verliert die Lehre vom Fegfeuer, wenn sie ganz unter das Vorzeichen der gratis erfolgenden Rechtfertigung im Endgericht tritt, die der Glaube allein um Christi willen und nur im Vertrauen auf ihn erlangt, um von dort aus in die Stellung eingerückt zu werden, welche die Rechtfertigungstheologie dem Gericht nach den Werken zuweist. Dieses gehört in den Realisierungs-, nicht in den Begründungszusammenhang eschatologischen Heils.

Rechtfertigung vor Gott erlangt der Mensch durch Gnade und durch Gnade allein und weder durch Werke, die dem Rechtfertigungsglauben vorangehen, noch durch solche, die ihm folgen. Zwar gehören Glaube und Werke der barmherzigen Liebe untrennbar zusammen: der Glaube hat keinen Bestand, sondern ist im Schwinden begriffen, wenn er die Werke der Liebe schuldig bleibt; aber durch sie und im Vertrauen auf sie wird niemand gerecht vor Gott und seines ewigen Heiles gewiss. Daher dürfen nicht nur die dem Rechtfertigungsglauben vorangehenden, sondern auch die ihm folgenden Werke nicht in den Artikel von der iustificatio impii gezogen werden, da ansonsten der Glaube seine eschatologische Hoffnungsgewissheit verlieren und der Trostlosigkeit anheimfallen müsste. In der Konsequenz dieser Einsicht wird beispielsweise in der Formula Concordiae von 1577 gelehrt, dass die Werke unbeschadet ihrer Verbindlichkeit nicht konstitutiv für das ewige Seelenheil seien. Verworfen hingegen werden Sätze wie etwa derjenige, wonach niemand jemals ohne gute Werke selig geworden sei (vgl. etwa BSLK 789,15 ff.). Solche Verwerfungen nicht auszusprechen, hieße nach Urteil Wittenberger Bekenntnistheologie, den angefochtenen Gewissen den Trost des Evangeliums im Leben und im Sterben wegzunehmen, um entweder Skrupulanz und Verzweiflung oder vermessenes Vertrauen auf eigene Gerechtigkeit zu erzeugen, was gleichermaßen abwegig und ins Verderben führend sei.

Sachentsprechend argumentiert, wie bereits vermerkt, auch Paul Althaus, der sich im Zuge der Entwicklung seiner Lehre von den Letzten Dingen wie wenige evangelische Theologen und immer intensiver mit der Fegfeuerlehre beschäftigt hat. Er würdigt ihr Anliegen, den Zuspruch unbedingter, dem ganzen Menschen geltender Rechtfertigungsgnade mit dem Anspruch auf einen Prozess fortschreitender Heiligung eschatologisch zu verbinden. Doch statt das „schwerste Problem der Heilslehre, das Verhältnis von Rechtfertigung und Heiligung“ (Althaus, 227) zu klären, trage sie eher zu deren Verunklärung bei und zwar weniger dadurch, dass sie in die Ewigkeit ein Werden hineindenke, was keineswegs einfach abwegig sei, sondern durch Beförderung und eschatologische Befestigung des Glaubens, „daß der Mensch nur das sein könne, wofür er sich selber, durch Gottes Gnade befähigt, gemacht“ (Althaus, 231) habe. Sofern er darauf ziele, sei der Purgatoriumsgedanke als unevangelisch abzulehnen; andernfalls könne er in die evangelische Glaubenslehre integriert werden.

Eschatologische Lebenserinnerung

Die Grundvoraussetzung für eine mögliche Integration der Purgatoriumsvorstellung in die evangelische Theologie besteht darin, dass durch sie die Gewissheit ewigen Seelenheils aus Gnade um Christi willen durch Glauben allein nicht infrage gestellt, sondern affirmiert wird. Der Glaubende kann, darf und soll des ewigen Heils seiner Seele vorbehaltlos gewiss sein. Er kann, darf und soll aber auch wissen, dass das Verhältnis seines ewigen Seelenheils zu seinem leibhaften Leben nicht dasjenige einer Beziehungslosigkeit sein wird. Vielmehr ist zwischen dem Heil der Seele und dem beendeten weltlichen Leben ihres Leibes eine eschatologische Beziehung in Anschlag zu bringen, wie das in der Vorstellung einer Wiedervereinigung der Seele mit ihrem Leib im Zuge allgemeiner Totenauferstehung am Ende von Menschheits- und Weltgeschichte unter Einschluss der nötigen sozialen und kreatürlichen Bezüge zum Ausdruck kommt.

Die Vorstellung einer Wiedervereinigung der Seele mit ihrem Leib am Ende der Zeit ist konkret zu denken nicht ohne die Annahme eines sub specie aeternitatis statthabenden seelischen Rückbezugs auf das leibhaft gelebte Leben in der Welt. Die der Wiedervereinigung mit ihrem Leib entgegengehende Seele kommt, wenn man so will, in eben diesem Prozess auf ihn zurück, indem sie ihr leibhaftes Leben eschatologisch erinnert. Diese Erinnerung wird unter der Voraussetzung ewigen Seelenheils aus Glauben getragen und durchdrungen sein von ungeteilter Freude und Dankbarkeit. Aber gerade Freude und Dankbarkeit schließen schmerzliche und wehmütige Wahrnehmungsmomente nicht aus, sondern ein und heben auch das Gedächtnis des Verfehlten bis hin zum Bewusstsein einer Totalverkehrung eigenen Daseins und seiner Bestimmung in sich auf. Die Aussagen traditioneller Purgatoriumslehre über Sühne, Strafe und Genugtuung etc. sind von dorther zu reformulieren, wodurch das Fegfeuer aus seinem Interimsstatus herausgenommen und dorthin versetzt wird, wo es hingehört: in den eschatologischen Zustand derer, die ihrer selbst und ihrer Werke im Lichte der Ewigkeit gewahr werden, ohne darüber die Gewissheit ihres Heils zu verlieren, das ihnen vielmehr um Christi willen durch Glauben gratis und unverlierbar geschenkt wird. Damit sind sich die im Glauben Beseligten selbst auf eine Weise gegeben, wie es ihrer ursprünglichen Bestimmung und ihrem wahren Ich entspricht, das mit seinem alter Ego Jesus Christus im ewigen Leben des göttlichen Geistes unvermischt, aber auch ungetrennt eins sein wird, um in, mit und unter der Christusgemeinschaft zugleich verbunden zu sein mit allen verherrlichten Menschengeschöpfen und Kreaturen.

In der Ewigkeit sind Selbst und Welt, Individuum und Menschheits- und Kreaturgemeinschaft sowie Seele und Leib auf differenzierte Weise eins und zwar durch Aufhebung der Differenz von Seelenunmittelbarkeit und leibhaft vermittelter Weltbeziehung, wie sie in der ungeteilten Beziehung zum dreieinigen Gott statthat, in dem alles eins sein wird, aber in einer Vielfalt und Unterschiedenheit, über die hinaus eine vielfältigere und differenziertere nicht gedacht werden kann. Ob es eines eschatologischen „Dreiersystem(s)“ (Le Goff, 270) sowie der Vermittlungsfunktion von Zwischenzustandsvorstellungen und namentlich der Purgatoriumsvorstellung bedarf, um diese Erwartung zu hegen, kann dahingestellt bleiben bzw. darf bezweifelt werden. Abschließend festgehalten sei nur noch einmal, dass die Bezeichnung des Fegfeuers als „Filiale der Hölle“ (Minois, 232) ebenso falsch ist wie die Annahme, das Purgatorium sei ein Mittleres zwischen Himmel und Hölle.

Beim Fegfeuer handelt es sich nach offizieller römisch-katholischer Lehre um den Vollzugsort bzw. situativen Zustand eines zeitweiligen Läuterungsleidens derer, deren irdisches Leben weder in Todsünde noch in völliger Sündlosigkeit endete. Zwar sind die im Purgatorium Weilenden der Höllenverdammnis entnommen, weil ihre Schuld vergebbar und tatsächlich vergeben ist, aber es verbleiben lässliche Sünden, für welche Genugtuung in Form zeitlicher Strafen zu leisten ist. Länge und Schwere der Strafe werden differenziert nach dem verschiedenen Stand der gerechtfertigten Sünder vor Gott. Dieser bemisst sich nach der verschiedenen Art ihrer verbleibenden lässlichen Tatsünden. Das Fegefeuer ist so primär der Ort möglicher Genugtuung bezüglich verbleibender Sünden, die zu bestrafen sind. Alle im Fegefeuer befindlichen Seelen sind ihres ewigen Heiles gewiss. Sie sind zwar noch auf dem Weg zur Seligkeit, doch bereits vom Bewusstsein ihrer Berufung zu ihr erfüllt.

Postmortale Fortsetzung des Bußprozesses

Purgatorium bezeichnet jenes Geschehen, das die vom Abgrund ihrer Schuld befreiten und zur ewigen Seligkeit bestimmten Seelen durch zeitliche Strafleiden von ihren verbleibenden Sünden reinigt. Der Ort solcher Genugtuung ist vom Himmel, aber vor allem von der Hölle zu unterscheiden und als Vorraum zum Himmel zu bestimmen. Das Purgatorium ist eine vorübergehende Bleibe, seine Zeit Interimszeit, die vorübergeht. Nach traditioneller Lehre befinden sich die Seelen im Fegefeuer außerhalb der Möglichkeit zu sündigen. Ob die Möglichkeit eines Verdiensterwerbs besteht, ist umstritten, wobei zwischen Verdiensten der Seelen für sich selbst oder für andere zu differenzieren wäre. Noch einmal: Die Seelen im Fegefeuer sind ihres Heiles gewiss, bleiben aber im Stadium der Hoffnung, deren Erfüllung noch aussteht. Im Einzelgericht wurde ihnen ihr Stand bekanntgegeben, um sie ihres bevorstehenden Heiles zu vergewissern.

Als Formen der Hilfe für die im Fegefeuer befindlichen Seelen kommen nach offizieller Doktrin Fürbitte, Messopfer, Almosen, Fasten und Wallfahrten in Betracht. Eine Sonderstellung nimmt der Ablass ein. Es handelt sich bei ihm um Zuwendung genugtuender Mittel aus dem Schatz der Kirche in der Weise der Fürsprache, nicht der Schuldlossprechung. Als Grund für die Hilfsmöglichkeit wird vor allem die Communio-Gestalt der Kirche angegeben, welche die Grenze des Todes zwar achtet, aber dessen Schranken transzendiert. Daraus erwächst eine Verpflichtung zur Fürsorge auch für Verstorbene. Angenommen wird gelegentlich auch, dass die im Fegefeuer befindlichen Seelen Fürbitte für ihre Hinterbliebenen bzw. für sonstige lebendige Menschen leisten. Sie eigens um Fürbitte zu bitten wird hingegen für sinnlos erklärt, da die Seelen im Purgatorium über kein explizites Wissen bezüglich der irdischen Zustände nach ihrem Tod verfügen.

Hält man sich an den Grundbestand der Lehre vom Fegefeuer, dann ist der Vollzug purgatorischer Läuterung der zur ewigen Seligkeit bestimmten Menschen, die nicht in Todsünde, wohl aber mit lässlichen Sünden gestorben sind, im Sinne einer postmortalen Fortsetzung des Bußprozesses zu deuten, der nicht lediglich passive Momente im Sinne des Erduldens von Gewissenspein und Strafe, sondern auch das aktive Element progressiver sittlicher Tätigkeit in sich enthält, die Besserung zum vollkommenen Guten hin erstrebt. Unter diesem Gesichtspunkt hat beispielsweise E. Fleischhack versucht, „dem evangelischen Leser deutlich zu machen, was dem katholischen Christen der Glaube an ein Fegfeuer bedeutet" (Fleischhack, 8). Wesentlich sei ferner die Annahme einer Solidargemeinschaft aller Christgläubigen, die auch durch den irdischen Tod nicht aufgelöst werde. Sie enthalte die Aufforderung in sich, einzelne Verstorbene um Fürbitte zu bitten und selbst Fürbitte für die im Herrn Entschlafenen zu üben. Was letztere beiden Aspekte angeht, so sei auf meinen Beitrag „Memoria Sanctorum" verwiesen, in dem im Anschluss an CA XXI Grundzüge einer evangelischen Lehre von den Heiligen in ökumenischer Absicht entwickelt werden (vgl. Wenz, 283–310). Als Basis hierfür fungiert die reformatorische Rechtfertigungslehre. Auf ihrer Grundlage ist evangelischerseits in Kritik und Konstruktion auch über die Purgatoriumslehre zu befinden.

Die Höllenfrage

Gilt die Fegefeuertheorie als traditioneller Kontroverspunkt, an dem sich die konfessionellen Auffassungen scheiden, so kann man dies in Bezug auf die eschatologische Lehre vom sog. doppelten Ausgang nicht sagen. Verbindliche Überlieferungen der getrennten Kirchen rechnen gemeinsam mit einem üblicherweise Himmel genannten „endgültigen Heilszustand der durch Christus mit Gott für immer vereinten, geretteten Menschen" (Ratzinger, 326) einerseits und mit einer höllischen Verdammung und definitiven Verwerfung wegen abgründiger Sündenschuld andererseits. Gedanken an eine Allversöhnung klingen zwar neuerdings auch in Kirchenpapieren zum Thema gelegentlich an, wie etwa in dem Votum des Theologischen Ausschusses der Union Evangelischer Kirchen in der EKD „Unsere Hoffnung auf das ewige Leben" von 2006, aber offizielle Kirchendoktrin ist die Apokatastasis-panton-Theorie nicht geworden, weder im Protestantismus, noch gar im römischen Katholizismus. Allerdings zeigen sich sowohl auf protestantischer als auch auf katholischer Seite Tendenzen, die auf ein eschatologisches Umdenken nachgerade in der Höllenthematik hinweisen.

Auch katholischerseits kann und „darf gesagt werden, dass das Dogma von der Hölle primär dem Menschen nicht informativ etwas *vom* Jenseits, sondern kerygmatisch etwas *für* sein jetziges Leben, ihn jetzt und hier Betreffendes sagt, das ihm Wegweisung für sein Dasein vor Gott, nicht aber Wesenserkenntnisse über bisher unbekannte Gegenstände bieten will. Die theologische Entfaltung des Dogmas kann demnach sinnvollerweise nicht erstrangig in Richtung einer gegenständlichen Jenseitsspekulation geschehen, sondern wird sich vor allem um die Entfaltung des existenzbezogenen Sinnes der Aussage von der Hölle zu mühen haben." (Ratzinger,

333 f.) Gedacht ist im gegebenen Zusammenhang an die Warnung vor „der *realen* Möglichkeit ewigen Scheiterns“ (Ratzinger, 334), die mit der Gottesoffenbarung in Jesus Christus als einem „Anspruch von letzter Ernsthaftigkeit“ (ebd.) unveräußerlich verbunden sei.

Mit dem Terminus „Hölle“ haben sich seit alters unterschiedliche Vorstellungen verbunden. Er lässt an abgründige Dimensionen des Menschenlebens in Raum und Zeit der Welt oder an die Unterwelt als Reich des Todes in der allgemeinen Bedeutung von Hades bzw. Scheol denken, wo alle Verstorbenen ein Schattendasein führen. Seine spezifische Bedeutung erlangte der Höllenbegriff indes erst, als er sich mit der Vorstellung schuldhafter Verdammnis verband. Diese Verbindung ist auch für die traditionelle Annahme einer Höllenfahrt Christi vorauszusetzen, obwohl der descensus ad inferos in der Dogmatik häufig nicht stricte dictu als descensus ad infernum, sondern als Hinabstieg in das Reich des Todes verstanden wurde, wie dies auch die derzeit übliche deutsche Übersetzung des Apostolischen Glaubensbekenntnisses nahelegt. Hält man sich an die strengere Lesart, dann stellt sich die Frage, wie man das Verhältnis des in die Hölle hinabgestiegenen Jesus Christus zu dieser aufzufassen hat: Am ehesten offenbar als ein Verhältnis, welches die Möglichkeit irreversiblen Heilsverlustes zwar nicht in Abrede stellt, sondern realiter voraussetzt, aber zugleich ganz und gar darauf angelegt ist, ihre Wirklichkeit zu unterbinden, ja unmöglich zu machen. Diese Auffassung wird, wie das prominente Beispiel Joseph Ratzingers oder auch Hans Urs von Balthasars zeigt, auch vonseiten katholischer Theologie nahegelegt.

Irreversibler Heilsverlust?

Die Annahme, die Hölle als Dauerzustand irreversiblen Heilsverlustes sei eine reale Möglichkeit, die nicht prinzipiell ausgeschlossen werden könne, ohne dass sich über ihre mögliche Realität mit Bestimmtheit etwas aussagen ließe, hat in der deutschsprachigen katholischen Theologie der zweiten Hälfte des 20. Jahrhunderts, man kann sagen, „den Status eines Konsenses erreicht. Es findet sich kaum ein ernstzunehmendes Lehrbuch der Eschatologie, in welchem eine wesentlich andere These vorgetragen würde“ (Schulze, 40). Worum geht es in der Eschatologie Ratzingers, von Balthasars und vergleichbar Rahners (vgl. Schulze, 366 ff.)? „(U)m universale Hoffnung auf Heil, die aber nur *Hoffnung* ist und nicht eine ihrer selbst sichere Sicherheit, darum wie von einem Schatten begleitet ist von der eschatologischen Hölle als realer Möglichkeit.“ (Schulze, 399)

Eine vergleichbare Entwicklung zeichnet sich seit langem im evangelischen Bereich ab. Die Höllenthematik macht das Problem einer definitiven schuldhaften Gottes-, Selbst- und Weltverfehlung namhaft, ohne es doktrinär aufzulösen, wie dies die Apokatastasislehre einerseits oder eine solche Lehre vom doppelten Ausgang andererseits versucht, die eindeutige Theorieaussagen über das Wo und Wie des Infernum und darüber meint machen zu können, ob und gegebenenfalls welche Menschen in die Hölle kommen. Aus der Heilsgewissheit des Glaubens folgt keine privatistische Heilssicherheit und noch weniger eine Sicherheit bezüglich des eschatologischen Unheils anderer Menschen. Diesbezüglich gibt es nicht nur keine menschliches Realwissen, diesbezüglich kann es ein solches Wissen auch nicht geben und zwar prinzipiell nicht.

Bemerkenswerterweise sind Personalkondemnationen mit eschatologischem Geltungsanspruch kirchlicherseits nie ausgesprochen worden, auch wenn die Tatsache realer Verdammnis von der traditionellen Kirchenlehre zweifellos vorausgesetzt wurde. Doch ist selbst diese faktische Prämisse erkenntnistheoretisch insofern unter einen Vorbehalt gestellt worden, als es sich um eine eschatologische, also um eine Voraussetzung handeln sollte, die menschlicher Selbst- und Welterfahrung nicht unmittelbar zugänglich ist, die mithin kein im üblichen Sinne objektivierbares Wissen enthält. Man kann im Gegenteil im Sinne der Kirchenlehre durchaus fragen, ob der Anspruch auf objektivierbares Wissen von tatsächlicher Höllenverdammnis deren reale Möglichkeit nicht durch Distanzierung um ihren das Ureigene betreffenden existenziellen Ernst bringen müsste. Wer eschatologische Aussagen vergegenständlicht, steht in Gefahr, sie zu enteschatologisieren. Das gilt für Aussagen zur Hölle in ganz besonderer Weise.

14. Der Jüngste Tag. Himmel und Hölle

Lit.: H. U. v. Balthasar, Kleiner Diskurs über die Hölle, Ostfildern ²1987. – J. Dierken, Negativität im Selbstverhältnis, in: U. Barth u. a. (Hg.), Aufgeklärte Religion und ihre Probleme. Schleiermacher – Troeltsch – Tillich, Berlin/Boston 2013, 155–173. – K. Flasch, Einladung, Dante zu lesen, Frankfurt a. M. ⁴2012. – J. Chr. Janowski, Allerlösung. Annäherung an eine entdualisierte Eschatologie, 2 Bde., Neukirchen 2000. – D. Korsch, Einleitung: Auferstehung, Weltanschauung, Glaube, in: E. Gräb-Schmidt/R. Preul (Hg.), Auferstehung, Leipzig 2012, 1–12. – W. Krötke, Das menschliche Eschaton. Zur anthropologischen Dimension der Eschatologie, in: K. Stock (Hg.), Die Zukunft der Erlösung. Zur neueren Diskussion um die Eschatologie, Gütersloh 1994, 132–146. – B. Lang/C. Mc Dannell, Der Himmel. Eine Kulturgeschichte des ewigen Lebens, Frankfurt a. M./Leipzig 1996. – G. Minois, Die Hölle. Zur Geschichte einer Fiktion (1991), München 1994. – F.-J. Nocke, Eschatologie, Düsseldorf ⁶1999. – K. Rahner, Theologische Prinzipien der Hermeneutik eschatologischer Aussagen, in: ders., Schriften zur Theologie. Bd. IV: Neuere Schriften, Einsiedeln/Zürich/Köln ²1961, 401–428. – H. Rosenau, Allversöhnung. Ein transzendentaltheologischer Grundlegungsversuch, Berlin/New York 1993. – F. D. E. Schleiermacher, Der christliche Glaube nach den Grundsätzen der evangelischen Kirche im Zusammenhange dargestellt (1821/22). Hg. v. H. Peiter, Berlin/New York 1984 (KGA I/7,1 u. 2 = GL¹). – Ders., Der christliche Glaube nach den Grundsätzen der evangelischen Kirche im Zusammenhange dargestellt (1830/31). Hg. v. R. Schäfer, Berlin/New York 2003 (KGA I/13,1 u. 2 = GL²). – W. Teifke, Offenbarung und Gericht. Fundamentaltheologie und Eschatologie bei Guardini, Rahner und Ratzinger, Göttingen 2012. – Thomas von Aquin. Summa contra Gentiles Libri Quattuor, hg. u. übers. v. K. Alert und P. Engelhardt, Darmstadt 2001 (= ScG). – H. Vorgrimler, Geschichte der Hölle, München 1993. – Ders., Geschichte des Paradieses und des Himmels. Mit einem Exkurs über Utopie, München 2008. – M. Walser, Über Rechtfertigung, eine Versuchung, Reinbek bei Hamburg ⁴2012.

Letztes Entweder-Oder

Im Endgericht und zwar sowohl im besonderen als auch im allgemeinen geht es nach traditioneller Lehre um ein letztes Entweder-Oder, da das eschatologische Urteil irreversibel entweder in den Himmel oder in die Hölle führt. Dem deutschen Wort „Hölle" liegt das germanische „Hel" zugrunde, das im Allgemeinen einen verborgenen Ort und im Speziellen das dunkle Totenreich bezeichnet. Verhehlen heißt auch heute noch soviel wie verbergen und im Verborgenen halten. Die Assoziation der Hölle mit einer unterirdischen Höhle liegt vom Wortstamm her nahe. Sie bestimmt auch den lateinischen Ausdruck „infernum", der auf das Darunterliegende verweist. Der im vierten Jahrhundert wirkende Bischof Wulfila, Missionar der Westgoten und Bibelübersetzer, „gibt mit dem gotischen halja das griechische Wort hades wieder, das einfachhin das Totenreich bezeichnet. Den fremden Begriff ‚Gehenna' aus dem Neuen Testament übernimmt er als Lehnwort ‚gaiainna'.

Im zwölften und dreizehnten Jahrhundert wird dann die Verwendung des Wortes ‚Hölle' (‚helle' u. ä.) mit der praktisch ausschließlichen Bedeutung von Strafort für Verstorbene verbunden. Die Bezeichnung Gehenna im neutestamentlichen Griechisch ist ein Lehnwort aus dem Hebräischen. Dort heißt ge-hinnom (in der längeren Form ge-ben-hinnom) das Hinnomtal in der Nähe Jerusalems. Dort wurde der assyrische Gott molek (Moloch) an einem Kultort namens Tophet durch Brandopfer, manchmal wohl auch durch Kinderopfer im achten und im siebenten Jahrhundert v. Chr. verehrt." (Vorgrimler, Hölle, 17 f.)

Nach Urteil von Georges Minois, einem namhaften Historiographen des Höllenglaubens, ist dieser „allgemeinmenschlich" (Minois, 13) und aufklärungsresistent. „Er ist unzerstörbar, hat, wie die lernäische Hydra, gewissermaßen mehrere Köpfe und ersteht immer wieder aufs neue." (Ebd.) Die christliche Höllenauffassung stelle nur eine unter vielen anderen dar, bilde aber als „das dauerhafteste, am besten durchdachte und vollständigste System von allen" (ebd.) den „Höhepunkt" (ebd.) der Idee. In ihrer weitesten Bedeutung ist die Hölle nach Minois „ein Zustand der Qual, den ein Wesen erdulden muß als Folge einer moralischen Verfehlung, deren es sich schuldig gemacht hat. Diese Ahndung unterscheidet sich von den Strafarten, welche die menschliche Rechtsprechung vorsieht. Sie wird von übernatürlichen Mächten vorgenommen oder vom vergeltenden Geschick. Meistens erfährt der Mensch die Strafe nach dem Tod, und ihre Dauer ist immer beträchtlich, manchmal sogar ewig." (Minois, 15) Als Strafort ist die Hölle nicht unmittelbar gleichzusetzen mit einem gleichsam rechts- bzw. gerichtsneutralen Schattenreich des Todes. Mögen die Vorstellungen von Örtern, an denen sich die Toten aufhalten, auch unheimlich, schrecklich und grauenhaft sein, so sind sie doch von Höllenvorstellungen klar abzuheben, da die Annahme von Straf- und Vergeltungsvollzügen fehlt.

Definitive Scheidung

Die Höllenidee ist vom Gedanken einer definitiven Scheidung von Gut und Böse nicht zu trennen. Anders als der Tod, dessen Annahme insofern verallgemeinerbar ist, als er unterschiedslos alles Lebendige zu betreffen scheint, kann die Hölle nicht zum Los aller Sterblichen erklärt werden. Sie ist, erstens, Menschen vorbehalten und zwar, zweitens, solchen, die sich nicht durch naturhaftes Schicksal, sondern durch eigene Schuld in ihr befinden. In dieser Form hat sich der Höllengedanken Minois zufolge vorzugsweise im werdenden Christentum im Anschluss an entsprechende frühjüdische Vorgaben ausgebildet. Damit differenziert sich nach seinem Urteil im Unterschied zu vormaligen Jenseitsannahmen erheblich, was am eigenen Ende und am Ende von Menschheit und Welt von Gott her zu erwarten steht: die Realisierung der Gerechtigkeit durch ein Gut und Böse definitiv scheidendes Gerichtsurteil mit entweder himmlischen oder höllischen oder dazwischenliegenden Folgen. Statusungleichheiten im Totenreich sind nach frühjüdischer Auffassung wesentlich durch das jeweilige Verhältnis zur Gerechtigkeit Gottes bestimmt und nicht lediglich Fortsetzungen irdischer Zustände. Auch wird dem Tod die Macht bestritten, alles egalisieren zu können. Denn der Differenz von gerecht und ungerecht ist er nicht mächtig. Dies zu bekennen ist für den jüdischen Glauben das wesentliche Motiv der Ausbildung eschatologischer Vorstellungen.

Der Tod hat nicht die Macht, die vergeltende Gerechtigkeit Gottes zu begrenzen, vielmehr ist diese es, welche seine Möglichkeiten in Schranken weist. Der christliche Höllenglaube schließt daran an. Tendenzen zu seiner doktrinären Systematisierung finden sich bereits in der Alten Kirche (vgl. Minois, 123 ff.). Sie verstärken sich im Laufe der Jahrhunderte und erlangen im Mittelalter ihren Höhepunkt: „Die Hölle wird zur Selbstverständlichkeit" (vgl. Minois, 197 ff.), um erst im 17. und 18. Jahrhundert allmählich infrage gestellt und in die Defensive gedrängt zu werden (vgl. Minois, 345 ff.). Entscheidend für die mittelalterliche Höllendoktrin werde die sich im 12. Jahrhundert etablierende Unterscheidung zwischen lässlichen Sünden und Todsünden, welche die Verdammnis nach sich zögen. „In die Hölle kommt, wer im Stand der Todsünde stirbt. Hier ist nun eine genaue Definition vonnöten, und man wird sie auf den Begriff des Vorsatzes gründen: Die Todsünde ist ein willentlicher Akt der Verachtung Gottes, wissentlich und mit vollem Einverständnis begangen." (Minois, 229) Auf dieser Bestimmung gründet der mittelalterliche Höllengedanke in der ihm eigenen „Strenge und Einfachheit" (Minois, 251).

Geschichte der Hölle

Andere Akzente wie Minois setzt Herbert Vorgrimler in seiner „Geschichte der Hölle". Nach seinem Urteil lässt sich die Entwicklung christlicher Höllenaussagen bis zum Ende des 13. Jahrhunderts auf der Basis vornehmlich zweier Textkomplexe nachzeichnen: „Der eine bestand aus den Visionserzählungen, zu denen manche Dichtungen hinzugezählt werden können. Der andere ergab sich aus den Reflexionen der Theologen, die primär auf biblische Zeugnisse und ältere theologische Traditionen zurückgriffen, aber von der Visionsliteratur nicht unbeeinflußt geblieben waren. Während die Visionen von massiver Anschaulichkeit lebten, neigt die Theologie, in der Scholastik besonders dominierend, zu einer abstrakten Ausdrucksweise. Diese beiden Komplexe können nicht künstlich voneinander getrennt werden. Ihre Verbindungsglieder waren die Örtlichkeit der Hölle, die in Abhängigkeit vom ‚naturwissenschaftlichen' Weltbild auch von der Theologie angenommen wurde, und die materielle, sinnenhafte Qualität des Höllenfeuers, das wegen der Autorität der Bibeltexte (vor allem Mt 25,41 und Lk 16,24) als Installation ewiger Qualen auch von der Theologie buchstäblich verstanden wurde." (Vorgrimler, Hölle, 212)

In der zitierten Monographie wird auf der Basis des biblischen Befunds und paganer Vorstellungen die Genese der Höllenanschauung in der östlichen und westlichen Kirche im Einzelnen nachgezeichnet und zwar unter besonderer Berücksichtigung apokalyptischer Bewegungen, deren Auf und Ab für die beiden großen Komplexe von Höllentexten gleichermaßen wichtig war. Unter den Höllentheologen kommen nach Origenes besonders Augustin, Johannes Scottus Eriugena sowie Thomas von Aquin, unter den Visionären neben vielen anderen Gregor I., Gregor von Tours, Hildegard von Bingen sowie die spätmittelalterlichen Seherinnen Mechthild von Magdeburg, Birgitta von Schweden oder Theresa von Avila in

Betracht. Am Schnittpunkt von Dichtung, Visionen und Theologie wird Dante Alighieris „Göttliche Komödie" verortet, die für zeitgenössische Vorstellungen vom Inferno besonders aufschlussreich sei. Nach Analysen zur Reformation, zur altprotestantischen Orthodoxie und zur tridentinischen Barockscholastik schildert Vorgrimler die „Erschütterung der Hölle durch die Aufklärung" (Vorgrimler, Hölle, 255 ff.) und den, wie er es nennt, „Fortgang der Einschüchterung" (Vorgrimler, Hölle, 272), um dann Beispiele für katholische und evangelische Höllentheologien und -literaturen aus dem 20. Jahrhundert beizubringen. Aufschlussreich sind ferner die Kapitel zu Höllendarstellungen in der Bildenden Kunst und in der modernen Literatur.

Nach Vorgrimlers Urteil sind Höllenaussagen vor allem ein Instrumentarium kirchlicher Autorität zum Zwecke der Einschüchterung nach innen und der Abschottung nach außen. „Nach innen im Hinblick auf die Kirchenmitglieder war in diesem im dreizehnten Jahrhundert abgeschlossenen Prozeß die persönlich begangene und nicht bereute Todsünde der entscheidende Grund der Versetzung eines Menschen in die ewigen Höllenqualen. Die genauere, von bestimmten Interessen diktierte Festlegung dessen, was eine Todsünde ist, war mit dem dreizehnten Jahrhundert nicht beendet. Hierin lag der Ansatz für eine Seelsorge permanenter Einschüchterung und Verängstigung, auch massiver seelischer Zerstörung durch die Herbeiführung von Psychosen und Neurosen." (Vorgrimler, Hölle, 213) „Nach außen hin war das Instrumentarium der Höllenaussagen im fünfzehnten Jahrhundert, dem Jahrhundert der großen Entdeckungen, des Todeskampfes des byzantinischen Imperiums gegen die Türken und der barbarischen Austreibung der Juden aus Spanien sowie häufiger Pogrome gegen Juden in anderen Bereichen der lateinischen Kirche perfektioniert: Wer nicht der römisch-katholischen Kirche angehört, Christen der Ostkirchen, Muslime, Juden, ‚Heiden', der würde sogleich mit seinem Tod in die Qualen des ewigen Höllenfeuers wandern. Mit der Behauptung dieser Position suchten machtbewußte Päpste die größtmögliche Abgrenzung nach außen und zugleich eine seelische Entlastung derer, die als Inquisitoren, Kreuzzügler, Judenverfolger usw. in der Wahl ihrer Mittel nicht zimperlich waren." (Ebd.)

Ort ewiger Verdammnis

Sucht man jenseits der Frage seiner Funktionalisierung zugunsten praktischer Interessen und Zwecke den traditionellen Gehalt des Höllenglaubens und das materiale Ergebnis seiner Geschichte systematisch zu erfassen, dann stellt sich die Hölle im Wesentlichen als der Ort dar, an dem die im Jüngsten Gericht zu ewiger Sündenstrafe Verurteilten ihre Verdammnis erleiden. Verlegt wird der Ort üblicherweise in den untersten Teil der Erde. Daher kommt der Begriff des Inferno. Zuweilen wird das infernalische „Unterhalb" demjenigen zugewiesen, was der Erdoberfläche entgegengesetzt ist. Dabei kann das Verhältnis von höllischem Unten und irdischem Oben als disproportional zu demjenigen von überirdischem Himmel und Erde bestimmt werden. In jedem Fall liegt die Hölle als Verdammnisort in unermesslicher Distanz zum Ort himmlischer Glückseligkeit. Verlagert man das Inferno in die innerste Mitte der Erde, ändert dies nichts an der extremen Entfernung der Hölle vom Himmel, dessen das Oberste zuunterst verkehrenden Gegensatz sie bezeichnet.

Die wenigen Bemerkungen zum Höllenort belegen, dass dessen Lage mit den Raumnormen von Länge, Breite und Höhe, Nebeneinander oder Gegenübersein etc. nicht zu lokalisieren ist. Seine Platzierung verweist, wie immer sie vorgenommen wird, auf einen Gegenraum, der allen gewöhnlichen Lokalitäten entgegengesetzt ist, die als menschliche Wohn- und Heimstatt gelten können. Die Hölle ist schlechterdings unheimlich, kein Ort, den man einnehmen kann, um da zu sein, kein Gemach, sondern reines Ungemach, kein Umschließendes, das bergen könnte, sondern ein aller Bergung Entbehrendes und sie Verstellendes, das in seiner endlosen Weite beengt und in seiner Enge keinen Halt bietet vor dem Sog unendlicher Weiten. Die höllische Örtlichkeit ist das widrige Gegenteil der kreatürlichen und dem Raum der Schöpfung kontradiktorisch entgegengesetzt.

Entsprechend widersprüchlich wie mit dem Ort verhält es sich mit der Zeit, die in der Hölle herrscht. Sie ist, wie traditionell gesagt wird, von ewiger Dauer. Doch ist die höllische Ewigkeit mit der himmlischen nicht zu vergleichen, sondern dieser entgegengesetzt und zuwider. Ihre Unendlichkeit ist nicht die Vollendung kreatürlicher Zeit, sondern deren Verkehrung ins schiere Gegenteil. Die irdische Zeit vergeht. Doch ist es ihre geschöpflich gesetzte Bestimmung, in himmlische Unvergänglichkeit einzugehen, in welcher das Zeitliche ewig gesegnet ist. Der höllischen Zeit hingegen wird ihre Unendlichkeit zum Fluch, im Vergleich zu welchem das Enden im Tod ein Segen wäre. Nach scholastischer Lehre wünschen die Verdammten zu sterben, ohne es doch wirklich zu wollen und zu können. Sie ersehnen den Tod, um sein Ereilen zugleich zu unterbinden, was grausamer ist als alles Todesgrauen.

Ungleich schlimmer als der Tod

Es gibt schlimmeres als den Tod und abgründigeres als das Grab. Dies ist die zentrale Aussage scholastischer Lehre von Teufel, Hölle und Verdammnis, was durch die diversen Theorien vom infernalischen Feuer bestätigt wird. Es ist ein Feuer des Gerichts, das nicht nur und auch nicht in erster Linie den Leib, sondern die Seele des Menschen brennen lässt. Zwar betrifft in Konsequenz der Annahme einer leibseelischen Auferstehung der Toten das Gerichtsfeuer nach Meinung der Scholastiker auch den Leib der Verdammten, der für den Inbegriff ihrer einstigen Weltbezüge und der in diesem Zusammenhang begangenen Sünden steht, die durch körperliche Pein abgestraft und gebüßt werden. Doch geht die poena im strengen Sinn des Begriffs zuvörderst die Seele an, die nicht nur mit dem gepeinigten Leib mitleidet, sondern umso schwereres Leid erträgt, je intensiver das Gerichtsfeuer infolge der Selbstverkehrung und Abkehr von Gott, die sie verschuldet hat, in ihrem Inneren brennt. Der scholastische Hinweis, dass der Höllenbrand die Seele nicht erwärmt, sondern erkalten lässt, ist nur ein weiterer Beleg für die teuflische Unart des infernalischen Feuers, das den Unterschied der irdischen Elemente aufhebt bzw. abgründig verkehrt, so dass Hitze und Eiseskälte letztlich keinen Gegensatz mehr bilden, sondern in widriger Indifferenz übereinkommen, um gerade so als Charakteristikum höllischer Zwietracht zu gelten.

Die Sünde ist ihrem widrigen Unwesen gemäß zwieträchtig in sich selbst. Durch Abkehr von Gott in sich selbst verkehrt sucht sie sich mittels Selbstvergottung unmittelbar zu begründen und mit dem falschen Schein eines Seins und Sinns zu versehen, um ihr sinnwidriges Streben im Verborgenen umso hemmungsloser in eine Aktion umsetzen zu können, die nichts als Untaten wirkt. In der Höllenverdammnis wird nach scholastischer Lehre die wesenswidrige Zwietracht der Sünde und ihre Uneinigkeit mit sich selbst sub specie Dei et aeternitatis manifest, durch welche Manifestation zugleich die Sündenstrafe gesetzt ist. Sie ergibt sich zwar aus der göttlichen Gerechtigkeit, deren Folge sie aber nur insofern ist, als diese die Schuld der Sünde vor dieser selbst offenbar werden lässt, wodurch diese sich gewissermaßen von selbst zugrunde richtet.

Sich selbst verwirkende Gottwidrigkeit

Das gottwidrige Unwesen der Sünde und ihrer Bosheit ist eine Wirklichkeit, aber eine sich selbst verwirkende. In dieser Aussage besteht der eigentümliche Skopus scholastischer Lehre von Hölle und Verdammnis. Zum Problem wird dabei ihre durchgängige Neigung, beide mit einem quasiempirischen Zustand zu assoziieren, der zwar als supra- bzw. im gegebenen Zusammenhang als infranatural zu bestimmen ist, aber eben dadurch in ein Verhältnis zum sog. Naturalen gesetzt wird, das mit Schwierigkeiten verbunden ist, die genau jene Probleme reproduzieren, die gelöst werden sollen. Man kann dies als Indiz für die Aporie deuten, in welche die Hamartiologie nachgerade dann führt, wenn sie konsequent zu Ende gedacht wird, wie das im eschatologischen Kontext der Fall zu sein hat. Doch belässt es die scholastische Sündeneschatologie, wie sie in der Lehre von Hölle und Verdammnis ausgearbeitet ist, nicht bei besagter Aporetik, sondern versucht diese tendenziell dadurch aufzulösen, dass sie die Hölle und Verdammnis einer Teilmenge von Menschen zuweist, wohingegen sie Himmel und ewige Seligkeit dem anderen Menschenteil zuerkennt. Auf diese Weise macht sie sich einen Begriff von dem, was nachgerade im Falle von Hölle und Verdammnis nicht nur unbegreiflich, sondern begriffswidrig ist, wodurch sie in eine bedenkliche Nähe zur Begriffslogik jener Lehre gerät, die sie mit Recht zu vermeiden und abzuweisen sucht, nämlich der Lehre von der Wiederbringung aller.

Stellt die Apokatastasislehre unter Absehung von der Differenz von Gut und Böse alle Menschen eschatologisch gleich, um jeden Einzelnen in quasiempirischer Weise verhimmeln zu können, so folgt scholastische Theologie in der Regel der nur scheinbar entgegengesetzten, in Wahrheit analogen Logik, indem sie Hölle und Verdammnis einer Schar Einzelner zudenkt, um sie in ebenso quasiempirischer Weise zu verteufeln und höllische Verdammnis erfahren zu lassen. Dem ist entgegenzuhalten, dass zwar die individuelle Vollendung in Gott trotz ihrer Unbegreiflichkeit sinnvoll zu bedenken und mit einem Wissen in Verbindung zu bringen ist, welches der Glaubensgewissheit innewohnt, dass aber von einer individuellen Verdammnis nicht in vergleichbarer Weise, sondern nur so die Rede sein kann, dass mit ihr die unsagbare Begriffswidrigkeit dessen zur Sprache kommt, worauf sich die Aussage richtet. Die Rede von Hölle und Verdammnis ist grenzwertig, und das

Bewusstsein ihrer Grenzwertigkeit muss in sie eingehen, wenn nicht in unsinniger Weise vom Sinnwidrigen gesprochen werden soll. Geachtet wird die zu beachtende Grenze, die allen eschatologischen Aussagen über Hölle und Verdammnis gesetzt ist, wenn diese nicht aus dem Glaubenszusammenhang, in den sie gehören, herausgelöst und nicht mit metaphysischen oder quasiempirischen Aussagen verwechselt werden, welche die hamartiologisch bestehende Aporie aufzulösen beanspruchen. Das Problem von Himmel und Hölle lässt sich weder durch Gleichschaltung, noch durch Teilung im Sinne einer Verhimmlung der einen und einer Verteuflung der anderen lösen, weil in beiden Fällen verkannt zu werden droht, was als Grundsatz aller eschatologischen Aussagen zu gelten hat, dass nämlich Gott durch seinen Geist in Jesus Christus alle Menschen erlösen will, ohne deshalb seine Gerechtigkeit zur Disposition zu stellen.

Ewige Pein

Von den Verdammten als Bewohnern der unheimlichen Hölle handelt scholastische Theologie vorrangig unter dem Gesichtspunkt ihrer ewigen Bestrafung, in der sich die Gerechtigkeit Gottes offenbart. Die Höllenstrafen folgen aus der Verurteilung im Jüngsten Gericht. Mit ihrer Begrenzung durch die Barmherzigkeit Gottes wird nur insofern gerechnet, als Gott den Teufel für immer daran hindert, den Schein einer Gottgleichheit zu erzeugen und ihn für Realität und Wahrheit auszugeben. Seine Macht ist dadurch dergestalt gebunden, dass die in der Hölle herrschende Destruktion es mit der konstruktiven Schöpferkraft Gottes niemals aufnehmen kann. Die Verdammten leiden insofern weniger unter dem Teufel als unter dem Entzug Gottes, der sich seiner Gerechtigkeit wegen von ihnen fernhält. Doch ist die Hölle nach scholastischer Lehre nicht nur ein Ort der Gottesferne, weil die Gottlosigkeit der Verdammten durch jene dauernde Gottwidrigkeit gekennzeichnet ist, die den eigentümlichen Abgrund ihrer Schuld ausmacht. Dies ergibt sich aus den scholastischen Reflexionen über Erkenntnis und Willen der Verdammten. Ihre Erkenntnis bringt sie einerseits zum Bewusstsein ihrer Schuld und zur Einsicht in die Rechtmäßigkeit ihrer Strafe, ohne dass daraus beider Anerkenntnis folgen würde.

Die Verdammten versteifen sich auf ihr Unrecht, um es mit dem Schein des Rechts zu versehen, und sie verkehren ihre Sündenerkenntnis bewusst dahin, ihre Schuld zu verkennen und notorisch zu leugnen. Durch wütendes Aufbegehren gegen die eigene Einsicht entzweien sie sich nicht nur in sich selbst, sondern verharren im beständigen Widerspruch zu Gott, dem ihr bodenloser Hass gilt. Dieser Hass, an dem sie ihre Lust haben, ist es zugleich, der sie zutiefst peinigt, im Vergleich zu welcher Seelenpein alle körperliche Qual ein vergleichbar Geringes ist. Auf ähnlich widrige Weise leidet der Wille der Verdammten, sofern er sich auf das Böse als auf ein Gut ausrichtet. Durch die Bosheit ihrer Sünde lassen sich die Verdammten willentlich dazu verführen, ihre Unseligkeit zu affirmieren und auf ihr zu insistieren. Ihr böser Wille will einerseits, dass alles einschließlich des Eigenen zunichte werde und nichts sei. Zugleich hält er just in seinem Nichtigkeitsstreben an sich fest, um sich in seiner Bosheit zu verschanzen. Er will alles dahinmorden und umbringen, ja sich um sich selbst bringen, ohne es zu können, weil er nicht äußerlich, sondern von innen heraus und durch sich selbst daran gehindert wird. Zwar mag den Verdammten ihre Leibespein das Gefühl vermitteln, es sei besser, zu sterben, als in der Hölle zu leben; aber ihr Wille verstellt sich den Ausweg des Sterbens bewusst, so dass zu sagen ist, es sei ihre Schuld, nicht sterben zu können, sondern in einer endlosen Dauer verweilen zu müssen, die als die ins Gegenteil verkehrte Ewigkeit zu kennzeichnen ist.

Unausdenklicher Abgrund

Der Teufel steht zwar mit dem Tod im Bunde, aber er ist zu stolz, um sich ihm zu ergeben, was alles nur noch schlimmer macht, wie die Hölle beweist, im Vergleich zu der das Grab nach scholastischem Urteil ein Segen wäre. Die Frage lautet hier nicht mehr: Sein oder Nichtsein, denn die Wahl zwischen dieser Alternative haben sich die Verdammten willentlich selbst entzogen, ja sie entziehen sie sich permanent, indem sie das nichtende Nichts zum reinen Sein verklären. Es ist Gott und seiner Gerechtigkeit zu danken, dass er den Erfolg dieses Nichtigkeitsstrebens nicht nur laufend verhindert, sondern in seiner Ewigkeit auf einen Status herabgesetzt hat, der keinen Gegensatz mehr zu bedingen in der Lage ist. Die Dauer der Hölle ist daher vor ihm ein Nu, der sich zu einem bloßen Moment verflüchtigt und von anhaltender Dauer nur unter der Voraussetzung ist, dass auf ihm in der Weise des Unwesens des Bösen insistiert wird. Dies bewusst zu erstreben und wirklich zu wollen, ist unausdenklich, was belegt, dass man sich vom höllischen Abgrund der Sünde keinen Begriff machen kann. Der Schein eines solchen Begriffs sollte daher auch nicht dadurch erzeugt werden, dass man die Lehre von Hölle und Verdammnis mit der Vorstellung verbindet, sie beziehe sich auf eine Teilmenge von Menschen. Zu beziehen ist sie vielmehr gerade um der Gerechtigkeit Gottes willen auf alle Menschen, jedoch so, dass deutlich wird, dass Hölle und Verdammnis dasjenige bezeichnen, von dem Gott will, dass es keinen Menschen betreffe, weil alle von ihm her zur ewigen Seligkeit und eben dadurch auch dazu bestimmt sind, weder anderen noch sich selbst die Hölle zu wünschen oder zu bereiten. Der Glaube nimmt beides wahr, um es für sich und die gesamte Menschheit gelten zu lassen: Gerechtigkeit und Liebe Gottes, die dem gläubigen Gottvertrauen eins sind und allein durch Schuld der Sünde und für diese in Gegensatz zueinander treten.

Die traditionelle Lehre von Hölle und Verdammnis legt den Vorwurf des Perversen nahe. Doch pervers ist nicht die Lehre, sondern der Abgrund des Bösen, den sie zu bedenken sucht. An sich selbst pervers droht der Lehrbegriff von Hölle und Verdammnis allerdings dann zu werden, wenn er die Unausdenklichkeit dessen, was er zu bedenken sucht, verkennt und dasjenige mit einem Sinn zu versehen sucht, was nicht nur keinen Sinn hat, sondern als das Sinnwidrige schlechthin zu gelten hat. Jede gedankliche Näherung an dieses kann daher stets nur das Ziel verfolgen, sich zu entfernen, das Abstoßende des Bösen abzustoßen und sich nicht in seinen Bann ziehen zu lassen. Möglich ist das nur im Blick auf Gott und auf seinen Christus, in dessen Geist nicht nur der Tod, sondern auch Teufel, Hölle und Verdammnis überwunden sind, um getrost ihrer Nichtigkeit überlassen werden zu können.

Himmlische Aussicht

Während der Glaube Tod und Teufel getrost ihrer Nichtigkeit und Widrigkeit überlassen kann, hat er dem Himmel und der ewigen Seligkeit alle Aufmerksamkeit zuzuwenden als der Zukunft, die ihm verheißen ist. Wer sich mit der historischen Entwicklung der Vorstellungen vom Ort der Seligen vertraut machen möchte, der greife zu B. Langs und C. Mc Dannells „Kulturgeschichte des ewigen Lebens", die 1996 unter dem Titel „Der Himmel" erschienen ist, oder zu H. Vorgrimlers „Geschichte des Paradieses und des Himmels" aus dem Jahr 2008. Den Ausgangspunkt der Untersuchungen von Lang und Mc Dannell bildet das „Verständnis des Himmels als einer *Gemeinschaft* der Heiligen" (Lang / Mc Dannell, 12), wie es im Christentum herkömmlich ist. Auf die Genese dieses Verständnisses und seine jüdischen und allgemeinen religionsgeschichtlichen Voraussetzungen wird in einem Abschnitt über „Die Geburt des Himmels" (Lang / Mc Dannell, 17 ff.) eigens Bezug genommen. Kultur- und sozialgeschichtliche Analysen „der Bilder, mit denen Christen beschreiben, was sie nach dem Tod erwartet, wenn die irdische Zeit aufhört und die Ewigkeit beginnt" (Lang / Mc Dannell, 9), schließen sich an. Auch auf einschlägige theologische Reflexionen wird Bezug genommen. Ist der Himmel als verklärte materielle Welt vorzustellen, wie angeblich Irenäus, oder als rein geistige Sphäre, wie angeblich der frühe Augustin meinte, oder stellt er eine Wirklichkeit jenseits der Differenz von Leib bzw. leibhafter Welt und geistig-seelischem Selbst dar? (Vgl. Lang / Mc Dannell, 74 ff., bes. 101 ff.) Diverse Antworten auf diese und vergleichbare Fragen, wie sie in der Alten Kirche, im Mittelalter sowie in Renaissance, Reformation und Neuzeit gegeben wurden, werden dargelegt und erwogen.

Für die Himmelsauffassung, die sie die moderne nennen, sind Lang und Mc Dannell zufolge vier Merkmale kennzeichnend: „*Erstens* gibt es nur eine schwache Trennung zwischen Diesseits und Jenseits, zwischen Erde und Himmel. Für die Gerechten beginnt das ewige Leben unmittelbar nach dem Tod. Lehren über ein Fegfeuer oder einen Schlaf im Grab bis zur allgemeinen Auferstehung werden entweder abgelehnt oder für unbedeutend erklärt. *Zweitens* wird das Leben im Himmel nicht als etwas von der irdischen Existenz völlig Verschiedenes gesehen, sondern als deren Vervollkommnung und Erfüllung. Dementsprechend muß der Himmel eine dingliche und materielle Wirklichkeit sein. Die Ergötzung der Sinne, einst als sündhafter Zeitvertreib angesehen, tritt nun in den Mittelpunkt des ewigen Lebens. *Drittens* rücken die Autoren immer mehr von einer einseitigen Beschreibung des Himmels als Ruheort ab. Zwar sprechen sie noch von ‚ewiger Ruhe', stellen sich aber die Heiligen als tätige Wesen vor, die im geistlichen Leben fortschreiten und in einem von Leben und Bewegung erfüllten Jenseits allerlei Beschäftigungen finden. Der Weg zu Gott endet nicht mit der Aufnahme in den Himmel, sondern hört niemals auf. Spiritueller Fortschritt ist ein ewiger Prozeß. *Viertens* beginnt die menschliche Liebe, die sich in der Sorge für Belange der Gesellschaft und der Familie äußert, die Vorrangstellung der Gottesbeziehung zu verdrängen. Im Zentrum des Himmels steht nicht mehr die *visio beatifica*, die den erlösten

Menschen beglückende ewige Betrachtung Gottes. Soziale Beziehungen, auch die zwischen Mann und Frau, gelten zunehmend als grundlegend für das ewige Leben und stehen nicht mehr im Gegensatz zum göttlichen Plan. Gott wird nicht mehr nur unmittelbar geliebt; die Liebe zu Gott zeigt sich auch in der Liebe, die anderen Himmelsbewohnern geschenkt wird." (Lang / Mc Dannell, 249)

Über die Angemessenheit der typisierenden Charakteristik, die Lang und Mc Dannell sog. modernen Himmelsvorstellungen zuteil werden lassen, kann man geteilter Meinung sein und das umso mehr, als sie grundlegend an den, mit Kant zu reden, Geisterträumereien Swedenborgs orientiert sind. In seinen Schriften habe die moderne Auffassung des Himmels im 18. Jahrhundert ihre erste Gestalt gewonnen, um dann im 19. und im beginnenden 20. Jahrhundert ihre Blüte zu erleben. Seither sei sie zunehmend verblasst, bis der „moderne Himmel, den Swedenborg so intensiv erlebt hatte" (ebd.), seine Überzeugungskraft gänzlich eingebüßt habe, „zumindest im Bereich der christlichen Theologie" (Lang / Mc Dannell, 250). Diese vertrete, wenn sie nicht symbolistische Kompromisse schließe wie Tillich (vgl. Lang / Mc Dannell, 434 ff.), eschatologisch zumeist einen „theozentrische(n) Minimalismus" (vgl. Lang / Mc Dannell, 446 ff.), der sich jedem Versuch wiedersetze, „die Aufmerksamkeit der Seligen von Gott abzulenken" (Lang / Mc Dannell, 461) und auf die Beschaffenheit der Seligkeit auszurichten, wie sie ihnen und ihrer Welt eigen ist. Entsprechend phantasie- und inhaltsarm seien die heutigen Himmelsvorstellungen, wenn sie denn überhaupt noch bestünden.

Geschichte des Himmels

Auch nach H. Vorgrimler ist das ehemals farbige Bild vom Himmel im Laufe der Neuzeit immer mehr verblaßt, wofür allerdings weniger eine theozentrische Theologie als das Licht der Aufklärung ursächlich sei. Entsprechendes gelte für die Vorstellung vom Paradies, das schon in biblischen Zeiten zu einem Synonym für „Himmel" geworden sei. Beide Metaphern würden seither „in einem weit verbreiteten Sprachgebrauch gleichsinnig verwendet" (Vorgrimler, Himmel, 15). Seiner Geschichte des Himmels hat H. Vorgrimler daher eine Untersuchung zum Paradies in der jüdischen und christlichen Bibel, im rabbinischen Judentum und im Islam, in der altkirchlichen, mittelalterlichen und neuzeitlichen Theologie sowie in Dichtung, Literatur und in den Medien vorgeschaltet, die mit einem Exkurs zur Utopie verbunden wird (vgl. Vorgrimler, Himmel, 15 ff.). Florilegien zum Himmel als kosmographischer Größe und insbesondere als religiöse Metapher schließen sich an. Untersucht wird die Himmelsthematik im Alten und Neuen Testament, in den Apokryphen, im Frühjudentum und in der Kirchenväterzeit, in der mittelalterlichen Theologie, der Mystik und Visionenliteratur, bei Dante und Angelus Silesius, im Zeitalter der Reformation, in der Aufklärungszeit, in der Theologie des 19. und 20. Jahrhunderts sowie in kirchenamtlichen Texten (vgl. Vorgrimler, Himmel, 75 ff.).

Für die in der mittelalterlichen Scholastik ausgebildete klassische Lehre der Westkirche ergibt sich in Bezug auf Himmel und endzeitliches Paradies ungefähr folgendes Bild: Die Seligen haben das letzte Ziel und das höchste Gut erlangt, nämlich die ewige Gottesschau von Angesicht zu Angesicht. Der Unterschied von Mensch und Gott wird dabei gewahrt. Beseligtes Seelenleben strömt auf den Leib über und beglückt ihn durch Beteiligung an Erkennen und Wollen. Das lumen gloriae erleuchtet die Erkenntnis des Menschen auf eine all sein Vermögen transzendierende und zugleich erfüllende Weise. Entsprechendes gilt für den menschlichen Willen. Beide gewinnen einen Begriff von der unbegreiflichen Liebe Gottes. Unterschiede, ja Vorrangstellungen unter den Vollendeten bestehen, aber sie begründen keine Gegensätze. Ein Vorrang gebührt den Märtyrern. Gefolgt werden sie von den Jungfräulichen und den Lehrern, die allesamt mit einer Aureole ausgestattet sind, die sie sich von Herzen wechselseitig gönnen und niemals neiden. Das Leben der Beseligten ist unsündlich und von beständiger Freude gekennzeichnet. Selige wollen weder sündigen noch können sie es. Ihre Unsündlichkeit ist Folge der Schau Gottes. Wesentliche Gaben der Seele sind: Glaube, Liebe und Hoffnung. Wesentliche Gaben des Körpers: subtilitas, Feinheit, Leidensunfähigkeit, Beweglichkeit und Klarheit.

Stufen der Seligkeit

Die Grade und Stufen der Seligkeit bestimmen sich nach Maßgabe der Liebe und dem Gewicht der guten Werke. Herangezogen wird stets 1. Kor 2,9. Begründet liegt das Wesen der Seligkeit in der Schau Gottes. Ihre Möglichkeit wird von Gott her eröffnet, aber so, dass dadurch das Vermögen des Menschen nicht zersprengt, sondern erfüllt wird. Gott gibt sich den Seligen zu schauen, um sie in sich und als sie selbst zu beseligen. Ob das auf unmittelbare Weise oder vermittels eines gleichsam zwischengeschalteten lumen gloriae geschieht, ist umstritten. Die unterschiedlichen Antworten haben differenzierte Urteile bezüglich der Frage zur Folge, ob und inwiefern die Schau Gottes eine Haltung oder eine Handlung des Menschen sei. Eine Beteiligung der Schauenden an der Schau wird in jedem Fall angenommen, weil ihnen das Ganze ansonsten als ein bloßer Traum erscheinen müsste. Zwischen Thomisten und Scotisten herrscht Streit, ob die Seligkeit wesentlich im Erkennen (in der Schau) oder im Wollen (in der Liebe) bestehe. Das ändert nichts an ihrer gemeinsamen Überzeugung, dass die Gottesschau das göttliche Wesen in der Einheit der Personen Gottes, die göttliche Ökonomie zum Heile des Menschen und der Welt, ja die gesamte Schöpfung und alles Geschehen in ihr zum Gegenstand hat, soweit es die Seligen angeht oder betrifft. Manche dehnen die Schau sogar auf alles Geschaffene und alle Möglichkeiten in ihm aus. In jedem Fall bewirkt das Anschauen Gottes einen Zustand von unveränderlicher Seligkeit, über die hinaus eine seligere nicht gedacht, gewollt oder gefühlt werden kann.

Dass sich diejenigen, die in der Gemeinschaft mit Christus gestorben sind, von der Auferstehung der Toten an in einem Zustand stetiger und ungetrübter Seligkeit befinden und zwar in bzw. durch Anschauung Gottes, lehrt auch reformatorische Theologie und zwar nicht nur in ihrer alt-, sondern auch in ihrer neuprotestantischen Gestalt, wie das Beispiel Schleiermachers im gegebenen Zusammenhang belegen möge (vgl. GL^1 § 179; GL^2 § 163). Über die ewige Seligkeit hinaus, so wird im vierten sog. prophetischen Lehrstück gelehrt, ist „nichts höheres mehr zu denken“

(GL[1] § 179,1). Sie ist seligste Seligkeit, weil sie in vollkommener Gemeinschaft mit Jesus Christus und seinem göttlichen Vater besteht, welche die Geistgemeinschaft der Beseligten untereinander einschließt. Ewige Seligkeit bedarf keiner Steigerung. Aus der fehlenden Steigerungsbedürftigkeit ewiger Seligkeit will Schleiermacher allerdings nicht die Unfähigkeit zu jedweder Entwicklung folgern, weil ewige Seligkeit ansonsten Stillstand und nicht lebendige Bewegung bedeuten würde. Insofern muss, auch wenn dies vorstellungshaft nicht zu fassen ist, beides gelten: ewige Seligkeit ist in sich vollkommen und zugleich ausgerichtet auf ein Externes, das sie innerlich bewegt und zu beständigem Wollen und tätigem Streben anregt, ohne doch dadurch die selige Vollkommenheit zu stören oder gar zu zerstören. Es ist im Gegenteil so, dass die ungestörte Vollkommenheit und ungetrübte Seligkeit der Seligen darin besteht, in sich zu ruhen und doch beständig bewegt, ja an sich selbst ganz außer sich zu sein vor Freude an Gott, Mitmensch und Welt.

In ewiger Ruhe beständig bewegt

Zur Seligkeit gehört, dass die Seligen untereinander ganz und gar einig und eins und zugleich völlig verschieden sind, so dass Individualität und Sozialität keinerlei Gegensätze mehr bedingen, sondern sich wechselseitig begründen. Mannigfaltigkeit und Fülle, auch Ungleichartigkeit in ihren diversen Formen gehen nicht verloren. Selbst von Unterschieden der Vollkommenheit kann die Rede sein; muss doch mit einem Mehr oder Weniger von Vollkommenheit gerechnet werden, wenn die Vorstellung eines Gerichts nach den Werken nicht preisgegeben werden soll. Aber dadurch wird die Vollkommenheit der Vollkommenen nicht beschränkt oder gar gesprengt, weil selbst der Mangel zur Fülle gereicht und alle möglichen und tatsächlichen Defizite realiter in einem abundanten Seligkeitsreichtum behoben werden und wirklich behoben sind. Ein definitiver Begriff und eine feste Vorstellung lassen sich Schleiermacher zufolge von der ewigen Seligkeit in der Einheit ihrer differenzierten Bestände zwar nicht erlangen; aber dies sei kein Schaden, sondern liege im Wesen eschatologischer Erwartung begründet: Wenn „wir nur erkennen wie wir erkannt werden" (GL[1] § 179,2) und zur Einsicht gelangen, wie Gott uns in Jesus Christus ansieht, dann ist das zur Seligkeit genug, ja in einer Weise beseligend, die weder steigerungsfähig noch steigerungsbedürftig ist.

Von Schleiermacher zurück zur scholastischen Eschatologie und ihrer üblichen Auffassung vom Jüngsten Gericht, die unter Berücksichtigung offizieller Lehrentscheide der Westkirche in einigen Grundzügen skizziert sei: Mit dem Tod endet das Leben und gelangt aus dem status viae in einen status termini, dessen Definitivität eine grundsätzliche Zustandsänderung in alle Ewigkeit unmöglich bzw. unnötig macht; gegenläufige Annahmen, wie sie in der ostkirchlichen Tradition begegnen, werden abgewehrt. Die Lebensmöglichkeiten des Menschen gelangen nicht nur von außen, sondern auch von innen her an ihr Ende. Der Gerechte steht nicht mehr in Gefahr zu sündigen; allen Ungerechten aber ist die Möglichkeit entzogen, sich doch noch zum Guten zu bekehren. Doch befindet recht eigentlich nicht der Tod als Tod über das eschatologische Geschick des Verstorbenen. Befunden wird über ihn nicht durch den Tod, sondern aus dessen Anlass und zwar durch das besondere Gericht, das Gott ihm nach Maßgabe seiner Gerechtigkeit zuteil werden lässt. Die göttliche Gerechtigkeit ist es, die endgültig zwischen demjenigen scheidet, was in dem gelebten Leben gerecht und was ungerecht war. Überwiegt, so die traditionelle Vorstellung, die Gerechtigkeit, dann geht der Verstorbene in den Himmel ein; überwiegt hingegen die Ungerechtigkeit, dann landet er in der Hölle.

Individuelles Endgericht

Die Kluft zwischen Himmel und Hölle tut sich für den Einzelnen, der mit Gottes Gerechtigkeit konfrontiert wird, unmittelbar mit seinem Tode auf. Als wichtigster Beleg hierfür wird zumeist das Gleichnis vom reichen Mann und vom armen Lazarus angeführt (Lk 16,19 ff.) oder der Spruch Joh 9,4, demzufolge nach Eintritt der Nacht des Todes niemand mehr zu wirken vermag. Das Leben hat endgültigen Entscheidungscharakter, weil mit dem Tod definitiv über es entschieden ist, nicht durch den Tod als Tod, sondern durch das Gesetz der göttlichen Gerechtigkeit, das über Erfüllung oder Verfehlung der Lebensbestimmung des einzelnen Menschen am Ende seines irdischen Lebens urteilt. Dieses Urteil wird insofern sofort vollzogen, als es der betroffenen Menschenseele zur Kenntnis gebracht wird. Über ihr Endlos wird im Augenblick des Todes nicht nur unmittelbar entschieden, es wird ihr auch augenblicklich und in Unmittelbarkeit seelisch gewiss.

Die Vorstellung einer bis zum universalen Weltgericht andauernden Bewusstlosigkeit der Seele im Sinne eines traumlosen Seelenschlafes oder eines Seelentodes wird üblicherweise ebenso abgelehnt wie die Annahme, ihr eschatologischer Status bleibe bis auf weiteres ungewiss. Jedem wird, was er in seinem Leben war, mit dessen Ende unmittelbar vergolten. Die jenseitige Vergeltung tritt im Moment des Todes oder augenblicklich danach ein und zwar entweder in Form definitiver Beseligung, definitiver Verdammnis oder eines Dazwischenliegenden in Gestalt des Fegefeuers. Einen direkten Beleg für das im Zusammenhang mit dem Tod des einzelnen Menschen statthabende besondere Gericht findet man in den Stellen 2. Kor 5,10 und Hebr 9,27, die zwar im Prinzip auch endgeschichtlich gedeutet werden könnten, vom Kontext her aber angeblich auf das besondere Gericht verweisen, dessen Ergebnis sich der betreffenden Menschenseele von innen heraus mitteilt dergestalt, dass der göttliche Entscheid durch das kreatürliche Gewissen bestätigt wird.

Die abgeschiedene Menschenseele findet sich sogleich nach dem Tod entweder im Himmel oder in der Hölle oder im Fegefeuer vor. Im Himmel, der ihr unter der Voraussetzung vollkommener Freiheit von Sündenschuld und Sündenstrafe im Augenblick des Todes zuteil wird, erfreut sie sich ungeteilter Glückseligkeit, die wesentlich in der unmittelbaren Anschauung Gottes bzw. in der vollkommenen Gottesliebe besteht. Angedeutet sind nach Meinung ihrer Befürworter entsprechende Erwartungen bereits im Alten Testament, explizit zur Geltung gebracht werden sie im Neuen, etwa in der jesuanischen Bildrede vom himmlischen Hochzeitsmahl oder in der Verheißung 1. Joh 3,2: „Wir werden ihm ähnlich sein; denn wir werden ihn sehen, wie er ist.“ Bereichert wird die wesentlich in der Gottesschau und Gottesliebe bestehende Seligkeit durch eine Beseligung, die ihr akzidentell verbunden ist und aus der natürlichen Erkenntnis und Liebe geschaffener Güter hervorgeht.

Bemerkt zu werden verdient, dass neben ewiger Dauer (vgl. DH 1000 f.) die Ungleichheit der himmlischen Seligkeit zu ihren charakteristischen Eigenschaften gezählt wird. Der Grad der Seligkeit der einzelnen Menschen unterscheidet sich nach ihren Verdienststufen. Zwar schauen gemäß dem Decretum pro Graecis des Unionskonzils von Florenz von 1439 alle himmlisch Vollendeten klar „den dreifaltigen und einen Gott …, so wie er ist, aufgrund der Verschiedenheit der Verdienste jedoch der eine vollkommener als der andere" (DH 1304 f.). Entsprechend lehrt das Tridentinum eine Steigerung der Seligkeit durch zu irdischen Lebzeiten vermehrt erbrachte gute Werke. Zur Begründung wird gerne auf die vielen Wohnungen verwiesen, die sich nach dem Jesuswort Joh 14,12 im Hause des Vaters befinden, oder auf Mt 16,27, 1. Kor 3,8, 2. Kor 9,6.

Auch in der Hölle, in welche die im Zustand persönlicher Todsünde Verstorbenen eingehen, herrscht trotz immerwährender Verdammungsstrafe (vgl. DH 801) keine plane Gleichheit, sondern Ungleichheit insofern, als das Strafmaß der einzelnen Verdammten je nach dem Grad ihrer Schuld unterschieden wird (vgl. DH 854 ff., 1304 f.). Was hinwiederum das Purgatorium betrifft, so liegt es, wie gezeigt, als Interim in mehrfacher Hinsicht dazwischen – durch seine Zwischenzeitlichkeit oder durch die ihr eignende Prozessualität, die zwar nicht den Gegensatz von Himmel und Hölle aufhebt, aber die in beiden Sphären zu beobachtende Gradualität zum Prinzip eigener Geltung erhebt. Kennzeichnend für das Fegefeuer ist seine Vorläufigkeit. Es besteht nicht ewig, sondern endet spätestens im allgemeinen Gericht, um sich in der ewigen Seligkeit allenfalls in Form jener Gradualität fortzusetzen, welche die Unterschiede unter den Himmlischen bewirkt.

Universales Endgericht

Das allgemeine Endgericht hat das besondere zur impliziten Prämisse und setzt damit auch die Selbigkeit dessen voraus, der nach erfolgtem Einzelgericht über seine abgeschiedene Seele am Jüngsten Tag im Zusammenhang des universalen Endgerichts als leibseelische Einheit gerichtet wird. Um Bedenken gegen die Identität der Auferstehungsleiber mit dem im Tode von den abgeschiedenen Seelen getrennten irdischen zu zerstreuen, wählte Thomas von Aquin ein drastisches Beispiel: Was wird aus dem verzehrten Fleisch derer, die Opfer von Menschenfressern wurden? Antwort: Sie müssen sich um die eschatologische Zukunft ihres Leibes keine Sorgen machen, da dieser am Ende der Tage just mit jener Seele wiedervereinigt wird, der er einst zugehörte (ScG IV,81,4). Allerdings hält Thomas es anders als später Durandus de S. Porciano und Johannes von Neapel für nicht hinreichend, die Identität des Auferstehungsleibes allein durch die Identität der Seele gewährleistet sein zu lassen, die sich jeden beliebigen Körper zu dem ihren anverwandeln könne. Zwar behauptet er im Unterschied zu einigen Vertretern der skotistischen Schule, die eine von der Seele differente forma corporitatis annehmen, diese als die einzige Wesensform des menschlichen Leibes. Dennoch ist die Seele in der Wahl ihres Körpers nicht einfachhin frei, sondern auf seine Gegebenheit in der einen oder anderen, will heißen: natürlichen und übernatürlichen Art angewiesen.

Die übernatürliche Gegebenheit eines postmortal auferweckten und mit seiner Seele wiedervereinigten Leibes ist im Falle der zu ewiger Seligkeit Bestimmten auf Christuskonformität und auf eine Verklärung abgestellt, die dem paradigmatischen Erscheinungsbild des Auferstehungsleibes Jesu Christi gemäß ist. Die Leiber der Verdammten hingegen werden nicht nur nicht verklärt, sondern in einer formwidrigen Gestalt offenbar werden, in der ihre Seelenschuld zutage tritt. Hinzuzufügen ist, dass die aus dem Tode Erweckten und leibhaft Erstandenen im Gericht nicht nur alle eigenen Sünden vollständig erkennen werden, sondern auch diejenigen, die andere begangen haben, damit die Schuld allgemein bekannt und öffentlich werde. Nichts wird im Verborgenen bleiben, alles wird vor allen offenbar werden, wenn nicht im Nu und in einem Augenblick, so doch in allerkürzester Zeit. Die nötige Gerichtsverhandlung wird sich nicht in die Länge ziehen. Eine Aufzählung aller Einzeltaten erübrigt sich, da sie mehr oder minder auf einen Schlag vor Augen treten, so dass nach einem kurzen Prozess umgehend der Urteilsspruch erfolgen wird.

Vom gottmenschlichen Richter, in dessen Menschengestalt der der Gottheit Gottes wesenseinig zugehörige Logos Mensch und Welt richten wird, wurde bereits einiges gesagt. Vergleichsweise wenig dagegen ließ sich bisher in Bezug auf das eschatologische Retteramt in Erfahrung bringen, das Jesus Christus unter Verweis auf sein stellvertretendes Leiden und Sterben und im Vollzug vikarischer Fürbitte ausübt. Weil indes nach Maßgabe reformatorischer und nicht allein reformatorischer Eschatologie die Hoffnung des Glaubens an der Erwartung der aus Gnade um Christi willen verheißenen Rechtfertigung im Gericht hängt, sei abschließend die Aufmerksamkeit auf diesen Aspekt und auf die Frage konzentriert, ob das Verhältnis von Himmel und Hölle nicht dergestalt asymmetrisch sei, dass ein unmittelbarer Vergleich beider als unstatthaft zu gelten habe. Den Glaubenden steht der Himmel offen! Ist daraus folgerichtig zu schließen, dass ein Teil der Menschheit bzw. einige ihrer Glieder in die Hölle kommen werden?

Diskurs über die Hölle

Von dem nach Urteil Martin Walsers „nichts als rühmenswerten Kurt Flasch" (Walser, 40), der jüngst der Öffentlichkeit darlegte, warum er kein Christ mehr sei, stammt eine Reihe von Theologenverdikten, darunter dieses: „Hans Urs von Balthasar setzte die Torheit in die Welt: An die Existenz der Hölle müsse jeder Christ glauben. Aber vielleicht sei sie leer." (Flasch, 47) In diesem Sinne hatte sich von Balthasar in dem 1981 im Johannes-Verlag Einsiedeln publizierten Eschatologiebüchlein „Was dürfen wir hoffen?" geäußert, um seine Auffassung sodann gegen heftige Kritik in einem „Kleine(n) Diskurs über die Hölle" zu verteidigen. Ihm zufolge darf die Wiederbringung aller zwar nicht gelehrt, wohl aber erhofft werden. Ja, mehr noch: die Heilshoffnung für alle wird zur Pflicht erklärt (vgl. Balthasar, 42 ff.), ohne die Möglichkeit ewiger Verdammnis in Abrede zu stellen.

Ähnlich wie von Balthasar hatte sich innerhalb der katholischen Theologie zuvor beispielsweise schon Karl Rahner geäußert. Da gemäß den theologischen Prinzipien seiner Hermeneutik eschatologischer Aussagen diese „aus der Aussage über das Heilshandeln Gottes in seiner Gnade am gegenwärtigen Menschen" (Rahner 420) entspringen und daran ihre Norm haben, ergibt sich für ihn unmittelbar, „daß die Eschatologie vom Heil und von der Verwerfung nicht auf derselben Ebene liegen" (ebd.) kann. Zwar müsse rechte eschatologische Rede „das angemaßte Wissen um eine universelle Apokatastasis" (ebd.) zurückweisen; ebenso zurückzuweisen sei aber auch der Anspruch auf sicheres Wissen bezüglich der Verdammung einer bestimmten Anzahl von Menschen. Die Möglichkeit der Verdammnis könne ebenso wenig ausgeschlossen wie ihre Tatsächlichkeit hinsichtlich namentlich zu benennender oder anonymer Menschen behauptet werden.

Wie Kurt Flasch von Balthasars und ähnlich gelagerte Argumentationen beurteilt, wurde bereits gesagt. Er dürfte mit seiner Auffassung nicht alleine stehen, auch unter Theologen nicht. Seiner Logik zufolge kann es ein Drittes jenseits der eschatologischen Alternative von Wiederbringung aller und doppeltem Ausgang des Jüngsten Gerichts nicht geben. Entweder man lehre die *apokatastasis panton*, dann erübrige sich die Hölle, oder man verwerfe sie, dann komme man nicht umhin, dem Inferno eine Schar von Verdammten zuzuweisen, selbst wenn man Bedenken hege, ihre individuelle Zusammensetzung jetzt schon zu prognostizieren, wie Dante dies zu seiner Zeit getan habe. Der Annahme einer Hölle Glaubensnotwendigkeit beizumessen und zugleich mit der Möglichkeit ihrer Leere zu rechnen, sei in jedem Falle töricht und absurd.

Flaschs Meinung ist im gegebenen Fall alles andere als unorthodox. Im Sinne seiner Argumentation ist in der Theologiegeschichte aus der Ablehnung der Lehre einer *apokatastasis panton* in aller Regel die Konsequenz des sog. doppelten Ausgangs gezogen worden. So lehrt beispielsweise die Confessio Augustana in ihrem Artikel „De reditu Christi ad iudicium" ausdrücklich, „quod Christus apparebit in consummatione mundi ad iudicandum et mortuos omnes resuscitabit; piis et electis dabit vitam aeternam et perpetua gaudia; impios autem homines ac diabolos condemnabit, ut sine fine crucientur." (CA XVII,1 f.) Der am Jüngsten Tag wiederkommende Herr Jesus Christus wird Gericht halten und zwischen Böcken und Schafen scheiden und die gottlosen Menschen und Teufel „in die Hell und ewige Strafe verdammen" (BSLK 72,8 f.) Förmlich anathematisiert werden diejenigen, „qui sentiunt hominibus damnatis ac diabolis finem poenarum futurum" (CA XVII,4), die lehren, „daß die Teufel und verdammte Menschen nicht ewige Pein und Qual haben werden" (BSLK 72,11–13).

Doppelter Ausgang?

Widerspruch gegen Argumentationen wie diejenige von CA XVII wurde innerhalb evangelischer Theologie anfangs nur sporadisch, später vernehmbarer laut, in jüngster Zeit am deutlichsten aus den Reihen bzw. aus dem Umkreis der Dialektischen Theologie. Nach Urteil W. Krötkes etwa erlaubt es die Vorstellung vom sog. doppelten Ausgang des eschatologischen Gottesgerichts nicht, in ihr „eine ein für allemal gültige Fassung der christlichen Eschatologie zu sehen. Denn hier wird das vielfältige biblische Reden vom Gericht Gottes als Gericht nach den Werken in einer Weise systematisiert, die das Handeln Jesu Christi als Richter zu fast allem in Widerspruch geraten läßt, was er in seinem Kreuzestode für uns getan hat."

(Krötke, 142) Nicht minder kritisch hatte sich zum Thema des „doppelten Ausgangs“ mehr als anderthalb Jahrhunderte vorher schon derjenige ausgesprochen, den nicht wenige dialektische Theologen nach Vorgang ihres Meisters zum theologischen Antipoden par excellence stilisierten: F. D. E. Schleiermacher.

Die Vorsicht, mit der Schleiermacher sich ausdrückt, legt die Vermutung nahe, dass er die Hoffnung auf eine Wiederbringung aller zwar nicht aufgeben, sondern festhalten will, ohne die *apokatastasis panton* ausdrücklich zu lehren bzw. zum Gegenstand einer theoretisch-metaphysischen Lehraussage zu machen, die vom religiösen Verhältnis abstrahiert. Es verhielte sich demnach mit seiner Auffassung ähnlich wie mit derjenigen von H. U. v. Balthasar, der einerseits die Heilshoffnung für alle nicht zur Glaubensunmöglichkeit, sondern zur Glaubenspflicht erklärt, andererseits die Annahme einer ewigen Verdammnis nicht einfachhin verwirft und so offen bleibt für die theologischen Anliegen der Höllenüberlieferungen in Menschheitsgeschichte und Christentum; sie sind hamartiologischer Natur und aus der Lehre von der Sünde hervorgegangen, die trotz ihrer vermeintlichen Abständigkeit „zum Themenbestand auch der aufgeklärten Religion“ (Dierken, 173) gehört (vgl. ferner Korsch).

Janowski und Rosenau

Die Wiederbringung aller kann, darf, ja soll vom christlichen Glauben erhofft werden; theologisch gelehrt werden soll, darf und kann sie hingegen nicht. Mit dieser, wie sie es nennt, „*Schwebelage*“ (Janowski, 5) will sich Christine Janowski nicht abfinden. In ihrem umfänglichen Werk „Allerlösung. Annäherungen an eine entdualisierte Eschatologie“ soll das Themaproblem „historisch wie systematisch als so zentral erwiesen werden, daß sich vor allem unter protestantischen Voraussetzungen die Notwendigkeit einer bestimmteren Lösung des Problems ergibt, von der her die ‚orthodoxe‘ Lösung *als bestimmte* erst einmal erneut ernst zu nehmen ist“ (Janowski, 8). Janowskis Plädoyer „zugunsten eines neuen, einstmals auch protestantisch häretisierten eschatologischen Paradigmas“ (Janowski, 9) ist auf eine Rehabilitierung des Apokatastasis-panton-Modells ausgerichtet, aber eines spezifischen, welches das traditionelle Modell des sog. doppelten Ausgangs nicht abstrakt negiert, sondern in sich aufhebt. In dieser Intention berührt es sich mit Anliegen von H. Rosenaus Monographie „Allversöhnung“, ohne dessen transzendentaltheologischen Ansatz zu teilen.

Fundament und durchgängiger Bezugspunkt für Rosenaus Argumentation zugunsten einer Allversöhnungsvorstellung ist die These von der soteriologischen Ohnmacht des Menschen, welche es zwar nicht erzwinge, wohl aber nahelege, für die Erwartung einer Wiederbringung aller und nicht für diejenige eines sog. doppelten Ausgangs zu optieren, in deren Hintergrund die Annahme eines soteriologischen Eigenvermögens stehe, wonach der Mensch sein Heil sich selbst und aus eigener Kraft zu bereiten in der Lage sei. Begründet wird die Basisthese transzendentalphilosophisch im Anschluss an Kant und insbesondere an den späten Fichte (vgl. Rosenau, 226ff.), nachdem sie vorher unter Bezug vor allem auf Kol 1,15–20 und Mt 25,31–46 exegetisch hergeleitet (vgl. Rosenau, 46ff.) und theologiegeschichtlich exemplifiziert wurde: Origenes bietet für Rosenau das Beispiel einer metaphysischen (vgl. Rosenau, 113 ff.), Schleiermacher einer transzendentalen (vgl. Rosenau, 151 ff.) und Barth einer christologischen (vgl. Rosenau, 191 ff.) Begründung der Allversöhnungslehre. Ob für alle drei Begründungsformen die Annahme soteriologischer Ohnmacht des Menschen gleichermaßen vorausgesetzt werden kann, erscheint als zweifelhaft. Offenbar muss sich diese mit einem transzendentalen Ansatz verbinden, um für eine Allversöhnungsoption im Sinne Rosenaus verwendbar zu sein.

Rosenaus Monographie setzt ein mit Begriffsbestimmungen zu Apokatastasis, Anakephalaiosis und Wiederbringung aller (vgl. Rosenau, 26 ff.). Entsprechende terminologiegeschichtliche Anmerkungen finden sich auch bei Janowski, wobei die Themenformulierung „Allerlösung" eigens begründet wird (vgl. Janowski, 9 ff.). Es folgt im ersten Teil der Arbeit eine kritische Rekonstruktion der Geschichte und Wirkungsgeschichte kirchlicher Häretisierung einer restitutio omnium (vgl. Janowski, 28 ff.). In Betracht kommen zunächst die Anathematismen auf der Synode von Konstantinopel 543 (DH 411: „Wer sagt oder daran festhält, die Strafe der Dämonen und gottlosen Menschen sei zeitlich und sie werde nach einer bestimmten Zeit ein Ende haben, bzw. es werde eine Wiederherstellung von Dämonen oder gottlosen Menschen geben, der sei mit dem Anathem belegt.") und diejenigen, die mittels des 5. Ökumenischen Konzils von Konstantinopel 553 zustande kamen, sodann die einschlägigen Aussagen der reformatorischen Bekenntnisse und Bekenntnisschriften, darunter CA XVII mit seiner Aussage, gottlose Menschen und Teufel würden von Christus verdammt werden, „ut sine fine crucientur" (CA XVII,3). Neben expliziten werden auch implizite kirchliche Verdammungen der Apokatastasislehre thematisiert. Erwägungen „Zur paradigmatischen Modellorientierung der kirchlichen Häretisierungen" (vgl. Janowski, 92 ff.) und „Zum Verhältnis von sog. allgemeinem Wahrheitsbewußtsein und streng dualem eschatologischem Paradigma" (Janowski, 139 ff.) schließen sich an.

Modale Relativierung

Ein zweiter Teil von Janowskis Allerlösungsmonographie macht, wie es in der Überschrift heißt, auf „viele Bestimmtheiten und Unbestimmtheiten innerhalb des streng dualen eschatologischen Paradigmas" (vgl. Janowski, 228 ff.) aufmerksam. Jüngste Fortschreibungen des strengen eschatologischen Duals und ihre Probleme werden analysiert. Modifikationen in der Kritik und Abwehr der Lehre von der Wiederbringung aller zeigen sich an. Sie tendieren zur eingangs benannten Schwebelage: „Hoffnung – ja, Lehre – nein" (Janowski, 5). Diese Formel könne „nicht nur protestantisch, sondern auch römisch-katholisch mit immer breiterem Konsens" (ebd.) rechnen. Nach Janowskis Urteil kann es aber bei besagtem Schwebezustand und bei der Leerstelle der Lehre, die er markiert (vgl. ebd.), nicht sein Bewenden haben. Um Lehrfortschritte zu erreichen, versucht die Autorin das streng duale eschatologische Paradigma „durch Relativierung und Eliminierung des ‚orthodox' verstandenen Teufels" (vgl. Janowski, 290 ff.) „durch Relativierungen der ewigen Strafe" (vgl. Janowski, 504 ff.) und insbesondere durch dasjenige zu transformieren, was sie modale Relativierung nennt (vgl. Janowski, 578 ff.). Dabei argumentiert sie auf der Linie Schleiermachers, der die klassische Eschatologie insgesamt modal relativiert habe (vgl. Janowski, 586 ff.), für eine Aufhebung des eschatologischen Duals von ewiger Seligkeit und ewiger Verdammnis zugunsten eines Apokatastasisgedankens, der die Alternative von Heil und Unheil unter Berufung auf den der Gottheit Gottes unveräußerlich zugehörigen auferstandenen Gekreuzigten hinter sich lässt.

Jesus Christus habe dem Gesetz Genüge getan, die Sünde der Welt auf sich genommen und damit ein Evangelium erschlossen, das universales Heil eschatologisch in Aussicht stelle. Ein christologisch-trinitätstheologisch bestimmter Gedanke eschatologischer Allerlösung sei daher möglich und lehrhaft zu vertreten. Ob mit dieser These, deren systematische Durchführung Janowski schuldig bleibt, die von ihr konstatierte Schwebelage „Apokatastasishoffnung – ja, Apokatastasislehre – nein" tatsächlich behoben und ein Standpunkt jenseits „antinomische(r) Kopräsenz" (Janowski, 613) von doppeltem Ausgang und Allversöhnung bezogen ist, darf bezweifelt werden. Zweifel sind auch gegenüber der Lösung Rosenaus angebracht, der indes von Anfang an nicht das Ziel verfolgt, „die Vorstellung von der ‚Allversöhnung' direkt und unter definitivem Ausschluß der Alternativvorstellung vom ‚doppelten Ausgang' zu ‚beweisen'" (Rosenau, 15). Er stellt sie erklärtermaßen unter den Theorievorbehalt eines „als ob" (Rosenau, 19). Der modallogische Status der These von der Allversöhnung (vgl. Rosenau, 416 ff.) sei der eines „Postulat(s)" (Rosenau, 420) bzw. einer „notwendige(n) Hypothese" (Rosenau, 421) im Sinne Kants.

Rosenau kritisiert die Lehre vom sog. doppelten Ausgang und lehnt zudem die Vorstellung einer „annihilatio" der nicht zur Seligkeit Bestimmten als einen nur vermeintlich „vermittelnden Kompromiß" (Rosenau, 8) ab, weil diese in Wahrheit eine Variante strikt dualistischer Eschatologie sei. Er will aber im Gegenzug die Apokatastasis panton nicht im Sinne metaphysisch-theologischer Denknotwendigkeit, sondern „als verbindliche Möglichkeit in bezug auf unser Denken" (Rosenau, 421) lehren. Die gedankliche Verbindlichkeit der denkbaren Allversöhnungsannahmen sieht er dabei durch die Voraussetzung einer soteriologischen Ohnmacht des Menschen begründet. Zu prüfen wäre, ob diese Annahme nicht zu einer Fatalisierung der Sünde tendiert, deren Schuldcharakter nicht mehr aufrecht erhalten werden kann.

Rosenau will einsichtig machen, „warum es sinnvoll wäre, so zu leben und zu denken, ‚als ob' es eine Allversöhnung gäbe" (Rosenau, 19). Ob dabei der Gefahr der Vergleichgültigung der Differenz von Gut und Böse gewehrt, die Schuldhaftigkeit der Sünde hinreichend bedacht und ein tendenzieller Antinomismus vermieden wird, muss im Blick auf sein Konzept ebensowenig abschließend entschieden werden wie im Blick auf dasjenige von Janowski. Zu konstatieren ist, dass die Allversöhnung „weder als logisch, metaphysisch oder moralisch notwendig noch aufgrund einer bestimmten Christologie als faktisch wirklich" (Rosenau, 423 f.) zu behaupten ist. Festzuhalten ist aber ebenso, dass das Gericht Gottes nicht nur im

Horizont gesetzlichen Urteils verstanden werden kann, weil mit ihm „auch die Hoffnung auf eine Vollendung des Heils in seiner Unzweideutigkeit als ewiges Leben verbunden ist" (Teifke, 254). Das Evangelium Jesu Christi ist, das ist wahr, mit dem Gesetz nicht gleichzusetzen, sondern die Befreiung von ihm. Evangelischer Glaube weist daher eschatologisch über die Vorstellung eines doppelten Ausgangs hinaus. Aber als Grenzmarkierung, die eine abstrakte Prinzipialisierung des Gnadengedankens und einen entsprechenden Antinomismus zu verhindern hat, bleibt sie bedeutsam, was freilich nicht heißt, dass man die traditionellen Vorstellungen höllischer Verdammnis kritiklos zu übernehmen hätte. Doch wäre es andererseits „ebenso eine Verkürzung des dialektischen Potentials des Gerichtsgedankens, wenn er nur im Horizont des Evangeliums gedeutet" (ebd.) würde.

Kein Vergleich

Das Gericht kann nicht nur als Gnade gedacht werden, weil sonst der Gnadengedanke prinzipialisiert und um seinen konkreten Bezug auf Menschheit und Welt gebracht wäre. Man wird demnach zwei Dinge zugleich „festhalten müssen, auch wenn sie schwer auf eine Formel zu bringen sind: einerseits die *Hoffnung* auf die Rettung und das Heil aller Menschen, andererseits das *Rechnen* mit der *realen Möglichkeit* ewigen Scheiterns aufgrund der eigenen Verweigerung" (Nocke, 141). Es verdient in diesem Zusammenhang bemerkt zu werden, dass die kirchliche Tradition mit einer Zahl namentlich Erwählter fest rechnet und zwar jenseits aller Auseinandersetzungen um Heiligsprechungsverfahren. Hingegen gibt es „keine vergleichbare kirchliche Aussage über die Verdammnis auch nur eines einzigen (namentlich genannten) Menschen. Diese Ungleichheit gibt zu denken. Zumindest ist sie ein Indiz dafür, daß die Hölle nicht in gleichem Sinn Inhalt christlichen Glaubens ist wie der Himmel." (Nocke, 139)

15. Katechon. Epilegomena zu Nah- und Fernerwartung

Lit.: Aurelius Augustinus, Der Gottesstaat. De civitate Dei, 2 Bde., Paderborn/München/Wien/Zürich 1979. – E. Best, A Commentary on the First and Second Epistles to the Thessalonians, London 1972. – O. Betz, Der Katechon, in: NTS 9 (1962/3), 276–291. – W. Bornemann, Die Thessalonicherbriefe, Göttingen 1894. – Chr. vom Brocke, Thessaloniki – Stadt des Kassander und Gemeinde des Paulus. Eine frühe christliche Gemeinde in ihrer heidnischen Umwelt, Tübingen 2001. – O. Cullmann, Der eschatologische Charakter des Missionsauftrags und des apostolischen Selbstbewusstseins bei Paulus. Untersuchungen zum Begriff des katechon *in 2. Thess. 2,6–7, in: ders., Vorträge und Aufsätze. 1925–1962. Hg. v. K. Fröhlich, Tübingen/Zürich 1966, 305–336. – F. Freese, To* katechon *und* ho katechon *(2 Thess. 2,6 u. 7), in: ThStuKr 93 (1920/21), 73–77. – F. Grossheutschi, Carl Schmitt und die Lehre vom Katechon, Berlin 1996. – W. Gutbrod/H. Kleinknecht, Art.* nomos, anomia *etc., in: ThWNT IV, 1016–1084. – H. Hanse, Art.* echo *etc., in: ThWNT II, 816–832. – T. Holtz, Art. Thessalonicherbriefe, in: TRE 33, 412–421. – H. Hübner, Art. Paulus, Apostel, I. Neues Testament, in: TRE 26, 133–153. – F. Laub, 1. und 2. Thessalonicherbrief, Würzburg 1985. – A. Lindemann, Zum Abfassungszweck des Zweiten Thessalonicherbriefes, in: ZNW 68 (1977), 35–47. – W. Marxsen, Der zweite Thessalonicherbrief, Zürich 1982. – P. Metzger, Katechon. II Thess 2,1–12 im Horizont apokalyptischen Denkens, Berlin/New York 2005. – G. Meuter, Der Katechon. Zu Carl Schmitts fundamentalistischer Kritik der Zeit, Berlin 1994. – J. Schmid, Der Antichrist und die hemmende Macht (2Thess 2,1–12), in: ThQ 129 (1949), 323–343. – U. Schnelle, Theologie des Neuen Testaments, Göttingen 2007. – A. Schulz, Gemeinde auf dem Weg. Auslegung des 2. Thessalonicherbriefes (1,1–12), in: Bibel und Leben 8 (1967), 33–42. – A. Strobel, Untersuchungen zum eschatologischen Verzögerungsproblem auf Grund der spätjüdisch-urchristlichen Geschichte von Habakuk 2,2ff., Leiden/Köln 1961. – W. Trilling, Der zweite Brief an die Thessalonicher, Neukirchen 1980.*

2. Thess 2,6f.

Man hat, wenn man von ihm las oder hörte, an alles Mögliche gedacht, „an den Glauben, an Nero, an Claudius, an Vespasian nebst Titus, an das römische Reich, an den Statthalter von Syrien und Judäa L. Vitellius, an eine Zusammenfassung verschiedener Mächte, nämlich des römischen Statthalters, der Aristokratie, der Hohenpriester, der römischen Heere, an den zur Zeit der Thessalonicherbriefe regierenden Hohepriester, an die Christen und ihre Gebete, an die christlichen Lehrer, an Paulus selbst, an Christus, an den Heiligen Geist, an die sittliche Rechtsordnung, an die weltliche Regierungsmacht und ihre jedesmaligen Repräsentanten usw." (Freese, 76). Hugo Grotius tippte auf Caligula, der Weltgeist aus Plettenberg alias San Casciano, Carl Schmitt, hat die ominöse Gestalt oder Größe, wenn er sich nicht direkt selbst mit ihr identifizierte, was bei Gelegenheit vorgekommen sein soll, der Macht des Staates gleichgesetzt, welcher geordnete Gewalt übt, um das Chaos eine Weile in Schranken zu halten, das im Falle seiner Entfesselung alle Ordnung von Grund auf zerstört (vgl. im Einzelnen Meuter; Grossheutschi). Die Rede ist vom Katechon.

Bei dem Wort, dessen Bedeutung so unterschiedlich wahrgenommen wurde und wird, handelt es sich um ein griechisches Verbalsubstantiv, das 2. Thess 2,6f. zunächst neutrisch und dann maskulin gebraucht und im Deutschen nach Maßgabe der Ökumenischen Einheitsübersetzung mit der Wendung wiedergegeben wird „dasjenige was bzw. derjenige, welcher zurückhält". An der Richtigkeit dieser Übersetzung ist nicht zu zweifeln. *Katechein* „ist ein gesteigertes *echein*" (Hanse, 828) und bedeutet sowohl in der Septuaginta als auch im Neuen Testament überwiegend zurückhalten, festhalten, am Ausbruch hindern. „The verb has a wide range of meanings in the area ‚hold fast, gain possession of, be master of, occupy, prevail' … The interpretation of *katechon* is necessarily related to its meaning." (Best, 295 f.) Genau damit fangen die Schwierigkeiten an. Hält man sich an den unmittelbaren Kontext von 2. Thess 2,6f., wo Katechon begegnet, und fragt, was eigentlich zurückgehalten wird, dann sieht man sich auf die Endzeitgestalt des Bösen verwiesen, dessen apokalyptische Entfesselung geraume Zeit zu unterbinden die katechontische Hauptfunktion ist, deren Wahrnehmung indes zugleich eine Verzögerung der Parusie Jesu Christi mit sich bringt.

Was zunächst neutrisch und dann maskulin Katechon heißt, hat eine Doppelfunktion von höchster Ambivalenz: den endzeitlichen Ausbruch der entfesselten Bosheit des Bösen eine Weile aufzuhalten und zu hindern, ebendadurch aber und als eine indirekte Folge davon eine Verzögerung der Parusie Jesu Christi zu bewirken. Was immer Katechon sonst noch sei: Seiner Funktion und förmlichen Bestimmung nach ist es oder er eine hochgradig ambivalente Grenzwertgröße. Diese grenzwertige Zweideutigkeit gilt es eindeutig zu erfassen, wenn die Bedeutung des Katechon erschlossen und zwar so erschlossen werden soll, dass auch noch eine Erklärung für seine vielen, verschiedenen, ja divergierenden Deutungen anzubieten ist. Vielleicht gehört, weil seine formale Funktion ambivalent ist, materiale Mehrdeutigkeit zum katechontischen Wesen.

Katechontische Ambivalenz

„Ego prorsus quid dixerit me fateor ignorare", antwortet Augustin im 19. Kapitel des 20. Buches von „De civitate Dei" auf die Frage, was oder wer in 2. Thess 2,6f. mit *katechon* gemeint sei; er weiß es nicht zu sagen. Auch andere Exegeten zeigten sich ratlos. Zwar fehlt es, wie gesagt, nicht an Hypothesen; aber ihre Vielzahl und Unausgeglichenheit untereinander stellt selbst einen Beleg für die Auslegungsprobleme dar, die das bzw. der Katechon bereitet. Um noch einmal Aurelius Augustinus und im Anschluss an ihn den modernen Katechonforscher Oscar Cullmann zu zitieren: „Alius ergo sic, alius autem sic apostoli obscura verba coniectat." (DcD XX,19) „Bereits im Jahre 1894 konnte ein deutscher Gelehrter sechzig Seiten seines Kommentars der Auslegungsgeschichte von 2. Thess. 2, 1–12 widmen, und seither ist die Literatur noch beträchtlich angewachsen. Beim Studium dieser Auslegungsgeschichte hat man bisweilen den Eindruck, dass es für jeden Exegeten des Neuen Testaments fast eine Ehrensache war, einen eigenen Vorschlag zur Lösung des Problems beizusteuern, das der Verfasser des 2. Thessalonicherbriefs den Theologen späterer Jahrhunderte mit seiner knappen Anspielung auf ‚das, was aufhält' (*katechon*, V.6) und auf ‚den, welcher aufhält' (*katechon*, V. 7), gestellt hat." (Cullmann, 305 unter Verweis auf Bornemann, 400–459; 538 ff.) Cullmann selbst macht in dieser Hinsicht keine Ausnahme und bestätigt seine Feststellung auf eigene Weise dadurch, dass er das *katechon* mit der gebotenen Evangeliumspredigt unter Heiden, den *katechon* hinwiederum mit demjenigen gleichsetzt, „dessen Handeln und Denken sich ganz und gar auf das Bewusstsein der Berufung zur Heidenpredigt gründet, d. h. *Paulus selbst*" (Cullmann, 314).

Allgemein durchsetzen konnte sich Cullmann mit seinem Interpretationsvorschlag nicht. Die meisten gegenwärtigen Exegeten votieren anders, wobei nicht wenige immer noch diejenige Bedeutung bevorzugen, die zwar nach Cullmanns Urteil als kaum wahrscheinlich gelten darf (vgl. Cullmann, 306), die aber in der Vergangenheit die meisten Anhänger fand, nämlich die Verbindung der Katechonrolle und der katechontischen Retardation mit dem Imperium Romanum und seinen kaiserlichen Repräsentanten (vgl. etwa Betz, bes. 285 f.; Metzger, bes. 283 ff.). Einen wesentlichen Beweggrund für sie mag die „Identifizierung des 4. danielischen Weltreiches (Dan 2; 7) mit dem römischen Reich" (Trilling, 96) gebildet haben, wie sie „in der christlichen Literatur erstmals durch Irenäus vollzogen" (ebd.) wurde. Hinzu kam die wohl auch unter Christen früh verbreitete Auffassung, dass das Imperium der Römer trotz aller Drangsale, die es bereitete, eine anarchische Entfesselung chaotischer Mächte verhindere, so dass der ungezügelte Ausbruch des Bösen nicht zu erwarten sei, solange es bestehe. Die Verbindung dieser Funktionszuschreibung mit 2. Thess 2,1 ff. und namentlich mit dem Verzögerungsmotiv lag daher nahe. Sie findet sich beispielsweise bei Hippolyt oder Tertullian. Dies musste nicht zwangsläufig zu einer auf der geschichtstheologischen Sonderstellung des römischen Reiches basierenden Katechon-Deutung führen. Aber diese „blieb der dominierende Auslegungstyp in der Westkirche und wirkte durch alle Umbrüche der Geschichte auch in die Neuzeit bis 1806, ja in Modifikationen noch darüber hinaus, nach" (Trilling, 99).

Auch in der Gegenwart wird von Exegeten die These vertreten, „dass mit der Rede vom Katechon höchstwahrscheinlich das Imperium Romanum bzw. dessen Kaiser gemeint" (Metzger, 293) seien. Andere halten dagegen und fragen, wie Rom Katechon sein könne, wenn es nicht nur in der Apokalypse des Johannes, sondern in der gesamten frühchristlichen und jüdisch-antiken Literatur als „die Kreatur Satans, die Hure Babylon, die trunken ist vom Blut der christlichen Märtyrer" (Schmid, 337), kurzum: als eine dämonische Größe und nicht etwa als Hemmer des Bösen oder auch nur als zwiespältige Größe verstanden wurde. Keine Parallele kenne „das Imperium als Hindernis des Widergottes" (Metzger, 283); auch erwecke der 2. Thess „keinerlei im weitesten Sinne politische Assoziationen“ (ebd.) geschweige denn, dass er Rom irgendwo beim Namen nenne. Ob diese Einwände stichhaltig sind oder nicht, ist bis heute umstritten und lässt sich voraussichtlich auch in Zukunft nicht definitiv klären. Exegetisch unmöglich ist die seit altkirchlichen Zeiten sehr häufig vertretene Beziehung des Katechon auf das römische Imperium und seinen Kaiser sicherlich nicht. Aber auch wenn dieser Bezug vorliegt, dann als „verhüllende Redeweise“ (Metzger, 295) und in einer Form, der Eindeutigkeit abgeht, was nachgerade durch die Vielzahl der Deutungen in der Interpretationsgeschichte bestätigt wird. Hermeneutisch spricht daher alles dafür, das Moment der Uneindeutigkeit bei allen möglichen Deutungen mitzuführen, statt es zu beseitigen. Scheint doch Uneindeutigkeit das Eindeutigste zu sein, was sich über den Katechon ausmachen lässt. Seiner ambivalenten Funktion als Hemmer des Bösen und Verzögerer der Parusie würde dies präzise entsprechen, so dass sich jedenfalls in dieser Hinsicht eine Entsprechung von Form und Inhalt konstatieren ließe.

Unbestimmte Größe

Der Mutmaßung, Katechon sei eine unbestimmte Größe, scheint zu widersprechen, dass der Verfasser in 2. Thess 2,6 bei seinen Adressaten offenbar eine Kenntnis von ihm voraussetzt: *to katechon oidate*, heißt es ausdrücklich, ihr wisst, wovon die Rede ist. Um welche Art von Wissen handelt es sich; woher rührt es, aus vorhergegangener Belehrung (vgl. 2. Thess 2,5), aus eigener Erfahrung oder aus welchen Quellen sonst; und welchen Grad an Bestimmtheit hat dieses Wissen? Aus dem Text heraus lassen sich Fragen dieser Art nicht beantworten. Klar geht aus ihm lediglich die Funktion des Katechon hervor, und diese ist offenkundig uneindeutig und ambivalent, da die Hinderung des endzeitlichen Bösen zugleich die Verzögerung der Wiederkunft des Weltenheilandes bewirkt. Könnte es also nicht sein, dass die Katechonrede nicht nur in bestimmter Weise auf Unbestimmtheit, sondern eindeutig auf Uneindeutigkeit und Zweideutigkeit hin angelegt ist? Eine entsprechende Ausrichtung würde sehr gut zu einer Reihe weiterer Ambivalenzen passen, die für die Verhältnisse im Umkreis von 2. Thess 2,6f. bis hin zum doppeldeutigen Umgang mit Verfasserschaftsfragen und Fragen geistiger Urheberschaft charakteristisch sind.

Das neutestamentliche Schreiben, in dem die Rede vom Katechon begegnet, wird traditionell der 2. Thessalonicherbrief des Apostels Paulus genannt. Diese Benennung kann sich abgesehen von der Qualifikation als *zweites* Schreiben an die Thessalonicher unmittelbar auf das Präskript 2. Thess 1,1 berufen, wo es in fast wörtlicher Übereinstimmung mit 1. Thess 1,1 heißt: „Paulus und Silvanus und Timotheus an die Gemeinde der Thessalonicher, (die) in Gott unserem Vater und in dem Herrn Jesus Christus ist.“ Die tendenzielle Deckungsgleichheit der Präskripte des 1. und 2. Thess legt eine enge Verwandtschaft und eine direkte literarische Verbindung beider Briefe nahe, die durch wiederholte namentliche Nennung der Paulusbegleiter Timotheus und Silvanus unterstrichen wird, ohne dass dadurch die apostolische Autorität des Paulus relativiert würde (vgl. 2. Thess 2,15; 3,7ff.14). Tatsächlich galt der 2. Thess der Tradition seit der Mitte des zweiten Jahrhunderts bis in die jüngste Vergangenheit hinein unzweifelhaft als ein authentischer Brief des Apostels Paulus an die Christengemeinde zu Thessaloniki, die er im Zuge seiner ersten selbständigen Missionsreise besucht hatte, um ihr bald nach seiner Abreise einen ersten Brief zu schreiben; ein zweiter, eben der 2. Thess, folgte gemäß altkirchlicher Überlieferung alsbald.

Pseudepigraphischer Text

Während die Echtheit des 1. Thess bis heute außer Zweifel steht, ist diejenige des 2. Thess mit gewichtigen Gründen infrage gestellt worden. Statt einen authentischen Paulusbrief habe man ein Pseudepigraphon vorliegen, dessen Verfasser „uns nur in einer Hinsicht bekannt (sei), nämlich durch den Text, den er uns hinterließ" (Trilling, 30). Wie über seinen Autor sei auch über Zeit und Abfassungsort des Schreibens nichts Verlässliches in Erfahrung zu bringen. Unter Voraussetzung seiner pseudepigraphischen Herkunft habe man an eine Entstehung in einer „Zeitspanne von ca. 80 n. Chr. bis in das frühe 2. Jahrhundert" (Trilling, 28) zu denken; für den Ort der Abfassung „finden sich keine einigermaßen tragfähigen Anhaltspunkte" (ebd.). Fraglich sei im Übrigen, ob die Thessalonichergemeinde tatsächlich als Adressat des 2. Thess fungiere. Denn wie bei der Verfasserschaft des Briefes handle es sich auch bei der Empfängerangabe möglicherweise um eine literarische Fiktion zu dem Zweck, in nachapostolischer Zeit die Autorität des Apostels, deren Anerkennung bereits als selbstverständlich und mithin stillschweigend vorausgesetzt wurde, für die eigene Position bzw. für dasjenige in Anspruch zu nehmen, was man selbst für die authentische Auffassung des Apostolischen hielt.

Orientiert man sich unter einstweiliger Zurückstellung der Verfasserschaftsproblematik und aller mit ihr verbundenen Folgeprobleme fürs erste allein am Text von 2. Thess, dann lässt sich über die Situation, aus der heraus bzw. in die hinein er spricht, zumindest eines mit Sicherheit feststellen: der Verfasser sieht sich im inhaltlichen Zentrum seines Briefes, zu dem die Katechonthematik gehört, zu einer dezidierten Absage an Kreise genötigt, die durch Ankündigung der Präsenz des Tages der Parusie Jesu Christi nicht geringe Aufregung und Verwirrung in der Gemeinde erzeugt haben: „Lasst euch", so lautet nach Maßgabe der Ökumenischen Einheitsübersetzung die mahnende Bitte an die Brüder, „nicht so schnell aus der Fassung bringen und in Schrecken jagen, wenn" – und nun werden drei denkbare Quellen der im Anschluss charakterisierten Irrmeinung benannt – „in einem prophetischen Wort oder in einer Rede oder in einem Brief, der angeblich von uns stammt, behauptet wird, der Tag des Herrn sei schon da!" (2. Thess 2,2)

Was es mit dem verdächtigen Brief und möglichen sonstigen Häresiequellen auf sich hat, kann einstweilen dahingestellt bleiben. Fest steht, dass es sich bei der inkriminierten Position offenbar um eine radikal präsentische Eschatologie und bei ihren Vertretern um Verwirrung stiftende Naherwartungsenthusiasten handelt. Gegen sie ist die gesamte Argumentation des Abschnitts „Über die Ankunft Jesu Christi, unseres Herrn, und unsere Vereinigung mit ihm" (2. Thess 2,1) gerichtet: „Lasst euch durch niemand und auf keine Weise täuschen! Denn zuerst muss der Abfall von Gott kommen und der Mensch der Gesetzwidrigkeit erscheinen, der

Sohn des Verderbens, der Widersacher, der sich über alles, was Gott oder Heiligtum heißt, so sehr erhebt, dass er sich sogar in den Tempel Gottes setzt und sich als Gott ausgibt. Erinnert ihr euch nicht, dass ich euch dies schon gesagt habe, als ich bei euch war? Ihr wisst auch, was ihn jetzt noch zurückhält (*katechon*), damit er erst zur festgesetzten Zeit offenbar wird. Denn die geheime Macht der Gesetzwidrigkeit ist schon am Werk; nur muss erst der beseitigt werden, der sie bis jetzt noch zurückhält (*katechon*). Dann wird der gesetzwidrige Mensch allen sichtbar werden. Jesus, der Herr, wird ihn durch den Hauch seines Mundes töten und durch seine Ankunft und Erscheinung vernichten. Der Gesetzwidrige aber wird, wenn er kommt, die Kraft des Satans haben. Er wird mit großer Macht auftreten und trügerische Zeichen und Wunder tun. Er wird alle, die verloren gehen, betrügen und zur Ungerechtigkeit verführen; sie gehen verloren, weil sie sich der Liebe zur Wahrheit verschlossen haben, durch die sie gerettet werden sollten. Darum lässt Gott sie der Macht des Irrtums verfallen, sodass sie der Lüge glauben; denn alle müssen gerichtet werden, die nicht der Wahrheit geglaubt, sondern die Ungerechtigkeit geliebt haben." (2. Thess 2,3–12)

Naherwartungs-enthusiasmus

Nein, teilt der Verfasser den Empfängern seines Briefes mit, der Tag des Herrn ist noch nicht da; Gegenteiliges zu behaupten sei erkenntlich falsch: Denn erstens müsse vor der Parusie Jesu Christi noch die große Apostasie samt allen apokalyptischen Begleiterscheinungen erfolgen und zweitens halte, wie sie wüssten, das bzw. der Katechon die eschatologische Entfesselung des Bösen bis auf weiteres, nämlich bis zur festgesetzten Zeit zurück. Was oder wer das oder der Katechon ist, bleibt unbestimmt. Mit Bestimmtheit konstatiert wird lediglich seine verzögernde Funktion, wohingegen die besagte Größe über ihre Verzögerungsaufgabe hinaus auch unter der Bedingung ihrer Personifizierung im Anonymen und Unfassbaren bleibt. Hinzuzufügen ist, dass die von einigen vollzogene Wandlung der Nah- in eine Nächsterwartung nicht den einzigen Grund für die Beunruhigung der Adressatengemeinde des 2. Thess und für die kritische Intervention seines Verfassers darstellte. Auch der zu konstatierende Müßiggang mancher Gemeindeglieder forderte ein zurechtweisendes Wort gemäß dem Motto: „Wer nicht arbeiten will, soll auch nicht essen." (2. Thess 3,10a) „Ein ausdrücklicher Zusammenhang zwischen der schwärmerisch entarteten Parusieerwartung und dem unordentlichen Lebenswandel im Alltag wird nicht deutlich, doch ist eine innere Verbindung zwischen beiden Erscheinungen auch nicht unmöglich." (Schulz, 34) Sie ist, wie es scheint, nicht nur nicht unmöglich, sondern wahrscheinlich und zwar aus Gründen inhaltlicher Konsistenz. Wer glaubt, morgen gehe die Welt unter, der pflanzt, wenn er nicht Martin Luther heißt, kein Apfelbäumchen mehr. Ähnlich werden es besagte Naherwartungsenthusiasten gehalten haben; dann könnten sie zugleich diejenigen sein, von denen es in 2. Thess 3,11 heißt, sie würden „alles Mögliche treiben, nur nicht arbeiten".

Exegeten hierzulande bezweifeln mittlerweile mehrheitlich, dass der 2. Thess, wie im Präskript angegeben und traditionell vorausgesetzt, vom Apostel Paulus stammt und an die damalige Christengemeinde von Thessaloniki gerichtet ist. Exegetisch unbestritten hingegen ist die Tatsache eines durchgängigen Rückbezugs des 2. Thess auf den 1. Thess. Diese eindeutige Bezugnahme betrifft nicht nur die Form des Briefes, sondern ist auch inhaltlich relevant und das umso mehr, als die Position der Gegner, die 2. Thess bekämpft, nicht ohne Anhalt an Aussagen des 1. Thess zu sein scheint, dessen Authentizität der Forschung außer Zweifel steht. Zu denken ist insbesondere an 1. Thess 4,15 und 17. Zwar „steht dort nicht, daß ‚der Tag des Herrn da' sei, wie das auch für alle anderen (sc. paulinischen) Briefe zutrifft. Aber es ist doch in einer auffälligen Weise Naherwartung artikuliert, die den Gedanken an unmittelbares Bevorstehen der Parusie erweckt." (Trilling, 76 f.) Ausdrücklich spricht der Apostel von Zeitgenossen, die noch leben werden, wenn der Herr kommt; ja er rechnet sich und die Angesprochenen explizit zu diesem Kreis („wir, die Lebenden"). Offenbar gab es in der frühen Christenheit Gruppierungen, die aus diesen und vergleichbaren Stellen bei Paulus Konsequenzen von der Art zogen, gegen die sich der Verfasser des 2. Thess wandte.

Von einem als von uns stammenden Brief ist in 2. Thess 2,2, wie erwähnt, die Rede, der angeblich und im Verein mit anderen Zeugnissen besage, dass der Tag des Herrn da sei. Auf ihn berufen sich, wie es scheint, die Vertreter dieser These. Beziehen sie sich damit auf einen Paulus fälschlich zugeschriebenen oder auf einen Brief, der tatsächlich von ihm stammt, nämlich auf 1. Thess? Und warum ist die Bezugnahme vom Verfasser des 2. Thess eigens angeführt? Um, wie gelegentlich behauptet wurde, die Authentizität des 1. Thess und insbesondere die seiner Eschatologie zu bestreiten und durch diejenige des 2. Thess zu ersetzen (vgl. Lindemann; Laub) bzw., zurückhaltender formuliert, um eine paulinische Realaussage zum Thema zu korrigieren? Oder soll lediglich eine nach Urteil des Verfassers unstatthafte Berufung auf Paulus durch 2. Thess kritisiert werden, um im Übrigen in affirmativer Anknüpfung an den Apostel und in Anerkennung seiner apostolischen Autorität seine Unterweisung parakletisch fortzuführen? Letzteres dürfte, wie u. a. Traugott Holtz gezeigt hat, wahrscheinlich sein: der 1. soll durch den 2. Thess „nicht außer Kraft gesetzt, sondern interpretiert bzw. präzisiert werden gegenüber einer Fehlinterpretation seiner eschatologischen Aussagen, die die zeitliche Differenz zwischen Parusie und Gegenwartserfahrung aufheben will" (Holtz, 418). Man wird entsprechend in 2. Thess kein eigentlich un- oder gar antipaulinisches Schreiben zu sehen haben, auch wenn der Brief „in strengem Sinne nicht paulinisch" (Holtz, 420) ist.

Paulus an die Thessalonicher

Anders als der 2. ist der 1. Thess strictissime dictu paulinisch und „nicht nur der älteste erhaltene, sondern tatsächlich der erste apostolische Brief des Paulus" (Holtz, 417) überhaupt. Er enthält insofern auch des Apostels „erste vorliegende Äußerung zum Thema" (Schnelle, 320) der Eschatologie. Setzt man die Missionsreise, die Paulus von Antiochia über Galatien nach Philippi und dann die Via Egnatia entlang über Amphipolis und Apolonia nach Thessaloniki führte (vgl. Apg 17,1), auf das Jahr 49 n. Chr. an, dann wird der 1. Thess wohl nicht lange danach in der Zeit des von 50 bis 52 n. Chr. währenden Aufenthalts in Korinth geschrieben worden sein. Nach 1. Thess 2,17 ist seit Ende des wohl einige Monate dauernden Aufenthaltes des Apostels Paulus in Thessaloniki, damals Verwaltungssitz der römischen Provinz Makedonien (vgl. vom Brocke), und der Abfassung seines Briefes an die dortige Gemeinde lediglich „eine kurze Zeit" verstrichen. Zu knapp wird man den chronologischen Abstand indes nicht bemessen dürfen, denn immerhin weilte Paulus inzwischen in Beröa und in Athen, von wo aus er Timotheus, „Bruder und Gottes Mitarbeiter am Evangelium Christi" (1. Thess 3,2), nach Thessaloniki zurücksandte, „euch", wie es heißt (ebd.), „zu stärken und in eurem Glauben aufzurichten, damit nicht jemand wankend würde in diesen Bedrängnissen."

Mittlerweile, so erfährt man (vgl. 1. Thess 3,6), ist Timotheus wieder zurück und hat gute Nachricht vom Glauben und von der Liebe der Thessalonicher überbracht, was Paulus sehr erleichterte und freudig stimmte. Davon gibt der Brief mit einer breit angelegten Eingangsdanksagung Zeugnis. Der Glaube der Thessalonicher sei vorbildlich und beispielhaft für alle Christen in Makedonien und Achaja und darüber hinaus. Die dortigen Heidenchristen haben sich zur Freude des Paulus von den Götzen abgekehrt, „um dem lebendigen und wahren Gott zu dienen und seinen Sohn vom Himmel her zu erwarten, Jesus, den er von den Toten auferweckt hat und der uns von dem kommenden Zornesgericht retten wird" (1. Thess 1,10). Es folgt ein Rückblick auf das erste Wirken des Apostels in der Gemeinde (1. Thess 2,1–12), auf die Aufnahme des Evangeliums in ihr (1. Thess 2,13–16) sowie die Nachricht von einem verhinderten Besuch (1. Thess 2,17–20) und von der Entsendung und Rückkehr des Timotheus (1. Thess 3,1–10). Die „überlang erscheinende Eingangsdanksagung" (Holtz, 416) endet mit einem Segenswunsch des Apostels (vgl. 1. Thess 3,11–13).

Die in den beiden Schlusskapiteln folgenden Weisungen für das christliche Leben enthalten die Aufforderung zur Heiligung des Lebens (1. Thess 4,1–12) und Belehrungen bezüglich der Hoffnung der Christen und ihrer Bereitschaft, den Tag des Herrn zu erwarten. In diesem Zusammenhang kommt Paulus, bevor sein Brief mit Mahnungen für das Gemeindeleben, mit Segen, Bitte und Gruß (vgl. 1. Thess 5,12–28) schließt, erneut auf den belobigten Glauben der Thessalonicher, aber auch darauf zu sprechen, was diesem offenkundig noch fehlt und durch das apostolische Zeugnis zu ergänzen ist (vgl. 1. Thess 3,10). Es herrscht in der Gemeinde Trauer über diejenigen, die vor der Ankunft des Herrn gestorben sind. Paulus will die Gemeindeglieder über das Geschick ihrer Entschlafenen nicht im Ungewissen lassen, damit sie nicht traurig und hoffnungslos seien. Daher erinnert er an den Grund und Inbegriff des Christseins: „Wenn Jesus – und das ist unser Glaube – gestorben und auferstanden ist, dann wird Gott durch Jesus auch die Verstorbenen zusammen mit ihm zur Herrlichkeit führen." (1. Thess 4,14) Unter nicht näher spezifizierter Berufung auf ein Herrenwort fügt Paulus an, „dass wir, die wir leben und übrigbleiben bis zur *parousia tou kyriou*" (1. Thess 4,15), den Verstorbenen nichts voraushaben werden.

Wenn der Befehl ertönt, der Erzengel ruft und die Posaune Gottes erschallt, dann wird der Herr selbst vom Himmel herabkommen: „Zuerst werden die in Christus Verstorbenen auferstehen; dann werden wir, die noch übrig sind, zugleich mit ihnen auf den Wolken in die Luft entrückt, dem Herrn entgegen. Dann werden wir immer beim Herrn sein. Tröstet also einander mit diesen Worten." (1. Thess 4,16b-18) Es folgen weitere Ausführungen über den Tag des Herrn und über das Leben der Christen (vgl. 1. Thess 5,1–11), das lichtvoll und nicht finster, wachsam und nüchtern sowie von Glaube, Liebe und Hoffnung bestimmt sein soll. Über Zeit und Stunde der *hemera kyriou* sei es nicht nötig zu schreiben, da die Gemeinde genau wisse, dass der Tag des Herrn wie ein Dieb in der Nacht komme, d. h. nicht berechenbar, sondern unversehens. Als diejenigen, welche dem Tag gehören (*hemeras ontes*), seien die Glaubenden von Gott nicht für das Gericht seines Zornes, sondern dazu bestimmt, das Heil durch den Herrn Jesus Christus zu erlangen, der „für uns gestorben ist, damit wir vereint mit ihm leben, ob wir nun wachen oder schlafen" (1. Thess 5,10). Wer im Glauben zum Herrn gehört, der hat auch teil an seiner Herrlichkeit und wird nicht in Tod und Gericht vergehen.

An der paraphrasierten Textpassage ist vieles und nicht zuletzt die Tatsache bemerkenswert, dass 1. Thess 4,15.17 ein „beredtes Zeugnis der Naherwartung" (Hübner, 139) des Apostels bietet. Paulus hat die Ankunft des Herrn offenbar für sich und für Mitglieder der Thessalonichergemeinde noch zu Lebzeiten erwartet. Hieraus mag sich bei einigen Paulusrezipienten jene Haltung eines anhaltenden Naherwartungsenthusiasmus ergeben haben, der in 2. Thess 2,2 benannt und dann entschieden kritisiert wird. Paulus hingegen hat, wie es scheint, seine 1. Thess 4,15.17 bezeugte Naherwartung nicht enthusiastisch und auf hypertrophe Weise vertreten. Dies wird durch nichts überzeugender belegt als durch den Trostspruch, den der Apostel den um das eschatologische Geschick ihrer verstorbenen Brüder und Schwestern bekümmerten Gliedern der Thessalonichergemeinde hat zukommen lassen. Werden an dem Segen der Parusie nur Christen Anteil haben, die bei ihrem Anbruch noch leben, oder auch diejenigen, die schon verstorben sind oder sein werden? Die apostolische Antwort ist eindeutig: Alle, die an den Herrn glauben, werden bei seiner Ankunft zu ihm entrückt werden und zwar unabhängig davon, ob sie noch leben oder bereits gestorben sind; denn die Verstorbenen werden vor der Entrückung aller Glaubenden auferstehen von den Toten.

Relativierte Chronologie

Es macht nach Paulus keinen grundlegenden eschatologischen Unterschied, ob man beim Ereignis der Parusie noch unter den auf Erden Lebenden weilt oder nicht. Damit erledigt sich der chronologische Aspekt der Naherwartung zwar nicht umstandslos, er wird aber doch relativiert. In diesem Sinne schließt der Apostel, sosehr er an der Annahme einer Nähe des Eschaton zeitlebens festhält, im Laufe seiner Lebenszeit nicht länger aus, dass er selbst noch vor Parusieanbruch sterben wird. Ein übergroßes Problem hat ihm dies offenbar nicht bereitet; eher scheint das Gegenteil der Fall zu sein: „Solange wir im Leibe wohnen, weilen wir fern vom Herrn; denn wir wandeln im Glauben und nicht im Schauen. Wir sind aber getrost und haben vielmehr Lust, den Leib zu verlassen und daheim zu sein beim Herrn."

Wie immer man die Worte 2. Kor 5,6–8 genau zu interpretieren hat – eine grundsätzliche Belastung stellt die Tatsache, dass sich unter Christen die Todesfälle vor der Ankunft Jesu Christi mehren, für den Apostel offenkundig nicht dar: „Denn unser keiner lebt sich selber, und keiner stirbt sich selber. Sterben wir, so sterben wir dem Herrn. Darum: Wir leben oder sterben, so sind wir des Herrn. Denn dazu ist Christus gestorben und wieder lebendig geworden, dass er über Tote und Lebende Herr sei." (Röm 14,7–9) Wer dem auferstandenen Gekreuzigten angehört, der wird ewig leben, ob er gleich stürbe. Zwar bleibt der apokalyptische Horizont der eschatologischen Erwartung erhalten; doch mit der Dehnung der Zeit zwischen dem Ereignis der Auferstehung Jesu Christi von den Toten und seiner Parusie am Ende der Tage verlagern sich die Akzente und die Aufmerksamkeit des Apostels konzentriert sich immer deutlicher auf jenes schon in 1. Thess 4,17 angesprochene Mit-Christus-Sein (*syn Christo einai*), welches „die grundlegende Konstante der paulinischen Eschatologie darstellt" (Schnelle, 323).

Eschatologisches Sein in Christus

Durchweg kennzeichnend für die paulinische Eschatologiekonstante ist ihre rechtfertigungstheologische Prägung. Schon im 1. Thess finden sich „die *Grundelemente der Rechtfertigungstheologie* des Galater- und Römerbriefs" (Hübner, 139). Was noch nicht begegnet, „ist die Verbindung der Gerichtsterminologie mit den Termini ‚Gerechtigkeit' (*dikaiosyne*) und ‚gerecht gesprochen werden' (*dikaiothenai*)" (ebd.). Dies ändert nichts an der Tatsache, dass bereits im 1. Thess Sein vor Gott „als Sein vor dem richtenden Gott verstanden (ist), für den Glaubenden dann Sein vor dem in seinem Gericht rettenden Gott" (ebd.). Wer in Glaubensgemeinschaft mit Christus steht, der wird gerechtfertigt im Gericht und erhält Anteil am ewigen Leben Gottes. Dies ist die materiale Grundaussage paulinischer Eschatologie, im Vergleich zu der alle anderen Fragen der Endzeit, wie etwa diejenige ihrer temporalen Nähe oder Ferne, zwar nicht unbedeutsam, aber zweitrangig sind.

Wie verhält sich die genuine Eschatologie des Apostels Paulus zu derjenigen, die im 2. Thess vertreten wird? Auf den ersten Blick scheinen die Differenzen zu überwiegen: „Sowohl die Verzögerungsproblematik (2Thess 2,6f) als auch das Auftreten eines eschatologischen Gegenspielers unterscheidet 2Thess 2,1–12 grundlegend von der Sichtweise des 1Thess. Während 1Thess 5,1 Berechnungen im Hinblick auf die Parusie ausdrücklich ablehnt, findet sich in 2Thess 2,1–12 ein eschatologischer Fahrplan, der Beobachtungen und Berechnungen nicht nur zulässt, sondern fordert (vgl. V. 5!). Steht bei Paulus immer das Erscheinen des Auferstandenen im Mittelpunkt (vgl. 1Thess 4,16; 1Kor 15,23), so ist das Parusiegeschehen in 2Thess 2,8 auf die Vernichtung des Antichristen zugespitzt." (Schnelle, 538 f.) Die angezeigten Unterschiede sind nicht zu leugnen; sie müssen aber auf keinen Gegensatz hinauslaufen, wenn man sich an das zentrale Anliegen des 2. Thess und den Anlass hält, aufgrund dessen der Brief geschrieben worden ist.

Die „Parole" (vgl. Marxsen, 11 ff.) derer, die sagen, „*hoti enesteken he hemera tou kyriou*" (2. Thess 2,2), soll kritisiert und in Schranken gewiesen werden. Schwierigkeiten bereitet das Verbum, das in der Parole Verwendung findet: „Im Griechischen steht es im Perfekt, das präsentische Bedeutung hat: Der (erwartete) Tag *ist* gekommen – und nun eben *da*. Diese sprachlich ohne Zweifel richtige Übersetzung wirft indes die Frage auf, ob die damit gemachte Aussage überhaupt Sinn gibt. Das scheint nicht der Fall zu sein. Darum wird oft gegen den griechischen Wortlaut übersetzt: Der Tag des Herrn steht unmittelbar bevor. Aber das ist ja nun keineswegs dasselbe." (Marxsen, 43) Die Lösung des Problems mag in der Annahme bestehen, dass der Verfasser des 2. Thess die Position seiner Gegner in kontrastierender Absicht gewissermaßen als das Negativ der eigenen habe kennzeichnen wollen, welche besage: „Der Tag (sc. des Herrn) ist eben noch nicht da." (Marxsen, 53) Diese Grundaussage werde gegen die Unruhestifter geltend gemacht, welche „einseitig ein ‚Schon'" (Marxsen, 52) betonen und die Wirklichkeit des gegenwärtigen Äon nicht mehr ernstnehmen mit üblen Folgen für den aktuellen Lebenswandel.

Parusieverzögerung

Wie immer es sich damit und mit der expliziten Bezugnahme des 2. auf den 1. Thess genau verhält: Klar ist, dass das eschatologische Problem der Parusieverzögerung und der sich hinziehenden Zeit des alten, vergehenden Äon sowohl im 1. als auch im 2. Thess weder enthusiastisch geleugnet noch zu einem die Gewissheit des Glaubens und seiner Hoffnung destruierenden Drama hochstilisiert wird. Was aber die Unterschiede zwischen der eschatologischen Sichtweise beider Briefe anbelangt, so erklären sie sich am ehesten aus einer Veränderung, welche die Problemlage, weniger die Grundkonstellation des Problems, nämlich die schlichte Tatsache betrifft, dass zwischen der Abfassung des 1. und derjenigen des 2. Thess zusätzliche Zeit vergangen ist und die Parusie sich weiter verzögert hat. Die Deutung dieses Verzugs im 2. Thess ist anders, aber recht eigentlich keine andere geworden als im 1. Thess, sofern das Problem der Parusieverzögerung von Paulus schon damals zwar als Problem wahrgenommen, aber zugleich mit dem Hinweis relativiert wurde, dass die beim Anbruch der Parusie des Herrn bereits Verstorbenen keine eschatologischen Nachteile zu gewärtigen hätten.

Der Verfasser des 2. Thess, wer er gewesen sein und an wen auch immer er seinen Brief adressiert haben mag, ist von der Absicht bestimmt, „eine falsche Interpretation der eschatologischen Aussagen des 1Thess" (Schnelle, 540) im Sinne einer bereits gegebenen Präsenz des Parusietages abzuwehren und so die genuine Stimme des Apostels unter Bedingungen fortgeschrittener Zeit, die als Entscheidungs- und Bewährungszeit qualifiziert wird, zur Geltung bringen. Von diesem Skopus her ist der gesamte Brief und namentlich sein „Herzstück" (Marxsen, 58) 2. Thess 2,1–12 einschließlich der Katechonaussage zu deuten. Nach Gnadenzusage und Friedensgruß (vgl. 2. Thess 1,2) handelt der Brief zunächst von der Bedrängnis in der Gemeinde, deren Geduld und Standhaftigkeit gerühmt wird, und vom Gericht Gottes, in dem vergolten wird nach Maßgabe göttlicher Gerechtigkeit, „wenn der Herr Jesus sich offenbaren wird vom Himmel her mit den Engeln seiner Macht in

Feuerflammen" (2. Thess 1,7 f.). Nach dem Bekunden, allezeit Fürbitte zu üben für die Gemeinde, „damit in euch verherrlicht werde der Name unseres Herrn Jesus und ihr in ihm" (2. Thess 1,12), kommt der Briefautor auf sein zentrales Anliegen zu sprechen: er bittet die als Brüder apostrophierten Adressaten, sie möchten sich in ihrem Sinn nicht so schnell wankend machen noch erschrecken lassen, wenn durch eine Weissagung oder ein Wort oder einen Brief, der angeblich von ihm stamme, die Parole ausgegeben werde, der Tag des Herrn sei schon da.

„Lasst Euch von niemandem und auf keine Weise täuschen" (2. Thess 2,3), so lautet die Mahnung. Was die Parusie des Herrn Jesus Christus und die Vereinigung der Seinen mit ihm angehe, von welcher der Briefabschnitt handelt, so sei geduldiges Harren vonnöten und angesagt: Denn ehe der Tag des Herrn komme, müsse zuvor, wie es heißt (vgl. 2. Thess 2,3), der große Abfall (*apostasia*) eintreten und der Mensch der Gesetzeswidrigkeit (*anthropos tes anomias*) offenbar werden, der Sohn des Verderbens (*ho hyios tes apoleias*). „Er ist der Widersacher (*antikeimenos*), der sich über alles, was Gott oder Heiligtum heißt, so sehr erhebt, dass er sich in den Tempel Gottes setzt und vorgibt, selbst Gott zu sein." (2. Thess 2,4) Mit Apostasie ist im gegebenen Zusammenhang der „Abfall von Gott" (Schmid, 326) gemeint, der gemäß apokalyptischer Tradition dem Ende des alten Äons und dem Anbruch der Gottesherrschaft bzw. des messianischen Reiches vorangeht. Im widrigen Verein mit der endzeitlichen *apostasia* wird der Mensch der *anomia* offenbar werden.

Das in der Septuaginta häufig, jedoch ohne festes hebräisches Äquivalent begegnende Wort *anomia* bedeutet nicht nur Gesetzeslosigkeit, sondern Gegnerschaft gegen das Gesetz im Sinne von Unrecht und Sünde bis hin zum Inbegriff von Schlechtigkeit und Bosheit (vgl. Gutbrod, 1077 ff.). Der *anthropos anomias* ist demnach der Böse schlechthin, der alles, was recht und gut ist, ins schiere Gegenteil verkehrt. Der Bodenlosigkeit seines eigenen Abgrunds verfallen, begehrt er gegen alles Gottgegebene auf, um sich als feindseliger *antikeimenos* selbst an die Stelle Gottes zu setzen. Als Antigott ist er zugleich der Antichrist, ohne ausdrücklich als solcher bezeichnet zu werden. Seit altkirchlichen Zeiten jedenfalls waren die Ausleger der einhelligen Meinung, dass der Widersacher und Sohn des Verderbens (vgl. Jes 57,4 LXX) kein anderer als derjenige sei, auf dessen endzeitliches Offenbarwerden die Kinder Gottes in 1. Joh 2,18 vorbereitet werden. Dabei versteht es sich von selbst, dass im Falle des Antichristen Offenbarwerden das widrige Gegenteil der Parusie Jesu Christi bedeutet. Doch nicht darauf kommt es im gegebenen Argumentationszusammenhang primär an, sondern auf die Aussage, dass der Böse noch nicht offenbar ist, sondern erst offenbar werden wird. Bis es dazu kommt, wird sich auch die Parusie des Herrn nicht ereignen, wodurch sich die Behauptung, sie sei schon da bzw. augenblicklich im Anbruch begriffen, als fälschlich zu erkennen gibt.

Nach einer rhetorischen Anfrage des Briefschreibers, ob sich die Gemeinde nicht daran erinnere, dass er, will heißen: Paulus, nicht all dieses schon gesagt habe, als er noch bei ihnen gewesen sei, wird auf das mysteriöse *katechon* verwiesen, welches den *antikeimenos* jetzt noch aufhalte, bis er bzw. damit er erst offenbar werde zu seiner Zeit (2. Thess 2,6: *en to heautou kairo*). Im nächsten Satz ist das neutrische *katechon* zum Maskulinum geworden und gesagt, dass sich das *mysterion anomias* schon rege (*energetai*). Bevor der Böse (*ho anomos*) offenkundig werden würde, müssten zuvor nur noch der *katechon* weggetan werden, der die Manifestation der Bosheit jetzt noch auf- bzw. zurückhalte. Mit dem Verweis auf das bzw. den Katechon ist die Frage beantwortet, warum der Mensch der Gesetzeslosigkeit, der Widersacher und Sohn des Verderbens noch nicht offenbar werden und damit auch die Parusie Jesu Christi noch nicht unmittelbar bevorstehen kann, wie zur Verwirrung der Gemeinde fälschlich behauptet worden ist. Man darf diesen Skopus der Argumentation in Bezug auf das vorgestellte Endzeitszenarium und auch in Bezug auf die Katechonthematik nicht aus dem Blick verlieren, um zu keinen Fehlurteilen zu gelangen.

Verbleibende Zeit

Was immer das bzw. der Katechon sein mag: fest steht, dass es sich um eine Größe handelt, die das endgültige Offenbarwerden von Apostasie, Anomie und des Abgrunds der Bosheit, wie er im Bösen selbst vorstellig wird, einstweilen noch verhindert und damit zugleich dafür steht, dass die eschatologische Ankunft Jesu Christi noch im Verzug ist und noch nicht unmittelbar bevorsteht. Die katechontische Funktion ist auf Dehnung der Zeit ausgerichtet. Zwar regt sich schon jetzt das Geheimnis der Bosheit, und die Macht der Gesetzeslosigkeit ist unterschwellig am Werk. Aber bis sie ungezügelt hervortreten kann, wird es noch dauern, und diese Dauer betrifft auch die Ankunft Jesu Christi und die Vereinigung der Seinen mit ihm, also das Generalthema des Abschnitts 2. Thess 2,1–12, welches Anfang und Schluss sowie den genannten Argumentationsverlauf umgreift.

Nach dem eschatologischen Plan, den 2. Thess 2,1 ff. entwirft, muss der *katechon*, der das Hervorbrechen des Bösen verzögert, aus der Mitte getan werden, wie es wörtlich heißt. Wenn seine Funktion erfüllt ist, hat er von der Bühne abzutreten. Ist er beseitigt, dann hat die Bosheit freie Bahn und der Böse wird offenbar werden, freilich nur, um seinen endgültigen Meister zu finden. Jesus Christus wird ihn durch den Hauch seines Mundes umbringen und durch die Erscheinung seiner Ankunft (*te epiphaneia tes parousias autou*) vernichten (vgl. 2. Thess 2,8). Zuvor aber wird der Böse in der Kraft des Satans erscheinen, mit großer Macht auftreten und trügerische Zeichen und Wunder tun. Alle, die verloren gehen, werden seinem Trug erliegen, sich zur Abkehr von der Wahrheit verleiten und zur Ungerechtigkeit verführen lassen. Es ist der Gerechtigkeit Gottes gemäß und entspricht ihr, „mit Bedrängnis zu vergelten denen, die euch bedrängen, euch aber, die ihr Bedrängnis leidet, Ruhe zu geben zusammen mit uns, wenn der Herr Jesus Christus sich vom Himmel her offenbaren wird mit den Engeln seiner Macht in Feuerflammen“ (2. Thess 1,6–8a.).

Die Parusie Jesu Christi wird Recht schaffen denen, die Unrecht leiden, und diejenigen richten, die sich das vermeintliche Recht herausnehmen, Unrecht zu tun. So wird es gewiss kommen; noch aber ist es nicht so weit und daher geduldige Bewährung in der Bedrängnis vonnöten. Nein, die Endzeit ist noch nicht zu Ende und der Tag des Herrn noch nicht da; wer anderes behauptet, der lügt und betreibt das

Geschäft des Antichristen, der vor der Ankunft des Herrn mit teuflischer Macht auftreten werde. Ja, die Parusie Jesu Christi verzögert sich; aber die Verzögerung gereicht der Gemeinde nicht zum Schaden, wenn sie Treue im Glauben hält, standfest bleibt im Leiden und geduldig ausharrt in der Not. Vor der definitiven Scheidung im Endgericht gewähre Gott Zeit zur Entscheidung und zur Bewährung; und das sei gut so. Wo Zeit bleibt, herrscht Verzug. Dies kann Beschwer bereiten, aber auch ein Vorteil sein: Über das eine oder andere entscheidet nicht die verbleibende Zeit, sondern ihre Nutzung.

Schriftbeweis wider den Hohn der Spötter

Herrscht gespannte Erwartung, wird der Verzug der Erfüllung des Verheißenen zum Problem. Dieses Problem hat Geschichte. „Wo bleibt denn seine verheißene Ankunft?" (2. Petr 3,4), höhnten in frühen Christengemeinden offenbar nicht nur Spötter, sondern fragten sich auch besorgte Gläubige, welche die baldige Parusie ihres Herrn erhofften und enttäuscht waren, dass sich ihre Hoffnung nicht erfüllte. Vergleichbare Probleme begegnen schon in der hebräischen Bibel, der Hl. Schrift der frühen Christenheit. „Was habt ihr für eine Redensart (*maschal*) im Lande Israel", fragt Gott in Ez 12,22 den als Menschensohn angesprochenen Propheten. „Ihr sagt: Die Zeit zieht sich hin, mit allen Gesichten ist es nichts." Die prophetische Antwort ist klar; sie wird von Gott selbst erteilt: „Sage zu ihnen: So spricht Gott, der Herr: Ich werde dieser Redensart ein Ende bereiten, und man wird sie in Israel nicht mehr gebrauchen." (Ez 12,23) Schluss mit dem sprichwörtlichen Spottvers, wonach sich die Tage hinausziehen und die Visionen sich nie erfüllen werden: Alle werden in Erfüllung gehen und zwar bald! Die Zeit ist nahe, alles Vorhergesehene wird zügig eintreffen. „Nichtige Sehersprüche und trügerische Orakel wird es im Hause Israel nicht mehr geben. Denn ich, der Herr, sage, was ich sage, damit es geschieht. Es lässt nicht mehr lange auf sich warten; denn, du widerspenstiges Volk, wenn ich in euren Tagen spreche, dann führe ich auch aus, was ich sage – Spruch Gottes, des Herrn." (Ez 12,24 f.)

Die Zeit zieht sich in die Länge, sprechen die einen, um die Nichtigkeit der prophetischen Schau und der göttlichen Verheißung zu behaupten. Andere dagegen verschieben die Zeit der Erfüllung bewusst in äußerste Ferne und bekunden in Bezug auf die Prophetie des Propheten: „Das Gesicht, welches dieser schaut, geht auf viel spätere Tage, und er weissagt für ferne Zeiten." (Ez 12,27) Auch dieser Rede gilt der Widerspruch Gottes: „Darum sag zu ihnen: So spricht Gott, der Herr: Nichts von dem, was ich sage, lässt lange auf sich warten: was ich sage, geschieht – Spruch Gottes, des Herrn." (Ez 12,28) Erwartungshaltungen können auf doppelte Weise destruiert werden, entweder durch Enttäuschung, dass sich das in Aussicht Gestellte nicht sofort erfüllt, oder dadurch, dass man die Zeit der Erfüllung so weit hinausschiebt, dass sie keinen Anlass zu aktueller Hoffnung mehr gibt. Gegen beide Destruktionsformen des Unglaubens, welcher den göttlichen Verheißungen nicht traut, wendet sich Ezechiel im Namen Gottes.

Etwas anders als bei Ezechiel ist die Sache bei Habakuk gelagert. Er rechnet ausdrücklich mit einem möglichen Verzug der Verwirklichung dessen, was ihm zu schauen gegeben war; Gott selbst kündigt es an: „Denn erst zu einer bestimmten Zeit trifft ein, was du siehst." (Hab 2,3) Noch ist der Schau eine Frist gesetzt. Doch die Zeit drängt und eilt dem Ende zu: „Wenn es sich verzögert, so harre darauf; denn es kommt, es kommt und bleibt nicht aus." (Hab 2,3) Das Problem des Verzugs von Erwartetem ist ein allgemeines Menschheitsproblem, dasjenige der Verzögerung der Erfüllung des göttlich Verheißenen nicht erst ein christlich-neutestamentliches, sondern ein vergleichbar schon in der hebräischen Bibel begegnendes und intensiv reflektiertes Problem. Es legt sich daher nahe, auf die gegebenen Bestände Bezug zu nehmen, „um für das urchristliche Problem der Parusieverzögerung Christi terminologisch, traditionsgeschichtlich und motivstrukturell neue sachliche … Aspekte zu erarbeiten" (Strobel, 2; bei St. kursiv).

August Strobel hat in seinen „Untersuchungen zum eschatologischen Verzögerungsproblem auf Grund der spätjüdisch-urchristlichen Geschichte von Habakuk 2,2 ff." gezeigt, dass das „im Sinne einer apokalyptischen Naherwartung gedeutete Schriftwort Hab 2,3 … schon im ältesten Judentum des 2. Jahrhunderts v. Chr. zentraler Schriftbeweis für das Problem der ausstehenden Erlösung" (Strobel, 77) war. Als Skopus der Rezeption fungiert die festzuhaltende Gewissheit, dass bei allem „Verzögern, Ausbleiben, Hinausschieben und Aufhalten" (ebd.) die erwartete Erlösung kommen wird. Was geschieht, vollzieht sich nach Gottes Plan, wie in den älteren Traditionsstücken in der Regel gesagt wird. In jüngeren sieht man dagegen nicht selten „die Ursache der Verzögerung nicht in Gottes eschatologischer Zeitdisposition, sondern in der menschlichen Schuldhaftigkeit, welche dem Heil entgegensteht" (ebd.). Notwendigerweise ausschließen müssen sich beide Gesichtspunkte nicht. Insgesamt ergibt sich nach Strobel im Blick auf die jüdisch-hebräische und die jüdisch-griechische Wirkungsgeschichte von Hab 2,3 ein „theologisch verhältnismäßig weit gespannte(r)" (Strobel, 78) Traditionskomplex mit vielfältigen Motivstrukturen. Eigens angeführt wird das dominierende Verzögerungs-, das Termin-, das Warte- und das Überraschungsmotiv (vgl. Strobel, 203 ff.).

Eine kleine Weile

Als neutestamentlicher Kardinalbeleg und als das Glied, welches viele Aussagen über die Parusieverzögerung verbindet, wird Hab 2,3 sodann in Bezug auf Hebr 10,35 ff., 2. Petr 3,8 f. sowie auf die Katechon-Argumentation in 2. Thess 2,1–12 ausgewiesen (Strobel, 79 ff.). Was ihr zur Erfüllung des Willens Gottes und zur Erlangung des verheißenen Guts braucht, ist Ausdauer, mahnt der Schreiber des Hebräerbriefs seine Adressaten: „Denn nur noch eine kleine Weile, so wird kommen, der da kommen soll, und er wird nicht lange ausbleiben. Mein Gerechter aber wird aus Glauben leben. Wenn er aber zurückweicht, hat meine Seele keinen Gefallen an ihm." (Hebr 10,37 f.) Die weithin wörtliche Bezugnahme auf das alttestamentliche Vorbild ist evident. „Hebr 10,35–39 ist das klarste Zeugnis dafür, daß die älteste Gemeinde zur Lösung *ihres* eschatologischen Problems – nämlich des Ausbleibens der (zweiten) Parusie Christi – die altüberkommene Antwort des Judentums übernommen hat." (Strobel, 79) Auch 2. Petr 3,8 f. erweist sich als eindeutig von jüdischer Tradition abhängig (vgl. Strobel, 87 ff.).

Aus dem alttestamentlich-jüdischen Traditionszusammenhang heraus soll schließlich auch der rätselhafte Abschnitt 2. Thess 2,1–12 verstanden werden, um so dem notorischen Dilemma der Katechon-Deutungen ein Ende zu bereiten. Man muss Strobels Plädoyer für die Echtheit des Briefes (vgl. Strobel, 110 ff.) nicht folgen, um seinem Verständnis des Katechon Plausibilität zuzuerkennen: Danach sei der Begriff terminus technicus „für die in den Weltplan Gottes einberechnete Parusieverzögerung und als solcher ohne einen näheren Inhalt" (Strobel, 101). Katechon besage im Grunde nichts anderes als Verzögerer und Verzug: „Es ist *nicht*, wie durchweg angenommen, von einer innerweltlichen Größe die Rede, welche das Kommen *des Antichristen aufhält*, sondern von der in Gottes Zeitplan liegenden Parusieverzögerung an sich." (Strobel, 106) Katechon steht dafür, dass sich die Endzeit noch eine Zeitlang hinziehen wird; bis es mit ihr an der Zeit ist, wird es noch eine Weile dauern. Fortdauernde Endzeit bzw. endzeitliche Fortdauer ist angesagt. Strobels durch ihre Einfachheit bestechende „Lösung" des Katechonproblems gewinnt zusätzliche Plausibilität, wenn man sie nicht unmittelbar gegen andere Deutungen in Stellung bringt, sondern auch in dieser Hinsicht jene Uneindeutigkeit und Ambivalenz wahrt, ohne die das Problem, das zur Lösung ansteht, in seiner charakteristischen Form gar nicht entstanden wäre und bestünde. Entsprechend kann es eine Lösung des Problems ohne Wahrung seiner Problemhaltigkeit nicht geben. Katechon, sagt Strobel, ist nicht dieses oder jener, sondern die Parusieverzögerung an sich, der Zeitverzug als solcher. Dieser Kern seiner These überzeugt, bedarf aber einer gedanklichen Differenzierung in mehrfacher Hinsicht.

Als identisch mit der Funktion, die er ausübt, ist Katechon eine uneindeutige und ambivalente Größe, die einerseits den Ausbruch des Bösen eine Zeitlang hemmt, was nicht schlecht genannt werden kann, und andererseits eben dadurch die Parusie Jesu Christi verzögert, was kaum vorbehaltlos gut zu nennen ist. Eindeutig ist die Rede von der kommenden Parusie Jesu Christi, welche dem Bösen ein definitives Ende und die Vollendung des Guten samt jener Eintracht herbeiführen wird, welche die Vereinigung mit ihm bewirkt. Eindeutig ist auch, was von der bevorstehenden „Gegenparusie des Bösen" (Betz, 277) zu sagen ist, auch wenn es sich hierbei um eine Eindeutigkeit im Modus des Widerspruchs, nicht nur der Sinnlosigkeit, sondern der Sinnwidrigkeit handelt; das Böse, von *anomos* und *anomia* repräsentiert, steht nicht für Eintracht, sondern für Zwietracht: für das in sich Widrige. Zwiespältig ist auf seine Weise auch Katechon in seiner neutrischen und maskulinischen Doppelgestalt, durch welche das oder der Aufhaltende förmlich auf *anomos* und *anomia* bezogen wird. Doch ist dieser Bezug keineswegs eindeutig negativ bestimmt, was sich formal am reflexen Verhältnis des jeweiligen Genus von Katechon und der Bosheitsgestalt ablesen lässt, die gehemmt werden soll.

Der momentane Bestand des Katechons ist durch seine Funktion gerechtfertigt, das bzw. den Bösen niederzuhalten. Darin erweist er sich dem Endzeitplan Gottes als dienlich, was durch die Tatsache nicht falsifiziert wird, dass die katechontische Funktion zum Vorübergehen und zum Verschwinden bestimmt ist. Es ist im Gegenteil so, dass Katechon nur als interimistische Größe seine Bestimmung erfüllen kann. Nur vermittels seiner Ausrichtung auf die Parusie Jesu Christi, um dessen eschatologischer Erscheinung willen es bzw. er vom Plan zu treten hat, kann Katechon seine Bestimmung erfüllen, die endzeitliche Entfesselung des Bösen eine Zeit lang zu unterbinden. Katechon ist seinem Begriff und Wesen nach eine relative und in seiner Relativität uneindeutige Größe – weder eine widerliche Manifestation radikaler, ihrem eigenen Abgrund verfallener Bosheit, die zu nichts gut ist als vernichtet zu werden, noch gar die Erscheinung jenes unvergleichlichen Guts, das in der Parusie Jesu Christi zutage tritt.

Vorübergehende Zeit und Ewigkeit

Wird Katechon nicht eindeutig als uneindeutig identifiziert, dann wird er verkannt und entweder unstatthaft verhimmelt oder verteufelt. Erkannt wird er nur in jener Uneindeutigkeit, welche den Lauf der Zeit, dem er Bleibe verschafft, charakterisiert, bis das unter zeitlichen Bedingungen vorübergehend, aber auch nur vorübergehend zu bändigende Böse nach seiner endzeitlichen Entfesselung definitiv und endgültig durch Gott und seinen Christus ausgelöscht werden wird. Katechon ist der förmliche Begriff der Zeit, die in Bezug auf das Böse zu widerständigem Verbleib, in Bezug auf die Ankunft Jesu Christi hingegen zum Vergehen und dazu bestimmt ist, sich im Ewigen zu vollenden und zu erfüllen. Es ist ein Kennzeichen der Förmlichkeit dieses Begriffs, zu dem Uneindeutigkeit und Unbestimmtheit in bestimmter und eindeutiger Weise hinzugehören, in materialer Hinsicht für unterschiedliche Bestimmungen offen zu sein, weil der temporale Vorgang, auf den er bezogen ist, wechselnde Akteure nicht nur aufweisen kann, sondern tatsächlich aufweist, wie etwa das Imperium Romanum und seine kaiserlichen Repräsentanten, an die im katechontischen Kontext zu denken in frühchristlich-altkirchlichen Verhältnissen gewiss nahelag.

Strobels Annahme, Katechon stehe für die Parusieverzögerung selbst, muss, anders als er meinte, eine Verbindung der katechontischen Funktion mit einer innerweltlichen Größe nicht ausschließen. Ausgeschlossen dagegen ist, Katechon entweder unmittelbar mit Gott oder mit dem Bösen zu identifizieren. Zwar dient der Katechon dem Heilsplan und der Vorsehung Gottes, sofern sein Wirken die endzeitliche Entfesselung der Macht des Bösen eine Weile hemmt und dadurch Zeit verschafft, die sinnvoll genutzt werden kann. Aber gut ist die vom Katechon verschaffte Zeit doch nur als eine relative, im Übergang begriffene, nämlich als eine solche Größe, die zu dem von Gott vorgesehenen Termin ihre Funktion zugunsten der Parusie Jesu Christi einstellen wird. Zum Wesen der sich hinziehenden Zeit, für welche Katechon funktional einsteht, gehört Uneindeutigkeit, welche eindeutig zu identifizieren die wesentliche Aufgabe einer eschatologisch orientierten Geschichtstheologie ist. Dies gilt bezüglich des Imperium Romanum und seiner Repräsentanten sowie in Bezug auf andere Staatsgebilde, das gilt aber darüber hinaus für den zeitlichen Verlauf der Weltgeschichte insgesamt. Solange sie währt, ist sie ein relatives Gut, welches den endzeitlichen Ausbruch des Bösen hemmt; die endgültige Überwindung des Bösen aber wird erst durch die Parusie Jesu Christi geleistet, dessen Erscheinen die Aufhebung der Zeit in die Ewigkeit mit sich bringt.

Nutzen und Grenzen des Zeitverzugs

Um zum Schluss zu kommen und das Ende des vorliegenden Eschatologiebandes und mit ihm der Reihe der zehn Bücher zu Grundlagen des Studiums evangelischer Dogmatik nicht länger hinauszuzögern: Der evidente Sinn von 2. Thess 2,1–12 liegt in der Zurückweisung der Annahme, der Tag des Herrn sei schon da oder stehe unmittelbar bevor, und in der Klarstellung, dass bis zur Parusie Jesu Christi noch vorhergehende Endzeitereignisse eintreten müssen. Dies entspreche dem eschatologischen Plan Gottes. Ihm zufolge soll offenbar noch Zeit bleiben und vergehen, bis Jesus Christus kommt. Diese zum Vergehen bestimmte und zugleich verbleibende Zeit als ein Zwischenstadium gehemmter Bosheit und verzögerter Parusie benennt der Begriff Katechon gemäß seiner formalen – materialiter unterschiedlich bestimmbaren – Verwendung. Er ermöglicht es einerseits, die sog. Parusieverzögerung als dem Willen Gottes entsprechend und die hemmende Macht als eine keineswegs widergöttliche, sondern relativ positive Größe einzuschätzen; er nötigt andererseits aber auch dazu, die Dauer ihrer Geltung einzuschränken, ja ihren eigentümlichen Vorzug gerade in der Befristung ihrer Wirksamkeit zu entdecken. Aus dieser Doppelstellung erhellt die Ambivalenz des Katechon, die eindeutig zu identifizieren die Voraussetzung seiner grundsätzlich günstigen Beurteilung ist.

Dass die Welt- und Menschheitsgeschichte durch die Verzögerung der Parusie noch eine Spanne Zeit andauert und vom Schlimmsten dank des Katechon einstweilen verschont bleibt, ist dankbar zu begrüßen, freilich nur als ein relatives Gut, dessen Güte von der Beziehung auf die Parusie Jesu Christi abhängig bleibt, welche der letzten und furchtbarsten Manifestation des Bösen ein definitives Ende bereiten wird. Es ist nicht schlecht, dass die Zeit des Menschen und der Welt post Christum natum andauert; aber es ist gut nur unter der Bedingung, dass sie nicht endlos währt und die Parusie Jesu Christi mit Gewissheit erwartet werden darf – sowohl am Ende der Welt als auch am eigenen Ende.

Nachwort: Theologische Zeitgenossenschaft

Lit.: U. Barth, Religion in der europäischen Aufklärung, in: ders. u. a. (Hg.), Aufgeklärte Religion und ihre Probleme. Schleiermacher – Troeltsch – Tillich, Berlin/Boston 2013, 91–112. – Enzyklopädie der Neuzeit. Gesamtausgabe in 16 Bänden. Hg. v. F. Jaeger, Stuttgart/Weimar 2005–2012 (= EdN). – D. Evers, Neuere Tendenzen in der deutschsprachigen evangelischen Dogmatik, in: ThLZ 140 (2015), Sp. 3–22. – M. Gabriel, Schellings Antwort auf die Grundfrage der Metaphysik in der Urfassung der Philosophie der Offenbarung, *in: D. Schubbe u. a. [Hg.], Warum ist überhaupt etwas und nicht vielmehr nichts? Wandel und Variationen einer Frage, Hamburg 2013, 159–181. – V. Gerhardt, Öffentlichkeit. Die politische Form des Bewusstseins, München 2012. – F. W. Graf/K. G. Kracht (Hg.), Religion und Gesellschaft. Europa im 20. Jahrhundert, Köln/Weimar/Wien 2007. – J. Habermas, Strukturwandel der Öffentlichkeit. Untersuchungen zu einer Kategorie der bürgerlichen Gesellschaft, Neuwied/Berlin (1962) ²1968. – Ders., Theorie des kommunikativen Handelns. Bd. 1: Handlungsrationalität und gesellschaftliche Rationalisierung: Bd. 2: Zur Kritik der funktionalistischen Vernunft, Frankfurt a. M. 1981. – Ders., Nachmetaphysisches Denken. Philosophische Aufsätze, Frankfurt/M. 1988 (= ND I). – Ders., Nachmetaphysisches Denken II. Aufsätze und Repliken, Frankfurt/M. 2012 (= ND II). – Ders., Zwischen Naturalismus und Religion. Philosophische Aufsätze, Frankfurt/M. 2005 (= NR). – E. Hellmuth/Chr. v. Ehrenstein, Intellectual History Made in Britain: Die Cambridge School und ihre Kritiker, in: Geschichte und Gesellschaft. Zeitschrift für Historische Sozialwissenschaft 27 (2001), 149–172. – E. Herms, Enzyklopädie der Neuzeit. Bestandsaufnahme des Fachs „Neuere Geschichte (Europas)" im deutschen Sprachraum, in: ThLZ 138 (2013), 124–144. – P. Janich (Hg.). Naturalismus und Menschenbild, Hamburg 2008. – H. G. Kippenberg, Art. Weber, Max (1864–1920), in: TRE 35, 442–447. – H. Joas, Modernisierung als kulturprotestantische Metaerzählung, in: Spurenlese. Kulturelle Wirkungen der Reformation. Hg. v. d. Reformationsgeschichtlichen Sozietät der Martin-Luther-Universität Halle-Wittenberg, Leipzig 2013, 485–496. – J. Kocka, Geschichte des Kapitalismus, München 2013. – N. Luhmann, Die Wirtschaft der Gesellschaft, Frankfurt a. M. 1988. – O. Marquard, Positive Entzweiung. Joachim Ritters Philosophie der bürgerlichen Welt, in: J. Ritter, Metaphysik und Politik. Studien zu Aristoteles und Hegel. Erweiterte Neuausgabe, Frankfurt a. M. 2003, 442–456. – Chr. Möllers, Ein Denken in leuchtendem Grau. Jürgen Habermas, der große deutsche Denker, wird 85, in: Süddeutsche Zeitung Nr. 138 (18./19.6.2014), 11. – St. Müller-Doohm, Jürgen Habermas. Eine Biographie, Berlin 2014. – H. Ottmann, Geschichte des politischen Denkens. Von den Anfängen bei den Griechen bis auf unsere Zeit. 4 Bde., Stuttgart/Weimar 2001–2012. – M. Riedel, Art. Gesellschaft, bürgerliche: in: HWP 3, 466–473. – M. Riesebrodt, Religion zwischen Aufgeklärtheit und Aufklärungsresistenz, in: U. Barth u. a. (Hg.), a. a. O., 3–25. – G. Thomas, Die Versuchung religiöser Nostalgie. Eine protestantische Lektüre von Charles Taylors „Ein säkulares Zeitalter", in: EvTh 73 (2013), 421–436. – E. Troeltsch, Briefe I (1884–1894). Hg. v. F. W. Graf, Berlin/Boston 2013 (KGA 18). – F. Wagner, Die Anfänge der modernen Geschichtswissenschaft im 17. Jahrhundert, München 1979. – M. Weber, Gesammelte Aufsätze zur Religionssoziologie I, Tübingen ⁹1988 (Photomechanischer Nachdruck der 1920 erschienenen Erstauflage). – P. Weß, Wie in säkularer Sprache von Gott reden? Ein Beitrag zu der von Jürgen Habermas verlangten Übersetzung, in: StdZ 138 (2013), 3–13. – G. Wenz, Verständigungsorientierte Subjektivität. Eine Erinnerung an den Kommunikationstheoretiker F. D. E. Schleiermacher, in: E. Arens (Hg.), Habermas und die Theologie. Beiträge zur theologischen Rezeption, Diskussion und Kritik der Theorie kommunikativen Handelns, Düsseldorf 1989, 224–240. – Th. Zwenger, Geschichtsphilosophie. Eine kritische Grundlage, Darmstadt 2008.*

Öffentliche Lehre

Der kürzeste Artikel des Augsburgischen Bekenntnisses, CA XIV, erklärt es zum spezifischen Kennzeichen des ordinationsgebundenen Amtes, nebst Sakramentsadministration zur öffentlichen Lehre, zum publice docere berufen zu sein. An dieser Berufung hat auf ihre Weise auch die universitäre Theologie Anteil, deren Öffentlichkeit zusammen mit der kirchlichen auch diejenige der akademischen Wissenschaft umfasst. Es wäre eine eigene Untersuchung wert, den Publizitätsbegriff der Reformation im Allgemeinen und denjenigen der Augustana im Besonderen terminologiegeschichtlich und seinem Sachgehalt nach näher zu bestimmen. Doch muss es mit dem Hinweis auf die Einschätzung eines namhaften Öffentlichkeitstheoretikers sein Bewenden haben: „Das Pathos öffentlicher Rede bei Luther und anderen Reformatoren ist Ausdruck eines Adressatenwechsels. Sie haben sich von der Hierarchie der Kirche unabhängig gemacht und werben nun um die Zustimmung der Gläubigen … Vor ihren Gemeinden können sie sich nicht auf die Autorität der auf Petrus gegründeten Amtsfolge berufen, sondern müssen auf die Überzeugungskraft des offenen Wortes, dem jederzeit nachprüfbaren Bezug auf das Testament sowie auf ihre persönliche Standfestigkeit setzen." (Gerhardt, 117)

Nach Volker Gerhardt setzt alles Denken und Sprechen „eine *gemeinsame Welt* voraus, auf die sich jedes Bewusstsein bezieht, wenn Denken und Sprechen überhaupt etwas bedeuten sollen" (Gerhardt, 14). Die Gemeinsamkeit und Allgemeinheit dieser vorausgesetzten Welt umfasst das individuelle Selbstbewusstsein und bestimmt alle Formen seiner äußeren und inneren Selbstwahrnehmung bis ins scheinbar rein Private hinein. Indes reproduzieren Individuen in ihrem Denken, Sprechen und Handeln nicht nur, was generell der Fall ist; sie bilden das Allgemeine, an dem sie partizipieren, zugleich fort und modifizieren es. Die gemeinsame Welt ist insofern keine feststehende, sondern eine flexible Größe. Ihr die Gestalt einer Öffentlichkeit zu geben, in der sich Individualität und Sozialität kommunikativ vermitteln, gehört zu den Idealen der modernen Zivilgesellschaft, zu deren Ausbildung die Reformation Gerhardt zufolge nicht Unerhebliches beigetragen hat.

Zivilgesellschaftliches Publikum

Den Umfang des reformatorischen Beitrags zur Genese der Neuzeit genauer zu bestimmen, wurde an früherer Stelle versucht (vgl. Bd. 3,14 ff.) und ist hier nicht Thema. Nicht dass die Absicht bestünde, die von Hans Joas erst unlängst als „kulturprotestantische Metaerzählung" (vgl. Joas) kritisierte Geschichtstheorie fortzuschreiben, wonach die Reformation die Neuzeit und den modernen Geist der Freiheit mehr oder minder direkt bewirkt habe! Ihr Beitrag zur Entstehung der Moderne war historisch geurteilt sicher eher indirekt und von vermittelter Art. Gleichwohl hat die Geschichte der Reformation und namentlich diejenige ihrer Theologie am „Strukturwandel der Öffentlichkeit" (vgl. Habermas) und an dem epochalen Umwandlungsprozess, der mit dem allgemeinen Bewusstwerden selbständiger, von fremder Autorität emanzipierter Subjektivität verbunden war, nicht nur äußerlichen, sondern inneren Anteil. Auch wenn reformatorische Theologie dem althergebrachten Typus repräsentativer Öffentlichkeit noch weit über das 16. Jahrhundert hinaus verbunden blieb, hat sie sich doch in Teilen schon zeitig als aufgeschlossen erwiesen für einen neuen Öffentlichkeitstyp, nämlich denjenigen der Gesellschaft freier und gleicher, unter einer souveränen Staatsgewalt vereinigter Bürger (vgl. Riedel, 471). Christengemeinde und Bürgergemeinde sind zu unterscheiden, nicht aber zu trennen, wie nachgerade die lutherische Lehre von den zwei Regierweisen Gottes betont. Auch Bürger als Repräsentanten der Zivilgesellschaft gehören mithin zum Publikum, an das akademisch betriebene evangelische Theologie in der Neuzeit immer auch, oft sogar vorzugsweise adressiert war.

Neuzeit und Moderne

Man hat inzwischen wiederholt und von ganz verschiedenen Seiten her das Ende der Neuzeit proklamiert. Ob es mit dieser Proklamation seine Richtigkeit hat, hängt wesentlich davon ab, was man unter Neuzeit versteht. Eine 2012 zum Abschluss gebrachte sechzehnbändige „Enzyklopädie der Neuzeit", die insgesamt 3340 Schlüssel-, Dach-, Kompositions- und Einzelartikel u.a. zum Themenbereich „Kirche und religiöse Kultur" (vgl. EdN 15, 1025 ff.) enthält, lässt den Zeitraum, den sie thematisiert Mitte des 19. Jahrhunderts, im Jahr 1850 enden und vier Jahrhunderte zuvor seinen Anfang nehmen. Die Entscheidung, „die Neuzeit mit den Transformationsprozessen seit der Mitte des 15. Jh.s beginnen zu lassen" (EdN 1,IX), hat sich dem Vorwort des Herausgebers zufolge im Kreis der beteiligten Fachwissenschaftler „rasch als konsensfähig" (ebd.) erwiesen. Offenbar bestand Einvernehmen, dass sich seit den 1450er Jahren „,mit dem Zusammentreffen mehrerer einschneidender Ereignisse die Signatur Europas langfristig und tiefgreifend zu ändern begann" (EdN 9, 162 f.), wie das Forschungs- und Epochenkonzept der Frühen Neuzeit voraussetzt. Es nimmt an, „dass sich bereits in dieser Periode die epochalen Trends abzeichneten, die die Nz. insgesamt ausmachen und seit dem 18. Jh. dominant wurden: Dafür stehen die polit. Staatsbildung, die Anfänge der wissenschaftlichen Revolution und der Massen-Medien, die Genese der Weltwirtschaft auf dem Boden sich internationalisierender und globalisierender Handelsbeziehungen, die relig. Pluralisierung in der Folge der Reformation sowie schließlich die Prozesse der kulturellen Individualisierung und der Relativierung der Ständegesellschaft." (EdN 9, 163) Näheres hierzu ist in dem einschlägigen, vom Herausgeber selbst verfassten Enzyklopädieartikel „Neuzeit" ausgeführt (vgl. EdN 9, 158–181).

Schwieriger als die Festlegung des Beginns der Epoche erwies sich diejenige ihres Endes. „Mit Blick auf die politische Ereignisgeschichte hätten gute Gründe dafür gesprochen, diese Zäsur ‚um 1800' zu setzen, die Enzyklopadie also entweder mit der Französischen Revolution, dem Abschluss der Amerikanischen Verfassung oder auch dem Zusammenbruch des Heiligen Römischen Reiches Deutscher Nation enden zu lassen." (EdN 1, IX) Man entschied sich dann aber doch, „die Neuzeit jenseits der Trennung zwischen Früher Neuzeit und bürgerlichem Zeitalter in ihrem Zusammenhang zu betrachten und bis zu dem Zeitpunkt zu verfolgen, den man als den Beginn der *Moderne* bezeichnen kann" (ebd.). Dieser Zeitpunkt wurde auf die Jahre um 1850 festgelegt. Mit der Wende von der ersten zur zweiten Hälfte des 19. Jahrhunderts geht nach Maßgabe dieses Epochenverständnisses die Neuzeit gleitend (vgl. EdN 8, 653) in die Moderne über, wie sie sich in den vier Jahrzehnten zuvor herausgebildet hat. Als charakteristische Merkmale der das Ende der Neuzeit markierenden Moderne werden an erster Stelle angeführt: „der Durchbruch der Industriellen Revolution und des modernen Kapitalismus auch jenseits des englischen Raums im Anschluss an eine längere Vorbereitungsphase der Frühindustrialisierung" (EdN 1,X) sowie „die Intensivierung und allgemeine Verbreitung von Marktbeziehungen mit gravierenden Veränderungen für die Lebensführung breiter sozialer Schichten" (ebd.).

Hauptindiz für den Übergang von der Neuzeit zur Moderne ist dieser Charakteristik zufolge die in der zweiten Hälfte des 19. Jh.s bestimmend werdende Macht des Kapitalwirtschaftssystems, als dessen zentrales Kommunikationsmedium das Tauschmittel Geld fungiert (vgl. Luhmann, 230 ff.). Die Neuzeit endet und die Moderne beginnt „in dem Moment, in welchem die in der Epoche der Vorherrschaft des Systems politische Herrschaft zu wachsender Effizienz und Dynamik erstarkte Ordnung des kapitalistischen Wirtschaftens ihre nun errungene Dominanz in der Gesamtordnung der Interdependenz der Funktionsordnungen offen manifestiert" (Herms, 142). Dieser von der Neuzeit zur Moderne führende und sie in epochaler Weise prägende Entwicklungstrend hält, wie immer man über das Verhältnis von Moderne und Postmoderne urteilen mag, unter gegenwärtigen Bedingungen nicht nur an, sondern hat durch die aktuelle Globalisierung eine äußerste Zusteigerung erfahren. In der jüngsten Phase der von den Belangen des Funktionssystems Wirtschaft beherrschten Epoche ist „die Herrschaft des Geldes offenbare Realität geworden" (ebd.) und zwar nicht nur in Europa, sondern weltweit.

Abschlussvorlesung

„Die Welt als globale Marktwirtschaft" (Bd. 7,14): Auf Implikationen und Konsequenzen dieses Sachverhalts, aber auch auf Faktoren, die ihn beschränken und gegen seine Totalisierung stehen, wurde im Vorwort zur Schlusssequenz dieser Reihe, am Anfang des Schöpfungsbandes verwiesen. Auf die dortigen Überlegungen ist am Ende des Eschatologiebandes zurückzukommen, der die Gesamtreihe beschließt. Seinen materialdogmatischen Ertrag habe ich konstruktiv zusammenzufassen versucht in meiner Abschiedsvorlesung zum Thema „Von den Letzten Dingen. Eschatologische Perspektiven", die ich am 21. Januar 2015 in der Aula der Ludwig-Maximilians-Universität München gehalten habe; der Text wird in Heft 4 des (61.) Jahrgangs 2015 der Zeitschrift „Kerygma und Dogma" zusammen mit meiner Bibliographie und einigen kommentierenden Beiträgen zur Reihe „Studium Systematische Theologie" zum Abschluss meiner Schriftleitertätigkeit erscheinen.

Als zusätzliches Schlusswort zur Reihe sei neben meinem herzlichen Dank an Frau Barbara Rappenglück und Frau Manuela Thormann für die zu den Bänden 9 und 10 geleistete Korrekturarbeit nur noch angeführt, was der amtierende Dekan der Münchener Evangelisch-Theologischen Fakultät anlässlich meiner Abschiedsvorlesung zu dem zu Ende gebrachten Opus vermerkt hat: Es „dient weniger dazu, ein eigenes Lehrgebäude zu errichten, als vielmehr ... über den Stoff und die Fragestellungen der Dogmatik zu orientieren, und dies als Hilfe zur Urteilsbildung für sich selbst und andere." Ich teile diese Charakteristik und füge lediglich an, dass ich die in der deutschsprachigen evangelischen Dogmatik vielfach zu beobachtende „Flucht aus den materialdogmatischen Loci" (Evers, 4 unter Verweis auf eine Formulierung N. Slenczkas) für abwegig halte; dogmatische Theologie hat sich an Inhalten abzuarbeiten, wenn sie ihre prinzipientheologische Funktion erfüllen soll. Was hinwiederum den aktuellen Geist der Zeit anbelangt, in welcher die Dogmatik ihrer Aufgabe zu erfüllen hat, so soll es bei einigen Schlussbemerkungen zu Max Webers berühmter These eines Zusammenhangs von Kapitalismus und Protestantismus sowie zu jenem Webererben sein Bewenden haben, der die intellektuelle Szene hierzulande so intensiv geprägt hat wie kaum ein anderer: Jürgen Habermas.

Religion unter postsäkularen Bedingungen

Die intellektuelle Stellung, die Habermas im Geistesleben Nachkriegsdeutschlands erlangt hat, ist einzigartig, war aber nie konkurrenzlos. Man denke beispielsweise an die namhaften Repräsentanten der Schule von Joachim Ritter, deren programmatische „Philosophie der bürgerlichen Welt" für die Geschichte „der beginnenden und entwickelten Bundesrepublik Deutschland" (Marquard, 442, 453) höchst einflussreich wurde. Mit ihrem, so Odo Marquard, „philosophische(n) Mut zur Bürgerlichkeit" (Marquard, 456) bzw. ihrer „Verweigerung d(er) Bürgerlichkeitsverweigerung" (ebd.) bildete die Ritterschule ein nicht unbedeutsames intellektuelles Gegengewicht gegen die Ideen bzw. Ideologien der sog. 68er Generation. Mittlerweile haben sich die einst verhärteten Fronten weithin aufgelöst, und zwischen den einstigen Opponenten ist Entspannung eingetreten. Dies zeigt sich u. a. auch an ihrer jeweiligen Art und Weise, die zivile Funktion von Religion einzuschätzen und zu bewerten. Gegenüber aufklärungsresistenten Religionsgemeinschaften hält man gemeinsam die Ideale der Aufklärung hoch. „Dazu gehören insbesondere Rechtsstaatlichkeit, Verhältnismäßigkeit der Mittel sowie ein gewisser Grad von Gelassenheit, der einer Überdramatisierung vorbeugt." (Riesebrodt, 25) Aufgeschlossen, ja tendenziell affirmativ begegnet man in der Regel aufgeklärter Religion und ihren Theoriegestalten, wenn sie einer konstruktiven und kritischen Doppelaufgabe genügen, nämlich „zum einen die Verfasstheit und Vollzugsgestalt des religiösen Bewusstseins zu beschreiben, zum andern die Reichweite und Grenze seines Geltungsanspruchs zu bestimmen" (Barth, 112).

Phantasie und Wissen

Dem vom traditionellen Säkularisierungsparadigma abweichenden Trend einer neuen Würdigung religiöser Potentiale für das zivilgesellschaftliche Leben korrespondiert eine Entwicklung, die man als Renaissance der Ideengeschichte im Kontext der historischen Sozialwissenschaft beschreiben kann. Ernst Troeltsch, ein bezüglich aufgeklärter Religion und ihrer Probleme höchst sensibler Theologe und Sozialwissenschaftler, schrieb unmittelbar nach bestandener theologischer Aufnahmeprüfung beim Königlich Protestantischen Konsistorium im mittelfränkischen Ansbach September 1888 an seinen Freund Wilhelm Bousset, Mitbegründer der sog. religionsgeschichtlichen Schule. „Die Wissenschaft lebt eben nur von immer neu gewendeten, immer neu versuchten Compromissen zwischen Fantasie u Wissen." (Troeltsch, 248) Der Autor der zitierten Zeile wurde im Laufe seines akademischen Lebens ein entschiedener Verfechter der modernen Geschichtswissenschaft, deren Anfänge ins 17. Jahrhundert zurückreichen, in dessen Verlauf „das sanktionierte Ordnungsschema von den vier Weltmonarchien bis zur Wiederkunft Christi weitgehend verloren gegangen" (Wagner, 6) und die Versuche, „eine Universalgeschichte als christliche Heilsgeschichte zu schreiben" (ebd.), allmählich zum Erliegen kam.

Troeltsch teilte den kritischen Ansatz moderner Historiographie; er hatte aber auch ein bleibendes Bewusstsein davon, dass bloße Tatsachen allein keine Geschichte machen, so unverzichtbar sie für sie sind. Geschichte ergibt sich erst, wenn historisch-kritisch erhobene Fakten konstruktiv zu einem sinnvollen Ganzen gefügt werden, was ohne Phantasie und produktive Einbildungskraft nicht möglich ist. Das Ganze ist „die eigentliche Form der Geschichte" (Zwenger, 209): „Jede Geschichte muss als solche diese Form haben. Sie kann nur als Sinneinheit verstanden werden. So wie jeder Historische Begriff die Einheitsvorstellung einer Geschichte markiert, so kann jede Geschichte, die solche Begriffe enthält, wiederum nur in ihrer Sinngestalt als Ganzes begriffen werden. Und sie kann nur deshalb als Sinneinheit verstanden werden, weil sie unter der Idee der Ganzheit oder Totalität gedacht werden muss." (Ebd.) Ohne Ideen – und seien sie phantastisch zu nennen – kommt keine Historiographie von Format aus. Weil dem so ist, liegt es in der Konsequenz historiographischer Reflexivität, sie selbst zum Gegenstand der Geschichtsschreibung zu erheben, auch und gerade wenn diese sozialwissenschaftlich betrieben wird.

Renaissance der Ideengeschichte

Die als historische Sozialwissenschaft konzipierte Geschichtsschreibung, die in Deutschland seit den 60er Jahren des vergangenen Jahrhunderts herrschend wurde, konzentrierte ihre Forschungen vorrangig auf Strukturanalysen von Gesellschaft, Wirtschaft und Politik, wohingegen kulturelle Traditionen und religiöse Sinnbestimmungen eher vernachlässigt wurden. In der angloamerikanischen Historiographie war dagegen die Ideengeschichte, die in Deutschland, wenn überhaupt, wesentlich als Begriffsgeschichte gepflegt wurde, in den letzten Jahrzehnten durchweg Gegenstand intensiver Studien. Dies belegen u. a. die zahlreichen Arbeiten, die aus der von Quentin Skinner und John G.A. Pocock geprägten Cambridge School hervorgegangen sind (vgl. Hellmuth/ v. Ehrenstein, bes. 153ff.). Skinner, dessen 1969 in „History and Theory" erschienener Aufsatz „Meaning and Understanding in History of Ideas" als Programm der Schule gelesen werden kann, hat gegenüber der Annahme, politische und sonstige soziale Ideen seien lediglich Epiphänomene sozialer Interessen und interessengeleiteten Handelns, die wirklichkeitsbestimmende Bedeutung von Gedankengebilden und religiösen Sinnkonstruktionen geltend gemacht und diese Einsicht an klassischen Texten der politischen Wissenschaft expliziert. Für andere Wissenschaftsdisziplinen ließe sich Vergleichbares geltend machen. Auch in Deutschland gibt es mittlerweile Bestrebungen, den ideengeschichtlichen Forschungsansatz der Cambridge School ungeachtet einiger kritischer Vorbehalte fruchtbar zu machen. Zu verweisen ist beispielsweise auf den von F.W. Graf und K. G. Kracht herausgegebenen Sammelband über Religion und Gesellschaft im Europa des 20. Jahrhunderts (vgl. Graf/Kracht [Hg.]).

Ideen sind nicht unabhängig vom individuellen und soziokulturellen Kontext, in dem sie ausgebildet werden. Doch wirken sie ihrerseits auf die Welt der Realien ein, um sie kritisch und konstruktiv zu gestalten. Man muss kein Theologe oder Philosoph sein, um sich von der Richtigkeit dieser Annahme zu überzeugen. Es war ein Nationalökonom, Max Weber, der sie in beispielgebender Weise begründete und historische Nachweise nachhaltiger Einflüsse der Ideengeschichte auf die Verfassung von Staatlichkeit, Recht oder Ökonomie erbrachte. Er zeigte überzeugend, dass die „Macht der Religionsgeschichte in der Moderne" (Kippenberg, 442; bei K. kursiv) nicht unterschätzt werden darf. Exemplarisch hierfür ist seine 1904/05 im Jaffeschen „Archiv für Sozialwissenschaft und Sozialpolitik" erstveröffentlichte Studie über „Die protestantische Ethik und der Geist des Kapitalismus". In ihr hat Weber die Genese kapitalistischen Wirtschaftens in enge Verbindung gebracht mit der Rolle des Calvinismus und einzelner protestantischer Religionsparteien der Christentumsgeschichte. Zwar sei es töricht, das Wirtschaftssystem des Kapitalismus als ein Erzeugnis der Reformation bzw. einer ihrer Traditionsstränge zu behaupten. Wohl aber seien religiös-theologische Einflüsse für Prägung und Expansion des kapitalistischen Geistes entscheidend gewesen. Die innerweltliche Askese, wie sie namentlich aus dem calvinistischen Prädestinationsglauben folge, habe ursächlich auf die für den Kapitalismus charakteristische Wirtschaftsgesinnung eingewirkt (vgl. Kocka, 12ff.).

Webers Protestantismusthese

Der hohe Bekanntheitsgrad der Weber'schen „Protestantismusthese" lässt gelegentlich übersehen, dass sie nur einen Teilaspekt sehr viel umfassender angelegter Analysen darstellt. Webers Untersuchungen zur Wirtschaftsethik der Weltreligionen, denen der Aufsatz über „Die protestantische Ethik und der Geist des Kapitalismus" zusammen mit einer Skizze über „Die protestantischen Sekten und der Geist des Kapitalismus" in seinen gesammelten Aufsätzen zur Religionssoziologie vorangestellt ist, vertiefen den Aufweis eines elementaren Zusammenhangs von Religion und Wirtschaftsgesinnung erheblich und weiten den religionssoziologischen Ansatz universalhistorisch aus. Die kapitalistische Wirtschaftsform ist nur ein, wenngleich wichtiges Element des okzidentalen Rationalismus, der neben der Ökonomie eine Vielzahl anderer moderner Lebensbereiche wie Rechtsordnung, Administration und Bürokratie, Politik, Erziehungswesen und Kunst sowie nicht zuletzt das Wissenschaftssystem geprägt hat. „Nur im Okzident", schreibt Weber 1919 in einer Vorbemerkung zum ersten Band seiner religionssoziologischen Aufsätze, „gibt es ‚Wissenschaft' in dem Entwicklungsstadium, welches wir heute als ‚gültig' anerkennen." (Weber, 1)

Wie ist die Entstehung der modernen okzidentalen Rationalitätskultur und der Prozess fortschreitender „Entzauberung" der Welt in seiner geschichtlichen Eigenart zu erklären? Ist er von der Religionsgeschichte gehemmt oder gar vorangetrieben worden? „Welche Verkettung von Umständen hat dazu geführt, daß gerade auf dem Boden des Okzidents, und nur hier, Kulturerscheinungen auftraten, welche doch – wie wenigstens wir uns gern vorstellen – in einer Entwicklungsrichtung von *universeller* Bedeutung und Gültigkeit lagen?" (Ebd.) Auf die Beantwortung dieser Frage und nicht allein auf ökonomiespezifische Probleme sind die umfänglichen Texte über die „Wirtschaftsethik der Weltreligionen" angelegt. Webers Plan sah vor, nach einem Durchgang durch die fernöstlichen Religionen des Konfuzianismus und des Taoismus sowie des Hinduismus und des Buddhismus, dessen Ergebnisse ausgearbeitet vorliegen, die Wirkungsgeschichte der jüdisch-christlichen Tradition im Abendland bis hin zur Reformation und zur Ausbildung jenes protestantischen Geistes detailliert zu analysieren, dessen religiöser Denkungsart er in Theorie und Praxis von Anfang an eine Schlüsselstellung für die Genese der ökonomischen und soziokulturellen Eigenart des Okzidents zuerkannt hatte. Als Nebenzweige des religionsgeschichtlichen Stammbaumes des okzidentalen Rationalismus sollten das talmudische Judentum, der Islam und das östlich-orientialische Christentum Berücksichtigung finden.

Wie man weiß, blieb das ehrgeizige Projekt Fragment: Webers historische Studien zur Wirtschaftsethik der Weltreligionen enden mit der um einen Nachtrag zum Pharisäismus angereicherten Darstellung des antiken Judentums, die bis zum Beginn der Makkabäerzeit reicht. Trotz des fragmentarischen Charakters ihrer Durchführung sind die zentralen Grundannahmen der intendierten Rekonstruktion der religionssoziologischen Entstehungsbedingungen der Rationalitätskultur der Moderne unschwer zu erkennen. Dass sich der modernitätsspezifische Rationalismus nicht in den fernöstlichen Kulturen, sondern im Abendland ausgebildet hat, ist Webers Urteil zufolge kein historischer Zufall, sondern wesentlich durch die jüdisch-christliche Religionsgeschichte bedingt, deren für die Genese der Moderne wichtigstes Produkt nach Webers Urteil der Protestantismus ist. Bleibt insoweit der Skopus der Untersuchungen zur Wirtschaftsethik der Weltreligionen durch die sozial- und ökonomiegeschichtlichen Protestantismusstudien bestimmt, so dürfen dennoch die universalgeschichtlichen Horizonte, in welchen sie zu stehen kommen, und die Tatsache nicht verkannt werden, dass der Ökonomieaspekt nur einen Gesichtspunkt in einer umfassenderen Perspektive darstellt, die auf die Rekonstruktion der Genese des okzidentalen Rationalismus ausgerichtet ist.

Entstehungsbedingungen moderner Rationalitätskultur

Schon im antiken Judentum zeichnen sich nach Weber die für die okzidentale Moderne charakteristischen Rationalisierungstendenzen ab. Allerdings ist dieser Befund ambivalent, sofern mit einer Dialektik von Rationalisierung und sektiererischer Absonderung zu rechnen ist, die auch für die christliche Rezeption der religiösen Traditionen des antiken Judentums bis auf weiteres virulent bleiben sollte. Was die alttestamentliche Überlieferung betrifft, so enthält sie nach Weber einerseits jene prophetischen Impulse, ohne welche die magiekritische Entzauberung der Welt nicht denkbar ist. Andererseits konnte die im Alten Testament kanonisch beurkundete Tradition einen religiösen „Pariastatus" zur Folge haben, wie er nach Webers Urteil nicht nur das nachbiblisch-talmudische Judentum, sondern in modifizierter Weise auch das orientalische Christentum und den Islam kennzeichnet.

Dieser Doppelaspekt der Betrachtung hält sich bis in Webers Protestantismusanalysen durch, um sie konzeptionell mit den Untersuchungen zum antiken Judentum zu verbinden. Durch seinen Prophetismus hat dieses die religiöse Macht der Magie durchbrochen, die Entzauberung der Welt heraufgeführt und damit die Grundlagen einer Rationalisierung der Lebensführung in Gestalt moderner Wissenschaft, Technik und kapitalistischer Ökonomisierung geschaffen. Zugleich konnte das antike Judentum nach Weber sektiererische Konsequenzen zeitigen und Absonderungstendenzen zur Folge haben, die vordergründig inkompatibel seien mit einem nach Universalisierung strebenden Rationalismus, die aber gleichwohl, wie noch die innerweltliche Askese protestantischer Sektierer zeige, hintergründig seine Genese und seinen Anspruch auf Allgemeingeltung bestimmten. Wie man sich den Zusammenhang von rationaler Universalisierung und Geist der Besonderheit genau zu denken hat, dürfte eine der interessantesten Fragen aktueller Weberinterpretation sein, deren stringente Beantwortung indes nicht unerheblich durch die konstatierte Tatsache erschwert wird, dass das Weber'sche Programm universalhistorischer Religionssoziologie auch nicht annähernd vollständig durchgeführt wurde.

Trotz ihres fragmentarischen Charakters lassen sich aus Webers religionssoziologischen Studien zu den Entstehungsbedingungen moderner Rationalitätskultur Einsichten von bleibender Bedeutung gewinnen. Zu den wichtigsten gehört, dass der okzidentale Rationalismus seinen universalen Anspruch vernünftigerweise offenbar nur so geltend machen kann, dass er zugleich auf Besonderheit und spezifische Eigenart der geschichtlichen Bedingungen seines Zustandekommens reflektiert, die mit seinem religiösen Erbe elementar zusammenhängen. Das Verhältnis von Genese und Geltung muss als ein differenzierter Zusammenhang bedacht werden, um zu verhindern, dass Rationalitätsansprüche in vermittlungsloser Unmittelbarkeit und damit auf tendenziell totalitäre Weise erhoben werden.

Selbsttotalisierung muss Rationalität zwangsläufig in einen Widerspruch zu ihrer ureigenen Bestimmung bringen. Wie die kapitalistische Wirtschaft bedarf auch der Rationalismus okzidentaler Wissenschaft einer durch Reflexion auf seine Entstehungsgründe bedingten Limitierung, die im wissenschaftlichen Fall nicht durch externe Maßnahmen, sondern nur in Form inneren Selbstbescheidung durch vernünftige Integration des Bewusstseins unaufhebbarer Geschichtsbindung und der mit ihr verbundenen Perspektivität erfolgen kann. Rationale Wissenschaft hat sich in der Kunst des Unterscheidens zwischen Unbedingtem und Bedingtem, Absolutem und Relativem, Gott und Welt zu üben, wozu ihr insbesondere die religiösen Überlieferungen bleibenden Anlass geben. Wissenschaft bildet und bietet, sofern sie ihrem Begriff entspricht, keinen Religionsersatz, sondern wird sich gerade um ihrer Wissenschaftlichkeit willen von religionsanalogen Weltanschauungen abheben und von Religion unterscheiden statt sie substituieren zu wollen. Auch durch andere gesellschaftliche Teilsysteme kann Religion nicht ersetzt werden und zwar nicht trotz, sondern um des Erhalts und der Fortführung gesellschaftlicher Rationalisierung willen.

Wissenschaftsaffinität hellenistisch geprägten Christentums

Das Erbe der Religion ist aus Rationalitätsgründen gesellschaftlich anzuerkennen und unter der Bedingung zu pflegen, dass sich die religiöse Tradition nicht fundamentalistisch fixiert, sondern aufgeschlossen erweist für argumentative Diskurse, wie dies im Christentum zumindest in Teilen seiner Geschichte der Fall war. Nach Weber ist die christliche im Vergleich zu anderen Religionen verhältnismäßig wissenschaftsaffin. Abgesehen von Ansätzen im Islam und einigen indischen Gruppierungen eigne eine voll entwickelte rational orientierte Theologie allein dem hellenistisch geprägten Christentum. Der griechisch-hellenistische Geist habe eine konsequente Öffnung der christlichen Religion für philosophische Vernunftkonzepte hervorgebracht, wie sie für die Theologie zumindest des christlichen Westens und nachgerade des modernen Protestantismus kennzeichnend sei. Nun gehört es Weber zufolge zur Tendenz rational betriebener Wissenschaft, sich fortschreitend zu spezialisieren, ohne den Sinn des Ganzen thematisch werden zu lassen. Die wissenschaftliche Theologie der Moderne macht diesbezüglich keine Ausnahme. Dieser Sachverhalt bestätigt aber im Grunde nur die Einsicht, dass Religion wie durch Wissenschaft im Allgemeinen so auch durch wissenschaftliche Theologie nicht zu substituieren ist. Theologie ist für Religion unverzichtbar und gehört namentlich zur christlichen unveräußerlich hinzu; aber sie verfehlt sich selbst, wenn sie Religion zu ersetzen trachtet.

Die Annahme, dass das religiöse Erbe durch Wissenschaft nicht zu substituieren, sondern aus Rationalitätsmotiven heraus in seiner Unersetzbarkeit anzuerkennen sei, hat gute Gründe für sich. Dies bestätigt auf seine Weise auch Jürgen Habermas, der im Rahmen seiner „Theorie des kommunikativen Handelns" Webers Konzeption, mit der er sich intensiv auseinandersetzt (vgl. Habermas, Theorie I, 205 ff.; 461 ff.; II, 449 ff. u. a.), nicht zuletzt dadurch konstruktiv und kritisch fortzubilden sucht, dass er die Analyse gesellschaftlicher Rationalisierung nicht mehr durch die nach seinem Urteil einseitige und beschränkte Idee der Zweckrationalität leiten lässt, sondern das sozialwissenschaftliche Paradigma einer funktionalistischen, sich in Zwecktätigkeit erfüllenden Vernunft kommunikationstheoretisch weiterzuentwickeln sucht, wobei er der rationalen Struktur der Versprachlichung des Sakralen besondere Aufmerksamkeit schenkt (vgl. Habermas, Theorie II, 118 ff.). Kaum ein Intellektueller hat die geistige Szene hierzulande in den letzten Jahrzehnten so nachhaltig geprägt wie Habermas; er darf als „einflussreichste(r) deutscher Philosoph und Soziologe“ (Ottmann IV, 2, 126) der Zeit gelten. „Sein Name zählt zu jenen, die mit am häufigsten im *Social Sciences Citation Index* aufgeführt werden, die zu seinem Werk erschienene Sekundärliteratur ist enorm umfangreich – ein Berg, der ständig weiterwächst.“ (Müller-Doohm, 557) Schien das Thema der Religion in der modernen Gesellschaft zunächst dem Habermas'schen Denken „eher fern zu stehen“ (Ottmann IV, 2,123) und sein Verhältnis zu ihm nicht nur durch persönliche Zurückhaltung, sondern auch durch sachliche Reserven geprägt zu sein, so hat sich dieser Eindruck inzwischen gewandelt. Zwar nimmt Habermas an der Religionsthematik nach wie vor nicht aus genuin theologischen, sondern aus soziologischen Motiven Interesse, und die Perspektive, in der er von ihr handelt, ist von gesellschaftswissenschaftlicher Art. Aber gerade unter diesem Gesichtspunkt gilt ihm das religiöse Erbe als unentbehrlich.

Habermas und die Theologie

Aus Anlass des 85. Geburtstags von Habermas am 18. Juni 2014 ist nicht ohne Spott vermerkt worden, dass seit seiner Hinwendung zu Fragen des Glaubens und Wissens „der Hinweis auf ihn in der deutschen theologischen Literatur nicht zuletzt im akademischen Antragswesen irritierend häufig auf(taucht). Der Philosoph der Vernunft hat der Wissenschaft des Glaubens ein kleines Stück der verlorenen Selbstsicherheit wiedergegeben. Dies ist umso bemerkenswerter, weil Habermas der Religion in der Sache außer ein wenig Neugier und Respekt gar nichts geschenkt hat, ja vor religiösen Argumenten im öffentlichen Diskurs ausdrücklich warnt: Religion muss zu Kultur geronnen oder zu Vernunft (also: Philosophie) veredelt sein, bevor sie auf den Marktplatz der öffentlichen Debatte treten darf. Schon eine solche Platzzuweisung des Meisters genügt, damit sich die älteste Fakultät der europäischen Universität geschmeichelt fühlt.“ (Möllers, 11) Dies mag als peinlich empfunden werden, ist es aber nur dann, wenn die Theologie sich unkritisch zur Habermas'schen Rollenzuweisung für die Religion verhält. Im Übrigen ist das Interesse des Theoretikers kommunikativen Handelns an Fragen der Religionsphilosophie und -soziologie „kein klassisches Alterswerkmerkmal“ (Müller-Doohm, 510), sondern relativ früh gegeben; auch fällt es nicht allzu schwer, religiös-theologische Motive zu entdecken, die für das Gesamtwerk basal sind (vgl. Wenz, bes. 228 ff.).

Zu einem Ausschluss von Religion aus dem öffentlichen Gesellschaftsdiskurs kann und darf es nach Habermas' Urteil nicht kommen. Vielmehr seien die Traditionen der heutigen Religionen für den Bestand und für die Fortbildung freiheitlich-demokratischer Gemeinwesen fruchtbar zu machen, was freilich voraussetze, dass die religiösen Überlieferungsbestände nicht in autoritär-fundamentalistischer, sondern in kommunikativ-verständigungsorientierter Weise in den Diskurs eingebracht würden. Lässt sich unter diesen Bedingungen die theoretische und praktische Nichtsubstituierbarkeit des Religiösen einschließlich der Eigenart seiner Sprache bewahren? „Oder verschwindet in der ‚kommunikativen Verflüssigung' nicht gerade das, was die Unantastbarkeit des Sakralen ausmacht?" (Ottmann IV,2,125) Erwartet Habermas von der Religion einen Akt der Selbstsäkularisierung, oder anerkennt er unbeschadet der für sie gegebenen Notwendigkeit, sich verständlich zu machen, die durch keine andere soziale Diskursform ersetzbare Eigentümlichkeit religiöser Kommunikation? Fragen dieser Art geben Anlass zu kritischer Prüfung, die aber nur dann konstruktiv zu erfolgen vermag, wenn sich das religiöse Bewusstsein den Anspruch, ihre Gehalte unter den gegebenen gesellschaftlichen Bedingungen verständlich zu kommunizieren, nicht nur gefallen lässt, sondern entschieden zu eigen macht, statt ihn aus vordergründigen Selbsterhaltungsinteressen abzuwehren und ideosynkratisch von sich zu weisen.

Die aktuelle Sozialphilosophie von Habermas lässt sich in Kombination zweier Titel seiner Aufsatzsammlungen als nachmetaphysisches Denken zwischen Naturalismus und Religion kennzeichnen; geschichtlicher Ort dieses Philosophierens ist nicht länger das säkulare, sondern das sog. postsäkulare Zeitalter. Eine Rückkehr zur Metaphysik durch unmittelbaren Anschluss an ihre klassischen Quellen oder unter Vermittlung etwa der spekulativen Vernunftkonzepte des Deutschen Idealismus und namentlich Hegels hält Habermas für unmöglich bzw. für einen Versuch restaurativer Reaktion, die gegen den Geist der Zeit vergeblich anzukämpfen sucht. Dies hat er für diejenigen, welche je daran zweifelten, in drei Beiträgen und einer Sammelrezension in dem 1988 erschienenen Sammelband „Nachmetaphysisches Denken" eindeutig klargestellt. Er verteidigt darin gegen Erneuerungsversuche metaphysischer Denkformen einen, wie es im Vorwort heißt, „skeptischen, aber nichtdefaitistischen Vernunftbegriff" (Habermas, ND I,7).

Besonderes Interesse verdient die Auseinandersetzung einerseits mit Robert Spaemann, andererseits mit Dieter Henrich (vgl. Müller-Doohm, 488 ff.). Die philosophischen Unternehmungen von ersterem werden als Versuche eines „*direkten* Rückweg(s) zur Metaphysik" (Habermas, ND I, 271) gewertet. Seinen Zentraleinwand umschreibt Habermas mit den Worten, er vermöge noch nicht zu sehen, wie Spaemann „die Barrikade nehmen könnte, mit der uns Kant den Weg zu jeder Art von objektiver Teleologie versperrt hat" (ebd.). Intensiver gestaltet sich die Auseinandersetzung mit Dieter Henrich als dem „Anwalt einer Metaphysik, die nach Kant Bestand haben kann" (Habermas, ND I,18). Doch insistiert er auch gegenüber Henrichs Bestreben, über eine Theorie des Selbstbewusstseins, also, wie gesagt wird, von der modernen Bewusstseinsstellung aus und in ihr „die Universalität platonischen Denkens zurückzubringen" (Habermas, ND I, 271), darauf, dass „es nach Kant Metaphysik im Sinne ‚abschließender' und ‚integrierender' Gedanken" (Habermas, ND I, 26) nicht mehr geben könne. Henrichs Denken wird daher eher der Religion als einer Philosophie zugewiesen, die Religionsersatz weder sein könne, noch sein wolle (vgl. Habermas, ND I, 60).

Nachmetaphysisches Denken I und II

War das erkenntnisleitende Interesse nachmetaphysischen Denkens vor gut zwanzig Jahren im Sinne von Habermas vor allem durch die Abwehr tatsächlich oder vermeintlich neokonservativer Metaphysikrestaurationstendenzen bestimmt, so habe – wie man in dem Sammelband „Nachmetaphysisches Denken II" liest – die politisch-soziokulturelle Entwicklung inzwischen „einem ganz anderen Thema Aktualität verliehen: Die weitgehend säkularisierten Gesellschaften Europas begegnen im Zuge der Globalisierung der Wirtschaft und der digitalen Kommunikation sowohl im eigenen Hause wie weltweit religiösen Bewegungen und Fundamentalismen von unverminderter Vitalität" (Habermas, ND II,9). Nach Habermas hat dieser Umstand „nicht nur der sozialwissenschaftlichen Diskussion über den Zusammenhang von Säkularisierung und gesellschaftlicher Modernisierung eine andere Richtung gegeben, sondern auch die Philosophie herausgefordert, und zwar in doppelter Hinsicht. Als normative politische Theorie muss sie zunächst jedes Verständnis von säkularisierter Staatsgewalt und religiösem Pluralismus überprüfen, das die Religionsgemeinschaften aus der politischen Öffentlichkeit ins Private verbannen möchte. Darüber hinaus sieht sich die Philosophie in ihrer Rolle als Erbin der europäischen Aufklärung provoziert. Was bedeutet für sie als eine ‚Hüterin der Rationalität' der Umstand, dass sich Religionsgemeinschaften und religiöse Lehren mit ihrer archaischen Verwurzelung in kultischen Praktiken inmitten der gesellschaftlichen Moderne als eine gegenwärtige und kulturell produktive Gestalt des Geistes zu behaupten scheinen?" (Ebd.)

Antworten auf diese Frage hat Habermas bereits in einigen der Aufsätze versucht, die 2005 in der Sammlung „Zwischen Naturalismus und Religion" publiziert worden sind. Der Titel weist auf zwei die geistige Situation der Zeit kennzeichnende gegenläufige Entwicklungsbestrebungen hin: auf „die Ausbreitung naturalistischer Weltbilder und de(n) wachsende(n) politische(n) Einfluss religiöser Orthodoxien" (Habermas, NR, 7). Gegen beide Tendenzen bringt Habermas seine Sozialphilosophie und politische Theorie in Stellung, weil beide nach seinem Urteil in ihrer Gegenläufigkeit „den Zusammenhalt des politischen Gemeinwesens durch weltanschauliche Polarisierung gewissermaßen arbeitsteilig in Gefahr (bringen), wenn es auf beiden Seiten an Bereitschaft zur Selbstreflexion fehlt" (Habermas, NR, 8). Selbstreflexion tut not! Sie und die Anleitung zu ihr sind nach Habermas die primären Aufgaben aktuellen Philosophierens, das sich trotz seines nachmetaphysischen Charakters nicht in Wissenschaft, jedenfalls nicht in einer naturalistisch-szientistisch bestimmten erschöpft. „Philosophieren ist eine wissenschaftliche Tätigkeit; aber die prädikative Bestimmung der Wissenschaftlichkeit philosophischer Argumentationen hat nicht den Sinn, dass diese generalisierende Selbstverständigungsarbeit der Philosophie in Wissenschaft *aufgeht*. Der Königsweg der Philosophie ist die Selbstreflexion." (Habermas, ND II, 107) Um es anders, unter Bezug auf den auch für Habermas nicht unbedeutsamen späten Schelling und mit den Worten eines Jungstars am philosophischen Sternenhimmel zu sagen: Eine Wissenschaft – sei sie Physik oder Metaphysik –, „die unsere eigene Existenz als epistemischen Agenten aus ihrem Wirklichkeitsverständnis streicht, sabotiert nicht nur ihre Glaubwürdigkeit, sondern unterminiert ihre eigenen Wahrheitsbedingungen. Denn sie nimmt an, dass wahr nur solche Sätze sein können, die über Tatsachen sprechen, die nichts mit uns zu tun haben." (Gabriel, 181)

Trotz ihres nachmetaphysischen Charakters geht aktuelle Philosophie nach Habermas nicht in Wissenschaft auf. Ihre bleibende Aufgabe sei es, „im Lichte der verfügbaren wissenschaftlichen Erkenntnisse ein begründetes Selbst- und Weltverständnis zu artikulieren" (Habermas, ND II, 16), was auf eine lediglich szientistische Weise nicht möglich sei. Gegen naturalistische Tendenzen in Biowissenschaften und Anthropologie, die Seelisches und Geistiges zu einem Epiphänomen von Körperlichkeit herabzusetzen bestrebt sind, hat Habermas dieses philosophische Selbstverständnis wiederholt und entschieden geltend gemacht, ohne deshalb naturwissenschaftliche Methodik generell zu problematisieren und infrage zu stellen. Gesucht wird nach der „Möglichkeit einer empirisch angelegten Theorie ..., mit der ein in dieser Weise charakterisierter Geist seine naturgeschichtliche Genese so einholt, dass er sich darin wiedererkennen kann" (Habermas, ND II, 52). Habermas sympathisiert, ohne sie eigens zu erheben, mit der zum methodischen Prinzip erhobenen Forderung, „wonach die ‚Naturwissenschaften vom Menschen' nur für die Ergebnisse Geltung beanspruchen *dürfen*, die mit dem Faktum vereinbar sind, dass diese Erkenntnisse von Menschen *als forschenden Subjekten* erzielt worden sind" (Habermas, ND II, 52). Explizit formuliert und begründet wurde diese Forderung von Peter Janich in dem von ihm herausgegebenen Studienband „Naturalismus und Menschenbild". Darauf wurde im Reihenband „Schöpfung" bereits hingewiesen (Bd. 7, 309 ff.).

Nach Janich ist für die Naturwissenschaften vom Menschen aus Gründen „performativer und semantischer Selbstkonsistenz" (Janich [Hg.], 41) grundsätzlich „nicht zu bestreiten, dass sie im zweifachen Sinne Wissenschaft ‚vom' Menschen sind, nämlich nicht nur den Menschen als Objekt der Forschung haben, sondern auch von Menschen als Subjekten forschend hervorgebracht werden" (ebd.). Diese Einsicht führt zur Annahme dessen, was Janich „kulturalistisches Anthropisches Prinzip" (ebd., bei J. kursiv) nennt. In seiner schwachen Form postuliere es, „dass die Naturwissenschaften vom Menschen für keine Ergebnisse Geltung beanspruchen können, welche eben diese Naturwissenschaften vom Menschen als unmöglich auszeichnen, d. h. als Erkenntnis ausschließen würden" (ebd.). In seiner starken Form führe das Prinzip zur Forderung, „dass die Naturwissenschaften vom Menschen ihre Ergebnisse so zu fassen haben, dass eben die Fähigkeit zum Treiben dieser Naturwissenschaft vom Menschen erklärt wird" (ebd.). Über Habermas' eigene Stellung zum kulturalistischen Anthropischen Prinzip und seinen Postulaten unterrichten neben seinem Beitrag zum Sammelband „Naturalismus und Menschenbild" (Janich [Hg.], 15–29, bes. 24 ff.) u. a. die Überlegungen zum Verhältnis von Freiheit und Determinismus (vgl. Habermas, NR, 155–186) oder Freiheit und Unverfügbarkeit (vgl. Habermas, NR, 187–215) in „Naturalismus und Religion".

Wider naturwissenschaftliche Reduktionismen

Die einem naturwissenschaftlichen Reduktionismus gegenüber erhobene Forderung philosophischer Selbstreflexion bringt Habermas entsprechend gegenüber religiösen Tendenzen zum Fundamentalismus vor. Dabei will er Religion ebenso wenig wie die Naturwissenschaften durch Philosophie ersetzen, sondern allein dazu bewegen, in ein differenziertes und selbstkritisches Verhältnis zu sich zu treten. Geschehe dies, dann seien Religion und Naturwissenschaft für Philosophie je auf ihre Weise, aber gleichermaßen unverzichtbar. „Das nachmetaphysische Denken kann sich selbst nicht verstehen, wenn es nicht die religiösen Traditionen Seite an Seite mit der Metaphysik in die eigene Genealogie einbezieht. Unter dieser Prämisse wäre es unvernünftig, jene ‚starken' Traditionen gewissermaßen als archaischen Rest beiseite zu schieben, statt den internen Zusammenhang aufzuklären, der diese mit den modernen Denkformen verbindet. Religiöse Überlieferungen leisten bis heute die Artikulation eines Bewusstseins von dem, was fehlt. Sie halten eine Sensibilität für Versagtes wach. Sie bewahren die Dimensionen unseres gesellschaftlichen und persönlichen Zusammenlebens, in denen noch die Fortschritte der kulturellen und gesellschaftlichen Rationalisierung abgründige Zerstörungen angerichtet haben, vor dem Vergessen. Warum sollten sie nicht immer noch verschlüsselte semantische Potentiale enthalten, die, wenn sie nur in begründende Rede verwandelt und ihres profanen Wahrheitsgehaltes entbunden würden, eine inspirierende Kraft entfalten können?" (Habermas, NR, 13)

Was das Verhältnis von Philosophie und Religion betrifft, so liegt Habermas zum einen an der „strikte(n) Beachtung der Grenze zwischen den Diskursen des Glaubens und des Wissens" (Habermas, ND II, 134); wie diese Grenze nach seinem Urteil zu ziehen ist, hat er in einem Beitrag „Zur Wirkungsgeschichte und aktuellen Bedeutung von Kants Religionsphilosophie" (vgl. Habermas, NR, 216–257) beispielhaft verdeutlicht. Zum anderen soll die klare Grenzziehung zwischen Philosophie und Religion geregelte Formen wechselseitiger Aufmerksamkeit und Beachtung nicht unmöglich machen, sondern im Gegenteil ermöglichen, wie dies unter den Bedingungen eines postsäkularen Zeitalters angemessen und geboten sei. Auf die Analyse und Klärung dieser Problemkonstellation ist die Mehrzahl der Beiträge in dem 2012 erschienenen Sammelband „Nachmetaphysisches Denken II" bezogen. Mit dem soziologischen Prädikat „postsäkular" beschreibt Habermas eigenen Angaben zufolge „moderne ... Gesellschaften, die mit dem Fortbestehen religiöser Gemeinschaften und der fortbestehenden Relevanz der verschiedenen religiösen Überlieferungen rechnen müssen, auch wenn sie selbst weitgehend säkularisiert sind" (Habermas, ND II, 101). Von einem bleibenden „Einfluss religiöser Stimmen sowohl in der nationalen Öffentlichkeit wie auf der weltpolitischen Bühne" (Habermas, ND II, 121) sei auszugehen. Dieser empirische Befund wird mit dem Hinweis verbunden, dass es für die Philosophie „auch *interne*, in ihrer Geschichte liegende Gründe" (Habermas, ND II, 102) gebe, Religion als zeitgenössische Gestalt des Geistes ernst zu nehmen. Ihre Aufgeschlossenheit für religiöse Überlieferungsbestände sei wesentlich darin begründet, dass sie zwar

Wissenschaft, aber nicht Wissenschaft im szientistischen, sondern im selbstreflexiven Sinne sei.

Philosophie und Religion

Ohne ein entwickeltes Bewusstsein ihrer Genese kann es nach Habermas kein reflektiertes Verständnis von Philosophie sowie philosophischer Geltungsansprüche und ihrer möglichen Grenzen geben. Zur Entwicklungsgeschichte von Philosophie gehören Religion und Theologie hinzu, was generell und nicht nur für individuelle Fälle zutrifft, obwohl sich auch hierfür bis heute zahlreiche Belege anführen lassen. Um im Anschluss an Habermas nur einen von ihnen eigens zu benennen: Nicht nur die Arbeit für das Bachelor-Examen über Sünde, Glaube und Religion, die er im Dezember 1942 beim philosophischen Fachbereich der Princeton University eingereicht hat und die postum auch in deutscher Sprache veröffentlicht wurde (Berlin 2010), sondern das gesamte Werk von J. Rawls wertet Habermas als „ein herausragendes Beispiel für die philosophische Übersetzung religiöser Motive" (Habermas, ND II, 257). In der Werkgeschichte „des bedeutendsten politischen Theoretikers des 20. Jahrhunderts" (ebd.) wiederhole sich eine Transformation, „wie sie als Erster Kant vorgenommen" (Habermas, ND II, 268) habe, das „unvergleichliche … Vorbild für philosophische Versuche der vernünftigen Aneignung religiöser Gehalte" (Habermas, ND II, 196). Werkimmanent nehme dieser Sachverhalt in Rawlsens Einsicht reflexive Gestalt an, „dass sich mit der Säkularisierung der Staatsgewalt das Problem der gesellschaftlichen Rolle der Religion nicht erledigt hat. Die Säkularisierung des Staates bedeutet keine Säkularisierung der Gesellschaft." (Habermas, ND II, 273) Seine eigene Theorie der Gerechtigkeit biete dafür ein Beispiel.

Der Verweis auf Rawls beleuchtet einen Aspekt der Habermas'schen These, wonach die Bedeutung von Religion zumindest für den Entdeckungs-, wenn nicht für den Begründungszusammenhang philosophischer Konzeptionen auch aktuell von nicht zu vernachlässigender Bedeutung sei. Durch Argumentationen größerer Reichweite wird dieser Befund unterstrichen und generalisiert, etwa durch Hypothesen zum „Ursprung der grammatischen Sprache aus der Gestenkommunikation" (Habermas, ND II, 86), zum gattungsgeschichtlichen Sinn des Ritus (Habermas, ND II, 77 ff.) und zur Bedeutung des sakralen Komplexes für die Ausbildung kommunikativen, verständigungsorientierten Handelns. Religion und religiöse Denkformen können nach Habermas nicht per se einer historisch überwundenen Stufe menschheitsgeschichtlicher Bewusstseinsentwicklung zugerechnet werden. Im Übrigen sei es empirisches Faktum, dass sich der sakrale Komplex auch in aktuellen westlichen Gesellschaften nicht aufgelöst habe, sondern in Form fortlebender religiöser Überlieferungsbestände und kultisch-ritueller Praktiken erhalten geblieben sei.

Postsäkulare Gesellschaft

Habermas fordert von postsäkularen Gesellschaften, Religion nicht auf den privaten Bereich zu beschränken, sondern ihr Anteil zu geben an den öffentlichen Disputen unter der Voraussetzung, dass religiöse Überzeugungen nicht fundamentalistisch, sondern argumentativ und mit theoretischem und praktischem Verständigungswillen eingebracht würden, also so, dass sie „in eine allgemein zugängliche Sprache übersetzt werden" (Habermas, ND II, 118). Die unaufgebbare Säkularisierung der Staatsgewalt, die „den harten Kern des Säkularisierungsprozesses" (Habermas, ND II, 98) bilde, dürfe nicht mit der Säkularisierung der Bürgergesellschaft verwechselt werden: „Solange religiöse Überlieferungen und Organisationen innerhalb der Gesellschaft eine vitale Kraft bleiben, kann sich im Rahmen einer liberalen Verfassung aus der Trennung von Staat und Kirche keine *vollständige* Eliminierung des Einflusses religiöser Gemeinschaften auf die demokratische Politik ergeben. Die Säkularisierung der Staatsgewalt verlangt gewiss eine weltanschaulich neutrale Verfassung sowie die Unparteilichkeit der in ihrem Rahmen gefassten kollektiv verbindlichen Beschlüsse gegenüber konkurrierenden Weltanschauungs- und Religionsgemeinschaften. Aber die rechtsstaatliche Demokratie darf Bürger, die sie ausdrücklich zu einer religiösen Lebensführung *ermächtigt*, nicht gleichzeitig in ihrer Rolle als demokratische Mitgesetzgeber diskriminieren." (Habermas, ND II, 117f.)

Was den philosophischen Umgang mit dem nach wie vor gegenwärtigen sakralen Komplex betrifft, so fordert Habermas, wie gesagt, „eine strikte Beachtung der Grenze zwischen den Diskursen des Glaubens und des Wissens" (Habermas, ND II, 134). Die Rückkehr zu einer religiösen oder durch Aufhebungsansprüche an die Stelle der Religion tretenden Metaphysik und zur, wie er sagt, „Einheit einer substantiellen, durch die Geschichte hindurchgreifenden oder im Kosmos verkörperten Vernunft" (ebd.) hält er für ausgeschlossen. Philosophie hat nach seinem Urteil weder eine religionsbegründende noch eine religionsaufhebende Funktion. Auch das bei Heidegger u. a. anzutreffende „Pathos der ‚Tiefe', das einen privilegierten Zugang zur Wahrheit reklamiert, kann", so Habermas, „nicht Sache eines religiös ausgenüchterten Philosophierens sein" (Habermas, ND II, 178). Sein eigenes Motiv, sich mit Fragen der Religion zu beschäftigen, sei denn auch recht eigentlich „nicht im strengen Sinne *religionsphilosophischer* Art" (Habermas, ND II, 183), geschweige denn mit theologischen Ansprüchen versehen. Denn für Religionsphilosophie und Theologie bzw. für diejenigen, welche sie betreiben, müssten auf die eine oder andere Weise „religiöse Erfahrungen" (ebd.) und „Vertrautheit mit der Praxis einer Glaubensgemeinschaft" (ebd.) vorausgesetzt werden. Ohne Voraussetzung einer – derjenigen von Glauben und Wissen analogen – Unterscheidung von Religion und Nichtreligion hält Habermas Religionsphilosophie und Theologie für gegenstandslos. Denn „ohne die Berufung auf Offenbarung oder auf irgendeinen Kontakt des Gläubigen mit dem Göttlichen (sei es über kultische Praxis, Gebet, asketische Übungen oder Meditation) verlöre der ‚Glaube' sein Spezifisches, nämlich die Verwurzelung im rituellen Umgang mit Heil und Unheil. Der Kulturprotestantismus", so fügt er hinzu, „aus dem ich selber stamme, kennt die Gefahr, die sich mit der Auflösung der Religion in bloße Weltanschauung verbindet: das ist das Menetekel des Endes von Religion überhaupt." (Habermas, ND II, 175)

Habermas geht es nicht darum, „religiöse Rede und Erfahrung auf einen angemessenen philosophischen Begriff zu bringen" (Habermas, ND II, 183f.) oder gar in apologetischer Absicht „eine begründende Kontinuität zwischen Grundüberzeugungen der christlichen Lehre und zeitgenössischen philosophischen Diskursen herzustellen" (Habermas, ND II, 184). Andererseits kämen ihm, wie er vermerkt, auf Kontinuität bedachte Argumentationen, wenn er ihnen begegne, entgegen, da man sich auf diese Weise in dem gemeinsamen Interesse an strittigen Erbschaftsverhältnissen von Glauben und Wissen treffe. Von seinem Philosophieverständnis her liegt Habermas an einer klaren Grenzziehung, die er gegen Übergriffe von beiden Seiten zu verteidigen sucht. Zugleich gehören nach seinem Urteil sowohl Glaube wie Wissen „zur Genealogie des nachmetaphysischen Denkens, und das heißt: zur Geschichte der Vernunft. Deshalb wird sich die säkulare Vernunft selber nur verstehen lernen, wenn sie ihre Stellung zum reflexiv gewordenen religiösen Bewusstsein der Moderne klärt und den gemeinsamen Ursprung dieser beiden komplementären Gestalten des Geistes aus dem kognitiven Zug der Achsenzeit begreift." (Habermas, ND II, 184) Wichtig ist in diesem Zusammenhang auch folgender Satz: „Das nachmetaphysische Denken wird so lange keinen angemessenen Begriff von sich ausbilden, wie es ihm nicht gelingt, aus der Genealogie der Vernunft selbst die Beziehung zur Religion *als einem ihm äußeren Element* durchsichtig zu machen." (Habermas, ND II, 186 f.) Welche Erwartungen sich von hier aus an die Theologie ergeben, lässt sich exemplarisch der Replik auf Einwände und Anregungen entnehmen, die Habermas im Zusammenhang eines Symposions über Glauben und Wissen in Wien vorgetragen hat (vgl. ND II, 183–237).

Doppelte Erwartung

Erwartet wird von Theologie und einer um Entsprechung zu ihrem Gegenstand bemühten Religionsphilosophie, wie es scheint, ein Doppeltes, nämlich zum einen eine Bindung an ihre religiösen Vorgaben, zum anderen eine Bemühung um Übersetzung dieser Vorgaben in allgemeinverständliche Diskursformen. Dieser doppelten Erwartung entspricht eine doppelte Abwehr. Theologie verfehlt ihre Aufgabe, wenn sie den Anschluss an den zeitgenössischen Diskurs in Alltag, Wissenschaft und Philosophie nicht zustandebringt. Sie verfehlt ihre Aufgabe aber ebenso, wenn sie den Anschluss an Religion und Glauben verliert bzw. sich das Ansehen eines metaphysischen bzw. postmetaphysischen Religionsersatzes gibt. Weder das Konzept aufgeklärter Vernunftreligion noch Hegels System einer Aufhebung religiöser Vorstellungen in den absoluten Begriff noch auch Programme, welche die Religion in Weltanschauung überführen, entsprechen demjenigen, was Habermas von der Theologie erwartet.

Religion ist durch Theorie nicht substituierbar, auch nicht durch theologische Theorie. Die für die Religion nachgerade unter modernen und postmodernen Bedingungen unentbehrliche Verständigungsaufgabe der Theologie kann nur dann sachgemäß wahrgenommen werden, wenn sie von Innen heraus und im hermeneutischen Anschluss an die der betreffenden Religion und Glaubensweise eigenen Bestimmungen geschieht. „Dabei muss die Theologie, wenn sie – wie es in der westlichen Welt der Fall war – die Rolle eines glaubwürdigen Schrittmachers spielen möchte, die Arbeit an der dogmatischen Rekonstruktion der Glaubensinhalte aus Sicht des praktizierten Gemeindeglaubens leisten." (Habermas, ND II, 189)

Habermas bekräftigt dies unter Bezug auf seinen Begriff von Philosophie. „Die Philosophie kann und soll sich gewiss zum Anwalt und Interpreten der Forderung machen, dass sich alle Religionsgemeinschaften nicht nur auf einen *modus vivendi* mit dem Selbstverständnis moderner Gesellschaften einlassen, sondern aus der Innenperspektive ihrer eigenen Glaubensüberzeugungen Anschluss an die normativen Grundlagen ihrer säkularen Umgebung suchen. Aber die Forderung darf nicht aus der paternalistischen Sicht einer Philosophie erhoben werden, die im Voraus weiß, worin der Wesenskern aller religiösen Überlieferungen besteht. Eine gewissermaßen ‚modernisierende' Selbstaufklärung des religiösen Bewusstsein kann ernsthaft nur in jeweils eigener Regie, also von innen gelingen, weil am Ende die Gemeinde der Gläubigen selbst darüber entscheiden muss, ob der reflexiv gewordene und ‚reformierte' Glaube noch der ‚wahre' ist. Die in der Aufklärung wurzelnde philosophische Auffassung des Verhältnisses von Glauben und Wissen kann dem prophetischen Ursprung und der Positivität überlieferter Lehren, also dem Proprium gelebten Glaubens, nicht gerecht werden, weil sie das Konto nachmetaphysischen Denkens überzieht und mehr von der Religion zu wissen behauptet, als ihr zusteht." (Habermas, ND II, 198 f.)

Man kann in Bezug auf Habermas' Philosophiebegriff und bezüglich dessen, was er „unter Metaphysik versteht und damit auch, was für ihn ‚nachmetaphysisch' bedeutet" (Weß, 4), geteilter Meinung sein. Offenbar ist für ihn „ein Denken dann metaphysisch, wenn es alles aus Einem begreift" (ebd.). Inwieweit diese Bestimmung auch für eine monotheistische Theologie gilt, wäre zu fragen. Doch wird eine Theologie, die sich, mit Habermas zu reden, „als Hüterin des Glaubens" (Habermas, ND II, 209) versteht, stets die Differenzierungen mitzubedenken haben, die sich aus der Unterscheidung von Vernunft und Offenbarung sowie insbesondere aus den Gegensätzen ergeben, die durch die Stichwörter Sünde und Übel markiert sind, auf die Bezug zu nehmen theologisch obligat ist. Nachgerade der für christliche Theologie kennzeichnende trinitarische Monotheismus wird von der göttlichen Ökonomie, wie sie durch die Sequenz von Schöpfung, Versöhnung und Vollendung umschrieben ist, nicht abstrahieren und deshalb auch im Hinblick auf die binnentrinitarischen Verhältnisse nicht nach Weise einer prinzipientheoretischen Metaphysik, sondern so verfahren, dass das religiöse Bewusstsein der Unbegreiflichkeit der in Jesus Christus kraft des Hl. Geistes offenbaren Liebe Gottes erhalten bleibt.

Philosophie, sagt Habermas, „kann nicht trösten, bestenfalls ermutigen" (Habermas, ND II, 216). Zur Religion indes gehört nicht nur die Spendung von Trost in Anbetracht physischer Übel, sondern auch die Zusage der Vergebung von Sündenschuld, die weder durch Theorie noch durch Praxis zu beheben ist. Eine Theologie, die dies bedenkt, wird auf ihre Unterscheidung zumindest von solchen metaphysischen Vernunftkonzepten Wert legen, die „für Offenheit und Kontingenz der Heilsgeschichte am Ende unempfindlich" (Habermas, ND II, 222) oder gar verschlossen sind. Sie wird sich daher auch die Selbstunterscheidung der Philosophie von ihr insofern gefallen lassen, als eine Grenzziehung zwischen Glauben und Wissen „auch dem gegenseitigen Verständnis“ (Habermas, ND II, 229) dienen kann. Nach Habermas lässt nachmetaphysische Philosophie „die Vernünftigkeit religiöser Überlieferungen dahingestellt. Als Kriterien für die Abgrenzung des Wissens vom Glauben genügen die allgemeine Zugänglichkeit der Sprache und die öffentliche Akzeptabilität der zugelassenen Gründe. Nur eine Philosophie, die den Glauben nicht präjudiziert, ist hinreichend unparteiisch, um den Boden für die *gegenseitige* Toleranz zwischen gläubigen, andersgläubigen und ungläubigen Bürgern zu bereiten.“ (Habermas, ND II, 199)

Traditionstreue und solidarische Zeitgenossenschaft

Unparteilichkeit kann im Falle der Philosophie nicht das gleiche bedeuten wie überparteiliche Neutralität, die zu gewährleisten im Übrigen nicht ihre, sondern Primäraufgabe des säkularen Verfassungsstaates ist. Philosophie ist daher ebenso wenig wie Theologie dem kommunikativen Wettstreit der Argumente enthoben, in den sie in dem Bewusstsein einzutreten hat, dass die Vernunft in der gegenwärtigen Gestalt eines nachmetaphysischen Denkens sich selbst nicht versteht „solange sie sich ihre Genealogie nicht vollständig vergegenwärtigt hat“ (Habermas, ND II, 214). Zu dieser Genealogie gehören religiöse Überlieferungsbestände unveräußerlich hinzu. Dass sich die Indikatoren für ihr Fortbestehen in der postsäkularen Moderne „inzwischen verdichtet“ (Habermas, ND II, 213) haben, kann für das Selbstverständnis der Philosophie nicht belanglos bleiben, ob ihr Denken nun nachmetaphysisch zu nennen ist oder nicht. Was hinwiederum die Theologie betrifft, so dürfte sie gut beraten sein, wenn sie die Doppelaufgabe, die Habermas ihr zuweist, entschlossen wahrnimmt, nämlich zum einen die Bindung an die religiösen Traditionsbestände, die sie zu bedenken hat, und damit auch die Bindung an die kirchlichen Gemeinschaften, die diese pflegen, zu wahren und nicht preiszugeben (vgl. Müller-Doohm, 543 ff.), zum anderen, ohne der Versuchung religiöser Nostalgie (vgl. Thomas) zu erliegen, alles daran zu setzen, die Vorgaben gelebter Religion in Diskursformen zu kommunizieren, die auf Allgemeinverständlichkeit ausgerichtet sind.

Personenregister

erstellt von Manuela Thormann
(In den Literaturangaben aufgeführte Personennamen werden
in der Regel nicht eigens benannt.)

Sachregister

erstellt von Manuela Thormann